제3판

최신 지역경제학

이 성 근
이 춘 근
나 주 몽

法 文 社

제3판 머리말

최신 지역경제학의 개정판이 나온 지 3년이 지났다. 이 책은 그간 다수의 대학 및 대학원과 각급 연구소 및 유관 교육기관의 교재로 활용되었다. 최근 저자들은 이 책의 내용면에서 보완의 필요성을 공감하고 제3판을 출간하게 되었다.

제3판은 지역경제이론, 지역경제분석, 지역경제정책의 세 부문으로 대분류하여 총 3편 23장으로 구성되어 있다. 새 개정판에서는 지역경제학에 대한 최신 이론을 체계적으로 정리하였고, 지역경제분석방법에 대해서는 계산과정을 삽입하여 실제 적용할 수 있도록 하였으며, 지역경제정책은 최근에 중요하게 취급되고 있는 현안과제를 다루고 있는 것이 특징이다.

이번 개정판에서 보완한 내용은 다음과 같다. 제1편에서는 제1장 제2절 지역경제학의 성립과 발전과정 부문에 4차 산업혁명관련 내용을 추가하였고, 지역경제학의 연구방법론을 보완하였다. 제2장은 클러스터와 혁신클러스터 이론을 보완하였다. 제3장 입지이론은 뢰쉬의 최대수요 입지이론을 보완하고, 현대적 입지이론에서 성장극 이론은 성장거점이론을 보강하여 지역경제성장이론으로 이동시켰으며 공간적 분업이론을 대폭 보완하였다. 제4장 지역경제성장이론은 누적성장모형과 내생적 성장이론을 대폭 보완하고, 제7절에 전망과 과제 편을 추가 집필하였다. 제5장에서는 토지투기와 관련있는 개발부담금 현황통계를 최신자료로 대체하였으며, 제6장에서는 국제수지와 지역수지 내역과 통계를 최신 자료로 대체하였다.

제2편에서는 제7장 제1절 자금순환표 내용과 제4절 지역별 지역내총생산 및 지출추이를 최신 자료로 대체하였고, 제9장에서는 변화할당분석을 보완하였다.

제3편에서는 전체적으로 내용을 보완하면서 제17장과 19장을 새로이 추가하고, 각 부문별 정책의 정의를 보다 명확히 하고, 참여정부 이후 각 정부가 추진하였던 주요 지역경제정책을 중심으로 수정 · 보완하였다. 특히 문재인 정부의 국정운영 5개년계획의 내용을 추가하였다.

이번의 개정작업에서 저자들은 각자의 전공영역에 따라 이성근 교수는 토지주택정책과 지방재정정책, 지역정보화정책 등을 보완하고, 지역경제분석 편을 일부 보완하였다. 이춘근 교수는 주로 지역경제이론과 분석 편의 내용보완과 함께 최신 자료로 업데이트하고, 입지이론과 지역경제성장이론을 대폭 수정 · 보완하였으며, 일부 정책 편을 보완하였다. 나주몽 교수는 지역경제정책분야의 전반적인 내용을 보완하고, 제17장 창조경제정책과 19장 일자리창출정책을 추가 집필하였다.

저자들은 이 책의 독자층이 다양하리라고 생각한다. 사회과학의 영역인 경제학, 경영학,

행정학, 정책학 관련 학과와 공간에 바탕을 두고 있는 학문분야인 지역개발학, 도시 및 지역계획학, 지리학, 도시공학, 부동산학, 환경학, 관광학 관련학과에서 개설되는 지역경제학 과목의 대학 및 대학원 교재로 사용될 수 있을 것이다. 또한 지역경제분야의 정책과 계획을 담당하고 있는 연구원과 중앙 및 지방자치단체 공무원의 실무지침서로도 활용이 가능할 것이다.

저자들은 이번에도 최신 지역경제학 제3판을 집필하면서 지역경제분야의 국내외를 비롯한 많은 학자들의 연구에 크게 도움을 받았다. 이들 국내외 학자들에게 지면을 빌려 깊은 존경과 감사를 드린다. 그럼에도 불구하고 본서는 여러가지 부족한 점이 있을 것이다. 이는 앞으로 계속 보완해 나갈 것을 약속드린다.

이 책을 집필하는 과정에서 많은 사람들로부터 도움을 받았다. 특히 한국지방행정연구원의 서정섭 박사, 영남대학교 지역 및 복지행정학과의 강사인 김종수 박사 그리고 대구경북연구원의 이문희 박사가 자료 수집과 논평에, 영남대 지역 및 복지행정학과 석·박사 통합과정의 서준교 박사로부터 교정과정에 많은 도움을 받았다. 또한 지역경제이론과 분석부문을 세심하게 교정해 준 대구교육대학교의 김상규 교수와 계명대학교 산업경영연구소 박노광 박사에게도 감사를 드린다.

끝으로 이 책의 발간을 흔쾌히 허락해 주신 법문사 배효선 사장님과 편집에 수고해 주신 노윤정 선생님을 비롯한 관계자 여러분에게 감사의 말씀을 드린다.

2018년 2월

저자 이성근·이춘근·나주몽

개정판 머리말

이 책이 출판된 지 약 6년이 지났다. 그동안 지역경제정책부문이 많이 바뀌었다. 본서가 집필되고 난 이후 각계로부터 많은 찬사를 받기도 하였다. 특히 본서는 2007년에 한국지역개발학회로부터 우수 학술상을 수상하는 영광을 안았다. 또한 많은 대학으로부터 대학 및 대학원 교재로 이용되기도 하였다. 저자들은 본서가 집필된 이후 내용면에서 보완해야 할 부문이 많아 이번에 개정판을 내기로 결정하였다. 특히 이번 개정판에는 전남대학교 경제학부 지역개발학전공 나주몽 교수가 공동 저자로 참가하였다. 이번 개정판에서는 지역경제정책분야 2개의 장인 18장과 21장을 새로 추가하였다.

이번 개정판에서 보완 내지 추가된 내용은 다음과 같다. 먼저 제1편에서는 제1장에 지역경제학의 연구방법론을 추가하였고, 제3장에서는 농업입지론의 한 분야인 고립국모형을 대폭 보완하였다. 제4장에서는 경제기반이론을 보완하고, 제5장에서는 토지투기와 관련 있는 개발부담금현황 통계를 최신자료로 대체하였으며, 제6장에서는 국제수지 내지 지역수지 내역과 통계를 최신 자료로 대체하였다.

제2편에서는 제7장 제4절 지역별 지역내총생산 및 지출추이를 최신통계로 대체하였고, 제9장에서는 변화할당분석에 대해 수정 · 보완하였으며, 제11장 제1절 인구분석시 여러 가지 방법을 도표로 추가하여 설명하였다. 또한 제13장의 비용편익분석시 적용사례를 간략하게 요약하면서 대폭 수정하였다.

제3편에서는 18장과 21장을 새로이 추가하고, 기존에서 그 동안 참여정부 이후 각 정부에 의해 이루어졌던 주요 지역경제정책을 중심으로 수정 · 보완하였다. 먼저 제18장 지역토지주택정책편이 추가되고, 제19장에 지역녹색성장정책이 추가되었다. 그리고 기존 15장에서 18장까지의 내용을 참여정부와 이명박 정부, 박근혜 정부 등으로 구분하여 전면적으로 보완하였고, 제21장 지방재정정책도 전면적으로 개편하였다.

그리고 부록을 새로이 추가하여 영문 서문과 목차를 수록하였다. 이는 저자들이 몸담고 있는 대학의 학부(과)가 교육부주관 국제개발협력분야 대학특성화 사업으로 선정되어 교육과정개발사업의 목적에 부합되게 일부 내용구성과 함께 책을 소개하기 위함이다.

본서의 특징은 지역경제학에 대한 최신 이론을 체계적으로 정리하였고, 지역경제분석방법에 대해서는 계산과정을 삽입하여 실제 적용할 수 있도록 하였으며, 지역경제정책은 최근에 중요하게 취급되고 있는 현안과제를 거의 대부분 다루고 있다는 것이다.

본서는 지역경제이론, 지역경제분석, 지역경제정책의 세 부문으로 대분류하여 총 3편 21

장으로 구성되어 있다. 저자들은 각자의 전공영역에 따라 이성근 교수는 토지주택정책 편을 추가 집필하고, 지역경제분석과 정책편을 보완하였으며, 이춘근 박사는 주로 지역경제이론과 분석 편 중 부족한 부문과 과거 자료를 최신 자료로 업데이트하고, 정책편을 일부 보완하였다. 나주몽 교수는 지역경제정책분야인 제15장에서 18장까지의 내용을 보완하고, 제20장인 지역녹색성장정책분야를 추가 집필하였다.

저자들은 이 책의 독자층이 다양하리라고 생각한다. 사회과학의 영역인 경제학, 지리학, 행정학 관련 학과와 공간에 바탕을 두고 있는 학문분야인 지역개발학, 도시 및 지역계획학, 도시공학, 부동산학, 환경학, 관광학 관력학과에서 개설되는 지역경제학 과목의 대학 및 대학원 교재로 사용될 수 있을 것이다. 또한 지역경제분야의 정책과 계획을 담당하고 있는 연구원과 중앙 및 지방자치단체 공무원의 실무지침서로도 활용이 가능할 것이다.

저자들은 이번에도 최신 지역경제학을 집필하면서 지역경제분야의 국내외를 비롯한 많은 학자들의 연구업적에 크게 의존하였다. 이들 국내외 학자들에게 지면을 빌려 깊은 존경과 감사를 드린다. 그럼에도 불구하고 본서는 여러 가지 부족한 점이 있을 것이다. 이는 앞으로 계속 보완해 나갈 것을 약속드린다.

이 책을 집필하는 과정에서 많은 사람들로부터 도움을 받았다. 먼저 영남지역개발연구회 회원들에게 감사한다. 특히 영남대학교 지역 및 복지행정학과에 출강하고 있는 김종수 박사와 고수정 박사, 대구경북연구원의 안성조 박사가 자료수집과 논평에, 동학과의 시간강사로 있는 김규섭 박사가 편집과정에, 동학과 석박사통합과정의 서준교 군으로부터 교정과정에 많은 도움을 받았다. 또한 지역경제이론과 분석부문을 세심하게 교정해 준 대구교육대학교의 김상규 교수와 계명대학교 산업경영연구소 박노광 박사에게도 감사를 드린다.

끝으로 이 책의 발간을 흔쾌히 허락해 주신 법문사 배효선 사장님과 편집에 수고해 주신 노윤정 선생님을 비롯한 관계자 여러분에게 감사의 말씀을 드린다.

2014년 8월

저자 이성근 · 이춘근 · 나주몽

초판 머리말

지역경제학은 지리적 공간상에서 희소한 자원을 효율적으로 생산·분배·교환하는 방법을 연구하는 응용 사회과학의 한 분야이다. 전통적인 경제학은 국민경제의 3대 기본과제, 즉 무엇을 얼마만큼, 누구를 위하여, 어떻게 생산할 것인가에 초점을 두었으나, 어디에서 생산할 것인가라는 입지문제에 관심이 적었다. 지역경제학은 공간개념과 입지이론을 바탕으로 하나의 독립된 분과학문으로 태동되었다. 특히 1950년대 말 지역간의 균형발전 없이는 국가가 지속적으로 발전할 수 없다는 인식이 확산되면서 지역경제학에 대한 관심이 고조되었다. 지역경제학은 우리나라를 비롯한 많은 나라에서 지역경제와 공간정책을 다루는 주요한 학문분야로 발전되고 있다. 아울러 지방자치제의 발전으로 지역경제 활성화를 주도할 지역경제전문가에 관한 사회적 수요도 증대되고 있다.

이 책은 사회과학의 영역인 경제학, 지리학, 행정학 관련 학과와 공간에 바탕을 두고 있는 학문분야인 지역개발학, 도시 및 지역계획학, 도시공학, 부동산학, 환경학, 관광학 관련 학과에서 개설되는 지역경제학 과목의 대학 및 대학원 교재로 사용될 수 있을 것이다. 또한 지역경제분야의 정책과 계획을 담당하고 있는 연구원과 중앙 및 지방자치단체 공무원의 실무지침서로도 활용이 가능할 것이다.

지금까지 국내에 여러 권의 지역경제학분야 서적이 발간되었다. 그러나 저자들은 지역경제학에 관한 강의를 이십여년간 하면서 기존의 교과서와는 달리 지역경제 관련 이론·분석·정책을 종합적으로 다룬 서적의 필요성을 인식하고 이 책을 저술하게 되었다. 특히 저자들은 미국 University of Illinois와 University of Washington에서 1년간 객원교수로 있으면서 지역경제학에 관한 책자와 저널 자료를 수집하고 연구하는 기회를 가지게 되어 이 책의 저술에 큰 도움을 받았다.

본서의 특징은 지역경제학에 대한 최신 이론을 체계적으로 정리하였고, 지역경제분석방법에 대해서는 계산과정을 삽입하여 실제 적용할 수 있도록 하였다. 특히 본서는 국내 다른 교과서에서 다루지 않은 산업클러스터이론과 현대적인 지역간 교역이론 그리고 최신 제조업 입지이론을 포함시켰고, 지역경제정책편에서도 지역산업, 지역과학 및 산업기술, 지역인적자원개발, 지역사회간접자본 등 분야별로 구분하여 제시하였다는데 큰 의의가 있다.

본서는 지역경제이론, 지역경제분석, 지역경제정책의 세 부분으로 대분류하여 총 3편 19장으로 구성되어 있다. 제1편 지역경제이론은 지역경제학의 개요, 집적경제와 클러스터, 입지이론, 지역경제성장이론, 지역생산요소시장, 지역교역이론과 지역수지로 구성되어 있다.

제2편 지역경제분석은 지역사회계정과 지역소득, 입지계수와 지역전문화지수, 변화할당분석과 지역성장률 시차분석, 지역산업연관분석, 지역인구 및 공간구조분석, 지역환경분석, 경제성분석 : 비용·편익분석으로 구성되어 있다. 그리고 제3편 지역경제정책은 지역경제정책, 지역산업진흥정책, 지역과학·산업기술정책, 지역인적자원개발정책, 지역사회간접자본정책, 지방재정 및 조정정책으로 구성되어 있다.

저자들은 각자의 전공영역에 따라 이성근 교수는 주로 지역경제분석과 정책편을, 이춘근 박사는 주로 지역경제이론과 분석편을 분담하여 집필하고, 이를 다시 돌려가면서 보완 내지 가필을 하여 마무리하였다.

본서의 내용 가운데 보완내지 수정해야 할 부분이 있으면 이 분야 학자와 전문가들의 기탄없는 제언과 충고를 기대한다. 부족한 내용과 오류는 계속 보완해 갈 것을 약속 드린다.

이 책을 집필하는 과정에서 많은 사람들로부터 도움을 받았다. 경북전략산업기획단의 윤칠석 박사, 영남대학교 대학원 지역개발학과를 졸업한 충남발전연구원의 이관률 박사, 대구가톨릭대학교 부동산·통상학부의 서경규 교수, 경북전략산업기획단의 김상곤 박사, 그리고 영남대학교 대학원 박사과정에 재학 중인 (재)경북테크노파크의 안성조씨에게 지면을 빌어 감사드린다. 또한 지역경제이론과 분석부문을 세심하게 교정해 준 대구교육대학교의 김상규 교수와 계명대학교 산업경영연구소 박노광 박사에게도 감사를 드린다. 아울러 이 책의 발간을 흔쾌히 허락해 주신 법문사 배효선 사장님과 편집에 수고해 주신 예상현 선생님을 비롯한 관계자 여러분에게 감사의 말씀을 드린다.

끝으로 교수와 연구직분을 감당하는데, 인내와 사랑으로 지켜주는 가족들에게 감사의 마음을 드린다.

2008년 2월

저자 이성근 · 이춘근

차 례

제 1 편 | 지역경제이론

제 2 편 | 지역경제분석

제 3 편 | 지역경제정책

표 차 례

그림 차례

제 1 편

지역경제이론

제 1 장 지역경제학의 개요

제1장에서는 지역경제학의 개요로 먼저 지역과 지역경제의 개념을 정의하고 지역경제학의 학문적 성격과 발전과정, 인접 학문과의 관계를 살펴보고자 한다. 그리고 지역경제학의 연구대상과 연구방법을 설명하고자 한다.

제 1 절 지역과 지역경제

1. 지역의 개념

지역(region)의 개념은 다의적이라 정의하기가 어렵다. 왜냐하면 지역은 공간과 토지이용에 대한 지리적 성격을 포함하고 있으므로 공통적인 특성을 가지거나 보완관계를 가지고 있는 연속적인 개념으로 정의해야 하기 때문이다. 지역의 개념은 인구규모나 소득규모 또는 내부적 경제성장률과 같은 어떤 양적인 수단에 의해서 측정될 수 있는 것이 아니다. 지역의 개념은 여러 가지 측면에서 복잡하고, 어떤 질적인 측면을 가지고 있다.

우리나라의 국토면적은 싱가포르나 대만에 비해서는 크지만, 미국이나 중국, 러시아 등에 비해서는 크게 작다. 게다가 우리나라 전체면적은 미국의 어떤 한 주에 비해서도 작다. 따라서 우리나라에서의 지역개념과 미국과 같은 큰 국토면적을 가진 나라에서의 지역개념은 다른 것이다.

지역문제는 다양하며, 다양한 지역현상들이 상호 복합적으로 작용하고 있기 때문에 지역에 대한 정의는 다양해질 수밖에 없고, 지역의 정의와 관련된 주체, 객체, 분석목적에 따라서도 지역에 관한 정의는 달라질 수 있다.

일반적으로 지역[1]이라는 말은 영어로 local, region, area, space, district, community 등을 사용하고 있는데, district는 특별 행정구역을 나타내는 경우와 같이 區域이라는 의미로 주로 사용되고, community는 사회학에서 주로 사용한다. 지역경제학에서의 지역의 개념은 주로 local과 region을 사용한다. 이 중에서 local이 region보다 작은 소규모 지역 개념으로 사용한다. area는 지역이라는 개념과 구역이나 면적이라는 의미로 사용된다. region과 area 중에서 어느 것이 더 큰 것인가는 획일적으로 설명하기 어렵다고 하겠다. 국내의 경우 지역을 region으로 표기하고, 동 지역 내부에서의 소단위 지역은 area로 표시하는 경향이 있다.

사회학이나 국제통상학에서의 지역의 개념과 지역경제학에서의 지역의 개념은 다른 것이다. 사회학에서는 지역의 개념을 community에서 출발한다. community는 지역사회 공동체, 공동사회, 촌락공동체, 혹은 공동사회 등을 의미한다. 커뮤니티는 주민과 장소 또는 지리적 실체 등의 종합을 의미한다. 국제통상학에서는 전 세계를 분석대상으로 하기 때문에, 광의로는 어떤 지역이 한 국가가 될 수 있고, 한 블록단위를 지역으로 나타낼 때도 있다.

[그림 1-1]은 공간경제상에서의 지역의 범위를 나타내는데, 가장 가운데에 있는 local은 가장 작은 소단위의 지역개념을 나타내고, regional은 local보다는 큰 지역경제(regional economy)에서의 지역개념을 나타내며, national은 국가경제(national economy) 단위에서의 개념이다. Asian은 아시아경제(the Asian economy)에서의 지역개념인데 national보다 큰 개념이고, 가장 큰 개념은 국제경제(international economy)에서의 international을 나타낸다.

지역의 개념은 지리적 공간상에서 전체 중의 어떤 부분이라고 할 수도 있다. 전체를 세계라고 하면 아시아와 유럽, EU, 개별국가 등이 그 부분이고 지역이다. 만약 국가를 전체라고 하면 국가보다 작은 하부단위가 지역이 된다고 할 수 있다. 그런데 어느 부분을 전체로 하고, 어느 부분을 지역으로 정하는가는 연구목적에 따라 다르게 된다.

이와 같이 지역을 정의하는 일반적인 방법은 연구목적과 연구대상에 따라 지역의 개념을 달리하는 것이다. 예를 들면, 국가계획을 지역 간 계획으로 세분화시킬 때 적용

---

1) 일본에서는 지역의 개념과 유사한 개념으로 지방(地方), 지구, 지대, 영역, 구역, 권(역) 등의 개념을 사용하고 있다(大友 篤, 1997, p. 5).

그림 1-1 지역의 공간경제 계층

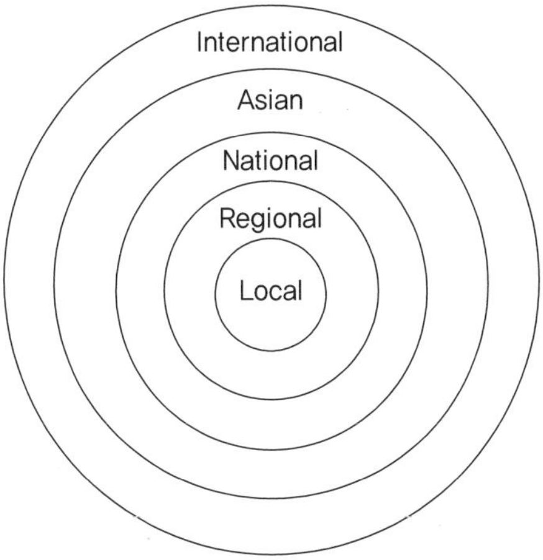

되는 지역의 개념으로 지역을 몇 개 소수의 지역으로 분할 내지 구분하는 것이다. 여기에서의 지역은 인접성을 기준으로 보통 구분한다. 다른 방법으로 행정구역에 따라 지역을 구분할 수도 있고, 광역 도시권과 기타 지역 간의 지역구분, 인접 경제권역에 따른 지역 등으로 구분할 수도 있다. 일반적으로 연구자의 연구목적에 따라 지역을 구분하여 사용하지만 그 국가의 행정구역에 따라 구분하여 사용한다. 그 이유는 보통 행정구역에 따라 여러 가지 통계가 발표되기 때문에 분석이 용이하기 때문인 듯하다.

지역경제학적인 입장에서의 지역의 개념은 크게 세 가지, 동질성 지역(homogeneous region)과 결절지역(nodal region), 계획지역(planning region) 등으로 구분한다. 여기서 동질성 지역은 단일성 지역(單一性 地域: uniform region)이라고도 하는데, 이는 지역이 가지는 여러 가지 특성 중 하나의 동일한 특성에 의해서 구분되는 지역을 말한다. 결절지역(nodal region)은 거점지역(據點地域: polarized region)이라고도 하는데, 이는 지역의 동질성 관계보다는 지역의 기능이나 상호의존적 또는 보완적인 관계를 가진 몇 개의 공간을 하나로 묶는 지역을 나타낸다. 계획지역은 프로그래밍 지역(programming region)이라고도 하는데, 이는 법률에 의한 강제력이나 행정력에 의해 설정된 지역계획 의사결정지역을 말한다.

2. 지역경제의 개념

地域과 地方의 개념 차이에 대해서 경제학에서는 뚜렷하게 구별하는 것이 없고, 다만 지방행정론에서 중앙정부에 대칭되는 개념으로 地方이라는 용어를 사용하고 있다. 서울내지 수도권을 중앙정부 차원이라면, 여타 지역은 지방이라고 할 수 있을 것이다.

지역에서 일어나는 일체의 현상을 지역현상(regional phenomenon)이라고 하고, 이러한 지역현상을 체계적, 종합적으로 연구하는 학문분야를 지역학(Regional Science)이라고 한다. 지역학의 목적은 일반적으로 낙후지역과 문제지역의 지속적인 발전일 것이다.

지역경제(regional economy)란 개념이 대두되게 된 것은 경제사회의 급격한 변동으로 중앙경제에 대응하는 지역경제의 개념이 크게 주목을 받았기 때문이다. 이러한 현상은 크게 두 가지 측면에서 볼 수 있다. 즉 하나는 지방분권화 시대의 도래에서 찾아볼 수 있다. 최근 우리나라에서는 서울 내지 수도권의 경제력 집중으로 지역경제는 크게 위축되고 있다. 그리하여 지역 간의 균형발전문제가 대두되었고, 진정한 의미에서의 지역균형발전은 지방분권이 강력히 실시되어 지역재정력이 높아져야 한다. 이에 대한 일환으로 참여정부 들어 국가균형발전법이 제정되었고, 국가균형발전특별회계가 제정되어 실시되고 있지만, 효과는 실질적인 측면에서 크게 부족한 실정이다. 참여정부 들어서 행정자치부에서는 살기 좋은 지역 만들기 사업을 시행하고 있지만 아직 초보단계에 있다. 또 다른 하나는 20세기 말 이후 크게 대두된 세계화(globalization) 개념의 진행과 그것에 대응한 지방화(localization)개념의 대두에 영향을 받았다. 1990년대 초 동서 냉전구조가 붕괴되고, IT기술의 혁명으로 전지구촌의 균질화, 획일화 현상이 발생하였고, 세계화가 정치, 경제, 사회, 문화 등 모든 측면에서 진행되었다. 한편으로 세계화에 대응해서 독특한 지역의 창소와 다양한 지역발전을 위한 농기가 강하게 대누되어 지방화 개념이 나오게 되었다. 최근에는 세계화와 지방화 개념을 합성한 세방화(glocalization) 개념이 대두되게 된 것이다. 이 개념은 전 지구적으로 진행되는 여러 가지 현상 중 IT기술의 보급 등 긍정적인 측면은 흡수하고, 환경파괴와 같은 부정적인 측면은 제거하는 동시에 지역의 개성을 존중하고 발전시키는 의미를 가지고 있다. 이것은 한마디로 전 지구적으로 생각하고, 지역적으로 행동하라(Think Globally, Act Locally)는 의미를 담고 있는 것이다. 최근에는 이것보다 포괄적인 전 지구적으로 생각하고 행동하라(Think and Act

Globally)라는 사고방식이 인식되고 있다. 이제는 글로벌화의 진전으로 지역문제의 해결을 위해서 지역만으로는 해결할 수 없고, 지구 차원의 정책을 생각할 수밖에 없다는 것이다. 최근에 가장 지역적인 것이 가장 세계적이 된다는 표현이 회자되고 있다. 세방화 개념을 고찰하기 위해서는 지역과 세계를 통찰하는 경제원리와 논리를 파악해야 하고 지역경제학을 배워야 한다. 세방화를 고찰하는 것이 지역경제학의 과제이기도 하다.

지역경제(regional economy)는 국가경제(national economy)에 대응하는 개념으로 국가경제의 하부단위로서의 지역경제라고 할 수 있다. 지역경제는 희소한 자원을 국토의 한정된 공간에서 합리적으로 배분하기 위한 일체의 경제활동, 즉 생산과 소비, 교환, 분배 등을 포함하고 있다. 그리고 지방정부는 중앙정부에 대응되는 개념으로 사용되고 있고, 지방경제는 중앙경제에 대한 대응개념으로 사용되는 개념으로 볼 수 있다.

지역경제와 국민경제의 큰 차이점은 지역의 경계선과 국가 간 국토의 경계선이 크게 차이가 나는 점과 관련된다. 즉 사람이나 물자의 이동에 있어서 지역의 경계선은 큰 장애가 되지 않지만 국가 간의 경계는 큰 장애가 된다. 예를 들어, 노동력의 이동인 인구이동의 경우를 보면, 일국 내에서 지역 간 인구이동은 자유롭지만, 국제적인 인구이동은 제한적이다. 국민경제는 국가 간의 무역과 서비스부문의 장벽으로 국제간 경제교류는 제한적이다. 국민경제는 다른 나라의 국민경제와 무역과 기타 여러 가지 교류를 하고 있지만, 국제간의 경제활동규모는 국내경제활동규모에 비해서 제한적이다. 지역경제는 국내에서는 관세장벽이나 외환규제 등의 정책수단을 거치지 않고 상품이나 자본, 노동 등 생산요소의 지역 간 이동이 제도적으로 자유롭게 때문에 보다 더 개방적이라 할 수 있다. 과거의 폐쇄적인 지역경제와는 달리 최근의 지역경제는 개방체계의 특성을 가지고 있다. 개방체계라는 지역경제의 특징은 국내의 지역경제뿐만 아니라 국제적인 지역경제를 분석할 때도 적용 가능하다고 하겠다.

제 2 절 지역경제학의 학문적 성격

1. 의 의

지역경제학(Regional Economics)을 정의하는 방법에는 여러 가지 접근방법이 있지만, 일반적으로 네 가지 접근방법으로 구분할 수 있다(Dubey, 1964: 25~29).

地域經濟學을 정의하는 첫 번째 접근방법은 독립과목으로 분리되는 가능성을 부정하고, 地域科學(Regional Science)의 한 분야로 취급하는 방법이다. H. S. Perloff 등 몇몇 학자들은 지역경제학이 여러 분야에 걸쳐 연결되는 점에 크게 강조하고, 지역연구는 분리할 수 없는 전체로서 구성되어 있다고 생각했다. 펄로프는 지역연구라는 것은 정치학, 경제지리학, 사회학, 인구통계학, 도시공학, 도시행정학, 환경생태학 등이 결정되어 이루어진 종합적인 것으로 그 중 어느 하나도 분리해서 다룰 수 없는 불가분성을 가진다고 하였다. 이들 학문은 지역분석의 목적을 위해서 상호보완적이라는 점에서 통합된 地域科學이 존재한다는 것이다.

지역경제학을 정의하는 두 번째 접근방법은 위의 견해와 반대되는 견해로써 지역경제학의 주제를 구성하는 일단의 문제들(a group of problems)이 구별될 수 있고, 이들 문제들이 지역경제학의 독립된 과학으로 정의될 수 있다는 것이다. 지역분석을 어렵게 하는 여러 가지 문제들이 주제의 정의를 어렵게 하지만, 지역경제학의 연구분야에 포함될 수 있다. 이 접근방법은 지역경제학이 경제적 관점에서 지역의 모든 문제들을 연구할 수 있다는 입장이고, 독립된 학문으로 정의될 수 있다는 것이다.

L. Robbins는 오래전에 경제학은 (인생의 평범한 사업과 같은) 주제에 의해서 구별되는 것이 아니라 그것의 관점에 의해서 구별된다고 했다. 연구 분야에 관한 여러 가지 학과목들 사이에는 많은 중복되는 문제들이 있지만, 적용되는 관점에 따라서는 상당히 명확하게 구분된다는 것이다. 경제학은 특수그룹의 활동을 연구하는 것이 아니라 모든 인간 활동의 측면을 연구한다는 L. Robbins의 입장을 받아들인다면, 지역경제학은 地域科學의 범주 속에서 독립된 학문으로 구분된다는 것이다. 이것은 경제적 관점에서 연구하는 지역연구는 지역경제학의 연구로써 고려될 수 있다는 것이다.

지역경제학을 정의하는 세 번째 접근방법은 공간분리의 경제학으로 정의하는 것이다. L. Leferber는 공간적 일반균형이론(spatial general equilibrium theory)의 필요성을 강조하고, 지역경제학은 자원의 공간적 균형을 다루는 연구 분야라고 했다. 그는 적정입지선택문제, 어떤 지역에서의 기업 집적문제, 노동력의 대규모 이동, 인간정착의 유형, 지역 내 및 지역 간 자원이동문제, 수송체계개발, 공간적으로 차별화된 사회경제적 조정의 문제 등을 연구하기 위해서 이 이론을 개발하는데 노력했다. 이와 비슷한 입장으로 H. O. Nourse도 지역경제학은 간과하고 있는 경제의 공간적 질서를 연구하는 것이며,

또한 희소한 자원의 지리적 분배에 관한 연구이기도 하다라고 했다. 이 접근방법은 두 가지의 취약점을 가지고 있다. 즉, 지역경제학에서 커버하고 있는 전반적인 문제들을 다 설명할 수 없고, 논리적으로 불충분하다는 것이다. 즉 공간적 분리의 존재는 필요하지만, 지역경제학에서 연구되는 문제들에 대한 충분조건은 아니라는 것이다.

지역경제학을 정의하는 네 번째 접근방법은 非可動性(不移動性) 資源에 관한 경제학이라고 보는 입장이다. 이러한 견해는 G. H. Borts(1960), G. H. Borts와 J. L. Stein (1961) 그리고 J. R. Meyer(1963) 등에 의해서 제시되었다. 이 접근방법도 지역경제학의 전체적인 범위를 충분히 설명해 주지 못하고 있다.

위의 접근방법들은 모두 어느 정도의 취약점을 가지고 있다. 따라서 종합적인 정의가 필요하다. 지역경제학 정의에 관한 궁극적인 정당성은 인간존재에 대한 기본적이고, 편재해 있는 세 가지 사실들로부터 도출할 수 있다. 즉 첫째, 인간 활동과 부수적인 것들이 공간을 지배한다는 것이다. 자원과 시장 및 생산물은 길이나 넓이가 없는 가공의 위치에 입지한 것이 아니라 공간적 분리에 있다. 둘째, 자원과 그것들의 생산과 소비는 우주공간에 따라 공평하게 분배되어 있는 것이 아니다. 실질적으로 차이가 나고, 또한 시간이 지남에 따라 변화한다. 셋째, 인간 활동의 목적은 다양하지만, 그러한 목적을 달성하기 위한 자원들은 희소하고, 대안적인 사용도 가능하다는 것이다. 다시 말하면, 희소 자원의 할당과 증대에 관한 경제적 문제가 존재한다는 것이다. 이러한 것을 고려할 때, 위의 접근방법들은 충분하지 못하다.

상술한 접근방법의 문제점을 해소하고, 간과하지 못한 여러 가지 문제들을 고려하여 정의하면 다음과 같다. 지역경제의 문제는 부존자원의 효율적인 배분뿐만 아니라 이동 가능한 모든 사회경제적인 자원의 효율적인 배분까지도, 포함하는 것이기 때문에 지역경제학을 보다 넓은 의미로 해석하여 하나의 독립된 사회과학으로 보는 것이 오늘날의 지배적인 견해이다. 지역경제학은 각 지역들의 특성이 공간적으로 분리됨으로 인하여 야기되는 각종 문제들을 연구대상으로 하기 때문에, 재화와 서비스, 주거문제, 에너지문제 및 정보 등을 취급하여 이러한 경제활동들을 공간적으로 연결시키는 운송, 교통, 환경문제까지도 포함된다. 따라서 도시지역도 지역의 일부로 보아 도시지역의 많은 문제들도 지역경제학에서 취급되므로 도시경제학까지도 지역경제학의 일부로 포함시키는 경우도 있다. 지역경제학을 독립된 社會科學으로 보고, 종합적으로 정의한 것을 보면 다음과 같다.

먼저 V. Dubey는 지역경제학은 주변 환경에 의해서 야기되는 사회적인 문제들을 경감시키기 위해서 사회간접자본 투자계획에 관한 적용을 특히 강조하면서, 불안정하게 분배되고, 불완전한 유동자원의 세계에서, 지역의 차별성과 상호관계를 경제학적인 관점에서 연구하는 학문이라고 정의하였다(Dubey: 29). 지역경제학은 그것이 어디에서 일어나든 지역경제문제를 연구하는 것이다. 듀비의 정의는 지역과학적 입장에서 지역경제학의 정의를 규정하고 있다고 판단된다. 지역경제학은 地域科學의 한 분야를 이룬다. 왜냐하면 地域科學이란 경제학 · 사회학 · 지리학 · 행정학 · 토목공학 · 정치학 등 여러 부문을 포괄한 종합과학이기 때문이다.

E. M. Hoover는 지역경제학을 경제체계의 공간적 특성을 주로 이해하는 것이라고 하고 요소들이 공간에 걸쳐 경제활동의 분배와 그 분배의 변화가 어떻게 관리되는가를 연구하는 분야라고 했다. 따라서 지역경제학을 공간경제학과 유사한 개념으로 사용하면서 지역경제학은 무엇을 어디에다 입지시킬 것인가? 그리고 왜, 그래서 무엇을 할 것인가에 대한 답을 제시하는 것을 연구하는 분야라고 했다(What is where, and why____and so what?). 여기서 처음의 what는 경제활동의 모든 유형 즉 공장, 농장, 광물 등과 같은 좁은 의미의 생산설비뿐만 아니라 가계와 기업, 공적 · 사적기관 같은 것도 포함된다고 했다. where에 관한 문제는 경제활동과 관련된 입지문제, 즉 공간패턴의 근접성, 집중과 분산, 일치와 불균형 문제, 보다 넓게는 지역과 지구, 이웃, 구역 등의 문제와 관련된다고 했다. 그리고 왜 그래서 무엇을(why____and so what)이란 문제는 경제학자들의 능력과 대담성이 그렇게 유연적이지 못하다는 것을 나타낸다. 후버는 결국 공간 및 지역경제 문제는 세 가지, 즉 자연자원의 이점과 집적경제, 수송비와 커뮤니케이션 비용 등의 문제와 관련이 있다는 것이다. 보다 기술적인 용어로는 불완전한 요소이동과 불완전한 분할성, 그리고 재화와 용역의 불완전한 이동 등과 관련되는 문제라고 했다.[2)]

H. W. Richardson은 지역경제학은 지역을 하나의 봉쇄경제단위로 취급한 경제이론과 거리에 따른 공간개념, 입지이론, 집적경제 등의 이론을 접합한 종합 사회과학이라고

---

2) E. M. Hoover & Frank Giarratani, 1984, pp. 3-5. 이러한 후버의 접근방식은 미국식 접근방법으로 볼 수 있다. 미국식 접근방법은 지역경제학을 공간에 관한 경제주체들의 선택행위를 명시적으로 취급하는 학문으로 다루고 있다. 반면에 유럽식 접근방법은 지역경제학을 국민경제를 구성하는 하위경제인 지역경제의 작동원리를 설명하고, 이에 근거하여 지역문제들을 해결하려는 학문분야로 정의하고 있다. 유럽식 접근방법은 미국보다 국토면적이 좁고 해서 지역경제를 주로 국민경제의 하부구조로 보고 있다. 그리하여 지역경제이론보다는 지역문제의 해결과 정책문제에 보다 관심을 가진다.

했다. 다시 말해서 지역 내의 경제현상과 지역 간의 경제행위는 물론 이러한 지역경제 현상이 초래하는 모든 공간경제행위까지도 포괄적으로 다루는 독립된 사회과학이라고 할 수 있다는 것이다.

지역경제학의 정의에 관한 의견이 이와 같이 많은 것은 지역경제학의 독립영역이 정착되지 않은 것과도 관련이 있다. 경제학자들은 일반적으로 무엇을 얼마만큼 생산할 것인가(What, How much to produce: 생산물의 종류와 양 문제), 누구를 위하여(For Whom to produce: 생산물의 분배문제, 어떻게 생산할 것인가(How to produce: 생산방법문제)라는 국민경제의 3대 기본과제를 해결하기 위해서 노력해 왔으며, 어디에서(Where to produce: 생산물의 입지문제), 언제 (When to produce: 생산시기문제)라는 지리적 공간상에서의 문제에 대해서는 해답을 줄 수 없었다. 반면에 지역경제학자들과 지리학자들은 어디에서라는 문제, 즉 지리적 공간상에서 경제활동의 유형에 대해서는 해답을 줄 수 있었으나, 무엇을 얼마만큼, 누구를 위하여, 언제, 어떻게 생산할 것인가라는 문제에 대한 해답은 주기 어려웠다. 최근에 와서 경제학에서는 이러한 모든 문제를 종합하고, 상호관련시키는 문제에 대해 연구하는 종합과학적 접근방법이 연구되기 시작했다. 이는 경제활동의 공간적 질서에 따르는 문제에 대한 학문으로서의 지역경제학 또는 보다 넓은 의미의 지역과학인 것이다.

지역경제학을 종합적으로 정의하면 다음과 같다. 지역경제학은 지리적 공간상에서 희소한 자원을 효율적으로 생산, 분배, 소비 및 교환하는 경제활동과 이들과 관련해서 발생하는 여러 가지 지역경제문제를 연구하는 학문이라고 정의할 수 있다. 경제학이 적정선택(適定選擇)에 관한 학문(the science of optimal choice)이라고 간단히 정의할 때, 지역경제학은 지리적 공간상에서 재화나 용역을 생산하는데 어떻게 하면 효율적으로 생산하고, 분배하며, 교환, 소비하는가를 연구하는 학문이라고 하겠다. 지역경제학은 일반경제학에 공간개념을 도입한 응용경제학이며, 사회·정치·문화·지리·교통·환경·건축 등을 복합적으로 연구하는 종합 사회과학이다.

2. 성립과 발전과정

지역경제학은 1950년대 말, 1960년대 초를 전후하여 지역과 공간개념이 경제학에 도입되고 공간경제 구조를 과학적으로 분석하면서 성립하게 되었다. 경제학에 공간요소도입은 19세기 초에 발달한 입지이론과 토지경제학 등에서부터 기원을 찾을 수 있다. 지역경제학은 공간적 분리를 극복하는 수송비를 경제분석에 도입하는 공간경제학으로부터 발전하였다. 일반적으로 입지론은 J. H. von Thünen(1783~1850)의 고립국(1826)으로부터 시작되었다고 보는데, 튀넨은 수송비에 의한 차액지대설을 주장하였다. 일반적인 경제현상의 공간성은 튀넨 이전의 경제학자들인 고전학파의 A. Smith(1723~1790)와 D. Ricardo, 중상주의자 J. D. Steuart(1712~1780), R. Cantillon(1690~1734) 등에 의해서 부분적으로 도입되었다. 스미스는 가격론에서 공간과 수송비를 중시하였으며, 리카도는 차액지대설을 도입하여 농업입지론을 전개하였다. 칸틸론은 경제이론에 비용을 증가시키는 거리의 문제를 접목시켰다.[3)]

그후 Alfred Weber(1868~1958)가 공업입지론(Theory of the Location of Industries, 1909)[4)]을 저술하였는데, 이 책은 공업입지론에 대한 고전적 이론으로서 근대입지론 발전의 기초가 되었고, 비용극소화 입지론을 제시하였다. 웨버 이후 1930년 대 후반의 입지론은 주로 독일 경제학자들에 의해서 크게 발전하였다. 입지론에서는 기업과 가계는 다른 장소와 비교하여 수송비가 적게 들어가고, 보다 높은 이익을 올릴 수 있는 장소에 입지한다고 한다.

근대적 입지론은 튀넨과 베버의 고전적 입지론 이후(1935년 이후)에 독점적 경쟁이나 일반균형 등을 도입하여 발전하게 되었다고 할 수 있다. 대표적인 학자로는 스웨덴의 Toder Palander와 B. Ohlin, 독일의 A. Lösch와 E. M. Hoover 등이다. 팔렌더는 공간부문에서의 부분균형이론을 발전시켰다. 이는 신고전학파인 Alfred Marshall이 비공간부문에서 부분균형이론을 발전시킨 것과 대비된다고 하겠다. A. Lösch는 입지경제학(the Economics of Location, 1944)을 저술했는데 입지론을 일반균형이론과 연계시켜 발전시켰다. 이 책은 1954년 영어판이 출판되어 미국 지역경제학계에 큰 영향을 미쳤다.[5)] 경제이론에서 처음으로 일반균형이론을 제시한 학자가 Leon Walras인데, 뢰쉬는 공간개념을 도입하여 일반균형이론을 최초로 발전시킨 학자이다.

근대적 입지론이 본격적으로 발전하게 된 것은 전후이며, 과거 독일중심의 발전에서

---

3) 이만수, 1995, 「지역경제학」 pp. 6-8, 심재희, 2004, 「지역경제학」 pp. 52-53, 최재선, 1996, 「지역경제론」 pp. 31-33 등을 참고하여 정리하였다.

4) 이 책은 1929년 Friedrich에 의해서 영어판으로 번역되었다(C. J .Friedrich, 1929, *Alfred Weber's Theory of the Location of Industries*, University of Chicago Press).

5) W. H. Woglom, 1954, *The Economics of Location*, New Haven: Yale University Press.

미국으로 옮겨가게 되었다. 특히 미국의 E. M. Hoover는 1937년에 입지이론과 신발·가죽산업을 저술하였고 1948년에 경제활동의 입지(the Location of Economic Activity)를 저술하였다.[6] 그는 비용극소화입지론에 생산비를 포함시키고 중심지이론을 보다 발전시켜 공간적 요소를 독점적 경쟁이론에 통합시켰다. 그 후 1971년에는 지역경제학 서설(An Introduction to Regional Economics)을 저술하여 하나의 학문으로 발전하는데 크게 기여하였다.[7]

전후 미국에 있어서의 입지론은 지역과학(Regional Science)의 기초부문으로 발전하였는데, 특히 Walter Isard의 공로가 컸다. 아이사드는 1956년에 입지와 공간경제(Location and the Space Economy)를 저술하여 신고전파의 일반이론은 공간경제학의 특별한 경우라는 사실을 보여주고, 공간 일반균형이론을 크게 발전, 완성시켰다. 또한 1960년에는 지역분석방법(Methods of Regional Analysis)을 서술하여 지역분석방법을 제시한 후 지역경제이론과 지역경제분석이 통합되어 지역경제학이라는 학문이 성립되는데 크게 기여하였다.[8] 아이사드는 경제학에 공간적 요소와 시간적 요소를 동시에 고려하면서 정량화를 시도하여 공간활동이론을 지역경제학적인 입장에서 체계화하려고 본격적으로 노력하였다. 또한 아이사드는 W. Leontief의 산업연관분석모형을 지역산업연관분석모형으로 확대, 발전시켰다.

그리고 M. L. Greenhut이나 H. O. Nourse, W. Alonso, H. W. Richardson 등의 학자도 지역경제학이 하나의 학문으로 발전하는데 크게 기여하였다. 그린헛은 1970년에 '경제공간에서의 기업이론(a Theory of the Firm in Economic Space)'을[9] 저술하여 공간상에서 과점이론을 발전시키고, 베버의 수송비이론과 자신의 수요요인을 접목시켜 이윤극대화 입지이론을 제시하였다. 알론소는 1964년에 입지와 토지사용(Location and Land Use)를 저술하여 토지이용 경제에 관한 입지분석을 전개하였다.[10] 너스는 1968년에 지역경제학(Regionla Economics)을 저술하여 학문발전에 기여하였고,[11] 리차드슨은

6) E. M. Hoover, 1948, *Location Theory and the Shoe and Leather Industries*, Harvard University Press, 1937 및 The location of Economic Activity, McGraw-Hill.

7) 1984년에는 3판을 저술하였다(E. M. Hoover and Frank Giarratani, 1984, *An Introduction to Regional Economics*, Alfred A. Knopf, Inc).

8) W. Isard, 1960, *Location and the Space Economy*, John Wiely, 1956 및 W. Isard et al, *Methods of Regional Analysis*, New York: John Wiely & Sons.

9) M .L. Greenhut, 1970. *A Theory of the Firm in Economic Space*, Appleton Century Crofts, New York.

10) W. Alonso, 1964, *Location and Land Use*, Harvard University Press.

11) 이 책은 지역경제학이란 용어로 나온 최초의 서적으로 볼 수 있다(Hugh O. Nourse, 1968, *Regional Economics*,

지역경제학(Regional Economics, 1978, 1979)과 지역성장론(Regional Growth Theory, 1973) 등 지역경제학 분야에 많은 저술[12)]을 하여 이 분야의 발전에 기여하였다.

일부 경제학자들은 1930년대의 대공황의 원인을 지역 간의 불균형성장에서 찾고 있다. W. Leontief는 1919년에서 1939년까지의 미국 경제구조를 산업연관모형을 작성하여 분석하였다.[13)] 그는 미국의 국민경제발전과 지속적인 경제성장은 지역 간의 균형발전 없이는 불가능하다는 가설을 정립하고 검정하였다. 이것은 지역경제학이 발전하게 된 하나의 계기가 되었다.

지역경제학은 1960년을 전후하여 대도시의 과밀문제와 과소문제, 지역 간의 격차문제가 대두되었고, 지역과 공간개념이 경제학에 도입되면서 하나의 학문으로 발전되었다. 상술한 바와 같이 경제학의 공간요소도입은 입지이론의 발전과 더불어 이루어지게 되었고, 그 외 토지경제학과 도시경제학의 발달과 더불어 발전하게 되었다.

최근 세계 및 지역경제의 최대 화두는 4차 산업혁명이다. 이 용어는 2016년 1월 세계경제포럼(World Economic Forum: WEF)에서 처음 제시되었는데, 이후 4차 산업혁명에 관한 논의가 많이 이루어졌다.[14)] 4차 산업혁명과 관련된 핵심 키워드는 초지능화와 초연결성이다.

일반적으로 1차 산업혁명은 1780년대 증기기관이 발명되면서 시작되었고, 2차 산업혁명은 1870년대 전기와 전동기가 발명되면서 시작되었으며, 3차 산업혁명은 1970년대 컴퓨터, 인터넷, 반도체 등 정보통신기술(ICT)이 도입되면서 일어났다.

2016년에 4차 산업혁명의 화두를 본격적으로 던진 세계경제포럼의 클라우스 슈밥(Klaus Schwab) 회장은 4차 산업혁명이 속도, 범위, 체제에 대한 충격의 세 측면에서 3차 산업혁명과 확연히 다르다고 강조했다. 4차 산업혁명을 기존의 산업혁명들과 비교했을 때 선형적인 변화가 아니라 완전히 차원이 다른 지각 변동 수준이라고까지 보았다.

New York: McGraw-Hill).

12) Harry W. Richardson, 1973, *Regional Growth Theory*, New York:John Wiely & Sons.
_______, 1978, *Regional and Urban Economics*, London: Penguin.
_______, 1979, *Regional Economics*, Urbana Ⅲ: University of Illinois Press.
_______(ed.), 1970, *Regional Economics -A Reader*, Macmillan.

13) W. Leontief, 1951, *The Structure of American Economy: 1919-1929*, Harvard University Press. 1941. (second edition: 1919-1939, New York: Oxford University Press)

14) 세계경제포럼에서 4차 산업혁명을 제시하기 전인 2011년에 독일 정부는 이미 'Industry 4.0(제조업 4.0)' 정책을 추진하기 위해 4차 산업혁명 개념을 사용했다. 제조업 4.0은 제조업의 혁신을 통해 경쟁력을 강화하기 위한 것으로 사물인터넷(IoT, internet of things)을 통해 생산기기와 생산품 간의 정보 교환이 가능한 제조업의 완전한 자동 생산체계를 구축하고, 전체 생산과정을 최적화하는 목표로 추진되었다.

4차 산업혁명에 관한 정의는 학자에 따라 약간 다른데, 일반적으로 인공지능(Artificial Intelligence: AI)과 사물 인터넷, 빅데이터, 클라우드, 3D 프린팅, 모바일, 가상 및 증강현실 등 첨단 정보통신기술이 경제·사회 전반에 융합되어 혁신적인 변화가 나타나는 차세대 산업혁명을 의미한다. 쉽게 말하면, 현실(off-line)과 가상(on-line)이 인간을 중심으로 융합하는 것이라 할 수 있다.

따라서 지역경제학에서는 4차 산업혁명이 초래하는 산업구조, 소득분배, 생활방식, 공간적 생활 패턴 등의 변화과정을 면밀히 분석하여 연구범위의 확대와 새로운 방향 전환의 계기로 삼아야 할 것이다.

3. 인접학문과의 관계

지역에서 일어나는 일체의 현상을 지역현상(地域現象: regional phenomenon)이라 하고, 이러한 지역현상을 체계적, 종합적으로 연구하는 학문분야를 지역과학(地域科學: Regional Science)이라 할 수 있다. W. Isard는 지역학은 사회과학에 속하며, 주로 공간문제와 공간체계, 지역문제와 지역체계, 입지문제와 입지체계에 초점을 맞추어 연구하는 분야라고 했다(Isard, 1960: 9-11).

지역과학은 지역현상이 지역 간에 불균형하다는 점에서 출발하여 낙후된 지역을 지속적으로 발전시키는 것이 지역학의 궁극적인 목적이라고 할 수 있다. 여러 가지 지역현상 중 지역 간 불균형이 두드러지게 나타나는 것은 경제현상을 통해서이다. 따라서 지역의 경제현상을 주로 분석하는 지역경제학이 지역과학에서 차지하는 비중은 매우 크다고 하겠다.

지역경제학과 관련되는 인접 학문으로는 도시경제학과 토지경제학, 경제지리학 등이 있다. 경제학이 도시화에 관심을 갖게 된 것은 최근의 일이다. 도시경제학(都市經濟學)의 연구목적은 도시지역에 있어서 자원의 배정과 실질소득의 분배를 설명하고, 예측하는 학문인 것이나 아직까지 그의 연구는 초기단계이다. 도시경제학의 연구내용은 도시의 성장, 도시경제의 분석, 주택의 수요, 도시수송·교통, 도시환경, 도시토지의 이용과 개발, 도시행정, 도시의 빈곤문제, 도시환경, 입지이론, 도시의 고용 및 노동문제, 도시의 개발 등이다. 따라서 지역경제학과 도시경제학은 상호연관적이며 상호 협동적인 효과를 가진다고 하겠다.

B. Harris는 지역경제학과 도시경제학의 차이를 다음의 3가지로 구분하고 있다(Harris, 1985: 545~567). 첫째, 지역경제학은 지역을 단위로 하므로 공간분리의 경제학에 초점을 맞추고, 비교적 거시적 분석경향이 있고, 도시경제학은 공간분리의 경제학뿐만 아니라 공간의 점유까지도 취급하므로 개별 경제주체의 행태가 분석의 위주가 되는 미시적 분석경향이 있다. 둘째, 지역경제학은 이론적 부문을 추구하는 경향이 있지만, 도시경제학은 비교적 실제적이고, 실증적인 경향이 있다. 셋째, 지역경제학은 지역적(regional)이지만 도시경제학은 연구대상 중 대도시(metropolitan city)만이 원래 지역의 의미로 볼 수 있다고 하였다. 그러나 최근에 와서는 이러한 차이점이 점차 줄어들고, 상호 보완적 · 연관적으로 발전하고 있다.

지역경제학과 도시경제학은 또한 토지경제학(土地經濟學)과도 연관성이 높다. R. T. Ely에 의해서 독립된 학문으로 정립된 토지경제학은 토지에 대한 경제학의 응용분야라고 할 수 있는데, 경제재와 서비스를 생산하기 위해 토지의 가격과 수급, 비용, 가치, 수익, 관리문제 등을 취급하는 연구분야라고 할 수 있다.[15]

그리고 경제지리학은 경제현상의 지리적 결합성을 구명하는 학문이고, 이러한 결합관계를 분석하는 방법으로 상호작용론이 있다. 경제지리학에서는 지역이라는 개념보다는 경제지역이라는 개념을 주로 사용하는데, 경제지역은 공통적인 경제성과가 분포된 지표부분을 나타낸다. 경제지리학은 주로 경제현상을 지리적으로 설명하고 구명하는 것이므로 지역경제학에서의 입지이론과 관련성이 깊다고 하겠다.

제 3 절 지역경제학의 연구대상과 연구방법

1. 연구대상

지역경제학의 연구영역과 분야는 크게 세 가지 측면, 즉 지역경제이론과 지역경제분석방법, 지역경제정책 부문 등으로 구분된다고 하겠다.

15) 토지경제학은 R. T. Ely가 Wisconsin대학에서 행한 Landed Property의 세미나가 효시가 되었으며, 독립적인 학문으로 인식하게 된 것은 1919년 USDA에 토지경제국이 설치되고, 이에 따라서 토지이용조사연구가 활발하게 전개됨으로써 비롯되었다고 볼 수 있다. 동시에 1922년 R. T. Ely에 의한 토지경제학의 책자 즉 Outlines of Land Economics의 발간과 더불어 학문적인 체계가 이룩되었다(주봉규, 1988, 「토지경제학」, 박영사, p. 1.).

먼저, 지역경제이론은 생산물을 효율적으로 생산하기 위한 입지이론과 입지문제를 분석하고, 지역성장이론, 지역생산요소시장에 관한 이론, 지역 간 교역이론 등을 대상으로 연구한다.

둘째, 지역 및 도시의 제반문제를 이론적, 실증적으로 분석한다. 그리하여 여러 가지 지역문제를 해결할 수 있는 처방과 방법을 연구한다. 최근에 와서는 도시주택문제, 지역에너지문제, 도시재정문제, 도시교통문제, 도시환경문제 등 도시의 제반 문제점들도 분석하는 등 연구대상범위가 점차 확대되고 있다.

셋째, 지역경제분석기법에 대한 정의와 분석방법을 연구한다. 분석기법도 새롭고 정교한 분석기법들이 제시되고, 그 응용분야도 점차 확대되고 있다.

넷째, 이러한 여러 가지 지역경제문제를 지역경제학입장에서의 대책이나 정책을 도출하는 분야를 연구한다. 최근 우리나라에서는 민선자치단체장에 의한 본격적인 지방자치시대가 전개됨에 따라 지역적으로 차별화되고 특색 있는 시책들이 많이 제시되고 있다.

지역경제학의 연구대상은 광의로 해석하면 지역의 문제 전체를 경제학적인 입장에서 연구하는 것이라고 할 수 있고, 일반적으로 지리적 공간상에서 희소한 자원을 합리적으로 배분하기 위한 제반 과제를 연구대상으로 한다.

지역경제학의 연구대상은 논자에 따라 약간 다르지만 일반적으로 지리적 자원배분의 문제, 산업(1차, 2차, 3차 산업)별 입지문제, 도시 및 지역의 발전문제, 지역 간의 격차문제, 지방재정 및 지역의 경제정책, 지역 간 균형발전문제 등을 대상으로 한다(최재선, pp. 40-44). 그리고 최근에 와서는 산업클러스터 이론과 도시경제의 공간적 구조, 지역 및 지역 간 노동시장분석, 지역의 지속가능한 성장문제, 4차 산업혁명과 공간 패턴변화 등이 중요하게 다루어지고 있다.

지역경제관련 해외학회로는 미국과 환태평양 등에서 활발히 활동하고 있는 WRSA (Western Regional Science Association), SRSA(Southern Regional Science Association), NARSC(North American Regional Science Council), RSAI(Regional Science Association International), PRSCO(Pacific Regional Science Conference Organisation), MCRSA(Mid-Continent Regional Science Association) 및 유럽에서 활동하는 ERSA (European Regional Science Association) 등이 있다. 지역경제분야 해외 유명저널은 Journal of Regional Science, Review of Regional Studies, Regional Studies, Annals of Regional Science, Regional Science and Urban Economics, International Regional

Science Review, Studies in Regional Science, Papers in Regional Science, Regional Policy and Practice 등이 있다. 최근 국내외 지역경제분야 연구는 특정 지역이나 문제 지역 등에 관한 특성 연구나 특징적 현상 규명 등에 관한 연구가 많아지고 있다.

2. 연구방법

지역경제학의 연구방법론은 논자에 따라 약간씩 다르지만 일반적으로 문헌적인 연구와 이론적인 연구, 실증적인 계량적 분석방법 등으로 이루어진다. 상술한 바와 같이 지역경제학은 지리적 공간상에서 재화나 용역을 생산하는데 어떻게 하면 효율적으로 생산하고, 분배하며, 교환, 소비하는가를 연구하는 학문이다. 따라서 지역경제학은 지리적 공간상에서 해당 지역의 문제를 실증적으로 분석하고 그에 따른 문제점을 해결하려고 하는 학문이라 할 수 있다. 그리하여 지역이나 국가에 따라서 연구해야 하는 대상 분야가 다를 수 있다. 지역경제이론 부문은 하나의 이론이 정립되기 위해서는 많은 기간이 걸리기 때문에 변화속도가 상당히 느리지만, 지역경제정책분야는 새로운 이슈와 문제가 자주 대두되기 때문에 변화속도가 보다 빠르다고 하겠다.

지역경제학은 지역경제이론과 지역경제분석, 지역경제정책 등을 종합적으로 연구한다. 따라서 지역경제학의 연구대상을 획일적으로 규정하기는 어렵다. 일반적으로 지역경제학의 접근방법은 미국식 접근방법과 유럽식 접근방법으로 구분된다. 미국식 접근방법은 50개 주로 구성된 거대국가이다 보니 어떤 지역에 관한 연구보다는 도시문제에 보다 집중하는 경향이 있고, 유럽식 접근방법은 국가의 면적이 미국이나 중국 등에 비해 비교적 작기 때문에 도시문제 보다는 지역문제에 보다 큰 관심을 두는 경향이 있다. 미국식 접근방법은 지역경제학을 공간에 관한 경제주체들의 선택행위를 명시적으로 취급하는 학문 분야로 취급하는 반면, 유럽식 접근방법은 국민경제를 구성하는 하부경제인 지역경제의 작동원리를 설명하고, 이를 토대로 지역문제를 해결하려고 하는 학문 분야로 다루고 있다.

결국 지역경제학의 연구대상은 국가별로 상이한 접근방법을 하고 있고, 약간 다르기 때문에 해당지역의 특성을 감안하여 유연하게 접근하는 방법이 필요할 것으로 판단된다.

탐구학습

1. 주요 개념
   - 지역과 지역경제
   - 지역경제학과 지역학
   - 지역경제학과 도시경제학

2. 토론과 과제
   - 지역의 개념에 대해 설명하시오.
   - 지역경제학의 의의와 접근방법에 대해 설명하시오.
   - 지역경제학의 성립과 발전과정에 대해 설명하시오.
   - 지역경제학과 인접 학문과의 관계에 대해 설명하시오.
   - 지역경제학의 연구대상과 연구방법에 대해 설명하시오.

참고문헌

김경환 · 서승환, 1994, 2010, 「도시경제」, 제4판, 홍문사.
이만수, 1995, 「지역경제학」, 박영사.
심재희 역, 2004, 「지역경제학」, 전남대 출판부.
전도일, 2001, 「지역경제학의 이해」, 교우사.
주봉규, 1998, 「토지경제학」, 박영사.
최성수, 1995, 「지역경제론」, 대왕사. 및 2008, 도시 및 지역경제학, 명진.
최재선, 1996, 「지역경제론」, 제2전정판, 법문사.
홍기용, 1999, 「지역경제론」, 제5전정판, 박영사.
大友 篤, 1997, 「地域分析入門」, 東洋經濟新報社.
Alonso, W., 1964, *Location and Land Use*, Harvard University Press.
Amstrong, Harvey & Jim Taylor, 2000, *Regional Economics and Policy*, Third Edition, Blackwell Publishers Ltd.
Blair, J. P., 1991, *Urban and Regional Economics*, Irwin.
Clark, G. L., M. S. Gertlerand & J. E. M. Whiteman, 1986, *Regional Dynamics*, Allen and Unmin Inc.
Dubey, Vinold, 1964, "The Definition of Regional Economics," *Journal of Regional Science*, Vol. 5. No.2, 25-29.

Dutta, D. M., J. C. Hartline & P. D. Loeb, 1988, *Essays in Regional Economic Studies*, The Acorn Press.

Friedrich, C. J., 1929, *Alfred Weber's Theory of the Location of Industries*, University of Chicago Press.

Greenhut, M .L., 1970, *A Theory of the Firm in Economic Space*, Appleton Century Crofts, New York.

Harris, Britton, 1985, "Urban Simulation Models in Regional Science", *Journal of Regional Science*, Vol. 25. No. 4, 545-567.

Hoover, E. M., 1937, *Location Theory and the Shoe and Leather Industries*, Harvard University Press.

________, 1948, *The location of Economic Activity*, McGraw-Hill.

________, & Frank Giarratani, 1984, *An Introduction to Regional Economics*, Alfred A. Knopf, Inc.

Isard, W., 1956, *Location and the Space Economy*, John Wiely.

________, 1960, "The Scope and Nature of Regional Science," *Papers and Proceedings of the Regional Science Association*, Vol. 6.

________, et al, 1960, *Methods of Regional Analysis*, New York: John Wiely & Sons.

Leontief, W., 1941, *The Structure of American Economy: 1919-1929*, Harvard University Press (Second Edition: 1919-1939, New York: Oxford University Press, 1951).

McCann, Philip, 2001, 2013, *Urban and Regional Economics*, Oxford University Press.

Mills, Edwin S. & Bruce W. Hamilton, 1984, *Urban Economics*, Third Edition, Scott, Foresman and Company.

Nourse, Hugh O, 1968, *Regional Economics*, New York: McGraw-Hill.

Rasmussen, David W., 1973, *Urban Economics*, Harper & Row Publishers.

Richardson, H. W., 1979, *Regional Economics*, Urbana Ⅲ.: University of Illinois Press.

________, 1973, *Regional Growth Theory*, John Wiley and Sons.

________, 1978, *Regional and Urban Economics*, London: Penguin.

________(ed.), 1970, *Regional Economics-A Reader*, Macmillan.

Stimson, Robert J., Roger R. Stough and Brian H. Roberts, 2006, *Regional Economic Development: Analysis and Planning Strategy*, Springer.

Temple, M., 1994, *Regional Economics*, St. Martin's Press.

Woglom, W. H., 1954, *The Economics of Location*, New Haven: Yale University Press.

제 2 장 집적경제와 클러스터

제2장에서는 지역경제학에서 많이 사용되는 집적경제와 클러스터, 그리고 외부효과의 개념에 대해서 살펴보고자 한다. 먼저 생산활동과 클러스터를 개관하고, 집적경제(集積經濟)의 원인과 유형을 설명한다. 그리고 클러스터와 지역혁신체계의 개념을 살펴보고 바람직한 구축방향을 살펴보고자 한다. 그리고 외부효과의 개념을 외부경제와 외부불경제로 구분하여 설명한다.

제 1 절 생산활동과 클러스터

1. 생산활동과 공간적 배분

일반적으로 기업들은 크고 작은 산업단지에 군집하여 입지하는 경향이 있다. 과거의 산업단지는 단순히 공간적으로 집중된 단지에 지나지 않았으나 최근에는 지리적으로 군집된 이점을 활용하여 네트워킹을 조직하여 체계적으로 학습하고 지속적으로 혁신을 창출해 나가는 혁신클러스터로 발전하고 있다.

Alfred Weber와 L. N. Moses의 입지이론모형에서 기업의 최적입지는 수송비와 생산관계에 크게 의존해서 중간입지나 시장, 기업의 가까운 공급지에 입지하는 것으로 분석되고 있다. H. Hotelling모형은 가격경쟁이 불가능한 상황에서 어떤 공간에 클러스터화되어 입지한다고 보고 있다. 대안적으로 불확실한 행태모형은 공간 클러스터가 불확실과 이질적 정보조건에서 공간경쟁에서 합리적 반응이 될 수 있다고 제안했다. 사실 기업들의 실제적인 입지형태는 이들 여러 가지 요인이 복합적으로 영향을 미친다.

여러 가지 미시경제적 모형은 개별기업이나 산업에 관한 정보가 없이는 기업들의 최적입지행태가 산업 클러스터 혹은 산업 분산의 결과로 인한 것인지에 대해서 명확한 결론을 내리지 못한다.

산업입지행태에 관해서 일반적으로 관찰되는 두가지 특별한 특징이 있다. 첫 번째 특징은 대부분의 산업활동이 공간에서 함께 클러스터화되는 경향이 있다는 것이다. 이러한 클러스터는 산업단지(industrial park)나 소규모 타운, 주요 광역도시권 등의 형태를 취한다. 두 번째 특징은 공간 클러스터의 규모적 분배이다. 즉 어떤 생산활동은 다른 클러스터에 의해서 유발되어 발생할 수도 있다. 특히 개별국가나 시장영역내에서 거의 모든 유형의 생산활동을 나타내는 단일의 거대한 도시 클러스터가 형성될 수 있고, 보다 규모가 작은 소규모 클러스터가 많이 조성될 수도 있다. 보다 작은 클러스터는 큰 클러스터에 비해서 작은 범위의 생산활동을 할 수 있다.

2. 클러스터와 규모에 대한 수익

생산활동이 일반적으로 일정한 공간에 클러스터화 된다는 것을 설명함에 있어서 규모의 경제에 관한 개념을 이해할 필요가 있다. 모든 기업이 규모에 대한 수익불변을 얻는 가상적인 경우를 가정해 보자. 이유가 어떻든 만약 같은 부문에 속하는 많은 기업들이 같은 장소에 입지해 있다고 하자. 이런 클러스터에는 상당한 양의 투자가 이루어 질 것이다. 이러한 기업들은 그들의 활동을 위해 상당한 토지와 공간을 요구할 것이다. 그리하여 특수한 입지에 대한 토지 수요의 증가는 토지 가격을 상승시킬 것이다.

규모에 대한 수익불변현상을 간단한 생산함수로 나타내어 설명하면 다음과 같다.

$$Q = f(L,\ K)$$

$$\nu Q = F(\lambda L,\ \lambda K)$$

위의 식에서 노동과 자본을 각각 λ배 만큼 증가시킬때 산출량 Q가 V배 만큼 증가한다고 하자. 이 때

$\nu = \lambda$이면 규모에 대한 수익불변(수확불변, Constant Returns to Scale)

$\nu > \lambda$이면 규모에 대한 수익증가(수확체증, Increasing Returns to Scale)

그림 2-1 규모에 대한 수익과 등생산량곡선

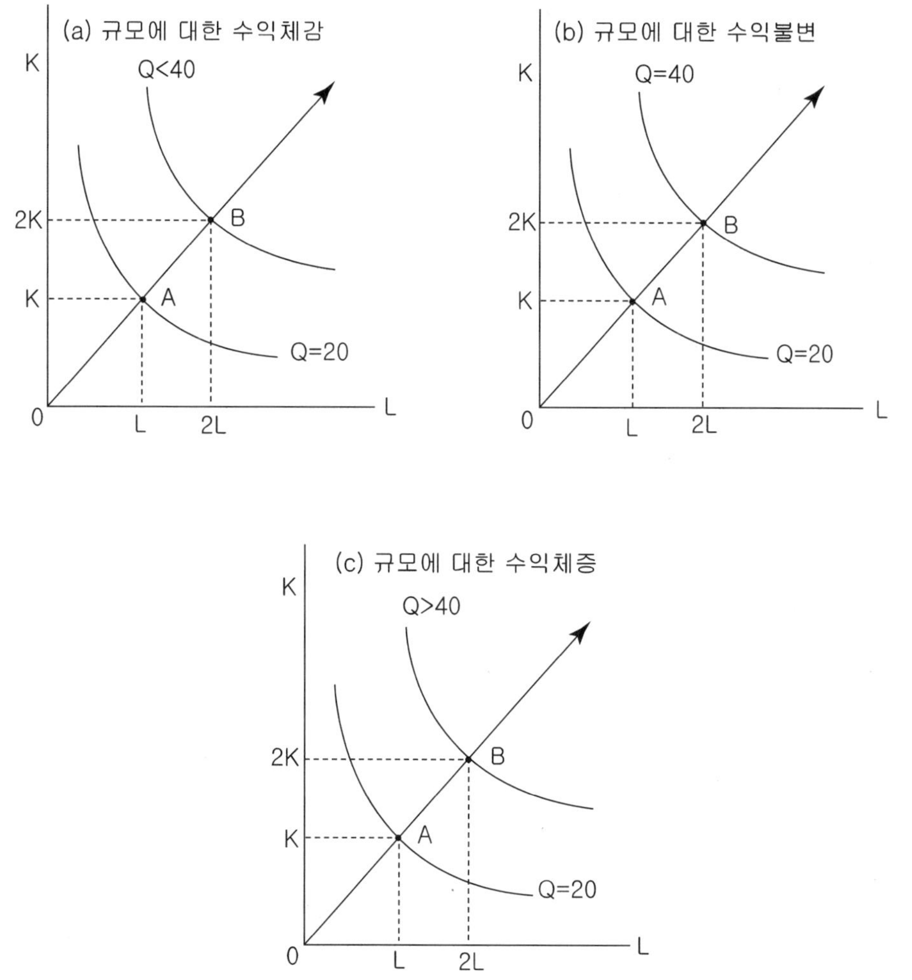

$\nu < \lambda$이면 규모에 대한 수익감소(수확체감, Decreasing Returns to Scale)

라고 한다.[1)]

1) 규모의 경제와 규모에 대한 수익(수확)의 특성은 엄밀한 의미에서는 약간 다르다. 규모의 경제는 산출량의 규모를 증가시킬수록 장기평균비용이 감소하는 것을 말하며, 규모에 대한 수익의 특성은 생산요소의 투입비율을 유지한 상태에서 투입규모의 변화에 따른 산출의 변화를 나타내는 특성을 말한다. 따라서 전자는 비용함수의 특성을 나타내고, 후자는 생산함수의 특성을 나타낸다.

만약 여타 여건이 일정하고, 모든 기업들이 규모에 대한 수익불변을 얻게 된다면, 토지가격의 상승은 그곳에 입지한 모든 기업들의 이윤을 감소시키게 된다. 마찬가지로 토지가격의 상승은 고용된 노동자들의 생계비를 상승시킨다는 것을 의미한다. 그렇게 되면 지역 노동공급을 유지하기 위해 기업들은 임금을 증가시켜야 할 것이다. 이것은 다시 모든 기업들의 이윤을 감소시킬 것이다. 삭감된 이윤은 이곳에 입지한 기업들이 다른 지역에 입지한 기업들과의 경쟁에서 불리하게 된다. 그리하여 몇몇 기업들은 다른 장소로 이동하거나 기업을 하지 않게 될 것이다. 결국 이 클러스터는 사라지게 될 것이다. 이러한 가상적인 예는 매우 드문 경우이다.

한편, 많은 기업들이 같은 입지장소에 입지한 관계로 각각의 기업들이 상당한 규모의 경제를 성취하고 있다고 하자. 이러한 상황에서 해당지역에 높은 수준의 투자는 토지가격을 상승시키고 노동가격을 상승시킨다. 그 결과 해당지역의 요소가격이 다른 지역보다 더 높다고 하더라도 해당지역 기업들의 이윤은 더 높아질 수도 있다. 다른 지역에 있는 다른 기업들이 지역투자수준과 요소가격, 기업이윤 등에서 높은 성장을 보이는 이 지역으로 이동하게 된다. 새로운 기업의 이주는 이 지역이 누적적인 지역성장을 가능케 한다. 이러한 가상적인 예는 현존하는 대부분의 클러스터에서 관찰되는 경우와 일치한다.

제 2 절 집적경제의 생성과 유형

집적경제(agglomeration economies)의 개념은 지역경제학에서 아주 중요한 개념이다. 산업입지 행태에 관한 여러 가지 접근방법을 폭넓게 이해하기 위해서는 집적경제의 개념을 이해할 필요가 있다. 집적경제는 입지에 관련된 규모의 경제로 일반적으로 잘 알려져 있다. 집적경제의 존재는 A. Weber와 같은 고전파 학자들에 의해서 인식되게 되었다. 그러나 집적경제의 원천에 관해서 처음으로 자세히 설명한 학자는 Alfred Marshall이다. A. Marshall(1920)은 집적경제를 개별기업과는 별개로 같은 지역에 입지한 모든 기업들에 의해서 발생하는 외부경제로서 이해했다. 마샬은 집적경제란 용어를 직접 사용하지 않고, 지방산업(localized industries)이란 용어를 사용했다(McDonald, 1997: 37-42). A. Marshall적 접근방법의 좋은 예는 P. Krugman(1991)에 의해서 연구되었다. 그리고 집적경제의 유형에 관해서는 E. M. Hoover(1937, 1948)의 연구가 있다. E. M. Hoover의 연구는 A. Marshall의 연구와 약간 다른 특성이 있다(McCann, 2001: 55-63).

그리고 B. Ohlin(1933, p. 223)은 집적경제를 분류하는 새로운 표준시스템에 대해 제시하였다. 올린은 집적경제는 다음과 같은 네 가지 의미들을 포괄하고 있다고 했다. 즉 ① 기업내부에서 발생하는 규모의 경제, ② 개별기업으로부터는 외부화되고, 지방산업의 규모에 의해서 발생하는 지방화경제, ③ 지방산업으로부터는 외부화되고, 지방경제의 규모에 의해 발생하는 도시화경제, ④ 산업간 연관관계(inter-industry linkages, 이것은 중간투입물의 구매시 교통비 절감과 같은 것에서 발생되는 것이다) 등을 들었다. 오린의 이와 같은 지적은 동적인 집적경제[2]를 의미하기보다는 정적인 접적경제를 나타내는 것이다.

1. 집적경제의 의의

집적경제(agglomeration economies)는 관련 산업이나 동종 또는 이종 기업들이 동일 장소에 집중 입지함으로써 얻을 수 있는 경제적 이익을 말한다. 특정기업에 의해서라기보다는 전 도시 지역의 공간적 집적으로부터 발생하는 이익이라고 할 수 있다.

2. 집적경제의 생성

A. Marshall(1920)은 기업들이 종종 같은 입지장소에서 성공적으로 클러스터를 형성한다는 것을 관찰했다. 이것은 클러스터 내 기업들이 규모에 대한 수익증가를 성취하게 된다는 것이다. 마샬은 이러한 규모에 대한 경제를 얻는 세 가지 이유를 설명한다. 그는 집적경제의 세 가지 원천으로 정보 확산, 비교역 지역 투입물, 지방의 숙련된 노동풀 등을 지적하였다.

2) 일반적으로 동적인 집적경제(dynamic agglomeration economy)는 지식의 확산과 활용에 의해서 야기된다고 한다.

1) 정보의 확산

같은 산업에 속하는 많은 기업들이 같은 지역에 입지해 있으면 어떤 특수한 기업의 종업원들이 다른 입지기업의 종업원들과 만날 기회가 쉽다. 영업회의나 오찬회의나 스포츠 활동, 다른 사회적 활동과 같은 비공식적인 접촉을 통해서 쉽게 직접 만날 수 있다. 이러한 비공식적인 회의에서 중요한 것은 참여자간 암묵적인 정보를 서로 공유할 수 있다는 것이다.

암묵적인 정보는 불완전하고 비시장적 기반에서 공유하는 정보이지만, 새로운 제품이나 기술, 시장추세와 같은 내용과 관련될 수도 있다. 이런 회의에서 참여자들은 새로운 정보를 얻기 위해서 부분적으로 남들에게 새로운 정보를 주고 받는다. 해당지역에 있는 참가자들이 많으면 많을수록 각 참가자들에 의해서 조합되는 정보는 보다 완전하게 된다. 이러한 경우 공간적 클러스터의 이점은 가까이 입지한다는 것이 클러스터내 모든 기업들의 상호 접근을 최대화시켜 모든 지역 참가자들이 이용하는 정보를 개선시킨다는 것이다. 급변하는 정보환경 변화하에서 이러한 클러스터는 기업들에게 정보의 이점을 제공해 준다. 이러한 이점의 정도는 같은 지역에 입지한 기업의 수와 직접 관련이 있다.

이러한 것에 대한 좋은 예는 국제금융시장에서 국제금융이 집중된 뉴욕이나 런던 등의 도시이다. 국제금융시장 정보는 초와 분을 다투고 변화한다. 관리자들은 매일 매일 중요한 의사결정을 해야 하고, 이러한 결정은 각 금융기관이 부분적으로 참가하는 은행 신디케이트 내 다른 참가자들 간의 신속한 협상에 의해서 정보를 얻게 된다. 시장 참가자들 간의 즉시적인 접근은 상당히 중요한 것이다.

2) 비교역 지역투입물

동종의 산업에 있는 많은 기업들이 같은 지역에서 함께 그룹을 지어 있으면 분산되어 있는 경우보다 그 집단에 제공되는 어떤 특수한 투입물이 보다 효율적인 수단으로 사용될 수 있다. 이러한 투입물은 A. Weber나 L. N. Moses모형에서 설명되는 유형의 투입물과 구별하기 위해서 비교역재로 설명될 수 있다. 예를 들면 뉴욕 맨하탄의 Wall Street나 런던시와 같은 국제금융거리는 많은 특수한 법률적 기업이나 소프트웨어 기업들이 입지해 있다. 그들의 역할은 국제금융부문에 특수한 서비스를 제공해 준다. 이러한 특별서비스의 이용은 매우 값비싼 것이다. 그러나 같은 장소에 입지한 산업에 많은 기업들이 있으면 이러한 특별 서비스의 이용에 관한 평균비용은 낮아지게 된다. 마찬가지로 Michigan주 Detroit시나 영국의 Birmingham, 이태리의 Turin, 일본의 도요타시, 한국의 울산시 같은 도시들은 자동차 산업 클러스터가 조성되어 있어 자동차를 특별 검사하는 기업들이 많이 있다. 이들 기업들의 역할은 아주 우수하고 특별한 장비를 가지고 자동차의 안전과 정밀도를 검증하는 것이다.

비교역재 지역투입물의 두 번째 유형은 해당지역에 특수한 사회기반시설이다. 런던시에는 지역금융기관 간에 최대한 자료의 순환을 가능케 해주는 광케이블이 정비되어 있어 입지한 기업들에게 도움을 준다. 모든 지역시장 참가자들은 특별한 사회 간접자본시설로부터 편익을 얻게 되고, 그것의 비용은 모든 수혜자들에게 확산된다. 클러스터 내 각 기업에 대한 비교역재 투입물 비용은 클러스터 내에 보다 많은 기업들이 입지하게 되면 떨어진다.

3) 지역내 숙련 노동풀(Labor Pool)

지역내 숙련 노동풀은 기업들의 노동구득비용을 감소시킨다. 이것은 두 가지 측면에서 파악할 수 있는데, 첫째는 기업들이 시장조건에 반응하여 충분한 노동량을 구할 수 있다는 것이다. 이는 시장 수요조건에 대응하여 충분한 노동량을 구할 수 있다는 것이다. 따라서 시장수요 조건이 급속도로 개선된다면 기업은 재빨리 그들의 노동력을 증대할려고 할 것이다.

둘째, 기업들은 그들의 종업원들이 그들의 과제를 정확하게 수행해 줄 것을 바란다. 많은 산업부문에 있어서 노동 훈련과 숙련지식에 관한 비용은 상당히 높다. 왜냐하면 노동자들이 특별한 훈련이나 과정을 이수해야 하기 때문이다. 게다가 이러한 훈련활동에 관한 기회비용은 상당히 높다. 그러나 이미 숙련된 노동자 풀을 보유한 지역에 입지한 기업들은 노동력 확장에 따른 비용이 상대적으로 적게 투입된다. 왜냐하면 노동자 재교육비용이 절감되기 때문이다. 클러스터에 있는 기업들은 노동자를 찾는 비용과 훈련비용을 포함한 노동자 구득비용이 분산 입지한 기업들에 비해서 상대적으로 적게 들어간다.

집적경제의 세 가지 발생 원인에 관한 중요한 특징은 공간적 클러스터는 정보거래비용(information transactions costs)을 삭감시킨다는 것이다. 클러스터는 분산입지에 비해서 적절한 정보가 거래될 가능성이 있고, 특별히 요구하는 서비스가 제공되며 훈련된 노동자들을 쉽게 이용할 수 있다.

3. 집적경제의 유형

많은 지역에서는 위의 경우와 약간 다르게 이종 산업에 있어서 많은 기업들이 지리적으로 함께 클러스터화 될 수도 있다. 예를 들면, 어떤 주요 도시에는 많은 산업클러스터가 있을 수 있다.

어떤 특수한 지역에서 집적경제의 성격을 설명하기 위하여 경제학자들은 종종 B. Ohlin(1933: 207)과 E. M. Hoover(1937, 1948)에 의해서 처음으로 사용된 분류방법을 적용하기도 한다. 이러한 분류는 집적경제의 유형을 다음과 같은 세 가지로 구분한다.

1) 규모의 경제(Economies of Scale)

몇몇 기업들은 단순히 그들 기업의 크기에 따라 생산 규모의 경제를 얻게 된다. 이러한 규모의 경제는 개별기업의 규모에 의해서 발생하는 효율적인 이득이라는 점에서 기업의 내부적 요인으로 간주된다. 이러한 기업 내부적 경제는 외부적으로 설명되는 집적경제와는 약간 다르다. 규모의 내부적 경제는 다른 입지장소에 걸쳐서 발생하는 것이 아니고 어떤 특수한 입지에서 발생하는 많은 양의 투자로부터 발생한다. 예를 들면 이태리 Turin지역의 Fiat 자동차공장이나 미국 시애틀 Boeing Everett 공장, 우리나라의 포항제철 공장과 같은 큰 공장에서는 같은 장소에 상당한 양의 자본과 노동력이 필요하게 된다. 따라서 이러한 규모의 경제는 투자와 사람들이 상당히 공간적으로 집중된 데서 발생하게 된다.

규모의 경제(economy of scale)는 일반적으로 기업들이 생산량을 증가해 감에 따라 장기평균비용(Long-run Average Cost: LRAC)이 점차 감소하는 현상을 말하며, 규모의 불경제(diseconomy of scale)는 기업들이 생산량을 증가해 감에 따라 장기평균비용이 점차 증가하는 현상을 말한다.

일반적으로 규모의 경제가 발생하는 이유는 다음과 같다. 첫째, 기업이 어떤 물건을 생산하기 위해서는 일정한 고정비용(fixed cost)의 지출이 필요하고, 둘째, 기업들은 투입물을 많이 사용할 수록 보다 싼 가격으로 살 수가 있다. 셋째, 규모에 대한 수확체증 현상이 나타날 경우 평균비용이 하락할 수도 있기 때문이다.

그림 2-2 규모의 경제와 규모의 불경제

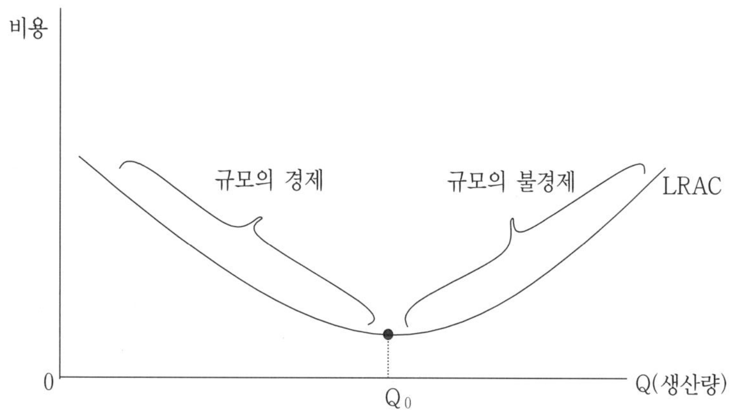

2) 지방화 경제(Economies of Localization)

지방화 경제는 같은 장소에 입지한 같은 산업부문에 있는 여러 기업들에 의해서 발생하는 집적경제이다. 예를 들면 미국 시애틀의 경우 Boeing사에 직접 공급하는 특수한 항공부품들을 생산하는 기업들이 많이 있다. 마찬가지로 미국 Detroit와 영국의 Birmingham, 우리나라 울산의 현대자동차, 일본 도요타시의 도요타 자동차 등의 자동차 클러스터에서 완성차 기업에게 자동차관련 부품을 공급하는 기업들이 많이 있다. 지역에서 부품을 공급하는 기업이 모기업과 가까이 입지함으로써 누릴 수 있는 이점은 몇 가지가 있다. 즉 기업들은 규모에 관한 내적 수익을 얻을 수 있다. 또한 공급 기업들은 모기업과 자주 정보를 교환함으로써 편익을 얻을 수 있고, 같은 부문에 있는 기업들은 특수한 비교역 지역서비스와 지역 숙련된 노동자풀로부터 편익을 얻을 수 있다.

3) 도시화 경제(Economies of Urbanization)

도시화 경제는 이종(다른) 부문 간의 기업들에 의해서 발생하는 집적경제이다. 예를 들면 위에서 언급된 도시의 경우에 도시화 경제는 규모에 대한 내부적 수익을 나타내는 거대한 규모의 공장이나 그룹에 집중된다. 이들 공장 주변에는 많은 부품공급기업들이 있고, 모기업과 자기업은 함께 지방화 경제를 누리게 된다.

이들 도시들은 시애틀에 있는 Boeing사나 Detroit와 영국의 Birmingham, 이태리의

Turin, 한국의 울산, 일본의 도요타시 등에 있는 단일의 자동차 공장보다 훨씬 더 크다. 지방화 경제를 누리면서 이들 부분에서 일하고 살아가는 모든 사람들은 법률적 서비스와 부동산, 소매상, 교육 · 보건서비스, 레저 · 서비스 등을 필요로 한다. 마찬가지로 기업들도 마케팅, 광고, 포장, 수송, 부동산, 증권, 기타 여러 가지 서비스를 요구한다. 이러한 여러 가지 활동들은 규모의 내부수익과 지방화경제와는 직접 관련이 없을지라도 기업이나 종업원들에게 서비스를 제공하기 위해 해당 지역에서 클러스터화될 가능성이 있다.

간단히 요약해서 말하면 E. M. Hoover가 지적하였듯이 규모에 관한 내부수익은 기업에 특수한 집적경제이고, 지방화경제는 산업에 특수한 집적경제이며, 도시화경제는 도시에 특수한 집적경제이다. 이들 세 가지 집적경제의 차이는 한 기업내에서 발생하는가 아니면 동일 산업내에서 발생하는가, 이종 산업간 또는 한 도시내에서 발생하는가에 관한 것이다.

4. 집적경제의 실증분석

상술한 지방화경제와 도시화경제 효과에 관한 실증분석 사례가 많이 있다. 이러한 연구는 지방산업의 규모와 지방경제의 규모에 관한 효과를 측정하는 것이다. 그 중에서도 J. V. Henderson(1986: 47-70)은 1972년 미국 도시지역 제조업의 노동생산성을 조사 · 연구하였다. 노동생산성은 지방제조업에 있어서의 부가가치를 총노동투입량으로 나눈 것이다. 완전경쟁요소시장에서 기업들은 노동의 가격인 임금률과 노동의 한계생산물가치가 같게 될 때까지 노동자들을 고용한다. 핸더슨은 제조업에 있어서 산출물의 가격은 미국의 모든 도시지역에서 같고, 도시지역의 임금률이 더 높으면 도시의 한계생산이 농촌보다 더 높다고 가정하였다. 핸더슨은 임금률과 노동생산성은 도시화경제와 지방화경제에 의존한다는 가설을 설정하고 검정했다. 여기서 지방화경제 효과는 지방산업에 있어서 완전고용으로 측정했고, 도시화경제는 총지역인구로 측정했다. 그는 16개 제조업에 관해서 실증분석하였는데, 16개 제조업 중 8개 제조업에 대해서는 상당히 유의적인 지방화경제 효과를 보였다고 했고, 1개 제조업에 대해서만 도시화경제가 존재했다고 분석하였다.

핸더슨 연구가 암시하는 것은 지방화경제가 존재하는 산업들에서는 상대적으로 규모가 적은 도시지역에서 클러스터를 형성한다는 것이다. 그는 지방화경제가 존재하는 8개 산업에 대해서는 클러스터화되어 가고 있다는 것을 발견했다고 하였다. 그러나 나머지 8개 산업에서는 클러스터 현상을 발견하지 못했다고 했다. 그리고 제조업에 있어서 도시화경제 현상을 거의 볼 수 없는 이유는 이들 산업에 속한 기업들은 큰 도시에 입지하면서 특수한 인센티브를 받지 못하기 때문이라고 하였다.

제 3 절 클러스터와 혁신클러스터

1. 클러스터와 지역혁신체계

참여정부의 최대 화두는 국가균형발전과 지역혁신체제의 구축이다. 국가균형발전정책이 도입됨에 따라 그 동안 중앙정부 주도로 추진되어 오던 지역경제 활성화 사업들이 지방중심으로 재편되는 등 국가발전 패러다임에 근본적인 변화가 일어나고 있다. 정부는 국가균형발전정책을 효과적으로 추진하기 위해 국가균형발전위원회를 출범시켰고, 지방에는 광역시도마다 지역혁신협의회를 구성하여 운영하고 있다. 우리 경제가 한 단계 도약하기 위해서는 과거 산업화 시대의 요소투입주도형 전략에서 벗어나 국가전반의 시스템 혁신을 통한 혁신주도형 전략으로 전환되어야 할 것이다.

혁신은 단순히 첨단기술개발만을 의미하는 것이 아니라 정치, 경제, 사회, 문화 등 다양한 분야에서 새로운 아이디어, 지식, 기술을 창출하는 모든 활동을 의미한다. 혁신의 창출은 다양한 혁신주체들간의 복잡한 피드백 메커니즘과 상호작용의 관계를 필요로 하고 있다.

클러스터(clusters)는 다양한 주체들이 지리적으로 인접하여 상호 지식을 교류함으로써 부가가치를 창출하는 지리적 집중체를 의미한다. 최근에는 효율적인 네트워크에 의해서 혁신이 이루어 질 수 있기 때문에 지리적 인접체는 크게 중요한 것이 아니다.

M. E. Porter는 특정분야에서 경쟁 또는 협력관계인 기업, 전문 공급업체, 서비스제공업체, 관련 산업의 기관들이 지리적으로 인접하고 있는 그룹 또는 결집체라고 정의했다. 클러스터의 지리적 범위는 상당히 다양하여 한 도시, 일국 내 한 주가 될 수도 있고, 인접한 여러 국가들의 결집체가 될 수도 있다.[3)]

산업클러스터(industrial cluster)는 생산요소의 전·후방 연관관계 및 거래비용 절감 등 경제원리에 따라 특정산업과 기업들이 지리적으로 연계된(네트워크된) 단순 집적지(simple cluster)를 의미한다. 보다 구체적으로는 산업들이 특정 공간에 집중해 있으면서 이들 산업 간에 네트워킹은 물론이고, 산업을 지원하는 다양한 관련 주체들 간에 공식적·비공식적 협력관계가 형성되어 지역 내 해당 기업들의 혁신능력과 경쟁력이 상호 상승적으로 성장하거나 성장할 가능성이 있는 지역을 의미한다. OECD 보고서에 따르면, 산업클러스터는 부가가치를 창출하는 생산사슬에 연계된 독립 기업들, 지식생산 기관들(대학이나 연구소), 관련기관들 및 고객들의 네트워크이고, 부가가치를 창출하는 생산체인으로 연결되어 있다고 했다. 대부분의 산업단지가 이에 속한다고 할 수 있다. 이에 반해 산업지구는 전문화된 중소기업들이 인접지역내에서 문화적 연대감을 토대로 수평적이고 유기적인 협력관계를 유지하는 유기적 집적지(organic cluster)를 의미한다. 제3이태리 지역이 이에 속한다.

혁신클러스터(innovative cluster)는 인접한 혁신주체 간의 상호작용과 체계적인 네트워킹을 통해 학습과정의 제도화와 지속적인 혁신의 창출, 생산성 향상이 이루어지는 지리적 공간을 의미한다. 보다 자세히 설명하면, 지역내 경제주체들 간에 새로운 기술과 혁신에 대해 집단학습이나 기술이전 등을 통해 조직적·문화적 근접성이 학습능력으로 발전하고, 집단학습을 통해 형성된 잠재적 혁신능력이 실질적인 성과로 전환될 수 있도록 지원하는 각종 지역혁신체계가 구축되어 있는 경우를 말한다(이희연, 2011, 387). 산업클러스터가 혁신클러스터로 발전하기 위해서는 집단학습과 혁신지원체계 구축이 무엇보다도 필요하다고 하겠다. 혁신클러스터는 혁신주체들 간의 집단학습은 물론이고 혁신 지원제도와 창업 지원제도 등을 통해 지역과 국가의 테두리를 넘어 세계적 수준에서 혁신을 창출, 확산, 활용하는 거점역할을 수행한다(국가균형발전위원회, 2005, pp. 18-19).

클러스터는 지식의 생산과 공유, 활용 등이 기업들 사이에서 활발하게 이루어지는

---

3) 포터는 클러스터를 다음과 같이 설명하고 있다. A concept closely associated with the work of Michael Porter who "defines a cluster" as a geographically proximate group or geographic concentration of "interconnected companies, specialized suppliers and service providers, firms in related industries, and associated institutions (e.g. universities, standards agencies and trade associations) in particular fields that compete but also cooperate... (and that are) linked by commonalities and complementarities. The geographic scope of a cluster can range from a single city or state to a country or even a group of neighboring countries. 워싱턴대 지리학과 Gunter Krumme 명예교수의 홈페이지에서 인용하였다. http://faculty.washington.edu/krumme/gloss/c.html#cluster 참조.

것을 고려하지 않는 한계를 노출하고 있다. 이러한 한계를 극복하기 위해 OECD는 대학, 공공연구기관, 컨설팅회사, 지식집약 서비스기업, 브로커 등 지식을 취급하는 조직을 클러스터의 혁신주체에 포함하여 혁신클러스터로 명명하였다. 이러한 혁신클러스터는 연구소, 대학, 기업지원기관, 금융기관 등 혁신 관련행위 주체들이 일정 공간 또는 지역 내에 입지하여 상호 협력시스템을 구축한 상태로서, 산업부문간의 연관 관계뿐만 아니라 네트워킹을 통한 학습과정의 제도화와 확산을 통한 혁신 창출부문까지 포괄하는 것이라 할 수 있다.

지역혁신체계(Regional Innovation System: RIS)는 지역내의 다양한 혁신주체들이 긴밀한 네트워크를 통해 다양한 분야에서 역동적으로 상호 협력하고, 공동 학습함으로써 지역발전을 도모하려는 개방적 시스템을 나타낸다. 다시 말하면 지식을 창출하는 혁신주체의 역량 확충, 혁신 인프라 구축, 효율적인 거버넌스 혁성 등을 기반으로 혁신을 체계적으로 접근하려는 시스템이라고 할 수 있다. 지역혁신체제를 구축한다는 것은 혁신주체들의 존재와 이들 간의 네트워킹 및 혁신을 촉진하는 문화를 의도적으로 형성하는 것이다. 지역혁신체제와 혁신클러스터는 밀접한 연관성을 갖는데, 혁신클러스터는 다양한 혁신주체들간의 네트워크로 이루어지고, 지역혁신시스템은 혁신클러스터로 구성된다.

지역혁신시스템에 관해서 처음으로 주장하고, 많은 연구를 한 영국 웨일즈지방 카디프(Cardiff)대학의 Philip Cooke(1998) 교수는 RIS에서 가장 중요한 것은 혁신클러스터이고, 혁신클러스터의 핵심은 네트워크 구축이라고 했다.[4] 클러스터를 육성하기 위해서는 종합적인 접근방법이 필요하고, 네트워크를 효율적으로 운영하기 위해서는 상회 신뢰 구축과 공동학습 활동이 필요하다고 했다. 여러 기업들이 먼저 자체적으로 혁신활동을 하고, 상호 네트워크에 의해서 공동학습과 연구·토론를 해서 지역혁신이 일어나도록 해야 한다는 것이다. 이 과정에서 기업브랜드의 이미지를 높여 유명성을 확보하고, 상호 신뢰를 회복하면서 상호 이익이 되도록 노력해야 한다는 것이다.

Cooke교수는 지역혁신체계란 기업과 관련 다른 조직들이 특징지워진 제도적 환경을 기반으로 상호 학습으로 통해 제품, 공정, 지식의 상업화를 촉진하는 기입과 제도들의 네트워크하고 정의하면서 지역혁신체계의 구성요소를 상부구조와 하부구조로 구분

---

4) 필자는 2003년 5월 28일 Philip Cooke 교수를 그의 연구실에서 만나 지역혁신에 관해서 많은 토론을 하였다. RIS 개념 정립에 많은 도움이 되었다.

하였다. 하부구조란 도로, 공항, 통신망과 같은 물리적 하부구조와 대학과 연구소, 금융기관, 교육훈련기관, 지방정부 등과 같은 사회적 하부구조를 포함하고, 상부구조는 지역의 제도, 문화, 분위기, 규범, 조직 등을 포함한다. 또한 지역혁신체계를 구성하는 시스템을 내부시스템 요소와 외부시스템 요소로 구분하기도 한다. 즉 내부시스템 요소는 기초연구를 수행하는 대학과 공공 연구기관, 지방정부 및 지원기관 등 혁신주체, 기업 및 기업의 네트워크, 산업클러스터 등을 포함하고, 외부적 요소는 중앙정부의 거시경제정책과 규제, 정보통신 하부구조, 교육 및 훈련시스템, 제품시장 조건, 요소시장 조건 등이다(이희연, 2011, 391-393).

그리고 클러스터의 구성주체는 비전 제시자(vision provider), 시스템 통합자(system organizer), 전문공급업자(specialized supplier) 등 3자로 구분될 수 있는데, 이들 주체 간의 상호작용과 분업 네트워크가 제대로 작동해야만 성공적으로 유지 · 발전될 수 있다. 비전 제시자는 원천기술을 개발하고 산업의 발전방향이나 지역의 발전비전을 제시하며 인재를 공급하고 벤처창업의 기반역할을 담당한다. 시스템 통합자는 비전 제시자의 비전과 신기술을 실제 제품과 서비스로 구체화하는 한편, 비전 제시자에게 정보와 자금을 제공하고 전문공급자의 부품과 기술을 수요하는 역할을 담당한다. 이 시스템 통합자는 개별부품이나 요소기술을 모아 최종 기능을 갖는 제품이나 서비스로 통합해야 하므로

그림 2-3 클러스터의 구성주체

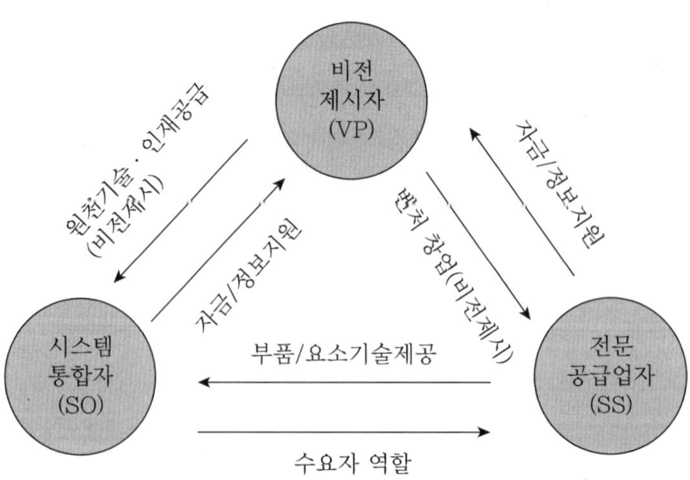

중견기업 이상의 대기업이 담당하는 경우가 일반적이다. 그리고 전문공급자(specialized supplier)는 제품과 서비스의 완성에 필요한 요소기술이나 부품을 개발하고 지원서비스를 제공하는데 비전 제시자에게 정보와 자금을 제공하고, 시스템통합자에게 부품과 요소기술을 제공하는 역할도 담당한다. 이에는 벤처기업과 중소기업, 금융・마케팅・법률서비스 등을 제공하는 실물경제 지원 서비스업체(비즈니스 서비스업체)를 포함한다.

혁신클러스터는 추진주체와 산업, 기능에 따라 다양한 형태로 구축이 가능하다. 즉, 추진주체(비전 제시자)에 따라 정부 주도형, 대학・연구소 주도형, 대기업 주도형 등으로, 대상산업에 따라 ○○산업 혁신클러스터로, 기능에 따라 산업형(산업단지), R&D형(대덕), 기업도시형(테크노폴리스) 등으로 구분된다.

최근 주요 선진국들은 지식과 기술이 국가의 명운을 좌우하는 것으로 인식하고, 자국 내 각 지역에 혁신 클러스터를 조성하기 위해 치열한 경쟁을 벌이고 있다. 지역혁신에 성공한 대표적인 사례들은 미국의 실리콘밸리, 프랑스의 소피아 앙티폴리스, 영국의 캠브리지 테크노폴, 스웨덴의 시스타, 독일의 바덴뷔르템베르크, 핀란드의 오울루, 대만의 신주과학산업단지 등이다. 이들 사례가 보여주는 것은 지역을 단위로 다양한 혁신주체들 사이의 긴밀한 협력 네트워크가 구축되어야만 국가의 선진화가 가능하다는 사실이다.

우리도 앞으로 지역 내 기업, 대학, 연구기관, 지방정부 등 다양한 혁신주체들 간의 협력네트워크를 강화함으로써 지역혁신체제를 구축해 나가야 한다. 이를 위해 전국 각 지역의 특성에 맞는 혁신클러스터를 조성하고, 혁신의 모범사례를 상호 학습할 수 있도록 지역 내에 혁신분위기를 고취시켜 나가야 할 것이다.

지역혁신시스템에 관해서 많은 연구를 한 영국 웨일즈지방 카디프(Cardiff)대학의 Philip Cooke 교수는 RIS에서 가장 중요한 것은 혁신클러스터이고, 혁신클러스터의 핵심은 네트워크 구축이라고 했다. 클러스터를 육성하기 위해서는 종합적인 접근방법이 필요하고, 네트워크를 효율적으로 운영하기 위해서는 상호 신뢰 구축과 공동학습 활동이 필요하다고 했다. 여러 기업들이 먼저 자체적으로 혁신활동을 하고, 상호 네트워크에 의해서 공동학습과 연구・토론을 해서 지역혁신이 일어나도록 해야 한다는 것이다. 이 과정에서 기업브랜드의 이미지를 높여 유명성을 확보하고, 상호 신뢰를 회복하면서 상호 이익이 되도록 노력해야 한다는 것이다.

RIS의 모형은 구축단위별, 추구하는 사업내용에 따라 여러 가지 형태로 구분될 수 있다. 지역의 기반여건에 따라 훨씬 탄력적인 모형의 개발이 가능하다. 그리고, RIS는 혁신주체의 역할에 따라 대학주도형, 연구기관 주도형, 기업 주도형, 외국인 투자 주도형 등으로 나누어지기도 한다. 미국의 실리콘벨리는 스탠포드대학 등이 주도하는 대표적인 대학주도형의 RIS에 해당하고, 우리나라의 대덕연구단지와 소피아 앙띠폴리스는 연구기관 주도형의 RIS에 해당한다. 또한 기업주도형의 대표적인 예로는 스웨덴의 시스타, 핀란드 울루, 일본의 도요타 등을 꼽을 수 있다. 외국인 투자 주도형은 영국 웨일즈 지방의 혁신사례를 들 수 있다.

선진국의 혁신클러스터를 분석해 보면, 혁신클러스터가 활성화되기 위해서는 다음의 조건이 필요한 것으로 분석된다. 첫째, 대학과 기업, 정부기관, 연구기관 등 다양한 혁신주체들이 네트워킹을 형성하여 공동학습과 공동 기술개발, 혁신창출을 위해 긴밀하게 협력해야 한다. 둘째, 혁신클러스터의 인접지역에 기업과 대학 등 혁신주체들에게 종합적 서비스를 제공해 줄 수 있는 단일 접촉창구를 마련할 필요가 있다. 셋째, 기술평가와 이전이 활발하게 이루어져야 하며, 신기술 창업을 통해 혁신기업을 양산해 나가야 한다.

2. 지역혁신체계의 발전

우리 경제가 국가균형발전과 지역혁신시스템을 구축하고, 이를 활성화하기 위해서는 다음과 같은 접근방법이 필요할 것으로 보인다.

첫째, 국가균형발전정책의 기조를 유지하면서 수도권의 경제력 집중을 해소하는 정책을 일관성 있게 추진해야 한다는 것이다. 수도권의 규제는 시장논리로 설명할 수 없고, 지역균형발전논리에 의해서 접근해야 한다.

둘째, 각 지역은 광역 선도산업이나 지역별 전략산업을 중심으로 혁신클러스터를 형성하여 육성시키고, 인접지역과는 광역혁신클러스터를 조성하여 육성할 필요가 있다. 일례로 대구와 경북지역의 경우, 이명박정부 때부터(2009년) 추진된 광역 선도산업은 2014년까지 지원되었는데, 그린에너지, IT 융·복합, 스마트 기기제품, 첨단 융합소재 분야를 집중 육성하였다. 경북지역의 전략산업은 전자·정보기기산업, 신소재·부품산업, 생물·한방산업, 문화·관광산업 등을 선정하여 육성시켰고, 대구지역의 전략산업은 섬유, 메카트로닉스, 전자·정보기기, 생물산업 등을 선정하여 육성시켰다.

2014년 3월 박근혜정부는 제1차 지역경제위원회를 개최하여 지역발전정책에 따라 새롭게 지원될 협력산업과 주력산업도 확정·발표하였다. 대구와 경북 시도 협력산업으로 지능형 하이테크섬유소재, 지능형 기계, 자동차 융합부품 등을 선정하고, 대구의 주력산업으로 스마트 지식서비스, 스마트 분산형에너지, 정밀성형, 소재기반 바이오헬스, 의료기기를, 경북의 주력산업으로 모바일, 디지털기기부품, 에너지부품, 성형가공, 기능성 바이오소재를, 전남의 주력산업으로 석유화학기반 고분자소재, 에너지설비, 금속소재·가공, 바이오식품 등을 선정하여 육성한다고 발표하였다.[5)]

대구지역은 달성군 테크노폴리스 연구집적지구와 연구개발특구 등을 조성 중에 있고, 전통산업인 섬유와 기계산업, 안경, 우산 등의 산업클러스터가 형성되어 있다. 경북지역은 안동의 생물산업과 포항의 소재산업 등을 성장산업으로 육성하고 있고, 전통적인 특화산업으로 구미의 전자산업과 포항의 철강산업이 있다. 2008년에는 영천, 경산, 대구, 구미를 연결하는 대구경북 경제자유구역이 지정되어 있다. 향후에는 이들 산업클러스터의 혁신체제를 분석하여 혁신클러스터가 형성되도록 유도하고, 상호 협력체제를 구축해 나가야 할 것이다.

셋째, 지역혁신시스템(RIS)의 핵심요소인 지역의 지방정부, 연구기관, 대학, 기업, 지원기관, 유관기업 등 혁신주체들간의 네트워크를 지역 실정에 맞게 적절히 구축해야 한다. 이를 통해 지역산업 여건에 적합한 지역혁신시스템이 효율적으로 구축될 수 있도록 전략산업을 중심으로 한 개방형 혁신네트워크를 구축해야 한다. 이 과정에서 지방시·도 연구원의 역할이 크게 강조되어야 할 것이다.

넷째, 지역 혁신주체들 간의 공동 학습과 공동 연구를 활성화하기 위해서는 혁신주체들과의 신뢰가 구축되고, 공동 이익에 대한 사업이나 프로젝트를 발굴하여야 한다. 이를 위해 산·학·연·관이 공동으로 참여한 세부 업종별 포럼을 다양하게 구성하여 동종 업계의 문제점과 애로사항을 논의하고, 바람직한 발전방안과 기술혁신전략을 모색해 나가야 한다.

다섯째, 지역내부의 혁신역량을 강화하기 위해 강력한 지방분권이 실시되어 지방정부의 지방자치권을 확립시키고, 지역 경제주체들의 혁신역량과 기획역량을 강화시켜 나가야 한다. 경제주체들은 지역의 혁신체제를 다각적으로 분석하여 약점을 개선하고, 강점을 강화하는 강력한 지역혁신체제를 구축해 나가야 할 것이다.

---

5) 산업통상자원부, "산업부와 14개 시도, 2014년 지역산업 육성을 위해 6,557억원 투입, 보도자료, 2014. 3. 31.

끝으로, 몇 년 전 지방분권 및 지방행정체제개편에 관한 특별법,[6] 국가균형발전특별법[7] 등이 통과되었다. 이들 법률에 따른 후속조치를 차질없이 실행하여 지방분권을 강화하고, 국가균형발전을 이룩해야 한다. 특히 중앙부처와 연구소의 지방이전 사업과 실효성있는 지방분권사업이 차질없이 추진되어야 할 것이다.

제 4 절 외부효과

지역경제학에서는 산업클러스터 내지 집적경제, 규모의 경제 등 여러 가지 개념을 이해할 필요가 있다. 그 중에서 외부효과(external effect)의 개념에 대해서 정리하고자 한다.

어떤 사람의 경제 활동은 다른 사람의 경제활동에 영향을 미치고, 이는 대부분 시장가격에 영향을 미친다. 그러나 어떤 사람의 경제활동이 다른 사람의 소비나 생산에 영향을 미쳤는 데도 불구하고 그것이 시장의 가격에 반영되지 않을 수 있다. 이와 같이 소비나 생산에 유리하거나 불리한 영향을 미치면서도 그러한 영향이 시장의 가격을 통해서 거래되지 않을 때 이러한 영향은 시장 안에 내부화되지 못하고 외부화되었다고 해서 외부효과(또는 외부성, externalities)이라고 한다. 이때 좋은 영향을 미치는 현상을 외부경제(external economy)라고 하고, 불리한(나쁜) 영향을 미치는 경우를 외부불경제(external diseconomy)라고 한다.

완전경쟁시장이 자원배분의 효율성을 달성하기 위해서는 외부효과가 존재하지 않는다는 전제가 필요하다. 외부효과는 비록 완전경쟁시장이라 할지라도 존재할 수 있으며 외부효과가 존재하면 시장의 실패가 일어난다.

정리하면, 외부효과(외부성)란 어떤 경제활동과 관련하여 다른 사람에게 의도하지 않은 혜택이나 손해를 가져다 주면서도 이에 대한 대가를 받지도 지불하지도 않는 상태를 말한다. 외부효과라고 하는 이유는 제3자에게 끼친 혜택이나 손해는 성격상 시장에서 사고 팔 수 없는 특징을 가졌기 때문에 시장의 외부(external to the market)에 존재

6) 법률 제11829호로 2013년 5월 28일 제정되었고, 그 전에 제정되었던 '지방분권촉진에 관한 특별법'은 폐지되었다.

7) 국가균형발전특별법이 2009년 4월 크게 변경되어 국가균형발전위원회가 지역발전위원회로 바뀌고, 국가균형발전기획단이 지역발전기획단으로, 국가균형발전지원단이 지역발전지원단으로, 국가균형발전특별회계가 광역·지역발전특별회계로 변경되었다(지역발전위원회, "지역발전위원회 현판식", 보도자료, 2009. 4. 29).

한다는 의미에서 비롯된 것이다. 시장의 테두리 밖에 존재하니까 가격이 형성되지도 않고 시장가격에 반영되지도 않는다.

1. 외부경제

외부효과는 외부경제와 외부불경제로 구분된다. 외부경제(external economy)는 어떤 소비자나 생산자가 다른 소비자나 생산자에게 이득을 주었는데, 이득의 대가를 받지 못하는 경우를 말하고, 양의 외부성(positive externalities)이라고 한다. 다시 말하면 다른 사람에게 의도하지 않은 혜택을 주었지만 이에 대한 보상을 받지 못하는 경우이다.

외부경제의 예를 들어 보면, 양봉업자와 과수원 주인과의 관계에서 보는 바와 같이 과수원 옆에다가 양봉 통을 갖다 놓고, 꿀을 뜨면 양봉업자는 과수원 주인으로부터 꿀을 많이 뜨는 혜택을 받지만 그에 대한 어떤 대가도 지불하지 않는다. 그리고 어떤 마을 뒷산에 야산 주인이 자기 돈을 투입해서 나무를 많이 심었는데, 장마철 산사태를 예방했다면, 그 산 주인은 마을 사람들의 목숨을 구해준 것이 된다. 그렇지만 야산 주인은 마을 사람들로부터 어떤 대가도 받지 않는다. 위의 사례가 모두 외부경제에 해당하는 사례이다.

외부효과가 존재할 때 왜 시장은 자원을 효율적으로 배분하지 못하는가? 그 이유는 외부효과가 존재할 때 사회적 관점에서 계산된 사회적 한계비용(Social Marginal Cost: SMC)과 개인적 관점에서 계산된 사적 한계비용(Private Marginal Cost: PMC)이 서로 다르기 때문이다. 생산에 외부경제가 존재할 때는 사적 한계비용이 사회적 한계비용보다 높게 되고, 다른 한편으로는 소비에 외부경제가 존재할 경우 사회적 한계편익(Social Marginal Benefit: SMB)이 개인적 사회편익(Private Marginal Benefit: PMB)보다 높게 된다.

$$\text{외부경제: } PMC > SMC,\quad PMB < SMB$$

외부경제를 나타내는 상품의 경우에는 사적 비용이 사회적 비용보다 크다. 따라서 사회적으로 볼 때 더 많이 생산되어야 함에도 불구하고 높은 사적 비용에 입각하여 생산량을 결정하는 기업은 상품을 필요 이하로 적게 생산하고, 그 결과 가격은 불필요하게 높은 수준이 된다. 이 경우 정부가 보조금을 지급하여 당해 생산활동을 장려하면 사회적으로 바람직한 수준을 생산할 수 있게 된다.

그리고 외부경제를 수요곡선 이동으로도 설명할 수 있다. (b)는 어떤 재화에 외부경제가 발생하면 수요곡선이 D에서 D'로 상향이동하게 된다. 이러한 상태에서 재화가 시장기구 속에서 공급된다면 D와 S가 만나는 Q_p점에서 수급량이 결정되어 사회전체에서 요구되는 생산량 Q_s에는 미달하게 된다. 즉 시장경제체제내에서는 외부적 변익(외부경제)을 충분히 반영시키기가 어렵게 된다. 이 경우에 정부에서는 시장참여자들에게 외부효과를 내부화(보조금 지급)하도록 유도함으로써 시장실패를 바로 잡을 수 있다.

그림 2-4 외부경제

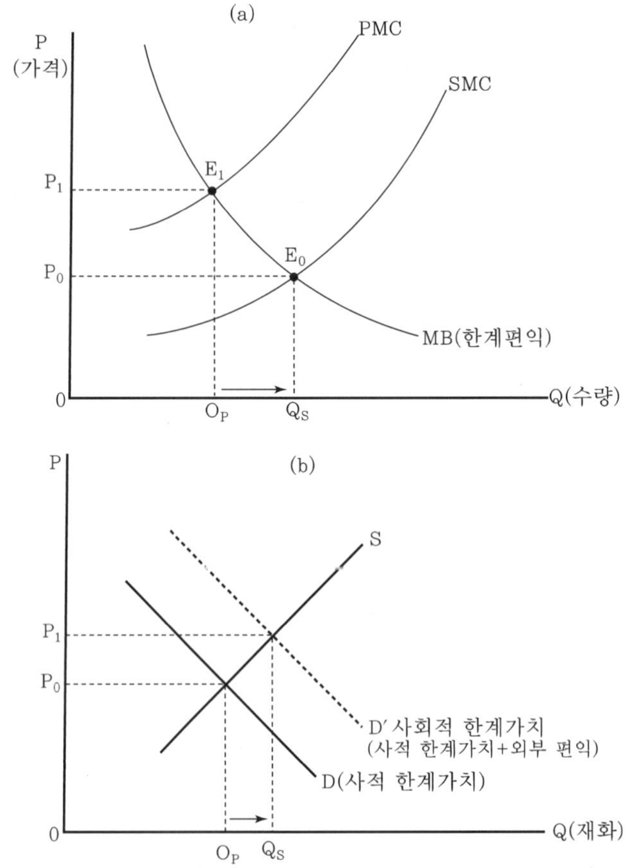

2. 외부불경제

어떤 소비자나 생산자가 다른 소비자나 생산자에게 의도하지 않은 손해나 피해를 입히고도 이에 대한 대가를 지불하지 않는 경우를 외부불경제(external diseconomy) 또는 부의 외부성(negative externality)이라고 한다.

외부불경제를 비용적인 측면에서 보면, 사회적 한계비용이 사적 한계비용보다 높게 된다. 소비에 있어서 외부불경제가 존재하게 되면 개인적 한계편익(PMB)이 사회적 한계편익(SMB)보다 높게 된다.

외부불경제: $PMC < SMC$, $PMB > SMB$

외부불경제의 대표적인 사례는 공해 및 환경오염, 폐수 등의 경우이다. 예를 들면 자동차 생산공장에서 배출하는 매연이나 폐수는 공기와 하천, 강을 오염시킴으로써 자동차를 타지 않는 제3자에게도 손해를 끼친다. 따라서 자동차생산은 외부불경제를 발생시킨다. 그러나 자동차생산기업이 한계비용을 계산할 때 공기 및 하천 오염이라는 사회에 미치는 나쁜 영향을 거의 감안하지 않는다. 즉 외부불경제와 관련된 비용은 무시하는 것이다. 이때 자동차생산의 사회적 비용(social cost)은 기업이 자동차를 생산하는 데에 들어가는 사적 비용(private cost)에다가 자동차생산으로 야기되는 오염을 제거하는 데 소요될 비용을 합한 것이 된다. 기업은 사회적 비용이 아니라 이것보다 적은 사적 비용을 기준으로 생산을 하기 때문에 필요 이상으로 많은 제품을 생산하게 된다. 이러한 경우에는 정부가 조세를 부과하여 생산량을 줄이도록 해야 할 것이다.

[그림 2-5]는 어떤 자동차공장에서 자동차생산의 외부불경제를 감안한 사회적 한계비용곡선을 SMC, 외부불경제를 감안하지 않은 사적 한계비용곡선을 PMC로 표시되어 있다고 하자. 사회적 관점에서 볼 때 자동차생산은 $P_1 = SMC$인 Q_S까지만 이루어져야 하는데 실제로는 $P_0 = PMC$인 Q_p까지 생산하게 된다. 따라서 정부는 기업들에게 조세를 부과하여 사회적으로 바람직한 Q_S까지만 생산토록 유도해야 할 것이다. 외부불경제로 인한 과잉생산 문제를 해결하기 위해서는 자동차생산기업으로 하여금 자동차생산으로 인하여 피해를 보는 사람에게 피해 본 만큼씩 보상하도록 하면 된다. 즉 외부불경제와 관련된 비용을 자동차생산기업의 비용함수에 포함시키도록 하여 외부불경

그림 2-5 외부불경제

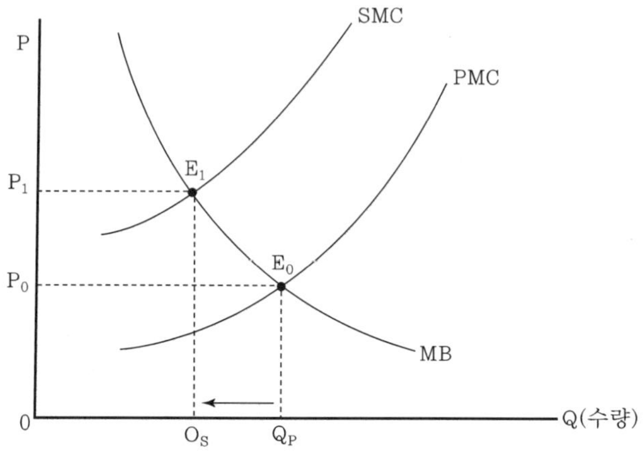

제를 내부화(internalize)하면 될 것이다. 그러나 자동차생산으로 유발된 공해와 하천오염으로 누가 얼마만큼 피해를 보는지를 정확하게 측정하기란 매우 어렵다. 현실적으로 외부불경제의 내부화가 거의 불가능한 것이다. 이는 외부경제의 경우에도 마찬가지이다. 이러한 경우에는 시장의 실패가 야기된다. 이는 자본주의의 장점인 시장경제체제하에서도 정부가 개입하여 오염이나 공해를 배출하지 못하도록 규제를 해야 한다는 것이다.

탐구학습

1. 주요 개념
   - 규모에 대한 수익불변, 수익체승, 수익체감
   - 집적경제
   - 규모의 경제
   - 도시화경제, 지방화경제
   - 클러스터, 산업클러스터, 혁신클러스터, 지역혁신체계
   - 외부효과 - 외부경제, 외부불경제

2. 토론과 과제

- 집적경제의 원인과 유형에 대해 설명하시오.
- 외부효과를 외부경제와 외부불경제로 구분하여 설명하시오
- 혁신클러스터와 지역혁신체계에 대해 설명하시오.

참고문헌

국가균형발전위원회, 2005, 「선진국의 혁신클러스터」, 동도원.

김대식 · 노영기 · 안국신, 1997, 2012, 「현대 경제학원론」, 제6판, 박영사.

복득규 외, 2003, 「한국산업과 지역의 생존전략-클러스터」, 삼성경제연구소.

이춘근, 2004. 3, "대구지역 기계산업 클러스터 실태와 육성전략", 세미나 발표논문, 대구경북지역 혁신연구회.

이희연, 2011, 경제지리학, 제3판, 법문사.

조순 · 정운찬 · 전성인 · 김영식, 2003, 2013, 경제학원론, 제10판, 율곡출판사.

Chiniz, B., 1961, "Contrast in Agglomeration: New York and Pittsburgh", *American Economic Review*, Vol. 51, 279-89.

Cooke, P., 1998,"Introduction in Regional Innovation System", in Braczyk, H., Cooke, P. and Heidenreich, M.(eds.), *Regional Innovation Systems*, London: UCL Press, pp. 2-27.

________, 2003, *Strategies for Regional Innovation Systems: Learning Transfer and Applications*. Vienna: UNIDO.

Fujita, M., & P. Krugman, 1995, "When is the Economy Monocentric? von Thunen and Chamberlin Unified", *Regional Science and Urban Economics*, Vol. 18, 87-124.

________ and Venables, A. J., 1999, *The Spatial Economy*, MIT Press, Cambridge, Mass.

Henderson, J. Verson, 1986, "Efficiency of Resource Usage and City Size", *Journal of Urban Economics*, Vol. 19.

Hoover, E. M., 1937, *Location Theory and the Shoe and Leather Industries*, Harvard University Press, Cambridge, Mass.

________, 1948, *The Location of Economic Activity*, McGraw-Hill, New York.

Krugman, P., 1991a, *Geography and Trade*, MIT Press, Cambridge, Mass.

________, 1991b, "Increasing Returns and Economic Geography", *Journal of Political Economy*, Vol. 99, 483-99.

Lösch, A., 1944, *Die Raumliche Ordnung der Wirtschaft*, Fischer, Jena, trans, by W. H.

Woglom, 1954, *The Economics of Location*, New Haven: Yale University Press.
McCann, Philip, 2001, *Urban and Regional Economics*, Oxford University Press.
Mcdonald, John F., 1997, *Fundamentals of Urban Economics*, Prentice Hall.
OECD, 2001, *Innovative Clusters: Drivers of National Innovative Systems*, Paris.
Ohlin, B., 1933, *Interregional and International Trade*, Harvard University Press.
Porter, M. E., 1990, *The Competitive Advantage of Nations*, Free Press, New York.
_______, 1998a, "Clusters and the New Economics of Competition", *Harvard Business Review*, Vol. 76, No. 6, 77-90.
_______, 1998b, "Competing Across Locations", in M. E. Porter (ed.), *On Competition*, Harvard Business School of Press, Cambridge, Mass.
Richardson, H. W., 1979, *Regional Economics*, Chicago: University of Illinois Press.

제 3 장 입지이론

입지는 경제활동의 공간적 영역을 말하며 생산활동과 소비활동이 포함된다. 공간적 생산활동에는 원료생산지와 공장의 위치가 포함되고, 소비활동에는 시장의 위치가 포함된다. 입지이론은 경제이론에 공간개념을 도입하여 공간경제학을 발전시킨 이론으로 지역경제학, 도시경제학, 지역개발학, 경제지리학 등에 있어 가장 중요한 분야 중의 하나이다.

경제주체들이 입지를 결정할 때는 각각의 목적에 따라 자신에게 유리한 곳에 입지하려고 할 것이다. 입지행위는 입지하려는 목적에 따라 상이하게 나타난다. 농업이나 공업, 상업 등을 수행하는 경제주체는 일반적으로 이윤극대화를 추구하기 위한 측면에서 입지를 결정하고, 공공시설은 사회복지의 극대화를 위하여 입지를 결정할 것이다. 전자를 산업입지, 후자를 공공시설입지라 한다(최성수, 1995: 45-46).

본 장에서는 1차 산업인 농업과, 2차 산업인 제조업, 3차산업인 서비스산업, 4차 산업, 공공시설 입지이론에 이르기까지 각각의 산업군의 입지결정 요인과 입지이론, 입지유형 등을 살펴보고자 한다.

제 1 절 농업 입지이론

1. 1차 산업의 개념

1차 산업은 지표면이나 바다에서 원자재를 직접적으로 추출하거나 경작하는 것을 말한다. 때문에 1차 산업의 경제적 활동은 그 원자재가 있는 곳에 입지하게 되고, 다른 곳에는 입지할 수 없다. 그런데 1차 산업 중에서도 농업과 같은 경우에도 농토가 광산과는 달리 대개 어느 곳에서도 존재하고 또한 한 농토에 여러 작물의 재배가 가능하다. 따라서 1차 산업의 중에서도 농업의 토지이용 내지 입지패턴은 오래전부터 사람들의 관심의 대상이 되어 왔다(박종화, 2002: 63).

2. 농업입지론

농업생산에 대한 경제적 분석이 시도된 것은 18세기 중엽에 진개된 중농주의 시대부터이다. 중농주의의 시조인 F. Quesnay와 A. R. Turgot 등의 연구가 대표적이다. 이들은 프랑스에서 사회계층 간의 농업생산을 중심으로 한 부(wealth)의 분석을 행하였다. 그 후 농업입지론에 대해 획기적인 업적을 남긴 학자는 J. H. von Thünen이다. 튀넨은 스미스의 지대원리를 발전시켜 농업입지이론을 정립하였다.

지대란 원래 생산요소인 토지가 희소하기 때문에 토지이용에 대한 대가로 토지소유자에게 지불하는 것이다. 서로 다른 토지는 비옥도나 자연조건이 달라서 토지의 생산성이 다를 수 있다. 생산성이 높은 토지는 많은 사람이 이용하기를 희망하므로 그만큼 희소성이 높게 되고, 희소성이 높은 만큼 이용에 대한 비싼 지대를 지불해야 한다. 반면 생산성이 낮은 토지는 생산성이 높은 토지에 비하여 낮은 지대를 부담하면서 사용할 수 있다. 지대는 토지의 비옥도에서만 차이가 발생하는 것이 아니라 토지의 절대적인 위치 즉, 시장과의 거리에 따라서도 차이가 발생한다. 왜냐하면, 비옥도가 같은 토지라 할지라도 시장과의 거리가 차이가 있다면, 거리 차이에 따라 수송비의 차이가 발생하므로 지대의 차이가 발생하게 된다(박삼옥, 2000: 152-155). 이와 같이 토지의 비옥도에 따라 서로 다른 생산성 때문에 지대의 차이가 존재하는 것을 차액지대(differential rent)라고 한다.

차액지대는 19세기 초 D. Ricardo에 의해서 주장되었는데, 토지의 비옥도에 따라 지대가 차이가 난다고 하였다. 차액지대는 토지의 위치가 고정되어 있고, 비옥도가 다르며 비옥도가 높은 토지가 한정되어 있기 때문에 발생한다. J. H. von Thünen은 공간상에서 비옥도는 같다고 하더라도 거리에 따르는 수송비의 차이가 지대를 발생시킨다고 주장하였는데 이것을 튀넨의 입지지대(location rent)라고 한다. 리카도가 토지의 비옥도에 따라 차액지대가 발생한다고 보았는데, 튀넨은 비옥도가 같은 지역 내에서도 지대가 발생한다고 주장하였다. 튀넨은 중심시장으로부터의 거리에 따른 수송비의 차이에서 지대가 발생한다고 보았다. 즉 수송비는 시장으로부터 거리가 멀어질수록 증가하기 때문에 거리가 가까운 지역은 수송비가 적게 든다. 따라서 시장과 가까운 거리에 입지해 있는 지역이 지대가 가장 높게 발생되며, 시장으로부터 거리가 멀어짐에 따라 지대가 감소하고 경작의 한계지점에 지대가 발생하지 않는다는 것이다(이희연, 1997: 206). 튀넨에 의하면 수송비는 일반적으로 시장으로부터 거리가 멀어질수록 증가하기 때문에 거리가 먼 입지에 비해서 가까운 입지는 비교우위성을 누리게 된다고 하였다.

이와 달리 경제지대(economic rent)란 용어가 있다. 이는 토지를 이용할 때 토지로부터 회수되는 잉여수익 또는 이윤을 뜻한다. 농업적 토지이용을 공간적으로 분화하는 요인이 바로 경제지대이다[3](김인, 1994: 157).

토지를 이용하여 얻는 잉여수익 또는 이윤, 즉 경제지대(R)는 다음과 같은 지대요소에 의해서 결정된다. 특정작물에 대한 단위면적당 생산량(E), 단위당 시장가격(P), 단위당 생산비(A), 단위거리당 운송비율(f) 및 시장으로부터의 거리(r)가 주된 요소이다. 이는 다음과 같은 식으로 나타난다.

$$R = EP - EA - Efr = E(P - A) - Efr$$

즉, 시장가격에서 생산비와 수송비를 뺀 이윤이 곧 경제지대이다. 위 식에서 $E(P-A)$는 생산물 단위당 순수입을, Efr은 총수송비를 나타낸다. 이 경우 시장과 토지와의 상이한 위치적 거리관계에서 경제지대가 결정되기 때문에 토지당 잉여수익(또는 이윤)을 특히 입지지대(location rent)라고 한다.

농업지리학자 Edgar S. Dunn은 작물 간의 경제지대가 같아지는 무차별곡선을 찾기 위한 방법을 모색하였다. 이를 통하여 작물 간의 경제지대의 무차별지점을 기준으로 작물을 선별하여 경작함으로써 자기가 소유하고 있는 토지에 대한 이용의 극대화를 추구한다. 이에 입각한 토지이용의 패턴은 시장으로부터 원예, 낙농, 방목 등의 순으로 나타난다.[4]

3. 고립국 모형

1) 고립국 모형

1차 산업 중 농업의 공간분화와 토지이용에 대한 고전적인 이론은 독일의 학자 J. H.

---

3) 보다 자세한 경제지대의 개념은 제5장 제5절에 설명되어 있다.
4) 자세한 내용은 김인, 1994, pp. 157-161 및 E. S. .Dunn, 1967 참조.

von Thünen에 의해 체계화되었다. 튀넨은 수송비와 지대 및 농업 토지이용과의 관계를 설명해 주는 최초의 이론인 고립국 모형(the Model of an Isolated State)을 제시하였다. 농업의 입지패턴과 토지이용에 대한 튀넨의 모형은 다음과 같은 몇 가지의 가정을 기초로 한다.

첫째, 다른 지역과 교역이 전혀 없는 고립된 지역을 가정한다. 둘째, 하나의 점(point)으로 표시되는 도시는 주변지역으로부터 농산물을 공급받으며, 이 도시는 농산물의 판매를 위한 유일한 시장의 기능을 담당한다. 셋째, 이 지역의 모든 토지는 지형의 차이도 없고, 비옥도가 동일한 것으로 가정한다. 넷째, 농산물의 수송비용은 거리와 비례하는 것으로 가정한다. 다섯째, 농산물을 생산하는 농부는 이윤극대화(profit maximization)를 추구하는 경제인(economic man)이다. 여섯째, 고립국내에는 단 하나의 운송수단만이 존재한다. 이상의 전제하에서 튀넨은 고립국에 있어서 토지의 이용형태와 생산집적도의 양면성이 어떻게 변화하는가를 보여주었다.

농산물의 종류에 따라 단위당 교통비가 다르다는 점을 감안한다면, 도시 근처에서는 무겁고 부피가 큰 것이나 상하기 쉬운 것을 생산하고, 거리가 멀어짐에 따라 가격에 비해서 교통비가 저렴한 것을 생산하게 될 것이다. 따라서 도시를 중심으로 동심원적으로 농업생산이 이루어질 것이므로(비옥도가 동일하다는 가정에 의거하여), 거리에 따라 차별적인 농산물이 재배될 것이라는 것을 알 수 있다. 즉, 도시와의 거리에 따라 각 작물

그림 3-1 입지지대곡선

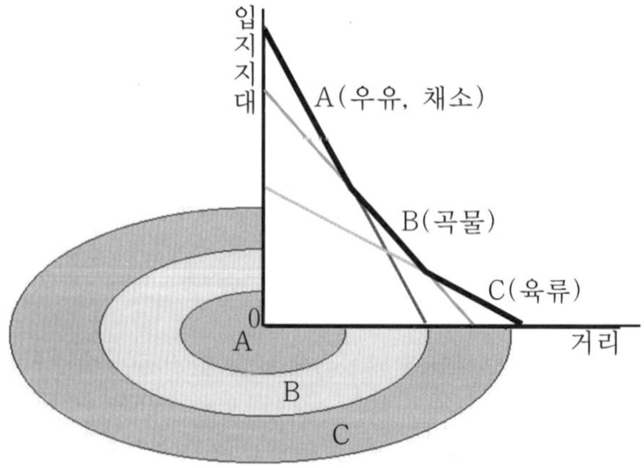

의 생산액과 생산비를 감안한 이윤이 차이가 발생할 것이고, 이윤이 지대를 부담할 수 없을 정도로 낮은 경우에는 지대가 낮은 지역으로 옮겨서 재배하게 될 것이다.

예를 들어, 우유, 곡물, 육류와 같이 세 종류의 농업생산을 한다고 전제하면, 단위면적당 이윤은 우유, 곡물, 육류의 순이고, 단위 면적당 생산물의 운송비도 우유, 곡물, 육류의 순으로 나타났다. 이렇게 하여 [그림 3-1]과 같이 도시와의 거리에 따라 작물별 지대곡선을 도출할 수 있다. 이러한 지대곡선을 시장을 중심으로 회전시키면 동심원적인 작물별 토지이용지대가 나타난다.

튀넨은 이러한 논리와 실증을 통하여 [그림 3-2]와 같이 도시로부터 거리에 따라 원예농업, 임업, 윤재식 농업, 곡초식 농업, 삼포식 농업 및 방목(목축) 등의 여섯 가지 농업지대가 동심원상으로 배열된다고 주장하였다.

그림 3-2 J. H. von Thünen의 고립국 모형

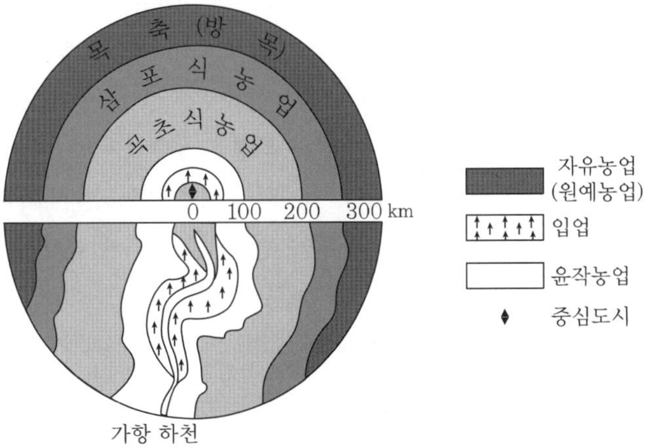

튀넨 입지론의 전제조건은 자연조건은 동일하다, 운송비는 거리에 정비례한다, 농민은 합리적 경제인이다, 운송비 절감을 위한 경쟁, 동심원적 토지 이용체계 형성 등이다.

지대＝농산물의 시장가격－생산비－운송비

였다. 이를 토대로 보면, 도시에 가까울수록 집약적이고, 멀수록 조방적으로 토지를 이용하게 되므로,

자유농업(원예농업) → 임업 → 윤재식 농업 → 곡초식농업 → 삼포식농업 → 조방적 농업 순으로 경작하게 된다는 것이다.[5)]

그러나 이 이론의 실제적용에 있어서는 많은 제약이 따른다. 실제로 모든 자연조건은 동일할 수 없을 뿐더러, 운송비가 반드시 거리에 정비례하지도 않기 때문이다. 현대의 도시에 적용한다면 도시에 가까울수록 상추 등의 쉽게 상하기 쉬운 시설채소가 입지하고, 멀어지면 질수록 장기간 운송에도 쉽게 상하지 않는 과일이 자리하고, 밤이나 호두 등의 견과류가 멀리 입지하게 된다는 것이다. 하지만 실제로는 현대도시에서 교통의 발달로 이 원칙에 따라서만 적용되기에는 무리가 있다.

2) 고립국모형 평가

사실 튀넨의 고립국 모형은 엄격한 가정 하에서만 가능하다. 그러나 주어진 가정이 너무 비현실적이라는 한계가 있다. 즉, 현실사회에서는 토지의 비옥도가 동일하지 않다는 점, 대도시에는 하천이나 운하와 같은 운송수단이 별도로 존재한다는 점, 대부분의 도시나 지역이 고립국이 아니라 외부와 교류가 가능하다는 점 등에서 무리한 가정임을 전제하고, 동심원이 아니라 비옥도와 하천, 소도시 등으로 인해 불규칙적인 토지이용이 나타날 수 있다고 수정하였다. 그리고 튀넨의 모형은 정태적이고 규모의 경제에 따라 생산비가 달라지는 점을 고려하지 않았다. 튀넨의 모형은 어느 한 시점에서 토지이용체계를 설명하고 있으나 토지이용패턴이 어떻게 변해갈 것인가에 대해서는 설명하지 못

---

5) ① 윤재식(輪栽式 system of rotation crop) 농업은 윤작(輪作 crop rotation)을 의미한다. 한 농토에서 몇 가지 작물을 특정한 순서로 규칙직으로 반복하여 재배해 나가는 것이다. 일명 돌려짓기이다.

② 곡초식(穀草式 alternate husbandry) 농업은 목장을 개척하여 곡식을 심다가 지력이 감퇴하여 곡식이 잘되지 아니할 때, 다시 목장으로 쓰는 영농 방식이다. 곡초식 농업의 특징은 곡물 재배기간이 끝난 밭을 초지(草地)로 만들고 오래된 초지는 곡작(穀作)에 이용하는 자연적 비배방법(肥培方法)을 규칙적으로 행하는 것이다. 이 농법이 널리 행하여지는 곳은 유럽 서해안 제국으로, 그 이유는 우량·기온 등의 자연조건이 목초재배에 적합할 뿐만 아니라, 사회적으로도 농촌의 경제적 발전이 있었기 때문이다.

곡초식 농업은 곡물과 목초를 교대로 심어 가며 농사를 짓는 방법으로 주곡식(主穀式) 농법과 성질을 달리하는데, 다른 점은 주곡식은 삼포식(三圃式) 농법의 한 형태로서, 초지는 인위적으로 심지 않은 휴한지(休閑地)이고, 경지에는 대부분 곡물이 파종되는 방식이다.

③ 삼포식농업(三圃式 農業)은 중세 유럽의 봉건사회에서 널리 실행된 경작방법이다. 영주직영지(領主直營地)와 농민보유지는 어느 것이나 3개의 경구(耕區)로 나누어, 그 하나에는 춘파맥(春播麥) 또는 곡물류, 다른 구에는 추파맥(秋播麥)이 파종되고, 나머지 구는 휴한지(休閑地)로서 지력을 배양하였다. 농민보유지는 각 경구마다 개인보유지로서 소경구(小耕區)로 나누었으나 각 보유지마다 특별한 경계를 설치하지 않았기 때문에 개방경지제도라고 불렀다. 소경구는 매년 또는 수년 만에 공동체원(共同體員)에게 나누어 주는 관습이 있었다. 간단히 말하면, 농지를 세 부분으로 나누어 그 가운데 한 부분을 해마다 번갈아가며 휴경지로 하여 지력을 회복시키는 경작 방식이다.

그리고 조방적 농업(粗放的 農業)은 단위 면적의 땅에 자본과 노동력을 적게 들여 경작하는 농업을 말하며. 주로 자연력에 의존하여 이루어지는 농업이다.

하고 있다. 그리고 수송비의 차이에서만 차액지대가 발생한다고 보았는데, 그 외 독점지대나 일반적인 경제지대 등에 의해서도 지대가 발생하는 것이다.

이러한 한계에도 불구하고 튀넨의 고립국 모형은 동일한 자연 조건 하에서 농업 활동의 공간적 분화가 이루어짐을 과학적 접근 방법에 의해 밝혔다는 점에서 오늘날 농업생산의 공간 구조를 이해하고 설명하는 데 큰 공헌을 하였다.

제 2 절 제조업 입지이론

1. 제조업의 입지

전통적인 경제학은 제조업의 생산활동에 작용하는 공간적 변수를 거의 고려하지 않았다. 그러나 제조업을 경영하는 기업체의 입장에서 보면, 공간적 고려는 필수적이다. 기업체의 활동은 일정 지점에 자리 잡고 있는 공장의 생산활동을 위해 원료가 투입되어야 하고, 공장에서 생산된 제품은 시장으로 반출되어야 한다. 때문에 원료산지에서 공장까지, 그리고 공장에서 시장까지 사이에는 지리적 거리가 존재한다. 이러한 거리를 극복하자면 교통비용이 소요된다. 제조업의 입지는 교통비가 최소화되는 지점이다(김형국, 1997: 139).

제조업 입지이론은 A. Weber가 최소비용 입지이론을 최초로 정립함으로써 체계화되는 계기가 되었다. 그 후 모제스의 입지-생산모형, E. M. Hoover and T. Pälander 등의 최소비용 입지이론, H. Hotelling의 공간경쟁모형, A. Lösch는 최대수요이론과 수입극대화 입지이론, 중심지이론을 발전시켰다. 그리고 보다 일반화된 입지이론은 M. Greenhut과 W. Isard 등의 이윤극대화이론, 기업행태입지이론 등으로 발전되어 왔다. 그리고 현대적 제조업 입지이론으로 인큐베이트모형, 공간적 분업론, 제품수명주기이론, 성장극이론, 신 산업지구 모형 등이 있다.

2차 산업입지의 결정요인은 여러 가지로 구분할 수 있으나, 신통식으로는 수송비와 시장이 주요한 변수로 고려되어 왔다. 즉 수송비의 극소화와 시장(수익)의 극대화를 도모할 수 있는 지역에 입지하게 된다는 것이다.

표 3-1 학자별 입지결정요인

Arthur O'Sullivan(1995)	John F. McDonald(1997)	대한국토 · 도시계획학회(1999)
수송비	수송비	-
시장	시장	시장
에너지	에너지	-
노동력	노동력	노동력
삶의 질	-	삶의 질
임금	임금	-
중간재료	중간재료	-
공공서비스와 세제	공공서비스와 세제	정부정책
-	지식	기술
-	자본	자본
-	토지	토지
-	-	사회간접자본
-	-	기후

그러나 실제로 기업체가 입지를 결정함에 있어서 고려하는 변수는 매우 다양하다. Arthur O'Sullivan(1995: 51-54)은 입지결정요인으로서 에너지, 노동력, 삶의 질, 임금, 지역특화경제와 도시화경제에 의한 다양한 중간재료의 공급, 공공서비스와 세제(세금감면, 산업기금, 정부대출 및 대출보증, 단지개발) 등을 들고 있다. 그리고 John F. McDonald(1997: 30-37)는 수송비, 시장, 임금, 노동력, 중간재료, 지식, 공공서비스와 세제, 그 외에 에너지, 자본, 그리고 토지 등을 들고 있다. 한편 대한국토 · 도시계획학회(1999)는 물리적 조건(기후, 사회간접자본), 생산요소(토지, 노동력, 자본), 자본, 시장, 기술, 정부정책, 삶의 질 등을 들고 있다(대한국토 · 도시계획학회 편, 1999: 67-75).

이러한 다양한 입지요인들은 산업의 유형과 특징에 따라 그 중요도는 상이하게 된다. 예컨대 에너지를 많이 사용하는 산업의 경우는 에너지의 가격을 가장 중요하게 간주하는 반면, 노동집약적인 산업은 저렴한 노동력을 가장 중요한 요소로 평가할 것이다. 또한 산업입지요인은 해당 기업의 규모와 특성에 따라서도 영향을 미치는 요인이 다르다. 그러므로 산업의 입지결정에 영향을 미치는 요인은 매우 다양하고 유동적인 특성을 지니고 있는 바, 산업의 유형과 특징, 그리고 규모와 기능 등에 의해서 주요하게 고려되는 요인들은 상이하다고 할 수 있다.

따라서 이처럼 광범위하고 유동적인 입지요인을 종합적 · 합리적으로 고려하여 최적의 입지를 결정하는 것은 현실적으로 불가능하다. 일반적으로 개별기업이 입지를 결정함에 있어서는 시장과 수송비를 가장 중요하게 고려한 다음 부차적으로 기타 요인들을 고려하게 된다.

1) 제조업의 입지 특성

산업입지의 유형은 완제품의 무게에 대한 국지원료 무게의 비인 원료지수(material index)로서 구분할 수 있다. 즉 이론적으로는 원료지수가 1보다 크면 공장이 원료산지에 입지하는 경향을 보이고, 1보다 작으면 시장에 입지하는 경향을 보이며, 1인 경우는 시장과 원료산지를 연결하는 직선상의 어느 장소에라도 입지할 수 있다.

따라서 일반적으로 기업체의 입지형태는 주로 수송비에 바탕을 두고 의사결정을 하는 경우(수송비 지향적 기업)와 지역의 투입재료의 비용에 바탕을 두고 의사결정을 하는 경우(원료지향적 기업)의 두 가지로 구분할 수 있는데, 이는 다시 세부적으로 몇 가지 형태로 구분된다.

산업특성에 따른 투입원료와 생산물간의 수송비의 차이에 따라 산업입지의 유형은 여러 가지로 구분된다. 먼저 원료지향적 산업입지(raw material oriented industries)는 원자재나 원료의 중량이 무거워 원료생산지 인근에 입지하여 생산활동을 하는 산업을 의미한다. 시장지향적 산업입지(market oriented industries)는 원료수송비에 보다는 단위당 완제품 수송비가 비싸 최종소비시장 인근에 입지하게 되는 산업을 의미한다. 중간지점지향적 산업입지(transhipment oriented industries)는 소비시장과 원료시장 중간에 환적지점(transhipment point)이 있을 경우의 산업입지를 의미한다. 자유시장지향적 입지는 제조과정에서 수송비가 차지하는 비중이 작아 수송비가 입지선정에 거의 작용하지 않은 산업의 입지를 나타낸다. 이러한 산업은 고도의 첨단 기술산업으로 전자부품, 정보통신제품, 반도체 등의 산업에서 볼 수 있다.

그러나 실제세계에서는 수송비와 원료비가 확연히 구분되는 것이 아니라, 복합적으고 연계되어 있는 바, 특정 기업이 어떤 형태의 입지유형을 보이고 있는가 판단하기에는 매우 어렵다. 즉 대부분의 기업들은 수송비와 원료비 두 가지 기준에 바탕을 둔 입지결정을 하게 되는 바, 때로는 수송비와 원료비가 상쇄(trade-off)되는 지점에서 입지결정을 하게 되기도 한다.

표 3-2 입지유형별 특성

구 분	산 업 특 성
원료지향적 산업	· 원료가 공간적으로 편재 · 원료수송비가 제품수송비보다 비쌈 · 총비용 중 수송비의 비중이 큼 · 제조과정에서 원료의 부피나 중량이 많이 감소 · 제철, 식품가공, 목재가공, 시멘트 산업 등
시장지향적 산업	· 생산과정에서 중량이 증가 원료수송비가 제품수송비보다 작거나 동일 · 부패성 재화이거나 취급에 주의가 필요 · 소비자와 많은 접촉을 필요 · 원료가 도처에 산재 · 소비시장에 재고를 확보할 필요가 있음 · 수요에 민감한 재화 생산 · 청량음료, 맥주, 제과점, 술집, 식당, 다방 등
중간지점지향적 산업	· 소비시장과 원료산지 사이에 이적지점에 있는 경우 · 이적지점에서 이적비용이 급격히 증대하거나 감소
자유시장지향적 산업	· 제품수송비의 비중이 매우 낮아 수송비가 입지선정에 별로 작용하지 않음. · 고도의 대규모 기술집약산업 · 자동차, 항공기, 전자산업 등
노동지향적 산업	· 노동의 양과 질이 지역간에 편재되어 있는 경우 임금이 큰 비중을 차지하는 산업 · 전자, 인쇄 · 출판, 섬유, 신발, 합판업 등
집적지향적 산업	· 수송비의 비중이 적고 기술연관성이 높음 · 여러 기업이 한 곳에 입지하여 기술, 정보, 시설, 원료 등을 공동이용하여 비용을 절감 · 많은 자본과 고도의 기술이 필요 · 기계공업, 자동차, 석유화학, 제철 등

2. 전통적 제조업 입지이론

1) A. Weber의 비용최소화 입지모형

Alfred Weber(1909)에 의해서 구체화되고 형식화된 입지생산모형은 원래 19세기 J. H. von Thünen의 고립국(1826)과 W. Laundhart(1885)의 연구에 기원을 두고 있다. 그 후 T. Pälander(1928)와 W. Isard(1956), L. N. Moses(1958) 그리고 Edgar M.

Hoover(1937) 등에 의해서 발전되었다.[6)]

기업들은 공간상 어떤 한 점에 있다고 가정하고 이윤극대화를 목적으로 영업을 한다고 가정한다. 이제부터 기업들은 어떤 입지에서 이윤을 극대화하는가를 분석해 보자. 이를 설명하기 위해 가장 단순한 2차원 공간구조 즉 삼각형을 가지고 설명해 보자. 이와 같은 가장 단순한 2차원 접근방법은 보다 일반적이고 복잡한 모형으로 확대 될 수 있다.

웨버의 입지생산모형을 삼각형구조로 설명하면 다음과 같다. 기업들은 하나의 산출재를 생산하기 위해 두자지 원료를 사용한다고 가정하자(McCann, 2001: 7-8).

그림 3-3 A. Weber의 입지 삼각형 모형

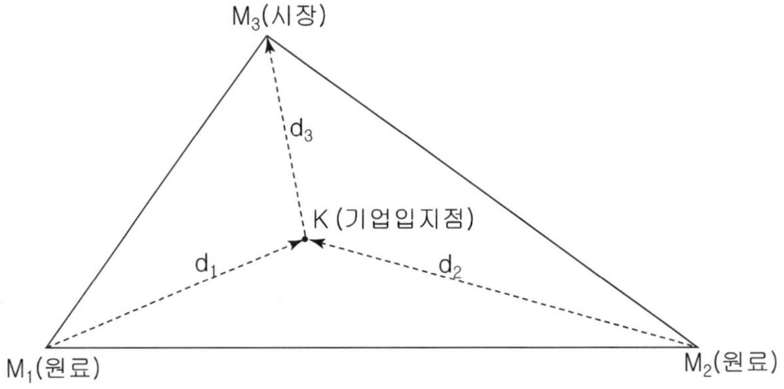

기업들은 원료 1과 2를 사용하여 산출재 3을 생산한다. 웨버의 입지생산모형에서 생산계수는 고정적이라고 가정한다. 이것은 하나의 산출재를 생산하기 위해서 요구되는 각 원료간의 관계는 고정적이라는 것이다. 그림에서 투입원료 1과 2의 생산지점은 M_1과 M_2이고 산출재 3이 팔리는 산출시장점은 M_3이라고 하자. 투입원료 1과 2의 각각 생산지점 M_1과 M_2에서 톤당 가격은 p_1과 p_2이다. 기업은 완전경쟁을 가정하기 때문에 가격수취자로 행동한다. 산출재 3은 p_3의 가격하에서 무제한으로 판매할 수 있다고 가정한다. t_1, t_2, t_3는 각 상품 1 ,2, 3의 수송비를 나타낸나. d_1, d_2, d_3는 각 상품 1,

6) 워싱턴(UW) 대학 지리학과 명예교수인 Gunter Krumme 교수의 홈페이지 참조.
(http://faculty.washington.edu/krumme/450/names.html).
사실 입지이론의 효시는 Johann Heinrich von Thünen(1926)의 농업토지사용과 입지지대에 관한 연구에서 였다.

2, 3의 선적지까지의 거리이다. 생산요소인 자본과 노동은 자유롭게 이동할 수 있고 요소가격도 일정하고 요소품질도 동질적이라고 가정한다.

만약 기업들이 어디든지 입지할 수 있고 합리적으로 행동한다면, 기업들은 이윤극대화가 가능한 지점에 입지할 것이다. 모든 투입물과 산출재의 가격이 외생적으로 주어지면 생산요소의 가격은 공간에 따라서 변하지 않게 된다. 입지차이에 따라 상대적으로 수익성이 차이가 나는 것은 투입원료와 산출재시장 간의 입지에 따른 거리의 차이에 있다. 그 이유는 생산지점에서 기업입지점(K점)까지의 투입원료의 수송비가 차이가 나고, 기업입지점에서 시장입지까지의 산출물의 수송비가 차이가 나기 때문이다.

만약 산출재 3의 가격 p_3가 고정되어 있다면, 기업에게 이윤최대화를 보장해 주는 입지는 여타여건이 일정하다고 할 때, 총 투입물과 산출재의 수송비 합계가 최소화되는 입지점이다. 이것이 Weber의 최적입지라고 한다. Weber의 최적입지는 이들 총비용(총수송비)의 합계가 최소화되는 곳에서 입지하게 된다는 것이다. Weber의 최적입지를 결정하는 비용조건은 다음과 같이 나타낼 수 있다.

$$TC = Min \sum_{i=1}^{3} m_i t_i d_i$$

여기서 i는 각 입지지점 K로 운송되거나 K로부터 수송되는 각 재화를 나타낸다. mtd 등의 기호는 중량(m)과 수송비(t), 거리(d) 등을 나타낸다. 기업들이 이윤극대화를 위해서 노력한다면 수송비 최소비용입지는 기업들이 실제로 선택하는 입지가 될 것이다. 웨버는 총수송비 등고선을 가지고 여러 지점 간의 최적입지점을 선정할 수도 있다고 했다. 웨버는 일반적으로 높은 입지중량을 가진 산업은 원료시장 지향적 입지를 가지고, 낮은 입지중량을 가진 산업은 소비시장 지향적 입지를 가지게 된다고 보았다.

웨버의 입지모형은 원추형의 삼각형 체계를 가지고도 설명이 된다. 최적입지점은 일반적으로 웨버의 삼각형 내에 있겠지만 어떤 경우에는 각각의 코너에서도 일어날 수 있다. 오늘날에는 이러한 기계적인 설명을 하는 것보다 컴퓨터를 사용하여 최적입지점을 계산할 수도 있다. 특수한 경우에 기업의 최적입지가 계산가능하다고 할지라도, 우리들의 관심사항은 Weber의 최적입지가 어떤 매개변수의 변화에 의해서 영향을 받게 되는가 하는 문제이다.

2) L. N. Moses의 입지생산모형

A. Weber모형(1958)은 각 원료 소비량 m_1과 m_2는 생산된 산출재 m_3단위당 고정되어 있다고 가정한다. 그러나 표준적인 미시경제분석에서 기업형태의 특성은 원료소비량을 대체하고, 여타 여건이 일정하다고 할 때 효율성을 높이기 위해 보다 싼 투입물들을 사용한다. 대체행위가 기업의 입지행태에 어떻게 영향을 미치는가를 알기 위해서는 Moses모형의 주요 특징을 알아야 한다.

기업의 효율성에 관한 표준적인 미시경제학적 접근방법에서 최적투입물 결합점은 예산제약선(등비용선)과 원점에서 가장 멀리 떨어진 등생산량곡선이 접하는 지점이다. 이때 예산제약선의 기울기는 두 재화의 상대가격에 달려 있다. L. N. Moses는 포락적인 예산제약선(the envelope budget constraint)을 도입하여 이러한 예산제약포락선(등비용선)과 등생산량곡선이 만나는 지점에서 입지가 결정된다는 것이다. 포락적인 예산제약선은 X축에 m_2, Y축에 m_1을 표시하고 웨버의 삼각형 입지모형 내부 m_1과 m_2, m_3가 만나는 지점에 어떤 호 IJ가 있다고 가정했을 때, 이러한 호 IJ의 각 입지점에 존재하는 예산제약선들을 원점에서 가장 멀리 떨어진 부분들을 연결하는 선이다.

[그림 3-4]에서 기업들의 최대효율점은 E^*이다. E^*는 어떤 주어진 m_1과 m_2에서 투입물의 최적결합점이고, 또한 최적입지점이다. 기업들의 최적입지점과 투입원료의 최적결합점은 상호 연결되어 결정된다. 투입원료의 대체가 가능하면 모든 입지문제는 생산문제이며, 생산문제는 입지문제가 된다.

만약 어떤 M_1의 입지점에서 모든 투입재화의 수송비 t_1이 떨어지면, 여타 여건이 일정하다고 할 때 포락예산제약선은 보다 더 가파르게 된다. 그리하여 포락예산제약선이 Y축을 따라 더 올라가게 된다. 이는 투입원료 m_1의 가격이 떨어져 동일한 예산을 가지고 더 많이 구입할 수 있다는 논리와 같다. 이를 보다 엄격히 말하면, 소득효과에 따라서 포락예산선은 투입원료의 가격이 떨어졌기 때문에 원점에서 보다 우측으로 이동하게 된다. 다만 여기에서 포락예산선의 기울기 변화의 대체효과만을 가정하면 포락선은 Y축을 따라 가파르게 이동한다. 이를 그림으로 나타내면 [그림 3-5]와 같다(McCann, 2001: 19-24).

[그림 3-5]에서 가격변화후의 최적생산입지점은 E'이 된다. 새로운 균형점 E'은 원래 균형점 E^*에 비해서 Y축에 가깝다. 그리하여 투입원료 m_1과 m_2의 결합비율이

그림 3-4 L. N. Moses의 최적 입지점

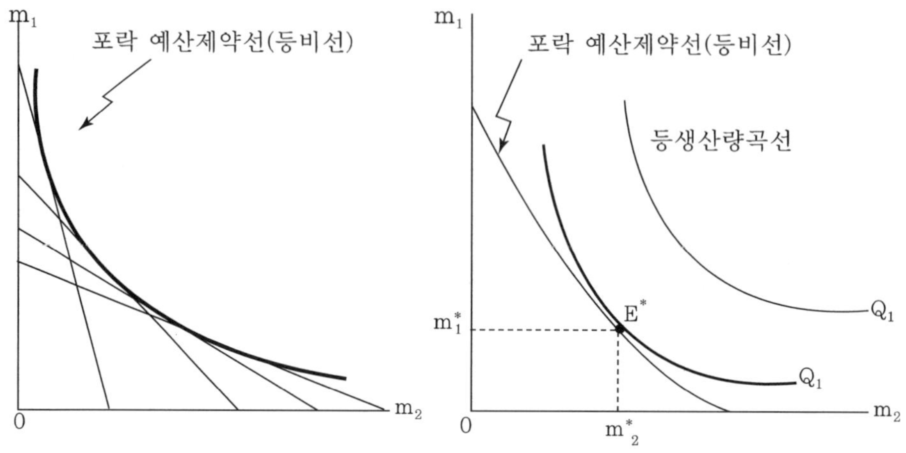

그림 3-5 최적 입지생산점의 변화

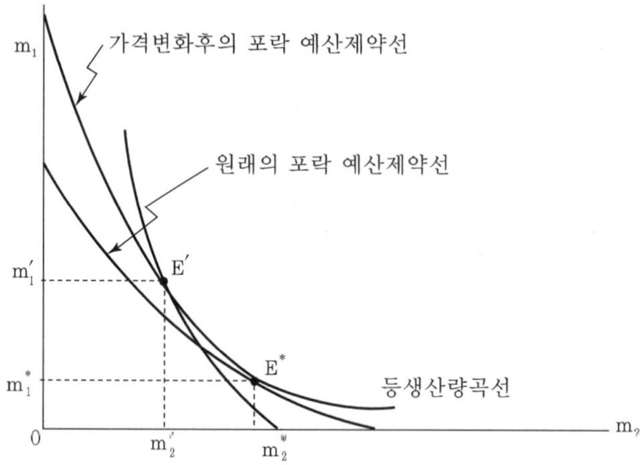

m_1^*, m_2^*에서 m_1', m_2'으로 변하게 된다. 즉, m_1'의 원료가격이 상대적으로 보다 싸게 되어 m_1^*의 원료를 더 많이 사용하게 되는 것이다. 이것은 또한 기업의 입지점이 기업들의 총수송비를 절감시키기 위해 원료 1의 기점인 m_1에 보다 가깝게 입지하려고 이동하게 된다.

여기서 L. N. Moses모형과 A. Weber모형의 차이점을 분석할 수 있다. 단순한 웨버 모형에서 여타여건이 일정할 때 수송비 t_1이 떨어지면 기업의 입지는 모제스모형과는 반대로 m_1에서 떨어진(멀어진) 곳에 기업들이 입지한다는 것이다. 그 이유는 투입원료 2가 상대적으로 수송하는데 더 비싸게 되어 m_2 가까이에 입지한다는 것이다. 또 생산계수가 고정적이고 투입원료 m_1과 m_2의 상대적인 소비량이 같다고 할 때 기업들은 총 수송비를 절감하기 위해 투입원료 2 가까이에 입지한다는 것이다. L. N. Moses와 A. Weber입지모형의 차이는 웨버는 투입원료간에 대체가능성이 없는 고정계수를 가정한 반면에, L. N. Moses는 투입원료간에 대체가능성이 있는 변동계수를 가정한 것이다. 일반적으로 요소간의 대체탄력성이 제로이거나 아주 낮으면 웨버모형을 지지하고, 반대로 대체탄력성이 높으면 모제스모형을 지지하는 경향이 있다.

또한 L. N. Moses모형에서는 기업들의 입지생산행태에 관해서 규모의 수익효과를 분석할 수 있다. 특히 기업들의 최적입지가 기업들의 산출물 변화에 의해서 어떻게 영향을 받는가를 분석할 수 있다. 이러한 것은 [그림 3-6]에서 설명하면 다음과 같다.

[그림 3-6]에서 포락 예산제약선은 투입요소에 대한 총지출금이 증가함에 따라 원점에서 점점 멀어진다. 따라서 그에 따른 등생산량곡선이 있고, 변화후의 포락예산선(등비용선)과 등생산량곡선이 접하는 점이 각각 A, B, C, D 등이라고 할 때 이를 연결한 선이 산출확장선(output expansion path)이다. 산출확장선상의 점들은 요소간의 최적결합점이 되고, 또한 기업들의 최적입지점이 된다. 그림에서와 같이 확장선이 X축을 향하여 기울어지면, 기업들의 산출물은 증가하게 되고 총 투입원료의 소비량이 증가하며, 최적 요소투입비율은 상대적으로 투입원료 2를 많이 사용하게 된다. 그 결과 최적요소비율 m_1/m_2는 떨어지고 기업의 최적입지는 m_2를 향하여 이동하게 된다. 반대로 확장선이 Y축을 향하여 기울어지면 상대적으로 투입원료 1을 많이 사용하게 된다. 그 결과 m_1/m_2는 증가하게 되고, 기업의 최적입지는 m_1을 향하여 이동하게 된다.

A. Weber와 L. N. Moses모형을 현실경제에 적용할 때는 2가지 한계점이 있다. 먼저 첫 번째 문제점은 시장가격과 산출재의 수입이 두 모형에서 기업의 최적입지를 결정하는데 아무런 역할을 못한다는 것이다. 웨버모형에서 최적입지는 투입재와 산출재간에 존재하는 총수송비에 의해서 유일하게 결정된다는 것이다. 반면에 모제스모형에서는 투입물의 가격이 최적입지 결정에 어떤 역할을 한다는 것이다. 두 모형 모두 시장가격이

그림 3-6 산출물의 변화와 입지생산점

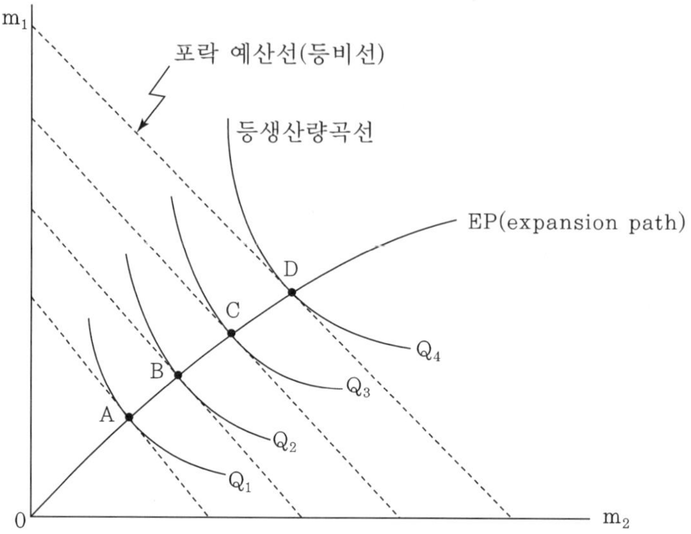

최적입지 결정에 어떤 역할을 하지 못한다는 것이다. 두 번째 문제점은 입지결정문제로서 수송비를 지나치게 강조했다는 점이다. 그러나 현실경제에서 수송비는 대부분의 기업들에서 총비용에서 차지하는 비중은 상당히 적다고 할 수 있다. 이상과 같은 웨버와 모제스모형의 한계점은 거리-수송비의 보다 폭넓은 개념인 총로지스틱비용(total logistics costs) 개념을 도입하면 상당히 약화될 수 있다(P. McCann 1993, 1997, 2001). 총로지스틱비용은 수송과 관련되는 모든 물품의 구매와 운송비용을 합한 비용이다. 이러한 총 로지스틱비용 개념을 도입함으로써 시장가격과 시장 판매수입 및 거리 비용이 기업들의 최적입지결정에 결정적인 역할을 한다는 것을 분석할 수 있다.

3) H. Hotelling의 공간경쟁모형

공간 독점력의 존재는 기업들이 입지를 보다 많은 독점력을 얻기 위한 경쟁력수단으로 사용하게 해 준다. 이러한 문제는 특히 가격경쟁을 하지 않고 품질경쟁과 같은 비가격 경쟁을 주로 하는 기업들에게는 중요하다. 과점경쟁 하에서 산출량과 시장영역을 결정하는데 기업들 간의 상호의존성은 가격경쟁과 마찬가지로 입지선택에도 상당히 큰 영향을 미친다. 이러한 예를 가장 단순하게 설명하는 예는 기업들 간의 공간적 의존성을 설명하는 H. Hotelling(1929)모형이다.

[그림 3-7]에서 기업 A와 B의 생산비와 수송비가 동일하고, 이들 가격이 변화하지 않는다고 가정하자. 이를 기호로 표현하면 $P_a = P_b$이고, $t_a = t_b$이다. 또한 모든 소비자는 가격과 관계없이 시간단위당 고정된 양을 소비한다고 가정한다. 각 기업들은 경쟁기업들이 그들의 행태를 변경시키는 않는다는 가정에 기반을 두고 그들의 의사결정을 한다.

그림 3-7 H. Hotelling의 입지모형

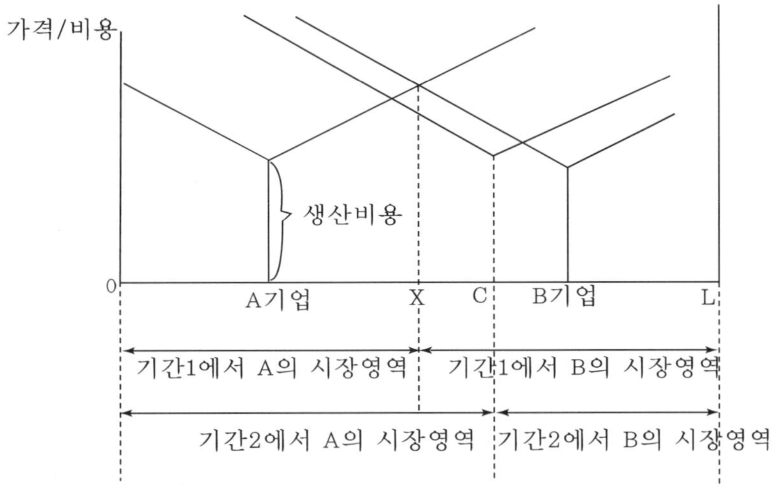

만약 기업 A와 B가 전체시장범위 OL에서 각각 1/4과 3/4지점에 입지해 있다고 하면, 기업 A는 OX의 독점력을 가지고, 기업 B는 XL의 독점력을 가지게 된다. 이 경우에 두 기업은 동일한 시장분배영역을 가지게 된다. 기간 1에서 기업 A는 원래의 입지점에서 C점으로 이동하게 되면 기업 A의 시장영역은 OC로 확장된다. 반면에 기업 B의 시장역역은 그 만큼 줄어들게 된다. 다음 단계에서 기업 B는 C지점에서 입지를 계속한다면, 다음기간 2에서 기업 B는 C점보다 왼쪽으로 이동하여 시장영역을 확대하려고 할 것이다. 다음기간 3에서 기업 A는 B기업의 왼쪽으로 이동해서 시장을 다시 확대하려고 할 것이다. 이러한 과정은 두 기업의 시장영역이 시장의 중간지점인 X지점이 될 때까지 계속하게 될 것이다. 두 기업의 시장영역이 반반씩 양분되는 OX에서 결정될 때 두 기업의 입지행태를 변경시킬 어떤 유인도 없게 된다. 이것은 게임이론에서의 Nash균형과 같게 되는 것이다. 이것이 바로 Hotelling의 공간경쟁입지모형의 결과이다(McCann, 2001: 30-34).

그림 3-8 H. Hotelling의 입지모형과 후생변화

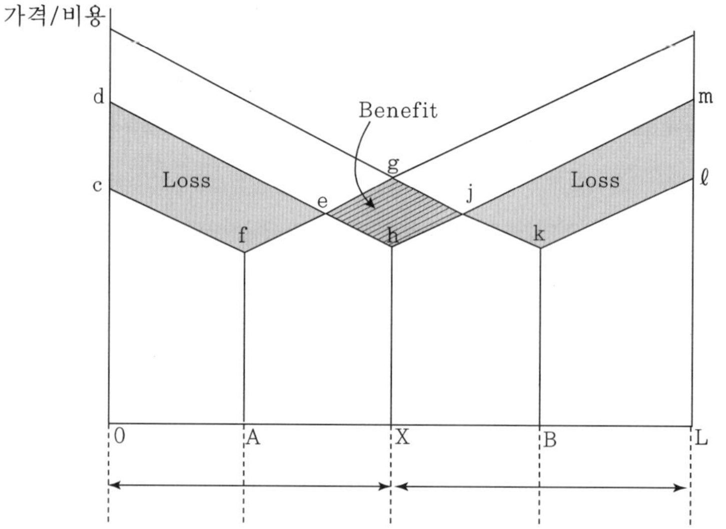

H. Hotelling모형의 결론은 두 기업의 시장분배몫이 1/2씩 되는 OX에서 결정된다는 것이다. 이 점은 초기의 입지균형점과 같다. 그러나 H. Hotelling모형의 결과는 소비자 후생수준이 초기균형상태보다 더 떨어지게 된다. 각 입지점에서 배달가격의 변화는 각 입지점에서 소비자의 후생수준을 변화시킨다. 이러한 후생편익과 손실의 순효과는 배달가격곡선 아래에 있는 면적으로 나타낼 수 있다. 시장중심지에 입지한 소비자는 배달가격이 떨어져 egjh면적만큼의 편익을 얻게 된다. 반면에 시장영역의 양 끝에 입지한 소비자는 일반적으로 배달가격이 높아져 defc와 jklm면적만큼의 후생손실을 입게 된다. 중심지역 소비자의 보다 낮은 가격에 따른 편익은 보다 많은 주변지역 소비자들의 가격증가에 의해서 가능한 것이다. 그리하여 사회적 후생은 감소하게 된다.

상술한 H. Hotelling모형의 균형은 가격경쟁이 없다고 가정한 경우이다. 만약 가격경쟁이 가능하다고 한다면 호텔링모형의 균형은 변하게 된다. 기업 A가 어떤 기간 1에서

그 기업의 생산가격을 낮추면 어떤 기간 2에서 기업 A는 시장영역 전체를 차지할 수 있다. 이렇게 되면 기업 B는 기업 A가 보다 낮은 가격을 계속 유지할 것이라고 보고 기간 3에서 그들의 생산가격을 기업 A보다 더 낮추게 된다. 그러면 기업 B가 전체 시장영역을 차지하게 된다. 이러한 과정은 계속되어 결국 두 기업의 이윤이 제로(0)가 될 때까지 계속될 것이다. 만약 생산비가 제로가 아니고 제로보다 높다면, 이러한 협력적 경쟁의 장기적인 결과는 가격이 한계생산비용(P=MC)과 같게 될 때까지 계속될 것이다. 호텔링모형은 기업들이 어떤 시장영역하에서 그들의 독점력을 강화하기 위한 수단으로 입지를 중요하게 사용할 수 있다는 것이다. 기업들은 지역화된 독점력이 크면 클수록 가격차별과 같은 독점적요소를 사용하여 기업의 수익을 증가시킬 가능성이 크다.

H. Hotelling 입지모형은 두 가지 중요한 결론을 제시해 준다. 첫째, 유사한 제품을 생산하고 비가격경쟁을 하는 기업들의 경우 시장확보를 위한 공간적 경쟁이 기업들을 서로 가까이에 입지하도록 한다는 것이다. 다시 말하면 가격경쟁이 주가 아닌 경우에는 공간 산업클러스터가 자연적으로 형성될 수 있다는 것이다. 이러한 경우는 소매업의 경우에 많이 볼 수 있다. 둘째, 후생적인 측면에서 기업들의 공간 클러스터 가까이에 사는 소비자들은 멀리 떨어져 사는 사람들에 비해 후생편익을 얻을 수 있다. 왜냐하면 기업이 생산한 재화의 소비비용이 멀리 떨어져 있는 소비자에 비해 훨씬 더 낮기 때문이다. 이것은 집적경제와 관련되는 중요한 문제이다.

H. Hotelling 입지모형의 비판점은 현실세계에 있어서 개별기업들은 모든 입지점에서 제품의 배달가격(수송가격)을 같게 부과한다는 것이다. 실제로 공간상의 시장에서는 위치에 따라 배달가격이 거의 다르지 않다. 그러나 거리에 따라 배달가격이 같다고 하더라도 판매에 따른 기업의 한계수익은 달라질 수 있다. 이것은 각 배달의 한계이윤이 고객입지에 따라서 다르다는 것을 암시하는 것이다. 이것은 또한 산출물의 수송비용을 기업이 흡수해야 한다는 것이다. 따라서 판매에 따른 순 한계이윤은 배달거리가 증가함에 따라 줄어들게 된다. 다시 말하면 인접한 고객에게 배달하는 제품의 이윤은 멀리 떨어진 고객에게 배달하는 제품이윤보다 훨씬 더 높을 수 있다는 것이다.

4) A. Lösch의 최대수요 입지이론

August Lösch는 당초 수요량극대화 입지론(최대수요 입지론)을 주장했다. 최대수요이론은 뢰쉬와 F. Fetter 등이 주장한 것으로 산업입지는 시장권역, 즉 수요에 따라서 입지가 달라진다고 하였다. 즉 산업입지는 경쟁에서 수요를 극대화하는 곳에서 입지하게 된다는 것이다. 뢰쉬가 개발한 공간수요 원추형은 재화와 용역의 수요는 시장중심지에서 집중되며 멀리 떨어질수록 적어진다고 했다. A. Lösch는 이윤을 추구하는 기업의 입지는 개별 시장권역의 중심부가 최적입지가 되고, 개개의 시장권역은 경쟁상태에서 정육각형의 공간구조로 나타날 것이라고 했다. 그 후 뢰쉬는 수입극대화이론으로 더욱 구체화시켰다.

뢰쉬의 공간경제이론이 시장균형조선에 도달하기 위해서는 다음의 조건들을 만족시켜야 한다. 첫째, 개별 경제활동의 입지는 생산자에게는 이윤, 소비자에게는 이득이 있어야 한다. 둘째, 전 공간을 공급할 수 있을 정도로 생산자의 수는 많아야 한다. 셋째, 시장진입은 자유롭고, 기업의 초과이윤은 없다. 넷째, 생산과 소비지, 공급지역은 소규모로 분할되어 무수히 많으며, 경쟁기업의 수는 무수히 많다. 다섯째, 시장경계선에 있는 소비자는 두 인접 생산자 모두로부터 재화를 공급받을 수 있다는 것이다.

아래 [그림 3-9]는 뢰쉬가 제시한 콜라에 대한 개인 수요곡선을 나타내는 공간수요 원추형(spatial demand cone)이라고 하자. 그림에서 O지역에 사는 소비자들은 OQ만큼의 콜라를 사고, O지역에서 멀어지면 운송비만큼 콜라가격이 높아져 수요는 줄어들게 된다. 그리고 P만큼 멀어지면 운송비가 OP만큼 되어 더 이상 콜라는 팔리지 않게

그림 3-9 뢰쉬의 공간수요원추형(spatial demand cone)

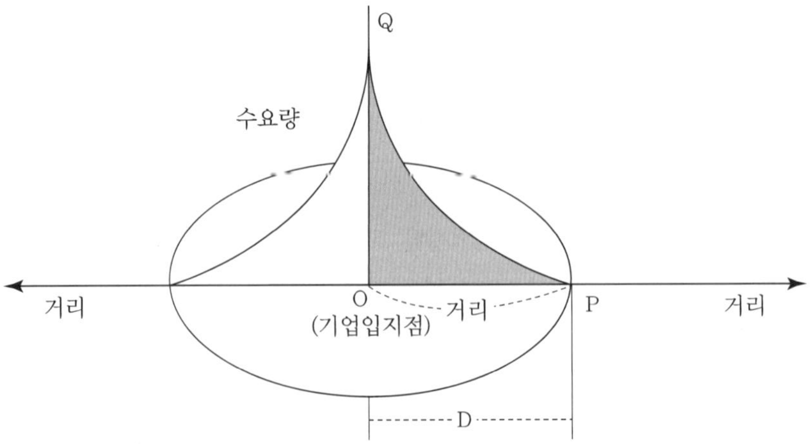

된다. 따라서 OP는 콜라가 팔리는 최대 반경이 되고, 이 거리까지 최대한 팔리는 콜라의 양은 OQ를 축으로 하여 삼각형 OQP를 회전시켜 나타내는 수요콘이 될 것이다. 뢰쉬는 수요콘을 중심으로 각 기업은 수요가 최대가 되는 O점에서 입지하게 된다고 하였다.

그 후 A. Lösch는 웨버의 최소비용 입지이론을 배격하고, 수입극대화 입지이론을 제시하였다. 그는 개별기업은 총수입이 총비용을 초과하여 수입이 극대화되는 곳에 입지한다고 강조했다. 뢰쉬는 개별기업의 최적입지는 그 자체가 해결하기 힘들다고 보았으며, 기업의 상호 독립성이 보장되어 어느 한 기업이 이미 입지하고 있을 때, 다른 기업이 다시 입지하기에 대단한 복잡한 문제가 야기된다고 하였다(전도일, 2001: 58-59).

5) E. M. Hoover의 비용극소화 입지이론

E. M. Hoover는 웨버의 근대적 비용극소화이론을 발전시켰다. 그는 1937년에 발표한 Location Theory and Shoe and Leather Industries에서 입지모형을 설명하였다. 그는 A. Weber와 T. Pälander의 시장분할론을 기반으로 근대적 비용극소화이론을 발전시켰다. 팔렌더는 기업이윤은 입지지점에서 시장권역까지의 거리에 비례한다는 원리를 제시하여 공간경쟁에 따라 이윤이 달라진다고 했다. 후버는 공간비용곡선(한계선)이라 할 수 있는 배달가격을 생산비와 수송비를 합한 것으로 판단하였다. 그리고 이 배달가격이 생산지로부터 거리에 따르는 공간비용곡선을 형성하여 공간적으로 이 가격이 일치하는 곳에서 시장이 분할된다고 보았다. 후버는 생산비가 생산량의 변화와 관계없이 일정하다면, 배달가격에 영향을 미치는 변수는 수송비라고 강조했다. 그는 여기에서 규모의 불경제 현상을 반영하였다.

[그림 3-10]에서 규모불경제하의 두 생산자간 시장권역을 설명하는 것이다. 광석을 개발하는 생산자가 X로부터 광석을 채굴하여 A, B, C점으로 시장을 확대하며 배달한다고 하자. 만약 구간 XA내의 생산자에 의해서 제품이 공급되면 생산비가 Xa가 되고, 선분 aa'는 X로부터 거리가 멀어짐에 따라 수송비가 증가하여 결과적으로 배달가격이 증가하는 과정을 보여준다. 시장이 B로 확대되면 규모불경제가 나타나 채석비가 b로 증가하고 시장이 C로 확대되면 채석비가 c로 확대된다. 이러한 점 a', b', c''를 연결하여 생산비(채석비)와 수송비를 합한 배달가격의 궤적을 나타낼 수 있는데, 이 선을 후버는 한계선이라고 하였다. X생산의 한계선과 Y생산의 한계선이 교차하는 D점에서

그림 3-10 규모불경제하의 두 생산자간 시장권역

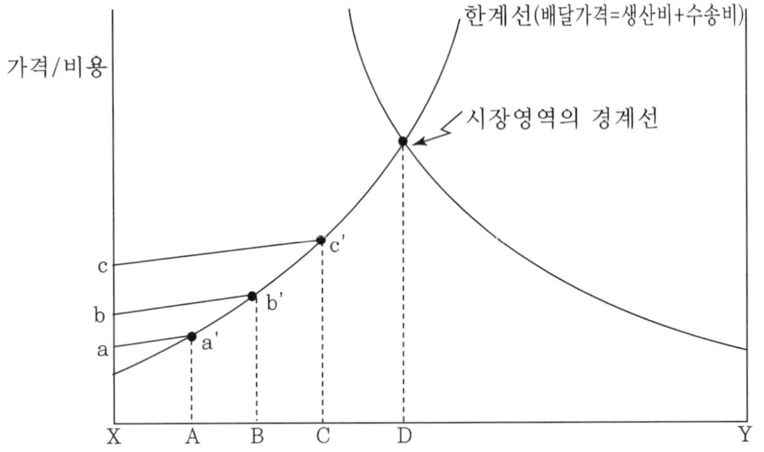

X와 Y의 시장분할은 결정된다.

E. M. Hoover는 A. Weber이론에서 간과된 환적비용과 장거리 수송효과를 도입하여 공장간 상권범위를 설명하고 있다. 또한 그는 수송수단이 바뀌지 않을 경우 시장과 원료산지를 제외한 중간지점에서는 환적비용이 이중으로 들게 되므로 최적입지가 될 수 없다고 하였다. 그러나 수송수단이 반드시 바뀌게 될 경우에는 환적점(transhipment point)이 최적입지지점이 될 수 있다고 했다.

후버는 어느 한 지점에서 소비자와 생산자는 완전경쟁상태에 있다고 가정하며, 수송비와 생산비, 원료비 등이 입지선정의 결정요인이라고 하였다. 그 역시 산업입지는 이러한 비용이 극소화되는 지점에 입지하다고 하였다. 후버의 학문적 업적은 여러 가지 입지요인들을 포괄적으로 분석하였다는데 있다. 그는 수송비 이외에도 토지이용, 입지변화 조정, 시장경계의 입지적 의미 등을 입지분석에 포함시켰다(최재선, 1996: 137). 또한 경제개발의 문제와 경제활동의 입지 및 정책까지도 분석하였다. 후보의 입지모형은 웨버의 모형보다 폭이 넓으며 모두 연역적 접근법을 사용하였다.

6) M. L. Greenhut과 E. M. Rawstron 등의 이윤극대화 입지이론

이윤극대화 입지론은 M. L. Greenhut과 E. M. Rawstron 등이 주장한 것으로 가장 합리적인 모델로 받아들여지고 있다. M. L. Greenhut은 1956년에 서술한 Plant Location in Theory and Practice에서 전통적인 경제이론에 공간적인 요소를 도입하였다. 그는 처음에는 비용극소화이론과 입지이론을 통합하여 비용과 수요 요인을 포함하는 입지이론을 발전시켰다. 그 후 그는 입지에 영향을 미치는 여러 가지 비용과 수요를 분리시켜 전개하였다. 그린헛은 처음으로 산업입지에 영향을 미치는 요인으로 수송비 이외에 제조비용과 수요를 고려하고, 기업가 개인의 심리적 요인도 고려하였다는 데 의의가 있다.

사실 기업들이 추구하는 목표는 매출액(총수입액) 극대화가설, 이윤극대화가설, 진입저지가격이론, 과점모형, 복점모형 등 여러 가지 가설이 있지만 대체로 이윤극대화 가설이 통상적으로 받아들여지고 있다.

이 이론의 핵심인 산업의 입지는 기업의 이윤이 극대화되는 점에서 입지하게 된다는 것이다. 기업들이 MR=(한계수입)=MC(한계비용)[7]인 지점에 입지하게 된다는 것이다. 다른 각도로 보면 총수입(TR, Total Revenue)과 총비용(TC, Total Cost)의 차가 가장 큰 입지지점(총이윤이 극대가 되는 점)에 입지하게 된다는 것이다. 다시 말하면, 그린헛모형의 요점은 공장은 이윤극대화지점을 향해 입지하려는 경향이 있고, 이 지점에서는 총수입(TR, Total Revenue)과 총비용(TC, Total Cost)의 차가 최대가 된다는 것이다. TR은 가격(P)과 생산량(Q)을 곱한 것이고, TC는 생산량(Q)과 평균비용(AC)을 곱한 것이다.

$$T\pi(\text{총이윤}) = TR(\text{총수입}) - TC(\text{총비용})$$

$$TR = P\times Q,\ \ AR(\text{평균수입}) = \frac{TR}{Q} = \frac{P\times Q}{Q} = P$$

$$TC = Q\times AC,\ AC(\text{평균비용}) = \frac{TC}{Q} = \frac{TVC}{Q} + \frac{TFC}{Q} = AVC + AFC$$

$$MR = \frac{\triangle TR}{\triangle Q},\qquad MC = \frac{\triangle TC}{\triangle Q} = \frac{\triangle TVC}{\triangle Q} + \frac{\triangle TFC}{\triangle Q} = \frac{\triangle TVC}{\triangle Q}$$

위의 수식에서 P는 가격, Q는 생산량, TVC는 총가변비용, TFC는 총고정비용, AVC는 평균가변비용, AFC는 평균고정비용 등을 나타낸다. MC은 TC의 변동분을 생산량의 변동분으로 나누어주는 것과 TVC의 변동분($\triangle TVC$)을 생산량의 변동분($\triangle Q$)으로 나누어주는 것이 같다. 그 이유는 TFC의 변동분이 없어서 $\triangle TFC=0$이기 때문이다.

7) 이윤극대화의 1차 필요조건은 MR=MC이고, 2차 충분조건은 MR 과 MC가 만나는 점에서 MC 곡선의 기울기가 MR곡선의 기울기보다 더 커야 한다(또는 MC곡선이 MR곡선을 아래로부터 교차하여야 한다).

그림 3-11 완전경쟁기업의 이윤극대화 생산량과 입지점

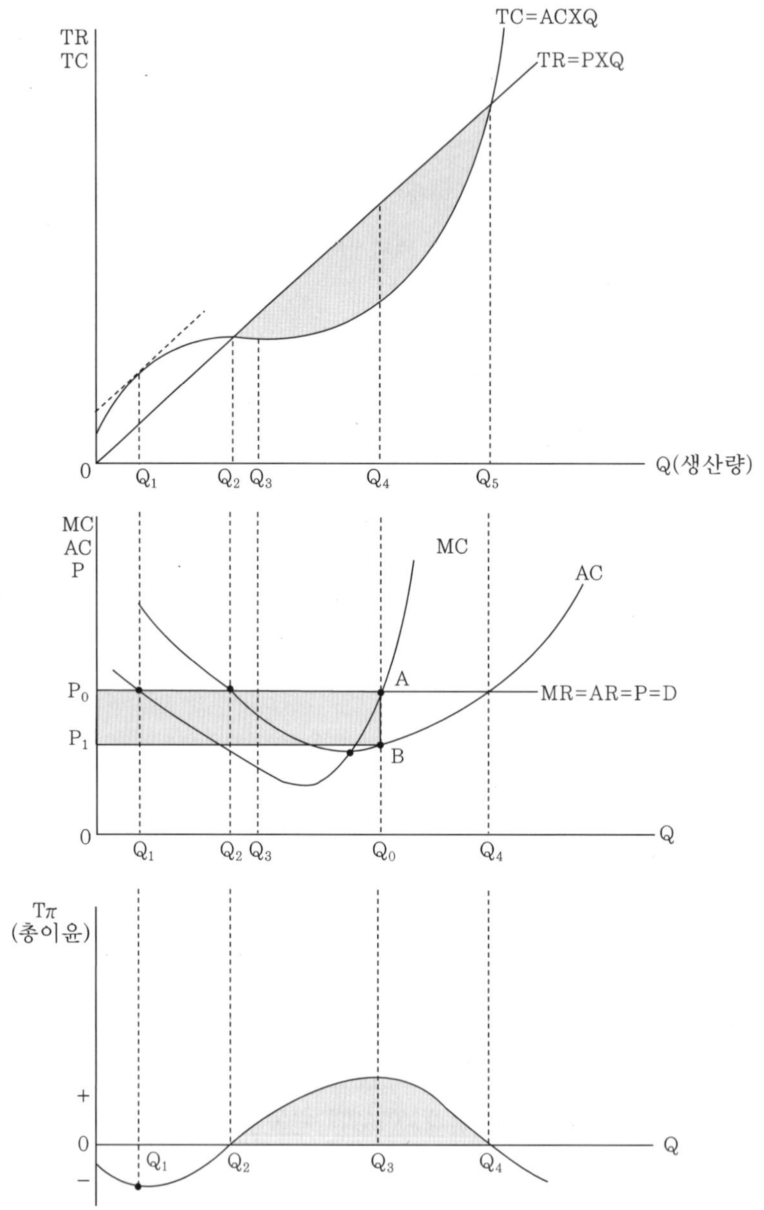

그림 3-12 독점기업의 이윤극대화 생산량과 입지점

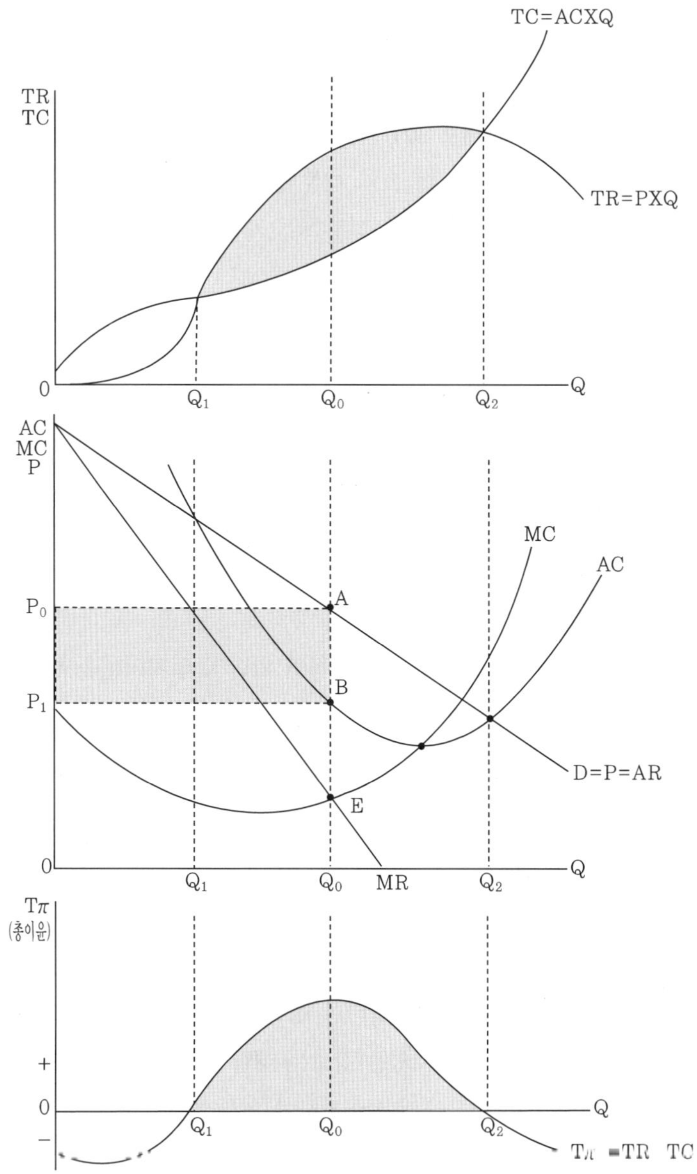

이윤극대화 조건을 MR과 MC 접근방법으로 설명하면 다음과 같다. 기업이 생산량을 1단위 증가시킬 때 추가되는 수입이 $MR(=\Delta TR/\Delta Q)$이고, 추가되는 비용이 $MC(=\Delta TC/\Delta Q)$이다. 만약 $MR > MC$인 경우에는 기업이 생산량을 1단위 증가시킬 때 추가되는 수입이 비용보다 크기 때문에 기업입장에서는 생산량을 증가시키는 것이 이윤이 늘어가게 된다. 반대로 $MR < MC$인 경우에는 기업이 생산량을 1단위 증가시킬 때 추가되는 비용이 수입보다 크기 때문에 기업입장에서는 생산량을 감소시키는 것이 손해를 적게 본다. 결국 이윤극대화를 하고자 하는 기업은 $MR = MC$가 같게 되는 생산량을 결정하게 되는 것이다.

$$\text{이윤극대화 조건: } MR(Marginal\,Revenue) = MC(Marginal\,Cost)$$

이 조건을 만족시키는 생산량을 선택하여 생산하면 이윤이 극대화되는 것이다. 이 조건은 완경경쟁기업이든 불완전경쟁기업이든 모든 기업에 적용되는 일반적인 이윤극대화 조건이다. 특히 완전경쟁기업인 경우에는 $P = AR = MR$이기 때문에 $P = AR = MR = MC$조건이 성립한다. 반면에 불완전경쟁기업인 경우에는 $P = AR > MR$이기 때문에 $P = AR > MR = MC$조건이 성립한다.

그린헛의 입지이론에 대한 기여도는 현대적인 일반적 입지이론을 완성하였다는 점이다. 비록 수요요인에 너무 치중된 분석을 하였다는 단점도 있지만, 그의 이론적, 실증적 연구는 웨버 등의 비용극소화이론 등을 이윤극대화 입지론으로 발전시켰다는 점에서 높이 평가받고 있다.

7) A. Pred와 A. A. Alchian 등의 기업입지 행태이론

지금까지 상술한 모형들은 기업들이 이윤극대화를 위하여 그들의 입지행태를 결정하고, 기업들이 이용할 수 있는 정보는 이러한 행위를 하는데 충분하다고 가정했다. 그러나 현실적으로 기업들이 이용할 수 있는 정보는 제한적이고, 종종 다를 수 있다. 그리하여 몇몇 학자들은 기업들이 이윤극대화를 위하여 의사결정을 할 수도 없고 하지도 않는다고 주장한다. 행태입지론자들은 단순한 이윤극대화보다는 다른 대체적인 목표를 위하여 의사결정을 한다는 것이다. 이러한 비판점은 3가지 주제를 가지고 있다. 즉 제한된 합리성과 대립되는 목표, 재입지 비용 등이다. 제한적인 합리성과 대립되는 목표에 관한 주제는 보통 행태이론(behavioral theory)으로 분류된다(McCann, 2001: 35-40). 재입지 비용문제는 본질적으로 공간문제이다. 먼저, 제한된 합리성에 관한 연구는 H. A. Simon(1952, 1959)의 연구와 밀접하게 관련되어 있다. 이 비판점은 현실세계에서 기업들은 제한된 정보를 접하고, 이러한 제한된 정보는 합리적으로 행동할 기업들의 능력을 제한시킨다는 것이다. 그리하여 기업들이 의사결정을 하기가 어렵다는 것이다. 기업들이 제한된 정보를 가지게 되면 W. J. Baumal(1959)은 기업들이 이윤극대화보다는 단기목표로 매출액극대화에 관심을 가진다는 것이다. 그 이유는 판매수입(총매출액) 극대는 단기적으로 기업의 시장영역을 최대화시킨다는 것이다. 정보가 제한되면 시장관찰자들은 기업들의 장기적인 업적을 평가하는 지표로 현행 시장분배영역을 사용하기 때문이다. 시장몫은 기업들의 독점력의 수단으로 제공될 수 있다. 이러한 접근방법의 논리는 기업의 시장분배몫이 크면 클수록 기업들의 현행 독점력은 점점 더 커지고, 기업들이 잠재적인 경쟁기업들을 제지할 능력이 점점 더 커진다는 것이다. 이 접근방법은 기업들의 입지는 이윤극대화보다는 총판매수입 극대화를 보장해 주는 지점에서 결정된다는 것이다.

이윤극대화가설의 두 번째 비판점은 대립되는 목표에 관한 문제이다. 이러한 비판은 R. M. Cyert와 J. G. March(1963)의 연구와 관련되어 있다. 이들의 주장은 불완전정보하에서 대부분의 현대 기업들은 의사결정과 소유권이 분리되어 있어 영업의 목표는 단순한 이윤극대화보다는 다른 목표를 추구한다는 것이다. 다만 주주들만 단기적으로 이윤극대화를 바란다는 것이다. 한편 현대적인 다수 활동, 다수 공장, 다국적 기업에 있어서 통합된 의사결정은 복잡한 계층으로 구성된 많은 개인들의 의사결정의 결합에 의해서 이루어진다. 한 회사 내 많은 종업원들의 업적은 다양한 방법으로 측정된다. 예를 들면 이사의 업적은 기업의 시장분배 몫에 의해서 평가될 수 있고, 판매관리자는 판매액성장률에 따라 평가될 수 있다. 마찬가지로 생산관리자는 효율적인 재고관리에 의해서 평가될 수도 있다. 따라서 여러 계층의 종사자들이 추구하는 목표는 이윤극대화와는 아주 다르다. 이런 조건하에서 서로 상반되는 목표는 기업들이 만족할만한 수준의 이윤을 얻을 목적으로 행동한다는 것이다.

행태입지이론은 정보가 불완전하다고 가정한다. 기업들은 제한된 정보를 이용하고 조직 내 여러 가지 목표가 상충되기 때문에 기업들의 실제 입지행태는 그 기업의 추구하는 목표가 무엇인가에 따라 결정된다는 것이다.

신고전파 입지모형의 세 번째 비판점은 재입지비용과 관련되는 문제이다. 재입지비용은 기업이 재입지할 때 발생하는 비용이다. 재입지 비용은 부동산의 조사와 취득비용, 철거, 이동, 현존하는 시설의 재건축, 새로운 시설의 건설, 고용된 노동자의 고용 및 훈련비용 등을 모두 포괄한다. 이러한 중요한 거래비용으로 기업들은 요소가격과 한계수입의 약간의 변화에 반응해서 이사하지는 않는다는 것이다. 행태입지이론은 불완전한 정보와 제한적인 합리성, 상반되는 목표, 상당한 재입지 비용하에서 기업이 한번 입지를 선택하게 되면 이윤이 존재하는 한 입지를 그대로 유지한다는 것이다. 재입지 문제를 경쟁적인 수단으로 사용하지 않는다는 것이다. 차라리 기업들은 현존하는 시설 하에서 요소가격분배나 요소활동을 재조직한다는 것이다. 동시에 경쟁적 수단으로 다른 가격 및 비가격 문제에 촛점을 맞추고, 공장의 재입지와 다공장 활동의 재조직화는 마지막 전략이 될 것이다. 한편 어떤 학자들은 재입지 비용이 중요하지 않으므로 공간비용과 공간수입의 차이를 이용하여 경쟁적인 전략으로서 우수한 입지지역으로 이동할 수도 있다고 주장한다.

A. Pred는 고전적 입지이론에서 벗어나 행태입지이론을 제시했는데, 그는 기업이 이윤극대화보다는 기업이 가지고 있는 제한된 자원의 자원최적 배분하에서 준최적지를 선택한다고 하였다(홍기용, 1999: 71-72). 사실 실제적으로 입지정보는 매우 한정되어 있어 기업들은 이윤극대화를 추구하면서 여러 가지 요인 즉 환경적, 개인적, 제도적인 요인 등을 고려하여 최종입지를 선택하게 된다. 행태입지이론의 한 예로 제품수명주기 모형이 있다.

행태이론에 대한 비판점은 기업의 초기단계에서 기업이 특수한 입지를 어떻게 선택하는가에 대한 해답을 제시해 주지 못한다는 것이다. 고전파나 신고전파적 입지모형은 공간경제의 중요한 특성을 반영하는 제한된 합리성, 상충되는 목표, 재입지 비용, 불완전한 정보 등에 기반을 둔 행태주의적 관점에서 보완될 필요가 있다. 이런 면에서 행태론적 접근방법은 규범적이지 않다.

진화론적 접근방법은 A. A. Alchian(1950)의 연구로부터 발전하게 되었다. A. A. Alchian은 불확실한 조건에서 기업들의 행태는 기업과 기업이 처한 환경을 분석함으로써 이해할 수 있다고 했다. 이러한 환경에는 서로 경쟁하거나 협력하는 모든 주체, 정보, 기관들이 포함된다. A. A. Alcahian은 두 가지 유형의 환경에 의해서 불확실한 경제의 특성을 설명할 수 있다고 했다. 하나는 기업이 채택적 환경(the adoptive environment)이고 다른 하나는 적응적 환경(the adaptive environment)이다. 채택적 환경에서는 모든 기업들은 다른 기업과 비교해서 어떤 특수하고 체계적인 정보를 가지고 있지 못하다는 측면에서 거의 같은 위치에 있다. 경쟁과정의 결과를 사후적으로 보면 몇몇 기업들은 성공할 수도 있고, 반대로 몇몇 기업들은 실패할 수도 있다. 이 환경하에서 기업들은 사전에 어떤 정보가 없다고 하더라도 경제의 필요에 잘 적응할 수 있다. 다른 말로 표현하면 일정기간 동안 채택적 환경하에서 단일 기업이 성공적인 의사결정을 할 가능성은 다른 모든 개별기업들의 가능성과 거의 같다는 것이다.

그러나 적응적 환경에서는 규모가 큰 몇몇 대기업들은 시장정보를 수집하고 분석할 수 있다. 일반적으로 대기업은 그들의 시장환경과 관련하여 정보를 얻고 가공하는데 그들의 자원을 활용할 수 있다. 이러한 기업들이 정보를 모으는 것은 정보를 그들의 이익을 위해서 활용하기 위해서다. 다시 말하면, 일정기간동안 적응적 환경하에서 기업들은 성공적인 의사결정을 할 가능성은 규모가 클수록 증가한다는 것이다.

이질적인 기업과 불완전한 정보하에서 보다 적은 기업들은 대기업에 비해서 정보를 활용하기가 어렵다. 그리하여 소규모 기업들은 형식이나 포맷, 기술 등에서 대기업의 결정을 흉내 내거나 거의 같게 결정하는 경향이 있다. 왜냐하면, 소기업들은 시장조건의 가장 좋은 표준으로서 시장선도기업을 선택하기 때문이다. 또한 시장선도기업들의 행태는 전체 경제환경에 상당한 영향을 미친다. 결국 대기업들은 정보를 모아 분석함으로써 불확실성을 극복하고, 소기업들은 대기업들을 모방하여 그들의 불확실성을 극복한다는 것이다.

이와 같은 선도기업과 추종기업간의 관계는 과점이나 불확실한 상태에서 흔히 발생할 수 있다. 이러한 문제는 입지 문제에도 그대로 적용될 수 있다. 불확실한 환경에서 대기업들은 소기업들에 비해 보다 타당한 입지결정을 하기 위한 정보와 금융자원들을 가지고 있다. 대기업들은 입지선택의 비용과 수입을 평가하기 위한 충분한 자원들을 가지고 있다. 대기업들은 합리적이고 최적인 의사결정을 하여 상술한 고전파 및 신고전파 입지모형에서 설명한 것과 같이 입지하게 된다. 한편 소기업들은 일반적으로 그들의 창업자가 원래부터 거주하는 지역에 입지할 가능성이 크다. 시간이 지남에 따라 기업들간의 경쟁은 비용과 수익에 있어서 공간적 차이가 발생하게 된다. 결국 이윤과 입지와의 관계는 의사결정문제가 된다. A. A. Alchian에 의하면 계속되는 입지선택과정에서 소기업들도 주요 시장선도기업 가까이에 입지하게 된다는 것이다.

3. 현대적 제조업 입지이론

산업이 대도시에 인접하여 입지하는 이유는 시장접근의 용이성, 풍부한 노동력, 협력업체와의 연계성 등과 도시내부에 입지함에 따라 누리게 되는 집적경제를 향유하기 위해서인 것으로 파악된다. 그러나 도시화가 진전됨에 따라 대도시 내부의 산업입지는 경제적으로 외부불경제를 초래하는 과집적 및 환경파괴의 주범으로 간주되어 공장의 신·증설의 규제와 대도시 외곽지역으로의 공장이전이 강력하게 추진됨에 따라 도시에서는 전체 산업 내에서의 제조업 비율이 지속적으로 감소하고 있다.

그럼에도 불구하고, 첨단기술을 바탕으로 하는 소규모 전문 중소업체와 저임 노동력을 활용하는 영세 소규모 업체들이 대도시 내부에서 활발한 생산활동과 창업활동을 보이고 있는데, 분산적 산업입지와 더불어 집중적 산업입지가 동시에 이루어지고 있다. 이러한 대도시 지역의 산업집중과 산업클러스터의 특수한 측면을 설명하는 대표적인 이론으로는 인큐베이터이론, 공간적 분업론, 제품순환주기이론, 성장극이론, 신 산업지구 모형 등이 있다.

1) 인큐베이터이론

인큐베이터 모형(the incubator model)은 B. Chinitz(1961, 1964)의 연구와 관련되는데 Pittsburgh와 New York의 산업구조를 관찰하여 제시하였다. B. Chinitz는 다양한 산업과 다양한 규모의 기업을 포함하는 산업클러스터는 여러 가지 다른 유형의 산업과 기업규모를 포함하고 있기 때문에 신생 기업의 성장과 발전을 위해 우수한 인큐베이터로서 활동할 수 있다는 것이다. 이러한 환경하에서는 소기업들은 그들의 성장을 촉진시키는 다양한 지역 영업서비스를 이용할 수 있다는 것이다. 인큐베이터이론(incubator theory)의 주요 내용은 소규모의 새로운 기술혁신 기업은 경제적 기반이 약한 경향이 있기 때문에, 이들 업체들은 집적효과를 누릴 수 있는 도시의 중심부에 입지하게 된다는 것이다.

한편 대기업에 의해 지배적으로 운영되는 산업클러스터에서는 이러한 필요한 많은 서비스를 이용할 수가 없다. 왜냐하면 대기업은 내부적으로 이러한 활동을 공급하기 때문이다. 이것은 결국 지역 산업클러스터의 성장 잠재력을 감소시킨다고 B. Chinitz는 주장한다. 왜냐하면 기업소유 구조는 클러스터 성장에 크게 영향을 못 미친다는 것이다. 특히 클러스터 내에 있는 기업의 규모가 클러스터 성장을 위해 중요하다는 것이다.

J. J. Fragg(1980, 1990: 34-35)에 의하면 도시 내에서는 산업과 이윤추구를 보장해 주는 다양한 정보를 얻을 수 있고, 사람이 많이 밀집되어 있기 때문에 노동력을 쉽게 구할 수 있으며, 많은 건물이 있기 때문에 필요한 작업장소를 구하기 쉽다는 이점이 있다. 그러므로 소규모 제조업체들은 도시 내에 입지하려는 성향이 높은 반면에, 기업이 확장하면 도시외곽으로 이전하게 된다. 즉 도시내부에 입주하는 제조업체들은 일반적으로 표준화되지 않았을 뿐만 아니라, 유행에 민감한 업종들로서 소규모 단일공장 기업인 경우가 많고, 적은 품목과 낮은 기계화의 특성을 가지고 있으며, 재화와 용역 공급업자, 하청업자 및 시장에 인접하여 입지함으로서 외부수요 변화에 대응하여 위험부담을 최소화하고 시간과 비용을 절감하는 외부경제를 향유하고자 한다.

그러나 인큐베이터이론은 미국과 영국 등의 대도시들을 대상으로 많은 검정사례가 발표되었으나, 아직까지는 일반적인 이론화에 성공하지 못하고 상반된 견해를 가지고 있을 뿐만 아니라, 실제 대도시가 인큐베이터 기능을 갖는다고 했을 때 그 효과가 어떤 업종에 어떻게 나타나는지에 대한 연구가 부족하다.

2) 공간적 분업이론

1970년대 말 등장한 공간적 분업론은 M. Taylor and N. Thrist(1982, 1986, 2013)와 Ian M. Clarke(1985, 2013) 등이 주장한 이론이다. 이 이론은 전 공간적 차원에 비추어 대도시의 제조업 특성을 밝히려는 이론으로서, 원료와 운송비보다는 기업전략, 장소의 특성과 더불어 노동력 요인의 고유성에 관심을 기울이고 있다.

1970년대는 세계경제의 구조에 있어서 큰 변화가 일어난 시기이다. 이러한 변화 중의 하나는 글로벌 기업(global corporation) 내지 다국적 기업의 출현을 들 수 있다. 이러한 현상은 산업화의 축소, 노동의 새로운 국제적 분업, 국가들의 재정위기 등으로 묘사되는 위기의 기간에 나타나는 하나의 징후였다. 다국적 기업의 출현은 시장과 혼합경제에 있어서 기업구조의 진화과정에서 자연적인 진행과정의 하나로 간주되곤 한다.

아래 표에서 보는 바와 같이 1950년대에 있어서는 다국적 기업의 출현이 많지 않았지만 1970년대에 이르러서는 크게 증가하였다. 즉 1970년대에는 크게 증가하여 글로벌적으로 연결되는 분사 네트워크를 가지게 되었다. 이러한 다국적 기업은 가장 높은 수

표 3-3 1950년과 1970년 315개 거대 다국적 기업의 해외제조 분사 네트워크

자회사(분사) 네트워크를 가진 기업의 수	미국에 기반을 둔 다국적기업(180개)		영국과 유럽에 기반을 둔 다국적 기업(135)	
	1950년	1970년	1950년	1970년
6개국 이하	138	9	116	31
6~20개국	43	128	16	75
20개국 이상	0	44	3	29

자료: M. Taylor & N. Thrift (eds.) 1982, p. 1.

익을 보장해 주는 지역으로 자주 이동하게 된다.

1960년대 후반과 1970년대에는 일본기업의 다국적 화가 주요 경제 테마의 하나가 되었고, 많이 출현 하였다. 이 당시 미국자본에 대한 일본 자본의 옛날식 분사 관계는 탈피하게 되었다. 일본 자본은 주로 개발도상국과 태평양 연안 지역에서 독자적으로 확장되었다. 이러한 일본기업의 다국적화는 일본은행의 국제화에 의해서 이루어지게 되었다. 1978년 3월말 일본의 해외 자회사에서 고용된 총 종사자 수는 아시아 국가에 41만 6,000명이 고용되었고, 북미 지역에 12만 6,000명, 아프리카에 3만 7,000명, 유럽에 2만 9,000명, 오세아니아 지역에 2만 8,000명, 극동 지역에 1만 4,000명 등이었다. 그리고 이 당시 일본은 우리나라, 태국, 말레이시아, 인도네시아, 이란 등의 가장 큰 직접 투자국이었다[8](Taylar and Thrist, 1982, pp. 1~12, 13~14).

Taylor 와 Thrist는 1970년대에서 1980년대 중반기의 범 세계적인 불황과 기업 재구조 등으로 다국적 기업에 기본적인 변화가 있었다고 했다(Taylar and Thrist, 1986. pp. 1~7). 몇몇 거대 다국적 기업은 글로벌적(global)으로 되었고, 그들의 이윤 몫에 따라 통합적인 생산 및 시장 전략을 가지게 되었다고 했다. 이 시기에 있어서 다국적 기업에 관해 여섯가지 변화가 있었다. 즉 첫째, 다국적 기업의 수가 증가했고 둘째, 다국적 기업의 규모가 증가하였으며 셋째, 다국적 기업의 규모와 수의 변화와 관련하여 다국적 기업의 해외 생산비중이 국내 생산 비중과 비교하여 더 증가했다. 넷째, 다국적기업은 모든 종류의 산업부문으로 확대 되었고, 다국적 기업의 다각화와 인수 및 합병이 증가하

8) 1978년 3월말 일본의 해외 자회사에서 고용된 총 종사자 수는 아시아 국가에 41만 6,000명이 고용되었고, 북미 지역에 12만 6,000명, 아프리카에 3만 7,000명, 유럽에 2만 9,000명, 오세아니아 지역에 2만 8,000명, 극동 지역에 1만 4,000명 등이었다. 그리고 이 당시 일본은 우리나라, 태국, 말레이시아, 인도네시아, 이란 등의 가장 큰 직접 투자국이었다.

였다. 다섯째, 다국적 기업의 국적 혼합이 변화했다. 미국에 기반을 둔 다국적 기업은 상대적으로 중요성이 감소하였고, 독일과 일본, 호주, 스위스 등 국가의 다국적 기업이 크게 증가하였다. 여섯째, 많은 다국적 기업들이 보다 명시적으로 금융적 특성을 가지게 되었다. 금융 문제를 포함한 이러한 새로운 현상은 1970년대 발생한 금융의 국제화로부터 야기된 것이다. 그 결과 다국적 기업은 자본을 증가시키고 이윤을 관리하기 위해 점차 국제금융제도에 의존하게 되었다. 그리고 다국적 기업은 다국적 은행 그룹과 같은 다른 모든 형태의 다목적 기업과의 새로운 연계를 모색하게 되었다.

오늘날의 기업구조는 단일제품의 생산체계뿐만 아니라 다제품의 부문구조가 등장하였고, 더욱이 다지역 또는 다국적기업의 구조도 출현하게 되었다. 이와 같은 기업조직의 구조적 변화는 기업조직의 운영단위들의 공간적 분화를 초래하였다. 공간적 분업은 산업부문별 분업이 먼저 일어났고, 그 후 동일한 산업부문 내 분업이 발생하였다. 동일한 산업부문 내에서의 공간분업은 20세기에 들어서 다지역 및 다국적 기업의 출현으로 나타났다. 운영단위의 공간적 분화는 바로 자본의 심화와 생산과정의 재통합, 기존 생산과정의 합리화, 표준화 등의 기술적·조직적 변화에서 비롯된다(Tayor & Thrift, 1982: 231). 그 결과 공장 간의 연계는 단순화되고 거래비용은 감소되어 생산활동에 있어서는 지리적 분산이 가능해 진다. 이러한 경향으로 자본집약적인 생산의 재통합이 이루어지고 주변지역의 값싼 노동력이 풍부할 때 더욱 촉진되므로 공간분업이 나타난다.

산업의 기술적·조직적 성숙은 새로운 사무와 서비스기능을 집중하게 하여 경제활동공간의 재조직과 동시에 다공장 기업이 등장하게 되고 공간경제는 이중구조를 이루게 된다. 즉 고차의 경영관리 및 통제기능은 대도시 중심지에 입지하게 되고, 분공장은 주변지역에 입지하여 새로운 공간적 분업이 이루어지게 되는데, 이러한 측면에서 신 공간분업은 대도시-주변지역의 체계를 따라 기능의 전문화를 형성하게 된다. 이 개념을 바탕으로 Massey의 공간적 분업론은 자본주의 사회의 지역을 연구개발기능과 관리·통제기능 등이 행해지는 대도시지역, 제품표준화나 자동화가 진행되지 않아 숙련노동력이 집중되어 있는 전통적 공업중심지역, 그리고 대량생산·조립단계의 비숙련 노동자가 풍부한 지역의 세 계층으로 구분한다(한상진, 1993: 25).

1970년대 후반 이후 공간적 분업은 세계적인 차원에서 통제기능과 생산기능이 공간적으로 분산되는 국제적 분업의 형태로 발전해 왔으며, 이에 따라 세계의 주요 대도시는 기업의 핵심적인 의사결정의 중심지 역할을 하는 세계적 도시로 성장하게 되었다.

특히 최근의 정보통신기술의 발달과 정보집약산업의 발전은 세계도시의 성장을 촉진하고 있어서 공간적 분업이 더욱 분명히 이루어지고 있음을 확인할 수 있다.

3) 제품수명주기이론

제품수명주기이론(product life cycle theory)은 R. Vernon(1960, 1966)의 연구와 E. Penrose(1952), W. R. Thompson(1965, 1969) 그리고 S. Hirch(1967) 등의 연구에 의해서 제시되었는데 공간투자패턴의 양적 측면을 설명하는데 가장 많이 사용되는 접근방법의 하나이다. 그 후 Charles Leven(1976)와 Harry Margulis(1998) 등의 연구에 의해서 발전되었다.9) 이 모형에서는 시초 개발기(신생기), 성장기, 성숙기, 쇠퇴기 등 제품수명주기에 따라 기업들은 서로 다른 입지특성을 가지게 된다는 것이다. 이 이론은 하나의 새로운 제품이 시장에 도입되어 처음시장에 알려져 판매되기 시작한 후 시간이 경과함에 따라 매출액 및 침투율이 변화되어 최종적으로 쇠퇴되어 사라져 가는 과정을 나타낸 이론이다. 버논은 이를 국제적인 차원으로 확대하여 각국의 기술 및 소득수준의 차이와 제품의 시장국별 도입시기의 차이에 근거하여 특정 제품의 국제무역 패턴과 해외생산 입지의 변화과정을 설명하고 있다. 버논의 연구관점은 국제무역 및 직접투자의 발생, 성장, 후퇴의 과정을 전통적인 비교우위론적 관점이라기보다는 기술혁신의 시간성, 규모의 경제, 시장의 불확실성, 경쟁변수의 변화 등에 초점을 맞추었다(이장로・문희철: 38-39).

제품순환모형이 가장 자주 사용되는 분야는 국제무역이론과 국제투자순환에 관한 분야이다. 이 모형의 기원은 R. Vernon(1960)의 도시 클러스터의 관찰로부터 제시되었다. 버논은 기업들이 제품의 순환주기단계에 따라서 입지활동이 분리된다고 주장한다. 이러한 활동은 특수한 공장의 활동에 의해서 영향을 받는다. 예를 들면 중심도시와 같은 높은 수준의 산업클러스터에서 기업들은 소사업무나 개발, 높은 수준의 의사결정과 같은 정보지향적 활동에 따라 입지하는 경향이 있다. 이러한 것은 제품 순환주기의 초기단계와 관련되는 것이다. 그 이유는 이러한 활동들은 높은 수준의 정보를 요구하고 특히 일반적으로 비 표준화된 정보를 요구하기 때문이다. 제품과 제품과정의 비 표준화된 특성은 신제품과 신기술과 관련된다. 마샬의 연구에 따르면, 이러한 활동들은 지방적 클러스터와 관련되는 비공식적 정보확산으로부터 편익을 얻을 수 있다. 이러한 활동을

9) http://faculty.washington.edu/~krumme/450/traditions.html#classic 참조.

수행하기 위해서는 고도로 숙력된 종업원들이 필요하게 되고, 이러한 노동자들은 클러스터 지역에서 보다 쉽게 구득할 수 있다.

한편 하나의 제품과 그 제품의 생산과정이 디자인되고, 검증되어 개발되면, 기업들은 제품과 제품생산에 관한 모든 측면을 기록한 청사진을 발행하다. 그렇게 되면 이러한 정보는 기업조직의 다른 부서에서 이용할 수 있게 된다. 그리하여 제품정보는 표준화되고 그것은 생산을 증가시켜, 성숙단계에 이르게 한다. 시간이 지남에 따라 생산기술은 보다 더 진보하고 상대적으로 보다 쉽게 수행하게 된다. 이렇게 됨에 따라 정보투입과 숙련된 노동에 대한 요구가 감소하고, 그 결과 기업들은 생산과정을 보다 낮은 비용과 보다 낮게 훈련된 지역으로 이동하려고 한다. 따라서 제품순환모형은 보다 낮은 비용과 덜 숙련된 노동을 가진 주변지역들이 보다 성숙되고, 새롭지 않은 표준화된 제품들을 생산하는 공장들을 가지게 된다는 것을 암시하는 것이다. 그 결과 중심지역과 주변지역 간의 생산활동 유형이 명확히 분리되는 경향이 있다는 것이다. 제품순환모형의 중요한 관점은 중심지역과 주변지역의 생산활동에는 어떤 양적인 차이가 존재한다는 것이다.

제품수명주기이론은 시간이란 차원을 도입하여 시간의 흐름에 따라 국가 간 혹은 산업 간 무역 및 직접투자가 발생하는 현상 및 패턴을 설명하고 있다. 이 이론은 하나의 신제품이 개발되어 시장에 출시되기 시작하는 도입기를 거쳐, 제품이 판매량이 증가되는 성장기, 성장기가 지속되다가 제품의 판매량이 정체되는 성숙기, 시장에 대체상품이 출현하게 되면서 급속히 제품의 판매량이 감소하는 쇠퇴기에 이르게 되는 일련의 수명주기과정을 설명하고 있다. 의 판매량이 감소하는 쇠퇴기에 이르게 되는 일련의 수명주기과정을 설명하고 있다. 제품주기이론은 제품주기가 변화함에 따라 제품의 생산과 마케팅 상의 특성이 어떻게 변화하고, 이에 따라 입지패턴과 국제무역패턴이 어떻게 변화하는가를 동태적으로 설명해 줌으로써 나름대로 설득력있는 논리를 제공하고 있다.

코지마(K. Kojima)의 추격제품주기이론은 선진국에서는 경쟁력이 약화되어 비교우위가 없지만, 개발도상국에서는 비교우위가 있는 제품을 선진국의 해외투자로 생산하고, 선진국은 비교우위가 있는 제품에 특화함으로써 비교우위에 입각한 글로벌 생산 네트워크 또는 분업체계가 형성되어 필연적으로 투자국과 투자유치국의 산업과 무역이 발전된다는 이론이다. 제품수기모형은 몇 가지 비판점을 받고 있는데, 즉 제품주기가 실제로는 다양한 형태로 나타남에도 불구하고, 모형 자체가 기술적 결정주의에 바탕을 두고 있다는 점과 분공장에 영향을 미치는 입지요인을 지나치게 단순화했다는 점이다(한주성, 2015: 362-363).

4) 신산업지구모형과 혁신 클러스터이론

신산업지구모형(new industrial areas model)은 신산업공간모형(new industrial spaces model)이라고도 하는데, 도시계획과 지리분야에서 A. J. Scott(1988)의 일련의 연구로부터 제시되었다. 이 모형은 A. Marshall(1890)의 연구에 기원을 두고 A. Scott, M. Storper(1989), A. Saxenian(1981), A. Markusen(1996) 등에 의해서 발전되었다.

신산업지구에 관한 개념은 학자에 따라 약간 다르지만, 일반적으로 교역지향의 생산활동이 공간적으로 제한된 지역에 입지하여 기업 간의 분업, 네트워크, 착근성이 어떤 특정지역이나 타 지역에 분명하게 나타나는 지구를 말한다(박삼옥, 2000: 327-329). 다 말하면 어떤 특정지역에 중소기업들이 집적하여 상호신뢰를 바탕으로 밀접한 연계를 맺으면서 생산과 분배의 단계에서 전문화와 분업화를 기반으로 생상활동이 이루지는 집적지구를 의미한다.

실리콘 밸리(Silicon Valley)의 IT산업과 영국 Cambridge의 전자 및 생명공학 클러스터, 이태리 Emilia-Romagna지역의 소기업 제조업 클러스터, 프랑스 소피아 앙티폴리스의 첨단산업 클러스터 등과 같은 산업 클러스터는 혁신의 주요 중심지역들이다. 이들 클러스터로부터 관찰되는 주요 포인트는 소기업들의 클러스터로 구성된 산업들은 주요 대기업들로 구성된 산업에 비해서 훨씬 더 혁신지향적이 된다는 것이다. 왜냐하면 이들 환경하에서는 혁신이 일어나는 적절한 환경을 제시한다는 것이다(P. Aydalot & D. Keeble, 1988; Philip McCann, 2001: 63). 기존의 산업클러스터가 혁신주체들 간의 네트워크를 형성하여 공동으로 학습하고 기술을 개발하여 혁신클러스터로 발전시켜 나가야 할 것이다.

마샬이 1890년에 산업지구이론을 제시한 후 오랫동안 논의가 없었으나 1980년대에 들어와 많은 중소기업들이 첨단산업지구를 중심으로 나타나게 되면서 새롭게 조명되었다. 신산업지구내에서 기업들은 물적 자원과 인적 자원, 정보, 기반시설 등을 공유하고, 상호신뢰를 기반으로 긴밀한 거래와 집단학습과정을 통해 독특한 산업문화를 형성하면서 지역의 경쟁력을 제고시키는 특성을 보이고 있다.

특히 A. Marshall이 지적한 집적경제의 발생원천과 마찬가지로 중요한 영업관련 네트워크는 지역의 의사결정자들이 모험을 할 수 있게 한다는 것이다. 이러한 네트워크는 참여자간 상호 신뢰에 강한 바탕을 두고 발전해 가고, 지리적으로 가까이 입지한 것도 도움이 된다. 아직 연구자들 간에 이러한 특수한 결론에 대해서 완전한 합의를 보지는 못했지만 기업규모와 혁신, 산업클러스터 간의 관계는 공공정책 입안자들이 상당한 관심을 가지는 분야이다. 왜냐면 이러한 관계를 이해함으로써 지역의 발전을 예측할 수 있고, 궁극적으로 공공정책을 개선할 수 있다고 믿기 때문이다.

신산업지구는 네트워크 유형에 따라 마샬(Marshall)형, 허브와 스포크(Hub and Spoke)형, 위성형(Satellite), 첨단기술(Technopolis)형 등으로 구분되고, 마샬형 산업지구의 특성은 공급자와 고객연계에서 국지적 네트워크는 강한 반면, 비국지적 네트워크는 다소 제한적인 유형이다. 허브와 스포크(Hub and Spoke)형은 선도기업(허브)과 소기업(스포크)간의 네트워킹을 구축하고 있는 것을 의미하며, 위성형은 공급자와 고객간의 네트워크에서 국지적 네트워크는 제한적인데 비해 비국지적 네트워크는 강하게 나타나는 경우를 말한다. 첨단기술형은 국지적 및 비국지적 모두 완벽하게 네트워크체제를 갖춘 산업지구이다. 이와 같은 유형의 산업지구는 고정된 것이 아니고 시대와 환경에 따라 새로운 유형으로 발전 내지 변경될 수 있다(이희연, 2011: 381-383면).

이러한 신산업지구모형은 최근에 많이 인용되고 있는 혁신클러스터이론을 발전시킨 계기가 되었다. 혁신클러스터는 혁신주체들 간의 집단학습은 물론이고 혁신 지원제도와 창업 지원제도, 공동 기술개발 등을 통해 지역과 국가의 테두리를 넘어 세계적 수준에서 혁신을 창출, 확산, 활용하는 클러스터를 나타낸다.

제 3 절 서비스업 입지이론

1. 서비스업의 입지

서비스산업 내지 3차 산업은 주로 도·소매업, 음식·숙박업, 금융, 재성, 보험, 교육서비스 및 부동산 그리고 기타 서비스업을 포함하는 개념으로 정의된다. 서비스산업의 입지요인은 인구규모, 소비자 접근성, 경쟁자와의 경쟁우위, 그리고 비용 등을 들 수 있다.

표 3-4 서비스업 입지요인

입지요인	세 부 항 목
인 구	인구규모, 연령분포, 가계규모, 소득수준, 직업, 고용, 실업, 주택유형 등
접근성	보행자 흐름, 대중교통수단, 자가용 소유 여부, 도로구조, 주차, 대형건물, 배달수단, 전망
경쟁성	직접경쟁자, 인근 상점, 양립성, 주차시설, 소비자연속성, 경영연수, 상점포화정도, 경쟁가능성
비 용	구매가격, 임대 건물수, 안정성 유지

자료: 홍기용, 1999, 「지역경제론」, p.74.

이와 달리 서비스업 입지의 요인을 수요와 공급의 측면에서 볼 수 있다. 수요적 요인으로는 인구밀도, 인구이동성, 가구 소득수준, 가구의 연령분포, 가구 규모 등을 들 수 있고, 공급적 요인으로는 상점규모, 고용인당 매장 면적, 상점 성장정도, 경쟁정도, 수요밀도 및 공급밀도 등을 들 수 있다(홍기용, 1999: 74-75).

이러한 3차 산업내지 서비스업 입지이론은 여러 학자들의 모형이이나 이론이 있지만, 본 장에서는 공간경제적 특성을 처음 밝힌 이론인 W. Christaller의 중심지이론(central theory)을 중심으로 살펴보고자 한다. 중심지이론은 크리스탈러와 A. Lösch의 모형이 있지만, 크리스탈러의 이론을 중심으로 살펴보고자 한다. 크리스탈러의 중심지이론은 세 가지 기초개념에 토대를 두고 있는데, 도달거리(range), 최소범위(threshold), 그리고 계층(hierarchy)이다. 도달거리는 소비자가 상품 또는 서비스를 구하기 위하여 기꺼이 가고자 하는 경제적 거리이다. 그리고 최소범위는 상품 또는 서비스 취급업체가 생존할 수 있는 최소시장범위를 의미한다(김형국, 1997: 155).

중심지이론이 3차 산업의 서비스 제공업체간의 상호의존적 입지관계를 알려 준다면 상권의 범위를 결정하는 이론으로 중력모형을 들 수 있다.

2. 중심지이론

1) 중심지이론의 전개

중심지이론은 W. Christaller(1933)와 A. Lösch(1939, 1944, 1954) 등에 의해서 제시되었고, E. L. Ullman(1941)과 Brian Berry(1958), W. Bunge(1962), J. B. Parr and Denke(1970) 등에 의해서 발전되었다.[10] 크리스탈러는 1933년 독일 남부지방의 중심지에 관한 이론을 처음으로 정립하여 서비스산업의 활동에 따른 공간조직의 원리를 설명하였다. 그는 서로 규모가 다른 도시들이 어떻게 발달하고, 어디에 각각 입지하는가 등의 도시경관에서 흔히 나타나는 중심지의 규모와 중심지의 수, 지리적 공간상에서 중심지의 분포 등에 관해 설명할 수 있는 일반화된 법칙을 연역적 추론을 통해 정립하고자 하였다.

중심지이론(the central place theory)은 도시 중심의 크기와 공간적 분배는 어떤 계층적인 피라미드 구조를 보인다는 것이다. 가장 많은 인구를 가진 중심도시는 가장 높은 계층구조를 가진 도시라고 할 수 있다. 약간 작은 규모의 도시들은 제2단계 계층구조를 가진 도시이고, 이들 도시보다 하부에 있는 더 작은 도시들은 제3단계 계층구조를 가진 도시들이 된다. 국가와 지역경제에서 왜 이렇게 도시 간 계층구조를 가지게 되는가를 연구하는 것이 중심지이론(the central place theory)이다(McCann, 2001: 71-77). 중심지의 주요 기능은 주변지역에 재화와 서비스를 제공하는데 있다. 즉 중심지는 지역의 중심점이며, 중심지기능을 가지는 도시 또는 도시적 취락이다.

중심지이론은 몇 가지의 가정을 전제로 하는 바 첫째, 지형은 평탄하고 모든 방향으로 동일한 지형구조를 가진다. 둘째, 인구분포는 공간상에서 모두 균일하다. 셋째, 상품의 수송비용은 거리에 비례하고, 모든 방향으로 수송비용은 같다. 넷째, 주민의 구매력과 소비행태는 모두 동일하다. 다섯째, 인간은 경제인이다.

그리고 중심지이론을 이해하기 위해서는 세 가지의 용어, 즉 최소 요구치(threshold size), 상품의 도달거리(range of goods or services) 및 육각형 형태의 배후지이다. 이러한 상황 하에서 어떤 상점에서 어떤 상품을 주어진 가격 P에 소비자에게 판매하고 소

10) 워싱턴(UW) 대학 지리학과 명예교수인 Gunter Krumme 교수의 홈페이지 참조. (http://faculty.washington.edu/krumme/450/names.html)

비자들은 어떤 상품을 구매하기 위해 상점을 방문하는데 MT만큼의 교통비용이 소요된다고 할 때, 상점으로부터 거리 M만큼 떨어져 사는 소비자가 어떤 상품을 1단위 구입하는데 지불하는 실제 가격은 $P+MT$가 되는데, 이를 배달가격이라고 한다. 따라서 어떤 상품의 소비를 위해 실제로 소비자들이 지불하게 되는 배달가격이 커질수록(거리에 따른 수송비용의 증가로 인한 경우) 그 상품에 대한 수요는 줄어들 것이다. 즉 어떤 상품에 대한 소비자의 소비량은 상점으로부터 거리가 멀어짐에 따라서 줄어든다. 이와 같은 이유는 상점으로부터 멀리 떨어져 살수록 많은 수송비용을 부담하기 때문이다. 따라서 거리가 증가하면 배달가격이 증가하고 수요는 감소하며, 어느 지점에서는 수요가 0이 될 것이다. 상점에서 수요량이 0이 되는 거리까지가 도달거리이다. 그리고 상점을 중심으로 도달거리를 반경으로 회전시켜서 나타나는 권역이 상점의 상권이다.

주어진 공간에서 중심지 즉, 상점이 하나만 존재한다면 인구분포와 지형의 등질성이라는 가정에 따라 중심지이론의 가정에 따라 상권의 형태는 원형(圓形)일 것이다. 그러나 하나의 상점이 상품을 공급할 수 있는 공간적 범위는 한정되어 있으므로 같은 상품을 공급하는 다른 상점이 다수 입지하게 될 것이다. 같은 상품을 공급하는 상점들의 경우 기존의 상점의 상권에 중복되지 않는 범위 내에서 최대한 상권을 확보하는 차원에서 [그림 3-12]의 배후지 외접형과 같은 형태로 입지하려고 할 것이다. 그러나 여기에서는 어느 상권에도 포함되지 않아 서비스를 받지 못하는 지역이 발생하게 된다.

모든 지역에서 서비스를 받아야 하므로 상권과 상권간의 다소의 중복현상이 발생하는 배후지 중첩형으로 상권이 형성될 것이다. 이러한 상황에서 상권이 중복되는 일부 지역에서는 주어진 지역에서 보다 저렴한 비용으로 상품을 지불하려는 경제인의 속성으로 인해 보다 가까운 상점을 이용하려 할 것이다. 이러한 경제적인 상권 분할로 인해 결국에 상권이 모양이 6각형의 모양을 띠는 완결형으로 형성될 것이다.11)

11) 이 단계는 A. Lösch의 주장과 비슷하다. 뢰쉬는 모든 토지가 동일기업에 의해서 모두 소유하게 되면, 공간경제는 육변형의 벌집모양 패턴을 나타낼 것이라고 했다. 뢰쉬의 육변형 공간패턴은 여러 기업의 유형에 따라서 다르게 된다. 사치품과 같은 기업들이 생산하는 높은 가격탄력적인 제품들은 작은 육변형 공간면적을 차지하고 많은 지점에 입지하게 된다. 반대로 낮은 가격탄력적인 제품들은 보다 큰 육변형 공간면적을 차지하고 보다 적은 지점에 입지하게 된다. A. Lösch의 중심지이론은 가장 효율적인 경제상태는 같은 지점에 입지한 기업의 수가 최대가 되어야 한다는 것이다. 그 이유는 같은 지점에 입지한 기업의 수가 많아야 집적경제가 발생할 수 있다는 것이다. 결국 A. Lösch모형의 결론은 어떤 영역경제에서는 주요 중심도시에 의해서 지배되고 그 배후지역은 보다 작은 거주지가 되며 산업집중과 도시화는 지역의 특수성과 특이성과는 독립적으로 발생한다는 것을 보여 준 것이라고 했다.

그림 3-13 상권의 형성과정

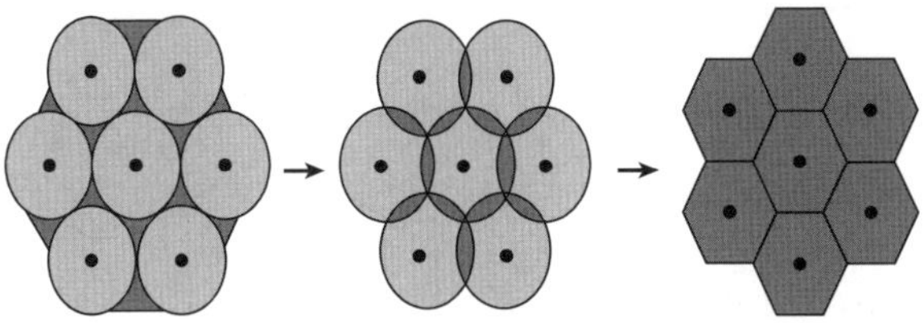

[배후지 외접형] [배후지 중첩형] [배후지 완결형(6각형)]

2) 중심지 계층

중심지 계층이란 중심지 상호간의 중심성의 차이 즉, 중심지가 수행하는 3차 산업 기능의 보유 정도에 대한 중심지간의 차이를 말한다. 이때 중심지의 계층은 일반적으로 인구규모에 비례하는 것이 일반적이나 인구규모가 크다고 해서 반드시 중심성이 크다고 볼 수는 없다. 그러나 크리스탈러는 그의 이론에서 중심성의 크기는 인구규모에 비례하는 것으로 보았다.

이때 중심성이 큰 기능들을 보유한 중심지를 고차중심지, 작은 기능을 보유한 중심지를 저차중심지라 한다. 이때 고차의 중심지가 차하의 중심지들이 보유한 기능을 모두 보유하며 자기 특유의 기능을 더 보유한다. 이러한 중심지계층 간에는 포섭이 발생하게 된다. 중심지계층의 포섭원리란 고차중심지의 배후지 안에 점차 중심지의 배후지와 그 해당중심지의 수가 어떻게 분할·포섭되는가 하는 중심지계층 간의 공간조직관계를 원리적으로 설명하려는 것이다. 중심지계층의 공간포섭원리를 설명하는 데는 k-value체계라는 것이 있다. k-value는 일련의 중심지들의 계층관계에서 최고차 중심지의 육각형 안에 차수가 낮은 중심지와 그 육각형의 수가 몇 개씩 포섭되는가 하는 원리를 차수에 대한 k값의 배수로 설명하는 것이다. 크리스탈러는 $k=3$, $k=4$, $k=7$을 활용하여 중심지 계층의 포섭원리를 설명하였다.

그림은 A계층, B계층, C계층 등 3개 수준($k=3$)의 공간경제를 나타낸다. W. Christaller체계에서 일련의 중복되는 육각형 시장면적을 나타내고, 그 곳에서 도시 중심지 수는 각 입지점에서 생산된 재화의 다양성과 반비례(역) 관계를 가진다. W. Christaller연구의 주요 기여점은 다양한 상권 규모를 가진 도시계층체계가 자연적으로 형성될 수 있음을 설명해 주는 것이다.

그림 3-14 W. Christaller의 도시체계모형

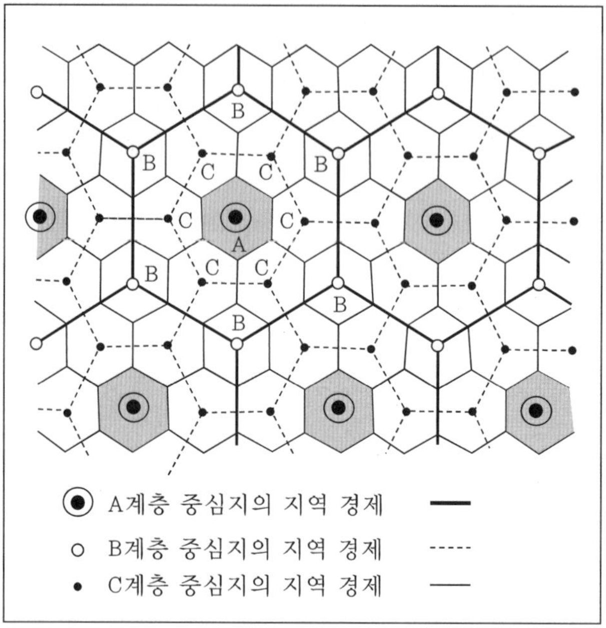

3. 중력모형

상업입지모형은 전통적인 이론으로서 소비자들은 출발지에서 가장 가까운 곳에서 구매행위가 이루어진다는 가정에서 개발되었는데, W. J. Reilly는 뉴턴의 만유인력의 법칙에 이론적인 바탕을 두고, 소매상중력모형(the law of retail gravitation)을 제시하였으며, 상권은 두 도시의 인구수에 비례하고, 두 지역 간의 거리제곱에 반비례한다고 하였다. 그는 도시간의 소매활동은 흡사 중력의 법칙과 같은 일정한 법칙에 의해서 작용한다고 하였다.

$$M_{ij} = \frac{P_i P_j}{(d_{ij})^2}$$

여기서 M_{ij}는 두 지역 i와 j의 교류량(이동량)을 나타내고, P_i, P_j는 두 지역의 인구규모를, d_{ij}는 두 지역(i, j)간 거리를 나타낸다. 그리고 중력모형은 다음과 같은 인구

이주에 관한 함수형태로 나타낼 수도 있다.

$$M_{ij} = f(A_i,\ B_j,\ D_{ij})$$

여기서 M_{ij}는 두 지역 i와 j의 인구이주량을 나타내고, A_i, B_j는 출발지의 인구수와 목적지의 인구수를 나타내고, D_{ij}는 두 지역(i, j)간 거리를 나타낸다. 인구 이주의 요인을 결정하는 실증분석 모형은 다음과 같은 일반화된 모형으로 구할 수 있다. 아래 함수식에서 U_i, U_j는 각각 i, j지역의 실업률을 나타내고, W_i, W_j는 i, j지역의 임금률을 나타낸다. I. Molho(1986)는 이러한 중력모형이 이주자들의 총체적 이동에 관한 통계학적 분석에서 상당히 유용한 역할을 하였다고 하였다(Armstrong & Taylor, 2000: 157-158).

$$M_{ij} = f(P_i,\ P_j,\ D_{ij},\ U_j - U_i,\ W_j - W_i)$$

상업입지는 입지에 따른 예상수요곡선과 비용곡선에 의해서 결정된다. 우선 수요자의 입장에서 보면 상점에서 거리가 멀수록 거리에 따른 수송비, 시간비용을 많이 지불하게 된다. 그리고 소비자가격은 상점가격과 수송비용을 합하는 가격이기 때문에 상점에서 거리가 멀어질수록 수요가 적어져 우하향곡선의 수요곡선을 그리게 된다. 즉, 쇼핑여행은 거리에 반비례하고 시장의 크기에 비례한다는 중력모형을 따른다.

그러나 이 모형은 상품 질과 서비스의 다양화와 교통시설의 개발로 많은 문제점을 내포하고 있다.

제 4 절 업무 및 공공시설 입지이론

1. 사무활동 입지이론

1) 사무활동의 의의

사무활동이란 정보의 생산, 처리, 취급, 전파 및 다른 조직체의 통제 · 관리와 관련된 사무활동으로 정보처리 기술의 비약적 발전에 힘입어 후기산업사회(post-industrial society)의 대표적인 산업으로 성장하였다(김형국, 1997: 165; Bale, 1981: 10-12). 따라서 선진국과는 달리 미처 후기산업사회로 이행하지 못한 개발도상국은 4차 산업의 비중이 일반적으로 낮은 경향을 보이고 있다. 사무활동은 국가경제의 성장과 함께 그 비중이 증가하고 있다(김형국, 1991: 135). 사무활동의 상품이 되는 지식과 정보는 전자매체를 통하여 어디든지 쉽게 전달되기 때문에 입지의 제약이 없고, 자유시장적 입지성향을 보일 것으로 생각되지만, 실제로는 대도시의 업무단지나 업무지역에 밀집되어 있다.

특히 정보산업의 경우 종래의 산업분류에 의하면 3차 산업 가운데 서비스업에 해당한다. 지식생산성 서비스업을 4차 산업으로 분류하는 것은 3차 산업의 개념이 지나치게 포괄적이어서 현상을 제대로 반영하지 못하는 한계가 있기 때문이다. 예를 들어 로펌의 유능한 변호사나 대학병원의 저명한 교수도 3차 산업의 종사자이고, 로펌이나 병원의 단순한 하급 경리직도 3차 산업의 종사자로 분류되기 때문이다. 따라서 직업대분류상 전문직, 관리직, 사무직에 종사하는 사람들을 4차 산업의 종사자이고, 4차 산업을 사무실 산업(office sector)이라고도 한다(김형국, 1997: 166-168).

2) 사무활동의 입지

사무활동의 입지를 설명할 때, 교통비용의 극소화와 이윤의 극대화는 설명력이 떨어진다. 행태적으로 사무활동의 입지를 살펴보는 입장은 흔히 사업체들 간의 어떤 업무연계와 그에 따른 상호접촉을 하고 있는지를 살펴보는 데 관심을 가진다.

사무활동은 도시의 집적이익 중 특히 접촉경제의 이점을 추구한다. 즉, 대기업 본사활동은 중앙정부, 금융기관, 회계와 법률같은 전문서비스와의 접촉 편의성을 중요시한다. 이러한 전문서비스와의 기능적 연계가 사무활동의 입지결정에 중요한 요인으로 작용한다. 한편 사무활동의 기능적 연계는 교통과 통신이 상대적으로 덜 발달된 상태에서는 관련 활동들끼리 지리적으로 인접하는 공간적 근접에 의해 확보될 수 있다. 현대에 이르기까지 도시활동 가운데 가장 생산성이 높은 업무활동이 중심업무지구에 집적된 것도 이러한 것과 무관하지 않다(김형국, 1997: 170).

그리고 행태적 관점에서 사무활동의 입지결정에 영향을 미치는 인자를 살펴보면 다음과 같다.

첫째, 대면접촉의 편리성이 확보되는 곳에 사무활동이 입지하는 경향이 있다. 이러한 대면접촉의 편리성을 추구하는 사무활동의 입지경향은 대면접촉이 통신수단에 의한 접촉보다 기업의 대외업무추진을 위해 더욱 효과적이라는 사실에 기인한다. 물론 통신수단에 의한 의사교환과 정보의 수집이 불가능한 것은 아니지만, 사교적 분위기의 상실로 의사교환과 정보수집에 제약이 있다. 특히 권위주의 사회에서 기업은 정부나 은행, 법원과 같은 공공기관과의 접촉을 위하여 통신수단보다는 대면접촉을 선택하는 경향을 보일 것이며, 이러한 사실은 사무활동의 입지가 공공기관 특히 중앙정부의 입지결정에 종속적인 가능성을 보여준다.

둘째, 사무활동을 지원하기 위한 전문서비스업은 활용이 편리한 지역에 입지하려는 경향을 보인다. 국제변호사, 공인회계사, 세무사, 보험 및 금융서비스 등은 편리성이 확보되는 지역에 사무활동이 입지하는 경향을 보인다. 이는 결과적으로 대도시에 사무활동이 집중하는 현상으로 나타난다. 주로 관공서나 법원, 검찰청, 세무서, 금융기관 본점 주변지역에 많이 입지하고 있다.

셋째, 사무활동은 전국적인 시장이나 국제적인 시장을 대상으로 한다. 따라서 사무활동은 대도시간 혹은 외국과의 높은 접근성을 중요시하는 경향을 보인다. 이러한 점에서 주요 교통수단(KTX 주요 역), 특히 국제적 항공노선의 이용이 편리한 지역에 입지하게 된다.

넷째, 사무활동의 입지결정은 공간적으로 편향된 판단을 토대로 이루어지는 경향이 있다. 사무활동의 입지결정시에 전통과 위신을 고려하는 것이 바로 그것이다. 곧 도시에 사무용 건물을 가지는 것은 그 장소에 입지하는 것 자체가 기업의 이미지에 기여하는 것이라 생각한다. 또한 사무활동의 입지결정에 있어 정부나 은행과 같은 기관들이 이미 집적해 있는 곳이 선호되는 것은 불확실성을 줄이는 만족스런 대안이 된다. 이는 사무활동의 입지에서 관성을 보이는 원인이다(박종화 외, 1996: 56-57).

끝으로, 사무활동 관련된 고급 사무활동은 각 도시의 중추관리기능이 집적된 업무단지나 비즈니스 서비스업이나 실물경제 지원형 서비스업이 집적된 고층빌딩지역에 군집되는 경향을 보인다.

2. 공공시설 입지이론

1) 공공시설의 입지

공공시설의 법적 개념을 보면 국토의계획및이용에관한법률 제2조 제13호에 따라 도로, 공원, 철도, 수도, 그리고 항만, 공항, 운하, 광장, 녹지, 공공공지, 공동구, 하천, 유수지, 방화설비, 방풍성비, 사방설비, 방조설비, 하수도, 구거, 행정청이 설치하는 주차장, 운동장, 저수지, 화장장, 공동묘지, 납골시설 등을 말한다. 일반적으로는 국가 또는 지방자치단체가 국민생활의 복지증진을 위하여 설치하는 시설로 공립학교, 공립병원, 국·공립도서관, 시민회관, 각종 보건 및 후생시설, 도로, 공원, 상·하수도 시설 등을 말한다.

공공시설은 한마디로 정의하기 어렵지만 일반적으로 공공부문의 재원에 의해 관리, 운영되고 주민생활의 편의와 복리증진을 위하여 건립된 시설들을 의미한다고 하겠다. 공공시설은 공공서비스를 제공하는 물리적인 기반이 되는 시설로서 일종의 공공재적 성격을 지니고 있다. 이러한 공공시설과 여기에서 제공하는 공공서비스는 우리 생활과 매우 밀접하다. 왜냐하면 사회편익시설과 함께 직·간접적으로 우리와 접촉하여 공공서비스를 이용하기 위하여 공공시설을 자주 방문하기 때문이다.

공공시설의 입지는 민간시설인 기업이나 가계의 입지요인인 수익극대화나 효용극대화보다는 후생복리증진을 추구한다는 점에서 근본적인 차이가 있다. 즉, 공공시설입지는 공공재정 및 정부정책에 의해 공적인 의사결정과정을 거쳐서 결정되므로 민간시설의 입지와 차별성이 있다. 이러한 의사결정 가운데에서 가장 중요하게 작용하는 것이 공공서비스가 미치는 구역 내의 모든 사람들에게 서비스가 공급되어야 하고 이용하는 수요자들의 비용이 최소화되어야 한다는 것이다. 즉 공공시설의 입지는 비용극소화와 후생복지의 극대화에서 입지가 선정된다는 것이다(홍기용, 1999: 79-80).

2) 공공시설 입지모형

(1) 거리최소화 입지모형

1964년 S. L. Hakimi가 최초로 개발한 통행거리 최소화모형은 기본적으로 접근성을 극대화하는 목적을 가지고 있다. 그는 수요가 이산되어 있는 네트워크상에서 보는 시설이용자들의 평균통행시간(거리)을 최소화되도록 P의 시설들을 입지한다. 이때 각 시설이용자는 가장 가까운 시설로 통행한다고 가정한다(대한국토·도시계획학회, 1999: 117-120).

공공시설의 입지는 이용자의 통행거리를 최소화하는 데 있다는 견해이다. 따라서 공공시설 이용자들의 총 통행거리를 최소화하는데 여러 시설이 있는 결절지역의 수와 거리와의 관계에 의해서 결정된다는 것이다(홍기용, 1999: 80-82). 이것을 수식으로 나타내면 다음과 같다. 함수식에서 a_i는 수요지점 i의 인구수를 나타내고, d_{ij}는 i와 j지점의 사이의 최단거리, x_{ij}는 두 결절지역의 서비스권역 내 입지에 대한 더미변수(시설을 개설하는 지역은 1, 그렇지 않으면 0으로 처리), n은 결절지역(수요 입지지점)의 수를 나타낸다.

$$Z_{\min} = \sum_{i=1}^{n}\sum_{j=1}^{n} a_i d_{ij} x_{ij}$$

그러나 서비스 지역이 넓을 경우 여러 개의 시설 수를 입지시켜 이용자의 총통행거리를 최소화시킬 수 있다. 그 시설 수는 시설건립에 다른 비용과 운영비에 대한 이용자의 절약시간(거리)의 기회비용을 고려하여 결정한다.

(2) 시간최소화 입지모형

거리최소화모형은 거리의 개념을 강조한 반면, 시간최소화모형은 시간을 고려한 모형이다. 이 모형은 D. Toregas(1971) 등에 의해서 제기되었다. 시설공급자의 입장에서 보면 이용자들이 한정된 시간 내에 서비스를 제공받을 수 있는 임계지역이 곧 최적입지가 된다. 다시 말하면 긴급을 요하는 서비스는 한정된 시간이내에 모든 수요지점들에서 충분히 서비스를 제공받을 수 있는 시설의 수를 찾고자하는 것이다. 이런 시설들로는 응급시설이나 소방시설 등으로 이는 필요한 시간 내에 서비스를 받아야 이용의 효과를 누릴 수 있으며, 그 시간을 넘어서게 되면 아무런 소용이 없게 된다.

(3) 최대수요 입지모형

시간최소화모형에서 모든 이용자들이 한정된 시간에 서비스를 받는 것은 예산과 인력 등 여러 가지 제약 때문에 문제가 있을 수 있다. 따라서 공공기관은 가능한 일정한 시간 내에 많은 이용자들에게 서비스가 전달되도록 필요한 시설 수를 늘려야 한다. 이 최대수요입지모형(maximal covering location model)은 R. L. Church와 C. S. ReVelle(1974)에 의해서 제기된 모형인데, 공공시설은 시설이용자의 최대수요를 충족시키는 지역에 입지해야 한다는 것이다.

탐구학습

1. 주요 개념
   - 튀넨의 고립국 모형, 입지지대
   - 원료지향적 산업입지, 시장지향적 산업입지
   - 중간지점지향적 산업입지, 자유시장지향적 산업입지
   - 이윤극대화 조건
   - 한계수입과 한계비용
   - 입지 삼각형 모형
   - 예산제약선
   - 중력모형

2. 토론과 과제
   - 농업입지이론에 대해 설명하시오.
   - 제조업 입지이론에 대해 설명하시오.
   - Weber의 비용최소화 입지모형에 대해 설명하시오.
   - Moses의 입지생산모형에 대해 설명하시오.
   - Hotelling의 공간경쟁모형에 대해 설명하시오.
   - Lösch의 최대수요 입지이론에 대해 설명하시오.
   - Hoover의 비용극소화 입지이론에 대해 설명하시오.
   - 이윤극대화 입지이론에 대해 설명하시오.
   - 기업입지 행태이론에 대해 설명하시오.
   - 서비스산업 입지이론에 대해 설명하시오.
   - 사무활동 입지이론에 대해 설명하시오.
   - 공공시설 입지이론에 대해 설명하시오.

참고문헌

김 인, 1994, 2001, 「현대 인문지리학」, 법문사.
김형국, 1997, 「한국공간구조론」, 서울대학교 출판부.
대한국토 · 도시계획학회, 1999, 「지역경제론」, 보성각.
박삼옥, 2000, 「현대 경제지리학」, 아르케.
박종화외, 1996, 「지역개발론」, 박영사.

이만수, 1995, 「지역경제학」, 박영사.

이희연, 1997, 「경제지리학」, 법문사.

_____, 2011, 「경제지리학」, 제3판 법문사.

이장로 · 문희철, 2005, 「무역개론」, 무역경영사.

전도일, 2001, 「지역경제학의 이해」, 교우사.

최성수, 1995, 「지역경제론」, 대왕사 및 2008, 도시 및 지역경제학, 명진.

최재선, 1996, 「지역경제론」, 제2전정판, 법문사.

최병호 · 권오혁 · 김명수 역, 2006, 「도시 및 지역경제학」, 시그마프레스.

한상진, 1993, "서울시 제조업의 성격에 관한 연구," 서울시정연구, 제2권 제1호, 서울시정개발연구원, p. 25.

한주영, 2015, 경제지리학의 이해, 제2개정판, 한울.

홍경희, 1995, 「도시지리학」, 법문사.

홍기용, 1999, 「지역경제론」, 제5전정판, 박영사.

Amstrong, Harvey & Jim Taylor, 2000, *Regional Economics and Policy*, Third Edition, Blackwell Publishers Ltd.

Aydalot, P. & D. Keedle, 1988, *Millieux Innovateurs en Europe*, Paris: GREMI.

Bale, J., 1981, *The Location of Manufacturing Industry*, 2nd ed., Oliver & Boyd.

Chinitz, B., 1961, "Contrast in Agglomeration: New York & Pittsburgh", *American Economic Review*, Vol. 51.

_______, (ed), 1964, *City and Suburb: The Economics of Metropolitan Growth*, Prentice-Hall.

Church, R. L. & C. S. ReVelle, 1974, "The Maximal Covering Location Problem", *Papers of the Regional Science Association*, Vol. 32, 101-118.

Clarke, Ian M., 1985, 2013, The Spatial Organisation of Multinational Corporations, Routledge.

Dunn, Edgar S., 1967, *The Location of Agricultural Production*, Gainesville: University of Florida Press.

Fragg, J. J., 1980, "A Reexamination of The Incubator Hypothesis," *Urban Studies*, vol 17, 34-45.

Friedrich, C. J., 1929, *Alfred Weber's Theory of the Location of Industries*, University of Chicago Press.

Fujita, M. & P. Krugman, 1995, "When is the Economy Monocentric? von Thunen and Chamberlin Unified", *Regional Science and Urban Economics*, Vol. 18, 87-124.

_______, & T. Mori, 1999a, "On the Evolution of Hierarchical Urban Systems", *European Economic Review*, Vol. 43, 209-51.

_______, & A. J. Venables, 1999b, *The Spatial Economy*, Cambridge, Mass: MIT Press.

Hakimi, S. L., 1964, "Optimal Locations of Switching Centers and the Absolute Centers and Medians of a Graph", *Operations Research*, Vol. 12, 450-459.

Hoover E., 1937, Location Theory and Shoe and Leather Industries, Harvard University Press.

Hotelling, H., 1929, "Stability in Competition", *Economic Journal*, Vol. 39, 41-57.

Greenhut, M. L., 1956, *Plant Location in Theory and in Practice*, University of North Carolina Press.

Isard, W., 1956, *Location and the Space Economy*, John Wiely.

________, Walter, eds., 1960, *Methods of Regional Analysis: an Introduction to Regional Science*, The Technology Press of The Massachusetts Institute of Technology and John Wiley & Sons, Inc.

________, Walter, eds., 1988, *Methods of Interregional and Regional Analysis*, Ashgate Publishing Limited.

Krueger, Norris F., (ed.), 2002, Entrepreneurship- Critical Perspectives on Business and Management, Routledge.

Lösch, August, 1950, *The Economics of Location*, Translated by W.H.Woglom, New Haven: Yale Univerity Press.

McCann, Philip, 2001, *Urban and Regional Economics*, Oxford University Press.

Mcdonald, J. F., 1997, *Fundamentals of Urban Economics*, NJ: Prentice-Hall.

Moses, L. N., 1958, "Location and the Thoery of Production", *Quarterly Journal of Economics*, Vol. 72, 259-72.

O'Sullivan, Arthur, 1996, *Urban Economics*, Irwin: McGraw-Hill.

Perroux, F., 1950, "Economic Space, Thoery and Applications", *Quarterly Journal of Economics*, Vol. 64, 89-104.

Sakashita, N., 1968, "Production Function, Demand Function, and Location Thoery of the Firm", *Papers and Proceedings of the Regional Science Association*, Vol. 20, 109-22.

Scott, A. J., 1983, "Industrial Organization and The Logic of Intra-Metropolitan Location Ⅰ," *Economy Geography*, 233-250.

________, 1988, *New Industrial Spaces*, Pion, London.

Simon, H. A., 1952, "A Behavioural Model of Rational Choice", *Quarterly Journal of Economics*, Vol. 52, 99-118.

________, 1959, "Theories of Decision-Making in Economics and Behavioural Science", *American Economic Review*, Vol. 49, 253-83.

Taylor, M. and N. Thrist (eds.), 1982, 2013, *The Geography of Multinationals- Studies in the Spatial Development and Economic Consequences of Multinational Corporation*, Rortledge.

________, 1986. 2013, *Multinationals and the Restructuring of the World Economy - The Geography of Multinationals,* (Vol. 2), Routledge.

Toregas, D., R. Swan & C. ReVelle et al., 1971, "The Location of Emergency Service Facilities", *Operations Research,* Vol. 19, 1363-73.

Vernon, R.(1960), Metropolis 1985, Harvard University Press, Cambridge, Mass.

________, (1966), "International Investment and International Trade in the Product Cycle", *Quarterly Journal of Economics,* Vol. 80, 197-207.

제 4 장 지역경제성장이론

제4장에서는 먼저 경제성장과 경제발전, 지역경제성장의 개념과 요인 등 지역경제성장이론을 개관하고, 지역경제성장이론 중 중요성이 높은 신고전학파이론과 경제기반이론, 누적성장모형, 성장거점이론, 산업부문 성장이론, 내생적 성장이론 등으로 구분하여 설명하고자 한다.

제 1 절 지역경제성장이론의 개관

1. 개 관

경제성장(economic growth)이란 시간이 흘러감에 따라 생산능력의 향상에 의해 경제활동 규모가 점차 커지는 현상을 말한다. 일반적으로 지역경제성장이란 1인당 실질지역소득의 증대를 의미한다. 이를 구체적으로 표현하면 1인당 지역총소득(Gross Regional Income: GRI)의 증가를 의미한다. 이를 국가 전체적으로 보면 1인당 실질 GDP(또는 실질 GNI)의 증가를 의미한다.[1] 1인당 지역총소득(GRI)은 명목 GNI(지역총소득)을 해당지역 인구수로 나누어 구하는데, 국제비교를 위하여 보통 시장환율로 환산하여 미국 달러화로 표시한다.

지역경제성장 = 지역의 1인당 지역총소득(GRI)의 증가

$$\text{지역의 실질경제성장률}(\%) = \frac{\text{당해년도실질 } GRI\,(GRDP) - \text{전년도 실질 } GRI\,(GRDP)}{\text{전년도실질 } GRI\,(\text{또는 } GRDP)} \times 100$$

1) 국민소득의 개념은 제7장에 자세히 설명되어 있다.

경제성장과 경제발전은 엄밀한 의미에서 개념상의 차이가 있다. 경제성장은 경제의 양적 성장을 의미하고, 경제발전은 경제의 양적 성장과 더불어 산업구조의 변화, 교육수준, 사회구조와 사회제도의 변화, 의료나 주택과 같은 생활의 편익환경 등 경제의 질적인 측면까지 포괄하는 개념이다. 선진국의 경제성장에서는 생산요소 부존량의 증가와 기술진보에 따른 생산능력의 제고에 관심을 집중한다. 그러나 후진국의 경제성장은 생산능력의 제고뿐만 아니라 전통적 사회구조의 근대화, 공업화, 인적자원의 개발 등 질적 성장에도 관심을 가져야 한다.

지역경제학자들은 과거부터 지역이 왜 성장하는가라는 문제에 대한 해답을 얻으려고 부단히 노력해 왔다. 특히 지역의 크기와 지역산업구조가 왜 변화하는가라는 문제에 관해서 여러 가지 이론이 정립되어 있다. 일반적으로 지역성장은 경제구조의 변화, 산업구조의 변화, 자원의 이전과 재분배, 중심지역의 진화 등에 의해서 주로 발생한다고 할 수 있다. 많은 지역경제학자들은 지역경제성장의 단기적 요인으로 수요증대, 노동공급 등을 비롯하여 기술혁신과 자본 및 노동생산성 향상 등을 지적하기도 하고, 장기적 요인으로는 여러 가지 복합적인 요인이 누적된 요인과 중심지 성장의 지역 간의 파급효과라고 지적하고 있다.

지역경제에서 지역경제성장의 요인은 공급측면과 수요측면에서 파악할 수 있다. 지역경제성장이론도 수요측면과 공급측면, 및 수요-공급 혼합이론 내지 기타 이론 등으로 구분할 수 있다. 먼저 공급측면 이론을 보면, 생산물과 생산요소간의 기술적인 관계를 나타내는 생산함수를 통하여 볼 수 있는데, 이는 물적자본, 인적자본, 자연자원 및 기술, 지식 등의 생산요소의 양과 질에 의해서 결정된다. 물적자본은 재화와 서비스의 생산에 투입되는 원료나 건물 등을 말하며, 인적자본(human capital)은 근로자들이 교육, 훈련, 그리고 경험 등을 통해 체득한 지식과 기술 등을 나타낸다. 인적자본에는 학교 교육과 평생교육, 성인 노동인구들이 직업훈련을 통해 얻은 모든 기술이 포함된다. 자연자원(natural resource)은 토지, 강물, 광물 등과 같이 자연에 의해 제공되는 생산요소이다. 자연자원이 풍부한 국가는 빈약한 국가에 비해 경제성장에 있어서 유리한 조건을 갖는다. 기술(tech- nology)은 노동과 자본을 재화나 서비스로 변환시킬 수 있는 생산기술뿐만 아니라 판매나 소비, 기업조직이나 운영 등 여러 측면에서의 효율성의 향상을 가져오는 여러 요인들이 포함되어 있다. 흔히 좁은 의미로서의 기술은 생산기술만을 대상으로 하고 있다. 이러한 기술진보가 발생되면 기존의 생산요소와 생산성이 향상되어 동일한 양의 생산요소로써 보다 많은 재화와 서비스를 생산하게 된다. 공급측면의 대표적인 지역경제성장이론으로는 전통적인 신고전파 성장이론 등을 들 수 있다.

이와 더불어 공급측면 이외에도 총수요측면의 증가가 있어야 한다. 충분한 공급능력을 가지고 있다고 하더라도 그 요소자원을 고용할 수 있는 수요능력이 부족하다면, 지역경제성장을 달성할 수 없다. 다시 말하면 잠재적 생산능력을 최대로 이용할 수 있는 총수요를 계속 확대해야만 경제성장이 달성될 수 있다. 수요측면의 지역경제성장이론은 전통적으로 케인즈경제학에 기반을 둔 이론으로서 경제기반모형, 누적성장모형 등을 들 수 있다. 수요-공급혼합이론 내지 기타 이론으로는 성장거점이론이나 산업부문 성장이론, 내생적 성장이론, 저개발국가의 성장이론인 균형성장이론과 불균형성장이론 등이 있다. 결국 지역 경제성장요인은 공급측 요인과 수요측 요인, 수요-공급 혼합요인 및 바람직한 시장경제체제 등이 필요하다고 하겠다.

2. 경제성장의 정형화된 사실

경제성장에 관한 선구적인 업적으로 노벨경제학상을 받은 미국의 경제학자 S. Kuznets는 과거 2세기 동안 선진국에서 발생한 경제성장에서 다음과 같은 특징이 있었다고 했다. 즉 1인당 실질소득과 인구의 증가율이 높고, 노동생산성의 증가율이 높은데, 기술진보가 1인당 실질소득 증가의 대부분을 설명하며, 시장과 원료 확보를 위해 선진국의 대외진출성향이 높고, 경제성장의 성과는 세계인구의 1/3만 혜택을 본다고 하였다.

영국의 경제학자 N. Kaldor는 자본주의 선진국 경제의 성장과정에서 장기적인 규칙성을 추출하여 경제성장의 과정을 분석하고 몇 가지의 공통점을 발견하여 이를 정형화된 사실(stylized facts of growth)이라고 하였다. 이를 설명하면 다음과 같다. 즉 ① 1인당 실질국민소득은 대체로 일정비율로 증가한다. ② 1인당 실물자본은 증가한다. 시간이 흐름에 따라 노동에 비해 자본의 심화가 일어난다. ③ 경제 전체의 자본-생산량의 비율(자본/실질 GRDP=자본계수)이 대체로 일정하다. ④ 실질 이자율은 어떤 뚜렷한 추세를 보이지 않는다. ⑤ 노동과 자본의 상대적 분배율은 대체로 일정하다. ⑥ 국민소득에 대한 저축률은 정기적으로 일정하다. ⑦ 1인당 소득의 증가율은 국가마다 큰 차이가 있다.

이하에서는 지역경제성장이론을 주요 항목별로 구분하여 살펴보고자 한다.

제 2 절 신고전학파이론

신고전학파의 지역경제성장이론은 일반적으로 공급에 중점을 둔 지역경제성장이론으로서 1960년대 초 여러 경제학자들에 의해서 주장되었다. 이 이론은 해로드 · 도마의 경제성장이론을 지역성장에 응용한 것이다. 신고전학파 모형은 지역의 생산성 증대가 지역성장의 기초라는 생산함수에 그 이론적 기초를 두고 있다.

일반적으로 널리 사용되는 신고전파 생산함수로 콥-더글라스(Cobb-Douglas) 생산함수가 있다. 콥-더글라스 생산함수는 1934년 미국의 경제학자 P. H. Douglas가 수학자 C. W. Cobb의 도움을 받아 제시하였는데, 다음과 같은 형태로 나타낸다.

$$Q = AL^{\alpha}K^{\beta}, \quad (A > 0, \quad 0 < \alpha, \beta < 1)$$

여기서 Q는 산출량, A는 기술수준을 나타내는 파라미터, L은 노동량, K는 자본량, α는 생산(산출)의 노동탄력성 또는 노동소득 분배율(노동의 분배몫), β는 생산의 자본탄력성 또는 자본소득 분배율(자본의 분배몫)을 나타낸다. 여기서 α가 생산(산출)의 노동탄력성, β는 생산의 자본탄력성이라는 것을 설명하면 다음과 같다.

$$\text{생산의 노동탄력성} = \frac{\partial Q/Q}{\partial L/L} = \frac{\frac{\partial Q}{\partial L} \cdot L}{Q} = \frac{(A\alpha L^{\alpha-1}K^{\beta}) \cdot L}{Q} = \frac{\alpha AL^{\alpha-1+1}K^{\beta}}{Q} = \alpha$$

$$\text{생산의 자본탄력성} = \frac{\partial Q/Q}{\partial K/K} = \frac{\frac{\partial Q}{\partial K} \cdot K}{Q} = \frac{(A\beta L^{\alpha}K^{\beta-1}) \cdot K}{Q} = \frac{\beta AL^{\alpha}K^{\beta-1+1}}{Q} = \beta$$

위의 콥-더글라스 생산함수 식에서 L과 K에 λ배하면 다음과 같다.

$$A(\lambda L)^{\alpha}(\lambda K)^{\beta} = \lambda^{\alpha+\beta}AL^{\alpha}K^{\beta}$$

만약 여기서 $\alpha + \beta = 1$ 또는 $\beta = 1 - \alpha$이면, $\lambda^{1}AL^{\alpha}K^{\beta}$가 되어 생산요소가 λ배 증가시키면 생산량도 λ배만큼 증가하게 되므로 규모에 대한 보수불변이 된다. 그리고 이러한 생산함수를 1차동차 생산함수라고도 한다. 그리고 $\alpha + \beta > 1$이면 규모에 대한 보수 증가, $\alpha+\beta<1$이면 규모에 대한 보수 감소를 나타낸다.

콥과 더글라스가 1920년에서 1930년까지 미국 매사추세츠 주의 제조업에 적용하여 실증 분석한 결과는 $Q=1.01L^{0.75}K^{0.25}$이다. 여기서 α+β=1이 되어 대표적인 1차 동차 생산함수이다. 이 수식에 따르면 자본량을 고정시켜 두고, 노동량을 10% 증가시키면 생산량은 7.5% 증가하고, 노동량을 일정하게 고정시켜 놓고, 자본량을 10% 증가시키면 생산량은 2.5% 증가하게 된다는 것을 나타낸다.

지역성장이론은 수요측면의 지역성장이론이 보다 지지를 받지만, 지배적인 지역성장이론은 공급측면을 강조한 신고전파 모형이다. 1960년대에 많은 지역경제학자들(특히 G. H. Borts, 1960; G. H. Borts & J. L. Stein, 1964; J. T. Romans, 1965; H. Siebert, 1969)은 지역 간 체계의 개방성을 반영하기 위해 국가경제에 신고전파 모형을 적용시킨 이론적 구조를 개발했다. 이것들은 미국경제의 장기적인 역사 연구에 의해서 실증적으로 결정된 하나의 추세인 지역 간 1인당 소득의 수렴과정에 대해 이론적인 설명을 해주었다(H. S. Perloff, E. S. Jr. Dunn, E. E. Lampard and R. F. Muth, 1960; S. Kuznets, A. R. Miller and R. A. Easterlin, 1960). 그 당시 이 이론은 일관된 이론과 지지하는 학자들에 의해 크게 발전되었다.2)

1. Harrod-Domar의 경제성장모형

1) 의의와 내용

R. F. Harrod와 E. D. Domar의 단순한 경제성장이론(방정식)을 가지고 설명해 보자. 원래 해로드와 도마는 자본주의체제하에서 경제가 장기적으로 안정적인 성장을 할 수 있을 것인가, 할 수 있다면 그 조건은 무엇인가에 대한 이론적인 규명을 시도하였다. 이러한 문제의식 하에서 그들은 노동이 완전 고용되고, 자본설비가 완전 가동되는 가운데 경제가 안정적으로 성장할 수 있는 조건이 무엇인가를 연구하였다.

R. F. Harrod와 E. D. Domar는 자본과 노동 두 생산요소가 완전고용되면서 장기적으로 성장하기 위한 조건은 노동의 완전가동조건과 자본의 완전가동조건식이 결합함으로써 구해진다고 했다. 경제의 안정적 성장률을 g라고 하고, 저축률을 S(저축/총소득),

2) H.W. Richardson, 1979, pp. 135~137 및 1973, pp. 23~28.

자본-산출량비율(=자본계수)을 v라고 하면 g=s/v가 된다.

$$\frac{\Delta Y}{Y} = g = \frac{s}{v}$$

여기서 파라미터 S와 V 및 기준년도의 GDP값(Y_0)이 주어지면 비교년도의 GDP(Y_1)를 계산할 수 있다. 즉 $Y_0 = 1000$, $s = 0.4$, $v = 5$라고 하면 $g = 0.4/5 = 0.08$이 되고 따라서 $Y_1 = (1 + 0.08) \times 1000 = 1{,}080$이 된다. 이와 같은 방법으로 시간에 걸친 경제조건을 시뮬레이션할 수 있다. 만약 자본계수가 3이고, 경제가 매년 7%씩 증가하기 위한 필요저축률 내지 투자율을 계산하면 다음과 같다. 수식에서 $7 = s/3$을 대입하면 s는 21%가 된다.

해로드는 인구의 자연증가율과 같은 소득의 성장률을 자연성장률(G_n; natural rate of growth)이라고 하고, 생산물시장이 균형을 유지하면서 자본설비가 완전 가동되기 위해서는 매 기간에 국민소득이 s/v로 성장해야 하는데, 이러한 성장률을 적정성장률(G_w; warranted rate of growth)이라고 했다.

해로드-도마모형은 케인즈의 거시경제모형을 장기적 성장모형으로 발전시킨 것으로서 노동과 자본 두 생산요소간의 대체성을 인정하지 않고, 완전한 보완관계를 기반으로 하므로 불완전한 균형상태를 나타낸다. 여기서 적정성장률이란 개념을 도입하여 이는 자본스톡이 완전고용된 상태에서 기업이 실현되기를 기대하는 성장률이며, 자연성장률이란 노동력의 증가율과 일치하는 성장률로서 결국 이 두 성장률이 현실경제에서의 실제성장률과 일치하는 상태를 가장 바람직한 균형성장상태라고 하였다.

2) 시사점과 한계

해로드-도마모형은 경제가 불안정할 때 균형상태로 수렴하는 힘이 없기 때문에 경제성장은 불안정하다고 본다. 이 모형은 노동과 자본량이 대체되지 않은 레온티에프 생산함수를 가정한다.

해로드-도마모형은 자본과 노동간 대체가 불가능하다는 가정 하에서 완전고용에서의 균형성장이 가능하기는 하지만 달성되기 어렵고, 균형에서 한번 이탈하면 회복되기 어렵기 때문에 자본주의 경제의 성장경로가 기본적으로 불안정하다고 했다.

해로드-도마모형의 비판점은 신고전파이론이 가정하고 있는 기본적 가정에 집중되어 있다. 즉 완전고용과 완전경쟁상태, 단일의 동질적 상품, 제로(0)의 운송비용, 규모에 대한 수익불변을 나타내는 지역적으로 동일한 생산함수, 고정된 노동공급 등에 있다. 이러한 가정들은 비현실적이라고 할 수 있다. 하지만 몇몇 가정들은 분석을 단순화하는데 이점이 있는 것도 사실이다.

특히 완전고용 가정은 대부분의 지역경제학자들이 수용하기가 어렵다. 왜냐하면 많은 지역문제는 자원활용률에 있어서 지역 간 직접적인 차이에 의해서 발생하기 때문이다. 예를 들면 어떤 지역에서의 실업은 다른 지역에서의 노동부족 문제와 공존하기 때문이다. 완전경쟁의 가정도 공간경제(space economy)에서는 성립하기 어렵다. 왜냐하면, 공간과 거리는 경쟁을 제한하고 어느 정도의 독점적 보호를 가능케 한다. 그리하여 과점이나 독점 또는 독점적 경쟁시장 형태가 보다 일반적인 시장구조가 될 것이다.

그리고 해로드-도마의 성장이론은 경제발전이 저축, 투자 또는 자본에만 의존한다는 것인데 이는 잘못이다. 즉 이들 이외에도 숙련노동자와 기업가, 기술 등 여러 요인에 의해서 좌우되는 것이다.

2. R. M. Solow의 경제성장이론

1) 의의와 내용

해로드와 도마의 경제성장모형은 경제가 불안정적일때 균형상태로 수렴하는 힘이 없기 때문에 경제성장은 불안정적으로 보고 있다. 그러나 R. M. Solow는 생산요소간 대체가능성과 (한계)수확체감의 법칙을 수용하여 자본주의 경제는 장기적으로 안정적인 균형성장을 달성할 수 있다고 했다. 솔로우모형의 기본가정은 첫째, 인구증가율 또는 노동증가율은 일정하고, 둘째, 생산함수는 일차동차생산함수를 가정한다. 셋째, 장기저축함수로 장기저축성향과 평균저축성향은 일치한다. 넷째, 저축은 모두 투자되고 투자는 그대로 자본을 증가시킨다. 다섯째, 모든 가격은 완전히 신축적이다 라는 가정이다.

솔로우의 모형을 설명하면 다음과 같다.

$$Y = f(K,\ L)$$

위 식의 양변을 L로 나누면 다음과 같다.

$$\frac{Y}{L} = f(\frac{K}{L}, 1) = f(k)$$

여기서 좌측의 Y/L을 노동 1인당 산출고(y)라고 하고, 우변의 K/L을 1인당 자본량 또는 노동의 자본장비율이라고 한다. 이를 다시 나타내면

$$y = f(k)$$

이와 같이 노동 1인당 산출고(y)를 1인당 자본량의 함수(y)로 나타낸 생산함수를 집약형 생산함수(intensive form production function)라고 한다. 이것을 그림으로 나타내면 위로 볼록한 모양을 보이는데, 이는 자본의 한계생산력이 체감하기 때문이다.

그리고 저축액은 소득에 저축률을 곱한 것으로 저축성향을 s라고 하면, 노동자 1인당 저축액은 $sf(k)$가 된다. 신고전파 모형에서는 저축된 것은 모두 투자(I)된 것으로 가정하기 때문에 $sf(k)$는 실질투자액곡선을 나타내게 된다. 필요투자액은 1인당 자본량을 그대로 유지하는데 필요한 투자규모를 말한다. 노동증가율 또는 인구증가율을 n이라고 하면, 인구가 증가해도 노동 1인당 자본량을 이전처럼 그대로 유지하기 위해서는 nk만큼 1인당 투자액이 이루어져야 한다. 따라서 nk는 1인당 자본량을 그대로 유지하는데 필요한 1인당 투자액이 된다.

한 나라의 국민경제의 균형은 1인당 필요투자액과 1인당 실제투자액이 일치하는데서 성립하므로 다음의 관계가 성립한다.

$$nk = sf(k)$$

$$nk = sf(k) = 0 \text{ 또는 } \Delta k = sf(k) - nk$$

이 수식이 Solow의 기본방정식이라고 한다. 이 식을 약간 변형하면 인구증가율(n)의 함수로 나타낼 수 있다.

$$n = \frac{sf(k)}{k} = \frac{sy}{k} = \frac{s}{k/y} = \frac{s}{Cr} = G_w(\text{적정성장률})$$

따라서 균형점 〔$nk = sf(k)$〕에서는 인구증가율과 R. F. Harrod가 말하는 적정성장률이 일치한다. 그런데 인구증가율은 자연성장률(G_n)과 같으므로 $G_n = G_w$가 성립하게 된다. $G_n = G_w$이 성립하면 경제는 완전고용을 유지하면서 균형성장을 하게 됨을 나타낸다.

그림 4-1 R. M. Solow의 성장모형

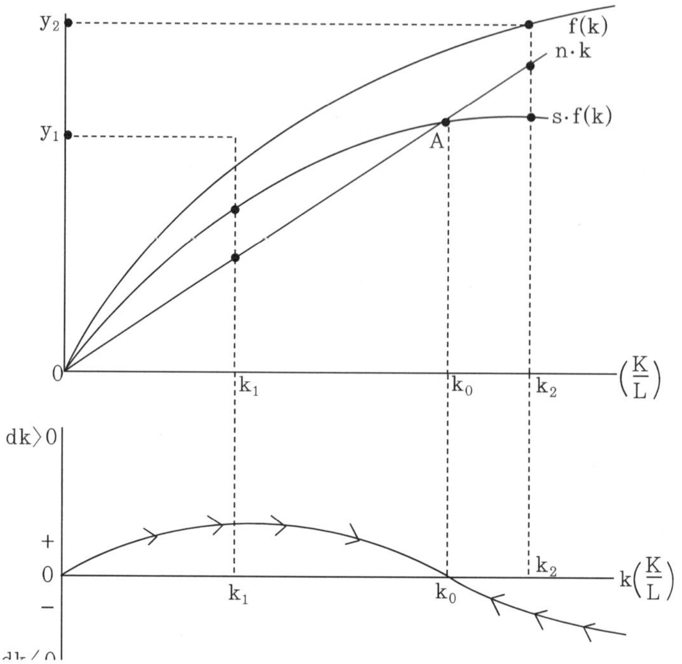

2) 시사점과 한계

R. M. Solow 모형에서는 상술한 바와 같이 1인당 실제저축액($sk(k)$)과 필요투자액(nk)의 과부족이 자동으로 조정되어 경제는 완전고용을 유지하면서 균형성장을 할 수 있다는 것이다. 솔로우의 성장모형에서 경제성장을 위해서는 기술진보를 증가시켜 생산함수곡선을 위쪽으로 이동시키거나 저축률을 증대시켜 저축곡선을 위쪽으로 이동시켜야 한다. 그리고 인구증가율이 감소하여 필요투자곡선이 아래쪽으로 이동해야 한다.

솔로우 모형은 다음과 같은 한계가 있다. 첫째, 지속적인 기술진보가 지속적인 경제성장을 가져온다고 했는데 어떤 요인에 의해서 기술진보가 일어나는지에 대해서는 설명이 부족하다. 둘째, 솔로우 모형은 노동과 자본의 대체성이 커고, 요소가격의 변동이 기술선택에 민감하게 작용한다고 보는데, 현실은 그렇게 민감하게 작용하지 않는다는 것이다. 끝으로 인구성장률이 감소하는 선진국의 경우는 인구증가율이 감소하면 오히려 경제성장이 감소될 수도 있다.

제 3 절 경제기반이론

1. 의 의

경제기반이론(economic-base theory)은 수출기반이론(export-base theory)이라고도 하는데 신고전학파모형의 단점을 보완한 수요측면의 성장이론이다. 이 이론은 C. M. Tiebout와 H. Hoyt, A. M. Weimer 등에 의해서 개발되었는데, 한 지역에서 생산된 재화와 용역은 지역에서 소비하고 남은 잉여물을 다른 지역에 수출(이출)함으로써 해당 지역의 소득을 증대시키고 지역경제를 성장시킨다는 것이다.

경제기반모형은 지역경제구조가 단순히 2개의 산업으로 구분된다고 가정한다. 즉 기반산업 활동부문과 비기반산업 활동부문으로 구분된다는 것이다. 이 이론에서는 지역의 기반산업인 수출산업이 지역경제의 기반이 되기 때문에 지역경제성장의 기초가 된다고 한다. 기반산업은 도시의 성장에 크게 기여하는 산업이다. 이러한 기반산업의 성장과 활동을 돕기 위해서 존재하는 기타 산업을 비기반산업 또는 지역서비스산업이라고 한다. 경제기반모형은 기반산업만이 도시의 경쟁력과 발전을 결정하는 중요한 요인이고, 기반활동의 성장은 비기반활동의 성장을 유도하며 도시전체의 경제성장을 주도하게 된다는 것이다.

2. 주요 내용

순수한 경제기반모형(the pure economic-base model)을 설명하면 다음과 같다. 먼저 총지출(E)은 국내생산(D)과 수출(X), 투자(I)의 합이라고 하자.[3] 즉

$$E = D + X + I \qquad (4\text{-}1)$$

가계와 가업으로 이루어진 민간경제를 가정할 경우 소득(Y)은 소비(C)와 저축(S)의 합으로 이루어진다. 즉

3) W. A. Schaffer, 1999, pp. 6-7. 이 경우 투자를 생략하여 설명하면 보다 단순한 경제기반승수를 유도할 수 있다.

$$Y = C + S \tag{4-2}$$

이 된다. 그리고 소비(C)는 국내지출(D)과 수입(M)의 합이므로 다음과 같이 된다.

$$C = D + M, \quad D = C - M \tag{4-3}$$

국민소득의 순환적 과정에서 소비는 지역 국민소득(Y)에 한계소비성향($c = \frac{\Delta C}{\Delta Y}$, the marginal propensity to consume)을 곱한 것 만큼 증가하게 된다. 소비는 국민소득의 흐름에서 볼 때 내생적 변수이다. 이것은 행태적, 기술적 가정이라고 생각해도 된다. 즉

$$C = cY \tag{4-4}$$

수입(M)도 국민소득에 한계수입성향($m = \frac{\Delta M}{\Delta Y}$, the marginal propensity to import)을 곱한 것 만큼 증가하게 된다.

$$M = mY \tag{4-5}$$

그러나 수출(X)과 투자(I)는 국민소득의 흐름에서 볼 때 지역 외부에서 결정되는 외생변수가 된다.

$$X = X' \tag{4-6}$$

$$I = I' \tag{4-7}$$

따라서 균형조건인 소득(Y)과 총지출(E)이 같다고 하면 다음이 된다.

$$Y = E \tag{4-8}$$

또한 국민소득의 순환과정에서 유출($M + S$)과 유입($X + I$)이 같다고 하면 다음과 같이 된다.

$$M + S = X + I, \qquad S = -M + X + I \tag{4-9}$$

(4-2)식에 (4-9)식을 대입하고 나서, (4-4)에서 (4-7)을 대입하여 정리하면 다음과 같이 된다.

$$Y = C + S = C - M + X + I$$
$$Y = cY - mY + X' + I'$$
$$Y - cY + mY = X' + I'$$
$$(1 - c + m)Y = X' + I'$$
$$\therefore Y = \frac{1}{(1 - c + m)}(X' + I') \quad (4\text{-}10)$$

(4-10)식에서 보는 바와 같이 경제기반승수(dY/dX)와 투자승수(dY/dI)는 다음과 같이 된다.[4)]

$$\text{경제기반승수(수출기반승수)}: \frac{dY}{dX} = \frac{1}{(1 - c + m)}$$
$$\text{투자승수}: \frac{dY}{dI} = \frac{1}{(1 - c + m)}$$

위의 경우를 약간 변형하여 투자(I)를 생략하면, 가장 단순한 경제기반승수가 되는데 다음과 같이 된다. 사실 단순승수는 1-(마이너스) 한계소비성향(MPC)의 역수인 것이다. 여기서 1-MPC는 MPS이기 때문에 단순승수(multiplier)는 MPS의 역수가 된다(∵ MPC+MPS=1). 따라서 경제기반승수는 한계소비성향이 크면 클수록 커지게 된다.

$$\text{단순 승수} = \frac{1}{1 - c} = \frac{1}{1 - MPC} = \frac{1}{s} = \frac{1}{MPS}$$

위의 식에다가 정부부문을 포함시켜 정부지출과 조세수입을 부가하여 분석하게 되면 케인즈류의 다양한 투자승수를 분석할 수 있다.

그리고 경제기반이론에서는 산업을 기반산업과 비기반산업으로 구분하고, 기반승수를 총소득/기반소득의 비율로써 계산한다. 이를 수식으로 나타내면 다음과 같다.

$$E_t = E_e + E_s \quad (4\text{-}11)$$

$$\left[\begin{array}{l} E_t = A\text{지역 총고용인구} \\ E_e = A\text{지역 기반산업 총고용인구} \\ E_s = A\text{지역 비기반산업 총고용인구} \end{array}\right]$$

4) 이 수식은 다음과 같이 전개할 수도 있다.

$Y = C + S = C + I, \quad C = a + cY, \quad I = I_o, \quad M = mY, \quad X = X_o$

$Y = C + I + X - M, \quad Y = a + cY + I_0 + X_0 - mY$

$Y(1 - c + m) = a + I_0 + X_0$

$Y = \frac{1}{1 - c + m}(a + I_o + X_o)$

여기서 $g = E_s/E_t$를 총고용인구에 대한 비기반산업의 비중이라고 하면 위 식은 다음과 같이 유도된다.

$$E_t = E_e + E_t\left(\frac{E_s}{E_t}\right) = E_e + E_t(g) \tag{4-12}$$

$$E_t - E_t(g) = E_e, \quad E_t(1-g) = E_e$$

$$E_t = \frac{E_e}{1-g} = \left(\frac{1}{1-g}\right)E_e \tag{4-13}$$

$$\text{경제기반승수}: \quad k = \frac{1}{1-g} = \frac{1}{1-\dfrac{E_s}{E_t}} = \frac{1}{\dfrac{E_e}{E_t}} = \frac{E_t}{E_e} = \frac{\text{총소득}}{\text{기반소득}}$$

위와 같이 경제기반승수는 총 고용소득을 기반소득으로 나누어준 수이다. 따라서 (총소득/기반소득)의 비율이 크면 클수록 경제기반승수는 커지게 된다.

3. 시사점과 한계

경제기반이론은 기본적으로 J. M. Keynes의 승수이론을 지역경제성장에 적용한 것이다. 이 이론에서는 수출산업부문만이 유일한 외생적 변수로서 총수요에 영향을 미친다고 본다. 이 이론은 지역소득의 증가는 기본적으로 지역 외 시장에 수출하게 될 재화와 용역의 생산량이 전체 생산량에서 차지하는 비율에 달려있다고 한다.

경제기반모형의 장점은 해당지역의 기반산업과 비기반산업의 부가가치나 고용자수 등의 통계만 있으면 쉽게 계산할 수 있다. 다른 한편으로 한계소비성향과 한계수입성향(또는 한계이입성향)만 알면 바로 수출기반승수를 계산할 수 있는 장점이 있다.

그리고 이 모형의 한계점은 다음과 같다. 첫째, 수출산업부문만이 유일한 외생변수로서 총수요에 영향을 미치고, 기타 변수들인 정부 지출의 변화, 조세수입의 변화 등은 별로 영향을 미치지 못하는 것으로 고려된다. 따라서 이 이론은 소득증대에 영향을 미치는 여러 가지 요인 중 수출을 제외한 기타 요인들을 무시하고 있다는 점에서 비판을 받고 있다. 둘째, 기반활동만 지역성장에 중요한 역할을 한다고 하는데, 비기반활동도 지역성장에 크게 기여하는 것이 일반적이라는 것이다. 셋째, 지역의 경제성장은 기반산업이나 수출이외에도 노동이나 자본의 생산성을 높여서도 달성할 수 있다. 끝으로 한 지역이 산업을 기반산업과 비기반산업으로 구분할 수 있는 기준과 방법이 모호하다는 것이다.

제 4 절 누적성장모형

1. 의 의

누적성장모형은 G. Myrdal(1957)과 N. Kardor(1970) 등에 의해서 개발되어 발전하였다. 미르달은 지역경제가 누적적으로 성장하는 지역은 확산효과(spread effects)에 의해서 더욱 성장하고, 쇠퇴하는 지역은 역류효과(backwash effects)에 의해서 더욱 쇠퇴하게 된다는 것이다. 그리하여 지역성장은 불균형 성장과정을 거치게 된다는 것이다.

누적성장모형 또는 누적인과관계모형(cumulative causation model)이란 수요측면의 지역경제성장이론으로서 지역소득이 높은 지역은 상대적으로 구매력이 많아져서 생산요소의 수익을 높여 지역소득은 더욱 많아지고, 해당지역은 더욱 더 많은 집적 경제력이 형성되어 높은 성장을 이룩한다는 것이다. 반대로 어떤 지역의 소득이 급격히 떨어지면 그 지역은 점차 실업이 늘어나고 구매력이 낮아져서 산업 활동이 침체되고 지역경제성장은 더욱 쇠퇴하게 된다는 것이다.

2. 주요 내용

N. Kardor의 누적성장원리는[5] 제조업에 있어서 규모에 대한 수확체증 현상(보다 넓게는 외부경제나 집적경제)과는 다르다고 했다. 규모에 대한 수확체증 현상은 부유한 지역에 잘 적용되고 가난한 농촌지역에는 잘 적용되지 않는다고 했다. 왜냐하면 부자지역에 대한 규모 효과는 사실상 산업생산의 독점력을 얻을 수 있기 때문이다. 그는 수출기반개념을 설명하면서, 어떤 지역의 생산과 수출의 행태는 크게 두 가지에 의해서 영

5) 이 모형은 1970년에 발표된 N. Kaldor의 모형과 거의 일치하지만 R. Dixon & A. P. Thirlwall (1975)이 H. W. Richardson의 1973년 논문에 대해 비판한 내용을 검토하여 보완하고 일반화한 내용이다. 이 방정식의 이점은 누적적인 인과관계가 파라메터 값에 의해서 결정된다는 것이다. 이 모형은 1971년 W. E. Oates, E. P. Howrey and W. J. Baumol 등이 개발한 내용과 비슷하다. 이들이 제시한 모형은 누적적으로 쇠퇴하는 지역을 설명하는 도시모형이다. 사실 누적성장모형은 수출기반모형의 동태화에 비유된다. 이 누적성장모형은 1967년 L. M. Hartman& D. Seckler에 의해 개발된 승수-가속도원리와 수출기반이론이 통합한 것과 유사하다고 하겠다(H. W. Richardson, 1979, p. 147).

향을 받는데, 그것은 외생적 요소인 해당지역 생산에 대한 세계수요의 성장률과 다른 하나인 내생적 요소인 다른 생산지역과 비교한 해당 지역 효율임금(efficiency wages)의 변동에 의해서 영향을 받는다고 했다. 여기서 효율임금은 생산성의 변화에 대응한 화폐임금의 변화를 나타낸다(H. W. Richardson, 1973: 29-32).

$$\text{효율임금} = \frac{W}{T} = \frac{\text{명목임금지수}}{\text{생산성지수}}$$

칼도는 명목임금과 명목임금의 증가율은 모든 지역에서 거의 비슷하다고 했다. 규모에 대한 수확체증으로 보다 높은 생산성 성장률을 보인 지역은 보다 빠른 성장률을 보인다고 했다. 이 경우 이들 지역은 보다 낮은 효율임금을 가지게 되고, 이들 지역의 성장률은 높아지게 된다는 것이다. 이러한 것은 상대적으로 보다 높게 성장하는 지역이 그렇지 못한 지역에 비해서 누적성장이점을 누릴 수 있다는 것을 나타내는 것이다.

한편 단순한 누적성장모형은 선형방정식으로 설명될 수 있다.[6] 생산성 성장률을 q이라고 하면, q는 지역의 산출량 성장률 y의 함수로 나타낼 수 있다. 집적 경제와 규모에 대한 수익증가로 다음과 같이 나타낼 수 있다.

$$q = a + by \tag{4-14}$$

여기서 b는 Verdoorn 계수[7]라고 한다. 효율임금은 명목임금지수를 생산성지수로 나눈 것이다. 효율임금의 성장률을 w라고 하면 w는 기술진보율과는 역의 관계가 성립한다. 즉

$$w = c - dq \tag{4-15}$$

효율임금의 성장률이 낮으면 낮을수록, 산출량의 성장률은 더 높아진다. 즉

$$y = e - fw \tag{4-16}$$

가 된다. (4-14)식과 (4-15)식을 (4-16)식에 대입하면, $y = e - f(c - dq) = e - cf + dfq = e - cf + df(a + by)$이 되고, 여기다가 기간개념을 도입하면 다음과 같은 차분방

6) H. W. Richardson, 1979, pp. 149-150의 내용을 기본으로 정리하고 홍기용, 1999, 「지역경제론」, p.141의 내용을 참고함.

7) N. Kardor는 Verdoorn 법칙(Verdoorn's law)을 보다 산업화된 지역에 설명되는 것인데, 해당 지역의 생산성은 해당지역 산출량 성장률의 증가함수로 설명하였다.

정식을 얻을 수 있다.

$$y_{t+1} = e + f(ad - c) + bdfy_t \tag{4-17}$$

여기서 $g = bdf$라고 하고, $h = e + f(ad - c)$라고 하면

$$y_{t+1} = h + gy_t \tag{4-18}$$

이 된다. 여기서 bdf는 하나의 양의 수와 2개의 마이너스 계수를 곱하므로 $g = bdf > 0$이 된다($b > 0, d < 0, f < 0$).

여기서 균형성장률 y_e는 (5)식에서 $y_e = y_t = y_{t+1}$이 될 때 얻어진다. y_e에 대해서 풀면 다음과 같다.

$$y_e = \frac{h}{1-g} = \frac{e + f(ad - c)}{1 - bdf} \tag{4-19}$$

(4-23)식의 일계(first-order) 선형방정식은 다음과 같은 일반적인 해를 가진다.

$$y_e = (y_0 - y_e)\, g + y_e \tag{4-20}$$

여기서 y_o는 기존의 성장률이다. 누적성장조건은 $g > 1$이고, $y_o > y_e$ 일 때이다. $y_e > 0$ 이고, $g > 1$, $h < 0$이면 누적적 성장모형이 된다. 만약 $y_o > y_e$ 이고, $g < 1$, $h > 0$이면 성장과정은 누적적이 되지 않고, 균형성장률을 향하여 수렴해 간다. 물론 이 경우에도 파라메터의 값이 지역에 따라 다르면 지역 간 성장차이는 존재하게 된다.

이러한 과정을 누적성장모형 그림으로 나타내면 [그림 4-2]와 같다. 그림에서 45°선은 균형성장률 경로, 즉 $y_{t+1} = y_t = y_e$를 나타낸다. GG' 선은 방정식 (4-18)식에서 ($g > 0$, $h < 0$)을 나타낸다.

그림에서와 같이 $y_0 > y_e$이면 지역성장률은 시간에 걸쳐 성장경로인 $y_0, y_1, y_2, y_3, \cdots, y_n$을 따라 누적적으로 증가하게 된다. 만약 시초의 성장률이 균형성장률보다 낮으면($y_0 < y_e$), 지역성장은 누적적으로 감소하게 된다는 것이다.

그림 4-2 누적성장모형

① 누적적 성장조건: $g>1$, $h<o$ 일때

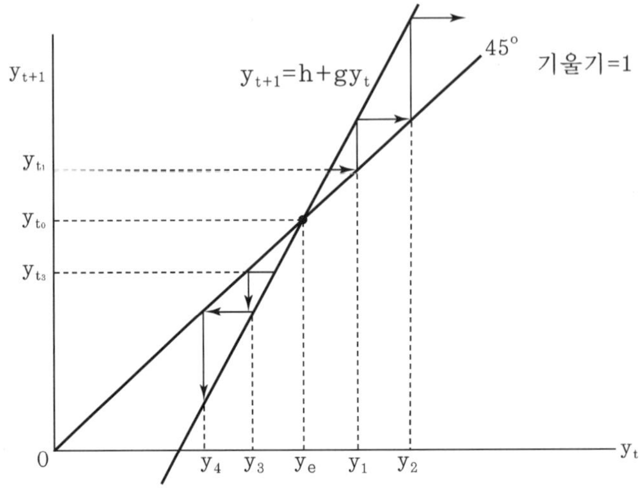

② 수렴적 성장조건: $g>1$, $h>o$ 일때

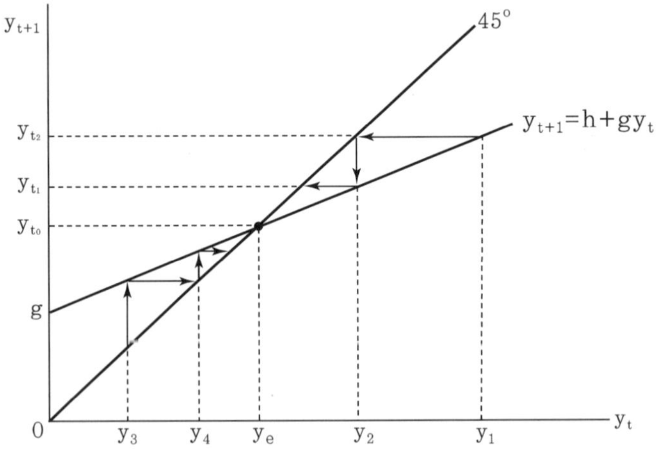

3. 시사점과 한계

누적성장모형은 어떤 요인에 의해서 크게 발전된 지역은 구매력과 소득이 더욱 증가하게 되어 더욱 발전되고, 반대로 쇠퇴하게 되는 지역은 구매력과 소득이 더욱 감소하게 되어 더욱 쇠퇴하게 된다는 성장모형이다. 이 모형은 반드시 같다고는 할 수 없지만 우리나라의 경우 서울과 수도권의 경제력 집중과 일본 동경의 경제력 집중현상을 부분적으로 설명해 주고 있다. 그러나 이 모형은 다음과 같은 한계가 있다. 누적적으로 성장하거나 누적적으로 감소하는데 있어 구체적인 성장요인을 설명하지 못하고 있고, 효율임금에 의한 지역성장을 설명하는 데에는 한계가 있다.

누적성장모형을 실증적으로 검정한 연구는 1951년과 1966년의 기간 동안 캐나다 지역에 적용한 L. M. Kumar-Misir(1974)의 연구가 있다. 그의 연구는 성장변수로 성장률 변수를 사용한 것이 아니고 제조업의 산출량을 사용했다. 검정결과 대부분의 주 지역에서 g가 1보다 큰 경우는 거의 없었다. 대부분의 지역에서는 $(g < 1, h > 0)$인 패턴이 일반적이었다. g값은 0.003에서 0.496 사이의 값을 취해 대부분 1보다 작았다. 따라서 대부분지역에서 누적성장모형을 지지하지 않았다. 다만 4개 주(province)에서 방정식(1)에서 (3)까지의 계수의 부호가 정확히 일치하여 누적성장모형을 만족시켰다. 즉 성장률의 증가는 보다 높은 생산성을 유도하고, 그것은 효율 임금을 떨어뜨리고, 따라서 보다 빠른 성장을 야기시킨다는 것이다.

제 5 절 성장거점이론과 산업부문 성장이론

1. 성장거점이론

1) 의의와 내용

성장거점이론은 성장극이론(the growth pole theory)이라고도 하는데, 슘페터의 사상에서 유래되었지만 구체적으로는 프랑스의 경제학자 F. Perroux(1950~1955)의 연구로부터 처음 제시되었다. F. Perroux는 금융거래를 함에 있어서 어떤 양극이 있다고 했다. 그는 주요 대기업에 의해서 이루어지는 의사결정은 다른 기업들과의 주요 금융적 이행이 관련된다고 했다. Perroux는 주요 대기업을 성장극(growth pole)으로서 설명했다. 대기업이 하는 의사결정은 혁신과 관련되면서 다른 기업에 영향을 미친다. 이 모형은 Niles Hansen과 J. R. Boudeville(1966), M. D. Thomas와 John B. Parr(1999) 등의 연구에 의해서 확장되었다(McCann: 60-61). 성장거점이론을 간단히 정의하면, 성장가능성이 높은 지역이나 도시를 집중 투자, 개발하면 그 개발효과가 주변지역으로 확산되어 주변지역과 중심지역이 모두 발전하게 된다는 이론이다.

J. R. Boudeville(1966)에 의해서 이 개념은 공간계획 용어로 변환되었다. 그는 지역의 공간형태는 어떤 주요 기업이나 공장의 입지형태에 의해서 영향을 받는다고 있다. 예를 들면 만약 주요 대기업투자와 공공투자 프로젝트가 특수한 지역에서 수행된다면, 이러한 입지지향적인 투자는 지역성징의 주요 요인으로 작용할 수 있다는 것이다. 입지지향적 투자의 즉시적인 효과는 지역의 요소가격을 상승시킬 것이다. 이것은 단기적으로 지역의 효율성을 떨어뜨리고 약간의 크라우딩 아웃(crowding-out) 효과를 야기시킬 것이다. 성장극이론에서 이러한 부정적 효과를 역류(감쇄)효과(backwash effect)라고 하고, 긍정적 효과를 확산효과(spread effect)라고 한다.[8] 확산효과의 편익은 오지지역에서 발생하는 부정적인 감쇄효과를 초월한다고 가정한다. 따라서 장기적으로 긍정적인 지역성장효과가 발생한다는 것이다.

페로는 1955년 발표논문에서 경제공간이란 경제활동의 흐름으로 이루어지는 공간이라고 하고, 경제공간에는 원심력과 구심력이 작용하는 극이 존재하는데 이 극이 바로 성장극이라고 했다. 성장극이란 대기업, 산업집단, 기업집단 등으로 이루어진다. 성장극의 진화는 일반적으로 도시의 생산확대에 따른 규모의 경제를 통해 나타난다.

2) 시사점과 한계

성장극 모형의 주요 포인트는 큰 혁신 대기업이나 큰 투자활동이 산업클러스터의 발전에 상당히 큰 효과를 준다는 것이다. 혁신과 규모 그 자체는 크게 중요하지 않지만 이들 두 가지가 서로 결합하게 되면 상당한 지역 성장효과를 일으키게 된다는 것이다. 그러나 이 모형의 약점은 이들 투자계획의 비용과 편익에 관한 어떤 일관성 있는 분석이 부족하다는 것이다.

성장극이론에 지리적 공간개념을 추가시킨 개념이 성장거점전략이다. 따라서 성장극은 지역의 중심도시가 되고, 그 지역발전의 시발점이 된다는 것이다. 따라서 중심도시

---

8) 이러한 효과는 Gunnar Myrdal과 H. W. Richardson이 이야기 했고, A. O. Hirschman은 분극효과(polarized effect)와 확산(부양)효과(trickling-down effect)로 설명하였으며 John Friedman은 주변지역과 중심지 개념을 가지고 설명하였다.

인 성장거점지역을 먼저 발전시키면, 주변 다른 지역의 발전을 유도하게 되고, 따라서 전체지역이 발전하게 된다는 논리이다. 그러나 과거 우리나라에서 시도하여 보았지만 기대한 만큼의 효과가 나타나지 않았다.

우리나라는 과거 제1차(1972~1981), 2차(1982~1991) 국토종합계획을 추진하면서 성장거점전략을 도입했지만 이론대로 되지 않고 성장거점도시는 발전하였지만, 주변지역으로의 확산효과나 파급효과는 크게 나타나지 않았다. 성장거점전략은 낙후지역을 개발하기보다는 중심지인 도시의 성장만을 더욱 가중시키는 결과를 초래하였다. 그리하여 우리나라에서도 이 전략을 포기하게 되었다. 일반적으로 성장거점지역에는 주로 제조업을 기반으로 발전하고, 낙후지역인 농촌지역은 농업을 기반으로 발전하는데, 농업보다는 제조업의 성장속도가 빨라 성장거점지역이 빠르게 성장하는 경향을 보였다.

2. 산업부문 성장이론

1) 의의와 내용

산업부문성장이론은 영국의 경제학자 Colin Grant Clark(1967)가 19세기 이후 세계 각국의 산업구조와 소비구조를 분석한 후 주장한 이론으로 지역산업이 발전해 감에 따라 지역산업의 중요성이 1차 산업(원시산업인 농림목축, 수산업)에서 2차 산업(제조업)으로, 2차 산업에서 3차 산업(서비스업)으로 부문별로 이전해 간다는 것이다. 이 이론에 의하면 산업별 고용자수 구성비의 크기가 1차 산업에서 2차 산업으로, 2차 산업에서 3차 산업으로 이동해 감에 따라 지역은 성장해 간다고 보고 있다. 이 이론에서는 산업의 중요성은 전체 산업에 종사하고 있는 노동자의 수에서 개별 산업 노동자수가 차지하는 비율을 나타낸다. 그리고 산업간 상대적 중요성은 해당 산업의 생산물에 대한 수요의 소득탄력성과 노동생산성의 불균형적 증가에 의존한다고 한다. 이것은 물론 지역내의 노동의 전문화와 분업을 토대로 나타난다고 보고 있다.

콜린 클라크는 산업구조 이행에 대한 결론은 주로 노동력의 산업별 이동이라는 측면에서 도출된 것인데, 산업별 노동력의 이동은 그 산업의 노동생산성과 산업의 성장률에 의해 결정된다는 것이다. 그는 농업에는 수확체감의 법칙이 크게 작용하여 농업과 제조업 간의 생산성 격차는 갈수록 커진다는 것이다. 그리고 수요의 소득탄력성은 농산품보다는 공산품이, 공산품보다는 서비스제품이 각각 더 높아서 노동력은 농업에서 제조업으로, 제조업에서 서비스업으로 이동하게 된다는 것이다(정창영, 2005, pp. 69-70).

그리고 이와 유사한 것으로 경제발전단계설을 주장한 W. W. Rostow(1971)는 그의 저서 경제성장의 제단계에서 각국의 경제발전단계는 전통적 사회단계, 도약준비단계, 도약단계, 성숙단계, 고도의 대중적 소비단계 등 다섯 단계로 구분되어 발전되어 간다고 하였다. 로스토우는 경제발전유형에 있어서의 어떤 규칙성을 발견하려고 시도하였다. 이 중에서 본격적인 경제발전이 이루어지는 단계는 비행기가 이륙하는 데서 따온 도약단계이다. 도약단계는 한 나라의 성장과정에 있어서 가장 분수령을 이루는 기간으로 볼 수 있다.

2) 시사점과 한계

지역경제 발전과정을 산업부문의 변화와 산업발전단계의 변화에 의해서 분석하는 데에는 한계가 있다. 이러한 산업무문 성장이론은 각국의 특수한 발전경험을 도외시하고 도식적으로 분류하는데 그쳤다는 한계점을 가진다. 또한 반드시 선진국으로 갈수록 2차 산업보다 3차 산업인 서비스산업의 비중이 높은 것은 아니다. 그러나 뒤늦게 공업화를 통한 경제발전을 추구하는 후진국에게는 미래에 대한 전망을 할 수 있게 해주는 측면도 있다.

로스토우의 성장단계설에서 과거 선진국의 실제경험을 보면, 도약단계에서는 생산적인 투자가 국민순생산에서 차지하는 비중이 5% 미만에서 10% 이상으로 증대되었다. 이에 기초하여 오늘날의 후진국들은 도약을 하려면 투자율이 10%만큼 증가해야 한다고 보는 것이다. 이에 대한 비판점은 이러한 단순한 도식을 가지고 복잡하고 다양한 역사의 변천과정을 모두 설명할 수 없다는 것이다(정창영, 2005: 25-26).

제6절 내생적 성장이론

1. 의의와 내용

최근 성장이론은 왜 어떤 나라(지역)에서는 1인당 GDP가 빨리 성장하고, 다른 어떤 나라(지역)는 느리게 증가하는가? 라는 문제의 해결에 집중하고 있다. 그러나 이러한 문제에 대해서 R. M. Solow의 모형은 명쾌한 해답을 제시해 주지 못하고 있다.

그리하여 경제학자들은 경험적으로 관찰되는 각국의 지속적인 경제성장률 격차를 모형내의 내생변수의 상호작용에 의해 설명하려고 노력했다. 이러한 일련의 시도를 통칭하여 내생적 성장이론이라고 한다.[9] 내생적 성장이론은 솔로우의 경제성장 모형의 문제점을 해결하려는 과정에서 나온 이론이다.

솔로우 모형이 경제성장의 원동력에 대한 설명력이 부족하고, 현실적으로 존재하는 국가 간의 성장률의 격차를 만족스럽게 설명하지 못하는 문제점이 있는데, 기본적인 이유는 성장요인의 외생성과 수확체감의 법칙 때문이었다. 이러한 문제점을 극복하기 위한 하나의 방법은 수확체감의 법칙과 경제성장의 원동력으로 기술진보를 인정하면서, 기술진보가 내생적, 기술적으로 유도되는 모형을 구성하는 것이고, 다른 방법은 솔로우 모형과는 달리 경제성장의 원동력으로서 자본축적을 인정하는 한편 수확체감이 발생하지 않도록 모형(수확체증모형)을 구성하는 것이다.

내생적 성장이론(endogenous growth theory) 또는 신 성장이론(new growth theory)은 미국의 경제학자 D. Romer와 R. Lucas(1988) 등에 의해서 1980년대 중반에 개발되어 그 후 크게 발전하였다. D. Romer 모형은 R. M. Solow 모형과는 달리 자본의 축적으로 1인당 자본량 · 소득의 지속적인 증가가 가능하다는 것으로 저축률이 성장률 수준을 결정하는 중요한 요소로 작용한다는 것이다. 따라서 저축률을 증가시키는 정부정책은 지속적인 경제성장을 가져올 수 있다는 것이다. Romer는 노동효율성을 나타내는 기술 파라메터를 경제에 존재하는 지식스톡이라고 보았다. 그리고 R&D부문에서 이윤을 얻기 위해 새로운 지식을 탐구하는 것을 명시적으로 고려함으로써 기술진보가 내생적으로 일어나는 것을 보였다. Solow 모형에서는 인구증가율이 높으면 1인당 소득이 낮아졌다. 그러나 D. Romer 모형은 인구증가율이 높아지면 연구인력이 증가하여 더 많은 지식을 창출하고, 이에 따라 1인당 소득이 높아진다는 것이다. 로머는 물적자본이 축적되어 생산활동이 증가하면, 지식의 파급효과로부터 발생하는 정의 외부효과로 인하여 자본의 한계생산은 체감하지 않고 체증하게 되어 경제성장은 더욱 가속화하게 된다는 것이다. 이와 같이 경제성장이 외생적으로 결정되는 것이 아니라 물적자본 축적과 지식의 축적에 의해 내생적으로 결정된다는 것이다.

9) 정운찬 · 김영식, 2003, 「거시경제학」, pp. 620-621. 및 안국신, 2005. 「현대 거시경제학」 pp. 309-311.

R. Lucas는 외생적 기술변화의 가정을 포기하고 지식이나 기술 등의 인적자본(human capital)의 내생적 축적에 의해서 경제성장이 촉진된다고 보았다. 그리고 1인당 산출량의 장기적 성장은 소비자가 인적자본 축적을 위해 교육과 기술습득에 투입되는 시간과 자본축적 과정의 효율성과 관련된 교육제도 등 국가경제의 내생적 요인들에 의해 결정된다는 것이다. 이들 이론에 따르면 기술진보의 핵심은 새로운 지식의 창출되면 경제주체들이 새로운 지식을 두루 활용하여 생산요소의 생산성을 향상시켜 경제를 성장시킨다는 것이다.

신고전파 생산함수는 콥-더글라스 생산함수를 가정하고, 내생적 성장이론의 생산함수는 AK형 생산함수로 다음과 같이 간단히 나타낼 수가 있다.

$$Y = AK$$

여기서 Y는 산출량 즉 GDP이고, A는 기술수준을 나타내는 상수, K는 인적 및 물적 자본량이다. 위의 식을 증가분으로 변형하면 $\Delta Y = A\Delta K$이 된다. 여기서 △K=I이고, 저축(S)과 투자(I)가 일치하게 되면, 이 식은 저축률(s)과 소득 성장률의 관계로 나타낼 수 있다. 즉 $\Delta Y = AI = AS = A \times sY$, 또는 $\frac{\Delta Y}{Y} = As$ 가 된다. 이 AK모형에서 경제의 장기성장률은 기술진보(A)와 저축률(s)에 의해 결정된다. 따라서 기술수준이 향상되거나 저축률이 증가하면 경제성장률은 지속적으로 높아지게 된다. 그런데 인구증가율이 n이라고 하면, 1인당 소득증가율은 경제성장률에서 인구증가율을 뺀 것이 되기 때문에 1인당 소득증가율은 $\frac{\Delta Y}{Y} - n = As - n$ 이 된다. 여기서 As가 n보다 커면, 정상상태에서 1인당 소득증가율이 상수가 되어 영구히 증가하게 된다.

내생적 성장이론과 신고전학파인 솔로우 모형과의 차이점은 솔로우 모형에서는 기술진보와 저축률이 장기 경제성장률에 미치는 영향은 일시적인 것에 불과하다는 것이다. 그 이유는 자본의 한계생산(MP)이 체감하기 때문에 자본축적이 어느 수준에 이르면 1인당 국민소득이 더 이상 증가할 수 없는 단계에 이르기 때문이다(김봉호 · 홍승인, 2008, 697면).

내생적 성장이론이 신고전파 생산함수와 다른 것은 내생적 이론은 요소의 한계생산 체감현상이 없다는 것이다. 이는 K에 대한 투자의 외부효과가 한계생산 체감현상을 상쇄하고도 남음이 있기 때문이다. 즉 개인이 인적자본에, 기업이 실물자본에 투자하면 개인이나 기업의 사적인 이득을 초과하는 생산성의 증가가 발생하는 것이다(정창영, 2005, 경제발전론, p. 85). 내생적 성장이론에 따르면, 기술진보는 새로운 아이디어와 지식이 창출되는 것을 뜻하고, 인적자본에 대한 투자와 연구개발(R&D) 등에 의해 내생적으로 일어난다. 인적자본에 대한 투자가 이루어지면 같은 노동량으로 과거보다 많이 생산하기 때문에 노동측면에서 한계생산 체감의 법칙을 극복할 수 있다.

내생적 성장이론은 신고전파 성장모형의 확장이라고 할 수 있는데, 이를 보다 일반화된 수식으로 나타내면 다음과 같이 설명할 수도 있다.

$$\frac{Y}{L} = f\left(\frac{K}{L}, EXOG, ENDOG, HUCAP\right)$$

위에서 Y/L은 생산량(산출량)/노동 비율, K/L은 자본/노동비율, EXOG는 자본스톡에 체화된 기술(모든 지역에서 이용 가능함), ENDOG는 지역에서 생성되는 기술(즉 해당 지역에서 고도로 숙련되고 혁신적인 노동력에 의해 생성되는 내생적인 기술을 의미함), HUCAP은 새로운 기술을 흡수해서 이용하는 지역의 능력(인적 자본 스톡에 의

그림 4-3 내생적 성장이론에서의 노동생산성 결정요인

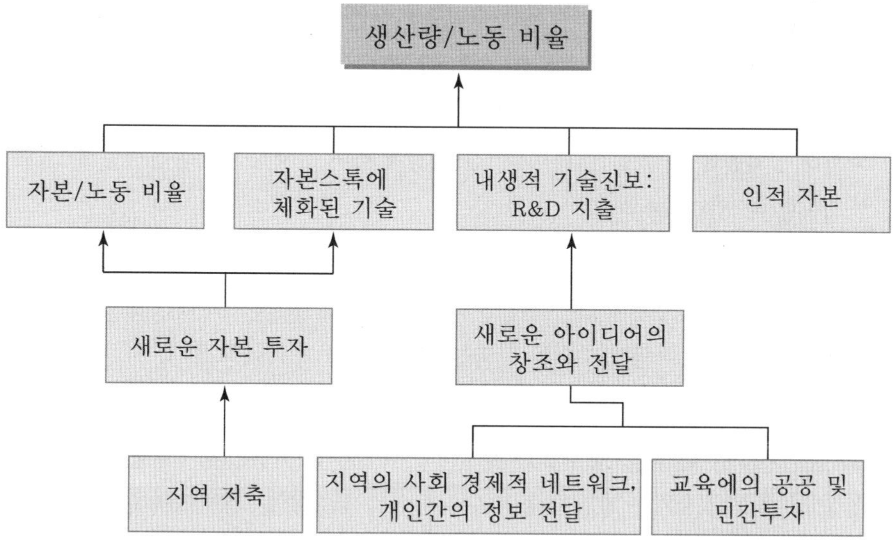

자료: H. Armstrong & J. Taylor, 2000, 88.

해서 결정됨)을 의미한다. 위와 같은 경우를 그림으로 나타내면 다음 그림과 같다. 그림에서는 타 지역으로부터 새로운 자본장비를 구매함으로써 얻게 되는 외생적 기술진보와 해당 지역내에서 생산된 내생적 기술진보를 구분하여 나타내고 있다(H. Armstrong & J. Taylor, 2000: 87).

2. 시사점과 한계

내생적 성장이론의 공헌은 성장과정을 내생화하여 경제적인 유인에 의해 장기적인 성장을 내생적으로 설명할 수 있는 기틀을 마련했다는 것이다. 이 모형은 성장과정의 내생화를 위해 인적 및 물적 자본과 지식 및 기술의 축적 그리고 연구개발(R&D)투자에 따르는 정의 외부효과와 수확체증현상을 강조하고 있다. 이 모형의 중요한 결론 중의 하나는 인적 자본량이 증가할수록 경제성장률이 높아진다는 것이다. 인구총량보다 인적 자본의 크기가 경제성장의 중요한 요인이 된다는 것이다. 이 이론에 의하면 기술진보를 가능하게 하는 인적자본의 축적과 물적자본 축적, 그리고 연구개발에 대한 투자 등이 경제적인 동기에 의해 내생적으로 결정되고, 외부효과와 학습효과(learning by doing) 및 수확체증 현상 등으로 인하여 지속적으로 장기적 경제성장률에 영향을 미친다는 것이다. 이 이론은 1980년대 이전의 인도와 중국과 같이 인구는 많으나 인적 자본이 적어 저성장한 이유를 설명할 수 있으며, 과거 아시아의 네 마리 용이라고 일컫는 한국, 싱가포르, 홍콩, 대만 등의 급속한 성장을 잘 설명해 주고 있다. 또한 자유무역을 통한 국제적 경제통합이 국가 간의 지식이전을 쉽게 하여 경제성장을 촉진시킬 수 있다는 것을 설명할 수 있다.

내생적 성장이론은 저축률의 제고, 인적자본에 대한 투자와 교육·훈련, 사회간접자본 투자 등을 나타내는 사회적 하부구조(social infrastructure), 연구·개발, 외사노입 등을 위해 정부가 적극 지원해 주어야 한다는 정책처방을 제시하고 있다. 이 이론의 긍정적인 기여는 다음과 같다. 첫째, 이 이론은 국가 간의 성장률 차이를 비교적 잘 설명할 수 있다는 것이다. 둘째, 인적자본이나 지식의 외부효과, 기술진보, R&D 투자, 저축률 등 성장요인을 촉진시키는 방안을 통하여 정부정책이 성장에 기여할 수 있다는 것에 대한 이론적 기초를 제시하였다는 점이다.

그러나 이 이론의 한계를 지적하면, 첫째, 이론을 직접적으로 검정하는 실증적 분석이 충분하지 못하다. 둘째, 인구증가율이 높아지면 연구개발인력이 증가하여 1인당 소득의 증가율이 높아지고, 이에 따라 1인당 소득수준도 높아진다는 D. Romer 모형은 후진국에는 맞지 않다. 많은 후진국들이 오늘날 높은 인구증가율과 낮은 소득수준을 보이고 있기 때문이다. 그렇지만 OECD 제국과 같은 선진국에는 맞는 유용한 이론이라고 할 수 있다. 그리고 국가 간의 성장률의 차이는 조세 및 관세정책 등의 거시경제정책이나 제도적인 효율성 등에도 의존하는데 이러한 점을 간과한 측면이 있다.

제 7 절 지역경제성장이론의 전망과 과제

앞 절에서 지역경제성장이론을 개관하고 각각의 이론을 항목별로 구분하여 살펴 보왔다. 이들 이론을 가지고 오늘날 급변하는 지역경제성장 환경을 재대로 설명하기에는 크게 부족한 실정이다. 그리하여 오늘날 많은 학자들이 현실 지역경제를 제대로 설명해 주는 성장이론을 정립하기 위해 노력을 하고 있다.

세계의 각 나라가 네트워크에 의해서 연결되고, 지구촌화되어 가고 있지만, 일반화된 이론이 나오기 어려운 것은 그 만큼 각 나라가 처한 환경이 각각 다르기 때문일 것이다. 왜 국가마다 발전의 정도가 다른 가에 대해서 최근 애스모글루(D. Acemoglu, D. Laibson & J. List, 2016) 등은 세가지 가설로 설명하고 있다. 즉 ① 각 나라가 처한 지리적 여건으로 발전의 차이를 설명하는 지리가설, ② 각 나라의 상이한 문화적 배경이 발전 정도의 차이를 가져온다는 문화가설, ③ 사회의 기반이 되는 제도적 측면애서의 차이가 발전 정도의 차이를 가져온다는 제도가설 등으로 설명하고 있다(이준구 · 이창용, 2017, 577-578).

그리고 개발도상국내지 저개발국 경제발전이론으로는 균형성장이론과 불균형발전이론이 있고, 산업정책 측면에서는 수출지향적 공업화전략과 수입대체 공업화전략이 있다. 일찍이 남미에서는 1970년대 종속이론이 발전하였고, 최근에는 신식민지 종속모형(neocolonial dependence model)이 대두되고 있다. 신식민지 종속모형은 마르크스(K. Marx)사고의 간접적 결과인데, 저개발의 존재와 지속을 부국-빈국관계의 매우 불균등한 국제자본주의 체제의 역사적 전개 탓으로 돌린다. 부유한 나라가 의도적으로 착취적이기 때문에 중심부와 주변부사이의 불균등한 관계가 가난한 나라의 독립이나 자립을 어렵게 한다는 것이다.

저개발국가의 발전을 설명하는 이론으로 W. Arthur Lewis의 구조변화이론(structural change theory)이 제시되고 있다. 이 이론은 저개발은 그 기원을 국내 및 국제적 이중구조에 두고 있는 구조적 또는 제도적 요소들로부터 발생하는 자원의 과소이용 때문이라는 가설이다. 국내 경제구조를 전통적인 생계농업으로부터 보다 현대화되고 도시화된 제조업 및 서비스경제로 변환시키는 메카니즘에 초점을 맞춘다. 루이스의 2부문 모형은 전통적 농업부문으로부터의 잉여노동이 현대적인 공업무문으로 이전하고, 그 현대적 공업부문의 성장은 잉여노동을 흡수하고, 산업화를 촉진하며 지속적인 발전을 자극한다는 발전이론이다. 최근에는 현대적인 발전이론으로 M. Kremer의 오링(O-ring)이론이 제시되고 있다. 이 이론은 현대적인 부문의 생산(전통적 수공업 생산과 대비)은 관련된 여러 가지 행동들이 동시에 성공적으로 이루어져야 높은 부가가치를 얻을 수 있다는 것이다(김중렬 · 송치웅 외, 2016, pp. 124-190). 오링 생산함수는 투입요소 사이에 강력한 상호 보완성이 존재하는 생산함수로 투입요소 품질(숙련도)의 산출액에 기반을 둔다.

최근에는 지역경제성장을 설명하는 이론으로는 혁신클러스터이론과 제도적 성장이론 등이 있다. 혁신클러스터이론은 제2장에 어느 정도 설명되어 있고, 제도적 성장이론은 한 국가 또는 지역의 성장 동인을 제도적 측면에서 찾으려고 하고 있다.

탐구학습

1. 주요 개념
   - 경제성장, 경제발전, 지역경제성장, 지역경제성장모형, 경제성장의 정형화된 사실
   - 해로드-도마의 경제성장모형, 적정성장률과 자연성장률, 자본계수
   - 신고전파성장모형, 솔로우의 경제성장모형
   - 경제기반이론(수출기반이론), 경제기반승수
   - 누적성장모형, 효율임금
   - 내생적 성장이론

2. 토론과 과제
   - 지역성장이론에 대해 설명하시오.
   - 해로드-도마의 경제성장모형에 대해 설명하시오.

- 솔로우 경제성장모형에 대해 설명하시오.
- 경제기반이론(수출기반이론)에 대해 설명하시오.
- 누적성장모형에 대해 설명하시오.
- 성장거점이론과 산업부문성장이론에 대해 설명하시오.
- 내생적 성장이론에 대해 설명하시오.

참고문헌

김대식 · 노영기 · 안국신, 2012, 현대 경제학원론(제6판), 박영사.
김봉호 · 홍성인, 2008, 경제학원론(개정판), 청록출판사.
김중렬 · 송치웅 · 신범철 · 윤미경 역(M. P. Torado, S. C. Smith 저), 2016. 2, 경제발전론, 제12판, 시그마프레스.
안국신, 2005, 「현대 거시경제학」, (제4판), 박영사.
이준구 · 이창용, 2017. 2, 경제학 들어가기, 문우사.
이춘근, 1992. 6, 「대구지역 산업의 성장구조분석과 개선방안」, 정책연구자료 92-1, 대구경북개발연구원.
정연중, 1997, 「21세기 경제학원론」, 법문사.
정운찬 · 김영식, 2003, 2012, 「거시경제론」 제6판, 제10판, 율곡출판사.
정창영, 2005, 「경제발전론」, 제2전정판, 법문사.
한국은행 대구지점, 1995. 11, 「2000년대를 향한 대구지역 경제발전방향」, 심포지엄 자료.
Acemoglu, D. D. Laibson & J. List, 2016, *Economics, Pearson.*
Cheshire, Paul C., Gilles Duranton, eds., 2004, *Recent Developments in Urban and Regional Economics*, An Elgar Reference Collection.
Clark Colin, 1957, *The Conditions of Economic Progress*, Macmillan & Co., Ltd, London.
Kardor, N., 1970, "The Case for Regional Policies", *Scottish Journal of Political Economy*, Vol. 17.
Kumar-Misir, L. M., 1974, "Regional Economic Growth in Canada: an Urban-Rural Functional Area Analysis", MA Thesis, University of Ottawa.
Lucas, R., 1988, "On the Mechanics of Economic Development," *Journal of Monetary Economics*, Vol. 22.
Mcdonald, John F., 1997, *Fundamentals of Urban Economics*, Prentice Hall.
Mills, Edwin S., 1980, *Urban Economics*, second edition., Scott, Foresman and Company.
_______, S. & Bruce W. Hamilton, 1984, *Urban Economics*, Third Edition, Scott, Foresman

and Company.

Myrdal, G., 1957, Economic *Theory and Underdeveloped Regions*, Ducks-worth.

Richardson, H. W., 1973, *Regional Growth Theory*, John Wiley and Sons.

_______, 1979, *Regional Economics*, Chicago: University of Illinois Press.

Romer, D., 1996, *Advanced Macroeconomics*, McGraw-Hill.

Rosenstein,-Rodan, P. N, 1943, "Probrem of Industrialization of Eastern and South-Eastern Europe", *Economic Journal*, Vol. 53, No. 210-211.

Rostow, W. W., 1971, *The Stages of Economic Growth: A Non-Communist Manifesto*, 1960, 2nd ed.

Schaffer, W. A., 1999, *Regional Impact Models*, Regional Research Institute, West Virginia University.

제 5 장 지역생산요소시장

- 지역노동시장과 토지시장 -

제5장에서는 지역생산요소시장에 관한 이윤극대화조건과 수요원리, 지역노동시장과 인적자본, 토지시장과 지대이론 등에 대해서 설명하고자 한다. 이 장에서는 생산요소의 가격과 고용량이 어떻게 결정되는가를 설명하고, 토지시장과 각종 지대의 개념에 대해서 살펴본다.

제 1 절 생산요소시장과 노동시장

1. 요소시장의 이윤극대화 조건

생산물시장에서 기업의 이윤극대화조건은 상품을 한 단위 더 생산하는 데 따르는 MR(한계수입)=MC(한계비용)이 같게 되는 수준까지 제품을 생산하는 것이다. 생산요소에 대한 수요는 기업이 생산하는 제품이 많이 팔려야지 발생하는 파생적 수요(derived demand)이다. 따라서 생산물시장에서의 기업의 이윤극대화원리는 생산요소시장에도 비슷하게 적용된다. 즉 기업의 이윤극대화 요소구입조건은 요소를 한 단위 더 고용할 때 이에 따르는 한계수입과 한계비용이 같게 되는 수준까지 요소를 고용하는 것이다.

이처럼 생산물시장에서의 MR=MC 조건을 요소시장에서도 적용시키는 이론이 요소수요의 한계생산력이론이다. 다만 요소시장에서 이윤극대화 요소구입조건을 논할 때는 한계수입과 한계비용이라는 용어 대신에 요소의 한계수입생산물(Marginal Revenue Product of Factor: MRP)과 한계요소비용(Marginal Factor Cost: MFC)이라는 용어를 사용한다.

요소의 한계수입생산물(MRP_f)은 요소를 한 단위 더 고용하는데 따르는 총수입(TR)의 증가분을 나타낸다. MRP_f는 요소의 한계생산물(MP_f)에 생산물의 한계수입(MR)을 곱한 것이다. 아래 식에서 Q는 생산량을 의미한다.

$$MRP_f = \frac{\Delta TR}{\Delta Q_f} = \frac{\Delta TR}{\Delta Q} \cdot \frac{\Delta Q}{\Delta Q_f} = MR \cdot MP_f$$

참고로 총요소비용(TFC, total factor cost)은 그 요소의 가격에 요소의 고용량을 곱한 것이고, 평균요소비용(AFC, average factor cost)은 그 요소에 대한 총요소비용을 그 요소의 고용량으로 나눈 값인데, 그 요소의 가격과 같게 된다.

$$TFC = P_f \cdot Q_f$$

$$AFC = \frac{TFC}{Q_f} = \frac{P_f \cdot Q_f}{Q_f} \equiv P_f$$

그리고 한계요소비용(MFC_f)은 요소를 한 단위 더 고용하는 데 따르는 총비용(TFC)의 증가분이다. 요소를 한 단위 더 고용할 때 늘어나는 생산량은 한계생산물이고 생산물 1단위의 증가로 인하여 추가되는 비용은 한계비용이다. 따라서 MFC_f는 요소의 한계생산물(MP_f)에 생산물의 한계비용(MC)을 곱한 것이다. 한계요소비용은 요소를 한 단위 더 고용하는 데 따르는 총비용의 증가분으로서 다음과 같이 된다.

$$MFC = \frac{\Delta TFC}{\Delta Q_f} = \frac{\Delta TFC}{\Delta Q} \cdot \frac{\Delta Q}{\Delta Q_f} = MC \cdot MP_f$$

따라서 기업의 이윤극대화 요소구입조건은 기업이 요소의 한계수입생산물(MRP_f)과 한계요소비용(MFC_f)이 일치하는 수준까지 요소를 고용하는 것이다.

요소시장에서의 이윤극대화조건: $MRP_f = MFC_f$

이는 요소시장이 완전경쟁시장이든 불완전경쟁시장이든 적용되는 조건이다. 이는 마치 생산물시장에서 기업의 이윤극대화조건(MR=MC)이 완전경쟁시장과 불완전경쟁시장에 동일하게 적용되는 것과 같다. 그러나 생산물시장에서 MR=MC 원칙은 그 생산물이 완전경쟁이냐 불완전경쟁이냐에 따라 서로 다르게 설명된다. 이와 마찬가지로 이윤극대화를 위한 요소고용조건 $MRP_f = MFC_f$도 생산물-생산요소시장의 형태에 따라 다르게 설명된다.

2. 생산요소에 대한 수요원리

생산요소에 대한 수요는 생산물에 대한 수요에 따라 발생하는 파생수요이기 때문에 반드시 생산물시장과 연결시켜 파악해야 한다. 독점을 불완전경쟁시장의 대표적인 형태로 보고 생산요소 수요자인 기업이 생산물시장과 생산요소시장에서 처할 수 있는 모든 가능성을 정리하면 〈표 5-1〉과 같다.

표 5-1 생산물-생산요소시장의 형태

구 분	생산물시장	생산요소시장	
	공 급	수 요	공 급
A	완전경쟁	완전경쟁	완전경쟁
B	독점	완전경쟁	완전경쟁
C	완전경쟁	독점	완전경쟁
D	독점	독점	완전경쟁
E	완전경쟁	완전경쟁	독점
F	독점	완전경쟁	독점
G	-	독점	독점

자료: 김대식 외, 2004, 「경제학원론」, p. 413.

〈표 5-1〉에서 A의 경우만이 생산물시장과 생산요소시장이 모두 완전경쟁인 경우이고, A 이외의 6가지 경우들은 생산물시장이나 생산요소시장, 혹은 두 시장 모두가 불완전경쟁인 경우이다. B는 생산요소시장은 완전경쟁인데 생산물시장은 불완전경쟁인 경우로서 A와 더불어 가장 흔히 볼 수 있는 형태이다. C와 D는 요소의 수요독점(monopsony)인 경우이고, E와 F는 요소의 공급독점인 경우이며, G는 요소의 쌍방독점(bilateral monopoly)인 경우이다. 이상에서 정리한 형태 중에서 생산물-생산요소시장이 모두 완전경쟁인 A의 경우를 통하여 요소의 가격과 고용량 결정에 관한 중요한 원리가 모두 설명될 수 있다. A를 제외한 여타의 경우는 그것이 A와 어떻게 다른가를 설명하

는 것으로 충분하다(김대식 외, 2004: 413-414).

생산요소시장이 완전경쟁이라는 것은 ① 다수의 요소 판매자와 구매자가 있고, ② 요소의 동질성 확보, ③ 요소 수요자 및 공급자의 자유로운 진입과 퇴거가 가능, ④ 완전한 요소시장 정보 등으로 특징지어지는 시장으로서 요소의 공급자와 수요자가 시장에서 형성되는 요소가격을 있는 그대로 받아들이는 가격수용자라는 것이다.

이윤극대화를 추구하는 기업은 임의의 생산요소를 고용할 때 그 요소의 가격과 한계수입 생산물이 같아지는 수준까지 고용한다. 그런데 생산물시장이 완전경쟁이면 상품의 가격(P)과 한계수입(MR)은 일치하게 된다. 요소의 한계생산물가치(Value of Marginal Product of Factor: VMP_f)는 요소의 한계생산물에 생산물가격을 곱한 것이다. 즉 $VMP_f = MP_f \cdot P$ 이다. 생산물시장에서 완전경쟁인 기업이 이윤을 극대화하기 위해서는 요소가격과 요소의 한계생산물가치가 일치하는 수준까지 요소를 고용해야 한다는 것을 의미한다. 생산물시장이 완전경쟁시장에서는 P=MR이기 때문에 $VMP_f = MRP_f$ 가 된다.

1) 가변생산요소가 1개인 경우

생산요소의 수요곡선은 단일 생산요소가 존재하는 경우와 복수 가변요소가 존재하는 경우를 구분하여 분석할 수 있다. 왜냐하면 복수 가변요소가 존재하는 경우 요소간의 보완관계가 개별요소의 수요에 영향을 미치기 때문이다. 다음에서는 가변요소가 노동 하나뿐이고, 나머지 생산요소들은 모두 고정요소라고 가정하고 생산요소에 대한 수요원리를 고찰해 보자.

가변요소가 하나뿐일 때 경쟁기업의 그 가변요소에 대한 수요곡선은 그 요소의 우하향하는 한계생산물가치곡선이다. 그리고 수급량이 결정되는 점에서 VMP_f 곡선은 우하향의 기울기를 가져야 한다.

기업의 이윤극대화 요소고용조건은 $MRP_f = MFC_f$이며 이것이 생산물시장의 형태에 따라 다르게 설명된다. 완전경쟁에서는 $MRP_f = VMP_f$이다. 완전경쟁에서 MFC는 요소의 시장가격(P_f)과 같다. 예컨대 한 근로자를 하루 더 고용하면 하루치 임금을 기업이 더 지불해야 하므로 임금은 근로자 한 명 고용하는 데 따르는 한계비용이 되는 것이다. 따라서 완전경쟁시장에서는 $MRP_f = VMP_f = P_f = MFC_f$가 이윤

그림 5-1 완전경쟁기업의 노동수요곡선(가변요소 1개인 경우)

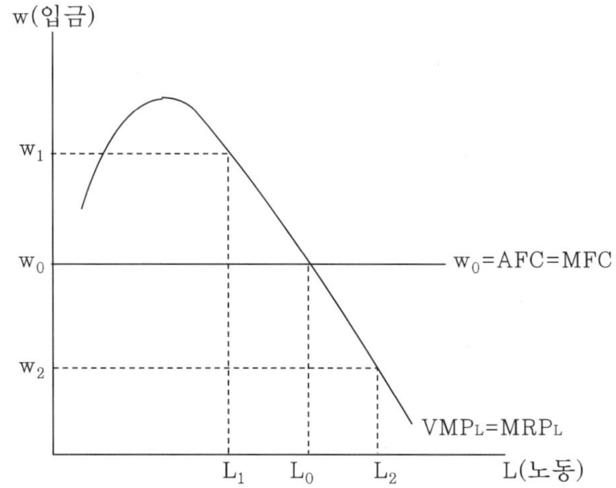

극대화 요소고용조건이며, 우하향하는 VMP_f 곡선이 기업의 요소수요곡선이다.

2) 가변생산요소가 복수인 경우

가변 생산요소가 둘 이상인 경우에는 한 요소의 우하향하는 한계생산물가치곡선이 기업의 요소 수요곡선이 되지 않는다. 그 이유는 한 가변요소의 가격이 변할 때 그 가변요소뿐 아니라 다른 가변요소들의 고용량도 달라짐으로써 그 가변요소의 한계생산물가치곡선 자체가 이동하기 때문이다. 한 요소의 한계생산물가치곡선은 한계생산물곡선과 마찬가지로 다른 요소의 고용량을 일정하게 두고 해당 요소의 고용량만을 변경시켜 그에 따른 생산량의 변동을 추적하여 그린다. 따라서 다른 요소의 고용량이 변하면 해당 요소의 한계생산물가치 곡선이 이동하는 것이다.

만약 가변 생산요소가 노동이라고 할 때, 노동의 가격인 임금을 하락시키면 노동을 더 많이 사용할 수 있어 생산량이 증대되고, 생산량이 증대되면 요소간의 보완관계를 통해 다른 생산요소(자본)의 투입량이 증대되며, 다시 노동의 투입량도 증대시켜 노동의 한계생산물(MP_L) 곡선이 오른쪽으로 이동하게 된다. 생산물가격이 일정하기 때문에 노동의 한계생산물(MP_L) 곡선이 증대하면 노동의 VMP_L이 증대하여 오른쪽으로 이동하게 된다.

그림 5-2 가변요소가 복수일 때 경쟁기업의 노동수요곡선

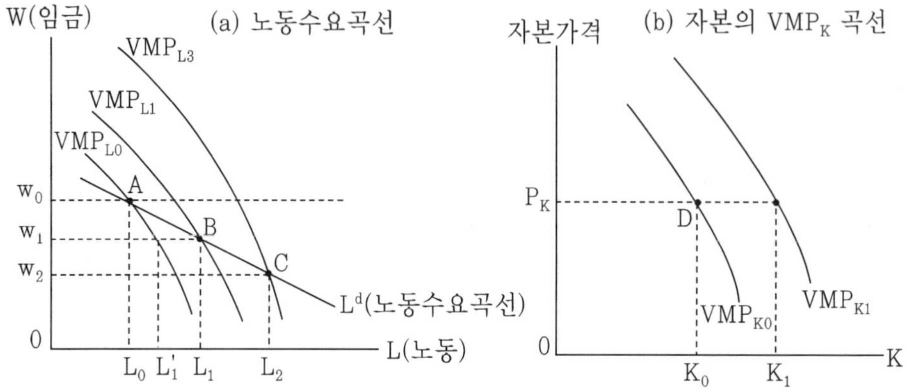

이러한 관계를 [그림 5-2]를 가지고 설명하면 다음과 같다. 그림에서 임금이 최초에 w_0수준에 있을 때 기업이 L_0의 노동, K_0의 자본을 고용했다고 가정하자. 이제 임금이 w_0에서 w_1으로 하락하였을 때 기업의 새로운 노동고용량은 L_1'가 아니고 L_1로 증가한다. 임금의 하락은 한편으로 임금-임대료 비율을 하락시키고(대체효과) 다른 한편으로 기업의 한계비용을 낮추어 이윤극대화 생산량을 증가시킨다(생산효과). 그리하여 노동의 고용량뿐만 아니라 자본의 고용량도 증대시킨다. 보통 대체효과보다 생산효과가 더 커서 자본의 고용량도 증가한다. 자본의 고용량이 최초의 K_0에서 K_1으로 늘어났다고 하자. 자본량이 늘어나면 종전과 같은 노동량으로도 더 많은 산출량을 생산할 수 있으므로 노동의 한계생산물(MP_L)곡선이 오른쪽(상방)으로 이동한다. 생산물가격이 일정하기 때문에 MP_L곡선이 오른쪽으로 이동하면 노동의 한계생산물가치곡선도 VMP_{LO}에서 VMP_{L1}으로 오른쪽으로 이동하게 된다. 따라서 이러한 A와 B점을 연결한 곡선이 가변요소가 2개 이상일 때의 요소 기업들의 노동수요곡선이다. 이러한 노동수요곡선은 노동의 한계생산물가치곡선(=가변요소가 노동 하나일 때의 노동수요 곡선)보다 기울기가 완만하다.

3) 가변 생산요소의 시장수요곡선

가변요소에 대한 시장수요곡선은 생산물에 대한 시장수요곡선과 마찬가지로 개별수

요곡선을 합계함으로써 얻을 수 있다. 그러나 요소의 시장수요곡선의 경우에는 개별기업의 수요곡선들을 있는 그대로 수평으로 합계하여 얻는 것은 아니다. 왜냐하면 모든 기업들이 동시에 생산을 확장하거나 감소하면 생산물의 시장가격이 변화하여 요소의 한계생산물가치곡선이 이동하고, 따라서 개별기업의 요소 수요곡선 자체가 바뀌기 때문이다.

그림 5-3 생산요소의 시장수요곡선

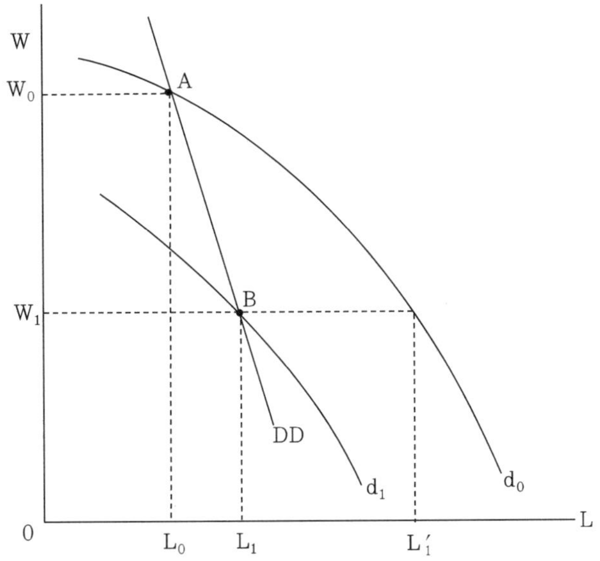

[그림 5-3]에서 d_0가 대표적인 기업의 노동에 대한 수요곡선이라 하자. 이 때 임금이 w_0라면 기업의 이윤극대화 고용량은 L_0이다. 따라서 A점이 기업의 균형상태를 나타낸다. 이제 임금이 w_0에서 w_1으로 하락한다고 하자. 그러면 기업들은 노동고용량을 늘리는데 이는 제품생산의 증가로 연결되어 산업의 생산량이 증가한다. 즉 상품의 시장공급곡선이 오른쪽으로 이동한다. 따라서 이에 상응하는 시장수요의 증가가 없는 한 상품가격(P)의 하락을 가져오고 이는 노동의 한계생산물가치(VMP_L)곡선의 감소를 초래하여 개별기업의 노동수요곡선이 왼쪽으로 이동한다. 새로운 노동수요곡선을 d_1이라 하면 B점이 기업의 새로운 균형상태가 된다. 임금이 하락(상승)하면 생산물의 시장공급

량이 증가(감소)하여 생산물가격이 하락(상승)하므로 개별기업의 노동수요곡선 자체가 왼쪽(오른쪽)으로 이동하는 것이다. 이러한 노동수요곡선의 이동점을 연결하여 도출한 수요곡선이 개별기업의 노동수요곡선이 된다. [그림 5-3]의 DD는 바로 이렇게 도출된 개별기업의 노동수요곡선이다. 이러한 과정을 거쳐 개별기업의 수요곡선이 도출되면, 모든 개별기업의 수요곡선을 수평으로 합계하면 시장수요곡선이 도출한다. 개별기업의 수요곡선이 우하향하면 시장수요곡선도 우하향의 형태를 나타내게 된다. 요소의 시장수요곡선은 개별 기업의 요소수요곡선보다 완만한 형태를 나타낸다.

3. 생산요소의 공급곡선

생산요소인 노동을 예를 들어 생산요소의 개별공급곡선과 시장공급곡선을 도출하여 보자. 사람들은 가급적 소비재를 많이 소비하기를 원하고, 여가시간도 많이 가지고 싶어 한다. 그런데 다른 여건이 동일한 한 여가시간을 많이 가지면 가질수록 일하는 시간이 줄어들어 소득이 줄고 따라서 소비재를 적게 소비하게 된다. 따라서 사람들은 얼마만큼 일하고 얼마만큼 여가시간을 가져야 만족이 극대화될 것인가 하는 근로-여가선택의 문제에 부딪친다. 이러한 근로-여가선택의 문제를 가지고 노동공급곡선을 도출하면 우상

그림 5-4 노동의 개별공급곡선

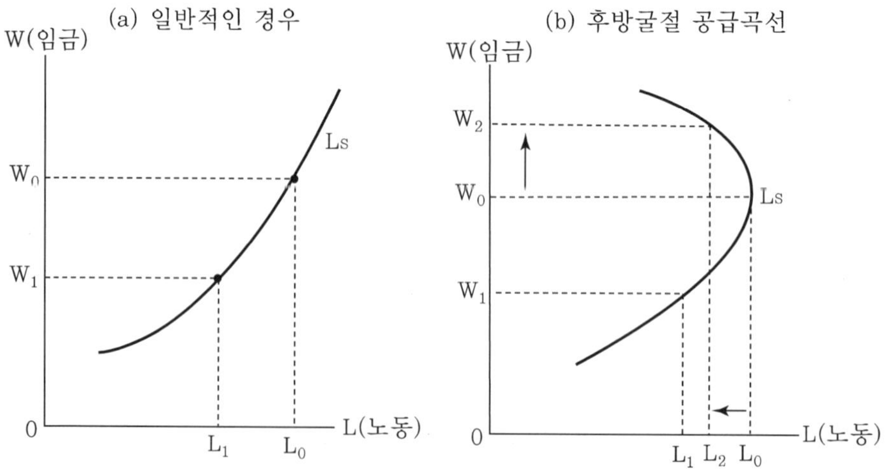

향하는 노동공급곡선을 도출할 수 있다. 간단히 생각해서 일반적으로 노동자들은 임금이 상승하면 노동공급을 늘리고, 반대로 임금이 하락하면 노동공급을 감소시킨다. 따라서 이러한 관계를 그림으로 나타내면 우상향하는 노동공급곡선을 그릴 수 있다.

그리고 생산요소(노동)의 개별공급곡선은 요소공급의 적정조건하에서 성립한다. 요소공급의 적정조건은 요소공급과 화폐소득 사이의 한계대체율이 한계효용비율과 일치할 때 달성된다. 요소가격의 변화에 따른 요소공급량의 변화를 나타내는 요소의 개별공급곡선은 가격선(화폐소득과 노동량과의 관계)의 이동과 균형점의 궤적으로부터 도

그림 5-5 노동의 시장공급곡선

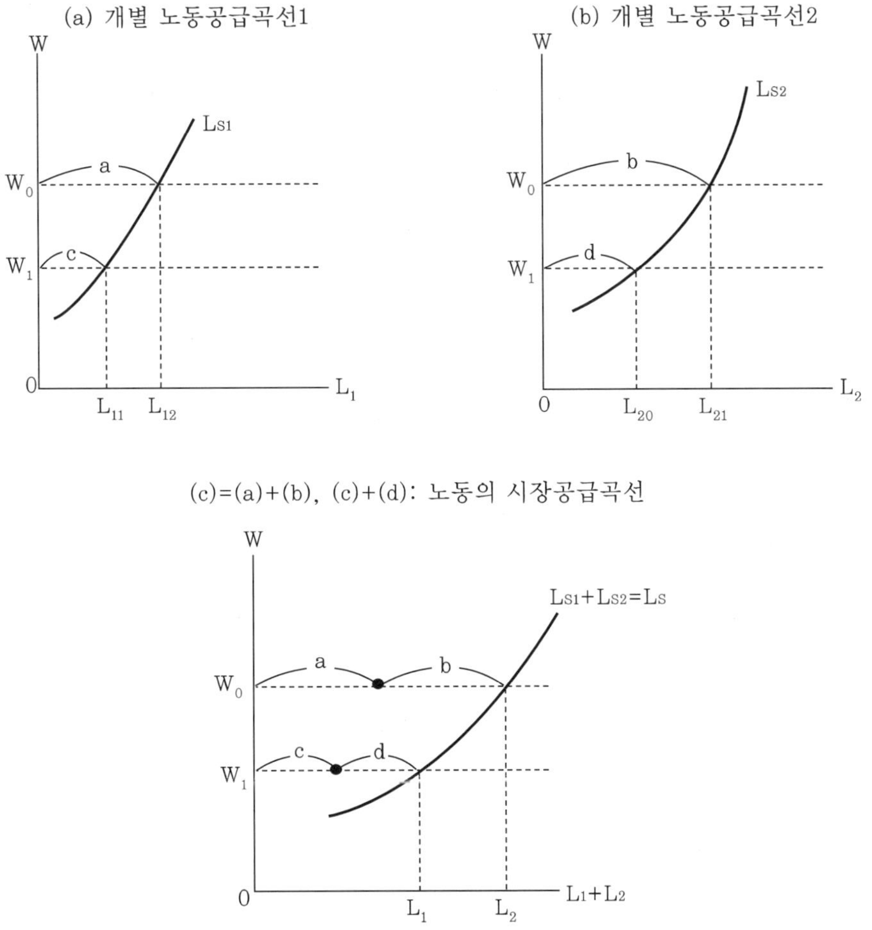

출할 수가 있다. 일반적으로 노동가격인 임금이 상승하면 노동공급량은 증가하여 노동공급곡선은 우상향하는 곡선으로 나타난다. 그리고 개별 노동자의 공급곡선을 수평적으로 합계하면 우상향하는 노동의 시장공급곡선을 그릴 수 있다.

특수한 경우로 임금이 상승하면 오히려 노동공급량을 감소하는 경우가 있는데, 이는 노동공급으로부터 발생하는 화폐소득보다는 노동공급에 따른 비효용의 증대로 여가를 더 선호하기 때문이다. 이러한 경우의 노동공급곡선을 후방굴절공급곡선(backward bending supply curve)이라고 한다.

4. 생산요소시장의 균형

생산요소에 대한 시장의 수요곡선과 공급곡선을 각각 도출하였다. 이제 생산요소의 균형가격과 균형수급량을 알기 위해서는 생산요소에 대한 시장수요곡선과 시장공급곡선을 결합하면 된다.

[그림 5-6]에서 균형가격과 균형고용량은 w_0와 L_0가 된다. 만약 임금이 균형수준보다 높으면 AB만큼 초과공급이 발생하여 임금이 하락하고, 반대로 임금이 균형가격

그림 5-6 생산요소시장의 균형

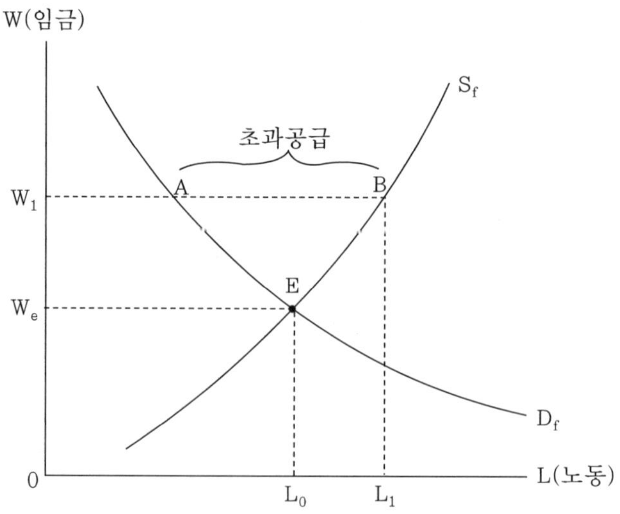

보다 낮으면 초과수요가 발생하여 임금이 올라간다. 그리하여 결과적으로 균형은 노동의 시장수요곡선과 시장공급곡선이 만나는 점에서 결정된다.

5. 요소의 쌍방독점

한 기업이 생산요소를 독점적으로 수요하는데 그 생산요소도 단일기관에 의하여 독점적으로 공급되는 시장상황을 요소의 쌍방독점(bilateral monopoly)이라고 한다. 만일 어떤 산업단지에 하나밖에 없는 자동차회사에서 종업원들이 노동조합을 결성하여 종업원들을 독점적으로 공급하고, 회사도 하나밖에 없어 수요독점을 하는 경우는 수요와 공급측면이 모두 하나인 요소시장의 쌍방독점이다. 요소시장이 쌍방독점일 때 요소의 가격과 고용량은 어떤 균형점에서 결정되지 않고 상호 교섭과 협상에 의해서 결정된다.

[그림 5-7]에서 요소의 수요독점기업은 극대이윤을 벌기 위해서 MFC곡선과 MRP곡선이 만나는 점 C에서 고용량 L_0를 결정하고 S_f와 만나는 점인 D에서 임금 w_0(요소의 수요독점가격)를 결정하려 할 것이다. 반면에 노동의 공급독점자인 노동조합은 MR과 MC가 만나는 점 A점에서 노동공급량 L_1을 결정하고 D_f와 만나는 점 B에서 임금

그림 5-7 요소시장의 쌍방독점

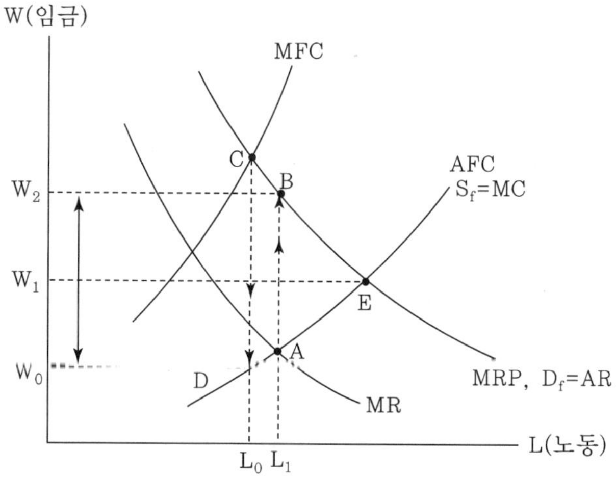

w_2(요소의 공급독점가격)를 요구할 것이다.

이와 같이 요소의 쌍방독점에서는 요소의 수요독점자는 요소를 낮은 가격으로 고용하려 하고, 요소의 공급독점자는 요소를 높은 가격으로 공급하고자 하기 때문에 균형점이 유일하게 결정되지 않는다. 균형이 구체적으로 어떤 수준에서 결정될 것인지는 양측의 세력과 교섭능력에 의하여 영향을 받는다.

제2절 임금결정이론

1. 신고전학파의 임금결정이론

신고전학파는 실질임금이 노동에 대한 수요와 공급에 의해서 결정된다고 하였다. 노동시장이 완전경쟁시장이라고 할 때 임금은 노동의 수요와 공급곡선이 상호 교차하는 점에서 결정된다. [그림 5-8]에서 보면 노동의 수요곡선과 공급곡선이 만나는 E점에서 균형노동량 L_e와 균형실질임금 $\left(\frac{W}{P}\right)_e$가 결정된다. 실질임금수준이 상승하거나 하락하여 균형상태에서 이탈하면 임금과 물가가 신속히 조정되어 결국 균형노동량과 균형실질임금에 귀착하게 된다는 것이다.

2. 케인즈의 임금결정이론

J. M. Keynes는 노동의 수요는 실질임금과 함수관계에 있으나 노동의 공급은 명목임금과 함수관계에 있다고 보고, 명목임금은 신축적이지 못하고 하방경직성을 보인다고 했다. 케인즈는 노동시장에서는 불완전고용하(비자발적실업)에서의 균형상태가 지속된다고 보았는데, 이는 임금의 조정이 신속히 이루어지지 못하고 통상 불균형상태에 있게 된다고 하였다. 그 이유를 명목임금(nominal wage)은 한번 인상되면 떨어질 줄 모른다는 임금의 하방경직성(downward rigidity of wage) 때문이라고 하였다.

[그림 5-9]에서 노동의 수요고선과 공급곡선이 만나는 E점에서 균현노동량 L_e와 균형실질임금 W_e가 결정된다. 그런데 만약 명목임금이 W_1로 상승하면 노동의 공급곡

그림 5-8 신고전학파의 임금결정이론

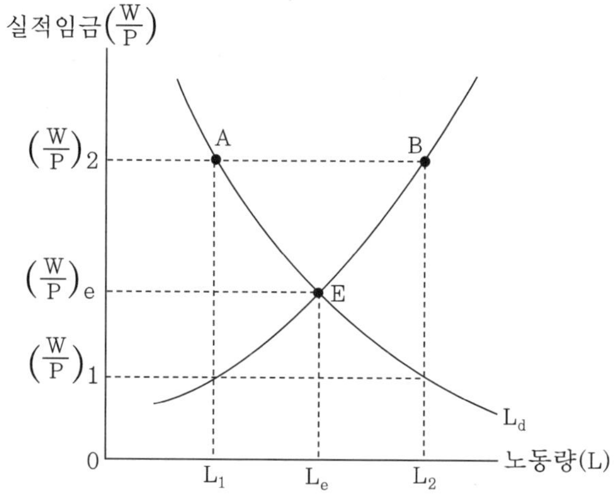

그림 5-9 케인즈의 임금결정이론

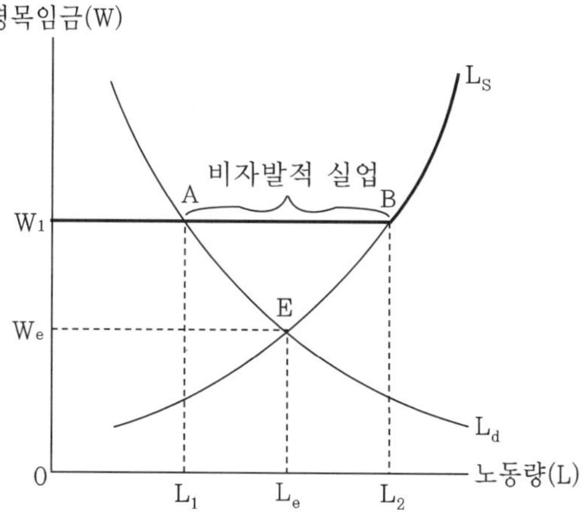

선은 임금의 하방경직성으로 W_1ABL_s와 같이 꺾이게 된다. 그렇게 되면 노동의 수요는 W_1A인데 노동공급은 W_1B가 되어 AB만큼의 노동의 초과공급, 즉 비자발적 실업이 존재하게 된다. 이때 비자발적 실업은 일을 하고 싶어도 일자리가 없어 노는 실업자를 말한다. 그리하여 노동시장은 이러한 비자발적실업이 있는 상태하에서 균형이 된다는 것이다. 이러한 이론이 1930년대 대공황 당시의 넘쳐나는 비자발적 실업자들을 잘 설명해 주고 있는 것이다.

제 3 절 인적자본이론과 지역노동조합

1. 인적자본이론

1) 인적자본의 개념

인적자본(human capital)이란 생산요소로서 인간이 가지고 있는 기술과 지식 등의 생산능력을 말한다. 다시 말하면 인간이 교육과 훈련, 경험 등을 통해 축적된 지식이나 기술 등의 저량(stock)을 의미한다. 일반적으로 인적자본 수준이 높을수록 노동생산성이 높고, 임금수준도 높다. 과거 아시아의 네 마리 용인 국가들이 높은 성장을 보인 것은 인적자본수준이 높기 때문이라고 한다.

인적자본이론은 1960년대 초부터 T. W. Schults(1961)와 G. S. Becker(1962), E. F. Denison(1962) 그리고 J. Mincer 등의 노동경제학자들에 의해 발전된 이론이다. 이 이론에 따르면 개인의 노동소득이 다른 이유는 개인의 추적된 인적자본의 스톡량이 다르기 때문이며 개인별 노동소득을 평준화하는 방안의 하나는 인적자본에 대한 투자기회를 평준화하는 것이다.

인적자본이론에 따르면 노동의 생산성과 시장가치는 상당부분이 교육이나 훈련, 그리고 노동자의 건강, 근로여건 향상, 노동력의 지역적 배분 등에 얼마나 투자하는가 등에 의해서 결정된다고 할 수 있다.

2) 인적자본의 투자

인적자본은 저량(stock)인데 비해 인적자본에 대한 투자는 일정기간에 이루어지는 유량(flow)이다. 인적자본에 대한 투자는 일반적으로 학교교육이나 직업훈련, 건강유지를 위한 지출, 정보 수집을 위한 이직 또는 이주활동, 현장교육 등의 형태로 이루어진다. 인적자본 중 교육, 건강, 노동시장 정보 등은 주로 개인이나 가계에 의해서 투자되고, 개인의 숙련과 지식은 학교교육과 직업훈련 등에 의해서 이루어진다.

인적자본에 대한 투자는 가계, 기업, 정부 등 경제주체들에 의해서 이루어진다. 정부에 의한 인적자본투자는 사회구성원의 교육, 숙련, 건강, 정보획득 능력의 수준을 높이는데 이를 인적자본개발정책이라고 한다.[1] 각 경제주체들은 인적자본에 대한 투자의 크기를 결정할 경우 물적자본에 대한 투자와 마찬가지로 수익과 비용을 비교하여 결정한다. 예를 들면 인적자본에 대한 투자로 인하여 발생하는 수익이 투자로 인한 비용보다 크다면 인적자본에 대한 투자는 증가할 것이다. 따라서 인적자본의 각종 투자대상에 대한 투자의 크기를 결정하기 위해서는 반드시 투자수익과 투자비용을 고려하게 된다고 하겠다.

3) 인적자본이론의 한계

인적자본이론에 대해서는 인적자본의 축적에 관한 투자결정이라는 측면에서 인간의 행위를 보다 잘 설명하는 것으로 이해할 수 있지만 몇 가지 측면에서 비판이 있다. 첫째, 노동자를 사람보다는 기계처럼 취급한다는 점이다. 둘째, 교육과 훈련이 노동생산성을 증가시킨다는 인과성이 불분명하다는 비판이다. 셋째, 교육과 훈련은 단지 능력 있는 사람만을 식별 또는 선별해 줄 뿐이지 능력 그 자체를 향상시키지 못한다는 비판이다(김유배, 2005: 134-135).

2. 최저임금제

최저임금제(minimum wage system)란 정부가 근로자의 최저생계비를 보장하기 위하여 최저임금을 정하고, 기업이 최저임금 이상으로 임금을 지급하도록 규제하는 제도를 말한다. 최저임금제가 경제에 미치는 영향을 설명하기 위해 모든 산업에 최저임금제가 적용된다고 가정하자. 최저임금제가 실시되더라도 이미 최저임금을 상회하는 임금을 지급하는 산업이나 기업들은 아무런 영향을 받지 않을 것이다. 따라서 최저임금제의 경제적 영향에 대한 분석은 현재 최저임금 이하에서 임금이 결정되고 있는 산업을 대상으로 해야 할 것이다.

[그림 5-10]에서 노동시장이 완전경쟁이라면 임금은 노동의 수요곡선과 공급곡선이

1) 최근 각 시도연구원에 교육인적자원부에서 지원하는 '지역인적자원개발센터'를 설립하여 운영하고 있다. 이 센터는 지역 인적자원을 양성하고 교육, 활용하여 인적자본의 생산성을 향상시키는데 목적을 두고 있다.

만나는 E점에서 균형노동량 L_e와 균형실질임금 W_e가 결정된다. 그러데 만약 정부가 최저임금을 W_1로 상승하면 노동의 실질적인 공급곡선은 W_1CDL_s와 같이 휘어지게 된다. 그렇게 되면 노동의 수요는 W_1C인데 노동공급은 W_1D가 되어 CD만큼의 비자발적실업이 존재하게 된다. 따라서 최저임금제를 실시하면 근로자들의 최저생계비는 보장이 되겠지만, CD만큼의 실업자(혹은 그만큼 신규 노동자들의 일자리가 줄어들 수 있어)가 발생할 수 있다.

그리고 최저임금제를 실시하기 이전 노동자들의 노동소득은 OW_eEL_e이다. 그런데 최저임금제(W_1) 실시 이후의 노동소득은 OW_1CL_1이다. 임금은 상승하였지만 고용량이 줄어들어 전체 노동소득이 증가했다고 단정할 수 없다. 노동수요의 임금탄력도(노동수요량 변화율/임금의 변화율)가 1보다 크면 임금인상률보다 노동수요량의 감소율이 더 크게 때문에 노동소득이 오히려 감소하게 된다. 그렇지만 노동수요의 임금탄력도가 1보다 작으면 임금상승률보다 노동수요량 감소율이 더 작기 때문에 전체 노동소득이 오히려 증가하게 된다. 주의할 것은 기존 노동자들의 임금소득은 증가하지만, 신규 노동자 혹은 비숙련 노동자들의 취업기회는 오히려 좁아질 수 있다는 것이다.

우리나라는 1988년 1월부터 최저임금제도를 처음으로 도입하였고, 1990년부터 10인 이상 상시 종업원을 가진 전 산업에 확대되어 실시하고 있다. 최저임금제를 실시할 때

그림 5-10 최저임금제의 효과

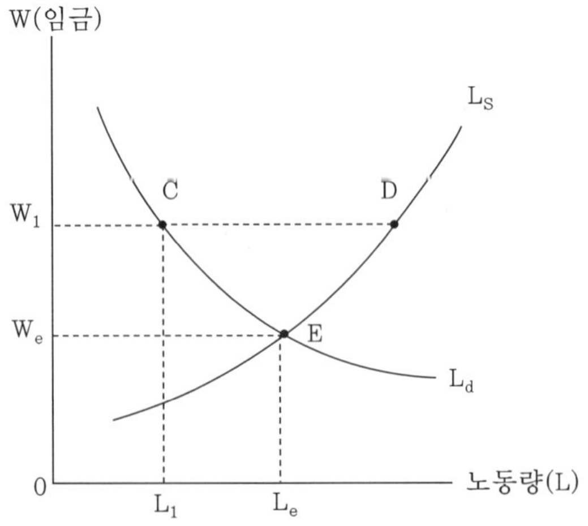

노동시장에서 실직 당하지 않은 비숙련공 근로자들은 최저임금이 균형임금을 상회하므로 근로소득이 증가할 수 있다. 그러나 임금이 균형임금 이상으로 상승할 경우 이윤극대화를 추구하는 기업은 노동의 한계생산성이 낮은 근로자들부터 우선 해고시키려고 할 것이다. 그렇게 되면 노동생산성이 가장 낮은 비숙련공들, 특히 고령자나 미성년자 또는 여성근로자들이 일할 기회가 박탈됨으로써 오히려 소득이 감소될 수도 있다. 최저임금제를 실시할 때에는 이와 같은 부작용을 발생할 수 있으므로 주의해서 실시할 필요가 있다. 최저임금제를 실시할 경우 오히려 비숙련 저임금 근로자들의 일자리를 빼앗음으로써 원래의 의도와는 반대의 결과를 빚을 수도 있다.

3. 지역노동시장과 노동조합

지역 노동시장은 일정 지역내에서 노동력의 수요와 공급이 결합되는 시장을 말한다. 즉 노동력을 판매하는 노동자와 노동력을 수요하는 기업가 간에 상품으로서의 노동력에 대하여 일정한 조건하에 거래와 매매계약이 성립되는 장이다. 지역노동시장도 지역노동의 수요와 공급에 의해서 임금과 노동수급량이 결정된다고 하겠다. 노동시장은 구분하는 기준에 따라 몇 가지로 구분된다. 먼저 내부노동시장과 외부노동시장으로 구분되는데, 내부노동시장은 임금, 상여금 등 급여로 구성되는 노동의 가격결정과 승진, 직무배치 등 노동거래의 주요 항목들이 기업내부에 규정된 관리규칙과 절차에 의해서 결정되는 노동시장을 말한다. 외부노동시장은 기업내부의 규정이나 절차와는 관계없이 노동시장의 거래에 의해서 임금과 고용이 결정되는 시장을 말한다. 또한 노동시장은 1차 노동시장과 2차 노동시장으로 구분되는데, 1차 노동시장은 높은 임금, 좋은 근로조건과 직장 안정성, 양질의 교육훈련, 승진가능성을 제공하는 기업들이 구인행위를 하는 노동시장이다. 2차 노동시장은 저임금, 열악한 근로조건과 직장 불확실성, 교육훈련과 승진기회의 부재 등에 의해 특징지어지는 기업들이 구인행위를 하는 노동시장을 나타낸다.

노동조합은 노동자들이 고용주에 대해서 임금인상, 근로조건 개선 등을 요구하며 노동자들의 권익을 옹호하고, 경우에 따라서는 사회적 개혁을 요구하기도 하는 노동자들의 조직체이다. 우리나라 노동조합법에 따르면, 근로자가 주체가 되어 자주적으로 단결하여 근로조건의 유지, 개선과 근로자의 복리증진, 기타 경제사회적 지위의 향상을 도모함을 목적으로 조직하는 단체 또는 그 연합체로 규정하고 있다.

노동조합의 형태는 일반적으로 직업별 노동조합과 산업별 노동조합, 기업별 노동조합, 일반 노동조합 등으로 구분되는데, 오늘날 대표적인 유형은 앞의 세 개의 조합형태이다. 직업별 노동조합(craft union)이란 직능별 노동조합이라고도 하는데, 동일한 직업이나 직종에 종사하는 노동자가 결성하는 노동조합을 말한다. 소속기업이나 소속산업과 관계없이 단결하는 노동조합이다. 주로 영국과 미국(어느 정도까지) 등에서 볼 수 있는 형태이다. 산업별 노동조합(industrial union)은 직업이나 직종의 여하를 가리지 않고, 동일산업에 종사하는 노동자가 조직하는 노동조합을 말한다. 주로 프랑스와 독일 등 유럽 여러 나라에서 볼 수 있는 형태이다. 기업별 노동조합(company union)은 동일 기업에 종사하는 근로자들에 의해 조직된 노동조합을 나타낸다. 주로 우리나라와 일본의 경우는 절대다수가 기업별 노동조합 형태를 취하고 있다.

그리고 노동조합의 가장 주된 활동 중의 하나는 단체교섭이다. 단체교섭은 노동조합의 대표를 통해서 고용주와 교섭하는 것으로 조합원을 대신해서 일괄적으로 교섭하기 때문에 고용주와의 교섭시보다 유리한 고지를 차지할 수 있다. 단체교섭의 결과는 일반적으로 임금을 올리는 효과는 있으나 장기적으로 기업들이 그 비용만큼 임금을 감소시키려 한다는 것이다. 이 때 발생한 실업자는 실업상태로 남거나 노동조합이 없는 산업에 고용되거나 낮은 수익률을 감수하면서 자영업에 종사하게 된다. 장기적으로 어떤 산업에서 단체교섭의 결과로 임금이 올라가면 노동조합이 없는 산업의 임금은 하락할 수도 있다.

제 4 절 토지와 지대이론

1. 토지의 개념과 특성

신고전학파의 대표적인 학자인 Alfred Marshall(1959: 115)은 토지를 자연이 인간에게 무상으로 공여한 선물로써 인간에게 도움이 되는 물질 또는 힘이라고 정의하였다. 이런 의미에서의 토지는 수자원, 산림자원, 풍력, 수력, 태양에너지 등을 포함하면서 개념상 자연자원을 의미한다. 일반적으로 토지를 중심으로 지상과 지하자원의 모든 자원을 포함한다고 보아야 한다. 토지자원이 경제학적으로 가장 중요한 경제적 특징은 공급량이 자연적으로 결정되기 때문에 인간이 임의로 조작할 여지가 거의 없다는 것이다.

토지의 개념은 매우 복잡하다. 토지의 유용성은 매우 다양해서 이 중 어느 측면을 강조하는 가에 따라 토지의 개념이 약간 다르게 인식된다. 자연자원의 가장 중요한 경제적 특성은 공급량이 대개 자연적으로 결정되기 때문에 인간이 임의로 증감시킬 수 없다는 점이다. 여러 가지 자연자원 중에서 공급량이 가장 고정되어 있는 것이 땅이다. 토지가 다른 생산요소(노동, 자본)와 구별되는 경제적 특성은 다음과 같다.

첫째, 토지는 재생산이 불가능하고 총공급량이 고정되어 있다. 따라서 산업화와 도시화의 진전으로 토지에 대한 수요가 계속 증가하면 토지의 가치는 상대적으로 올라가게 된다. 토지공급의 한정성으로 토지가격은 주로 토지에 대한 수요에 의해서 결정된다.

둘째, 토지는 거의 영속적인 내구성을 갖는다. 공장이나 기계설비와 같은 자본재의 경우에는 사용하지 않더라도 자연적으로 마모되기 때문에 그 실제가치가 하락할 수 있다. 그러나 토지는 마모가 거의 발생하지 않기 때문에 실제가치의 하락도 거의 없다. 토지는 다른 생산요소에 비해 가치저장의 속성이 강하다.

셋째, 토지는 양적으로 늘릴 수 없고, 장소적으로 이동할 수 없는 특성을 갖고 있으므로 토지의 비옥도와 위치에 따라 토지의 가치는 다르게 나타난다.

넷째, 토지는 농업용지와 주택용지, 공업용지, 관광휴양지 등 용도가 매우 다양하다. 용도가 다양한 만큼 토지는 용도간의 대체성이 크다.

다섯째, 토지의 가치는 공공성을 크게 갖는다. 토지의 가치 증가는 토지소유자의 개발투자에 의한 증가뿐만 아니라 공공 개발투자에 의한 증가와 인접토지의 개발투자에 따른 증가 및 기타 사회경제적 요인에 의한 증가를 포함한다. 토지소유자의 개발투자에 따른 증가 이외의 토지가치 증가는 모두 공공성이 강한 것들이다.

2. 지가와 지대 및 토지의 시장가치

지가는 자산으로서의 토지의 가격을 말한다. 지대(rent)는 토지의 소유자가 타인에게 토지를 일정기간 임대하여 그 토지의 서비스에 대한 대가로서 취득하는 임대료를 의미한다. 한마디로 토지 용역에 대한 대가가 지대이다.

그리고 토지의 시장가치(market value of land)는 토지에서 발생하는 임대소득의 흐름을 현재가치(PV, present value)화 한 것이다. 다시 말하면 토지로부터 나오는 연간 임대소득의 현재가치를 말한다. 현재가치의 개념을 이해하기 위해서 매년 R만큼의 소득을 창출하고, 이 소득이 n년 동안 계속될 것으로 예상되는 어떤 자산을 고려해 보자. 이 때 만약 시장이자율이 i이면, 자산에서 나오는 소득흐름의 현재가치는 다음과 같다.

$$PV=\sum_{t=0}^{n}\frac{R}{(1+i)^t}$$

예를 들어 설명하면, 어떤 자산이 현재시점을 시작으로 총 5년 동안 1년에 40억 원의 순소득을 받게 된다고 가정하고, 이자율이 10%라면 이 자산의 현재가치는 다음과 같이 계산된다.

$$PV=40+\frac{40}{(1+0.1)^1}+\frac{40}{(1+0.1)^2}+\frac{40}{(1+0.1)^3}+\frac{40}{(1+0.1)^4}$$

$$PV=40+\frac{40}{1.10}+\frac{40}{1.21}+\frac{40}{1.33}+\frac{40}{1.46}$$

$$PV=40+36.36+33.06+30.07+27.40=166.89\text{억 원}$$

만약 이러한 소득이 영원히 발생된다면, 토지자산의 현재가치는 다음과 같이 된다. 매년 발생하는 소득을 이자율로 나눠주면 된다.

$$PV=\frac{R}{i}=\frac{40}{0.1}=400\text{억 원}$$

3. 토지시장의 균형

토지는 다른 재화와는 달리 여러 가지 독특한 성격을 가지고 있으므로 수요와 공급에 특수한 내용이 있다. 즉 토지의 공급탄력성은 비탄력적인 특성을 가지고 있으며, 이에 따라 토지의 단기공급곡선은 거의 일정하여 X축과 수직선이 된다. 이를 그림으로 나타낸 것이 [그림 5-11]이다.

그림 5-11 단기공급곡선하의 토지시장 균형

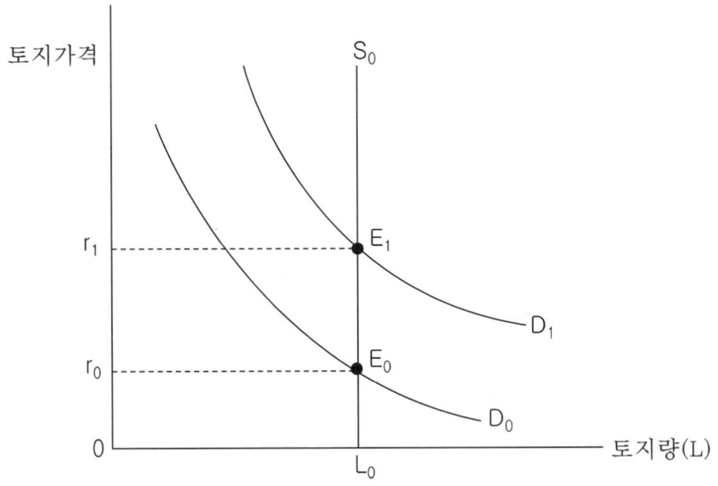

이와 같이 일반적으로 단기시점에서는 한 지역에서의 토지공급량은 고정되어 있으나, 장기적으로는 토지가격의 상승에 탄력적으로 대응하여 약간 증대시킬 수 있다. 장기적으로 토지공급은 토지의 전용과 국토확장에 의해서 증가할 수 있다. 토지의 전용에

그림 5-12 장기공급곡선하의 토지시장 균형

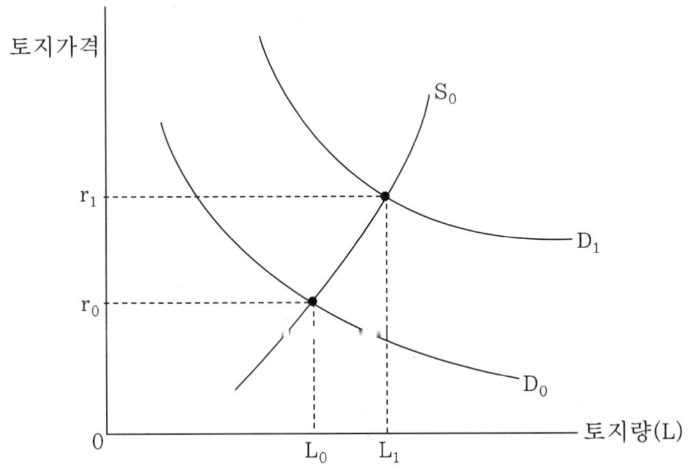

의한 증가는 산지의 농경지 및 초지화, 농지의 대지, 산업용지화 등에 의해서 가능하고, 국토확장에 의해서 증가는 일반적으로 바다의 간척사업 등에 의해서 가능하다. 그렇게 되면 토지의 장기공급곡선은 우상향하는 곡선이 된다. 그렇지만 공급곡선의 탄력성은 비탄력적인 곡선이 될 것이다. 이를 그림으로 나타낸 것이 [그림 5-12]이다.

4. 토지투기와 토지투자

1) 토지투기의 개념

토지투기에 대한 개념은 학자에 따라 약간 다르지만, 그 의미는 비슷하다. 먼저 B. L. Bentick와 A. Skouras는 토지를 이용하지 않은 상태로 보유하는 행위라고 했다. R. Barlowe는 불완전하게 개발된 토지를 매각하여 양도차익을 얻을 목적으로 토지를 보유하는 것이라고 하였고, R. P. Surrierenga는 미성숙지를 경작 관리할 의사가 없고 스스로 개발할 수 있는 규모 이상의 토지를 소유하는 것이라고 하였다(주봉규, 1988: 206-208).

과거 토지세에 대한 전통적 이론이 토지세를 중립적이라고 보게 된 하나의 큰 이유는 토지투기가 없음을 묵시적으로 전제하였기 때문이다. 일반적으로 토지는 투기용으로 이용될 때와 비투기용으로 이용될 때의 유용성은 다르다. 비투기용 토지는 생산 혹은 소비를 목적으로 하는 토지로서 토지의 유용성은 토지 그 자체에 있지 않고 그 토지가 제공하는 용역에 있다. 반면에 투기용 토지에 있어서 중요한 것은 토지 그 자체이고 재산으로서의 토지가치 혹은 지가이다. 토지투기는 지가의 상승을 노리고 땅값이 쌀 때에 사들였다가 비싸졌을 때에 팔아 그 차익을 얻으려는 행위라고 볼 수 있다.

토지투기는 토지시장이 완전경쟁시장이 아니고 불완전경쟁시장이기 때문에 발생한다고 볼 수 있다. 각 필지의 가격은 주위 여건의 변화에 매우 민감하게 반응하면서 변하게 되는데, 주위 여건의 변화에는 많은 불확실성이 있기 마련이다. 각 개별 필지별로 토지에 대한 시장정보가 많이 축적되기도 어렵고, 잘 유포되지도 않는 편이다. 정확한 시장정보를 갖추지 못한 거래당사자들 사이의 거래란 흔히 밀고 당기는 흥정과정을 거치게 되며 아무도 최종적으로 결정될 가격에 확신을 가질 수 없게 된다. 이 결과 같은 지역의 비슷한 토지가 다른 가격으로 거래되는 예를 우리 주위에서 흔히 보게 된다. 이와 같이 미래에 대한 많은 불확실성이 존재하고 따라서 시장이 불완전한 상황에서는 아무래도 비교적 정확한 시장정보나 전문적 지식을 가진 사람이 그렇지 못한 사람과의 흥정을 자신에게 유리한 방향으로 끌어나갈 것이며 따라서 투기로 인한 이득을 얻을 가능성도 높을 것이다. 지가상승은 도시 및 도시주변 지역에서 특히 현저하기 때문에 토지투기도 이런 지역에서 주로 발생한다.

도시화는 대략 두 가지 과정을 거쳐 지가상승을 유발한다. 도시화는 토지 단위당 인구 및 자본의 밀도를 높인다. 이 밀도가 높아진다는 것은 토지 단위당 생산되는 재화와 용역의 양 및 그 가치의 증가를 의미한다. 달리 말하면, 토지 단위당 생산성이 높아진다는 것인데, 이는 곧 지대의 증가를 의미하고, 지가의 상승을 의미한다. 한편, 도시화는 보통 공간적 팽창을 수반한다. 새로운 비도시용 토지가 도시용 토지로 편입되면, 기존 도시용 토지는 이 새로운 토지에 비해 도심에 가깝다는 위치상의 이점을 누리게 된다. 이 지리적 이점이 위치지대로 환산되어 지가상승을 유발하게 된다. 기본적으로 토지투기는 토지를 살 때와 팔 때의 땅값의 차이 즉 양도차익을 노리는 행위이기 때문에 지가상승은 토지투기의 직접적 원인이 된다.

2) 토지투자와 토지투기

토지투기의 개념을 보다 자세히 분석하기 위해 토지투자와의 차이점을 정리하면 다음과 같다. 먼저 목적의 차이로서 토지투자는 투자가가 토지를 이용하거나 관리할 목적으로 소유하는데 비해 토지투기는 양도차익을 얻을 목적으로 소유한다. 대상의 차이로서 토지투자는 일정하게 개발된 토지를 대상으로 하는데 비해 토지투기는 미성숙지를 대상으로 한다. 그리고 안전성의 차이로서 토지투자는 합리적인 안전성을 전제로 하나 토지투기는 높은 위험부담을 전제로 한다. 정책적인 입장에서는 토지투자는 정부 정책적으로 장려되거나 촉구되는데 비해 토지투기는 직·간접적으로 억제되거나 규제대상이 된다. 만약 토지투기가 농지에 까지 확대되면 경자유전의 원칙이 깨지고, 농지의 효율적 이용이 어렵게 된다.

[그림 5-13]은 토지투기와 거품가격을 나타내는 그림이다. 그림에서 정상적인 수요곡선과 토지의 공급곡선이 만나는 E_0점에서 균형가격 r_0와 균형공급량 L_0가 결정된다. 그런데 토지투기수요로 수요곡선이 D_0에서 D_1로 이동하면 토지가격은 $0r_0$에서 $0r_1$로 상승하게 된다. 여기서 $0r_1$에서 $0r_0$를 뺀 r_1r_0이 거품가격이다.

토지투기에 대한 역사적 경험을 보면 미국의 경우 1815~18년, 1932~36년, 1954~

57년, 제1차 세계대전과 제2차 세계대전 후에 토지투기 붐이 발생하였고, 최근 2000년대 초부터 2007년 상반기까지 큰 폭의 주택가격이 상승하였다. 2007년 8월 이후 최근에는 서브프라임 모기지사태로 주택가격이 크게 떨어지고 있다.

그림 5-13 토지투기와 거품가격

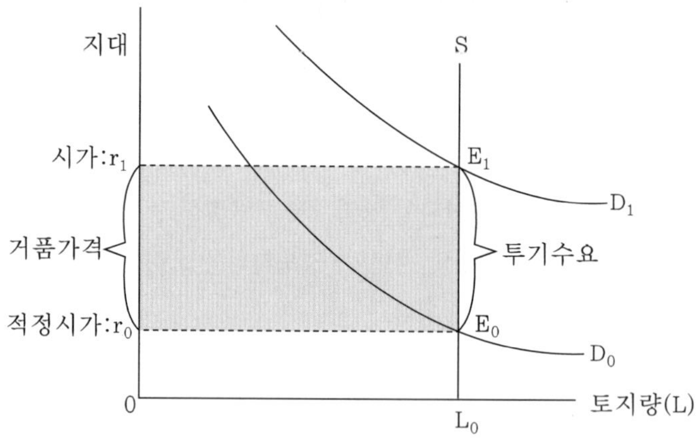

우리나라의 경우도 해방 이후와 6·25전쟁 이후, 1960년대 말, 1970년대 말, 1980년대 말 등에 부동산 투기 붐이 조성되어 큰 폭의 토지 및 주택가격이 상승하였다. 위와 같이 우리나라는 약 10년 주기로 발생하였고, 단기적으로는 그 중간 약 5년 정도 소순환 형태의 투기가 발생하기도 하였다. 2000년대에 들어와서도 간헐적으로 혹은 지역적으로 투기 붐이 일어나가도 했다. 최근에는 정부의 강력한 부동산 투기대책과 미국의 서브프라임사태의 영향으로 주춤한 양상을 보이고 있다. 특히 서울 강남지역은 여타지역에 비해 토지 및 주택가격이 수배 정도 높아 일반적으로 거품가격이 많이 형성된 것으로 보인다.

3) 토지투기의 규제와 토지공개념 도입

토지투기는 한 나라의 경제성장에 악영향을 미치기 때문에 적절하게 규제되어야 한다. 토지투기는 개인 간의 소득격차와 소득 불균형을 조장하고, 개인 간의 위화감을 조성할 수 있어 사회적으로 부정적인 영향을 미친다. 그리하여 개인들이 자기 주택을 소유할 수 있는 평균 연수가 더 길어질 수 있다. 또한 기업들에게는 기업들이 사용할 수 있는 토지가격을 상승시켜 산업용지난을 발생시킬 수 있고, 이는 기업들의 원가상승 압력으로 작용한다. 정부에게는 공공용지의 확보를 어렵게 하고 국토의 효율적 이용을 어렵게 한다. 그런 면에서 토지투기는 발생하지 않도록 해야 하고, 토지공개념의 도입이 필요한 것이다.

우리나라는 1989년 2월에 「지가공시 및 토지 등의 평가에 관한 법률」이 제정되어 토지가액에 대한 평가가 공시지가제도로 일원화되었고, 12월에 토지공개념관련 3법인 「택지소유상한에 관한 법률」, 「개발이익환수에 관한 법률」, 「토지초과이득세법」이 제정되어 1990년부터 실시되었다. 종래의 토지분 재산세와 토지과다보유세를 합한 종합토지세제까지 새로이 실시됨에 따라 1990년은 우리나라 토지제도에 있어서 일대 전환기가 되는 해가 되었다. 2000년대 이후 토지공개념에 대한 개념이 크게 후퇴되어 최근에는 개발이익환수에 관한 법률만 시행되고 있다. 향후 토지투기가 발생할 시 적절한 시책이 도입, 실시되어야 할 것이다.

토지공개념은 토지에 관한 재산권의 자유행사보다 공공의 복리를 우선해야 한다는 가치관이다. 토지공개념이란 공익확보라는 전제하에 토지소유자와 잠재적 소유자의 권리에 대한 부분적으로 제한할 수 있고, 이러한 시장개입과 권리의 제한을 타당하고 정당한 것으로 수용하는 가치관이라고 할 수 있다. 토지는 현재 및 장래에 있어서 국민을 위해 존재하는 한정된 귀중한 자원이며, 국민의 삶의 터전이기 때문에 여러 가지 면에서 공공성이 크다는 특성을 가지고 있다.

자유시장경제제도하에서 토지공개념의 도입은 토지의 효율적 이용 및 불평등 요인의 제거를 목표로 하고 있다. 토지소유사상은 근대 시민사회 형성 초기부터 많은 학자들에 의해 꾸준히 논의되어 왔으며, 많은 학자들은 일부 계층에 의한 과다한 토지소유를 경고하고 적정한 면적의 토지소유를 주장하는 동시에 개발이익의 환수를 주장하였다.

토지공개념 중 현재 실시되고 있는 제도로는 개발부담금제도가 있다. 개발부담금제도는 개발이익환수에관한법률(1989.12.30 제정)에 의거하여 토지로부터 발생하는 개발이익을 환수하여 이를 적정 배분함으로서 토지투기 방지와 토지의 효율적 이용을 촉진하여 국민경제의 건전한 발전에 이바지할 목적으로 실시되는 제도이다. 부과기준 및 부담률은 사업종료(준공)당시의 지가에 사업개시(인가)당시의 지가와 정상지가 상승분 및 토지개발에 소요된 비용을 공제한 나머지, 즉 개발이익의 25%(개별입지 사업) 또는 20%(계획입지 사업)를 부과하고 있다.[2] 부과대상사업은 택지개발사업, 산업단지개발사업, 관광단지조성사업, 도시개발사업, 지역개발사업 및 도시환경정비사업, 교통시설 및 물류시설 용지조성사업, 체육시설 부지조성사업, 지목변경이 수반되는 사업으로 대통령령으로 정하는 사업 등으로 사업면적이 다음 기준 면적을 초과하는 사업이다. 즉 도시구역에서는 990㎡ 이상(특별시·광역시는 660㎡, 개발제한구역 안에서 당해구역 지정 당시부터 토지를 소유한 자는 1,650㎡ 이상)이고, 도시지역 외의 지역은 1,650㎡ 이상이다. 납부 의무자는 사업시행자(단, 토지소유자와 사업시행자가 다른 경우에는 토지소유자)이고, 부담금 산정방법은 (부과 종료시점 지가－부과 개시시점 지가－정상지가상승분－개발비용)×25% 또는 20%이다.

표 5-2 우리나라 개발부담금의 부과 및 징수실적

(단위: 건, 백만 원)

연 도	부 과		징 수	
	건 수	금 액	건 수	금 액
2016	6,243	332,009	6,507	195,462
2015	4,703	227,765	5,197	173,003
2013	3,910	333,203	4,121	204,921
2012	4,091	234,659	4,024	299,161
2011	4,267	338,981	4,104	211,890
2010	3,977	282,364	3,265	294,735
2006	1,843	221,804	1,642	136,833
2005	1,944	191,441	2,004	122,123
2004	1,988	59,429	1,722	77,069
2003	1,922	80,425	1,625	53,012
2002	1,666	49,797	1,470	47,223
2001년 이전	14,002	2,065,250	10,767	1,451,767

자료: 국토교통부 홈페이지 자료(국토교통통계누리), 2007.10 및 2017. 4.

2) 국토교통부 홈페이지 자료(http://www.molit.go.kr/국토교통부/통계누리/토지/개발부담금제도).

5. 지대이론

지대는 상술한 바와 같이 토지라는 생산요소가 제공하는 서비스에 대한 대가로서 취득하는 임대료를 의미한다. 지대에 관한 본격적인 논의는 19세기 초 영국에서 일어났다. 그 당시 밀의 가격이 폭등한 원인을 놓고 한쪽에서는 지주들이 높은 지대를 매겼기 때문이라고 하고, 다른 한쪽인 고전학파의 D. Ricardo는 밀의 공급이 부족하여 밀의 가격이 폭등했다고 주장하였다. 그 당시에는 리카도의 이론을 받아들이게 되었다. 밀에 대한 수입관세를 낮추어 밀 수입량을 늘리면 밀 공급의 증가로 밀의 가격이 하락하고 따라서 지대도 하락한다고 보았다. 다음에서는 지대에 대한 개념을 설명하고자 한다.

1) 절대지대와 차액지대

지대의 개념에는 여러 가지가 있다. 전통적으로 지대결정이론은 절대지대설과 차액지대설, 수요공급설 등이 있다. 절대지대(absolute rent)란 토지의 생산력에 관계없이 토지 소유에 의해 발생하는 지대를 말한다. K. Marx는 자본주의 사회에서 토지소유자인 지주는 토지를 무상으로 빌려주지 않는다고 보고, 토지소유자는 우등지 뿐만 아니라 열등지에 대해서도 지대를 요구하게 된다고 하였다.

차액지대(differential rent)란 D. Ricardo가 주장한 이론으로 토지의 비옥도와 위치 등에 따라 생산력의 차이가 발생하고, 이러한 생산력의 차이에 의해 발생하는 지대를 말한다. 차액지대는 토지가 고정되어 있고 비옥도가 다르며 비옥도가 높은 토지가 한정되어 있기 때문에 발생한다. 리카도와 맬서스 등의 고전학파 경제학자들은 지대의 발생원인을 토지의 비옥도와 위치 등에 따라 토지의 생산성이 차이가 난다는 점에서 찾고 있다. 예를 들면 비옥한 토지는 비옥도가 낮은 토지에 비해서 상대적으로 생산성이 높기 때문에 지대가 높고, 도시에서도 중심상업지구에 인접한 토지는 상권이 형성되어 있지 않은 외곽지역에 비해 지대가 훨씬 높다. 왜냐하면 도시의 중심상업지구에 위치한 토지는 도시외곽에 위치한 토지보다 여러 가지 혜택을 볼 수 있기 때문이다.

2) 경제지대와 이전수입

지대 개념은 토지에만 적용되는 개념이 아니고 토지이외의 다른 생산요소에도 적용된다. 생산요소를 공급하면 일반적으로 요소소득을 번다. 요소소득과 관련하여 경제지대와 이전수입의 개념이 있다. 지대(rent)라는 말은 리카도 당시에는 토지의 사용에 대한 대가라는 의미로 사용하였지만, 지금에 와서는 어떤 생산요소를 현재의 용도에 머물도록 하기 위하여 필요한 지급액(전용수입)을 초과하는 수입이라는 뜻으로 사용된다. 지대가 과거 토지라는 생산요소에 국한해서 사용되었지만, 최근에는 모든 생산요소에 적용되는 개념이다. 경제지대는 토지 이외에도 노동이나 자본 등 어떠한 생산요소에 대해서도 적용될 수 있는 일반적인 개념인 것이나.

어떤 생산요소의 전용수입(transfer earning) 또는 이전수입은 어떤 생산요소가 다른 용도로 사용되지 않고 현재의 용도에 그대로 사용되도록 하기 위하여 지불되어야 할 최소한의 보수를 말한다. 따라서 전용수입은 생산요소의 기회비용과 같은 개념이다.

그리고 경제지대(economic rent)란 어떤 생산요소가 현재의 용도로 사용될 때 받는 총 보수에서 전용수입을 뺀 것을 말한다. 다시 말하면 경제지대란 생산요소의 소유자에게 기회비용을 초과해서 발생하는 수익을 말한다. 예를 들면 어떤 방송국의 B급 탤런트의 월수입이 300만 원인데, 방송출연이 줄어들어 매월 10만 원씩 월급을 적게 준다고 하자. 그러나 50만 원 이하로 봉급을 받게 되면 그 탤런트는 다른 직업을 찾는다고 가정하자. 이 경우에 50만 원은 그 탤런트로 하여금 방송국을 떠나지 않게 하기 위한 최소한의 보수이므로 50만 원은 그 탤런트의 전용수입이 된다. 원래의 봉급 300만 원에서 50만 원을 뺀 250만 원은 경제지대가 된다.

경제지대의 예를 들어보면 도시의 땅 값이 시골에 비해서 크게 높은 현상을 들 수 있다. 서울의 땅 면적은 고정되어 있는데 비하여 땅에 대한 수요는 인구 및 소득의 증가로 계속 상승하게 된다. 이 때 땅값의 대부분은 경제지대의 성격을 가지게 된다. 경제지대의 다른 예는 유명 연예인이나 운동선수의 보수가 상당히 높은 현상이다. 이들의 공급은 제한되어 있는데 반하여 수요가 많기 때문이다. 유명 연예인과 운동선수가 버는 소득도 거의 대부분 경제지대로 구성되는데, 이들이 연예인이나 운동선수 이외의 다른 직업으로 옮기는 것을 막기 위해 지불하여야 하는 이전수입은 매우 낮을 것이기 때문이다.

생산요소의 전용수입과 경제적 지대는 그 생산요소의 공급탄력성에 따라 크게 영향을 받는다. 어떤 생산요소의 공급이 탄력적일수록 그 요소의 총소득 중에서 경제지대가 차지하는 비중은 작아지고 이전수입은 커진다. 반대로 요소의 공급이 비탄력적일수록 경제지대는 커지며 이전수입의 비중은 작아지게 된다.

[그림 5-14]를 가지고 경제지대와 전용수입에 대해서 설명해 보자. 전용수입과 경제지대는 공급의 탄력성에 따라 그 크기가 달라진다. (a)그림에서는 요소의 수요곡선 D_f와 공급곡선 S_f가 있고 이들 곡선이 E에서 서로 교차하여 균형가격과 균형 요소투입량이 결정된다. 요소의 공급곡선이 S_f가 의미하는 바는 최초의 요소소유자는 자기소유의 요소를 공급하기 위해서는 최소한 OP_1만큼의 요소가격을 받아야 고용될 의사가 있다는 것을 나타낸다. 결국 요소 소유자는 요소의 공급곡선 각점에 해당하는 요소가격을 받으면 고용될 의사가 있다는 것을 나타낸다. 다른 말로 표현하면 요소의 공급곡선 각

그림 5-14 경제지대와 전용수입

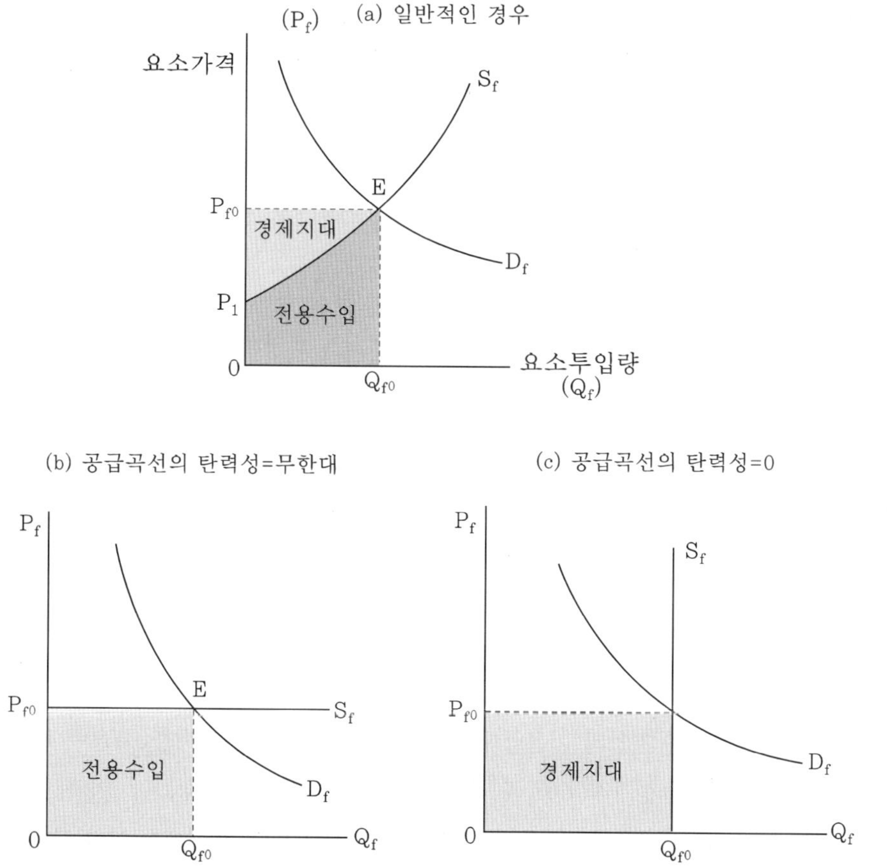

점은 각 요소 소유자가 자기 소유의 요소를 공급하기 위해서 받아야 하는 최소한의 수입, 즉 전용수입을 의미하는 것이다. 따라서 그림에서 전용수입은 OP_1EQ_{fo}이 된다. 총 보수는 요소의 가격과 요소의 투입량을 곱한 사각형 $\square OP_{fo}EQ_{f0}$인데, 총보수에서 전용수입을 뺀 나머지인 $P_1P_{fo}E$가 경제지대가 된다.

(b)는 요소의 공급곡선이 무한탄력적일 때의 경우를 나타낸 것이다. 이러한 경우에는 요소의 가격 P_{fo}가 모두 요소의 공급가격이 되어서 전체가 전용수입이 되며 경제지대는 제로(0)가 된다. (c)는 요소의 공급곡선이 완전 비탄력적일 때의 경우를 나타낸 것이다. 이러한 경우에는 요소의 가격 P_{fo}가 제로가 되어 전부 경제지대가 된다. 요소의 공급가격이 제로가 되어서 전용수입은 제로(0)가 되며 전부 경제지대가 된다. 이런 경우는 토지와 같이 공급이 완전히 고정되어 있어서 단지 수요의 변동만이 그 사용료(가격)을 변화시킨다. 이 경우 요소의 소유자는 아무런 노력을 하지 않고 수요변동에 의해서 사용료인 경제지대를 받게 되는 것이다. 다른 한편으로는 토지와 같이 공급곡선이 수직일 때는 지주들이 토지를 놀리느니 아무리 낮은 지대를 받고라도(전용수입이 제로라도) 토지를 임대할 용의가 있다는 것을 나타내는 것이다.

3) 준지대

A. Marshall에 의하면 지대는 인위적으로 공급량을 증대할 수 없는 토지의 특수성 때문에 발생한다고 하였다. 마샬은 지대의 설명원리를 확장하여 고정된 생산설비의 잉여적 수입을 준지대 개념으로 설명하였다. 이와 관련하여 기계나 생산설비 등 단기적으로 공급이 제한되어 있는 생산요소들의 임대료 상승에 따른 수입도 지대적 성격을 갖는데, 이를 준지대(quasi-rent)라고 하였다. 이와 같이 지대이론은 토지 이외에도 그 공급량이 제한되어 있는 모든 생산요소에 적용될 수 있다는 것이다. 준지대란 단기에 고정된 생산요소에 귀속되는 보수를 말하는데, 기업의 총수입에서 총가변비용을 공제한 나머지가 준지대가 된다.

완전경쟁기업들의 비용곡선을 그린 그림이 [그림 5-15]이다. 완전경쟁기업의 균형수급량과 균형가격은 기업의 이윤극대화 조건인 한계수입=한계비용($MR=MC$)인 A점에서 결정되어 균형가격 OP_1과 균형생산량은 OQ_1에서 결정된다. 이 때 기업의 총수입은 균형가격과 균형생산량을 곱한 $\square OP_1AQ_1$이 된다. 준지대는 이와 같은 총수

그림 5-15 준지대

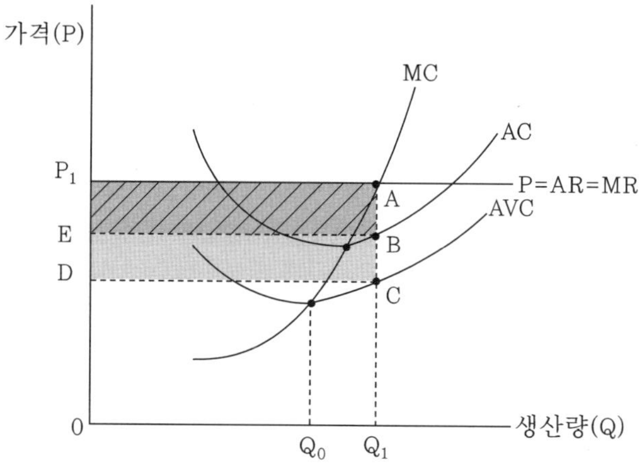

입에서 총가변비용인 $\square ODCQ_1$ 만큼 뺀 나머지인 $\square DP_1AC$가 된다. 참고로 총 수입에서 총비용($\square OEBQ_1$)을 뺀 나머지인 $\square EP_1AB$가 기업의 초과이윤이다.

탐구학습

1. 주요 개념
   - 생산요소시장의 이윤극대회조건, 파생적 수요
   - 한계수입생산물(MRP)와 한계요소비용(MFC), 총요소비용(TFC), 평균요소비용(AFC)
   - 한계생산물가치(VMP)
   - 완경쟁기업의 요소 수요곡선, 시장수요곡선, 공급곡선
   - 쌍방독점, 최저임금제
   - 토지와 지대, 토지의 시장가치, 현재가치
   - 토지투자와 토지투기
   - 절대지대와 차액지대
   - 경제지대와 이전수입(전용수입), 준지대

2. 토론과 과제
   - 생산요소시장의 이윤극대화조건에 대해 설명하시오.
   - 완전경쟁시장에서 요소기업의 수요곡선과 공급곡선에 대해 설명하시오.

- 요소의 쌍방독점에 대해 설명하시오.
- 지역노동시장과 노동조합에 대해 설명하시오.
- 토지와 토지 특성에 대해 설명하시오.
- 토지투자와 토지투기에 대해 설명하시오.
- 지대이론에 대해 설명하시오.
- 경제지대와 이전수입, 준지대에 대해 설명하시오.

참고문헌

김대식 · 노영기 · 안국신, 1999, 2012, 「현대 경제학원론」, 박영사.

김유배, 2004, 2009, 「노동경제학」, 개정판, 박영사.

박일규, 1998, 「노동경제학」, 박영사.

이정전, 1988, 2009, 「토지경제학」, 박영사.

정연중, 1997, 「21세기 경제학원론」, 법문사.

주봉규, 1988, 「현대 토지경제론」, 박영사.

한국은행, 1994, 「우리나라 자금순환체계의 이해」.

한국은행, 2006. 「주요 경제지표 해설」.

홍기용, 1999, 「지역경제론」, 박영사.

Becker, Gary S., Oct. 1962, "Investment in Human Capital: A Theoretical Analysis", *Journal of Political Economy.*

Czamanski, Stan. 1972, *Regional Science Techniques in Practice, - The Case of Nova Scota,* Lexington books.

_______, 1973, *Regional and Interregional Social Accounting,* Lexington Books.

Denison, E. F., Oct. 1962, "Education, Economic Growth and Gaps in Information", *Journal of Political Economy.*

Marshall, A, 1920, *Principles of Economics,* London: MacMillan Co.. 8th ed.

_______, 1959, *Principles of Economics,* London: MacMillan Co..

Richardson, H. W., 1979, *Regional Economics,* Chicago: University Press.

Schultz, T. W., March 1961, "Investment in human Capital", *American Economic Review.*

Skouras, A., 1978, "The Non-neutrality of Land Taxation", *Public Finance,* Vol. 33, No. 1-2.

Surierenga, R. P., 1968, *Pioneer and Profits,* Iowa State University Press.

제 6 장 지역교역이론과 지역수지

제6장에서는 지역교역이론과 지역수지에 대해서 설명한다. 지역교역이론은 국제교역이론에 기반을 두고 있기 때문에 지역간 또는 국제교역이론에 관한 주요 이론을 개관하고 지역수지표에 관한 내용을 설명한다. 이와 더불어 현대적 지역교역이론을 설명하고자 한다. 우리나라의 어떤 지역과 다른 나라의 어떤 지역 간의 지역 간 교역이론은 국제무역이론에 이론적 근거를 두고 있기 때문이다.

제 1 절 고전적 지역교역이론

1. 절대생산비설

1) 의의와 내용

오늘날 세계 각국은 다른 나라와 여러 가지 형태의 무역 내지 교역거래를 한다. 교역거래 가운데 가장 기본적인 거래는 재화의 수출과 수입이다. 재화의 수출과 수입을 국제무역 혹은 무역(trade)이라 한다. 지역입장에서 보면 지역교역이론이라고 할 수 있다. 그러면 무역내지 지역간 교역은 왜 일어나는가. 그 이유는 쉽게 말해서 무역으로 쌍방이 이익을 얻기 때문이다. 이는 국내에서 서로 다른 사람들끼리 자발적인 교환거래가 일어나는 이유가 그 거래로 쌍방이 이익을 얻기 때문인 것과 같다.

각 국은 자국에게 유리한 제품의 생산에 특화하여 재화를 상호 교환하게 되면 당사국들은 모두 국제분업의 이익을 얻을 수 있다는 국제분업의 원리를 Adam Smith의 절대생산비설 또는 절대우위론(theory of absolute advantage)이라고 한다. 스미스는 분업론을 국제무역에 적용시켜 무역이익을 설명하고, 국제무역의 필연성을 주장하였다. 그는 외국무역이 이루어지면 자국의 생산물 가운데 국내의 수요를 초과하는 잉여분을 외국에 수출하여, 국내에서 필요로 하는 외국의 생산물을 수입할 수 있기 때문에 교역당사국이 다 같이 무역이익을 얻을 수 있다고 하였다.

표 6-1 절대우위론의 예시

구 분	상품단위당 노동투입량	
	직물	밀
한 국	100인	200인
미 국	150인	100인

〈표 6-1〉은 절대우위론를 설명하기 위한 가상적인 예이다. 표에서 한국은 직물 1단위 생산에 100인이 필요하고, 밀 1단위 생산에 200인이 소요된다고 가정하자. 그리고 미국은 직물 1단위 생산에 150인이 필요하고, 밀 1단위 생산에 100인이 소요된다고 가정하자. 그러며 한국은 직물생산에, 미국은 밀 생산에 특화해서 수출하면 양국이 다 같이 무역의 이익을 얻을 수 있다.

우리나라는 무역이전에 노동력 300인으로 직물과 밀 각각 1단위 생산할 수 있었으나, 무역을 함으로써 노동력 200인으로 직물 2단위를 생산해서 미국의 밀 1단위와 교환하면 직물과 밀 각각 1단위를 얻을 수 있다. 그러므로 결국 노동력 100인을 절감할 수 있게 된다. 미국도 무역이전에 노동력 250인으로 직물과 밀 1단위 생산할 수 있었으나, 무역을 함으로써 노동력 200인으로 밀 2단위를 생산해서 한국의 직물 1단위와 교환하면 직물과 밀 각각 1단위를 얻을 수 있다. 그러므로 결국 노동력 50인을 절감할 수 있게 된다. 그리하여 양국이 각국의 절대우위에 있는 재화의 생산에 특화해서 상호 무역을 하게 되면 상호 이익이 된다는 것이다.

2) 시사점과 한계

스미스의 절대생산비설은 국제분업의 원리에 의해 무역의 이익을 체계적으로 규명함으로써 그 당시 풍미하던 중상주의(mercantilism)를 배격하고 최초로 자유무역정책의 이론적 논거를 제시했다는 점에서 의의가 있다. 절대우위설은 양국이 무역으로 모두 이익을 얻을 수 있어 중상주의자들이 주장한 영합게임(zero-sum game)이 아니라는 것을 보여주었다. 무역은 두 나라에 모두 이익을 주는 양합게임(positive-sum game)이라는 것을 보여주었다.

그러나 스미스의 이론은 일국에서 재화들 간의 교환비율이 실질노동비용에 따라 결정된다는 너무 제한적인 가정에서 출발하여 한계가 있다. 스미스의 이론은 공급측면만을 강조하고 각국 소비자들의 수요측면에 대한 분석이 없어 교역조건에 대한 수준을 결정하기가 어렵다. 또한 절대생산비의 차이에 따라 이루어지는 무역의 범위는 넓지만 모든 국제무역이 절대생산비차로써만 설명할 수는 없다. 절대생산비설에 의하면 모든 상품이 자국보다 외국에서 더 싸게 생산되는 경우에는 국제분업이 일어날 수 없다는 결과가 되기 때문이다. 스미스의 절대생산비설이 가지고 있는 이러한 결점을 보완하여 모든 상품의 생산비가 외국보다 비싼 경우에도 국제분업이 유익하다는 것을 설명한 사람이 리카도(D. Ricardo)이다.

2. 비교생산비설

1) 의의와 내용

비교생산비설 또는 비교우위론(theory of comparative advantage)은 David Ricardo가 주장한 이론이다. 비교우위론에 따르면 한 나라가 다른 나라에 비해서 어떤 상품을 다른 상품에 비해서 상대적으로 적은 양의 생산요소를 들여 생산할 수 있을 때, 그 국가는 그 상품 생산에 비교우위가 있다고 한다.

D. Ricardo의 비교우위론은 무역당사국들의 비교우위성이 수요조건과 관계없이 생산비조건의 국제적 차이에 의해서만 결정된다고 보기 때문에 비교생산비설(the doctrine of comparative costs)이라고 부른다. 리카도에 의하면 두 나라의 생산비의 차이가 상대적인 경우에는 무역이익이 존재한다는 것이다. 즉 어떤 나라가 모든 재화를 자급자족하는 것보다는 생산비에서 상대적으로 비교우위에 있는 재화의 생산에 특화하여 국제분업을 함으로써 이익이 있다는 것이다.

비교우위론을 〈표 6-2〉를 가지고 설명하면 다음과 같다. 한국은 직물 1단위 생산에 100인이 필요하고, 밀 1단위 생산에 120인이 소요된다고 가정하자. 그리고 미국은 직물 1단위 생산에 90인이 필요하고, 밀 1단위 생산에 80인이 소요된다고 가정하자. 그러면

표 6-2 비교우위론의 예시

구 분	상품단위당 노동투입량	
	직물	밀
한 국	100인	120인
미국	90인	80인

미국이 직물과 밀 생산 모두에 절대우위가 있다. 이런 경우에 리카도는 비교우위에 있는 경우에 각국이 특화해서 무역을 하게 되면 이익이 된다는 것이다.

여기서 비교우위 정도를 계산하면 다음과 같다. 먼저 한국과 미국의 직물생산비 비율은 100대 90이다. 즉 미국의 직물 생산비는 한국의 직물 생산비의 90/100=0.9(90%)이다. 한국의 직물 생산비를 100으로 볼 때 미국의 직물 생산비는 90%이기 때문에 미국은 한국에 비해 10%의 절대우위를 가진다. 그리고 미국의 밀생산비는 한국의 밀생산비의 80/120=0.67 (67%)이다. 즉 한국의 밀 생산비를 100으로 볼 때 미국의 생산비는 67%이기 때문에 미국은 한국에 비해 33%의 절대우위를 가진다. 따라서 미국은 한국에 비해 밀을 생산하는 것이 23%(33%-10%)의 비교우위에 있는 것이다.

그런데 한국을 중심으로 생산비를 계산해 보면 다음과 같다. 즉 한국의 직물생산비는 미국 직물생산비의 100/90=1.1배이다. 그리고 한국의 밀생산비는 미국 밀생산비의 120/80=1.5배이다. 따라서 한국은 미국에 비해 직물을 생산하는 것이 비교우위에 있는 것이다. 결국 한국은 직물생산에, 미국은 밀 생산에 특화하는 것이 두 가지 재화 모두를 생산하는 것보다 유리하게 된다.

교역후의 분업이익을 계산하면 다음과 같다. 밀을 미국에서 생산하는 경우에 미국의 단위당 생산비는 80명이므로 특화이전에 직물과 밀 생산에 종사하던 170명이 모두 밀 생산에만 종사한다면 170÷80=2.125단위의 밀을 생산할 수 있다. 직물을 한국에서 생산하는 경우에 단위당 비용이 100명이므로 종전에 밀을 생산하던 120명과 직물생산에 종사하던 100명이 모두 직물만을 생산하면 220명÷100=2.2 단위의 직물을 생산할 수 있다. 따라서 두 나라가 국제분업을 함으로써 0.125단위의 밀과 0.2단위의 직물을 더 생산할 수 있다는 것이 리카도의 비교생산비이론이다.

2) 근대적인 비교생산비설

리카도의 비교생산비설은 이렇게 노동가치설에 입각하여 노동이 유일한 생산요소이고, 기회비용 불변이라는 가정을 사용하고 있는데 비현실적이다. 근대적인 비교우위론 또는 근대적인 비교생산비설은 리카도의 비교생산비설을 보다 확대하여 단일 생산요소와 기회비용 일정불변이라는 비현실적인 가정을 버리고, 무역의 이익을 설명하고자 하는 것이다. 두 상품을 생산하고 두 상품에 대한 사회구성원이 선호가 같다는 전제하에서 근대적인 비교생산비설을 전개하면 다음과 같다.

먼저 한 경제가 주어진 자원과 기술수준하에서 모든 부존자원을 효율적으로 사용하여 두 가지 재화를 가장 효율적으로 생산할 수 있는 여러 가지 조합을 나타내는 곡선을 생산가능곡선(Production Possibilities Curve: PPC) 또는 변환곡선(transformation curve)이라고 한다. 생산가능곡선은 생산비가 불변인가 또는 체증, 체감하는가에 따라서 모양이 다르다. 불변 생산비(기회비용 불변)하의 생산가능곡선은 직선이고, 체증생산비(기회비용 체증)하의 생산가능곡선은 원점에 대해서 오목(concave)하며, 체감생산비(기회비용 체감)하의 생산가능곡선은 원점에 대해서 볼록(convex)하다. 일반적인 생산함수는 원점에 대한 오목한 형태를 보이는데 이는 한계변환율(marginal rate of transformation)이 체증하기 때문이다. 이것은 기회비용이 체증하는 것을 나타내는데, 그 이유는 한 재화의 생산을 1단위씩 증가시킬 때 그로 인해 생산을 포기해야 되는 다른 재화의 수량은 점점 더 많아야 한다는 것을 나타낸다. 이를 한계생산변환율체증의 법칙이라고 한다.

[그림 6-1]은 생산가능곡선을 나타내는 것이다. 생산가능곡선상에서 X재 1단위 생산증가로 인하여 감소되는 Y재의 양을 X재의 Y재에 대한 한계변환율(Marginal Rate of Transformation: MRT_{XY})이라 한다.

$$MRT_{XY} = \left| \frac{-\Delta Y}{\Delta X} \right|$$

한계변환율은 생산가능곡선상의 한 점에서의 접선의 기울기 또는 두 점을 연결한 직선의 기울기로 측정된다. 그림에서 A점과 B점을 연결한 직선의 기울기의 절대치가 한계변환율이다. 이를 다른 말로 표현하면 한 재화를 더 생산함으로써 희생된 다른 재화의 생산량을 나타내는데 이를 기회비용(opportunity cost)[1]이라고도 한다. 그림에서

그림 6-1 생산가능곡선

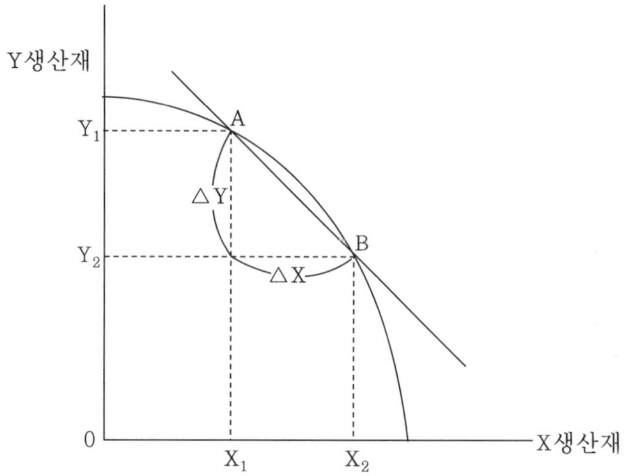

X재 OX_1에 대한 기회비용은 Y재 OY_1이다. 한 나라가 다른 나라와 국제무역을 하지 않는 봉쇄경제하의 생산제품 구성은 [그림 6-2]에서 보는 바와 같이 OX_0과 OY_0에서 이루어진다. 즉 사회적 무차별곡선(social indifference curve)과 생산가능곡선이 만나는 E_0에서 균형이 성립한다. 이 점은 무역을 하지 않는 자급자족경제의 경우 생산물구성의 최적조건을 나타낸다. 이때에는 X재를 OX_0, Y재를 OY_0만큼 생산하는 것이 사회후생을 극대화시키는 방법이다. E_0에서 그은 접선의 기울기는 생산가능곡선에 대한 접선이자 사회적 무차별곡선에 대한 접선도 된다. 이 때 무차별곡선에 대한 접선의 기울기는 한계대체율[2](Marginal Rate of Substitution: MRS_{XY})이다. 한계대체율은 무차별곡선상에서 X재를 1단위 증가시킬 경우 동일한 효용을 유지하기 위해 감소시켜야 하는 Y재의 수량을 의미한다. 이 때 효용의 기수적 측정이 가능하다고 가정하면 두 재화의한계효용(marginal utility: MU)의 비율로 나타낼 수 있다.

1) 어떤 활동에 대한 기회비용이란 어떤 활동을 선택했을 때 포기된 차선(포기된 것 중에서 가장 가치가 큰 것)의 다른 활동의 가치로 나타낸 것이다. 경제학적 비용은 기회비용을 말하는데, 여기에는 명시적 비용(explicit cost)과 암묵적 비용(implicit cost)이 모두 포함된다.

2) 한계대체율은 'X재를 1단의 증가시킬 경우 동일한 효용을 유지하기 위해 감소시켜야 하는 Y재의 수량'을 의미한다. 기하학적으로 설명하면 무차별곡선상의 접선의 기울기(절대치)를 나타낸다.

그림 6-2 봉쇄경제하의 생산가능곡선과 생산제품 구성

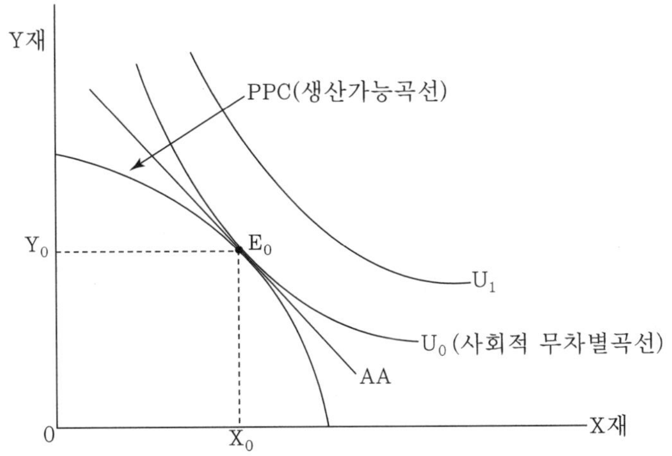

$$MRS_{XY} = \left| \frac{-\Delta Y}{\Delta X} \right| = \frac{MU_X}{MU_Y} \quad \text{(효용의 기수적 측정이 가능하다면)}$$

그런데 X재와 Y재 간의 한계대체율은 두 재화의 가격비와 같다. 그리하여 E_0점에서는 다음의 관계가 성립한다. 균형점에서는 사회적 무차별곡선의 기울기와 예산선의 기울기가 같아 다음이 성립한다.

$$MRT_{XY} = MRS_{XY} = \frac{P_X}{P_Y}$$

이제 개방경제하의 생산가능곡선과 무역의 이익을 살펴보자. [그림 6-3]은 이를 설명해 주고 있다. 설명의 편의상 한국과 미국이 노동과 자본을 투입하여 X재(직물)와 Y재(밀)을 생산하여 교역한다고 가정하자. 여기서 두 나라 소비자의 개별선호구조는 동일하고, 기회비용이 체증한다고 가정하자.

그림에서 기회비용이 체증할 경우 원래의 생산가능곡선은 원점에 대해서 오목한 형태의 PP선이다. 사회적 무차별곡선이 U_0라고 하면 원래의 균형점은 이들 곡선이 만나는 E_0점이 된다.

그림 6-3 개방경제하의 생산가능곡선과 무역의 이익

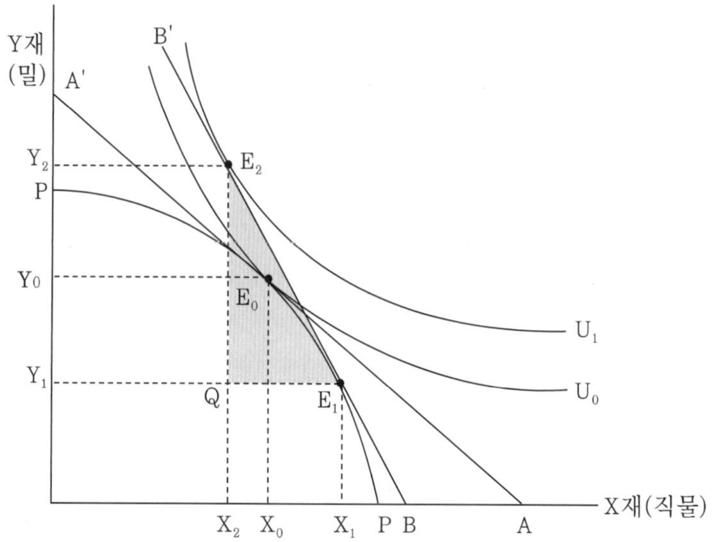

그런데 직물생산에 비교우위를 갖고 있는 한국이 밀생산에 비교우위가 있는 미국과 교역을 한다고 가정하자. 그러면 한국은 비교우위가 있는 직물을 미국에 수출하고 미국으로부터 밀을 수입하게 된다. 무역으로 직물의 국제적인 상대가격은 국내 상대가격보다 올라가게 된다. 다시 말하면 한국과 미국의 직물의 상대가격은 교역전보다 상승하고, 밀의 상대가격은 하락하게 되고 따라서 상대가격선은 AA' 선에서 BB' 선으로 이동하게 된다. 이렇게 되면 생산자들은 상대적으로 비싸진 직물을 더 많이 생산하고, 상대적으로 싸진 밀의 생산은 감소시키려고 할 것이다. 그리하여 새로운 균형점은 E_1 점으로 이동하게 되고 직물과 밀의 국내생산은 각각 OX_1, OY_1이 된다(정연중: 1088-1089, 김대식 외: 934-935).

반면에 소비자들은 상대적으로 싼 밀의 소비를 늘리고, 상대적으로 비싼 직물의 소비를 줄이고자 할 것이다. 결국 소비지들은 새로운 상대가격선인 BB' 선과 사회적 무차별곡선 U_1이 만나는 E_2 점에서 X재를 OX_2 만큼, Y재를 OY_2 만큼 소비하게 될 것이다. 이것은 국제적인 상대가격비인 BB' 에서 직물 X_1X_2 만큼을 수출하면 밀 Y_1Y_2 만큼을 수입할 수 있기 때문이다. 결국 무역으로 국내생산점이 E_0 에서 E_1 으로 이동하고,

국내소비점은 E_2로 이동하여 무역전보다 더 높은 효용을 누릴 수 있게 된다. 이때 $\triangle E_1E_2Q$을 무역삼각형이라 하고, 삼각형의 밑변은 X재 수출을, 높이는 Y재 수입을 나타낸다. 그리하여 한국은 미국과의 무역을 통해 사회적 후생이 U_0에서 U_1으로 증가하였고, 미국의 입장에서도 직물수량으로 표시한 밀의 상대가격이 상승하였기 때문에 한국과 같이 사회적 후생이 증가하였다는 것을 동일한 논리로 설명할 수 있다. 리카도의 비교생산비설에서는 교역당사국들이 비교우위에 있는 재화에 대해 완전 특화된다고 본 반면, 근대적 비교생산비설은 교역이 발생하더라도 부분적으로 특화된다는 것을 설명함으로써 보다 현실성이 높다고 하겠다.

3) 시사점과 한계

리카도의 비교생산비설은 오늘날의 국제무역에 관한 이론적 논거를 준 것으로 경제학적 분석에 있어 위대한 성과중의 하나로 꼽힌다. 양국간에 절대우위는 물론이고 비교우위만 있어도 서로 교역하는 것이 이익이 된다는 자유무역이론의 논거를 제시하여 주었다는 점에서 큰 의의가 있다.

그러나 리카도의 비교생산비설은 다음과 같은 몇 가지 비판을 받고 있다. 첫째, 리카도에 의하면 상품의 가치는 그 생산에 투입된 노동량만에 의해서 결정되고 노동의 한계생산력이 일정하다는 비현실적인 가정에서 출발하였다. 둘째, 자본과 토지 등 노동이외의 생산요소를 포괄하지 못하고 제품생산에 있어서 생산요소들 간의 대체관계를 감안하지 못한 단점이 있다. 셋째, 생산요소의 투입과 산출량 간에 일정불변의 비례관계가 있다고 가정한다. 즉 생산요소의 투입에 따른 수확체증이나 수확체감현상을 고려하지 않고 있다. 넷째, 교역조건의 문제를 고려하지 않았다는 문제도 있다. 리카도의 비교생산비설에 의하면 농업에 비교우위를 가지는 나라는 농산물을 생산하고 공업에 비교우위를 가지는 나라는 공업에 특화하는 것이 유리하다는 것이다. 그러나 현실적으로 농산물이나 자연원료는 공산품에 비해 교역조건 면에서 매우 불리하므로 후진국들도 공업화를 추진하고 있다. 따라서 교역조건의 문제를 생각할 때 리카도의 비교생산비설은 비현실적이라고 할 수 있다.

3. 상호수요설

1) 의의와 내용

리카도는 비교우위에 따른 무역의 발생 원인을 설명하였지만 구체적인 교환비율인 교역조건[3]에 대해서는 명확히 제시하지 못했다. 이에 대해서 John Stuart Mill은 그의 저서 정치경제학 원리(Principal of Political Economics, 1848)에서 상호수요실로서 설명하였다. 밀은 무역을 통해 수입하려는 어떤 상품의 수요량을 수출(지급)하려는 상품의 수량으로 표시한 것을 상호수요(reciprocal demand)라고 정의하였다.

밀은 각국이 그 나라의 수출품을 얼마나 판매하는가는 수출품의 대가로 얻을 수 있는 수입품의 양에 달려있다고 생각했다. 즉 수출량은 교역조건에 따라 달라지게 된다는 것이다. 밀은 교역조건의 규명에 수요의 개념을 도입하여 교역조건은 자국의 수출품에 대한 외국의 수요와 외국에서의 수입품에 대한 자국의 수요가 일치하는 점에서 결정된다고 주장했기 때문에 이를 상호수요균등의 법칙이라고 한다.

밀의 상호수요설을 〈표 6-3〉을 가지고 설명하면 다음과 같다. 표에서 영국과 한국에서 동일한 노동량으로 생산할 수 있는 린넨(linen)과 직물의 양을 비교하고 있다.

표 6-3 동일한 노동량을 투입하여 생산한 생산량

(단위: 야드)

구 분	직 물	린 넨
영국 (맨체스터)	10	15
독일 (뮌헨)	10	20

여기서 리카도의 비교생산비설에 따르면 독일은 린넨에 특화하고, 영국은 직물 생산에 특화하는 것이 유리하다. 왜냐하면 같은 노동량을 투입하여 생산한 직물생산은 양국에서 같지만, 린넨의 생산은 독일에서 더 많이 생산하므로 독일은 린넨생산에 비교우위가 있기 때문이다.

---

3) 교역조건이란 수출상품 1단위와 교환되는 수입상품의 수량을 말한다. 다시 말하면 수출상품과 수입상품의 가격비율을 말한다. 즉 수출상품가격/수입상품가격이다.

이 경우 무역이 발생하기 전에는 직물과 린넨의 교환비율은 영국에서 10:15, 독일에서는 10:20이 될 것이다. 무역이 개시되려면 영국은 10야드의 직물을 수출해서 15야드보다 많은 린넨을 얻으려 할 것이고, 독일은 10야드의 직물을 얻는 대가로 20야드 보다 적은 린넨을 주려고 할 것이다. 그리하여 양국 모두가 무역을 통해 이익을 얻을 수 있는 교역조건은 10C:15L과 10C:20L의 사이에서 결정될 것이다(문창권 외: 88-90, 박대위: 22-24).

이와 같이 밀은 각국이 수출품을 판매하려는 의도는 수출로 획득할 수 있는 수입품의 수량에 의존한다고 보았다. 그리하여 그는 수요조건에 따라 교역조건이 변동하는 원리를 〈표 6-4〉로 설명하고 있다. 표에서 영국의 국내교환비율인 10C:15L에서 10C:16L, 10C:17L 등으로 영국의 수출품인 직물의 린넨에 대한 교역조건을 개선시킬수록 영국은 더 많은 직물을 공급하고 더 많은 린넨을 수요하려는 경향이 있다는 것을 보여주고 있다.

표의 10C:17L에서 영국이 제공하려는 직물의 양과 그것에 대한 독일의 수요가 같고, 린넨에 대한 영국의 수요와 독일이 공급하는 린넨의 양이 같게 되어 균형이 이루어진다. 다시 말하면 두 나라가 무역을 통하여 상호수요가 서로 일치하게 된다. 이를 상호수요균등의 법칙이라고 한다(the law of equation of reciporcal demand). 결국 양국의 상호수요가 균등하게 되면 상품시장에서 교역조건의 변동압력이 제거되어 균등교역조건이 결정된다.

표 6-4 영국과 독일의 상호수요

교역조건 (두 재화의 교환비율)	영 국		독 일	
	직물의 공급량	린넨의 수요량	직물의 수요량	린넨의 공급량
10C : 15L	0	0	2,000	3,000
10C : 16L	600	960	1,300	2,080
10C : 17L	1,000	1,700	1,000	1,700
10C : 18L	1,100	1,980	800	1,440
10C : 19L	1,300	2,470	400	760
10C : 20L	1,600	3,200	0	0

2) 시사점과 한계

밀은 노동가치설로서는 설명할 수 없었던 재화의 국제교환비율의 결정을 교역조건이라는 개념을 통해 상호수요의 측면에서 설명하고, 그에 따라 교역 당사국에 배분되는 무역이익을 규명하였다는 점에서 의의가 있다.

그러나 이러한 교역조건이 재화의 진정한 국제적 가치를 반영하였는가에 대해서는 비판이 있다. 즉 수요의 탄력성이나 기술진보, 교역국가의 부존자원 규모, 기타 생산요소들이 교역조건의 결정에 얼마만큼 어떻게 영향을 미쳤는가에 대해서는 명확히 해명하지 못하고 있다.

제 2 절 근대적 지역교역이론

1. 헥셔-오린의 정리

재화의 생산비차가 발생하는 원인을 생산요소의 부존이 상이한 데서 기인한다는 연구가 1919년 스웨덴의 경제학자 E. F. Heckscher에 의해 처음으로 이루어졌고, 그의 제자 B. Ohlin이 이를 더욱 발전시켰다. 그리하여 이를 헥셔-오린의 정리(Heckscher-Ohlin theorem)라고 한다.

헥셔-오린의 정리는 두 개의 명제로 되어 있다. 먼저 제1명제는 요소부존비율이론(factor-proportions theory)이라고 하는데, 이는 각국이 상대적으로 풍부하게 부존된 생산요소를 보다 집약적으로 사용하는 상품의 생산에 특화하는 것이 비교우위를 갖는 경향이 있다는 것이다. 가령 중국은 상대적으로 노동이 풍부하고 미국은 자본이 풍부하므로 중국에서는 노동집약적인 상품에 특화하고 미국은 자본집약적인 상품에 특화하는 것이 유리하다는 것이다.

제2명제는 요소가격균등화의 정리(factor price equalization theorem)라고 하는데, 국제무역은 당사국의 생산요소가격을 상대적으로나 절대적으로나 균등화시키는 경향이 있다는 것이다.

이러한 헥셔-오린 정리는 다음 사항들을 전제한다. 첫째, 두 나라의 생산기술, 즉 양국의 생산함수는 동일하다. 둘째, 요소부존의 비율이 양국간에 상이함을 전제한다. 가령

A국은 노동이 풍부한 나라이고, B국은 자본이 풍부하여 양국의 요소부존이 다르다는 것을 전제한다. 셋째, 두 재화 사이의 생산요소 집약도는 다르다는 것을 전제한다. 넷째, 양국의 생산요소는 질적인 차이가 없음을 전제한다. 다섯째, 양국의 생산물시시장과 생산요소시장은 완전경쟁임을 전제한다. 여섯째, 상품의 무역은 자유롭게 이루어지며 운송비는 없다. 일곱째, 요소의 양국 간 이동은 불가능하다는 것이다.

2. 레온티에프의 역설

헥셔-오린 정리의 요소부존이론을 현실적으로 검정한 사람은 미국의 경제학자 W. Leontief이다. 1953년과 1956년에 발표된 레온티에프의 역설은 1947년의 미국에 관한 요소부존비율을 산업연관표(inter-industry table)를 이용하여 검정한 것이다. 다른 나라에 비해 상대적으로 자본이 풍부한 것으로 생각되는 미국이 헥셔-오린정리 제1명제와는 반대로 자본집약적인 제품을 수입하고, 노동집약적인 제품을 수출한다는 결론을 얻었는데, 이를 레온티에프 역설(Leontief Paradox)이라고 한다.

헥셔-오린 정리와 상충되는 레온티에프의 미국에 대한 실증적인 연구결과를 놓고 학계에서는 이를 어떻게 설명할 수가 있는지에 대하여 상당한 논란이 있었다. 레온티에프는 자신의 분석에서 얻은 역설적인 결과에 대한 원인을 미국 노동자들의 질 높은 생산성에서 찾고 있다. 레온티에프는 미국 노동자의 생산성은 외국의 노동자에 비하여 월등히 높으므로 만일 노동을 생산성의 차이까지 참작하여 측정한다면 미국은 다른 나라에 비하여 노동이 풍부한 나라로 볼 수 있다는 것이다. 이는 자신의 검정결과가 헥셔-오린 정리의 가설과 부합되는 것이 된다고 하였다.

3. 새뮤엘슨-스톨퍼 정리

새뮤엘슨-스톨퍼 정리(Samuelson-Stolper Theorem)란 미국이 저임금 후진국들과 자유무역을 하게 되면 미국 근로자들의 실질임금수준이 점진적으로 하락하기 때문에 이를 방지하기 위한 정책적 수단으로 보호관세제도가 필요하다는 점을 주장한 이론이다. P. A. Samuelson과 W. F. Stolper는 1941년에 발표한 그들의 논문에서 이 정리를 발표하였다(Samuelson & Stolper, 1941: 58-73). 이는 헥셔-오린 정리를 기초로 전개된 하나의 정책적 결론이다. 이 정리는 그 후 보호무역주의의 유력한 이론적 근거가 되었다.

상술한 국제교역이론은 고전적 및 근대적 국제 및 지역 간 교역이론을 설명한 것이다. 최근에는 급변하는 국제경제 환경하에서 매우 다양한 신 이론들이 제시되고 있다. 이에는 제품차별화이론이나 연구개발요소이론, 대표적 수요이론, 제품사이클이론, 특수요소이론 등이 있다.

제 3 절 현대적 지역교역이론

헥셔-오린 정리의 확장모형들은 지역교역 전문화패턴을 결정하는 중요한 요소로서 인적자원과 자연자원을 통합하여 설명하고 있다. 그러나 이들 확장 모형은 그 자체로서 교역이론을 충분히 설명하지 못하고 있다.

헥셔-오린모형과 근본적으로 다른 세 가지 새로운 현대적 지역교역이론은 산업내 무역이론과 경쟁우위설, 신경제지리모형 등이 있다.

1. 산업 내 무역이론

산업 내 무역이론(intra-industry trade)은 최근에 와서 많은 관심을 받아왔다. 산업 내 무역이론은 H. G. Grubel와 P. J. Lloyd(1973)의 연구에 의해서 제시되었고, 그 후 D. Greenaway와 C. Milner(1986) 등에 의해서 발전되었다.

헥셔-오린의 요소부존이론은 서로 다른 산업 간의 무역(산업간 무역: inter-industry trade)만을 설명하고 있다. 그러나 오늘날의 무역은 국가 간의 요소부존도 차이에 따라 발생하는 다른 상품 간에만 교역이 일어나는 것이 아니라 동종 산업에 속하는 상품들(수직적으로 동일한 제품)간에도 많이 발생한다. 예를 들면 일본의 도요타 자동차와 미국의 포드 자동차는 자본집약도나 기술수준이 비슷하지만 양국은 서로 수출입하고 있다.

산업 내 무역이론의 기원은 헥셔-오린 정리의 중요한 가정인 완전경쟁시장이 무역 상황과는 동떨어진 것이며 불완정경쟁시장이 보다 일반적인 것으로 보고 교역이론을 전개한데서 찾을 수 있다. 국제적인 교역당사자로서의 지역은 가끔 매우 유사한 제품을 서로 교역한다. 산업 내 무역은 본질적으로 두 가지 요인에 의해서 발생한다고 보고 있다. 즉 하나는 현대 소비자들의 제품선택에 있어서 다양성(diversity in the choice of products)에 대한 욕망이고, 다른 하나는 기업수준에서의 규모의 경제(economies of scale)이다. 이러한 요인으로 지방 소비자들의 다양한 선택 수요로 비슷한 대체재가 많이 수입되어 기업들의 국내시장에서의 분배몫이 점차 작아지게 될 수도 있다. 그러나 이와 동시에 지방의 생산자(공급자)들은 그들 자신의 차별적인 브랜드를 가지고 그 밖의 다른 나라 지역시장에 수출할 수 있다. 그렇게 되면 그 기업의 산출량은 많아지게 되고, 결국에 가서는 규모의 경제이점을 누리게 된다는 것이다(Armstrong & Taylor, 2000: 131-132).

산업 내 무역이론은 전통적 무역이론의 제한적인 가정에서 벗어나 보다 현실에 가까이 접근하여 설명하고 있다. 즉 상품교역에 수반되는 운송 및 저장비, 판매, 정보 및 거래비용, 규모의 경제, 제품 차별화 등을 인정한다면, 이종 산업 간의 무역뿐만 아니라 동종 산업 간에도 무역이 발생할 수 있다는 것을 나타내 주고 있다. 이에 대한 근거로 상술한 규모의 경제와 소비자들의 다양한 상품 수요 외에도, 해외가공 및 조립생산의 경우 국경무역, 중계무역 등에서 많이 볼 수 있다.

산업 내 무역은 크게 수평적 산업 내 무역과 수직적 산업 내 무역으로 구분된다. 수평적 산업 내 무역(horizontal intra-industry trade)은 일반적으로 선진국 간 무역시 발생하는데, 어떤 한 지역이나 국가가 품질은 거의 같지만 디자인이나 기능 등에서 서로 약간 다른 차별화된 제품을 교환할 때 발생한다. 이러한 경우는 주로 국경무역이나 중계무역 내지 재수출무역에서 많이 발생한다.

수직적 산업 내 무역(vertical intra-industry trade)은 주로 선진국과 개도국(또는 후진국)간 무역에서 많이 발생하는데, 어떤 한 지역이나 국가가 같은 산업내의 제품을 교역할 때 제품의 품질이나 기능이 다르고, 생산단계도 다른 상태의 제품을 교역할 때 발생한다. 발생하는 원인은 주로 규모의 경제나 수요의 다양성, 국가간 기술격차 등에 의해서 발생한다.

산업 내 무역이 발생하는 가장 대표적인 경우는 EU지역 내에서 볼 수 있다. D. Neven(1990: 13-62)은 특히 영국과 독일, 벨기에, 프랑스, 네덜란드 등의 국가는 서로 상당한 양의 산업 내 무역이 발생한다고 하였다. 그리고 보다 최근 EU에 가입한 그리스와 포르투갈은 산업 내 무역이 적게 발생한다고 하였다.

C. Aturupane 등(1999)의 연구에 따르면, EU와 동유럽간의 산업 내 무역은 무역의

약 25~40%가 산업 내 무역에 의해서 이루어진다고 분석하였다. 무역 중 약 10~20%가 수평적 산업 내 무역에 의해서 이루어지고, 나머지는 수직적 산업 내 무역에 의해서 이루어진다고 보았다. 수직적 산업 내 무역은 동유럽이 서유럽 산업에 보다 값싼 중간재를 제공한다고 하였다. 이와 유사한 연구가 G. H. Hansen(1998)에 의해서 이루어졌는데, 한센은 미국과 멕시코 국경지역에서 미국 제조업자와 멕시코 부품공장 간의 중간재를 교역함에 있어 이러한 현상이 발생한다고 하였다.[4)]

2. 경쟁우위설

1990년데 들어 지역교역이론에서 가장 환영할 만한 중요한 발전 중의 하나는 하버드대 경영대학원 Michael E. Porter(1990)교수가 제시한 경쟁우위설이다.[5)] 어떤 지역에 있는 기업들은 지리적인 클러스터(geographical cluster)를 형성함으로써 다른 지역에 있는 경쟁기업에 비해서 경쟁적인 교역 우위를 얻을 수 있다는 것이다. 이 가설에서는 헥셔-오린모형에서 가정한 규모에 대한 보수불변을 배격한다. 포터는 전통적인 비교우위이론과 현대적인 산업 내 무역이론 등을 결합시켜 새로운 경쟁우위이론을 제시하였다.

어떤 지역이나 국가가 산업클러스터로부터 얻을 수 있는 이점은 포터의 연구로부터 이루어졌다. M. E. Porter는 격심한 국제경쟁에서 기업들이 직면한 것은 비교우위가 아닌 경쟁우위를 확보하는 것이라고 하였다. 그는 가장 성공적인 경쟁우위는 중요한 경쟁강화요인인 네 가지가 한 장소나 지역에 집적되어 있을 때 가능하다고 하였다. 이들 네 가지 요인은 서로를 강화시키는 작용을 하고, 누적적 인과관계를 발생시킨다. 포터가 주장한 경쟁우위의 네 가지 요인은 다음 [그림 6-4]에서 보는 바와 같이 유리한 요소조건과 수요조건, 관련 산업과 지원 산업, 기업전략과 구조, 경쟁관계 등이다.[6)]

첫째, 유리한 수요조건은 강력한 국내시장 수요가 규모의 경제를 야기시킨다는 것이다. 수요조건은 해당 산업이 창출하는 재화와 서비스에 대한 내수의 특성을 나타낸다. 국내수요가 새롭게 부상하는 소비자의 욕구를 더 분명하고 신속하게 기업들에게 제시

4) C. Aturupane et al, 1999, pp. 62-81 및 G. H. Hansen, 1998a, pp. 30-44.
5) M. E. Porter, 1990 및 김경묵 · 김연성, 2002, pp. 204-207.
6) 퍼터의 경쟁우위이론은 그림 모양이 마치 다이아몬드 모양을 취하고 있으면서 상호 유기적으로(화살표시) 연계되어 국제경쟁력을 결정짓는다고 하여 일명 다이아몬드이론(the Porter diamond theory)이라고도 한다.

그림 6-4 M. E. Poter의 경쟁우위의 결정요인

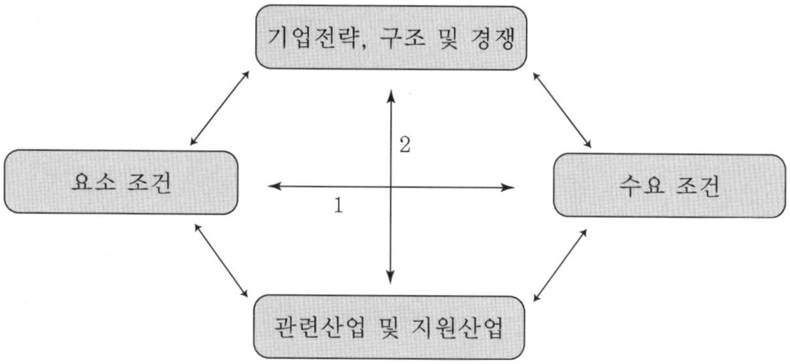

하며, 외국경쟁자보다 우수한 경쟁우위를 달성하도록 압력을 가하는 산업분야에서 국가나 해당지역은 경쟁우위를 지니게 된다는 것이다. 강력하고 세련된 국내 소비자들은 국내기업들이 국내시장에서 경쟁우위를 차지하기 위한 경쟁을 통하여 혁신적 제품의 개발과 유통을 촉진하게 만든다는 것이다. 국내소비자들이 국내기업들이 생산한 제품에 대해서 적극적으로 평가를 하고 개선을 하도록 하면, 그 기업제품이 국내에서 경쟁력을 가지게 되고 나아가 전 세계적으로 경쟁력을 가진 제품이 된다는 것이다. 전 세계 유수기업의 전자제품들이 신규로 출시되면 IT강국인 우리나라 소비자들의 반응을 보고 생산한다는 가설은 이를 잘 나타내는 것으로 판단된다.

둘째, 요소조건은 해당산업에서 국제적으로 경쟁하는데 필요한 생산요소의 상대적인 양을 나타내는데, 인적, 물리적 자원, 숙련된 노동이나 사회간접자본 등의 부존요소와 이러한 것을 창출할 창출 요소 등으로 구성된다. 헥셔-오린모형에서는 생산요소 부존 정도가 이론의 중요한 부문을 차지하고 있지만, 여기서는 이것보다 훨씬 더 폭넓게 보고 있다. 포터는 기본적인 생산요소인 자본, 노동, 자연자원 외에 고도로 숙련된 노동(labour with highly specific skills), 노동력의 교육수준, 국가 사회간접자본의 질 등 보다 고급화된 요소들을 포함시키고 있다.

셋째, 관련산업과 지원산업은 국제적으로 경쟁력있는 연관산업이나 지원산업의 국내 내지 지역에 존재하는 것이다. 한 산업의 발전은 국내 연관 및 부품산업의 발전을 가

져온다. 공급업자 인근에 소재하는 기업들은 다양한 정보교환, 원가절감 정보, 새로운 제품의 발명 등을 공급업자와 교환할 수 있다. 이러한 연관산업 간의 경쟁은 부품시장에서의 가격인하, 품질제고, 기술혁신을 가져오고, 결과적으로 동 산업의 발전을 가져오고, 세계시장에서 경쟁우위를 가지게 되는 것이다.

마지막으로 기업의 전략과 구조 및 경쟁관계는 기업의 창업, 조직, 관리 등과 국내기업 간의 경쟁관계를 가능토록 하는 사회적 특성을 나타낸다. 기업이 직면하고 있는 국내 내지 지역의 경쟁환경은 기업의 국제시상에서의 경쟁능력을 결정하게 된다. 국내의 치열한 기업간 경쟁에서 살아남기 위해서 기업들은 원가절감, 품질향상, 생산성 제고 등 지속적인 노력을 하게 되고, 그 결과 국제적으로 경쟁할 수 있는 기술과 능력을 축적하게 된다.

이상의 네 가지 결정요인들은 각각 개별적으로 한 국가 또는 기업의 국제경쟁력에 영향을 줄 뿐만 아니라 상호 연계되어 국제경쟁력 창출에 이바지한다. 포터는 국제경쟁력을 제고시키기 위해서는 두 가지 요인이 중요하다고 하였는데, 이에는 국내에서 적극적으로 활동하는 경쟁기업이 있어야 하고, 어떤 특정분야의 경제활동에 대한 집중력이 필요하다고 했다.

포터모형의 핵심은 [그림 6-4]의 양 방향 화살표에서 보는 바와 같이 어떤 지역 내에 존재하는 상호작용이다. 이러한 상호작용이 경쟁우위를 지속시키고 보장해 주는 것이다. 예를 들면 화살표 1은 수요조건과 요소조건 간의 상호작용을 나타내고, 화살표 2는 기업전략, 구조 경쟁관계와 연관 및 지원 산업과의 상호작용을 나타내며, 또한 이들 각각도 서로 상호작용을 한다. 어떤 지역에서 경쟁기업이 출현하게 되면, 같은 지역에 전문공급업자를 출현시키고, 이는 국제경쟁력을 제고시킨다는 것이다. 포터의 경쟁우위설은 원래 국가의 경쟁우위를 설명하였지만 지역의 경쟁우위에 적용하더라도 바로 적용된다.

3. 신경제지리모형

신경제지리모형(new economic geography model)은 1970년대 말과 1980년대에 개발된 새로운 무역이론(new trade theory) 중의 하나이다. 새로운 무역이론들은 산업 내 무역이론과 대규모 선진국 간의 무역의 흐름을 설명하기 위해 개발되었다. 새로운 무역이론은 헥셔-오린모형에서 가정하지 않은 규모의 경제와 불완전경쟁시장에 관한 산업에 초점을 맞추고, 가장 큰 지역시장(예를 들면 EU지역 중심시장에 위치한 지역)을 가진 국가나 지역들이 경쟁우위를 가지게 된다는 것이다.

신경제지리모형은 W. Ethier(1982), P. Krugman(1979, 1980, 1991a,b, 1993)과 M. Fujita와 P. Krugman(1995) 및 M. Fujita 등(1999)의 연구에 의해서 제시되었다.[7] 신경제지리(new economic geography: NEG)이론은 내수시장효과(home market effect) 분석을 취하고, 지리적인 산업클러스터를 설명하는 것까지 확대되고 있다. NEG모형에서는 시장 접근 그 자체를 단순히 주어진 것으로 간주하지 않는다. 대신에 유리한 출발을 가진 지역은 그들의 시장규모 이점이 누적적 인과관계과정을 일으키는 힘에 의해서 강화된다고 보고 있다. 크루그만은 일반균형모형을 사용하여 불완전경쟁하에서 수확체증현상과 외부효과의 개념을 통해 경제활동의 공간적 분포(집중과 분산)논리를 체계적으로 설명하였다는 점이다. 신경제지리학의 특징은 독점적 경쟁시장이나 불완전한 경쟁시장을 전제로 하면서 무역과 장소와의 상호작용, 산업집적에서 수확체증과 외부효과, 지역발전의 경로 의존성과 고착효과를 고려하여 경제공간을 이해하려고 하였다는 점이다(박삼옥, 2008). 이 모형에 따르면 공간상에서의 집적은 수확체증현상이나 시장지배력이 강할 때 발생하거나 고객과 수급자가 공간상에서 쉽게 이동하거나 교통비용이 낮은 부문에서 발생한다는 것이다.

신경제지리이론은 거래비용과 규모에 대한 수확체증, 독점적 경쟁 등의 조건이 어떻게 맞물려 지역차원에서 금적적 외부효과를 발생시키는지에 초점을 맞추고 있다. 수확체증의 정도가 심하고, 시장지배력이 강할수록 그리고 고객과 공급업자의 이동성이 높고 거래비용이 낮을수록 경제활동이 집적 가능성은 높아진다고 하겠다. 신경제지리학에 의하면 일단 지역적인 격차가 발생하면 이러한 현상은 누적적인 현상을 보인다는 것이다. 일반적으로 신경제지리모형은 일반균형 접근법을 취하고, 규모에 대한 수확체증과 독점적 경쟁시장 구조를 가정한다. 공간적으로는 두 개의 지역과 두 개의 생산물을 가

---

7) P. Krugman은 국제무역과 경제지리의 통합 이론인 신경제지리모형의 개발에 관한 기여로 2008년에 노벨경제학상을 받았다. 크루그먼(1991)은 리카도의 비교우위설을 수성하면서 교역과 일국내 산업의 지리적 집중 사이에 상호작용이 존재한다는 것을 인식하고 신경제지리이론을 제시하였다. 그는 완전경쟁과 규모에 대한 수익불변현상을 가정하고는 현재의 무역형태를 설명할 수 없다고 보고, 수확체증과 독점적 경쟁구조 하에서의 교역이론을 전개하였다. 그는 무역으로 인한 시장의 확대는 생산자들이 규모의 경제를 더욱 활용할 수 있게 해 주고 소비자들이 국산품과 수입품을 통해 선택의 범위를 넓힐 수 있다고 했다. 각국의 지리적인 위치가 경제 발전 및 무역에 어떤 영향을 미치는지를 분석한 국제경제학 분야의 연구성과 뿐만 아니라 미국의 막대한 무역적자와 아시아 국가들의 과잉저축에서 초래된 세계불균형(Global Imbalance)이 결국에는 세계적인 위기를 초래할 것이라는 경고를 했다.

정하고, 적어도 한 가지 생산요소는 지역 간 이동이 가능하다고 가정한다. 이러한 기본 전제는 신경제지리모형이 다른 접근법들과의 차이가 있다는 것을 나타내는 것이다. 다른 공간모형들은 위의 여러 가지 전제 중 일부만을 가정하는 경우가 많다. 기존의 다른 입지모형과 교역이론은 시장영역의 규모나 공간상의 경쟁, 지역 간의 무역 등을 설명함에 있어 공간에서 발생하는 경제활동의 일부를 설명하는 경우가 대부분이다. 반면에 신경제지리모형은 이러한 문제를 종합적으로 보고, 지역적 요인 이외에 경제활동의 공간적 집직과 분산을 설명하는 요인을 규명하고자 하였다.

P. Krugman(1991)은 리카도의 비교우위설을 수정하면서 교역과 일국내 산업의 지리적 집중 사이에 상호작용이 존재한다는 것을 인식하고 신경제지리이론을 제시하였다. 그는 완전경쟁과 규모에 대한 수익불변현상을 가정하고는 현재의 무역형태를 설명할 수 없다고 보고, 수확체증과 독점적 경쟁구조 하에서의 교역이론을 전개하였다. 신 무역구조를 이해하기 위해서는 수확체증을 고려해야 하고 산업의 지리적 집중과 전문화과정을 이해해야 한다는 것이다. 왜냐하면 수확체증을 가정하는 시장이나 기타 외부효과들은 국제적 또는 지역적, 국지적 차원에서 경제활동의 집적을 통해 창출되기 때문이다. 비교우위보다 규모의 경제 및 수확체증의 논리에 따라 교역이 이루어지면 생산량이 증대할수록 생산비용이 하락하기 때문에 교역의 편익이 증가하게 된다. 어떠한 이유에서든지 어떤 지역에 전문화의 패턴이 나타나면 그 패턴은 누적적 인과과정을 통해서 상승작용을 일으킨다. 그리하여 국가 간 무역의 특화와 무역패턴의 경로의존성이 나타나게 된다. 리카도의 비교우위설에서는 전략적인 무역정책이 존재하지 않지만, 신경제지리모형에서는 국가나 지역이 규모의 경제를 향유할 수 있는 수출산업분야를 육성하여 비교우위를 의도적으로 창출할 수 있다는 것이다.

만약 어떤 지역에 새로운 이윤확보 기회가 생겨서 독점적 경쟁기업들이 진입하게 되면 그 지역은 다른 지역에 비해 산업집적이 강화된다. 이는 금전적인 외부효과로 해당지역의 집적이 누적적으로 확대되기 때문이다. 기업이 많이 진입한 지역에는 교통비의 하락과 도시의 경제적 이점에 따라 소비자물가가 상대적으로 저렴하게 된다. 반면에 명목임금은 노동에 대한 수요가 증가하여 일반적으로 상승하게 된다. 낮은 물가와 높은 명목임금은 소비자들의 실질소득의 증가를 가져오고 그 결과 더 많은 사람들이 유입하게 된다. 사람들의 유입으로 노동력이 늘어나면 그 지역의 임금은 떨어지게 된다. 그러면 기업입장에서는 이윤이 증대하고, 따라서 새로운 기업들의 진입이 일어날 것이다. 기업의 진입은 다시 앞서 설명한 것과 같은 집적내지 클러스터의 과정을 가져오게 된다는 것이다. 이러한 과정이 어떤 지역에 발생할 것인가는 역사적으로 우연적으로 일어났다고 하였다. 크루그먼은 아무튼 이러한 지역이 중심지역으로 성장한다는 것이다. 바로 이 논리가 19세기 미국 동북부 공업집적지의 형성을 설명한다고 주장하였다.

A. J. Venables(1996)은 산업의 집적을 전방산업과 후방산업의 연계성으로 설명하였다. 이를 위해 그는 신무역이론에서의 전통산업과 신산업의 모형을 변형하여 신산업이 전방산업과 후방산업으로 구성된 모형을 상정하였다. 이 모형에서 후방산업의 확대는 전방산업 제품에 대한 수요를 확대하여 전방산업을 더욱 효율적으로 만들게 하고, 이렇게 효율화된 전방산업은 값싼 중간재를 공급함으로써 후방산업을 효율적으로 만드는 상호간의 상승작용을 하게 되어 산업집적이 이루어진다는 것이다. 즉 산업 간의 주고받는 전·후방연관효과에 의해서 산업집적이 이루어진다는 것이다. P. Krugman과 A. J. Venables(1995)은 전방산업과 후방산업을 구분하는 대신 독점적 경쟁하에서 신산업의 제품이 소비재이고, 신산업 내 다른 기업의 중간재가 되는 모형을 상정하였다. 이 경우 부존자원이 동일한 두 지역이 교역비용이 감소하게 되면서 두 지역이 각각 신산업과 전통산업에 특화됨을 보여 주었다.

그리고 P. Krugman(1991a,b, 1993)은 1990년대 들어 독점적 경쟁구조에서 W. Christaller모형의 일반균형결과를 분석하였다.[8] 크루그먼-후지타모형(1995, 1999)은 노동이동이 가능한 상태에서 제품변화경쟁과 규모의 경제, 특별한 장소 내 수송비 등 세 가지 문제를 통합하였다. 노동은 실질임금의 변화에 따라서 이동한다. 노동자에게 지불되는 명목임금은 기업들이 시장에 접근하기 좋으면 좋을수록, 지역시장소득이 많으면 많을수록, 지역제품경쟁수준이 낮으면 낮을수록 더 높아진다. 생계비는 지리적 거리에 따라서 증가하고, 지역제품의 경쟁이 적으면 증가한다. 다양한 제품을 생산하는 제조업을 가진 대도시는 상대적으로 생계비가 적게 들어간다. 왜냐하면 지역에서 이용하는 다양한 제품은 어떤 주어진 효용수준에서 보다 낮은 비용을 가지고 사용할 수 있기 때문이다. 동시에 이들 지역은 경쟁으로 상대적으로 낮은 비용을 가지고 제품을 생산할 수 있다. 그리하여 큰 시장면적을 얻을 수 있다는 것이다.

그러나 수송비 함수의 외삽적 형태에 관한 요점은 시장면적이 재화의 시초가격에

---

8) Philip McCann, 2001, pp. 86-90 및 정준호, 2000, pp. 315-317.

의해서 한정적으로 되는 경향이 있다는 것이다. 따라서 소도시는 낮은 제품경쟁과 높은 시초가격을 가진 주변지역에 입지하게 되어 작은 지방 시장면적을 가지게 된다는 것이다. 따라서 거리-수송비의 역할은 주요 도시에서 규모의 수익증가의 효과에 대해 평형추로서 활동을 한다. 이러한 통합화 구조에서 크루그먼-후지타의 모형은 도시가 어떻게 국가적 또는 국제적 시장영역으로 성장하고 쇠퇴하는가를 설명해 준다. 특히 이 모형은 크리스탈러모형의 도시 계층구조가 어떻게 시간이 지남에 따라 경제발전에 자연적으로 반응하는가를 설명해 준다.

신경제지리모형에 관한 여러 가지 변화가 여러 학자들에 의해서 연구되었다. 특히 T. J. Holmes(1999)는 도시의 성장은 생산된 재화의 다양성을 증가시키고, 또한 지역에서 생산된 재화의 양을 증가시킨다고 했다. 그리고 A. K. Dixit와 J. E. Stiglitz모형(1977)은 어떤 지방에서 생산된 이질적 제품의 균형 산출량은 지방인구와는 독립적이라고 했다. G. H. Hansen(1998b)은 신경제지리이론에 입각하여 규모의 경제, 독점적 경쟁 상품에 대한 지출비율, 교역비용이 지리적 임금격차의 크기에 어떻게 영향을 미치는가를 분석하였다. 그는 규모의 경제와 독점적 경쟁부문 상품에 대한 지출비율이 미국의 지리적 임금격차의 상당부문을 설명할 수 있다고 하였다. D. R. Davis와 D. E. Weinstein(1999)은 신경제지리모형이 일본경제의 18개 제조업 중에서 9개 업종의 지역 전문화를 잘 설명해 준다고 하였다. 그리고 제조업 무역패턴에서 미국과 EU 간의 차이점을 설명해 준다. 즉 미국의 지역은 EU 회원국가보다 큰 지리적인 산업집중현상을 보이고 있는데 이를 잘 설명해 준다고 할 수 있다.

이상의 신경제지리모형은 경제활동의 공간적 패턴에 대해 중요한 시사점을 제공해 주고 있다. 즉 이 모형은 경제활동의 집중현상을 이론적으로 설명했고, 지역 간의 불균형은 규모에 대한 수확체증으로 더욱 확대될 수 있다는 점을 이론적으로 입증하였다. 그리고 경제활동의 공간적 집적이 수확체증과 독점적 경쟁으로 자기강화 메커니즘에 의해 발생한다는 점을 밝혔다는 점이다(이종수 외, 2003: 57-59).

한편 이밖에도 현대적 무역이론은 전통적 무역이론의 한계점을 지적하고 다양한 요인에 의해서 교역이 이루어진다고 보고 있다. 그 중 대표적인 것은 연구개발이론과 기술격차이론, 대표적 수요이론 등이 있다. 연구개발이론(Research and Development Theory)은 키싱(D.B. Keesing)과 그루버(W. Gruber), 메사(D. MethA), 버논(R. Vernon)등이 주장한 이론으로 연구개발요소가 국가 간 비교생산비의 차이를 발생시키는 중요한 요인이라는 것이다. 기술격차이론(Technological Gap Theory)은 포스너(M. V. Posner)와 호프바우어((G. C. Haufbauer) 등이 주장한 이론으로 국가간 무역발생의 원인을 기술격차에서 찾고 있다. 포스너는 선진공업국 간 행해지는 공산품 무역은 기술혁신으로 발생한 기술격차가 비교생산비의 차이를 가져오고, 타국이 이 기술을 모방할 때까지 수출은 계속된다라고 하였다. 기술격차론의 특징은 기술격차에 의해 무역의 발생원인이 결정되나 저개발 국가가 선진국의 기술을 모방함에 따라 무역패턴이 역전될 수 있다는 것이다.

제 4 절 지역수지

지역수지표는 일정기간 동안에 해당 지역과 다른 지역 사이에 이루어진 모든 경제적 거래를 체계적으로 기록한 통계표이다. 지역수지표를 전국적으로 합계하면 국제수지표가 된다. 현재 우리나라에서는 지역수지표를 작성하는 경우가 거의 없기 때문에 국제수지표를 가지고 설명하고자 한다. 표의 내용이나 수지 개념은 같기 때문에 이해하는 데에는 큰 무리가 없을 것으로 보인다.

1. 국제수지와 지역수지

오늘날 각 국은 다른 나라와 여러 가지 형태의 경제적 거래를 행한다. 국가 간의 여러 가지 경제적 거래를 체계적으로 기록한 표가 국제수지(balance of payment)표이고, 어떤 한 지역의 지역 간의 여러 가지 경제적 거래를 체계적으로 기록한 표가 지역수지표이다.

지역수지는 일정기간 동안에 한 지역 주민과 다른 지역 주민 사이에 이루어진 모든 경제적 거래를 의미하며 지역 간 대외거래를 복식 부기원리에 의하여 작성한 통계표가 지역수지표이다. 그러나 우리나라에서는 아직 체계적으로 작성되지 못하고, 국제수지표만 한국은행에서 매년 작성하여 발표하고 있다.

그리고 국제수지(balance payment)와는 다른 국제대차는 일정시점에 있어서 한 국가의 대외적 채권・채무의 현재잔고를 대조시킨 것이다. 국제수지는 일정기간에 걸쳐서 실제로 결제된 화폐수지의 총액을 말하고, 국제대차는 일정 시점에서 보아 장래에 결제하게 될 채권·채무의 총액을 말한다. 따라서 국제수지는 현재개념이고, 국제대차는 미래개념이다. 예컨대 한 나라가 외국으로부터 장기 외채를 얻었을 때는 국제대차상으로는 마이너스(－)로 되지만 국제수지상으로는 플러스(＋)로 된다. 그러나 원리금 상환지불이 시작되면 국제대차상으로는 그 만큼 채무가 감소되기 때문에 플러스(+)로 되지만, 국제수지상으로는 그 만큼 자금이 유출하게 되므로 마이너스(-)로 된다.

2. 국제 및 지역수지표의 구성

다음에서는 지역수지표의 작성과정을 설명하기 위해 국제수지표의 내역을 설명하고자 한다. 국제수지표에는 외국과의 거래 특성에 따라 경상계정과 자본계정 및 준비자산증감계정[9]으로 크게 구분된다. 준비자산증감계정은 대외거래로 인한 한국은행 외환보유액의 변동액을 계상한다.

1) 경상수지

경상수지(current balance)는 자국의 경상지출(current expenditure)과 관련된 모든 국제거래항목을 포함하는데 상품수지(재화수지)와 서비스수지, 본원소득수지, 이전소득수지 등 4개 세부항목으로 구성된다.[10] 경상수지의 구체적인 거래항목을 살펴보면, 상품수지에는 재화의 수출액과 수입액의 차액이 기록되는데, 수출이 수입보다 많은 경우를 상품수지의 순조(favorable of trade) 또는 흑자(＋)라 하고, 반대로 수입이 수출보다 많은 경우를 상품수지의 역조(unfavorable balance of trade) 또는 적자(-)라고 한다.

서비스수지는 주로 외국과의 서비스거래로 수취한 돈과 지급한 돈의 차이를 나타낸다. 즉 우리나라의 선박이나 항공기가 상품을 나르고 외국으로부터 받은 운임, 외국관광객이 국내에 사용한 돈, 무역대리점의 수출입 알성수수료 등이 서비스 수입이 된다. 반대로 우리나라가 외국에 지급한 선박과 항공기의 운항경비, 해외여행 경비, 특허권 사용료 등은 모두 서비스지급으로 나타난다.

---

9) 자본계정과 준비자산계정을 합쳐 광의의 자본계정으로 볼 수 있다.

10) 한국은행은 국제통화기금(IMF)의 권고에 따라 1998년부터 새 기준에 따라 국제수지표를 작성하고 있다. 한국은행, 2006, 285-268. 2010, 259-262.

본원소득수지는 급료 및 임금 수지와 투자소득수지로 구성된다. 급료 및 임금 수지는 거주자가 외국에 단기간(1년 미만) 머물면서 일한 대가로 받은 돈과 국내에 단기로 고용된 비거주자에게 지급한 돈의 차이이다. 투자소득수지는 거주자가 외국에 투자하여 벌어들인 배당금·이자와 국내에 투자한 비거주자에게 지급한 배당금·이자의 차이를 말한다.

이전소득수지는 거주자와 비거주자 사이에 아무런 대가없이 주고받은 거래의 차를 말한다. 이전소득수지에는 해외에 거주하는 교포가 국내의 친척 등에게 보내오는 송금이나 정부 간에 이루어지는 무상원조 등이 기록된다.

경상항목 중 가장 비중이 크고 중요한 것은 재화의 수출입이며, 이 항목은 자금유출입을 발생시키는 최대의 원인이다. 재화수출은 자금유입을 발생시키므로 수취계정에 기재되고, 재화수입은 자금유출을 발생시키므로 지불계정에 기재된다.

국제수지표에는 수출입 모두 본선인도가격(Free On Board: FOB)으로 평가되며, 운임과 보험료는 각각 분류하여 해당항목에 계상되고 있다. FOB 가격이란 국내가격에 선적까지의 제비용을 가산한 선적가격이다. 따라서 선적(배나 항공화물 등의 수출지의 선적용구에 안전하게 실린 상태) 이후의 제비용은 수입업자부담이 된다. 국내 세관통관통계는 FOB 가격과는 다른 개념의 운임 및 보험료 포함가격(Cost Insurance Freight: CIF)을 기준으로 작성된다. 이는 수입시 외국가격에 보험료와 운임 등을 가산한 도착가격이다. 재화의 수출입은 세관을 통과할 때 명백히 눈에 보이는 것이므로 유형무역이라 하고, 여행자지출과 운송, 보험 등의 서비스 이동과 같이 눈에 보이지 않는 것은 무형무역이라 한다.

2) 자본수지

자본수지는 자본이전과 비생산·비금융 자산의 취득, 처분을 기록하는 항목이다. 자본이전은 자산 소유권의 무상이전, 채권자에 의한 채무면제 등을 포함하며 비생산·비금융자산에는 브랜드네임, 상표 등 마케팅자산과 기타 양도 가능한 무형자산의 취득과 처분이 기록된다.[11)]

---

11) 한국은행은 2010년 12월 IMF의 권고에 따라 국제수지표를 일부 변경하였다. 기존 국제수지표는 경상수지, 자본수지, 준비자산계정, 오차와 누락 등으로 구성된 것을 경상수지, 자본수지, 금융계정, 오차와 누락 등으로 변경하였다. 자본수지에는 기존 기타 자본수지만 표기하고, 금융계정을 신설하여 기존 투자수지와 준비자산 계정을 표기하는 것으로 변경하였다(자료: 한국은행, 국제수지매뉴얼(BPM6) 1단계 이행 및 분류체계 변경, 2010.12 참고).

3) 금융계정

직접투자, 증권투자, 파생금융상품, 기타 투자 및 준비자산으로 구성되며 거주자의 입장에서 자산 또는 부채 여부를 판단한다. 먼저 직접투자는 직접투자관계[12]에 있는 투자자와 투자대상기업 간에 일어나는 대외거래를 계상한다. 직접투자에는 직접투자가와 직접투자대상기업의 관계를 발생시키는 최초의 거래는 물론 직접투자가와 직접투자대상기업 간의 차입, 대출 등 후속거래도 포함된다.

증권투자는 거주자와 비거주자 간에 이루어진 주식, 채권 등에 대한 투자를 말하는데 이 가운데 직접투자 또는 준비자산에 해당되는 주식, 채권 등의 거래는 제외된다.

파생금융상품은 파생금융상품거래로 실현된 손익 및 옵션 프리미엄 지급·수취를 기록한다. 한편 기타투자는 직접투자, 증권투자, 파생금융상품 및 준비자산에 포함되지 않는 거주자와 비거주자 간의 모든 금융거래를 기록한다. 여기에는 대출·차입, 상품을 외상으로 수출하거나 수입할 때 발생하는 무역신용, 현금 및 예금 등의 금융거래가 기록된다.[13]

준비자산증감계정은 외환보유액 변동분 중 거래적 요인에 의한 것만 포함된다. 즉 외환보유잔액은 통화당국의 외환매입, 이자소득 등 거래적 요인에 의해 변동할 뿐만 아니라 거래없이 환율변화 등에 의해서도 변동하는데, 국제수지통계에서는 거래적 요인에 의한 외환보유잔액 변동분만을 준비자산증감 항목에 계상하고 있다.

4) 오차와 누락

오차 및 누락항목은 사후적 항등관계를 나타내기 위한 일종의 조정항목이다. 이는 통화금융기관의 외화대차대조표와 수출, 수입 등과 같은 실물통계간의 불일치를 조정하기 위한 항목이다.

---

12) 직접투자관계에는 투자기업에 대해 10% 이상의 의결권을 보유하는 일차적 직접투자관계, 연쇄출자 등을 통하여 간접적으로 영향력을 행사할 수 있는 경우 및 모기업을 공유하나 상호간에 직접투자관계를 맺고 있지 않은 동료기업관계 등이 모두 포함된다.

13) 한국은행, 알기쉬운 경제지표해설, 2014, pp. 90-96. 참조.

3. 국제 및 지역수지의 균형문제

국제수지와 지역수지는 복식부기의 원리에 의하여 작성되기 때문에 국제수지표 전체를 보면 수취와 지불이 항상 일치하게 되고 흑자나 적자가 없이 균형이 된다. 그런 의미에서 본다면 형식적, 사후적으로 처리된 통계의 기록에 의한 국제수지는 항상 균형을 이루고 된다. 그러면 흔히들 말하는 국제수지의 균형과 불균형은 무엇을 의미하는가? 이는 국제수지표 안의 어느 부분에 선을 그어 그 선 위쪽에 있는 항목만을 보기 때문이다. 그러나 국제수지의 구체적인 항목별 수지에는 일반적으로 흑자 또는 적자가 있기 마련이다. 그러므로 국민경제의 국제거래상의 건전성 여부는 항목별 수지에서 찾아볼 수 있다. 따라서 국제수지가 흑자 또는 적자라고 할 때는 어떤 항목에 대해서 하는 말이지 국제수지 전체를 두고 하는 말이 아니라는 것을 이해해야 할 것이다.

일반적으로 국제수지의 구성요소 중 경상수지가 가장 중요하다고 보고 있다. 경상수지는 상술한 바와 같이 세 가지 수지로 구분되는데, 그 중에서도 무역수지가 비중이 제일 크다. 경상수지가 흑자라면 상품수출이 상품수입에 비해서 많다는 것이다. 그렇게 되면 국내 생산이 증가하여 고용이 늘어나고 국민소득이 증가하게 된다. 또한 외채를 갚을 수 있어 외채가 줄어들거나 외화자산이 늘어난다. 아울러 주요 원자재의 안정적 공급을 확보하고, 무역마찰을 피하기 위해 해외 직접투자를 증대할 수도 있다.

그러나 경상수지가 흑자라고 해서 반드시 좋다고만 할 수는 없다. 즉 경상수지 흑자가 국내의 통화를 증발시켜 통화관리를 어렵게 하고, 통상면에서는 교역상대국으로 하여금 수입규제를 유발하는 등 무역마찰을 초래할 수도 있다.

실제로 작성된 우리나라의 국제수지표 〈표 6-5〉를 보면, 2013년 중 경상수지는 798억 8천만 달러의 흑자를 보였고, 자본수지는 3천만 달러의 유출초과를 보였으며, 금융계정은 768억 8천만 달러의 유출초과를 보였다. 준비자산은 144억 8천만 달러의 유출초과를 보였다. 2016년 중 경상수지는 986억 8천만 달러의 흑자를 보였고, 자본수지는 4천만 달러의 유출초과를 보였으며, 금융계정은 1,003억 9천만 달러의 유입초과를 보였다.

그림 6-5 지역수지표 구성체계

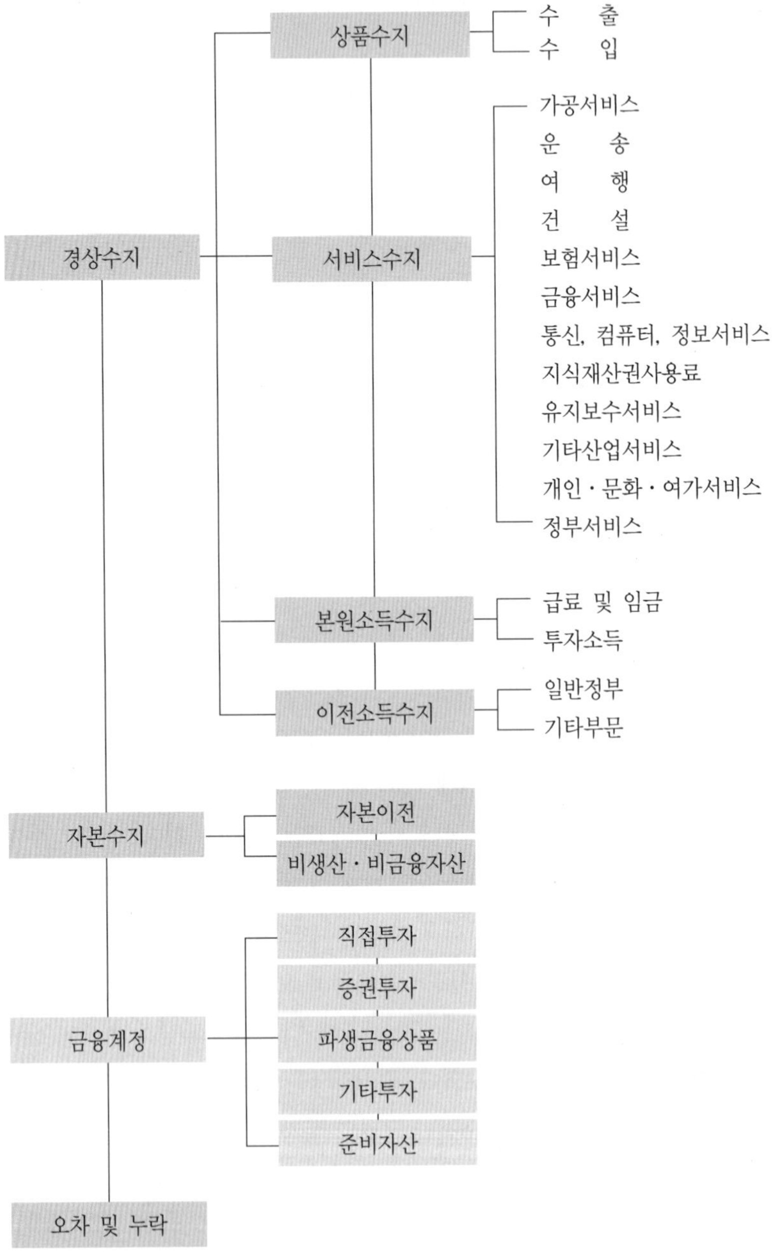

표 6-5 우리나라 국제수지 요약표

(단위: 억 달러)

항 목	2000	2005	2010	2012	2013	2015	2016
경상수지	104.4	126.5	288.5	508.4	798.8	1,059.4	986.8
상품수지	156.3	323.1	479.2	494.1	805.7	1,222.7	1,204.5
서비스수지	-9.7	-91.3	-142.4	-52.1	-79.3	-149.2	-176.1
본원소득수지	-40	-72.7	4.9	121.2	114.2	35.7	14.6
이전소득수지	-2.1	-32.6	-53.2	-54.7	-41.8	-49.9	-56.2
자본수지	0.4	0	-0.6	-0.4	-0.3	-0.6	-0.4
자본이전	0.5	0	0.1	0	0	0.3	0.1
비생산 · 비금융자산	-0.1	0	-0.7	-0.4	-0.3	-0.9	-0.4
금융계정	-96.2	-187.7	-231.9	-515.8	-768.8	1,063.0	1,003.9
직접투자	66.7	53.1	-187.8	-211.4	-169.5	196.6	164.5
증권투자	121.8	-35.2	423.6	67.5	-82.9	495.3	663.3
파생금융상품	-1.8	17.9	8.3	26.3	38.4	17.9	-31.8
기타 투자	-45.1	-25.5	-206.3	-266.4	-410	232.7	130.9
준비자산	-237.7	-198.1	-269.7	-131.8	-144.8	120.5	76.9
오차 및 누락	-8.6	61.2	-56	7.9	-29.7	4.2	17.4

주: 1) 순유출입액 기준으로 (+)는 순유입, (−)는 순유출을 나타냄.
자료: 한국은행 경제통계시스템(http://ecos.bok.or.kr), 2017. 4.

탐구학습

1. 주요 개념
   - 절대생산비설, 비교생산비설, 상호수요설
   - 헥셔-오린정리
   - 레온티에프 역설
   - 새뮤엘슨-스톨프정리
   - 지역수지표
   - 경상수지, 자본수지, 금융계정

2. 토론과 과제
   - 절대생산비설와 비교생산비설에 대해 설명하시오.

- 상호수요설에 대해 설명하시오.
- 헥셔-오린정리와 레온티에프 역설에 대해 설명하시오.
- 현대적 지역교역이론인 산업내 무역과 경쟁우위설, 신경제지리모형에 대해 설명하시오.
- 지역수지표에 대해 설명하시오.

참고문헌

김경묵 · 김연성 역, 2002, 「경쟁론」, 세종연구원(Michael E. Porter, *On Compitition*, 1996).

김대식 · 노영기 · 안국신, 1997, 2012, 「현대 경제학원론」, 박영사.

김시영 · 박동렬 · 이원근, 2012, 최신 무역학개론(제7판), 삼영사

문원기, 1999. 12, "비교우위의 생성과 소멸: 신경제지리학에 관한 문헌 연구", 「논문집」, 한라대학교, pp. 277-284.

문창권 · 이응권 · 장홍훈, 2001, 「국제무역의 이해」, 도서출판 대경.

박규영 · 양의동, 2003, 「무역학개론」, 동성출판사.

박대위, 2001, 「무역개론」, 박영사.

박대위 · 구중순, 2012, 「무역개론(3판)」, 유원북스.

박삼옥, 2008, "경제지리학의 패러다임 변화와 신경제지리학", 한국경제지리학회지, 11(1), pp. 639-656.

이종수 외, 2003, 「국가경쟁력 강화 및 국가균형발전을 위한 수도권의 역할과 과제」, 위탁연구 2003-17, 경기개발연구원.

이희연, 2011, 경제지리학, 제3판, 법문사.

정연중, 1997, 「21세기 경제학원론」, 법문사.

정준호, 2000. 6, "폴 크루그먼의 신경제지리학을 비판적으로 읽다", 「공간과 사회」, 13권, 한울, pp. 312-328.

한국은행, 2006, 2010, 「주요 경제지표 해설」.

________, 2009. 8, 「국제수지표와 국제투자대조표의 이해」.

________, 2010.12, 「국제수지매뉴얼(BPM6) 1단계 이행 및 분류체계 변경」.

________, 2014, 「알기쉬운 경제지표 해설」.

홍종인, 1996, 「경제학원론」, 법문사.

Amstrong, Harvey & Jim Taylor 2000, *Regional Economics and Policy*, third edition, Blackwell Publishers Ltd.

Aturupane, C., S. Djankov & B. Hoekman 1999, "Horizontal and Vertical Intra-industry Trade between Eastern Europe and the European Union", *Weltwirtschaftliches Archiv*, Vol. 135,

62-81.

Davis, D. R., & D. E. Weinstein, 1999, "Economic Geography and Regional Production Structure: an Empirical Investment", *European Economic Review*, Vol. 43, 379-407.

Dixt, A. K., & J. E. Stiglitz, 1977, "Monopolistic Competition and Optimum Product Diversity", *American Economic Review*, Vol. 67, No. 3, 297-308.

Ethier, W., 1982, "National and International REturns to Scale in the Morden Theory of International Trade", *American Economic Review*, Vol. 72, 389-405.

Fujita, M., and P. Krugman, 1995, "When is the Economy Monocentric? von Thunen and Chamberlin Unified", *Regional Science and Urban Economics*, Vol. 18, 87-124.

______, & A. J., Venables, 1999, *The Spatial Economy*, MIT Press.

Greenaway, D. & C. Milner, 1986, *The Economics of Intra-Industry Trade*, Blackwell, Oxford.

Grubel, H. G. & P. J. Lloyd, 1973, *Intra-Industry Trade*, Macmillan, Basingstoke.

Hansen, G. H., 1998a, "North American Economic Integration and Industry Location", *Oxford Review of economic Policy*, Vol. 14, 30-44.

______, 1998b, "Market Potential, Increasing Returns and Geographic Concentration", *NBER Working Paper*, No. 6429.

Holmes, T. J., 1999, "Scale of Local Production and City Size", *American Economic Review: Papers and Proceedings*, Vol. 89, 317-20.

Krugman, P., 1979, "Increasing Returns, Monopolistic Competition, and Internationa Trade", *Journal of International Economics*, Vol. 21, 173-81.

______, 1980, "Scale Economies, Product Differentiation and the Pattern of Trade", *American Economic Review*, Vol. 70, 950-9.

______, 1991a, "Increasing Returns and Economic Geography", *Journal of Political Economy*, Vol. 99, 483-499.

______, 1991b, *Geography and Trade*, MIT Press.

______, 1998, "What's New about the New Economic Geography?", *Oxford Review of Economic Policy*, Vol. 14, 7-17.

______ & A. J. Venables, 1996, "Integration, Specialization, and Adjustment", *Quarterly Journal of Economics*, Vol. 40, 235-48.

Leontief, W., 1953, "Domestic Production and Foreign Trade: The American Capital Position Reexamined", *Proceedings of the American Philosophical Society*.

Mill, John Stuart, *Principle of Political Economy*, London, 1848.

Neven, D., 1990, "EEC Integration towards 1992: Some Distributional Aspects", *Economic Policy: An European Forum*, Vol. 10.

Ohlin, B., 1933, *Interregionnal and International Trade*, Harvard University Press.

Porter, Michael E., 1990, *The Competitive Advantage of Nations*, New York: Free Press.

Stolper W. F. & P. A. Samuelson, 1941, "Protection and Real Wages", *Review of Economic Studies*.

Venables, A. J., 1996, "Equilibrium Location with Vertically-linked Industries", *International Economic Review*, Vol. 37, 341-359.

제 2 편

지역경제분석

제 7 장 지역사회계정과 지역소득

제2편 지역경제분석편에서는 실제로 지역경제를 분석하는 기법을 설명하고자 한다. 제7장에서는 지역사회계정과 지역소득의 개념에 대해서 설명한다. 지역사회계정의 의의와 상호관계를 살펴보고, 여러 가지 지역소득의 개념을 항목별로 구분하여 살펴보고자 한다. 최근에 와서 국민계정과 지역계정은 상호 연결되며, 5대 지역사회계정을 작성한 후 상호 연결하여 분석하면 보다 자세히 지역경제를 분석할 수 있다. 지역계정의 작성의의는 지역경제주체들에게 각종 지역경제정책 수립에 필요한 자료를 제공해 주는데 있다.

제 1 절 지역사회계정

일반적으로 사회계정(social accounts)은 경제를 분석함에 있어 여러 가지 계정에 기반을 두고 분석하는 방법들을 말한다. 여기서 사회(social)라는 말은 경제적 기업이 아닌 국가 및 지역사회 전체에 초점을 맞추기 때문에 사용하는 것이다. 그리고 계정(accounts)이라는 것은 차변과 대변이 같고, 복식부기원리에 기반을 두고 있다.

지역사회계정(regional social accounts) 내지 지역계정(regional accounts)은 일정기간동안 한 지역의 여러 가지 경제활동, 즉 생산과 소득관계, 금융거래관계, 산업상호간 중간 및 최종 거래관계, 다른 지역과의 수지관계, 일정시점에서의 지역 대차대조관계 등을 종합적으로 나타낸 계정이라고 할 수 있다. 이에는 다음과 같은 5개의 계정이 있다.

일반적으로 지역 5대 사회계정은 ① 지역소득 및 생산계정, ② 지역수지표(regional balance-of-payments accounts), ③ 지역자금순환표(regional money-flows or flow-of-funds accounts), ④ 지역산업연관표(regional interindustry(or input-output) accounts), ⑤ 지역

부계정(regional wealth accounts) 등을 지적한다.

지역 5대 사회계정을 국가에 적용하면 5대 국민계정이 된다. 5대 국민계정은 국민소득통계와 국제수지표, 자금순환표, 산업연관표, 국민대차대조표(국부통계) 등을 말한다. 각국은 이와 같은 5대 국민계정을 작성하여 실물과 금융의 거래를 파악하여 분석하고 있다. 지역사회계정은 이러한 5대 국민계정을 지역단위에서 작성한 것을 나타낸다.

먼저 국민소득통계는 일정기간 동안 한 나라의 최종생산물의 시장가치를 합산한 것을 나타내는 표이다. 국민소득이란 한 나라에 있는 가계, 기업, 정부 등의 모든 경계주체가 새로이 생산한 재화와 서비스의 가치를 시장가격으로 평가하여 합산한 것으로 국민총소득(Gross National Income: GNI)이나 국내총생산(Gross Domestic Products: GDP) 등의 개념이 있다. 여기서 재화와 서비스란 사람이 살아가는데 필요한 의・식・주 등의 생존적 욕망과 정신적, 문화적 욕망을 충족시키기 위하여 생산되는 것이다. 재화는 쌀, 의복, 자동차처럼 물질적 행태를 가진 것을 말하며, 서비스는 다른 말로 용역이라고도 하는데 의료, 교육, 문화활동 등과 같이 눈에 잘 보이지 않는(구체적인 물건이 아닌) 사람들의 노력이나 활동을 의미한다.

UN 등이 마련한 국민계정체계인 1993 SNA에서는 실질 총량지표를 생산지표인 실질 국내총생산과 소득지표인 실질 국내총소득(Gross Domestic Income: GDI), 실질 국민총소득(GNI)으로 구분한다. 실질 GDP는 생산활동의 수준을 측정하는 반면, 실질 GDI 또는 실질 GNI는 생산활동을 통하여 획득한 소득의 실질 구매력을 나타내는 소득지표이다. 한 때 소득지표로 이용하였던 실질 GNP는 물량변화를 반영하는 생산지표(실질 GDP)와 소득지표(실질 국외순수취요소소득)가 혼합된 지표로서 성격이 불명확하여 1993 SNA에서는 이를 실질 GNI로 대체하였다.[1)]

국민소득은 생산측면에서 측정한 국민소득과 분배, 지출측면에서 측정한 국민소득은 항상 같다. 이를 국민소득이 3면 등가의 법칙이라고 한다. 소득순환과정에서 부가가치의 총액을 생산국민소득(National Income Produced)이라고 한다.

생산국민소득(Y) = 최종 생산물의 시장가치 총액 = 부가가치의 총계

그리고 분배국민소득(Gross National Income: GNI)은 분배면에서 본 국민소득으로

---

1) 그리하여 우리나라 국민소득을 추계하는 한국은행에서도 1999년부터 소득지표로 GNP대신 GNI를 편제・발표하고 있다. 한국은행, 2006, p. 26, 32.

생산요소에 귀속되는 소득을 말한다.

분배국민소득 = GNI = 피용자보수 + 영업잉여 + 순간접세(간접세-보조금)
+ 고정자본 소모충당금
= C(소비) + S(저축) + T(조세수입) + M(수입, imports)

지출국민소득(Gross National Expenditure: GNE)은 지출측면에서 본 국민소득을 말한다.

지출국민소득 = GNE = 소비(C) + 투자(I) + 정부지출(G) + 수출(X)
국민소득의 3면 등가의 법칙: Y = C + S + T + M = C + I + G + X
Y = C + S + T = C + I + G + (X-M)

지역소득통계는 해당지역 주민들의 소득을 합하여 나타낸 통계이고, 국민소득통계는 한 나라 전체의 소득을 합계한 것이다.

지역산업연관표는 해당지역 산업 간의 상호의존관계(중간거래 및 최종거래)를 나타내는 지역경제의 해부도라고 할 수 있는데, 일정기간동안에 어떤 지역에서 발생하는 재화와 서비스의 생산 및 처분과 관련된 모든 거래내역을 일정한 원칙과 형식에 따라 기록한 종합적인 통계표이다. 이에 관해서는 제10장에서 자세히 설명할 예정이다.

지역대차대조표(지역부 통계)는 한 지역 전체의 국부와 다른 지역에 대한 채권・채무(외채 포함) 등을 한 눈에 보여주는 통계표이다.

지역수지표는 일정기간동안에 해당 지역과 다른 지역 사이에 이루어진 모든 경제적 거래를 체계적으로 기록한 통계표이다. 지역수지표를 전국적으로 합계하면 국제수지표가 된다.

지역자금순환표는 어떤 지역 모든 경제활동 부문 간 자금의 흐름을 한 눈에 보여주는 통계표이다. 자금순환표에는 일정기간 중 각 경제주최들이 벌어들인 소득이 소비와 투자에 얼마만큼 쓰이고 남은 돈이 어떤 형태로 금융시장에 흘러들어가서 누구에게 어떻게 공급되었는가를 나타내는 표이다. 국민소득통계가 생산물(실문)거래를 대상으로 작성하는데 비해서, 자금순환표는 해당지역 주민경제활동을 실물과 금융 양면의 관련하에서 파익할 수 있게 해준다.

자금순환표는 1950년 미국의 M. A. Copeland교수에 의해서 개발되었다. 자금순환표는 국민경제 내에서 발생한 다양한 금융활동들이 상호간에 어떠한 관계를 가지고 있으며, 이와 같은 금융활동들이 비금융활동인 생산과 지출 등 실물활동과 어떠한 관계를 가지고 있는가를 체계적으로 정리해 놓은 표이다. 따라서 자금순환표를 통해서 실물부문의 경제활동이 금융시장에 어떤 영향을 미치고, 반대로 금융시장의 변화가 상품서비스의 수요와 저축투자에 미치는 영향이 어떠한지를 체계적으로 파악할 수 있다. 자금순환표는 1955년 미국의 연방준비제도 이사회에 의해 처음으로 작성되었으며, 그 후 세계 각국에서 작성하게 되었다. 우리나라에서는 1965년부터 한국은행에서 분기 및 연간으로 자금순환계정을 작성하여 발표하고 있다(한국은행, 1994: 2-31).

자금순환표는 자금의 흐름을 통해 실물 및 금융경제 활동을 종합적으로 보여주는 통계표이다. 자금순환통계는 국민계정체계를 이루고 있는 생산, 소득, 자본, 금융, 국외거래 및 대차대조표 계정 중 자본계정과 금융계정을 나타내고 있어 실물경제활동과 금융거래활동 간의 연관성을 파악하는데 유용한 정보를 제공해 준다. 자금순환통계는 일정기간 중 각 경제부문의 자금 조달 및 운용 상황을 나타내는 유량(flow) 지표인 금융거래표, 특정시점에 각 경제부문이 보유한 금융자산 및 부채규모를 나타내는 저량(stock) 지표인 금융자산부채잔액표, 그리고 금융거래 이외의 요인에 의한 변동을 나타내는 유량지표인 거래외 증감표(reconciliation table)로 구성된다.

그리고 상세자금순환표(detailed flow of funds)는 경제부문별로 자금조달 및 운용과 관련한 거래상대방을 보다 상세히 보여주고 있어 부문간 연계성분석에 유용한 통계로 인식됨에 따라 이를 편제하는 국가들이 점차 확대되고 있다. 자금순환표는 자금부족(잉여) 부문이 필요(여유)자금을 조달(운용)하기 위해 어떤 금융부채(자산)를 이용하였는가를 파악하는 데는 유용한 정보를 제공해 주지만, 해당 금융부채(자산)를 어느 부문으로부터(으로) 조달(운용)하였는지를 살펴보기에는 미흡한 측면이 있다· 반면, 상세자금순환표는 거래상대부문에 대한 정보를 나타내고 있어, 특정 부문이 자금 조달 또는 운용을 위해 어느 부문과 어떤 금융 관계를 맺었는지 파악할 수 있다는 장점이 있다· 즉, 상세자금순환표는 각 부문의 금융거래 를 금융상품별, 거래상대방별로 나타내 줌으로써 보다 상세한 부문간 연계성 분석을 가능하게 해 준다(한국은행, 알기쉬운 경제지표해설, 2014: 69-71).

모든 경제주체의 경제활동은 실물거래와 금융거래로 구분되는데, 이는 자금순환표에서 자금의 산업적 유통을 나타내는 자본계정과 자금의 금융적 유통을 나타내는 금융계정으로 나뉘어져 기록된다. 자본계정은 경제주체별로 일정기간 동안의 저축과 투자 즉, 자본거래의 흐름을 표시하는 계정이며, 금융계정은 경제주체 별로 발생한 저축과 투자의 차이를 각 경제부문이 어떻게 조달하고 운용하였는가를 기록한 계정이다. 자금순환표의 형태를 금융계정을 중심으로 상세히 살펴보면, 행(가로)에는 금융거래 형태가, 열(세로)에는 제도부문이 표시되는 행렬(matrix) 형태이다.

먼저, 자금순환표의 행에 기록되는 금융거래 형태는 금융자산의 유동성과 채권·채무 관계를 나타내는 법적 특성의 두 가지 기준에 따라 금과 SDR, 통화와 예금, 보험 및 연금, 채권, 대출금, 주식 및 출자지분, 파생금융상품, 기타금융자산 등으로 구분된다. 그리고 자금순환표의 열에 기록되는 경제주체는 국내부문인 금융법인, 일반정부, 비금융법인, 가계 및 비영리단체와 국외부문으로 구분되며, 각 경제부문 별로 자금조달 상황을 나타내는 원천과 자금운용 상황을 나타내는 운용이 구분되어 기록된다.

따라서, 자금순환표의 거래항목을 열, 즉 위에서 아래로 보면 각 경제부문이 자금을 어떤 방식으로 조달하여 어떤 형태로 운용하고 있는지를 알 수 있고 행, 즉 옆으로 보면 어떤 종류의 자금이 어느 부문에서 어느 부문으로 흘러갔는지를 알 수 있다.

다음에서는 〈표 7-1〉의 금융거래표(20×2년 확정표)를 통하여 20×2년 중 경제주체들의 금융거래 내역을 자세히 알아 볼 수 있다.

표 7-1 가상적인 금융거래표(20×2)

(단위: 조원)

		총계		국내		금융법인		일반정부		비금융 법인기업		가계 및 비영리단체		국외	
		운용	원천	운용	원천	운용	원천	운용	원천	운용	원천	운용	원천	운용	원천
자본계정	저축		427		474		38		91		264		82		-46
	투자	427		427		12		77		330		9		0	
	저축투자 차액	0		46		26		14		-66		72		-46	
금융계정	합계	667	667	642	580	402	371	49	39	57	115	134	56	26	87
	예금	140	140	139	140	70	135	-6	6	26	0	48	0	1	0
	보험 및 연금	96	96	96	96	1	96	0	0	0	0	96	0	0	0
	대출금	82	82	82	81	82	3	0	-5	0	33	0	49	0	1
	유가증권	237	237	210	220	168	121	43	45	13	55	-14	0	26	16
	대외거래	70	70	69	1	24	-20	16	-1	28	22	1	0	1	69
	기타	42	42	46	42	56	36	-4	-6	-10	5	2	6	-1	0
	순금융투자		0		61		31		10		-58		78		-61

주: 1) 소수점 이하 금액으로 인해 단수차이 발생
자료: 한국은행, 2014, 「알기쉬운 경제지표해설」, p. 76.

우리나라는 1960년대부터 5대 국민계정을 편재해 오고 있는데 국민대차대조표는 부정기적으로 작성하고 있다. 1968년 UN은 국민소득통계 편제지침을 근본적으로 확대 개편하여 신국민계정인 국민계정체계를 제정 발표하였다. 신 SNA체계(a system of national accounts)에 의해서 국민계정의 체계적인 통합이 가능해졌다. 그러나 기초통계 자료의 제약 등으로 5대 국민계정 모두를 통합시킨 나라는 몇 나라에 불과한 실정이다. 우리나라의 신 국민계정은 1980년대에 들어와 국민소득통계, 자금순환표, 산업연관표, 국제수집표 등을 통합하여 작성하고 있다.

제 2 절 지역소득

1. 지역내총생산(GRDP)과 지역총생산(GRP)

경제활동규모를 측정하는 일반적인 지표는 국민총소득(Gross National Income: GNI)과 국내총생산(Gross Domestic Products: GDP)가 사용된다. GNI와 GDP의 관계는 다음과 같다. GDP는 일정기간 동안 한 나라 국경 내에서 생산된 최종생산물의 시장가치이고, GNP는 일정기간 동안 그 나라 국민에 의해서 생산된 최종생산물의 시장가치를 의미하는 것으로 자국 내에서 생산되든 국외에서 생산되든 그 나라 국민에 의해서 생산된 것은 모두 포함된다. 최근 우리나라에서는 GNP(국민총생산: Gross National Products: GNP)는 별도로 집계하지 않고 GNI를 집계하여 발표하고 있다. GNI와 GDP의 관계를 정리하면 다음과 같다.

GNI = GDP + (해외로부터 수취하는 요소소독-해외로 지불하는 요소소득)
GNI = GDP + 해외순수취 요소소득

최근 우리나라는 GDP가 GNI보다 더 크다. 이는 우리나라 사람들이 해외에 나가서 벌어들이는 소득보다 외국인들이 우리나라에서 벌어들이는 소득이 더 많다는 것을 나타낸다.

이와 같은 관계를 지역단위에서 보면 지역총소득(Gross Regional Income: GRI) 또는 GRP(지역총생산: Gross Regional Products)와 지역내총생산(Gross Regional Domestic

Products: GRDP)이 된다. 여기서 GRI는 일정기간동안 해당 지역민에 의해서 생산된 모든 최종생산물의 시장가치를 나타내고, GRDP는 일정기간동안 해당 지역내에서 생산된 모든 최종생산물의 시장가치를 나타낸다. 이들의 관계는 다음과 같다. 즉 GRDP에 지역외 순수취 요소소득을 합한 것이 GRP가 되는 것이다.

GRI(또는 GRP) = GRDP(+ 지역 외로부터 수취하는 요소소독-지역 외로 지불하는 요소소득)
GRI(또는 GRP) = GRDP + 지역 외 순수취 요소소득

그리고 GRDP는 다음과 같이 정의된다.

GRDP = 해당지역 내에서 생산된 총생산액-중간생산물
GRP = 해당지역 주민에 의해서 생산된 총생산액-중간생산물

국민소득은 구분하는 기준에 따라 여러 가지 개념이 있는데, 먼저 국민소득은 경상시장가격 국민소득과 불변 시장가격 국민소득으로 구분된다. 경상시장가격 국민소득은 당해 연도 생산물에 당해 연도의 가격을 곱하여 산출을 한다. 불변시장가격 국민소득은 생산수량으로 나타낸 소득을 말하는데 각 생산물마다 거래 단위가 서로 달라 이를 합산하여 나타나는데 어려움이 있음으로 실제로는 당해 연도의 생산물에 어떤 특정 기준연도의 가격을 곱하여 산출한다. 불변시장가격 국민소득은 물가변동에는 영향을 받지 않고 생산물 수량의 변동만을 나타낸다. 여기서 경상시장가격 국민소득을 불변시장가격 국민소득으로 나눈 값을 GNP 디플레이터라고 한다. 이 지수는 기준연도를 100으로 하여 산출한다. 그리고 고장자본 소모충당금을 포함하는지 여부에 따라 총생산과 순생산으로 구분된다.

2. 지역순생산(NRP)과 지역순소득(NRI)

지역순생산(Net Regional Products Income: NRPI)은 지역총생산에서 고정자본소모 충당금을 제외한 것이다. 지역순소득(Net Regional Income: NRI)은 지역총소득에서 고정자본소모 충당금을 제외한 것이다. 고정자본 소모충당금(감가상각비)이란 기계를 많이 사용하여 나중에 못쓰게 될 경우 새 기계로 바꾸는데 필요한 금액을 말한다. 여기서 당연히 지역내순생산(Net Regional Domestic Products: NRDP)은 GRDP에서 감가상각비를 제외한 소득이다.

NRP(지역순생산) = GRP-고정자본 소모충당금(감가상각비)
NRI(지역순소득) = GRI-고정자본 소모충당금(감가상각비)
NRDP(지역내순생산) = GRDP-고정자본 소모충당금(감가상각비)
NRDI(지역내순소득) = GRDI-고정자본 소모충당금(감가상각비)

3. 지역소득(RI)

지역소득(Regional Income: RI)은 해당지역 주민에 의해서 제공된 생산요소에 대한 소득을 나타내는 것이다. 지역 주민들에게 귀속되는 소득으로 일정지역 주민에 의해서 제공된 생산요소에서 발생되는 소득으로서 임금, 지대, 이자, 이윤 등으로 구성된다. 이를 요소비용으로 평가한 국민소득이라고 한다. RI는 요소소유자 측에서 보면 요소소득이고, 기업입장에서 보면 요소비용이다.

RI= NRP(지역순생산)-간접세+보조금

국민소득은 시장가격으로 평가한 국민소득과 요소비용으로 평가한 국민소득이 있다. 국민소득을 평가하는 방법에는 두 가지 방법이 있다. 시장가격은 시장에서 실제 매매되는 가격을 말하는 것으로 여기에는 순간접세(간접세-보조금)가 포함되어 있다. 간접세란 부가가치세나 특별소비세 등과 같이 우리가 물건을 살 때 물건가격에 포함되어 있는 세금을 말한다. 보조금이란 기업이 물건을 만들 때 정부가 그 물건의 생산을 장려하기 위해 생산비용 중에 일부를 무상으로 제공해 주는 것을 말한다. 요소비용이란 시장가격에서 이와 같은 순간접세를 공제한 것으로 결국 그 물건을 만드는데 들어간 생산요소에 대한 대가인 피용자 보수와 영업잉여 등의 합계와 같아지는 것이다.

4. 지역개인소득(RPI)

지역개인소득(Regional Personal Income: RPI)은 개인에게 귀속되는 소득이다. RI가 모두 개인소득이 되지는 않는다. 지역소득 가운데 임금의 일부는 원천 공제되어 근로자가 정년퇴직한 후 연금을 받을 수 있도록 고용주가 사회보장부담금으로 정부(연금관리공단)에 납부한다. 기업이윤의 일부는 기업소득세(=법인세)로 정부에 납부하며,

일부는 주식에 대한 배당으로 주주 개인에게 분배되지만, 나머지 미배분 기업이윤은 회사 내에 유보된다. 따라서 지역개인소득을 얻기 위해서는 지역소득 가운데 사회보장부담금, 법인세 및 회사 내 유보이윤을 공제해야 한다. 한편 정부로부터 개인에게 지급하는 실업수당과 사회보장비 등 이전지출은 당기 생산활동을 반영하지 않기 때문에 GRP, NRP, RI에서 제외되지만, 개인으로 볼 때 당연히 소득이므로 개인소득에는 포함된다.

RPI = RI-개인에게 귀속되지 않는 소득 + 이전소득
= RI-사회보장부담금-법인세-회사 내 유보이윤 + 이전소득

5. 지역개인가처분소득(RPDI)

지역개인가처분소득(Regional Personal Disposable Income: RPDI)은 지역개인소득 가운데 개인의 직접세를 제외한 소득을 말하는데, 개인들이 자유롭게 처분할 수 있는 소득을 말한다.

RPDI = RPI-개인 직접세 = 소비지출(C)+저축(S)

그리고 지역개인 임의가처분소득(Regional Personal Discretionary Income: RPDI)은 개인들이 임의로 처분이 가능한 소득을 말한다. 이는 지역개인가처분소득에서 기초생계비(basic consumption)를 제외한 소득을 말한다.

지역개인 임의가처분소득 = RPDI(지역개인가처분소득) - 기초 생계비

제 3 절 지역내총생산 추계방법과 추이

1. 추계목적과 작성방법

1) 추계목적

지역의 경제력을 가장 잘 반영하는 자료는 지역총생산(Gross Regional Products: GRP) 자료이지만 우리나라에서는 과거 내무부 시절 주민소득이라는 명칭으로 간헐적

으로 발표되다가 중단되고, 최근에는 1985년부터 16개 광역 자치단체별 지역내총생산(Gross Regional Domestic Products: GRDP) 자료가 발표되고 있다. 상술한 바와 같이 GRDP를 전국적으로 합하면 GDP가 된다.

지역총생산 또는 지역민총생산은 일정지역 주민들에 의해 생산된 최종생산물의 시장가치 합계이다. 이를 국민전체로 합하면 GNP가 된다. 참고로 지역소득(생산 · 지출 · 분배)지표의 포괄범위를 나타내면 다음 [그림 7-1]과 같다.

지역내총생산계정은 국민계정과 마찬가지로 UN이 권고하는 국민세정체계(System of National Accounts: SNA)의 개념 및 체계에 따라 생산 · 분배 · 지출측면에서 각각 추계할 수 있다. 지역내총생산은 생산측면으로서 해당 광역시 · 도에서 경제활동별로 얼마나 생산하였는가를 추계한 것이다. 한편 지출계정은 지출측면에서 해당 시 · 도에서 소비 및 투자에 얼마나 지출하였는가를 추계한 것이다(통계청, 2007: 259-269).

지역내총생산은 지역경제실태를 포괄적으로 파악할 수 있는 종합지표로서 지역관련 정책이나 계획수립 및 지역관련연구에 필요한 기초자료가 될 수 있다. 특히 지방자치제도의 본격적인 시행과 더불어 지역경제의 중요성이 더욱 부각되고 있으며, 지역단위 경

그림 7-1 지역소득(생산 · 지출 · 분배)지표의 포괄범위

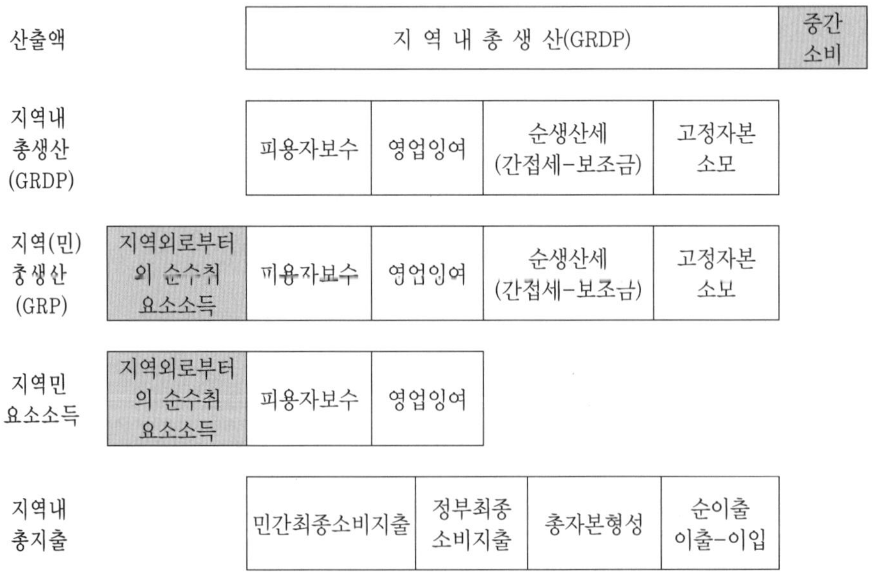

제개발계획 및 정책을 수립하고 이를 효과적으로 추진하기 위한 지역통계의 필요성이 절실한 실정인데, 지역내총생산은 이러한 통계자료로 유용하게 이용될 수 있다. 또한, 지역내총생산을 통해 국민경제에서의 각 지역경제의 위치를 명확히 알 수 있으므로 지역경제 상호간의 비교분석과 균형 있는 국민경제 발전을 위한 지역경제 개발모델 설정이 가능하다.

지역내총생산(GRDP)은 생산측면의 부가가치로서 각 시·도 내에서 경제활동별로 얼마만큼의 부가가치가 발생되었는가를 나타내는 지표이고, 지역내총생산에 대한 지출은 지역 내에서 생산된 GRDP가 어떻게 사용되었는가를 나타내는 지표로서 시·도별로 생산규모와 함께 지역의 소비와 투자구조 등을 파악할 수 있다.

지역소득통계는 지역소득의 생산·분배·지출 각 측면이나 경제주체 간 소득순환을 파악하여, 지역경제의 실태를 포괄적으로 나타내 주어, 지역의 재정, 경제시책 수립에 필요한 자료를 제공해 준다. 아울러 국민경제상의 지역(시·도)경제의 위치를 알게 하고, 지역경제 상호간의 비교를 가능하게 함으로써 국민경제의 지역적 분석과 지역개발시책 수립에 활용하기 위하여 작성되고 있다.

2) 작성연혁

우리나라의 지역소득통계는 1950년대 말과 1960년대 초에 걸쳐 당시 경제조정기구인 OEC와 한국은행 등이 관심을 갖고 처음 추진하였으나 기초자료의 미비로 완성을 보지 못하였다. 1960년대 중반에 들어와 내무부(현 행정자치부)에서는 서울시를 제외한 12개 시·도를 대상으로 주민소득이란 이름으로 지역내총생산을 추계하여 1978년까지 공표하였으나 추계의 정확도 문제로 인해 공표를 중단하고, 1979년부터는 내부자료로만 이용하였다.

한편 서울시는 내무부와는 별도로 KDI, 대학연구소 등 연구기관에 의뢰하여 1973년부터 1987년까지 서울시 생산 및 시민분배소득을 추계하였다. 그러나 이들 양 기관에 의해 작성된 지역소득통계는 추계기관이 이원화되어 있어 추계결과의 비교가 곤란할 뿐만 아니라 정도문제로 이용도가 낮은 실정이었다.

따라서 통계청에서는 정도 높은 지역소득통계를 작성하기 위해 1980년대 후반부터 지역소득통계의 개발에 착수하여 수많은 기초통계의 정비, 개선 및 개발과 지역소득의 추계시산 작업을 거친 끝에 1993년 5월 명실상부한 지역소득통계라 할 수 있는 지역내총생산(1985~1991)을 공표하기에 이르렀다. 이후 매년 시 · 도별 지역내총생산을 공표해 오고 있으며 1994년에는 기준년도를 1990년으로, 1999년에는 1995년으로 개편하였으며, 2004년에는 2000년으로, 2009년에는 2005년으로, 2014년에는 2010년으로 개편하였다.

또한 지역내총생산 자료로는 지역의 생산구조 파악이 가능하나, 생산소득에 대한 소비 · 투자구조와 물류의 흐름 파악이 불가능하여 지역의 경제구조 분석에 한계가 있고, 지역소득통계 이용자들이 생산소득자료 이외에도 소비, 투자 등 지출측면의 다각적인 지역소득자료를 지속적으로 요구하고 있어 지역경제의 심층분석을 위하여 1997년부터 지역내총생산에 대한 지출 작성을 추진하게 되었으며 2001년 7월에 지역내총생산에 대한 지출(1995~1999)을 공표하였고 2014년에는 기준연도를 2010년으로 개편하였다. 2016년 12월에 2015년 시 · 도별 지역내총생산 자료를 추계하여 발표하였다.

3) 작성방법과 추계대상

지역경제 혹은 국가경제 전부를 빠짐없이 계량화한다는 것은 실로 방대한 작업이고 어떤 측면에선 무모하다고 말할 수도 있다. 그것은 해당지역 내의 각 경제주체가 생산한 모든 유 · 무형의 재화와 서비스의 수량과 가격을 파악하여 집계해야 하기 때문이다.

그러나 실제로 그러한 모든 자료를 얻는다는 것은 어렵고 가능하다 할지라도 엄청난 비용을 수반한다. 더욱이 경제는 끊임없이 변화하는 동태적 성격을 띠고 있어 특정 회계기간 동안의 경제활동 성과의 흐름을 일정시점에서 정확히 파악하기란 쉬운 일이 아니다. 따라서 현실적으로 주어진 예산의 제약하에서 최소의 비용으로 획득 가능한 자료를 파악 · 수집하고 이를 이용하여 계정을 작성해야만 한다.

그러므로 지역내총생산 통계를 작성하는 작업은 유형의 수치를 계량화하여 집계하는 작업뿐 아니라, 무형의 수치까지를 추정해내야 하는 추계작업이 되는 것이다. 이러한 추계작업을 제대로 수행하기 위해서는 국민계정체계가 규정하는 계정작성의 기본원칙을 이해하는 것이 선행되어야 한다. 또한 현실의 경제현상에 대한 폭넓은 이해를 토대로 추계작업에 이용될 수많은 기초자료를 분석하고 처리할 수 있는 다양한 통계적 지식을 필요로 한다.

지역내총생산이 무엇을 추계할 것인가를 알기 위해서는 우선 생산과 소득에 대한 이해가 필요하다. 인간은 생활을 영위하기 위해 수많은 종류의 재화와 서비스를 필요로 하며 이러한 재화와 서비스는 자연 그대로의 것을 이용하기도 하지만 대부분은 인간의 생산활동을 통해 공급된다. 생산된 재화와 서비스는 생산자 자신에 의해 소비되거나 타인에게 판매되어 소비된다.

이때 생산된 재화와 서비스의 가치에서 그것을 생산하기 위하여 투입되어 소비된 재화와 서비스의 가치를 공제한 것을 부가가치라고 하며 이러한 부가가치는 화폐가치로 환산되어 금액으로 표시될 수 있다. 이렇게 일정지역 내에서 이루어지는 전체 생산활동의 결과 창출되는 부가가치의 합을 총생산이라는 용어로 표현하며 이것이 지역내총생산의 추계대상이 되는 것이다.

그런데 이러한 총생산은 생산활동에 참여한 각 경제주체들에게 분배되며 이를 소득이라 하고 종국적으로 이것이 인간의 생활을 위해 지출된다. 결국 분배된 소득의 합계 즉 총소득은 총생산과 같으며 총지출과도 같게 된다. 이를 국민소득의 3면 등가 원칙이라고 한다. 이런 이유로 우리는 국민총생산이나 국민소득이라는 용어가 유사한 의미로 사용되는 것을 흔히 볼 수 있다.

2. 추계항목

1) 생산계정

이 항목에서는 생산계정 중 산출액과 중간소비, 부가가치 등의 추계과정을 설명하고자 한다. 먼저 산출액(Output)이란 생산된 재화와 서비스의 총 화폐평가액을 말하는데 생산주체별로 산출물의 형태와 비용구조가 같지 않으므로 산출액의 정의도 생산주체별로 다르다. 산업의 산출액은 일정기간 중 생산된 재화와 서비스를 시장에 판매하는 가격(생산자가격)으로 평가한 것을 말한다. 이때 생산된 재화와 서비스는 그것이 실제 판매되었거나 재고로 남아 있거나 관계없이 생산시점에서 평가된다.

그러나 재화생산의 경우엔 생산량에 단가를 곱하여 산출액을 구할 수 있지만 도·소매업과 같은 유통업이나 수량화가 곤란한 서비스의 경우는 약간 다르다. 즉 장기간에 걸쳐 활동이 이루어지는 건설업은 투입된 비용을 산출액으로 계상하고, 도·소매업의 경우엔 판매가격과 구입가격의 차액을 산출액으로 계상하며, 운수업은 운수활동에 따른 영업수익을 산출액으로 처리한다. 서비스업은 요금, 수수료 등 서비스제공의 대가를 산출액으로 계상한다. 금융업의 경우엔 송금, 추심, 환전 등에 따른 실제서비스 판매수입과 수취재산 소득에서 지급이자를 차감해서 구해지는 금융 중개서비스료를 산출액으로 계산한다. 보험업의 경우엔 수취보험료와 보험준비금의 투자수익에서 지급보험금과 필요준비금 추가적립액을 차감한 보험서비스료를 산출액으로 본다.

정부 및 가계에 봉사하는 비영리서비스 생산자의 경우에는 생산하는 서비스가 시장에서 거래되는 것이 아니어서 평가하기가 곤란하므로 생산에 투입된 총 투입비용을 산출액으로 계상한다. 가사서비스 생산자는 서비스생산에 투입되는 것이 노동뿐이므로 서비스제공의 대가로 받은 급여를 산출액으로 본다.

그리고 중간소비는 생산을 위해 투입된 내용연수 1년 이하의 비내구재와 서비스로 구성되는데 생산에 직접 투입된 재료비뿐만 아니라 상품개발을 위한 연구개발비와 상품판매를 위한 광고 선전비, 접대비 등 일체의 직·간접비용을 포함한다. 정부가 구입하는 군사장비는 파괴용 군사무기와 내구생산재로 구분하여 전자는 중간소비로 처리하고, 후자는 고정자본형성으로 처리한다.

중간소비와 자본형성의 구분은 투입된 재화와 서비스가 회계기간 중에 소진되는가 혹은 회계기간 이후에도 남아 이익을 발생시키는가에 달려있다. 수선비의 경우 고정자산을 정상적인 상태로 유지시키는데 소요된 것이라면 중간소비에 계상되나 고정자산의 내용연수를 연장시키거나 성능을 현저히 증가시키는 것이라면 자본형성으로 분류된다.

한편 부가가치는 생산활동에 의해 새로이 창출된 가치로서 산출액에서 중간소비를 뺀 것이다. 부가가치는 고정자본소모, 피용자보수, 영업잉여, 생산세(68 SNA에서의 간접세)와 생산보조금(공제항목) 등으로 구성된다.

피용자보수는 고용주가 피용자에게 지급한 현금 또는 현물형태의 급여는 물론 피용자를 위하여 사회보장기금, 연금기금 및 보험에 납부한 고용주 분담금을 포함한다.

영업잉여는 산업부문의 생산활동에 참여한 자본에 대한 대가이며 부가가치총액에서 피용자보수, 고정자본소모, 순생산세(생산세－생산보조금)를 뺀 잔액과 같다. 이 영업잉여는 생산주체의 투입구조상 영리를 목적으로 하는 산업에서만 발생되며 정부 및 가계에 봉사하는 비영리서비스생산자의 부가가치에는 나타나지 않는다.

고정자본소모는 모든 유형자산이 경제적으로 일정한 예상수명을 가진다는 개념에 근거한 것이다. 즉 토지를 제외한 유형자산의 경우 생산과정에서의 사용, 시간의 경과 및 기술의 발전 등에 따라 노후화되는 것이 일반적이므로 언젠가는 새로운 고정자산으로 대체하여야 한다. 따라서 현 수준의 생산활동을 지속하기 위해서 소모된 고정자본의 가치만큼을 부가가치 중에서 분리하여 비축해 두는데, 그 부분을 고정자본 소모라고 한다.

생산세는 UN 등 국제기구가 마련한 93 SNA(1993 국민경제체계: System of National Accounts 1993)에서 새로이 도입된 개념으로서 세율차이에 따른 생산구조의 왜곡방지와 순수한 생산자 몫을 반영하기 위하여 도입되었으며 생산물세와 기타생산세로 구분하여 추계한다. 생산물세는 부가가치세나 특별소비세 등과 같이 생산자에게 부과되어 생산비에 포함됨으로써 결국 그 부담이 소비자에게 전가되는 조세를 말한다.

한편 생산보조금은 산업진흥 또는 제품의 시장가격 인하 등 정부의 정책목적을 위하여 정부가 생산자에 지급함으로써 생산비용의 일부를 부담한 것이다. 예를 들면 정부의 탄가안정대책에 대한 적자보전과 여객선 안전관리에 대한 보조금 지급 등이 있다. 그러나 기업이 정부로부터 받은 보조금 가운데서도 생산활동과 관계없이 수취한 부분은 경상이전으로 분류되어야 하며 투자의 목적이나 수해, 화재 등에 따른 자본재의 손실보전을 위한 부분은 자본이전으로 처리되고 공제하지 않아야 한다. 또한 가계 및 가계에 봉사하는 비영리단체가 정부로부터 수취한 교부금은 보조금이 아닌 경상이전 거래로 분류된다(한국은행, 2016: 460-463).

2) 지 출

지역내총지출은 일반적으로 최종소비지출, 총고정자본 형성, 재고 증감, 재화와 서비스의 순이출 등으로 구분된다. 최종소비지출은 소비주체의 재화와 서비스에 대한 지표로서 경제주체에 따라 가계 최종소비지출, 가계에 봉사하는 비영리단체의 최종소비지출, 정부 최종소비지출로 나누어진다.

먼저, 가계 최종소비지출이란 재화 및 서비스에 대한 가계의 소비를 목적으로 하는 경상적 최종지출액을 의미한다. 가계의 포괄범위는 주택소유라는 산업의 주체로서의 가계가 아닌 소비주체로서의 가계만을 포함한다. 거주자주의(居住者主義) 원칙에 따라서 거주자 가계의 최종소비지출만을 대상으로 하며, 재화와 서비스의 구입시점을 기준으로 계상한다.

가계에 봉사하는 비영리단체의 생산은 투입되는 비용으로 포착하고, 생산된 산출물은 모두 소비하는 것으로 간주한다. 최종소비지출은 총투입비에서 타 부문으로부터 상품과 서비스에 대한 대가로 수취한 판매액을 차감한 금액으로 계상한다. 이때 판매는 경제적으로 의미 없는 가격으로 판매했거나 의미 있는 가격으로 판매했거나 모든 금액을 포함한다. 최종소비지출의 분류는 목적별 분류에 따라 분류한다.

정부서비스생산자(정부 최종소비지출)는 일반산업과는 달리 생산한 재화나 서비스를 시장에 판매해서 자금을 조달하는 것이 아니라, 세금 등으로 얻어진 자금에 의해서 행정 등의 서비스를 제공한다. 정부부문의 산출은 정부자신이 소비한 것으로 간주하는데 이는 정부가 생산한 서비스가 특정 개인에게보다는 사회전체에 대한 것이므로 특정 수혜자를 결정하는 것이 곤란하기 때문이다. 예외적으로 수혜자가 결정되는 일부 서비스는 상품, 비상품 판매액이라고 하여 타 부문 소비지출로 계상되기 때문에 정부의 소비지출에서는 제외한다(예를 들면 박물관, 국립공원 등의 입장료, 관공서의 출판물판매, 국·공립병원의 진료비, 국·공립학교의 납입금, 육성회비 등).

그리고 총고정자본형성은 생산자(기업, 정부서비스생산자, 가계에 봉사하는 비영리서비스생산자)가 생산목적을 위하여 구입한 고정자산에 대한 순취득액(취득액-처분액)을 말한다. 여기에는 유형고정자산(주거용 및 비주거용건물, 구축물, 기계 및 장비 등)뿐만 아니라 무형고정자산(컴퓨터 소프트웨어 개발 및 구입), 비생산자의 소유권 이전비용 등이 포함된다.(한국은행, 2016: 464-468).

총고정자본형성의 기록은 고정자산의 소유권이 최종 사용자에게 이전되었을 때로 하며 이전되기 전에는 재고로 기록한다. 단, 건물 또는 기타 구축물 등을 사전매매계약에 의해 건설하거나 자가 계정으로 건설하는 경우는 회계기간 중 건설된 부분에 대한 소유권이 이전된 것으로 간주하여 총고정자본형성으로 처리한다.

재고는 일정시점에 있어서 각 산업이 생산과 판매를 위하여 보유하고 있는 원재료, 연료, 반제품, 재공품 및 완제품을 말하는 스톡(stock)의 개념이며, 재고증감은 특정 두 시점 사이에서 실제적으로 변동된 재고의 양으로서 플로우(flow) 개념이다.[2)]

한편 재화와 서비스의 순이출(이출-이입)은 재화의 순이출과 서비스의 순이출로 구분된다. 재화의 순이출은 지역에서 생산된 농수산물과 광공산품이 국내 타지역으로 순이출되거나 해외로 순수출되는 금액을 추계한다. 서비스 순이출은 일반 행정 및 국방서비스, 전기, 가스 및 수도사업, 숙박 및 음식점, 운수업, 통신업, 금융 및 보험업, 부동산 및 사업서비스업 등의 국내 타 지역 순이출과 해외 순수출을 추계한다.

---

2) 일부품목에 있어서 재고와 고정자본형성의 구별문제가 발생한다. 예를 들면, 회계기간 중 그 제조작업이 미완료상태로 있는 기계장비, 건조중인 선박은 재고증감으로 취급하나, 매매계약 및 자가 계정에 의한 건설공사의 경우에는 미완성공사에 대해 그 기성고를 평가하여 고정자본형성으로 처리한다. 가축의 경우에도 번식용, 낙농용 가축과 털을 이용하는 가축은 고정자본형성으로 처리하고, 그 이외의 식용가축이나 가죽을 얻기 위한 가축 등은 재고증감으로 처리한다.

표 7-2 지역내총생산 및 총지출

지 역 내 총 생 산	지 역 내 총 지 출
· 피용자보수 · 영업잉여 · 고정자본소모 · 생산세 (공제)생산보조금	· 민간 최종소비지출 · 정부 최종소비지출 · 총고정자본 형성 · 재고 증감 · 재화와 서비스의 순이출 · 통계상의 불일치

3. 추계상의 한계

한 지역의 주민소득을 정확히 추계하기 위해서는 지역총생산(GRP)이 추계되어 발표되어야 하는데, 우리나라에서는 과거 GRDP 통계만 발표되었고, 최근에는 GRI도 발표하고 있다. 통계청에서는 2009년 말에 발표한 2008년 통계부터 지역총소득(GRI)를 지역내총생산(GRDP) 통계와 더불어 같이 발표하고 있다.

그리고 현재 발표되고 있는 GRDP 통계도 몇 가지 측면에서 한계가 있다고 할 수 있다. 그 이유는 첫째, 지역의 구조와 실상을 정확히 파악할 수 있는 기초통계자료가 전국통계에 비해서 너무 부족하다는 것이다. 지역의 수출입, 금융통계 등은 상대적으로 잘 정비되어 있으나 산업 및 서비스업 구조 등에 관한 지역별 기초통계는 지역경제의 실상을 파악하는데 한계가 있다. 지역의 수출입 통계도 주로 세관통관 베이스별로 집계되기 때문에 지역별 추계에 어려움이 있다. 대형소매점 판매액지수를 제외하고는 지역 내 서비스산업 소비동향을 파악할 수 있는 통계지표가 거의 없다는 점도 큰 문제점이다. 대형소매점 판매액지수는 대형 할인점이나 백화점 등만을 조사대상으로 하고 있어 전통적인 재래시장이나 소형 소매점 등의 소비, 판매동향을 정확히 파악하기가 어렵다는 한계가 있다.

둘째, 우리나라의 국민소득(GDP) 통계는 한국은행 조사부에서 작성하고, 지역내총생산(GRDP)과 지역총소득(GRI) 통계는 통계청에서 작성하고 있는데, 두 통계 사이의 부분적 차이가 발생하고 있다. GDP통계는 분기별로 발표되고 이를 집계하여 연도별 통계를 작성하고 있고, GRDP 통계는 연도별로만 집계하여 발표하고 있다. 그런데 GRDP 통계는 지역별 통계자료가 부족하여 그 만큼 추계하기가 어렵고, 전국통계와 차이가 날 수밖에 없을 것으로 풀이되지만, 통계상의 차이를 줄여 나가도록 노력해야 할 것이다.

제 4 절 지역별 지역내총생산 및 지출 추이

1. 지역별 지역내총생산 추이

상술한 바와 같이 지역내총생산은 시 · 도 단위별 생산, 소비, 물가 등 기초통계를 바탕으로 추계한 해당지역의 부가가치로서 시 · 도 단위의 종합경제지표이다. 지역내총생산(GRDP)은 국내총생산(GDP)과 마찬가지로 UN이 권고한 국민계정체계('93 SNA)에 따라 추계하는 공통점이 있으나, 추계 시 이용하는 기초자료와 자료이용 방법에 다소 차이가 있어 시 · 도별 지역내총생산의 합계와 국내총생산이 반드시 일치하지는 않는다. 지역내총생산(GRDP)은 생산측면의 부가가치로서 각 시 · 도 내에서 경제활동별로 얼마만큼의 부가가치가 발생되었는가를 나타내는 지표이고, 지역내총생산에 대한 지출은 지역 내에서 생산된 GRDP가 어떻게 사용되었는가를 나타내는 지표로서 시 · 도별로 생산규모와 함께 지역의 소비와 투자구조 등을 파악할 수 있다.

2×06년도 16개 시 · 도의 지역내총생산 합계는 856조 원으로 나타났다. 시도별 규모는 서울(194조 원), 경기(174조 원), 경북(58조 원) 순으로 이들 상위 3개 시 · 도의 구성비는 전국의 49.7%를 차지하였다. 농림어업의 시 · 도별 비중은 경지면적이 넓은 전남(15.3%), 경북(14.6%), 충남(13.4%)의 순으로 이들 상위 3개 지역이 43.3%를 차지하였으며, 전년(42.7%)에 비해 0.6% 포인트 증가하였다. 광업 및 제조업의 시 · 도별 비중은 경기(27.4%), 경북(10.9%), 경남(9.6%)의 순으로 이들 상위 3개 시 · 도가 47.9%를 차지하였으며, 전년(48.5%)에 비해 0.6%포인트 감소하였다. 서비스업 및 기타부문의 시 · 도별 비중은 서울(31.5%), 경기(17.9%), 부산(6.8%)의 순으로 이들 상위 3개 시 · 도가 56.2%를 차지하였으며, 전년(56.4%)에 비해 0.2%포인트 감소하였다.[3)]

2×06년 시 · 도별 지역내총생산 성장률을 지역별로 보면, 충남(9.3%)이 반도체 등에서 호조를 보인 제조업과 운수업 등의 상승으로 가장 높은 성장률을 보였고, 대구(1.8%)는 제조업, 전기 · 가스 · 수도사업이 하락함에 따라 낮은 성장률을 보였다. 전년

---

3) 통계청, 2007. 12. 24, "2006년도 16개 시 · 도별지역내총생산 및 지출(잠정)", 보도자료, pp. 1-10.

그림 7-2 2×06년 시·도별 지역내총생산 및 증감률(명목)

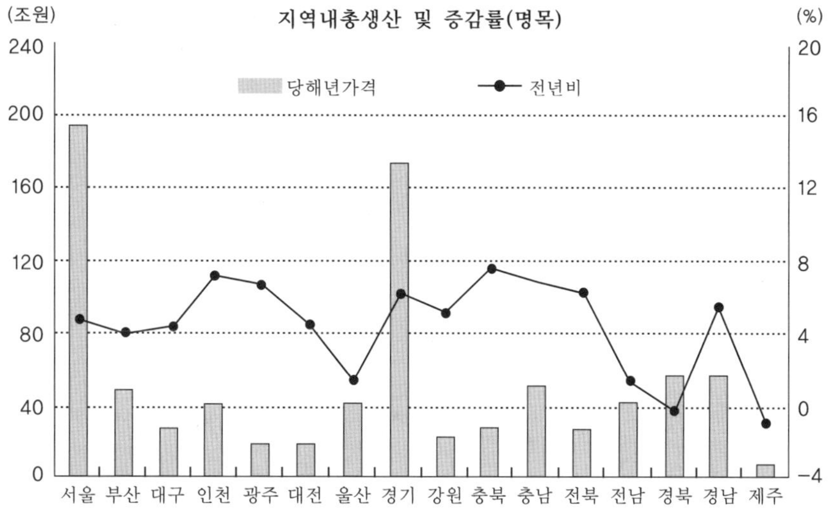

대비 성장률이 높은 지역은 충남(9.3%), 경기(8.3%), 충북(6.6%) 등이고, 성장률이 낮은 지역은 대구(1.8%), 제주(1.8%), 부산(2.5%) 등이다.

그리고 2×12년 지역내총생산(GRDP, 명목)은 1,275조 원으로 전년대비 2.7% 증가하였고, 실질 지역내총생산은 전년대비 1.9% 성장하였다. 대부분의 지역에서 소폭 증가세를 보인 가운데, 제주, 울산, 충남 등이 비교적 높은 성장률을 기록하였다. 민간소비는 모든 지역에서 증가세를 보였으나, 건설투자는 인천, 대전 등에서 부진한 모습을 보였으며, 설비투자는 충남, 울산 등에서 크게 감소하였다.

한편, 2×12년 지역총소득(GRI, 명목)은 1,282조 원으로 전년보다 약 37조원(3.0%) 증가하였다. 경기(6.8%), 광주(4.5%), 제주(4.2%) 등은 영업잉여와 피용자보수 등의 증가로 비교적 높은 증가율을 보인 반면, 경북(-3.4%)과 경남(0.3%) 등은 감소하거나 소폭 증가에 머물렀다.

그리고 2×15년 지역내총생산(GRDP, 명목)은 1,564조 원으로 전년보다 약 78조 원(5.3%) 증가하였다. 실질 지역내총생산은 건설업, 금융·보험업 및 사업서비스업 등의 증가로 전년에 비해 2.8% 성장하였다. 지역별로는 제주, 충북, 전남 등은 건설업 및 공공행정 등의 증가에 힘입어 비교적 높은 성장률을 기록한 반면, 전북, 울산 및 경남 등은 제조업, 숙박·음식점업 및 광업 등의 부진에 따라 상대적으로 낮은 성장세를 나타냈다.

그림 7-3 2×12년 시·도별 지역내총생산 및 증감률(명목)

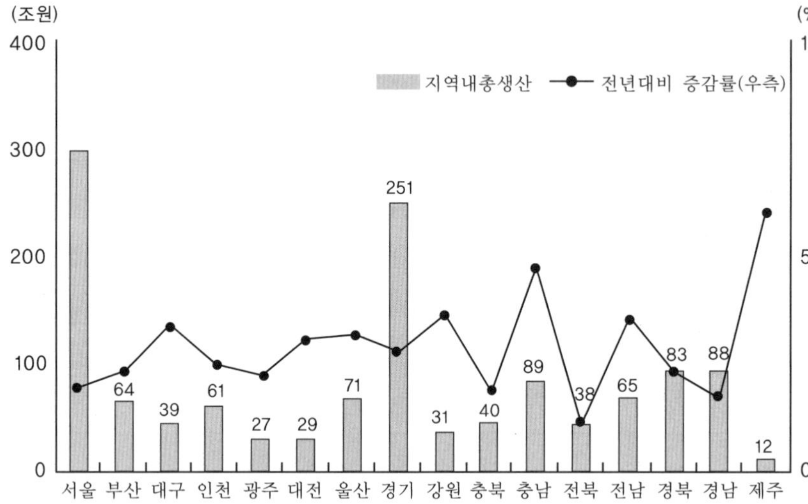

그림 7-4 2×15년 시·도별 지역내총생산 및 증감률(명목)

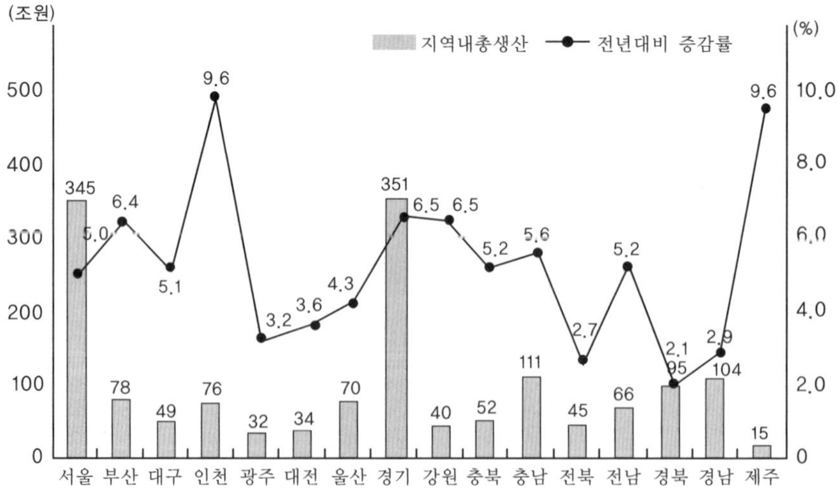

한편, 2×15년 지역총소득(GRI, 명목)은 1,571조 원으로 전년보다 약 81조원(5.4%) 증가하였다. 시도별로 보면, 서울이 390조원으로 가장 컸고, 그 다음으로 경기가 377조원 수준이었으며, 제주는 16조 원으로 가장 작았다. 지역내총생산 대비 지역총소득 수준은 대구, 대전, 서울 등 8개 지역에서 100을 상회하였다. 시도별 증감률을 보면 전남, 울산, 제주 등은 비교적 높은 증가율을 보인 반면, 강원, 대전, 서울은 낮은 증가율을 나타냈다(통계청, 2016.12: 1-11).

표 7-3 2×11~2×15년 지역별 지역내총생산

(단위: 10억 원, 천개, %)

지 역	지역내총생산 (당해년 가격)					사업체수	
	2×11년	2×14년	2×15년	구성비		2×15년	구성비
				2×14	2×15		
서 울	282,944.90	328,660.90	345,138.00	22.1	22.1	821	21.2
부 산	62,128.50	73,673.60	78,392.10	5	5	279	7.2
대 구	37,453.20	46,523.70	48,889.30	3.1	3.1	200	5.2
인 천	59,165.80	69,500.60	76,205.90	4.7	4.9	186	4.8
광 주	26,192.20	31,294.70	32,297.20	2.1	2.1	113	2.9
대 전	27,799.50	32,798.80	33,973.00	2.2	2.2	112	2.9
울 산	68,397.90	67,018.10	69,880.60	4.5	4.5	81	2.1
경 기	243,835.80	329,559.00	350,962.80	22.2	22.4	828	21.4
강 원	30,218.20	37,170.30	39,577.70	2.5	2.5	134	3.4
충 북	38,757.80	49,790.70	52,364.20	3.4	3.3	122	3.2
충 남	84,881.70	105,002.40	110,857.40	7.1	7.1	168	4.3
전 북	37,985.30	44,242.70	45,424.90	3	2.9	147	3.8
전 남	62,321.60	62,456.70	65,683.50	4.2	4.2	147	3.8
경 북	81,322.00	92,697.20	94,616.90	6.2	6.1	219	5.6
경 남	86,919.30	101,028.40	103,972.80	6.8	6.6	263	6.8
제 주	11,258.40	14,086.90	15,432.20	0.9	1	55	1.4
전 국	1,241,582.10	1,485,504.70	1,563,668.50	100	100	3,875	100

자료: 통계청, 2013. 12 및 2016.12, "2012년과 2015년 지역소득", 보도자료 p. 10.

2. 지역별 지역내총지출 추이

우리나라 2×06년 지역내총지출을 보면, 총 586조 1,919억 원 중에서 최종소비지출이 586조 9,736억 원, 총고정자본형성이 253조 5,228억 원, 재고증감이 5조 8,533억 원, 순이출이 9조 3,480억 원 등이다.

2×06년 1인당 지역내총생산 수준(전국=100.0)은 울산, 충남, 전남 등이 높고 대구, 광주, 대전 등은 낮게 나타났다. 상위지역은 울산(216.4), 충남(148.6), 전남(127.8) 등이고, 하위지역은 대구(63.3), 광주(74.5), 대전(74.5) 등이다. 1인당 민간소비지출 수준(전국=100.0)은 서울, 부산, 대구 등이 높고, 전남, 충남, 충북 등이 낮게 나타났다.

그리고 2×12년 전국의 명목 최종소비지출은 886조원으로 전년보다 38조원(4.5%) 증가한 반면, 총고정자본형성은 337조원으로 전년보다 3조원(-0.9%) 감소하였다. 실질 최종소비지출은 2.3% 증가한 반면, 실질 총고정자본형성은 2.7% 감소하였다. 2×15년 전국의 명목 최종소비지출은 1,011조원으로 전년보다 36조원(3.6%) 증가한 반면, 총고정자본형성은 468조원으로 전년보다 33조 원(7.7%) 증가하였다.

한편 2×12년 서울과 울산 지역은 1인당 지역내총생산, 1인당 지역총소득, 1인당 개인소득, 1인당 민간소비 모두 전국 평균을 상회하였다. 충남, 전남, 경북, 경남 지역의 1인당 지역내총생산 수준은 전국 평균을 상회한 반면, 1인당 지역총소득 수준은 전국 평균보다 낮았다. 2×12년 1인당 지역내총생산은 울산 지역이 가장 컸고, 충남, 전남, 경북, 서울, 경남은 전국 평균(2,550만 원)을 상회하였다[4]. 2×15년 1인당 지역내총생산은 울산 지역이 가장 컸고, 충남, 전남, 경북, 서울, 충북 및 경남 지역은 전국 평균(3,089만원)을 상회하였다. 1인당 지역총소득은 울산과 서울, 충남, 전남지역 등이 평균수준을 상회하였다.

4) 통계청, 2013. 12, "2012년 지역소득", 보도자료, pp. 10-18.

표 7-4　2×15년 지역별 지역내총지출(명목)

(단위 : 10억 원)

지 역	최 종 소비지출		총자본형성		순이출	통계상불일치
		민간소비		총고정자본형성		
서 울	221,008.4	185,194.3	64,012.8	66,317.7	58,527.3	1,589.5
부 산	65,247.6	52,178.9	22,377.6	23,422.7	-9,240.7	7.6
대 구	46,839.9	36,121.5	14,617.7	14,445.6	-12,659.7	91.4
인 천	50,360.9	39,068.3	23,727.9	23,589.8	2,648.8	-531.6
광 주	28,414.0	22,397.9	8,392.6	8,422.9	-4,355.3	-154.1
대 전	31,342.8	23,360.1	10,456.5	10,396.1	-7,909.0	82.7
울 산	21,896.9	17,950.9	19,280.8	19,078.4	30,729.5	-2,026.5
경 기	231,304.0	185,572.6	97,757.5	114,390.7	21,600.9	300.4
강 원	35,996.9	20,781.1	16,384.0	15,848.2	-12,919.5	116.3
충 북	31,500.6	21,361.0	17,361.1	17,156.0	3,450.4	52.0
충 남	47,813.2	30,836.4	46,765.7	46,313.9	18,601.4	-2,322.9
전 북	35,600.7	24,270.3	14,130.2	14,216.7	-4,102.8	-203.1
전 남	37,847.7	23,640.8	24,301.7	24,572.5	5,373.3	-1,839.1
경 북	50,133.7	35,632.2	33,065.4	32,693.4	11,392.8	25.1
경 남	63,039.7	46,232.2	31,792.1	31,261.0	10,402.7	-1,261.7
제 주	12,235.7	8,519.7	6,219.7	6,221.5	-3,070.6	47.4
전 국	1,010,582.6	773,118.0	450,643.2	468,347.0	108,469.3	-6,026.6

자료: 통계청, 2016.12, "상계자료", p. 58.

표 7-5　1인당 지역내총생산 및 지역총소득

구 분	2×06년 1인당 지역내총생산		2×12년 1인당 지역내총생산		2×15년 1인당 지역내총생산		2×15년 1인당 지역총소득
	천 원	미 달러	천 원	미 달러	천 원	미 달러	천 원
서 울	19,338.70	20,239.10	28,932.40	25,674.80	35,002.50	30,934.90	39,567.20
부 산	13,544.20	14,174.90	18,452.00	16,374.40	23,056.00	20,376.70	26,025.00
대 구	11,221.00	11,743.40	15,656.20	13,893.40	19,916.30	17,601.90	23,961.30
인 천	15,640.30	16,368.60	21,707.30	19,263.20	26,403.80	23,335.40	26,959.10
광 주	13,199.20	13,813.80	17,687.30	15,695.80	21,296.80	18,821.90	23,748.70

대 전	13,214.90	13,830.20	18,620.50	16,524.00	22,123.00	19,552.10	25,057.10
울 산	38,367.70	40,154.10	63,296.40	56,169.60	61,166.30	54,058.20	50,289.90
경 기	16,097.60	16,847.10	21,015.40	18,649.20	28,308.20	25,018.60	30,423.70
강 원	15,913.50	16,654.50	20,867.60	18,518.00	26,277.50	23,223.80	22,607.40
충 북	18,456.00	19,315.30	25,471.50	22,603.60	33,395.40	29,514.60	28,161.70
충 남	26,336.90	27,563.20	41,793.00	37,087.40	48,630.30	42,979.00	35,764.20
전 북	14,645.60	15,327.50	21,272.60	18,877.50	25,260.80	22,325.30	23,369.10
전 남	22,663.00	23,718.30	36,525.40	32,412.90	37,387.50	33,042.70	31,729.60
경 북	21,720.70	22,732.00	31,475.60	27,931.70	35,814.30	31,652.30	30,052.50
경 남	18,349.90	19,204.30	27,197.10	24,134.90	31,648.30	27,970.40	28,520.70
제 주	13,980.10	14,631.00	21,438.70	19,024.80	26,280.20	23,226.20	27,072.90
전 국	17,727.60	18,553.00	25,497.50	22,626.70	30,892.10	27,302.20	31,034.80

주: 1) 환율은 연평균 기준환율 적용

2) 시・도별 인구는 인구주택총조사 자료를 기초로 작성된 장래인구추계 결과 이용

자료: 통계청, "상계자료", 2007, p. 15, 2013, pp. 60-70, 2016, pp. 67-70.

표 7-6 1인당 지역내총생산 추이

(단위: 천 원)

지 역	2×02년	2×03년	2×04년	2×05년	2×10년	2×11년	2×12년	2×15년
서 울	16,744.8	17,498.1	17,875.5	18,488.2	23,375.7	25,466.6	25,674.8	35,002.5
부 산	10,913.3	11,774.9	12,426.5	12,905.0	14,853.1	16,183.4	16,374.4	23,056.0
대 구	9,265.5	9,686.9	10,292.2	10,664.4	12,465.1	13,643.4	13,893.4	19,916.3
인 천	12,990.2	13,438.0	14,264.6	14,705.4	18,123.6	19,416.9	19,263.2	26,403.8
광 주	10,508.4	10,861.6	11,482.9	12,365.1	14,597.7	15,696.1	15,695.8	21,296.8
대 전	11,198.3	11,998.9	12,709.5	12,694.4	15,119.3	16,434.4	16,524.0	22,123.0
울 산	31,402.2	32,419.6	36,887.1	37,988.6	46,763.8	55,846.1	56,169.6	61,166.3
경 기	13,529.4	14,018.2	15,014.3	15,451.9	17,365.4	18,667.4	18,649.2	28,308.2
강 원	12,324.1	13,751.0	14,486.5	15,037.5	16,772.7	18,226.3	18,518.0	26,277.5
충 북	14,376.5	15,455.5	17,059.2	17,154.4	20,593.7	22,720.9	22,603.6	33,395.4
충 남	18,330.2	20,778.5	22,855.4	24,766.8	31,814.8	36,401.1	37,087.4	48,630.3
전 북	11,226.8	11,966.7	13,076.0	13,639.8	16,697.7	19,025.8	18,877.5	25,260.8
전 남	16,393.0	17,942.7	20,291.2	22,068.1	28,592.4	31,741.2	32,412.9	37,387.5

경 북	16,090.4	18,335.5	21,155.9	21,778.2	25,774.6	27,816.9	27,931.7	35,814.3
경 남	14,871.1	15,731.2	16,842.1	17,455.2	22,197.4	24,271.2	24,134.9	31,648.3
제 주	11,810.9	12,650.1	13,618.8	14,148.7	16,559.6	18,394.4	19,024.8	26,280.2
전 국	14,403.9	15,287.0	16,369.1	16,988.9	20,527.2	22,508.3	22,626.7	30,892.1

주 : 부산, 대구, 광주, 대전 등 대도시에 거주하는 주민이 경남, 경북, 전남, 충남 등 인근지역에 있는 사업체에 출퇴근할 경우 지역내총생산이 사업체 소재 지역으로 파악되어 대도시의 1인당 지역내총생산은 낮게 나타남.

자료: 통계청, "상계자료", 각 년도.

탐구학습

1. 주요 개념

- 지역계정(지역사회계정)
- 5대 국민계정, 국민소득통계, 산업연관표, 국제수지표, 자금순환표, 국민대차대조표
- 생산국민소득, 분배국민소득, 지출국민소득
- 5대 지역계정
- 국내총생산(GDP)과 국민총소득(GNI), 국민총생산(GNP)
- 지역총생산(GRP)과 지역내총생산(GRDP), 지역총소득(GRI)과 지역내총소득(GRDI)
- 지역순소득(NRI), 지역소득(RI), 지역개인가처분소득(RPDI), 지역임의가처분소득

2. 토론과 과제

- 5대 국민계정에 대해 설명하시오.
- 지역계정의 의의와 5대 지역계정에 대해 설명하시오.
- 여러 가지 지역소득의 개념에 대해 설명하시오.
- 우리나라 시 · 도별 지역내총생산 추이에 대해 설명하시오.

참고문헌

김대식 · 노영기 · 안국신, 1997, 2012, 「현대 경제학원론」, 박영사

정연중, 1997, 「21세기 경제학원론」, 법문사.

통계청, 2007. 8, 「2005년 시도별 지역내총생산 및 지출」.

__________, 2007. 12. 24, 「2006년도 16개 시 · 도별 지역내총생산 및 지출(잠정)」, 보도자료.

__________, 2013. 12, "2012년 지역소득", 보도자료.

_________, 2016.7, 「2014년 지역소득통계」

_________, 2016.12, "2015년 지역소득" 보도자료.

한국은행, 1994, 「우리나라 자금순환체계의 이해」.

한국은행, 2006, 2010, 「주요 경제지표 해설」 및 2014, 「알기쉬운 경제지표 해설」

Bendavid-Val, Avrom, 1991, *Regional and Local Economic Analysis for Practitioners*, Praeger Publishers.

Czamanski, Stan, 1972, *Regional Science Techniques in Practice, - The Case of Nova Scota*, Lexington Books.

_________, 1973, *Regional and Interregional Social Accounting*, Lexington Books.

Richardson, H. W., 1979, *Regional Economics*, Chicago: University of Illinois Press.

제 8 장 입지계수와 지역전문화지수

제8장에서는 지역경제를 분석할 수 있는 방법은 여러 가지가 있으나 가장 쉽게, 그리고 적은 통계자료를 가지고 분석할 수 있는 입지계수법과 지역전문화지수를 설명하고자 한다. 이들 분석방법은 주로 지역산업의 전문화 내지 특화정도를 분석하는 방법이다. 지금까지 우리나라 지역전략산업은 지역의 입지여건이나 산업구조적 분석을 정확히 하지 않고, 막연히 성장 가능성이 높은 산업을 유치해야 한다는 경향이 있었다. 이렇게 전개하다 보니 지역 간의 차별성이 약하고, 특화된 전략산업의 선정이 부족하였다. 보다 정확히 지역전략산업이나 성장산업을 선정하기 위해서는 여러 가지 지역경제분석기법을 사용하여 분석해야 한다. 지역경제분석기법은 주로 입지계수, 변화할당분석, 지역성장률시차분석, 지역산업연관모형 등을 이용해서 다각적으로 분석할 수 있다.

제 1 절 입지계수

1. 의 의

입지계수(Locational Quotient: LQ)는 어떤 지역의 특정산업 구성비를 전국의 동일산업 구성비와 비교하여 지역 내에서의 특정산업이 전국 평균에 비해 어느 정도 상대적으로 특화되어 있는가를 나타내는 계수이다.[1] 다시 말하면 어떤 지역의 i산업이 전국의

---

1) E. M. Hoover and F. Giarratani, 1984, *An Introduction to Regional Economics*, Third edition, Alfred A. Knopf, Inc., pp. 237-241, 259-263.
H. W. Richardson, 1979, *Regional Economics*, University of Illinois Press, pp. 89-90.

동일산업에 대한 상대적인 비중을 측정하는 방법으로서 그 산업의 상대적인 특화정도를 나타내는 계수이다.

입지계수법에서 비교대상이 되는 지표로는 특정산업의 부가가치와 고용자수를 일반적으로 사용하고 있다. 이와 더불어 생산액이나 사업체수 또는 노동생산성 등 다양한 지표를 사용할 수도 있다. 이 기법은 계산과정이 단순하고, 특정연도 전국의 산업구성비와 해당지역의 산업의 구성비 자료만 구득하면 쉽게 계산할 수 있기 때문에 널리 사용되고 있다. 이 연구에서는 주로 산업의 부가가치를 비교대상으로 삼았다.

입지계수는 전국 i산업에서 j지역 i산업이 차지하는 비중을 전국 총고용인구에서 J지역이 차지하는 비중으로 나눈 것이다. 이것을 다른 말로 표현하면 해당지역 i산업의 총고용인구 비중을 전국의 i산업 고용인구 비중으로 나눈 것이다. 이를 수식으로 나타내면 다음과 같다. 즉

$$LQ = \frac{E_i^J / E^J}{E_i / E} = \frac{J\text{지역 } i\text{산업 구성비}}{\text{전국 } i\text{산업 구성비}}$$

또는

$$LQ = \frac{E_i^J / E_i}{E^J / E} = \frac{\text{전국 } i\text{산업에서 } J\text{지역 } i\text{산업 인구가 차지하는 비중}}{\text{전국 총고용인구에서 } J\text{지역 인구가 차지하는 비중}}$$

여기서 E_i^J= J지역 i산업의 고용인구(부가가치)

E_i= 전국 i산업의 고용인구(부가가치)

E^J= J지역 총 고용인구(부가가치)

E= 전국 총 고용인구(부가가치)

이를 다른 기호로 나타내어 달리 정리하면 다음과 같다.

$$LQ = \frac{B_{ijm}}{B_{ojm}} \div \frac{B_{iom}}{B_{oom}}$$ = 특정연도 J지역의 산업별 구성비/특정연도 전국의 산업별 구성비

B_{oom} = 특정년도 전국 전산업 사업체수(부가가치, 생산액)

J. Heilbrun, 1978, *Urban Economics and Public Policy*, Thrid edition, New York: St.Martin's Press, pp. 143-144.

B_{iom} = 특정년도 전국 i산업 사업체수(부가가치, 생산액)

B_{ojm} = 특정년도 j지역 전산업 사업체수(부가가치, 생산액)

B_{ijm} = 특정년도 j지역 i산업 사업체수(부가가치, 생산액)

이 때 기준 통계는 고용 인구를 가지고 분석할 수도 있고, 총생산액이나 부가가치, 소득 등을 기준으로 하여 분석할 수 있다. 입지계수(LQ)에 의하면 한 지역(J) 특정산업(i)의 평균 고용인구가 전국 평균보다 높아 전문성을 보일 경우, 그 산업(i)은 그 지역의 기반산업이 되고, 지역 J는 j산업에 전문화되었다고 말할 수 있다. 입지계수의 기준은 1이다. LQ가 1보다 크면 특정지역의 j산업은 전국의 j산업에 비해 특화되어 있어 이출산업이 되고, 1보다 작으면 이입산업이 된다. LQ가 1이면 이입·이출이 없고 전국 평균 수준과 같다는 것을 나타낸다. 이를 보다 더 자세히 설명하면 다음과 같다.

첫째, 입지계수가 1보다 크면(즉 LQ 〉 1), 해당지역의 산업은 전국 평균에 비해서 특화 또는 전문화되어 있다. 둘째, 입지계수가 1보다 작으면(즉 LQ 〈 1), 해당지역의 산업은 전국 평균에 비해서 비특화 또는 비전문화되어 있다. 셋째, 입지계수가 1인 경우(즉 LQ = 1)에는, 해당지역의 산업의 특화 또는 전문화 수준은 전국과 동일하다.

2. 적용과 분석

입지계수의 실제 적용사례를 설명하기 위해 DG지역과 KB지역의 입지계수를 실제 계산하여 설명하고자 한다. 최근 통계자료를 가지고 설명하고자 한다.

〈표 8-1〉은 전국과 DG 지역의 총산출액을 기준으로 계산한 DG지역 산업별 입지계수표이다. 표에서 보는 바와 같이 DG지역은 방적, 직조 및 섬유가공업의 입지계수가 26.9로 상당히 높고, 그 다음 음식 및 숙박업이 4.75, 사회 및 기타서비스업이 2.84, 도소매업이 2.69, 통신 및 방송이 1.59, 정밀기기가 1.45, 금융 및 보험업이 1.34 등으로 높았다.

표 8-1 DG지역의 총산출액과 입지계수(특정연도)

	구 분	전국총산출액 (A)	산업별구성비 (B)	대구총산출액 (C)	산업별구성비 (D)	입지계수 (D/B)	전국비중 (C/A)
1	농림수산품	33,542,592	3.16	219,306	0.67	0.21	0.65
2	광산품	2,539,580	0.24	9,539	0.03	0.12	0.38
3	음식료품	53,153,139	5.00	855,436	2.63	0.53	1.61
4	방적, 직조 및 섬유가공업	4,294,071	0.40	3537,525	10.89	26.9	82.38
5	편조업	15,828,408	1.49	133,038	0.41	0.27	0.84
6	의복 및 장신품	14,055,516	1.32	137,890	0.42	0.32	0.98
7	기타섬유제품	5,573,152	0.52	224,737	0.69	1.32	4.03
8	가죽제품	5,320,779	0.50	10,294	0.03	0.06	0.19
9	목재. 종이제품	14,368,071	1.35	473,524	1.46	1.08	3.30
10	인쇄,출판 및 복제	7,700,446	0.72	145,335	0.45	0.62	1.89
11	석유.화학제품	107,168,629	10.08	662,808	2.04	0.20	0.62
12	비금속광물제품	16,763,715	1.58	163,110	0.50	0.32	0.97
13	제1차 금속	54,427,447	5.12	459,210	1.41	0.28	0.84
14	금속제품	18,761,683	1.77	613,935	1.89	1.07	3.27
15	일반기계	28,708,463	2.70	1,127,001	3.47	1.28	3.93
16	전기전자기기	93,604,275	8.81	505,461	1.56	0.18	0.54
17	정밀기기	4,751,873	0.45	210,636	0.65	1.45	4.43
18	수송장비	48,971,426	4.61	1350,017	4.15	0.90	2.76
19	가구 및 기타 제조업제품	7,363,442	0.69	129,321	0.40	0.57	1.76
20	전력가스 및 수도	23,398,313	2.20	384,001	1.18	0.54	1.64
21	건설	97,469,622	9.17	4,131,577	12.71	1.39	4.24
22	도소매	52,330,216	4.92	4,307,334	13.26	2.69	8.23
23	음식점 및 숙박	9,145,806	0.86	1,328,192	4.09	4.75	14.52
24	운수 및 보관	45,080,007	4.24	1,060,984	3.27	0.77	2.35
25	통신 및 방송	19,886,424	1.87	966,175	2.97	1.59	4.86
26	금융 및 보험	41,855,577	3.94	1,791,176	5.51	1.40	4.28
27	부동산 및 사업서비스	102,092,718	9.60	3,494,963	10.76	1.12	3.42
28	공공행정 및 국방	34,665,394	3.26	773,970	2.38	0.73	2.23
29	교육 및 보건	55,036,636	5.18	819,614	2.52	0.49	1.49
30	사회 및 기타서비스	20,305,138	1.91	1,764,277	5.43	2.84	8.69
31	기타	24,795,523	2.33	704,640	2.17	0.93	2.84
	합계	1,062,958,081	100	32,495,026	100.00	1.00	3.06

표에서 농림수산품의 입지계수를 계산하는 과정은 다음과 같다. 표에서 보는 바와 같이 전국 농림수산품이 전국 전체 산업에서 차지하는 구성비는 3.16%이고, DG지역 농림수산품이 DG지역 전체산업에서 차지하는 산업구성비는 0.67%이다. 따라서 0.67%를 3.16%로 나누면 농림수산품의 입지계수 0.21이 계산된다. 일반기계제품과 건설업도 아래와 같이 계산된다.

$$\text{농림수산품 입지계수} = \frac{\text{지역 농림수산품 산업구성비}}{\text{전국 농림수산품 산업구성비}} = \frac{0.67}{3.16} = 0.21$$

$$\text{일반기계제품 입지계수} = \frac{3.47}{2.70} = 1.28$$

$$\text{건설업 입지계수} = \frac{12.71}{9.17} = 1.39$$

그리고 위와 같은 방법으로 계산된 DG 지역의 20×5년 지역내총생산(GRDP)기준 입지계수 〈표 8-2〉를 보면, 사회 및 개인 서비스업이 1.48로 가장 높고, 그 다음 도・소매업이 1.31, 음식・숙박업 1.26, 통신업이 1.25, 금융・보험업이 각각 1.12 등의 순으로 높았다. 1986년에서 20×5년까지의 20년 동안의 특징적인 현상은 제조업이 1986년 1.06, 1990년 0.93, 1997년 0.81, 2005년 0.76으로 계속 감소했다는 것이다. 반면에 음식・숙박업은 1990년 0.91에서 1997년 0.95, 2005년 1.26으로 크게 증가했고, 통신업도 1986년 1.25에서 1997년 1.36으로 증가했으며, 금융 및 보험업도 1986년 1.00에서 1.12로 증가했다.

DG지역 제조업의 입지계수 추이(표 8-3)를 산업 중분류별로 살펴보면, 20×5년 부가가치 기준의 경우 섬유제품이 5.75로 가장 높고, 그 다음 의료・정밀・광학 기기가 1.42, 기타 기계 및 장비업이 1.60, 조립금속제품이 2.74, 자동차 및 트레일러가 1.34, 펄프 및 종이제품이 1.9 등의 순으로 높았고, 사업체수 기준도 거의 비슷하였다.

1990년과 20×5년을 비교해서 보면, 섬유제품이 1990년에 비해서는 다소 감소했지만 입지계수가 압도적으로 높아 지역 제1의 특화업종으로 분석되었고, 조립금속제품과 펄프, 종이제품, 기타 기계 및 장비업과 자동차 및 트레일러제품 등의 특화계수가 크게 증가했다.

한편 GB지역의 20×5년 지역내총생산(GRDP)기준 입지계수(표 8-4)를 보면, 농림어업이 2.00으로 가장 높고, 그 다음 전기・가스・수도업이 1.96, 제조업이 1.66,광업이 1.50 등의 순으로 높았다. 1986년에서 20×5까지의 특징적인 현상은 농림어업이 여전히 가장 높았고, 전기 · 가스 · 수도업과 제조업이 1986년 각각 1.08, 1.16서 2005년 1.96, 1.66으로 크게 증가했다는 점이다.

GB지역 제조업의 입지계수 추이〈표 8-5〉를 산업 중분류별로 살펴보면, 20×5년 부가가치 기준의 경우 컴퓨터 및 사무용기기가 2.60으로 가장 높고, 그 다음 제1차 금속제품이 2.32, 전자부품, 영상 · 음향 및 통신장비가 2.20, 섬유제품이 1.36, 비금속광물제품 1.12 등의 순으로 높았고, 사업체 수 기준도 거의 비슷하였다.

1990년과 20×5년을 비교해서 보면, 컴퓨터 및 사무용 기계기 0.46에서 2.60으로 크게 증가했고, 영상 · 음향 및 통신장비제품이 1990년의 1.62에서 2.20로 크게 증가했다. 반면에 입지계수는 1보다 훨씬 크지만, 제1차 금속제품은 1990년의 4.02에서 2.32로 감소했고, 섬유제품도 1.89에서 1.36으로 감소했다.

표 8-2 DG지역 지역내총생산(GRDP)기준 입지계수

구 분	1986	1990	1997	20×5
농림어업	0.10	0.11	0.15	0.15
광업	0.21	0.25	0.10	0.20
제조업	1.06	0.93	0.81	0.76
전기 · 가스 · 수도업	0.51	0.56	0.50	0.63
건설업	1.02	1.19	1.20	0.97
도 · 소매업	1.53	1.51	1.55	1.31
음식 · 숙박업	1.07	0.91	0.95	1.26
운수창고업	1.01	1.00	0.98	0.84
통신업	1.25	1.13	1.36	1.25
금융 및 보험업	1.00	1.05	1.20	1.12
부동산임대사업 서비스업	1.01	1.16	1.17	1.04
사회 및 개인 서비스 업	1.40	1.24	1.24	1.48
기 타	1.17	0.91	0.93	1.24

자료: 통계청, 「지역내총생산」, 각년호.

표 8-3 DG지역 제조업의 입지계수 추이

구 분	사업체 수		부 가 가 치		
	1990	20×5	1990	1997	20×5
음・식료품	0.40	0.48	0.72	0.58	0.90
섬유 제품	4.24	3.11	6.56	6.49	5.75
의복・모피	0.50	0.65	0.64	0.67	0.75
가죽・가방・신발	0.06	0.18	0.10	0.10	0.20
목재 및 나무제품	0.43	0.61	0.55	0.53	0.80
펄프 및 종이제품	0.75	0.81	0.80	1.14	1.94
출판 인쇄	0.57	0.50	0.57	0.79	0.87
화합물 및 화학제품	0.18	0.43	0.13	0.25	0.37
고무 및 플라스틱	0.44	0.81	0.41	0.84	1.26
비금속광물제품	0.31	0.39	0.43	0.51	0.59
제1차 금속산업	0.90	0.76	0.63	0.56	0.44
조립 금속 제품	1.16	1.51	1.24	1.27	2.74
기타 기계 및 장비	1.09	1.06	1.16	1.55	1.60
컴퓨터 및 사무용 기계	0.00	0.28	0.00	0.02	0.40
기타 전기기계	0.49	0.70	0.49	0.92	1.54
전자부품, 음향 및 통신 장비	0.08	0.25	0.05	0.08	0.32
의료・정밀・광학기기	1.64	1.58	1.64	1.59	1.42
자동차 및 트레일러	1.10	1.39	0.79	1.29	1.34
기타 운송장비	0.54	0.33	0.44	0.23	0.06
가구 및 기타 제조업	0.60	0.45	0.71	0.56	0.81

주: 제조업 분류 중 담배제조업과 코크스, 석유정제품 및 핵연료 제조업은 기업체 수가 1~2개인 관계로 통계치에서 발표하지 않아 이들 업종은 제외하였음.

자료: 통계청, 「광업·제조업 통계조사보고서」, 각년호.

표 8-4 GB지역 지역내총생산(GRDP)기준 입지계수

구 분	1986	1990	1997	20×5
농림어업	2.20	2.38	2.17	2.00
광업	1.43	1.71	1.47	1.50
제조업	1.16	1.21	1.27	1.66
전기・가스・수도업	1.08	2.09	1.48	1.96
건설업	0.89	0.81	1.08	0.90
도・소매업	0.43	0.41	0.55	0.41

음식·숙박업	0.58	0.63	0.65	0.63
운수창고업	0.78	0.70	0.62	0.56
통신업	0.60	0.58	0.63	0.54
금융 및 보험업	0.34	0.38	0.48	0.42
부동산 임대 사업 서비스업	0.45	0.49	0.50	0.42
사회 및 개인 서비스업	0.50	0.52	0.53	0.80
기타 서비스업	1.45	1.49	1.48	0.48

자료: 통계청, 「지역내총생산」, 각년호.

표 8-5 GB지역 제조업의 입지계수 추이

구 분	사업체 수		부가가치		
	1990	20×5	1990	1997	20×5
음·식료품	0.89	1.56	0.45	0.43	0.38
섬유 제품	2.15	1.99	1.89	1.91	1.36
봉제 의복·모피	0.09	0.07	0.05	0.03	0.05
가죽·가방·신발	0.04	0.06	0.04	0.05	0.40
목재 및 나무제품	0.63	1.11	0.46	0.38	1.20
펄프 및 종이제품	0.86	1.08	0.61	0.32	0.35
출판 인쇄	0.10	0.25	0.03	0.18	0.17
화합물 및 화학제품, 코크스	0.68	1.63	0.49	0.75	0.60
고무 및 플라스틱	0.98	1.10	0.79	0.63	0.70
비금속 광물제품	1.73	1.86	1.42	1.28	1.12
제1차 금속 산업	2.84	1.68	4.02	2.84	2.32
조립 금속 제품	0.67	0.80	0.59	0.56	0.52
기타 기계 및 장비	0.63	0.77	0.50	0.33	0.32
컴퓨터 및 사무용 기기	1.17	1.71	0.46	1.00	2.60
기타 전기 기계	0.78	0.74	0.91	1.12	0.85
전자부품, 음향 및 통신장비	1.79	1.34	1.62	2.36	2.20
의료·정밀·광학기기	0.20	0.46	0.13	0.65	0.42
자동차 및 트레일러	0.91	1.57	0.46	0.37	0.33
기타 운송장비	0.06	0.67	0.02	0.03	0.03
가구 및 기타 제조업	0.30	0.53	0.19	0.34	0.44

자료: 통계청, 「광업·제조업 통계조사보고서」, 각년호.

3. 특징과 한계

입지계수는 계산의 단순성으로 연구의 초기 단계에서 유용한 도구가 된다. 그러나 분석도구로서 결과를 잘못 해석되는 것을 피하기 위해 조심스럽게 해석해야 한다. 예를 들면 어떤 지역의 이출산업과 이입산업을 분석할 때 입지계수를 사용하는 것을 생각해 보자. 만약 입지계수가 1보다 작으면 분석가들은 해당지역은 i산업의 산출물을 이입하고, 반대로 입지계수가 1보다 크면 해당지역은 i산업의 산출물을 이(수)출한다고 해석할 수 있다. 이것은 다음과 같은 여러 가지 이유로 잘못 해석될 수 있다(Isard eds., 1988: 24-26).

첫째, 같은 유형과 소득을 가진 가계의 소비성향과 취향도 지역에 따라 다를 수 있다. 예를 들면 매우 따뜻한 지역에서는 가계가 요구하는 연료는 적다. 반대로 매우 추운 지방에서는 상당히 많은 양을 필요로 한다. 여타 여건이 일정하다고 할 때 이것은 연료 제조업에 있어서 따뜻한 지역의 입지계수는 1이나 1보다 작은데, 석유원료의 주요 이출이나 수출지역이 될 수 있다는 것이다. 마찬가지로 추운 지역의 입지계수는 1이나 혹은 1보다 큰데, 석유원료의 주요 이입 또는 수입지역이 될 수 있다는 것이다.

둘째, 가계의 소득 수준은 지역에 따라 다르다. 예를 들면 미국의 북동지역은 남동지역에 비해서 가구당 남자들이 의복을 훨씬 많이 소비한다. 따라서 남성의복 제조업에서 북동지역의 입지계수가 1보다 큰 데, 이것은 남성정장의 주요 순 수입지역과 일치될 수 있다는 것이다. 마찬가지로 남동지역에 있어서 1보다 작은 입지계수는 주요 순 수출지역과 일치될 수 있다는 것이다.

끝으로, 생산 관행(노동생산성 포함)과 가장 중요한 산업 혼합은 지역에 따라 상당히 다르다. 과거 미국 태평양 북서지역에서 동력 산업의 입지계수는 1보다 컸다. 이유는 동력 소비활동이 이 지역에 상대적으로 높게 집중되어 있었기 때문이다. 그러나 전체적으로 이 지역이 동력 산업의 주요 이출 내지 수출지역이 아니었다.

이상을 요약해서 분석하면 입지계수는 입지계수 그 자체만을 가지고 해석하면 잘못 해석될 수 있다는 것이다. 따라서 입지계수로 의미 있는 해석을 하기 위해서는 다른 분석기법과 연계하여 사용해야 된다는 것이다. 지역 전문화지수나 변화할당분석 등과 연계하여 분석되어야 하고, 해당지역의 생산함수와 소비함수, 지역적인 선호도 차이, 소득

분배 수준, 산업혼합수준 등을 고려하여 분석해야 한다.

입지계수를 가지고 분석할 때 분석가들은 분석목적에 따라 기준 통계변수를 달리 사용할 수도 있다. 즉 기존 통계를 고용량 이외에 지리적 면적이나 병원수, 총인구, 부가가치액, 총생산액 등의 변수를 사용할 수도 있다. 만약 연구자가 i산업의 공간적 집중도를 분석한다면 기준 변수로 지리적인 면적량을 사용할 수도 있는 것이다. 만약 서비스 분야 경제활동을 분석하기 위해서는 병원수를 사용할 수도 있다.

제 2 절 지역전문화지수

1. 의 의

지역전문화지수(Regional Specialization Index: RSI)는 지역산업의 전문화 및 집중화 정도를 측정하는 지표로 사용된다. 이 지수는 어느 지역의 산업구조가 전국의 산업구조에 비해 어느 정도 편향되어 있는가를 나타내며, 전국 i산업의 부가가치(또는 생산액) 구성비와 특정지역 i산업의 부가가치(또는 생산액) 구성비의 차를 지수화한 수치이다.[2] 이를 수식으로 나타내면 다음과 같다.

$$RSI = \sum_{i=1}^{n} \left| \frac{E_i^J}{E^J} - \frac{E_i}{E} \right| / \ 2$$

여기서 E_i^J = J지역 i산업의 종사자수(부가가치, 생산액)

E_i = 전국 i산업의 종사자수(부가가치, 생산액)

E^J = J지역 총고용 종사자수(부가가치, 생산액)

E = 전국 총고용 종사자수(부가가치, 생산액)

여기서 RSI의 값이 크면 클수록 전국의 산업구조에 비해 독특한 산업구조를 가지며, 작으면 작을수록 전국의 산업구조와 거의 비슷한 구조를 가진다는 것을 나타낸다. 다시

2) S.Czamanski, 1972, p. 148 및 홍기용, 1999, 「지역경제론」, pp. 473-474.

말하면 지역전문화지수가 크면 클수록 특정산업에의 집중정도가 높다는 것을 나타낸다. 지역전문화지수는 앞 절에서 설명한 입지계수 개념을 응용하여 지수화한 것으로 그 원리는 입지계수와 유사한 개념이다. 즉 지역경제를 구성하고 있는 그 지역의 부문 구조를 분석함으로써 전국의 같은 부문과 비교하여 그 지역의 산업활동 집중정도를 지수로서 비교할 수 있는 방법이다.

2. 적용 및 분석

지역전문화지수를 실제 적용사례를 설명하기 위해 DG지역의 입지계수를 실제 계산하여 설명하고자 한다. 최근 통계자료를 가지고 설명하고자 한다.

〈표 8-6〉은 전국과 DG지역의 총산출액을 기준으로 계산한 DG지역 산업별 지역전문화지수이다. 지역전문화지수는 전국의 산업별 구성비에서 해당지역 산업별 구성비를 뺀 것이다. 이 지수의 전체 합계는 ±합계가 같기 때문에 절대치로 합할 경우 두배가 되어 2로 나누어 주는 것이다. 지역전문화지수를 측정하는 지표는 부가가치나 생산액, 종업원수, 출하액 등을 사용할 수 있다.

그리고 지역전문화지수로부터 지방전문화곡선을 그릴 수 있다. 지방전문화곡선(localization curve)은 해당지역의 산업별 비중이 높은 산업구성비에 따른 누적률을 그림으로 나타낸 곡선이다. [그림 8-1]은 〈표 8-6〉의 지역전문화지수를 가지고 지방화곡선을 그린 것이다. 그림에서 보면 전국이 *J*지역보다 더 전문화되어 있다고 할 수 있다. 전국의 산업별 비중에서 가장 높은 산업 비중을 보인 것은 전자산업이 20.5%로 가장 높고, 두 번째로 높은 산업은 자동차 및 트레일러업으로 10.2%이다 이를 누적률로 나타내면 30.7%이고, 세 번째로 높은 비중을 보인 산업은 기타 기계장비로 8.7%의 비중을 보였다. 세 번째 산업까지 누적률을 나타내면 39.4%이다. 이와 같이 높은 비중을 보인 업종부터 누적률로 나타내어 원점에서부터 100%가 될 때까지 나타낸 것이 지방화곡선이다. 일반적으로 지역전문화지수가 클수록 그 지역은 다른 지역에 비해서 더욱 전문화 내지 특화되어 있다고 할 수 있다.

한편 지방화곡선과 모양이 비슷한 곡선으로 로렌츠곡선이 있다. 로렌츠곡선(Lorenz curve)은 소득분배의 불평도를 나타내는 측정지표로 미국의 통계학자 M. O. Lorenz에 의해서 제시되었다. 로렌츠곡선은 가구의 누적비율을 횡축에, 소득의 누적비율을 종축

표 8-6 전국과 DG지역 제조업 부가가치기준 지역전문화지수(20×5)

(단위: 개, 백만 원, %)

구 분	전 국			D G			RSI 전문화지수 (A-B)
	부가가치	구성비(B)	순위	부가가치	구성비(A)	순위	
음·식료품	19,076,365	6.1	6	415,436	5.5	7	-0.6
담배제조업	1,566,439	0.5	21	×	×	21	-0.5
섬유제품	8,613,934	2.8	13	1,204,892	16.1	1	13.3
봉제의복·모피	6,289,162	2.0	15	109,208	1.5	15	-0.5
가죽가방·신발	1,649,675	0.5	20	4,145	0.1	20	-0.4
목재및나무제품	1,509,173	0.5	22	27,731	0.4	16	-0.1
펄프및종이제품	5,312,511	1.7	16	248,759	3.3	10	1.6
출판·인쇄	7,253,999	2.3	14	147,749	2.0	12	-0.3
코크스·석유정제품	11,060,220	3.5	9	-	0.0	22	-3.5
화합물및화학제품	27,052,177	8.6	4	240,931	3.2	11	-5.4
고무및플라스틱	14,809,531	4.7	8	438,717	5.9	6	1.2
비금속광물제품	10,675,504	3.4	11	149,727	2.0	13	-1.4
제1차금속산업	25,465,950	8.1	5	271,782	3.6	9	-4.5
조립금속제품	15,799,603	5.1	7	1,025,575	13.7	3	8.6
기타기계및장비	27,207,928	8.7	3	1,039,879	13.9	2	5.2
컴퓨터·사무용 기계	3,003,210	1.0	19	30,086	0.4	17	-0.6
기타전기기계	10,420,406	3.3	12	382,747	5.1	8	1.8
전자부품, 영상·음향 및 통신장비	64,234,629	20.5	1	493,987	6.6	5	-13.9
의료·정밀·광학기기	3,767,445	1.2	18	124,293	1.7	14	0.5
자동차및트레일러	32,042,884	10.2	2	1,024,726	13.7	4	3.5
기디운송장비	11,045,737	3.5	10	14,147	0.2	19	-3.3
가구및기타제조업	4,935,510	1.6	17	95,916	1.3	18	-0.3
제조업전체	312,791,992	100.0	-	7,490,433	100.0	-	±35.7

주: ×는 회사가 1개인 관계로 표시되지 않은 자료임. 지역전문화지수의 ±합계는 사사오입관계로 약간 다를 수 있음.

자료: 통계청, 1993. 3, 20×6. 12, 「1990, 20×5 광업·제조업 통계조사보고서」.

그림 8-1 지방전문화곡선

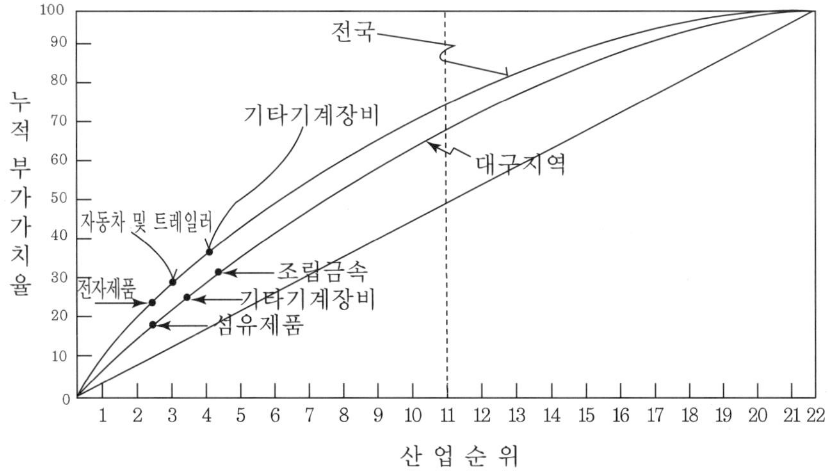

그림 8-2 로렌츠곡선과 지니계수

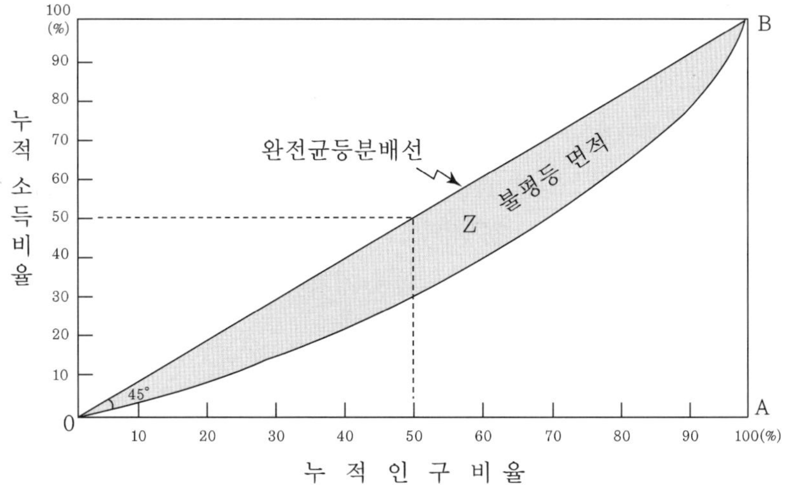

에 표시했을 때 두변수의 대응관계를 나타내는 곡선이다. 소득이 낮은 10분위 계층부터 배열한 소득자료를 가지고 누적인구비율과 누적소득비율을 그래프로 나타내면 다음 [그림 8-2]와 같다. 여기서 만약 소득분배가 완전히 평등하다면, 20%의 인구가 20%의 소득을 가지고, 50%인구는 50%의 소득을 80%의 인구는 80%의 소득을 가지면 된다. 이러한 완전균등분배를 나타내는 선이 45°선인 OB선이다. 정반대로 한 사람이 전체 소득 100%를 가지고 있다면 소득이 완전불평등한 것으로 그림에서 OAB선을 나타낸다. 소득분배의 불평도가 높을수록 로렌츠곡선은 아래로 더 늘어지게 되고, 소득불평등도가 낮을수록 45°선인 OB선에 가깝게 된다.

로렌츠곡선은 소득분배상태를 그림으로 분명하게 나타낼 수 있는 장점이 있다. 그러나 소득분배상태의 번동이나 국제간의 차이를 한 눈에 파악하기 어렵다. 이와 같은 문제점을 극복하기 위해 G. Gini는 지니계수(Gini Coefficient: GC)를 개발하였다. 지니계수는 [그림 8-2]에서 빗금 친 부분의 면적(Z)과 삼각형 △OAB 면적에 대한 비율로 나타낸다. 그림에서 면적 Z의 면적이 클수록 지니계수의 값 즉 불평도는 커지게 된다. 지니계수의 값은 0과 1사이인데 1에 가까울수록 불평도가 높고, 0에 가까울수록 불평도가 낮다. 일반적으로 지니계수가 0.5이상이면 고불균등 분배, 0.5보다는 작고 0.4보다 크면 중불균등 분배, 0.4이하이면 저불균등 분배라고 한다.

$$\text{지니계수 } GC = \frac{\text{빗금친 부분의 면적}(Z)}{\text{삼각형 } OAB\text{의 면적}}$$

그리고 주요 지역별 실제자료를 가지고 지역전문화지수를 설명하면 다음과 같다. 먼저지역별 제조업 부가가치 구성비 격차와 전문화지수〈표 8-7〉를 보면, 19×0년의 경우, 대구지역은 섬유산업(32산업)의 구성비가 매우 높아 지역전문화지수가 여타 지역에 비해 가장 높은 42.9를 나타냈다. 대구지역도 37부문의 구성비가 높아 전문화지수가 33.6으로 상당히 높았다. 반면에 서울, 부산, 인천, 경기 등은 상대적으로 크게 낮아 전국의 제조업구조와 비슷한 상태를 보았다.

표 8-7 지역별 제조업 부가가치의 구성비 격차와 전문화지수(19×0)

(단위 : %)

산업 / 지역	31	32	33	34	35	36	37	38	39	RSI
전 국	16.6	19.5	1.7	4.4	20.5	5.8	7.8	21.8	1.9	
서 울	15.0 −1.6	22.8 3.3	0.9 −0.8	11.4 7.0	18.3 −2.2	3.8 −2.0	2.7 −5.1	21.2 −0.6	3.9 2.0	±12.3

부 산	8.8	24.5	1.7	1.8	34.6	2.8	8.7	15.4	1.7	
	−7.8	5.0	0	−2.6	14.1	−2.0	0.9	−6.4	−0.2	±20.0
대 구	27.1	51.9	0.6	2.7	2.3	0.6	3.4	9.4	1.9	
	10.5	32.4	−1.1	−1.7	−18.2	−5.2	−4.4	−12.4	0	±42.9
대 전	16.4	11.0	9.5	0.6	15.6	4.6	10.7	27.8	3.8	
	−0.2	−8.5	7.8	−3.8	−4.9	−1.2	2.9	6.0	1.9	±18.6
경 기	17.5	17.7	1.1	5.5	18.2	6.1	2.3	28.7	2.7	
	0.9	−1.8	−0.6	1.1	−2.3	0.3	−5.5	6.9	0.8	±10.0
경 북	5.0	18.1	0.6	1.6	5.6	58	38.6	24.6	0.1	
	−11.6	−1.4	−1.1	−2.8	−14.9	0	30.8	2.8	−1.8	±33.6
경 남	7.4	12.8	1.2	1.9	25.9	3.6	9.2	37.7	0.3	
	−9.2	−6.7	−0.5	−2.5	5.4	−2.2	1.4	15.9	−1.6	±22.7

주 1) RSI계수 ±합계가 차이가 나는 것은 구성비 계산 시 소수점 두 자리에서 반올림했기 때문임.
2) 31: 음·식료품 및 담배 제조업　32: 섬유·의복 및 가죽산업
33: 나무 및 나무제품·가구 제조업　34: 종이 및 인쇄·출판업
35: 석유·석탄·고무 및 플라스틱 제조업　36: 비금속광물제품 제조업
37: 제1차금속산업　38: 조립금속기계 및 장비 제조업　39: 기타 제조업
자료: 통계청, 「1989 광공업통계조사보고서」, 1991. 2, pp. 334-341 자료에 의거 작성.

19×1년의 경우 〈표 8-8〉을 보면, 대구·경북지역은 19×0년에 비해서 다소 감소했지만 여전히 높았다. 19×0년에 비해 19×1년의 지역전문화지수는 다소 감소했지만 여전히 섬유산업에 편중되어 있어 34.3으로 주요 도시 중 가장 높았다. 구성비 격차는 19×0년에 비해 31산업이 크게 감소했다. 경북지역의 경우 특징적인 현상은 19×0년의 경우 38산업의 구성비가 전국평균에 비해 2.8% 컸었는데, 19×1년의 경우에는 전국 평균에 비해 4.1%나 적었다. 대전지역의 경우는 31부문과 35부문이 전국에 비해 전문화되어 있어 전문화지수가 33.3으로 비교적 높았다.

표 8-8 지역별 제조업 부가가치 구성비 격차와 전문화지수(19×1)

(단위 : %)

산업 / 지역	31	32	33	34	35	36	37	38	39	RSI
전 국	11.4	14.0	1.7	4.6	17.3	4.6	7.4	36.8	2.1	
서 울	9.3	27.6	0.7	16.4	8.0	2.0	2.4	29.1	4.5	
격 차	−2.1	13.6	−1.0	11.8	−9.3	−2.6	−5.0	−7.7	2.4	±27.8

부 산 격 차	6.4 -5.0	18.6 4.6	1.8 0.1	2.7 -1.9	34.3 17.0	2.0 -2.6	8.1 0.7	23.7 -13.1	2.3 0.2	 ±22.6
대 구 격 차	13.4 2.0	46.1 32.1	0.6 -1.1	3.0 -1.6	4.1 -13.2	2.0 -2.6	4.5 -2.9	23.9 -12.9	2.3 0.2	 ±34.3
대 전 격 차	35.7 24.3	17.5 3.5	0.6 -1.1	4.4 -0.2	22.8 5.5	4.3 -0.3	3.3 -4.1	10.1 -26.7	1.3 -0.8	 ±33.3
경 북 격 차	4.9 -6.5	13.8 -0.2	0.4 -1.3	1.2 -3.4	7.3 -10.0	5.3 0.7	33.7 26.3	32.7 -4.1	0.6 -1.5	 ±27.0
경 남 격 차	5.9 -5.5	5.9 -8.1	0.4 -1.3	1.8 -2.8	21.0 3.7	3.3 -1.3	7.0 -0.4	54.4 17.6	0.3 -1.8	 ±21.3
경 기 격 차	9.5 -1.9	11.0 -3.0	1.9 0.2	4.2 -0.4	16.9 -0.4	4.3 -0.3	2.2 -5.2	48.0 11.2	2.1 -	 ±11.4

주: RSI계수 ±합계가 차이가 나는 것은 구성비 계산 시 소수점 두 자리에서 반올림했기 때문임.
자료: 「상계자료」.

그리고 지역별 제조업 사업체수 구성비격차와 전문화지수 〈표 8-9〉는 1989년의 경우 서울과 경남지역이 크게 높았다. 서울지역은 32, 34산업의 비중이 전국평균에 비해 크게 높았고, 경남지역은 38산업과 31산업이 전국평균에 비해서 높았다. 대구・경북지역의 전문화지수도 각각 19.8, 17.8로 비교적 높았다. 특히 GB지역의 경우 31, 36산업의 구성비가 전국에 비해 크게 높았다.

표 8-9 지역별 제조업 사업체수 구성비 격차와 전문화지수(19×1)

(단위 : %)

산업 지역	31	32	33	34	35	36	37	38	39	RSI
전 국	7.1	24.0	5.7	7.2	11.2	5.2	2.2	32.1	4.3	
서 울 격 차	1.4 -5.7	40.9 16.0	2.1 -3.6	13.9 6.7	6.1 -5.1	1.4 -3.8	0.9 -1.3	27.3 -4.8	5.9 1.6	 ±24.3
부 산 격 차	4.0 -3.1	19.6 -5.3	5.1 -0.6	4.4 -2.8	23.3 12.1	1.6 -3.6	2.9 0.7	35.8 3.7	3.2 -1.1	 ±16.5
대 구 격 차	2.1 -5.0	44.1 19.2	2.8 -2.9	4.2 -3.0	6.4 -4.8	1.6 -3.6	2.6 0.4	32.3 0.2	3.9 -0.4	 ±19.8

대 전 격 차	7.5 0.4	23.4 −1.5	7.6 1.9	8.4 1.2	10.8 −0.4	6.8 1.6	3.0 0.8	28.2 −3.9	4.2 −0.1	± 5.9
경 북 격 차	15.2 8.1	26.8 1.9	6.3 0.6	4.0 −3.2	10.0 −1.2	11.8 6.6	2.8 0.6	22.2 −9.9	1.0 −3.3	±17.8
경 남 격 차	12.9 5.8	10.3 −14.6	5.4 −0.3	4.4 −2.8	11.6 0.4	7.8 2.6	3.3 1.1	43.0 10.9	1.2 −3.1	±20.8
경 기 격 차	4.2 −2.9	15.6 −9.3	7.6 1.9	4.8 −2.4	14.5 3.3	6.1 0.9	3.1 0.9	39.5 7.4	4.7 −0.4	±14.8

주: RSI계수 ±합계가 차이가 나는 것은 구성비 계산시 소수점 두 자리에서 반올림했기 때문임.
자료: 「상계자료」.

3. 특징과 한계

지역전문화지수의 장점은 입지계수와 마찬가지로 전국과 해당지역의 산업별 자료(부가가치나 생산액, 사업체수, 종사자수 등)만 있으면, 쉽게 계산할 수 있다는 점이다.

또한 어떤 지역이 특정산업에 집중되어 있는가, 아니면 분산되어 있는가를 지방화곡선으로 나타내면 바로 알 수 있다.

그러나 이 지수도 어떤 지역의 전문화지수가 높아 전문화되어 있다고 할 경우 그 요인이 무엇인가를 알 수 없는 한계가 있다. 전문화 요인을 자세히 분석하기 위해서는 다른 기법을 가지고 분석한 후 비교 분석해야 한다.

탐구학습

1. 주요 개념
   - 입지계수, 입지계수 특징과 한계
   - 지역전문화지수, 지방전문화곡선
   - 로렌츠곡선과 지니계수

2. 토론과 과제
   - 입지계수의 의의와 전개과정을 설명하시오.
   - 지역전문화지수의 의의와 전개과정을 설명하시오.

참고문헌

홍기용, 1999, 「지역경제론」, 박영사.

이춘근, 1992. 6, 「대구지역 산업의 성장구조분석과 개선방안」, 정책연구자료 92-1, 대구경북개발연구원.

_______, 1998. 12, "지역경제분석기법에 의한 대구지역의 산업구조 고도화방안", 「경제학연구」, 제46집 제4호, 한국경제학회.

이춘근, 김갑성 외 5인, 1997. 5. 27. "대구 · 경북지역의 특화산업의 선정과 육성방안", 심포지엄 자료, 대구경북개발연구원 · 삼성경제연구소.

Czamanski, S., 1972, *Regional Science Technigue in Practice*, Lexington, Massachusetts: Lexington Books.

Heilbrun, J., 1978, *Urban Economics and Public Policy*, Thrid edition, New York: St.Martin's Press.

Hoover, E. M. & F. Giarratani, 1984, *An Introduction to Regional Economics*, Third edition, Alfred A.Knopf, Inc.

Isard, Walter, eds., 1988, *Methods of Interregional and Regional Analysis*, Ashgate Publishing Limited.

Richardson, H. W., 1979, *Regional Economics*, University of Illinois Press.

제 9 장 변화할당분석과 지역성장률 시차분석

제9장에서는 지역경제분석기법 중 널리 이용되고 있는 변화할당분석과 지역성장률 시차분석에 대해서 설명하고자 한다. 구체적으로는 두 가지 분석방법의 의의와 계산과정, 실제 적용사례, 특징과 한계 등에 대해서 설명하고자 한다.

제 1 절 변화할당분석

1. 의 의

변화할당분석(또는 전이할당분석, shift-share analysis)은 어떤 지역의 특정산업의 기준연도와 비교연도의 성장요인을 분석하는 기법이다. 이 기법에서는 지역산업의 성장요인을 세 가지 즉, 전국의 산업성장효과, 지역의 산업구조효과, 그리고 지역할당효과로 구분하여 살펴볼 수 있다. 이 방법의 기본전제는 전국적으로 빠른 성장을 보이는 산업의 구성비가 큰 지역은 그렇지 못한 지역보다 빨리 성장한다는 것이다.[1)]

이 방법은 각 지역별 산업부문의 구성비와 부가가치율(또는 고용성장률) 그리고 그 변동에 따라 구조적으로 설명되는 성장효과간의 차이점을 분석하는 기법이다. 이 분석방법은 D. B. Creamer가 개발한 것으로서 이론적 배경의 취약점에도 불구하고 분석에 필요한 자료를 쉽게 구할 수 있고, 분석이 비교적 쉬워 지역경제 구조분석에 널리 이용되고 있다.[2)] 이 방법은 성장률 사이에 구조적으로 나타나는 어떤 성장효과를 파악하려는

1) 이에 대한 자세한 설명은 이춘근, 1992. 6, pp. 1~30.
2) E. M. Hoover는 1942년 미국국립자원계획위원회의 D. B. Creamer에 의해 처음 사용되었고, H. S. Perloff, E. S.

것이다. 이 방법은 지역성장률을 국가경제의 그것과 비교하여 나타난 성장격차를 편의에 따라 국가성장효과(National Growth Effect: NGE)와 산업혼합효과(Industrial Mix Effect: IME) 및 지역할당효과(Regional Share Effect: RSE) 등으로 구분한다.[3] 즉

$$\text{지역의 실제성장변화}(G, B_{ijo}) = NGE + IME + RSE$$

$NGE_{ij} = B_{ijo} \cdot \; G$=기준년도 J지역 산업별 고용자수 × 전국 산업평균 성장률

$IME_{ij} = B_{ijo} \cdot \; (G_i - G)$ =J지역 산업별 고용자수 × (전국 산업별 성장률－전국 산업평균 성장률)

$RSE_{ij} = B_{ijo} \cdot \; (G_{ij} - G_i)$ =J지역 산업별 고용자수 × (J지역 산업별 성장률－전국 산업별 성장률)

여기서 B_{ijo}는 기준년도 j지역 i산업의 부가가치(고용자수)이다. NGE_{ij}는 일정기간 J지역 i산업의 국가성장효과이고, IME_{ij}는 일정기간 J지역 i산업의 산업혼합효과이며, RSE_{ij}는 일정기간 J지역 i산업의 지역할당효과이다. 그리고 G와 G_i 및 G_{ij}는 다음과 같다.

$$G = \frac{B_{oot} - B_{ooo}}{B_{ooo}}$$ (기준년도와 비교년도 사이의 전국 전산업 부가가치 및 고용자수 성장률)

$$G_i = \frac{B_{iot} - B_{ioo}}{B_{ioo}}$$ (기준년도와 비교년도 사이의 전국 i산업 부가가치 및 고용자수 성장률)

$$G_{ij} = \frac{B_{ijt} - B_{ijo}}{B_{ijo}}$$ (기준년도와 비교년도 사이의 J지역 i산업 부가가치 및 고용자수 성장률)

Dunn 등에 의해서 크게 보급되었다고 지적했다. E. M. Hoover, 1984, An *Introduction to Regional Economics*, New York: Alfred A.Knopf, p. 399.

National Resources Planning Board, 1943, *Industrial Location and National Resources*, Washington, D.C. : Government Printing Office.

H. S. Perloff, E. S. Dunn, Jr., E. E. Lampard and R. F. Muth, 1960, *Regions, Resources and Economic Growth*, Baltimore : Johns Hopkins Press.

변화-할당분석에 관한 문헌연구는 다음을 참조할 수 있다.

B. H. Stevens and C. L. Moore, November 1980, "A Critical Review of the Literature on Shift-Share as a Forecasting Technique", *Journal of Regional Science*, Vol. 20, No. 4, pp. 419~437.

3) E. S. Dunn은 산업혼합효과를 순비례변화(net proportionality shift), 지역할당효과를 순차등변화(net differential shift)라고 했다. E.M.Hoover and F.Giarratani, op.cit., pp. 202~206 및 pp. 398~401.

H. W. Richardson은 변화-할당분석에 있어서 지역성장(regional growth)을 지역할당(regional share)과 변화(shift)의 합계라고 하고, 변화를 다시 차등변화(differential shift)와 비례변화(proportional shift)로 구분했다. 차등변화를 regional growth or competitive component라고도 하며, 비례변화를 industrial composition or structural component라고도 한다. H. W. Richardson, 1979, pp. 202-206.

위의 변수와 다음 식에서 나타날 변수들의 내용은 다음과 같다.

B_{ooo} = 기준년도 전국 전산업 고용자수(부가가치)

B_{oot} = 비교년도 전국 전산업 고용자수(부가가치)

B_{ioo} = 기준년도 전국 i산업 고용자수(부가가치)

B_{iot} = 비교년도 전국 i산업 고용자수(부가가치)

B_{ojo} = 기준년도 J지역 전산업 고용자수(부가가치)

B_{ojt} = 비교년도 J지역 전산업 고용자수(부가가치)

B_{ijo} = 기준년도 J지역 i산업 고용자수(부가가치)

B_{ijt} = 비교년도 J지역 i산업 고용자수(부가가치)

여기서 NGE(국가성장효과)는 일정기간 동안 J지역의 i산업부문의 부가가치 또는 고용증가분 중에서 국가전체의 총산업 성장으로 유발된 부가가치 또는 고용의 증가분을 말한다. 즉 J지역 i산업이 전국 평균 부가가치 또는 고용증가율과 같은 비율로 증가한다는 가정에서 나타나는 i산업 성장의 국가경제성장효과이다. 이것은 지역의 성장이 국가의 성장과 관계가 있으며, 한 지역산업 또는 부가가치 성장이 국가전체의 성장에 의해 큰 영향을 받는다는 사실에 근거하고 있다. 이 때 각 개별 지역경제에 대해서 각 산업의 기준년도 부가가치액(또는 고용자수)에 전국의 평균 부가가치 성장률(G)(또는 고용자수 성장률)을 곱하여 얻어지는 것만큼을 국가성장효과에 의하여 성장한 것으로 파악한다.

산업혼합효과(IME)는 산업구조효과라고도 하는데 전국 i산업 성장률(G_i)과 전국 평균성장률(G)간의 차이와 같은 비율로 모든 개별 지역경제의 i산업이 성장한다는 것을 전제로 한다. 이때 전국 i산업의 성장률이 전국평균성장률보다 크면 모든 지역경제의 i산업은 정(+)의 산업구조효과를 가지며, 작을 경우에는 부(마이너스)의 산업구조효과를 가지게 된다. 이때 효과의 크기는 기준연도 J지역 i산업의 부가가치 또는 고용자수의 크기에 따라 좌우된다.

지역할당효과(RSE)는 J지역 i산업의 성장률(G_{ij})과 전국 i산업 성장률(G_i)과의 차이로 인해 나타나는 효과이다. J지역 i산업의 성장률이 전국 i산업 성장률보다 크면 정(+)이 되고, 작으면 부(마이너스)의 값이 된다. IME와 RSE를 합해서 지역요소효과(Regional Factor Effect : RFE)라고 한다. 이는 당해 지역의 산업구조상 또는 입지조건의 특성에 의한 성장변화를 나타내는 것이다. 이러한 변화-할당분석은 H. J. Brown(1966: 1-18)과 D. A. Hellman(1976: 2-8) 등에 의해서 예측모형으로 발전하였다.

전국산업 성장효과는 전국경제 성장효과(national growth effect)라고도 하며 전국적으로 그 산업이 성장하는 산업인가 아니면 사양산업인가를 알려준다. 이 효과는 일정기간 동안 특정지역 특정산업의 부가가치 또는 고용증가분 중에서 국가전체의 산업성장으로 유발된 부가가치 또는 고용의 증가분을 말한다.

산업구조효과(industrial mix effect)는 지역이 전국의 급성장 또는 저성장의 산업에 특화했기 때문에 나타나는 결과로 급성장하는 산업의 특화도가 전국평균 이상일 경우에는 양(+)의 값을 가지고, 그 반대로 저성장하는 산업의 특화도가 높을 때는 음(-)의 값을 갖는다.

지역할당효과(regional share effect)는 지역산업의 수행효과(regional performance effect)라고도 하며, 전국의 다른 지역에 대한 특정지역의 경쟁적 위치를 나타낸다. j지역 i산업의 성장률이 전국 i산업 성장률보다 크면 양(+)이 되고, 작으면 음(-)의 값이 된다. 그러므로 지역성장효과는 지역 간 경쟁력을 통한 지역성장의 기여도를 나타낸다고 할 수 있다.

따라서 변화할당분석에서는 지역의 성장요인을 산업구조효과와 지역할당효과로 구분하여 설명할 수 있다. 이를 각각의 양(+)의 요인과 음(-)의 요인으로 구분하여 보면 네 가지의 유형으로 나타낼 수 있다. 첫째, 산업구조효과와 지역할당효과가 모두 양(+)인 유형으로 산업구조와 입지여건이 양호하여 집적 이익이 실현될 수 있는 산업이다. 둘째, 산업구조효과가 양(+)이고, 지역할당효과가 음(-)인 유형은 산업구조가 양호하나 입지적으로는 경쟁력이 떨어지는 산업을 나타낸다. 셋째, 산업구조효과가 음(-)이고 지역할당효과가 양(+)인 경우로 산업구조는 상대적으로 뒤떨어지지만 지역의 입지여건이 양호하여 발전 가능성이 높은 산업을 나타낸다. 넷째, 산업구조효과와 지역할당효과 모두 음(-)인 경우는 산업구조 뿐만 아니라 지역의 입지여건도 낙후되어 있는 것으로 열위산업이라고 할 수 있다.

지역 성장산업은 산업구조효과와 지역할당효과가 모두 양(+)인 산업이 최선이며, 두 효과 중 하나만 양(+)이라도 발전시킬 여지가 있는 산업임을 나타낸다. 그러나 두 효과가 모두 음(-)인 열위산업은 구조조정을 통해 업종전환을 해야 할 산업을 말한다. 산업구조효과와 지역할당효과의 합을 순상대변화효과(net relative change effect)라고 하며, 이 값이 양(+)이면 다른 지역에 비해 비교우위가 있는 산업들이다.

2. 계산과정

변화할당분석을 쉽게 이해하기 위해서 가상적인 사례를 가지고 실제 계산하는 과정을 소개하고자 한다. 〈표 9-1〉은 전국과 J지역의 1990년과 20×8년의 산업별 고용자수를 나타내는 가상적인 표이다. 이 표로부터 변화할당분석의 실제 계산과정을 설명하고자 한다. 표의 3번째 열은 전국과 J지역의 18년간 고용자수의 증가수치를 나타낸다. 그리고 (4)열은 18년간의 증가율을 나타낸다.

표 9-1 전국과 J지역 고용자수 변화(가상적인 사례)

산 업	고용자수		고용자수 변화(1990-20×8)	
	1990(1)	20×8(2)	증가수치(3)	증가율(%, 4)
전 국				
농 업	6,000	10,000	4,000	66.7
제 조 업	14,000	20,000	6,000	42.9
건 설 업	10,000	14,000	4,000	40.0
서비스업	30,000	46,000	16,000	53.3
소 계	60,000	90,000	30,000	50.0
J지역				
농 업	1,000	1,200	200	20.0
제 조 업	2,000	2,600	600	30.0
건 설 업	1,000	1,400	400	40.0
서비스업	2,000	3,000	1,000	50.0
소 계	6,000	8,200	2,200	36.7

〈표 9-2〉는 국가성장효과를 계산한 표이다. 먼저 (1)열은 1990년 J지역의 고용자수를 나타내고 (2)열은 (1)열에 전국평균성장률인 50%(0.5)를 곱하여 산출한 수치로 이것이 바로 국가성장효과(NGE)를 나타낸다. 이를 모두 합하면 3,000명이 되기 때문에 J지역은 실제로 2,200명만 증가하여 전국평균성장률에 비해 800명이나 적게 성장한 것이 된

다. 다시 말하면 J지역은 800명이 더 증가되어야 전국 평균과 동일하게 된다는 것이다.

〈표 9-3〉은 J지역의 산업혼합효과를 나타내는 표이다. 먼저 (1)열은 전국의 산업별 성장률을 나타내고, (2)열은 (1)열에 전국의 산업평균성장률인 50%를 차감한 성장률을 나타낸다. (2)열에다가 (3)의 1990년 J지역 고용자수를 곱하면 (4)열의 산업혼합효과가 계산된다. 그 결과 산업혼합효과는 9명이 감소하는 것으로 계산되었다. 그러므로 J지역은 전국적으로 빠르게 성정하는 산업에의 전문화 정도가 평균 이하이기 때문에 9명이 감소한 것이다.

표 9-2 J지역에 미친 국가성장효과(NGE)국과 J지역 고용자수 변화(가상적인 사례)

산 업	1990년 J지역 고용자수(1)	NGE=(1)×전국평균성장률(0.5) (2)	G=지역 증가수치(3)	G-NGE=IME-RSE, (3)-(2)=(4)
농 업	1,000	500	200	-300
제 조 업	2,000	1,000	600	-400
건 설 업	1,000	500	400	-100
서비스업	2,000	1,000	1,000	0
계	6,000	3,000	2,200	-800

표 9-3 J지역의 산업혼합효과(IME)

산 업	전국 산업별 성장률, (1)	불균형률=전국산업별 성장률-전국평균성장률(0.5), (2)	1990년 J지역 고용자수(3)	IME = (2)×(3) = (4)
농 업	66.7%	16.7%	1,000	167
제 조 업	42.9%	-7.1%	2,000	-142
건 설 업	40.0%	-10.0%	1,000	-100
서비스업	53.3%	3.3%	2,000	66
계	50.0%	2.9%	6,000	-9

〈표 9-4〉는 J지역의 지역할당효과를 나타내는 표이다. 먼저 (1)열은 J지역의 1990년에서 20×8년까지 두 기간 고용자수 증가수치이고, (2)열은 국가성장효과를 나타내며, (3)열은 산업혼합효과를 나타내는 것이다. 따라서 지역할당효과는 (1)열의 G에서 (2)

열과 (3)열을 차감하면 계산된다. 그 결과 (4)열에서 보는 바와 같이 791명이 감소한 것으로 계산되었다. 결국 J지역은 전국의 산업에 비해 빠른 성장률을 보인 산업이 적고, 전국평균보다 낮은 성장률을 보인 산업의 구성이 많기 때문에 791명이 감소한 것이다. 그리고 산업혼합효과와 지역할당효과를 합한 순상대효과는 800명이 감소한 것으로 나타났다. 이는 서비스업은 전국평균성장률과 같기 때문에 제로(0)이지만, 농업과 제조업, 건설업은 J지역의 두 기간 성장률이 전국평균에 비해서 낮기 때문에 각각 300명, 400명, 100명씩 감소한 것으로 분석되었다. 지역할당효과를 다른 방법으로 계산한 것이 〈표 9-5〉이다.

〈표 9-5〉는 지역할당효과를 정의에 따라서 계산한 방법을 설명한 것이다. 표에서 (1)열은 J지역의 산업별 증가율을 나타내고, (2)열은 전국의 산업별 성장률을 나타내며 (3)열은 그 차이를 나타낸다. (4)열은 1990년 기준년도 J지역 고용자수를 나타내고, (5)

표 9-4 J지역의 지역할당효과(RSE)1

산 업	J지역 고용자수 증가 수치, G (1)	고용 변화			
		국가성장효과 NGE, (2)	산업혼합효과 IME, (3)	지역할당효과 RSE=G−NGE−IME, (1)−(2)−(3)=(4)	순상대효과 (3)+(4)
농 업	200	500	167	-467	-300
제 조 업	600	1,000	-142	-258	-400
건 설 업	400	500	-100	0	-100
서비스업	1,000	1,000	66	-66	0
계	2,200	3,000	-9	-791	-800

표 9-5 J지역의 지역할당효과(RSE)2(다른 계산과정)

산 업	J지역 산업별 성장률(1)	전국 산업별 성장률(2)	(1)−(2)=(3)	1990년 J지역 고용자수(4)	RSE = (3)×(4) = (5)
농 업	20.0%	66.7%	-46.7	1,000	-467
제 조 업	30.0%	42.9%	-12.9	2,000	-258
건 설 업	40.0%	40.0%	0.0	1,000	0
서비스업	50.0%	53.3%	-3.3%	2,000	-66
계	36.7%	50.0%	-	6,000	-791

열은 지역할당효과인데, 이는 (3)열과 (4)열을 곱하여 계산한 것이다. 〈표 9-4〉의 지역할당효과와 동일하다.

3. 적용 및 분석

변화할당분석을 DG지역과 GB지역에 실제 적용한 결과를 설명하고자 한다. 비록 과거자료를 분석하였지만 계산절차는 동일하기 때문에 이해하는 데에는 큰 차이가 없을 것으로 판단된다. DG지역의 19×1년에서 19×3년까지 지역내총생산〈표 9-6〉은 약 12조 4,185억 원이 증가했는데, 이 중 국가성장효과에 의해서 13조 5,859억 원, 산업구조효과에 의해서 8,434억 원이 증가했는데 비해, 지역할당효과에 의해서는 2조 108억 원이 감소했다.

DG지역 산업의 지역내총생산기준 변화할당분석에 의하면, 산업구조효과와 지역할당효과가 모두 양(+)인 산업은 건설업과 통신업, 부동산 임대사업서비스업 등이었다.

지역 제조업의 부가가치기준 성장효과〈표 9-7〉는 19×2년에서 19×3년까지 약 3조 5,300억 원이 증가했는데, 이 중 국가성장효과에 의하여 3조 7,456억 원, 지역할당효과에 의해서 5,564억 원씩 증가했으며, 산업구조효과에 의해서는 7,720억 원이 감소했다.

산업구조효과와 지역할당효과가 모두 양(+)인 산업은 기타 전기기계, 자동차 및 트레일러, 펄프 및 종이제품, 화합물 및 화학제품, 영상・음향 및 통신장비, 사무・계산・회계용 기계 등이었다.

한편 19×1년에서 19×3년까지 GB지역의 지역내총생산(표 9-8)은 약 22조 2,008억 원이 증가했는데, 이 중 국가성장효과에 의해서 24조 7,647억 원, 지역할당효과에 의해서 6,607억 원이 증가한 반면, 산업구조효과에 의해서는 3조 2,246억 원이 감소했다. 산업구조효과와 지역할당효과가 모두 양(+)인 산업은 건설업과 음식・숙박업, 금융・보험업, 부동산 임대사업서비스업 등이었다.

GB지역 제조업의 부가가치기준 성장효과(표 9-9)는 19×2년에서 19×3년까지 약 11조 2,940억 원이 증가했다. 이 중 국가성장효과에 의하여 9조 2,073억 원, 지역할당효과에 의해서 2조 6,744억 원씩 증가했으나, 산업구조효과에 의해서는 5,877억 원이 감소했다. 산업구조효과와 지역할당효과가 모두 양(+)인 산업은 조립금속제품, 화합물 및 화학제품, 영상・음향 및 통신장비, 사무・계산・회계용 기계, 기타 전기기계, 의료・정밀·광학 기기, 자동차 및 트레일러, 기타 운송장비 등이었다.

위의 분석에서 DG지역은 산업구조효과와 지역할당효과를 합한 총 순상대변화효과가 음(-)의 수치를 보였다. GB지역은 지역내총생산 기준에서는 음(-)의 수치를 보였지만, 제조업의 분석에서는 큰 폭의 정(+)의 수치를 보여 전국평균에 비해 상당히 높은 제조업 성장률을 보인 것으로 분석된다.

표 9-6 DG지역 산업의 지역내총생산 성장효과(19×1~19×3)

(단위: 백만 원)

구 분	총변화효과	국가성장효과	산업구조효과	지역할당효과
농림어업	108,973	145,349	-95,593	59,218
광업	-6,639	37,119	-37,847	-5,911
제조업	2,562,429	4,578,347	-162,333	-1,853,585
전기·가스·수도업	129,022	217,530	-77,385	-11,123
건설업	2,063,424	1,058,625	875,792	129,007
도·소매업	1,473,121	2,880,103	-1,062,567	-344,415
음식·숙박업	336,559	214,583	175,151	-53,175
운수창고업	614,650	695,835	-28,215	-52,970
통신업	422,387	377,220	3,234	41,933
금융 및 보험업	795,906	597,018	465,192	-266,304
부동산임대사업 서비스업	2,048,795	1,285,478	564,153	199,164
사회 및 개인 서비스업	847,432	706,134	240,464	-99,167
기타	1,022,410	792,534	-16,618	246,495
계	12,418,469	13,585,874	843,428	-2,010,833

자료: 통계청, 1996. 8, 1999. 8,「지역내총생산」자료에 의해서 분석.

표 9-7 DG지역 제조업의 부가가치 성장효과(19×2~19×3)

(단위: 백만 원)

구 분	총변화효과	국가성장효과	산업구조효과	지역할당효과
음·식료품	109,939	224,899	-43,330	-71,630
섬유 제품	882,562	1,772,449	-792,001	-97,886
의복·모피	63,139	87,441	-26,163	1,861

가죽 · 가방 · 신발	-2,204	13,885	-16,044	-45
목재 및 나무제품	12,619	19,256	-4,989	-1,647
펄프 및 종이제품	117,448	70,763	1,895	44,790
출판 인쇄	88,025	60,091	-4,991	32,925
화합물 및 화학제품	126,419	48,389	5,820	72,210
고무 및 플라스틱	155,314	62,505	-5,749	98,557
비금속 광물제품	87,759	87,183	-19,187	19,763
제1차 금속산업	102,985	184,334	-46,938	-34,411
조립 금속제품	272,459	195,993	82,897	-6,401
기타 기계 및 장비	550,632	388,274	-16,357	178,715
사무 · 계산 · 회계용 기계	2,243	23	84	2,136
기타 전기기계	161,821	58,296	14,430	89,094
영상 · 음향 및 통신장비	49,778	19,525	6,865	23,388
의료 · 정밀 · 광학기기	70,013	68,728	9,218	-7,933
자동차 및 트레일러	630,531	262,937	76,300	291,294
기타 운송장비	32,183	38,728	50,739	-57,283
가구 및 기타제조업	16,326	81,901	-44,440	-21,135
제조업전체	3,529,991	3,745,599	-771,970	556,361

주: 제조업 분류 중 담배제조업과 코크스, 석유정제품 및 핵연료제조업은 기업체 수가 1~2개인 관계로 통계치에서 발표하지 않아 이들 업종은 제외하였음.

표 9-8 GB지역 산업의 지역내총생산 성장효과(19×1~19×3)

(단위: 백만 원)

구 분	총변화효과	국가성장효과	산업구조효과	지역할당효과
농림어업	1,723,034	6,041,707	-3,973,526	-345,147
광업	-15,246	461,924	-470,988	-6,182
제조업	8,832,335	9,112,293	-323,091	43,133
전기 · 가스 · 수도업	733,263	835,549	-297,242	194,957
건설업	3,475,096	1,671,257	138,262	421,221
도 · 소매업	1,184,789	1,463,222	-539,832	261,399
음식 · 숙박업	699,553	211,097	172,305	316,151
운수창고업	617,719	976,822	-39,608	-319,495

통신업	320,709	328,342	2,815	-10,448
금융 및 보험업	887,508	369,598	287,989	229,921
부동산임대사업 서비스업	1,538,953	1,033,634	453,628	51,691
사회 및 개인서비스업	595,677	464,009	158,012	-26,344
기 타	160,744	1,795,199	-37,643	-150,116
계	22,200,830	24,764,654	-3,224,564	660,740

자료: 통계청, 1996. 8, 1999. 8, 「지역내총생산」 자료에 의해서 분석.

표 9-9 GB지역 제조업의 부가가치 성장효과(19×2~19×3)

(단위: 백만 원)

구 분	총변화효과	국가성장효과	산업구조효과	지역할당효과
음·식료품	328,100	350,086	-67,448	45,463
섬유제품	919,775	1,255,477	-560,997	225,295
의복·모피	4,988	16,987	-5,083	-6,916
가죽·가방·신발	2,425	12,336	-14,255	4,344
목재 및 나무제품	26,435	39,656	-10,275	-2,946
펄프 및 종이제품	46,856	133,583	3,577	-90,303
출판 인쇄	80,580	7,940	-659	73,300
화합물 및 화학제품	1,079,596	436,291	52,480	590,825
고무 및 플라스틱	226,623	301,187	-27,700	-46,863
비금속광물제품	575,897	710,731	-156,414	21,580
제1차 금속산업	1,373,222	2,897,780	-737,877	-786,681
조립금속제품	368,009	228,589	96,648	42,772
기타 기계 및 장비	228,898	410,186	-17,280	-164,008
사무·계산·회계용 기계	411,425	33,152	120,129	258,144
기타 전기기계	533,785	264,822	65,556	203,407
영상·음향 및 통신장비	4,433,388	1,662,197	584,470	2,186,720
의료·정밀·광학기기	127,086	12,966	1,739	112,381
자동차 및 트레일러	418,127	376,505	109,256	-67,633
기타 운송장비	21,226	3,916	5,130	12,180
가구 및 기타 제조업	87,511	52,908	-28,708	63,311

제조업 전체	11,293,952	9,207,293	-587,711	2,674,370

주: 제조업 분류 중 담배제조업과 코크스, 석유정제품 및 핵연료제조업은 기업체 수가 1~2개인 관계로 통계치에서 발표하지 않아 이들 업종은 제외하였음.

표 9-10 DG지역의 변화할당분석 결과

구 분	산업구조효과(+) 지역할당효과(+)	산업구조효과(+) 지역할당효과(−)	산업구조효과(−) 지역할당효과(+)
제조업 부가가치기준 (19×0~19×1)	조립금속, 기계장비제조업	종이 및 인쇄· 출판업 기타제조업	고무 및 플라스틱제품, 비금속 광물제품
제조업 부가가치기준 (19×2~19×3)	사무, 계산, 회계용기계 기타 전기기계, 영상, 음향 및 통신장비, 펄프 및 종이제품, 화합물 및 화학제품, 자동차 및 트레일러	조립금속제품, 의료·정밀·광학 기기, 기타 운송장비	의복·모피, 출판·인쇄업, 비금속 광물제품, 고무 및 플라스틱제품, 기타 기계 및 장비
전체 산업 (지역내총생산기준) (19×1~19×3)	건설업, 통신업, 부동산임대사업서비스업	운수·창고업 금융 및 보험업, 음식·숙박업 사회 및 개인서비스업, 기타 제조업	농림어업 기타 제조업

주: 제조업 부가가치기준 1980~1989년의 자료는 이춘근(1992) 논문에서 재인용한 것임.

표 9-11 GB지역의 변화할당분석 결과

구 분	산업구조효과(+) 지역할당효과(+)	산업구조효과(+) 지역할당효과(−)	산업구조효과(−) 지역할당효과(+)
제조업 부가가치기준 (19×2~19×3)	영상, 음향 및 통신장비, 기타 전기기계, 의료·정밀·광학기기, 조립금속제품, 화합물 및 화학제품, 사무·계산·회계용 기계, 자동차 및 트레일러, 기타 운송장비	자동차 및 트레일러, 펄프 및 종이제품	음·식료품 섬유제품 가죽·가방·신발 출판·인쇄업 비금속 광물제품 가구 및 기타 제조업
전체 산업 (지역내총생산기준) (19×1~19×3)	건설업, 음식·숙박업, 금융·보험업, 부동산 임대사업서비스업	통신업, 사회 및 개인 서비스업	제조업, 전기·가스·수도업, 도·소매업

4. 특징과 한계

변화할당분석의 특징은 두 개 년도의 전국과 해당지역의 고용자수 혹은 부가가치, 생산액, 사업체수 등에 관한 자료만 있으면 쉽게 계산할 수 있다는 장점이 있다. 분석방법이 쉽고 간단하여 컴퓨터를 사용하지 않고 쉽게 계산할 수 있고, 분석결과를 이용하여 지역산업에 대한 정책적 논리를 쉽게 도출할 수 있다.

그러나 이 분석방법의 한계는 다음과 같다. 첫째, 어떤 지역 내 산업 간의 연관성을 고려하지 못하고, 산업별 성장요인에 대한 전국성장효과와 산업혼합(구조)효과, 지역할당효과 등은 수치로 설명할 수 있지만 구체적인 산업성장의 구조적인 요인에 대한 설명은 부족하다. 둘째, H. W. Richardson(1979: 205~207)이 지적한 바와 같이 변화할당분석의 가장 심각한 문제점 중의 하나는 산업을 보다 세분화시킴에 따라 산업혼합효과(비례변화효과)는 점점 커지고 지역할당효과(차등변화효과)는 점점 작아지는 경향이 있다는 것이다. 그리하여 리차드슨은 이 방법의 유용성은 거의 없다고 하였다. 몇몇 학자들도 지역할당효과가 시간에 걸쳐서 너무 불안정하기 때문에 예측도구로서의 기능을 하기에는 부족하다고 했다.

제 2 절 지역성장률 시차분석

1. 의 의

전통적인 변화할당분석은 부가가치나 고용자수 등 절대치로 표현하기 때문에 실제로 지역성장에 얼마만큼 기여했는가에 대해서는 알 수 없는 한계가 있다. 이러한 한계를 극복하기 위해 J. M. Henderson(1962)은 지역성장률시차분석(regional growth rate differential analysis)을 개발하였다(최재선, 1996: 706-712). 이 모형은 산업별 성장 기여수치를 성장률로 표시하는 보완모형이며, 변화할당분석의 확장모형이다.

핸더슨에 의하면 지역 총성장률시차(TR)는 구체적으로 각 산업부문별 성장률에 그 산업부문의 구성비를 가중시킴으로서 구해지는 지역의 실질변화성장률(RR)과 전국의 그것(NR)과의 차이로서 계산되며 모두 비율로 표시된다. 지역 총성장률시차(TR)는 가중요인(Weight Part: WP)과 경쟁력요인(Rate Part: RP)으로 대별된다. WP는 변화-할당분석에서의 산업구조효과(산업혼합효과)를, RP는 지역할당효과를 나타낸다.

이를 수식으로 나타내면 다음과 같다.

$RR = G_{ij} \cdot (\frac{B_{ijo}}{B_{ojo}})$ = 두 기간 중 J지역 산업별 성장률 × J지역의 기준년도 산업별 구성비

$NR = G_{i} \cdot (\frac{B_{ioo}}{B_{ooo}})$ = 두 기간 중 전국의 산업별 성장률 × 전국의 기준년도 산업별 구성비

TR(지역 총성장률시차) = RR-NR = WP(가중요인) + RP(경쟁력요인)

$WP = (\frac{B_{ijo}}{B_{ojo}} - \frac{B_{ioo}}{B_{ooo}}) \cdot G_{i}$ =(J지역의 기준년도 산업별 구성비-전국의 기준년도 산업별구성비) × 두 기간 중 전국의 산업별 성장률

$RP = (G_{ij} - G_{i}) \cdot (\frac{B_{ijo}}{B_{ojo}})$ =(두 기간 중 J지역 산업별 성장률-두 기간 중 전국의 산업별 성장률) × J지역의 기준년도 산업별 구성비

가중요인(WP)은 기준년도 어떤 지역의 산업별 구성비와 전국의 산업별 구성비간의 차를 전국의 산업별 성장률로 곱해준 값이다. 가중요인은 전국적으로 빠른 성장을 나타내는 산업으로 지역에서도 높은 구성비를 나타내면 전국성장의 여세를 모아 성장하고 있다는 것을 보여준다. 따라서 가중요인은 지역산업의 구조적 유리함을 나타낸다.

경쟁력요인(RP)은 지역의 산업별 성장률과 전국의 산업별 성장률간의 차를 기준년도 지역의 산업 구성비로 가중된 것이다. 경쟁력 요인은 산업의 구조적 이점을 감안한 후 지역의 산업이 타 지역의 산업에 비하여 높은 경쟁력을 가지고 있기 때문에 보여주는 성장효과를 비율로 나타낸 것이다. 따라서 지역산업의 경쟁력을 나타낸다.

이 기법은 변화할당분석방법에서 볼 수 없는 각 산업의 지역성장효과에 대한 기여율을 백분율로 나타내고 있다. 따라서 가중효과와 경쟁력 효과가 양(+)이며 그 값이 큰 것이 지역의 산업성장에 대한 기여도가 높은 산업으로 중점 육성산업으로 선정할 만한 산업이다.

2. 계산과정

지역성장률 시차분석을 쉽게 이해하기 위해서 가상적인 사례를 가지고 실제 계산하는 과정을 설명하고자 한다. 〈표 9-12〉는 〈표 9-1〉의 변화할당분석 사례에서 제시된 자료를 가지고 분석한 것이다. 〈표 9-12〉는 지역과 전국의 실질변화성장률을 계산한 것이다. (1)열은 J지역 산업별 성장률을 나타내고, (2)열은 J지역 기준년도 산업별 구성비를 나타낸다. 이때 (1)열과 (2)열을 곱하면 지역의 실질변화성장률(RR)이 계산된다. 마찬가지로 전국의 실질변화증가율은 (6)열에 계산되어 있다. 이때 지역총성장률시차는 RR에서 NR을 빼면 된다. 그 결과가 (7)열에 계산되어 있다.

〈표 9-13〉은 총성장률시차 중 가중요인의 계산과정을 설명한 것이다. 가중요인은 J지역 기준년도 산업별 구성비에서 전국 기준년도 산업별 구성비를 뺀 후 전국 산업별 성장률을 곱하여 계산한다. 가중요인은 표의 (5)열에 나타나 있는데, 전체적으로 0.0128을 보여 산업구조가 다른 지역에 비해 다소 유리한 것으로 분석되었다.

〈표 9-14〉는 총성장률시차 중 경쟁력요인의 계산과정을 설명한 것이다. 경쟁력요인은 J지역 두 기간 중 산업별 성장률에서 전국 두 기간 중 산업별 성장률을 뺀 후 J지역 기준년도 산업별 구성비 곱하여 계산한다. 그 결과가 표의 (5)열에 나타나 있다. 경쟁력요인은 음(-)의 0.1792를 나타내 J지역 산업의 경쟁력이 취약한 것으로 분석되었다. 그리고 위의 계산과정을 최종적으로 정리한 것이 〈표 9-15〉이다.

표 9-12 지역과 전국의 실질변화 성장률(가상)

산 업	J 지역			전 국			총성장률시차 (TR)= RR-NR (7)
	산업별 성장률%,(1)	기준년도 산업별 구성비%,(2)	RR= (1)×(2)= (3)	산업별 성장률%, (4)	기준년도 산업별 구성비%, (5)	NR= (4)×(5) =(6)	
농 업	20.0	16.7	0.0334	66.7	10.0	0.0667	-0.0333
제 조 업	30.0	33.3	0.0999	42.9	23.3	0.1000	-0.0001
건 설 업	40.0	16.7	0.0668	40.0	16.7	0.0668	0.0
서비스업	50.0	33.3	0.1665	53.3	50.0	0.2665	-0.1000
계	36.7	100.0		50.0	100.0		-0.1334

표 9-13 가중 요인

산 업	J지역 기준년도 산업별 구성비%,(1)	전국 기준년도 산업별 구성비%,(2)	(1)-(2)= %, (3)	전국 산업별 성장률 %, (4)	WP=(3)×(4)=(5)
농 업	16.7	10.0	6.7	66.7	0.0447
제 조 업	33.3	23.3	10.0	42.9	0.0429
건 설 업	16.7	16.7	0.0	40.0	0.0
서비스업	33.3	50.0	-16.7	53.3	-0.0890
계	100.0	100.0	-	50.0	-0.0014

표 9-14 경쟁력 요인

산 업	J지역 두기간 중 산업별 성장률%,(1)	전국 두기간 중 산업별 성장률 %, (2)	(1)-(2)= %, (3)	J지역 기준년도 산업별 구성비%,(4)	RP=(3)×(4)=(5)
농 업	20.0	66.7	-46.7	16.7	-0.0780
제 조 업	30.0	42.9	-12.9	33.3	-0.0430
건 설 업	40.0	40.0	0.0	16.7	0.0
서비스업	50.0	53.3	-3.3	33.3	-0.0110
계	36.7	50.0	-77.1	100.0	-0.1320

표 9-15 지역성장률 시차분석 결과

산 업	RR (1)	NR (2)	TR=RR-NR=WP+RP (3)		
				WP(4)	RP(5)
농 업	0.0334	0.0667	-0.0333	0.0447	-0.0780
제 조 업	0.0999	0.1000	-0.0001	0.0429	-0.0430
건 설 업	0.0668	0.0668	0.0	0.0	0.0
서비스업	0.1665	0.2665	-0.1000	-0.0890	-0.0110
계	0.3666	0.5000	-0.1334	-0.0014	-0.1320

3. 적용 및 분석

지역성장률 시차분석을 DG지역과 GB지역에 실제 적용한 결과를 설명하고자 한다. 비록 과거자료를 분석하였지만 계산절차는 동일하기 때문에 이해하는 데에는 큰 차이가 없을 것으로 판단된다. DG지역 19×1년에서 19×3년까지 GRDP기준 지역총성장률시차(표 9-16)는 지역의 실질변화성장률(3.4048)이 전국의 실질변화성장률(3.7249)보다 낮아 음(-)의 0.3201을 기록했다. 이를 가중요인과 경쟁력요인으로 구분해서 보면, 가중요인은 양(+)의 0.2312이지만 경쟁력요인은 음(-)의 0.5513이었다. 지역총성장률시차가 양(+)인 산업은 건설업과 도·소매업, 통신업, 부동산임대사업서비스업, 사회 및 개인서비스업 등이었다.

그리고 19×2년에서 19×3년까지 DG지역 제조업의 산업중분류별 부가가치 총성장률 시차(표 9-17)는 음(-)의 0.0890을 나타냈다. 가중요인은 음(-)의 0.3187이고, 경쟁력요인은 양(+)의 0.2297이었다. 가중요인과 경쟁력요인이 모두 양(+)의 효과를 보인 업종은 섬유제품, 조립금속제품, 기타 기계 및 장비, 의료·정밀·광학기기 등이었다. 그밖에 지역총성장률시차가 양(+)의 효과를 보인 업종은 자동차 및 트레일러, 고무 및 플라스틱, 기타 전기기계, 가죽·가방·신발, 펄프 및 종이제품, 출판·인쇄업 등이었다. 이를 산업은 다른 업종에 비해서 지역경제 성장에 크게 기여한 것으로 분석되었다.

한편, 19×1년에서 19×3년까지 GB지역 산업의 GRDP기준 지역총성장률시차〈표 9-18〉는 지역의 실질변화성장률(3.3393)이 전국의 실질변화성장률(3.7249)보다 낮아 음(-)의 0.3856을 기록했다. 이를 가중요인과 경쟁력요인으로 구분해서 보면, 가중요인은 양(+)의 0.4850이지만 경쟁력요인은 음(-)의 0.0994이었다. 지역총성장률시차가 양(+)인 산업은 농림어업, 제조업, 전기·가스·수도업, 건설업, 음식·숙박업 등이었다.

그리고 19×2년에서 19×3년까지 GB지역 제조업의 산업중분류별 부가가치 총성장률 시차(표 9-19)는 양(+)의 0.3505를 나타냈다. 가중요인은 음(-)의 0.0987이고, 경쟁력요인은 양(+)의 0.4492이었다. 가중요인과 경쟁력요인이 모두 양(+)의 효과를 보인 업종은 섬유제품, 가죽·가방·신발, 비금속 광물제품, 영상·음향 및 통신장비 등이었다. 그밖에 지역총성장률 시차가 양(+)의 효과를 보인 업종은 화합물 및 화학제품, 제1차 금속제품, 사무·계산·회계용 기계, 기타 전기기계, 의료·정밀·광학 기기 등이었다.

이를 산업은 다른 업종에 비해서 지역경제 성장에 크게 기여한 것으로 분석되었다.

이상과 같이 지역성장률 시차분석에서는 각 산업의 성장수치가 변화할당분석에서와 같이 기준년도와 비교년도의 절대수치 차이로서 나타내는 것이 아니라 백분비 성장률로서 나타낸다. 그렇기 때문에 변화할당분석에서는 산업별 부가가치의 성장 기여도를 보여주지 못했지만, 지역성장률 시차분석에서는 해당지역 각 산업별 상대적 기여도를 측정해 주는 장점이 있는 것이다.

표 9-16 DG지역 산업의 성장률 시차분석(19×1~19×3)

(지역내총생산 기준)

구 분	지역의 실질변화성장률	전국의 실질변화성장률	지역총성장률 시차		
				가중요인	경쟁력요인
농림어업	0.0299	0.1416	-0.1117	-0.1280	0.01624
광업	-0.0018	-0.0010	-0.0009	0.0008	-0.0016
제조업	0.7026	1.1423	-0.4397	0.0685	-0.5082
전기·가스·수도업	0.0353	0.0749	-0.0395	-0.0365	-0.0031
건설업	0.5657	0.5179	0.0478	0.0125	0.035
도·소매업	0.4039	0.3265	0.0774	0.1719	-0.0944
음식·숙박업	0.0923	0.0994	-0.0071	0.0074	-0.0146
운수 창고업	0.1685	0.1803	-0.0118	0.0027	-0.0145
통신업	0.1158	0.0836	0.0322	0.0207	0.0115
금융 및 보험업	0.2182	0.2914	-0.0732	-0.0001	-0.0730
부동산 임대사업서비스업	0.5617	0.5007	0.0611	0.0065	0.0546
사회 및 개인서비스업	0.2323	0.1854	0.0470	0.0742	-0.0272
기타	0.2803	0.1820	0.0984	0.0308	0.0676
계	3.4048	3.7249	-0.3201	0.2312	-0.5513

자료: 통계청, 1996. 8, 1999. 8, 「지역내총생산」 자료에 의해서 분석.

표 9-17 DG지역 제조업의 부가가치 성장률 시차분석(19×2~19×3)

구 분	지 역 의 실질변화 성장률	전 국 의 실질변화 성장률	지역총성장률 시차		
				가중요인	경쟁력요인
음・식료품	0.0454	0.1047	-0.0592	-0.0297	-0.0296
섬유제품	0.3644	0.0617	0.3027	0.3431	-0.0404
의복・모피	0.0261	0.0396	-0.0136	-0.0143	0.0008
가죽・가방・신발	-0.0009	-0.0091	0.0082	0.0082	0.0000
목재 및 나무제품	0.0052	0.0108	-0.0055	-0.0049	-0.0007
펄프 및 종이제품	0.0485	0.0377	0.0108	-0.0077	0.0185
출판・인쇄	0.0363	0.0402	-0.0039	-0.0175	0.0136
화합물 및 화학제품	0.0522	0.1689	-0.1167	-0.1465	0.0298
고무 및 플라스틱	0.0641	0.0578	0.0063	-0.0344	0.0407
비금속광물제품	00362	0.0655	-0.0293	-0.0375	0.0082
제1차 금속산업	0.0425	0.0903	-0.0478	-0.0336	-0.0142
조립금속제품	0.1125	0.0927	0.0198	0.0224	-0.0026
기타 기계 및 장비	0.2273	0.1320	0.0953	0.0215	0.0738
사무・계산・회계용 기계	0.0009	0.0560	-0.0551	-0.0560	0.0009
기타 전기기계	0.0668	0.0610	0.0058	-0.0309	0.0368
영상・음향 및 통신장비	0.0206	0.2331	-0.2126	-0.2222	0.0097
의료・정밀・광학 기기	0.0289	0.0196	0.0093	0.0126	-0.0033
자동차 및 트레일러	0.2603	0.1775	0.0829	-0.0374	0.1203
기타 운송장비	0.0133	0.0845	-0.0713	-0.0476	-0.0237
가구 및 기타제조업	0.0067	0.0218	-0.0151	-0.0064	-0.0087
제조업 전체	1.4575	1.5465	-0.0890	-0.3187	0.2297

주: 제조업분류중 담배제조업과 코크스 석유정제품 및 핵연료제조업은 기업체 수가 1~2개인 관계로 1997년 통계치에서 표시하지 않아 이들 업종은 제외하였음.

표 9-18 GB지역 산업의 성장률 시차분석(19×1~19×3)

(지역내총생산 기준)

구 분	지역의 실질변화성장률	전국의 실질변화성장률	지역총성장률 시차		
				가중요인	경쟁력요인
농림어업	0.2592	0.1416	0.1176	0.1695	-0.0519
광업	-0.0023	-0.0010	-0.0013	-0.0004	-0.0009
제조업	1.3285	1.1423	0.1862	0.1797	0.0065
전기·가스·수도업	0.1103	0.0749	0.0354	0.0061	0.0293
건설업	0.5227	0.5179	0.0048	-0.0586	0.0634
도·소매업	0.1782	0.3265	-0.1483	-0.1876	0.0393
음식·숙박업	0.1052	0.0994	0.0058	-0.0418	0.0476
운수 창고업	0.0929	0.1803	-0.0874	-0.0394	-0.0481
통신업	0.0482	0.0836	-0.0353	-0.0338	-0.0016
금융 및 보험업	0.1335	0.2914	-0.1579	-0.1925	0.0346
부동산 임대사업서비스업	0.2315	0.5007	-0.2692	-0.2770	0.0078
사회 및 개인서비스업	0.0896	0.1854	-0.0958	-0.0918	-0.0040
기타	0.2418	0.1820	0.0598	0.0824	-0.0226
계	3.3393	3.7249	-0.3856	-0.4850	0.0994

자료: 통계청, 1996. 8, 1999. 8, 「지역내총생산」 자료에 의해서 분석.

표 9-19 GB지역 제조업의 부가가치 성장률 시차분석(19×2~19×3)

구 분	지 역 의 실질변화 성장률	전 국 의 실질변화 성장률	지역총성장률 시차		
				가중요인	경쟁력요인
음·식료품	0.0551	0.1047	-0.0496	-0.0572	0.0076
섬유제품	0.1545	0.0617	0.0928	0.0550	0.0378
의복·모피	0.0008	0.0396	-0.0388	-0.0376	-0.0012
가죽·가방·신발	0.0004	-0.0091	0.0095	0.0088	0.0007
목재 및 나무제품	0.0044	0.0108	-0.0063	-0.0058	-0.0005
펄프 및 종이제품	0.0079	0.0377	-0.0298	-0.0147	-0.0152
출판·인쇄	0.0135	0.0402	-0.0267	-0.0390	0.0123
화합물 및 화학제품	0.1813	0.1689	0.0124	-0.0868	0.0992

고무 및 플라스틱	0.0381	0.0578	-0.0198	-0.0012	-0.0079
비금속광물제품	0.0967	0.0655	0.0312	0.0276	0.0036
제1차 금속산업	0.2307	0.0903	0.1404	0.2725	-0.1321
조립금속제품	0.0618	0.0927	-0.0309	-0.0381	0.0072
기타 기계 및 장비	0.0384	0.1320	-0.0936	-0.0660	-0.0275
사무 · 계산 · 회계용 기계	0.0691	0.0560	0.0131	-0.0303	0.0434
기타 전기기계	0.0897	0.061	0.0287	-0.0055	0.0342
영상 · 음향 및 통신장비	0.7447	0.2331	0.5115	0.1442	0.3673
의료 · 정밀 · 광학 기기	0.0213	0.0196	0.0017	-0.0171	0.0189
자동차 및 트레일러	0.0702	0.1775	-0.1072	-0.0959	-0.0114
기타 운송장비	0.0036	0.0845	-0.0810	-0.0830	0.0020
가구 및 기타제조업	0.0147	0.0218	-0.0071	-0.0178	0.0106
제조업 전체	1.8970	1.5465	0.3505	-0.0987	0.4492

주: 제조업분류 중 담배제조업과 코크스 석유정제품 및 핵연료제조업은 기업체 수가 1~2개인 관계로 1995년 통계치에서 표시하지 않아 이들 업종은 제외하였음.

4. 분석결과와 시사점

이상에서 분석한 바와 같이, DG지역의 경우 변화할당분석과 지역성장률 시차분석에서 비교위위 내지 성장산업으로 나타난 업종은 제조업에서 섬유 · 의복산업, 기타 기계 및 장비업, 출판 · 인쇄업, 조립금속제품, 기타 전기기계, 의료 · 정밀 · 광학 기기, 자동차 및 트레일러업 등이고, 서비스업 중에서는 건설업, 도 · 소매업(유통업), 통신업, 금융 및 보험업, 부동산 임대사업서비스업 등이었다. 참고로 DG지역 산업연관모형에서 성장가능성이 높은 업종은 섬유 및 가죽산업, 인쇄 · 출판업, 기계 · 장비업(자동차부품업 포함), 조립금속제품, 건설업, 금융 및 보험업 등이다.

GB지역의 경우는 변화할당분석과 지역성장률시차분석에서 비교우위내지 성장업종으로 나타난 업종은 제조업에서 영상 · 음향 및 통신장비, 제1차 금속제품, 기타 전기기계, 섬유제품, 가죽 · 가방, 화합물 및 화학제품, 사무 · 계산 · 회계용 기계, 의료 · 정밀 · 광학 기기 등이고, 서비스업 중에서는 전기 · 가스 · 수도업, 건설업 등이다. 그밖에 제1차 산업인 농림어업도 성장 유망업종으로 분석되었다. GB지역 산업연관모형에서 성장가능성이 높은 업종은 제1차 금속산업, 금속제품, 기계·장비업, 섬유·가죽제품, 비금속 광물제품, 전력·가스·수도업, 농림수산품, 인쇄출판 및 기타 제조업 등이다.

이상의 분석결과와 21세기형 새로운 성장 유망산업 및 DG·GB지역의 입지여건을 감안하여 지역의 지연산업(특화산업)을 선정하면 다음 〈표 9-20〉와 같다. 추가지정 검토산업은 전·후방 연관효과와 승수효과가 높고, 21세기형 성장산업과 성장가능성이 높은 산업 중에서 지역의 입지여건을 고려하여 선정할 필요가 있다.

기존 지정된 특화산업 외에 추가로 지정 가능한 입종은 DG지역의 경우, 제조업에서 섬유제품, 패션·어패럴, 의복·모피, 조립금속, 의료·정밀·광학 기기, 자동차 및 트레일러(자동차 엔진 및 부품), 메카트로닉스, 기타 운송장비, 정보통신기기 등이고, 서비스업에서 유통·물류, 금융 및 보험, 교육서비스업, 컨벤션 비즈니스업 등을 들 수 있다.

GB지역은 제1차 산업에서 농수산물 가공제품, 제조업에서 음·식료품, 제1차 금속, 섬유제품, 가죽모피, 영상·음향·통신장비, 전기기계, 전기전자, 자동차 및 트레일러(자

표 9-20 DG지역의 지역성장률 시차분석 결과

구 분	지역총성장률시차 (+)인 산 업	가중요인 (+)인 산업	경쟁력요인 (+)인 산업
제조업 (부가가치기준, 19×0~19×1년)	섬유·의복 및 가죽 산업	음식료품 및 담배 제조업, 섬유·의복 및 가죽 산업, 기타 제조업	석유, 고무 및 플라스틱제조업, 비금속광물제품, 조립금속·기계장비업
제조업 (부가가치기준 19×2~19×3년)	섬유제품, 가죽·가방·신발업, 고무 및 플라스틱, 펄프 및 종이제품, 조립금속제품, 기타 기계 및 장비, 기타 전기기계, 의료·정밀·광학 기기, 자동차 및 트레일러	섬유제품 가죽·가방·신발업 조립금속제품 기타 기계 및 장비 의료·정밀, 광학 기기	의복·모피제품, 펄프 및 종이제품, 출판·인쇄업, 화합물 및 화학제품, 고무 및 플라스틱제품, 비금속 광물제품, 사무·회계용기계, 영상, 음향 및 통신장비, 기타 기계·장비, 기타 전기기계, 의료·정밀·광학 기기, 자동차 및 트레일러
전체 산업 (지역내총생산 기준, 19×1~19×3년)	건설업 도·소매업 통신업 금융 및 보험업 부동산임대서비스업 사회 및 개인서비스업	광업, 제조업, 건설업, 도·소매업, 음식, 숙박업, 운수·창고업, 통신업, 부동산 임대서비스업, 사회 및 개인서비스업, 기타 제조업	농림어업 건설업 도·소매업 통신업 금융 및 보험업 부동산 임대서비스업

주: 제조업 부가가치기준 19×0~19×1년의 자료는 이춘근의 연구를 인용한 것임.

표 9-21 GB지역의 지역성장률 시차분석 결과

구 분	지역총성장률시차 (+)인 산업	가중요인 (+)인 산업	경쟁력요인 (+)인 산업
제조업 (부가가치기준 19×2~19×3년)	영상・음향 및 통신장비, 기타 전기기계, 섬유제품, 가죽・가방・신발업, 화합물 및 화학제품, 비금속 광물제품, 제1차 금속제품, 사무・계산・회계용 기계, 의료・정밀・광학기기	섬유제품 가죽・가방・신발업 비금속 광물제품, 제1차 금속제품, 영상・음향 및 통신장비	음・식료품, 섬유제품, 가죽・가방・신발, 출판・인쇄, 화합물 및 화학제품, 비금속광물제품, 조립금속제품, 사무・회계용 기계, 영상・음향 및 통신장비, 기타 전기기계, 의료・정밀 광학기기, 기타 운송장비, 가구 및 기타 제조업
전산업 (지역내총생산 기준, 19×1~19×3년)	농림어업, 제조업, 전기・가스・수도업, 건설업, 음식・숙박업	농림어업, 제조업, 전기・가스・수도업	제조업, 전기・가스・수도업, 건설업, 도・소매업, 음식・숙박업, 금융 및 보험업, 부동산임대서비스업

표 9-22 DG·GB지역 특화산업의 선정

구 분		1차 산업	2차 산업	3차 산업
DG 지역	기존	-	목공예, 자전거(부품), 안경(테), 우산・양산, 섬유제품(내의, 양말, 매직글러브, 스포츠의류, 침장류), 알루미늄 기물류, 섬유기계(래피아직기, 연사기, 와인다), 자동차부품 등 8개 품목	-
	추가 지정 가능	-	패션・어패럴, 의복・모피, 의료・정밀・광학기기, 메카트로닉스, 자동차 및 트레일러(자동차 부품), 기타 운송장비, 정보・통신기기	유통・물류, 금융 및 보험, 교육서비스업, 비즈니스 서비스산업
GB 지역	기존	인삼가공제품, 1지역 1명품	-	-
	추가 지정 가능	농업(농수산물 가공제품), 과실류	음・식료품, 제1차 금속, 섬유제품, 영상・음향・통신장비, 전기기계, 전기전기, 자동차 및 트레일러(자동차 부품), 기타 운송장비, 메카트로닉스, 생물산업	운수・보관, 관광산업, 실버산업, 정보통신 서비스산업

주: GB지역의 인삼가공제품은 중소기업청 지정 특화산업이고, 이외 행정자치부의 1지역 1명품 지정제품이 있음.

동차 부품), 기타 운송장비, 메카트로닉스 등과 신 산업으로서의 생물산업 등을 들 수 있고, 서비스업에서 운수·보관, 통신, 관광산업, 정보통신서비스업 등을 들 수 있다.

그밖에 DG지역은 적극적으로 환경친화도시를 지향하고 있어 환경산업의 육성도 검토할 필요가 있다. GB지역은 지역의 농산물을 가공하여 판매하는 전략이 필요하고, GB지역에 산재되어 있는 문화재와 관광명소를 개발하여 권역별 관광루트를 개발하는 등 관광산업이나 실버산업의 육성도 필요하다.

5. 특징과 한계

지역성장률 시차분석은 변화할당분석의 한계를 보완하여 보다 확장된 모형이다. 전통적인 변화할당분석은 부가가치나 고용자수 등을 절대치로 표현하기 때문에 실제로 지역성장에 얼마만큼 기여했는가에 대해서는 알 수 없는 한계가 있다. 이러한 한계를 극복하기 위해 지역성장률시차분석은 산업별 성장 기여수치를 성장률로 표시하는 보완모형이다. 이 방법도 두 개 년도의 전국과 해당지역의 고용자수 혹은 부가가치, 생산액, 사업체수 등에 관한 자료만 있으면 쉽게 계산할 수 있다는 장점이 있다.

그러나 이 분석방법도 단순한 변화할당분석에 비해서는 다소 진일보하였지만, 부분균형방법에 의한 분석방법이기 때문에 어떤 지역 내 산업 간의 상호 연관성을 구조적으로 자세히 분석하는 데에는 한계가 있다.

탐구학습

1. 주요 개념
   - 변화할당분석: 국가성장효과, 산업혼합효과, 지역할당효과
   - 지역경제분석기법
   - 지역성장률 시차분석: 총성장률 시차, 가중요인, 경쟁력 요인

2. 토론과 과제
   - 변화할당분석의 의의와 전개과정에 대해 설명하시오.
   - 지역성장률 시차분석의 의의와 전개과정에 대해 설명하시오.
   - 이들 분석기법과 성장 유망산업과의 관계를 설명하시오.

참고문헌

경상북도, 「경북통계계보」, 각년호.

김갑성 · 이춘근 외 5인, 1997. 5. 27, "대구 · 경북지역의 특화산업의 선정과 육성방안", 심포지엄 자료, 대구경북개발연구원 · 삼성경제연구소.

대구시, 「대구통계연보」, 각년호.

산업자원부, 1999, 「21세기 한국산업의 비전과 발전전략: 지식기반산업 중심의 산업구조 고도화」.

이춘근, 1992. 6, 「대구지역 산업의 성장구조분석과 개선방안」, 정책연구자료 92-1, 대구경북개발연구원.

_______, 1997. 9-10, "경북지역 산업구조의 실태와 발전방안", 「대구경북포럼」, 제2권 제4호, 대구경북개발연구원.

_______, 1998, "지역경제분석기법에 의한 대구지역의 산업구조 고도화방안", 「경제학연구」, 제46집 제4호, 한국경제학회.

최재선, 1996, 「지역경제론」, 제2전정판, 법문사.

통계청, 「광공업통계조사보고서(지역편)」,각년호.

_______, 「사업체 기초통계조사보고서」, 각년호.

_______, 「시도별 지역내총생산」, 각년호.

한국은행 대구지점, 1995. 11, 「2000년대를 향한 대구지역 경제발전방향」, 심포지엄 자료.

大和銀總合硏究所 · 地域開發硏究會, 1991, 「地域振興의 經濟學」, 晃洋書房.

_______, 1998,「現代地域論- 地域振興の觀點から」, 八朔社.

Brown, H. G., 1966, "Shift-Share Projections of Regional Growth : Empirical Test", *Journal of Regional Science*, Vol. 9.

Hellman, D. A., 1976, "Shift-Share Models as Predictive Tools", *Growth and Change*, Vol. 7.

Henderson J .M., 1962, *Foci for Regional Growth Analysis: An Interregional Trade and Income Model*, Mimeograph, Minnesota : University of Minnesota Press.

Hoover E. M., 1984, *An Introduction to Regional Economics*, Third Edition, New York: Alfred A. Knopf.

National Resources Planning Board, 1943, *Industrial Location and National Resources*, Washington, D.C: Government Printing Office.

Perloff, H. S., E. S. Dunn, Jr., E. E. Lampard & R. F. Muth, 1960, Regions, *Resources and Economic Growth*, Baltimore : Johns Hopkins Press.

Richardson, H. W., 1979, *Regional Economics*, Chicago: University of Illinois Press.

Stevens, B. H. & C. L. Moore, November 1980, "A Critical Review of the Literature on Shift-Share as a Forecasting Technique", *Journal of Regional Science*, Vol. 20, No. 4.

Treyz, George I., 1993, *Regional Economic Modeling: A Systematic Approach to Economic Forecasting and Policy Analysis*, Kluwer Academic Publishers.

제 10 장 지역산업연관분석*

지역산업연관분석은 각 산업의 투입과 산출관계를 통한 상호연관관계에 기초한 분석기법으로 한 산업에 대한 수요변화는 관련되는 다른 산업의 공급변화를 의미한다는 점에서, 지역경제의 수요와 공급을 산업별로 세분하여 분석하는 경제예측이나 계획수립 등에 유용한 분석도구로 활용될 수 있다.[1)]

이 장에서는 지역산업연관분석의 의의와 기본가정, 유용성을 살펴보고 지역산업연관표의 기본구조와 유형 및 역행렬 계수 등에 대해서 설명한다.

제 1 절　지역산업연관분석의 의의와 기본가정

1. 이론적 배경과 의의

본격적인 지방자치시대를 맞이하여 지역경제 활성화에 관한 논의가 점차 고조되고 있다. 지역경제의 실태를 정확히 분석하기 위해서는 지역경제의 실물의 흐름과 금융의 흐름을 구체적으로 파악할 수 있는 방법이 있어야 한다. 이를 위해서는 무엇보다는 지역총생산표와 지역수지표, 지역산업연관표, 지역자금순환표, 지역대차대조표 등 지역 5대 사회계정이 작성되어야 하고 이를 토대로 지역경제구조를 정확히 분석해야 한다. 그러나 우리나라의 지역사회계정은 지역내총생산표를 제외하고는 거의 작성되지 못하고 있어 지역경제의 올바른 분석을 하기가 상당히 어려운 실정에 있다.

---

* 본 장은 이춘근, 2006, 「지역산업연관분석론」, 학문사의 제1장과 제2장의 내용을 요약·정리·보완한 것임.

전통적인 지역경제분석기법들은 경제기반모형과 변화할당분석, 입지계수법, 지역전문화지수 등이 있는데, 이들 방법은 제한된 지역통계자료를 활용하여 쉽게 적용할 수 있는 이점이 있지만, 반면에 분석방법이 단순하여 복합적인 지역경제구조를 분석하는데에는 한계가 있다. 이와 같은 부분균형 분석기법들은 타부문과의 연계관계를 체계적으로 고려하지 못함으로써 부문간의 상호작용을 정확하게 분석하지 못한다.

지역산업연관분석은 L. Walras의 일반균형체계를 1936년 Wassily Leontief(1936, 1941, 1951)가 수량적으로 정식화한 것으로 지역경제구조를 종합적으로 파악하고 분석할 수 있는 모형이다. 지역산업연관분석(地域産業聯關分析, regional interindustry analysis)은 생산활동을 통하여 이루어지는 지역 산업간의 상호 연관관계(중간 및 최종수요 거래)를 수량적으로 분석하는 방법이다. 즉 한 산업에서 생산된 제품이 다른 산업의 제품생산에 생산을 위한 중간재로 투입됨으로써 각 산업은 직·간접으로 서로 밀접한 연관관계를 맺게 된다. 지역산업연관분석은 일정기간(보통 1년)동안 한 지역에서 생산되는 모든 재화와 서비스의 산업간 거래관계를 일정한 원칙과 형식에 따라 체계적으로 기록한 통계표인 지역산업연관표의 작성에서부터 시작된다(이춘근, 2006: 1-30).

지역산업연관분석은 각 산업의 투입과 산출관계를 통한 상호연관관계에 기초한 분석기법이므로 한 산업에 대한 수요변화는 관련되는 다른 산업의 공급변화를 의미한다는 점에서, 지역경제의 수요와 공급을 산업별로 세분하여 분석하는 경제예측이나 계획수립 등에 유용한 분석도구로 활용될 수 있다.

지역산업연관분석 또는 지역투입산출분석(regional input-output analysis)은 최근 컴퓨터의 발달에 따라 많은 국가들이 산업연관표를 보다 손쉽게 편제하여 이를 경제분석에 활용하고 있다. 즉 한 나라 및 지역의 경제정책수립 및 정책효과 분석은 물론이고, 지역별, 산업별 분석 및 환경문제 분석, 물가 파급효과 분석, 노동 파급효과 분석, 대규모 프로젝트의 파급효과 분석, 에너지문제 분석, 국제간 산업연관분석, 산업별 성장요인 분석, 지역 CGE모형(computable general equilibrium model)에 이르기까지 그 적용범위가 확대되고 있다.

지역산업연관분석은 지역경제를 분석하고 있는 산업의 단계에서 산업부문간의 기술적인 상호의존관계(중간거래 관계)를 포착하고, 최종수요를 외생변수로 하여 그것이 지역경제에 미치는 각종 파급효과를 분석하려는 것이다. 지역소득분석은 지역경제 전체의 활동수준을 표시할 수는 있어도 지역경제 구조적측면에서 산업 상호간의 연관관계를 분석하는 데에는 미흡하다. 예를 들어 섬유제품의 수요증가와 건설업의 수요증가는 수요가 증가한 사실은 같지만 각각의 수요증가가 각 산업의 생산활동이나 고용수준 등에 미치는 파급효과는 각각 다르게 나타난다. 지역소득분석에서는 섬유제품에 대한 수요와 건설업에 대한 수요증가를 구분하지 않고 이를 합한 총수요증가만을 분석의 대상으로 삼고 있어 이와 같은 산업별 파급효과의 차이점을 고려한 분석을 할 수가 없다. 섬유산업과 건설업에 대한 수요 증가가 가져오는 각 산업부문별 파급효과가 다른 것은 이들 두 산업의 투입구조, 즉 생산기술구조가 다르기 때문이다. 지역산업연관분석은 이러한 점들을 고려한 분석기법으로 지역의 최종수요가 생산, 고용, 부가가치, 소득 등 지역경제에 미치는 각종 파급효과를 지역 산업부문별로 나누어서 분석할 수 있다는데 특징이 있다. 게다가 기존의 국민소득분석이나 부분균형분석의 약점을 보완하여 산업간의 주고받는 직접 및 간접 파급효과까지 분석할 수 있는 일반균형분석에 의해서 분석하기 때문에 보다 정확한 예측을 할 수 있다는 것이다. 따라서 그 필요성은 점차 증가하고 있다.

Wassily Leontief는 제2차 세계대전 후 단기 경제예측의 목적으로 산업연관모형을 개발했다. 오늘날 산업연관모형이 세계 여러 나라에서 폭넓게 사용되고 있는 것은 이 모형이 갖고 있는 신축성 때문이다. 산업연관모형이 오늘날 가장 유용한 기본적인 분석도구로 사용되고 있는 것은 경제구조의 현실을 정확히 분석하여 의미 있는 정책적 시사점을 도출할 수 있기 때문이다. 이를 가장 잘 이용하고 있는 나라가 일본이라고 판단된다. 일본은 우리나라는 물론이고, 중국, 필리핀, 말레이시아, 태국 등 동남아 여러 국가와의 국제산업연관표를 작성하여 국가 간 경제 및 산업구조를 파악하여 활용하고 있다. 이와 같이 산업연관모형은 기술적인 장치(descriptive device, 예를 들면 중간거래행렬이나 사회계정행렬)뿐만 아니라 분석도구(analytical tool)로 널리 이용될 수 있는 것이다.

1990년대에 들어와서는 산업연관분야에 관한 전문적인 저널인 Economic System Research지가 출간되었고, 투입산출모형의 활용에 대한 신뢰성의 확대는 내생적 성장이론(endogenous growth theory)의 개발에도 기여했다. 이것은 다시 경제학의 연구분야를 확대시키는 결과는 초래했다. 특히 다부문 분석으로의 범위가 확대되었다. 이와 연계하여 R&D와 기술 및 지식의 확산효과가 경제성장과정에 일정한 역할을 하였다는 새로운 무역이론(the new trade theory)이 나오게 되었다. 1990년대에는 응용범위가 크게 확대되었다. 즉, 생산성과 에너지사용과의 관계에 대한 연구, 감세정책의 산업비용과 공해배출에 대한 공적 비용간의 역관계, 세계경제의 범세계화에 대한 국가간 경제구조적 대응 등으로 확대되었다.

2. 기본가정

지역산업연관분석의 기본적인 가정은 다음과 같다.

첫째, 규모에 대한 수익불변(constant returns to scale)현상을 가정한다. 즉 생산요소를 10% 증가시키면 산출물도 10% 증가한다는 것이다. 이는 각 산업마다 하나의 단일 생산함수를 가정하는 것이다. 일반적으로 J산업에 대한 단일한 생산함수는 다음과 같이 나타낼 수가 있다.[1)]

$$X_j = X_{1j}/a_{1j} = X_{2j}/a_{2j} = \cdots = X_{nj}/a_{nj} \quad \text{그리고}$$
$$X_j = \min(X_{1j}/a_{1j},\ X_{2j}/a_{2j},\ \cdots,\ X_{nj}/a_{nj})$$

이 생산함수는 산출수준(X_j)와 투입수준(X_{ij})과는 비례관계에 있고, 비례계수는 $1/a_{ij}$이라는 것을 나타낸다. 예를 들면 $a_{i5} = 0.5$이고, $X_{i5} = 4$이면 $X_5 = (1/0.5)X_{i5}$에서 X_5는 8단위가 된다. 만약 여기서 $X_{i5} = 8$이면 X_5는 16단위가 된다.

규모에 대한 수익불변현상을 간단한 생산함수로 나타내어 설명하면 다음과 같다.

$$Q = f(L,\ K)$$
$$\nu Q = F(\lambda L,\ \lambda K)$$

에서 노동과 자본을 각각 λ배 만큼 증가시킬 때 산출량 Q가 ν배 만큼 증가한다고 하자. 이 때 $\nu = \lambda$이면 규모에 대한 수익불변(수확불변, constant returns to scale)이라고 한다.

둘째, 첫 번째 가정과 관련되는 것으로 대체 생산방법과 결합생산(joint production)이 존재하지 않는다는 가정이다. 각 상품에 대하여 하나의 생산방법만 존재하고, 한 산업은 한 상품만 생산 즉, 각 상품과 각 산업부문은 1대 1의 대응관계에 있다고 가정한

1) Adil H. Mouhammd, 2000, *Introductory Mathematical Economics*, M. E. Sharpe, pp. 72-75.

그림 10-1 규모에 대한 수익불변 현상

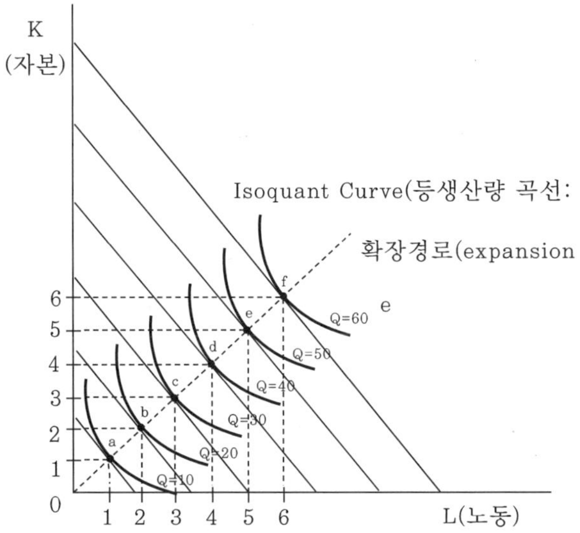

다.[2])

셋째, 요소들 간에 대체가 불가능하다는 것이다. 이때 등생산량 곡선(isoquant curve)은 L자형이 된다. 만약 중간 투입물에 대한 대체탄력성(the elasticity of substitution)을 σ로 표시하면 σ이 영(0)라는 것이다. 즉

$$\sigma = \frac{dlog(X_{jk}/X_{ik})}{dlog(MP_{ik}/MP_{jk})} = 0$$

이다. 여기서 MP_{ik}와 MP_{jk}는 각각 k부문에 들어가는 i재와 j재 중간투입물의 한계생산을 나타낸다. 이 가정은 각 산업에는 단 하나의 생산방법이 존재한다는 가정과 연결되는 것이다. [그림 10-2]는 요소간의 대체가 불가능한 L자형의 등생산량곡선을 나타낸다.

이를 다른 측면에서 보면 고정투입계수 생산함수를 가정하는 것이나. 고정투입계수 생산함수는 투입계수가 고정된 생산함수(the fixed coefficients of production)를 말하는데, 일명 레온티에프 생산함수(Leontief production function)라고도 한다. 이 가정은 각

2) 宮澤健一, 2002. 6, 「産業連關分析入門」, 日本經濟新聞社. pp. 91-93, 한국은행, 2004, 「전게서」, p. 85.

그림 10-2 L자형의 등생산량곡선

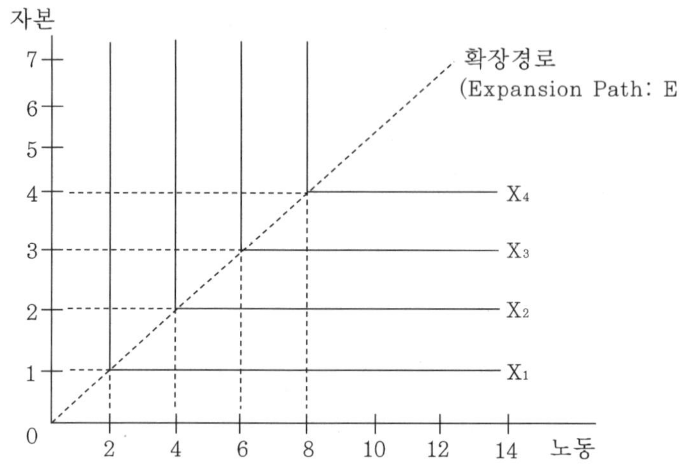

부문의 투입계수가 투입규모와는 관계없이 시간이 지남에 따라 항상 일정하다는 것을 나타낸다. 이를 수식으로 나타내면 다음과 같다.

$$X = [a_{ij}] = \left[\frac{X_{ij}}{X_j}\right]; \qquad i,\ j = 1,2,3,\cdots,n$$

여기서 X_j는 j부문의 총산출액, X_{ij}는 j부문에 들어가는 i부문의 중간투입액, a_{ij}는 j부문의 산출액 1단위 생산하기 위한 i부문의 투입계수를 나타낸다.

대부분의 비평가들은 이 가정에 약간 문제가 있다고 한다. 비평가들의 견해는 크게 3개 그룹으로 분류되는데, 첫 번째 그룹은 이 가정이 이론적으로 약간 문제가 있지만 그 응용은 가능하다는 견해이다. 두 번째 그룹은 조사자들로 구성되었는데, 만족하게 허용될 수 있을 뿐만 아니라 실증적으로 분석될 수 있다는 것이다. 세 번째 그룹은 주로 경제학자들의 견해로 이 가정은 대체정리(the theorem on substitution, Koopmans, 1951)로 타당하게 입증되어 왔다는 것이다.[3)] 따라서 종합해 보면 이 가정은 크게 문제가 되지 않고, 긍정적으로 적용될 수 있다는 것이다.

넷째, 가법의 가정(additivity assumption)이다. 이 가정은 외부경제(external economies)

3) Nobuhiro Okamoto and Takeo Ihara, eds., 2005, *Spatial Structure and Regional Development in China: An Interregional Input-Output Approach*, Palgrave MacMillan, pp. 12-14.

와 외부불경제(external diseconomies)가 존재하지 않는다는 것을 의미한다. 이는 각 부문이 개별적으로 행한 생산활동 효과의 총계는 각 부문이 동시에 행한 효과와 같다는 것이다.

최근에 와서 이러한 가정들은 새로운 실증적인 모형인 구조적인 계량경제모형이나 산업연관모형과 계량경제모형의 결합, 선형계획(linear programming)과의 결합, CGE 모형(computable general equilibrium model) 등의 개발로 어느 정도 완화되고 있다.

3. 유용성

이러한 가정에도 불구하고 지역산업연관분석의 유용성은 상당히 크다고 할 수 있다.

첫째, 산업연관분석은 국민경제 전체를 포괄하면서 전체와 부분을 유기적으로 결합하고 있기 때문에 거시적 분석과 미시적 분석을 할 수 있고, 거시적 분석이 미치지 못하는 산업과 산업간의 상호연관관계까지도 분석이 가능하다(한국은행, 2004: 12).

둘째, 소비, 투자, 수출 등 최종수요에 대한 생산, 고용, 소득 등 국내 및 지역경제에 미치는 각종 파급효과를 산업부문별로 나누어서 분석할 수 있기 때문에 경제계획의 수립과 예측, 그리고 산업정책의 방향이나 조정 등에 유용한 분석도구로 활용될 수 있다.

셋째, 비용인상요인(cost-push factors)에 의한 물가파급효과를 정확히 분석할 수 있다. 즉 산업상호간의 직접 및 간접 가격파급구조를 정확히 계측할 수 있고, 각 산업부문 생산물가격 형성에서 큰 역할을 하는 원가상승 압력을 파악할 수 있다. 우리 경제와 같이 해외의존도가 높고 수입원자재 가격상승이나 임금, 이윤 등 비용인상요인에 의해서 물가상승 압력을 크게 받는 물가구조에서는 보다 유용한 분석방법이 된다.

넷째, 우리나라와 같이 생산기술이나 산업구조면에서 급격한 변화를 경험하고 있는 경제에서는 국민경제 내지 지역경제의 총체적인 소득순환분석과 산업연관분석이 상호보완적으로 이루어질 때 더욱 효과적인 경제분석이 가능하게 된다.

다섯째, 산업연관분석의 주요 영역과 적용범위가 점차 확대되고 있다는 것이다. 산업연관분석은 한 나라 또는 한 지역 간의 경제분석이나 산업구조분석은 물론이고, 여러 국가 간, 여러 지역 간 산업연관표를 작성하여 경제분석에 활용되고 있으며, 환경문제나 에너지경제분석, 동학모형(dynamic model), 클러스터 분석(cluster analysis), 선형계획 모형과의 결합, RCGE모형(regional computable general equilibrium model)까지 응용되고 있다.

그리고 실제조사에 의한 지역산업연관표의 작성은 많은 시간과 비용이 투입되므로 우리나라에서는 거의 작성되지 못하고 있다.[4] 이에 따라 지역산업연관분석에 관한 연구는 간접조사방법에 의해서 제한적이고 간헐적으로 이루어져 왔다. 다행히 참여정부에 들어와서 한국은행에서 2000년 지역산업연관표를 작성하고 있는 것은 바람직하다고 하겠다. 일본의 주요 도시와 현 정부에서는 주기적으로 지역산업연관표를 실제조사에 의해서 작성하여 지역경제구조를 분석하고 있는데, 이는 우리나라에게 시사하는 바가 크다고 하겠다.

제 2 절 지역산업연관표의 기본구조와 유형

1. 기본구조

산업연관표(産業連關表)는 국내경제(한 나라)에 있어서 일정기간(통상 1년 간)에 이루어진 재화와 서비스의 산업간 거래를 하나의 행렬로 나타낸 통계표이다. 다시 말하면 1년 동안 국민경제 내에서 발생하는 재화와 서비스의 생산 및 처분과 관련된 모든 거래내역(중간거래와 최종거래)을 일정한 원칙과 형식에 따라 기록한 종합적인 통계표이다. 산업연관표는 1936년 미국의 경제학자 Wassily Leontief교수에 의해서 처음으로 제시되었는데, 그는 그 공로로 1973년에 노벨경제학상을 받았다. 전국 산업연관표는 한 나라 전체를 대상으로 한 것이고, 지역산업연관표는 일국내 어떤 일정한 지역을 대상으로 작성한 표인데, 작성하는 형식과 절차는 거의 같다.

Wassily Leontief는 [그림 10-3]에서 보는 바와 같이 F. Quesnay의 경제표와 L. Walras의 일반균형이론을 바탕으로 산업연관분석을 체계화하였다. 1936년 레온티에프

4) 우리나라의 산업연관표는 1958년 당시의 復興部가 시산표적인 성격의 1957년 및 1958년 산업연관표를 작성하면서부터 시작되었다. 실질적인 산업연관표의 작성은 한국은행에서 1960년 산업연관표를 작성하면서 부터이다. 그 후 1963년, 1966년, 1970년, 1975년, 1980년, 1990년, 1995년, 2000년의 실사표와 1968년, 1973년, 1978년, 1983년, 1986년, 1987년, 1988년, 1993년, 1998년의 연장표를 작성하였다. 지역산업연관표는 국토개발연구원에서 권역별로 1983년에 작성한 적이 있고, 기타 지역 연구기관과 학계 등에서 간헐적으로 비조사법에 의한 방법으로 작성·분석되고 있다. 국토개발연구원은 1983년에 수도권, 태백권, 충청권, 호남권, 대구권, 부산권 등으로 구분하여 광역경제권 중심의 지역산업연관표를 구체적으로 작성한 적이 있다.

의 투입산출모형에 대한 본격적인 논문이 발표된 후, 산업연관모형은 이론적 · 실증적으로 크게 발전하였다.

그림 10-3 산업연관분석의 계보

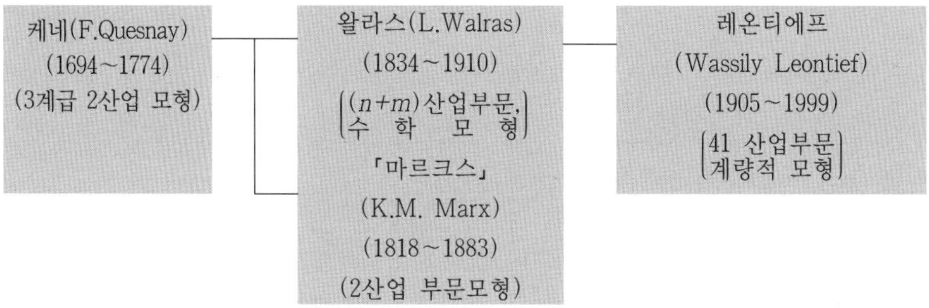

지역산업연관표(地域産業聯關表)는 일정기간(보통 1년) 동안 지역경제 내에서 재화와 서비스의 생산 및 처분과정에서 발생하는 모든 거래를 일정한 원칙과 형식에 따라 기록한 종합적인 통계표이다. 이를 전국단위에서 작성된 표가 전국산업연관표이다. 지역경제를 구성하고 있는 각 산업부문은 서로 다른 산업부문으로부터 원재료, 연료 등의 중간재를 구입하고 여기에 노동, 자본 등 본원적 생산요소를 결합함으로써 새로운 재화와 서비스를 생산하여 이를 다른 산업부문에 중간재로 팔거나 최종소비자에게 소비재나 자본재 등으로 판매하게 된다.

지역산업연관표에서는 재화와 서비스의 거래를 다음과 같이 분류할 수 있다. 첫째 지역산업 상호간의 중간재 거래부분, 둘째 각 산업부문에서의 노동, 자본 등 본원적 생산요소의 구입부분, 셋째 각 산업부문 생산물의 최종소비자에게로의 판매부분 등의 세 가지로 구분하여 기록한다.[5]

5) 한국은행, 2003, 「2000년 산업연관표」, pp. 8-12, 2004, 「전게서」, pp. 23-24 참조.

그림 10-4 지역산업연관표의 기본구조

		내생부문		외생부문	수입 (공제)	총산출액
		1, 2, ⋯ j ⋯ n	중간수요계	소비 투자 수출		
내생부문	1	X_{11} ⋯ X_{12} ⋯ X_{1n}	W_1	C_{11} ⋯ I_{12} ⋯ E_{1n}	M_1	X_1
	⋮	⋮	⋮	⋮	⋮	⋮
	I	X_{i1} ⋯ X_{ij} ⋯ X_{in}	W_i	C_{i1} ⋯ I_{ij} ⋯ E_{in}	M_i	X_i
	⋮	⋮	⋮	⋮	⋮	⋮
	n	X_{n1} ⋯ X_{nj} ⋯ X_{nn}	W_j	C_{n1} ⋯ I_{nj} ⋯ E_{nn}	M_j	X_j
	중간투입계	U_1 ⋯ U_j ⋯ U_n				
외생부문	피용자보수	W_1 ⋯ W_j ⋯ W_n				
	영업잉여	S_1 ⋯ S_j ⋯ S_n				
	고정자본소모	D_1 ⋯ D_j ⋯ D_n				
	간접세	T_1 ⋯ T_j ⋯ T_n				
	부가가치 계	V_1 ⋯ V_j ⋯ V_n				
총투입액		X_1 ⋯ X_j ⋯ X_n				

주: 내생부문의 행: 투입구조(중간투입, 노동 등의 구입내역)
내생부문의 열: 배분구조(생산물의 판매내역)

이를 그림으로 표시해 보면 [그림 10-4]와 같다. 이 그림에서 세로방향(列)은 각 산업부문의 비용구성 즉 투입구조를 나타내는데 이는 원재료 등의 투입을 나타내는 중간투입과 노동이나 자본투입을 나타내는 부가가치의 두 부분으로 나누어지며, 그 합계를 총투입액(總投入額)이라 한다. 여기서 중간투입은 각 산업부문에서 생산한 생산물을 원료로 구입하여 사용하는 것을 말하며, 부가가치는 노동, 자본, 토지 등 생산요소를 구입하고, 그 대가로 지급한 임금, 지대, 영업잉여 등을 부가가치라 한다.

이 표의 가로방향(行)은 각 산업부문의 생산물 판매 즉 배분구조를 나타내는 것으로 중간재로 판매되는 중간수요와 소비재, 자본재, 수출상품, 정부지출 등으로 판매되는 최종수요의 두 부분으로 나누어진다. 그리고 중간수요와 최종수요를 합한 것을 총수요액(總需要額)이라 하고 여기서 수입을 뺀 것을 총산출액(總產出額)이라 한다. 이때 각 산업부문의 총산출액과 이에 대응되는 총투입액은 항상 일치하게 된다. 여기서 중간수요는 각 산업부문에서 생산활동의 중간재로 사용하기 위해서 재화나 서비스를 수요하는 것을 말하며, 최종수요는 가계에서 소비재로, 기업에서 자본재로, 정부지출이나 외국으로 수출하는 것을 최종수요라 한다. 이때 중간투입의 합계와 중간수요의 합계는 항상

일치한다. 즉

중간수요 합계 = 중간투입 합계

총 투입액(= 중간투입 + 부가가치) = 총 산출액(= 중간수요 + 최종수요-수입)

이 된다. 그리고 재화와 서비스의 산업부문 상호간의 거래인 중간수요와 중간투입을 기록하는 부분을 내생부문이라 하고 최종수요와 부가가치를 기록하는 부분을 외생부문이라 한다. 여기서 내생부문(內生部門)이란 외생부문 수치가 모형 밖에서 주어지면 이에 따라 수동적으로 모형 내에서 그 값이 결정되는 부분이란 뜻이며, 산업연관표 작성과정에서 가장 어려운 부분이고, 작성된 표의 분석이나 이용에 있어서도 가장 중요한 부분이다. 외생부문(外生部門)이란 내생부문과는 관계없이 모형 밖에서 값이 결정되는 부분을 의미하며 이 부문 값의 변동이 국민 내지 지역경제에 어떠한 경제적 파급효과를 미치는가를 분석하려는 것이다.

표 10-1 20×0년 전국 산업연관표(생산자가격표)

(단위: 10억 원)

		중간수요				최종수요				총수요	수입(공제)	총산출액
		농림어업	광공업	기타산업	중간수요계	소비	투자	수출	최종수요계			
중간투입	농림어업	1,842	25,440	3,167	30,449	12,541	140	703	13,384	43,833	5,546	38,287
	광공업	8,522	359,803	114,617	482,942	100,373	74,797	192,781	367,951	850,893	200,900	649,993
	기타산업	4,023	85,978	189,892	279,892	301,110	113,506	43,483	458,098	737,991	33,342	704,649
	중간투입계	14,386	471,220	307,676	793,283	414,024	188,443	236,966	839,433	1,632,716	239,788	1,392,928
부가가치	피용자보수	3,285	69,210	194,639	267,134							
	영업잉여	18,450	54,830	120,807	194,087							
	고정자본 소모	1,710	30,659	54,736	87,105							
	간접세(보조금 공제)	455	24,073	26,791	51,319							
	부가가치 계	23,900	178,772	396,973	599,645							
총 투입액		38,287	649,993	704,649	1,392,928							

자료: 한국은행, 2004, 「산업연관분석해설」 p. 30 자료에 의거 작성.

〈표 10-1〉는 20×0년 우리나라 전국 산업연관표를 간략히 나타낸 것이다. 표에서 보는 바와 같이 중간수요 합계와 중간투입 합계는 같고, 총산출액과 총투입액은 같다. 외생부문인 부가가치 합계와 (최종수요-수입)의 합계는 같다. 이를 기호로 정리하면 다음과 같다.

$$\text{부가가치}(V = W + S + D + T) = \text{최종수요-수입}(Y - M)$$

이를 국민소득 개념[6]으로 정리하면 다음과 같다.

$$V(= W + S + D + T) = C + I + G + (E - M)$$
$$GRI(Gross\ Regional\ Income) = GRP(Gross\ Regional\ \text{Product})$$
$$\text{지역총소득} = \text{지역총생산}$$

이를 지역내총소득(GRDI)과 지역내총생산(GRDP)으로 나타내면 다음과 같다. 그리고 GRP와 GRDP와의 차이점은 제6장에서 살펴본 바와 같이 GRDP에서 지역외순수취 요소소득을 합한 것이 GRP이다.

$$GRDI(Gross\ Regional\ Domestic\ Income\ ) = GRDP(Gross\ Regional\ Domestic\ \text{Product})$$
$$\text{지역내총소득} = \text{지역내총생산}$$

여기서 부가가치(V)는 피용자보수(W), 영업잉여(S), 고정자본 소모충당금(D), 순간접세(T)의 합계를 나타내며, 최종수요(Y)는 소비(C), 투자(I), 정부지출(G), (수출-수입$=E-M$)의 합계를 의미한다. 부가가치는 결국 지역총소득(GRI)가 되고, 이는 지역총생산 (GRP)과 같다는 의미이다. 이를 전국차원에서 모두 합하면 국민총소득(GNI)과 국민총생산(GNP)이 된다. 즉 다음과 같다.

$$GNI(Gross\ National\ Income) = GNP(Gross\ National\ \text{Product})$$
$$\text{국민총소득} = \text{국민총생산}$$

한편, 산업연관모형의 기본구조를 연립방정식체계로 나타내면 다음과 같다. 즉 어떤

6) 일반적으로 국민소득의 3면 등가의 법칙은 다음과 같다. Y=C(소비)+S(저축)+T(조세)+M(수입)=C+I+G+X(수출)이다. 여기서 M을 우측으로 이항하면, Y=C+S+T=C+I+G+(X-M)이 된다. 산업연관표에서는 외생부문인 부가가치의 합계가 분배측면의 국민소득을 나타내고, 최종수요와 수입의 합계가 지출측면의 국민소득을 나타낸다고 할 수 있다. 따라서 산업연관분석은 국민소득통계와 연계되는 것은 물론이고, 산업간 중간거래내역까지도 자세하게 나타내고 있다.

지역의 경제가 n개 산업으로 구성되어 있다고 가정하면 생산자가격평가표(경쟁수입형표)는 다음의 식으로 나타낼 수 있다.

$$\begin{array}{l} X_{11} + X_{12} + \cdots\cdots + X_{1j} + \cdots\cdots X_{1n} + Y_1 - M_1 = X_1 \\ X_{22} + X_{22} + \cdots\cdots + X_{2j} + \cdots\cdots X_{2n} + Y_2 - M_2 = X_2 \\ \vdots \quad \vdots \quad \vdots \quad \vdots \quad \vdots \quad \vdots \quad \vdots \quad \vdots \quad \vdots \\ X_{n1} + X_{n2} + \cdots\cdots + X_{nj} + \cdots\cdots X_{nn} + Y_n - M_n = X_n \end{array}$$

[$X_{ij} = j$ 부문에 사용되는 i재 투입액, $X_i = i$ 부문의 산출액,
$X_{ij} = j$ 부문의 산출액, $Y_i = i$ 부문 최종수요액, $M_i = i$ 부문의 수입액]

그런데 투입계수는 각각의 중간투입액을 총산출액으로 나누어 산출하므로 위의 식은 다음과 같이 변형할 수 있다. 투입계수($a_{ij} = X_{ij} / X_j$)는 j재 1단위를 생산하기 위한 i재의 투입단위를 의미한다.

$$\begin{array}{l} a_{11}X_1 + a_{12}X_2 + \cdots\cdots + a_{1j}X_j \cdots\cdots + a_{1n}X_n + Y_1 - M_1 = X_1 \\ a_{21}X_1 + a_{22}X_2 + \cdots\cdots + a_{2j}X_j \cdots\cdots + a_{2n}X_n + Y_2 - M_2 = X_2 \\ \vdots \quad \vdots \quad \vdots \quad \vdots \quad \vdots \quad \vdots \quad \vdots \\ a_{n1}X_n + a_{n2}X_2 + \cdots\cdots + a_{nj}X_j \cdots\cdots + a_{nn}X_n + Y_n - M_n = X_n \end{array}$$

이러한 방정식을 행렬형식으로 나타내면 다음과 같다.

$$\begin{bmatrix} a_{11} & a_{12} & \cdots & a_{1j} & \cdots & a_{1n} \\ a_{21} & a_{22} & \cdots & a_{2j} & \cdots & a_{2n} \\ \cdots & & \cdots & \cdots & \cdots & \\ a_{n1} & a_{n2} & \cdots & a_{nj} & \cdots & a_{nn} \end{bmatrix} \begin{bmatrix} X_1 \\ X_2 \\ \vdots \\ X_n \end{bmatrix} + \begin{bmatrix} Y_1 \\ Y_2 \\ \vdots \\ Y_n \end{bmatrix} - \begin{bmatrix} M_1 \\ M_2 \\ \vdots \\ Y_n \end{bmatrix} = \begin{bmatrix} X_1 \\ X_2 \\ \vdots \\ X_n \end{bmatrix}$$

위의 식을 행렬기호로 나타내면 다음과 같다.

$$AX + Y - M = X$$

여기서 A는 투입계수행렬, X는 총산출액 벡터, Y는 최종수요 벡터, M은 수입액 벡터이다. 위의 식을 X에 대해서 풀면 다음과 같다.

$$\begin{array}{l} X - AX = Y - M \\ (I - A)X = Y - M \\ X = (I - A)^{-1}(Y - M) \end{array}$$

이 된다. 여기서 $(I-A)^{-1}$은 레온티에프 역행렬(Leontief Inverse) 또는 생산유발계수 행렬이라고 한다.

지역산업연관분석에서 가장 중요한 세 가지 표는 ① 지역산업연관표, ② 투입계수표, ③ 생산유발계수표 등이다. 이 생산유발계수표로부터 다양한 여러 가지 유발계수를 유도할 수 있다.

2. 유형과 분류

지역산업연관표(地域産業聯關表)에는 특정지역내의 경제구조만을 대상으로 하는 지역내산업연관표(地域內産業聯關表)와 여러 지역 간의 연관관계를 나타내는 지역간산업연관표(地域間産業聯關表)가 있다. 지역내 산업연관표는 특정지역의 생산기술구조를 나타내는 산업연관표로서 국민경제를 대상으로 하는 산업연관표와 같은 형식을 취하게 되는데, 해당지역에서 상품을 타지역으로 판매하는 이출과 타지역으로부터 구입하는 이입을 수출·입의 취급과 같은 방법으로 계산한다. 이와 같은 지역내 산업연관표에서는 해당 지역내에서의 산업부문간 거래관계는 상세히 표시되지만 다른 지역과의 거래관계는 이출 또는 이입으로 일괄 계상되므로 어느 지역의 어느 산업부문간의 거래관계인지는 파악할 수 없다.

지역간산업연관표는 생산활동에 대한 지역 간의 상호의존관계까지도 분석하기 위해서 국민경제를 몇 개의 지역으로 구분하여 지역 간 및 산업 간의 거래관계를 기록한 표이다. 지역간산업연관표(地域間産業聯關表)의 행은 각 지역의 각 산업부문에서 산출된 상품이 어느 지역의 어느 산업으로 배분되고 있는지를 나타내고, 열은 각 지역의 각 산업에서 생산활동을 영위하기 위하여 어느 지역의 어느 상품이 얼마씩 투입되고 있는지를 나타낸다. 이와 같은 지역간산업연관표를 작성하게 되면 특정 지역의 상품에 대한 최종수요가 각 지역의 각 산업에 미치는 산출·고용 등 제반 경제적 파급효과를 위한 계획수립 등에 크게 기여할 수 있다.

지역산업연관표의 유형은 수입과 이입의 취급방법에 따라 폐쇄모형(閉鎖模型)과 개방모형(開放模型)으로 구분된다. 閉鎖模型에는 경쟁이입형과 비경쟁이입형으로 구분되고, 개방모형에는 경쟁수입형(競爭輸入型)과 비경쟁수입형으로 구분되고, 이들은 다시 경쟁이입형과 비경쟁이입형으로 구분된다.[7] 경쟁수입형표는 거래되는 재화나 서비스의 종류가 같으면 그것이 국산품인지 또는 수입품인지를 구분하지 않고 각 수요부문에 일괄 기록(배분)하여 작성하는 표를 말한다. 반면에 비경쟁수입형표는 동종의 재화일지라도 국산품과 수입품을 구분하여 작성한 표를 말한다.

이상의 분류를 바탕으로 실제로 지역산업연관표를 작성할 때는 분석목적에 따라 여러 가지 모형이 결정된다. 그리고 지역간 산업연관모형에는 산업분류와 지역분류가 병행된다. 일반적으로 단일지역 모형에서 다지역 모형으로 갈수록 분류지역수는 늘어나는

그림 10-5 산업연관표의 종류

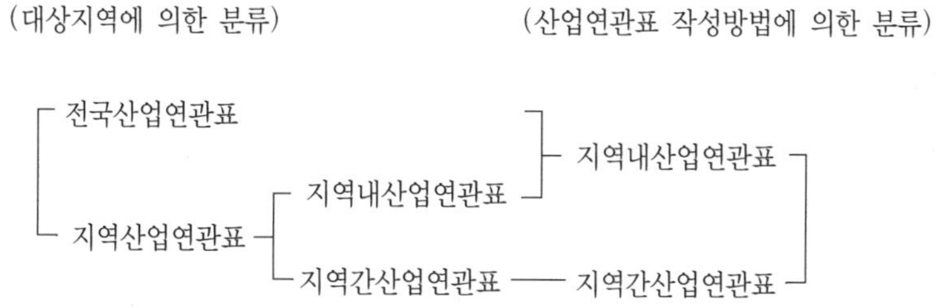

그림 10-6 수입과 이입(移入)의 취급방법

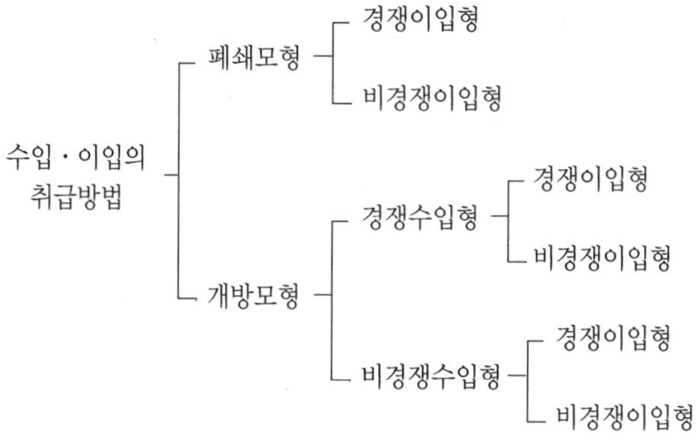

7) 谷山新良, 「전게서」, p. 97.
이입(移入)의 처리방식도 수입(輸入)의 처리방법과 같이 비경쟁이입방식(非競爭移入方式), 경쟁이입방식(競爭移入方式), 경쟁 · 비경쟁혼합이입방식(競爭 · 非競爭混合移入方式), 간략형 비경쟁이입방식(簡略型 非競爭移入方式) 등 4가지로 구분되는데, 주로 非競爭移入方式과 競爭移入方式이 사용되고 있다. 移出은 輸出과 같이 최종수요의 한 부문으로 비교적 간단히 처리할 수 있다. 愛知縣 企劃部 統計課, 平成2年 2月, pp. 366-368.

반면, 분류산업수는 줄어들게 된다.

그리고 산업연관표는 거래액을 중간유통마진이 포함된 가격으로 평가하느냐 또는 제외된 가격으로 평가하느냐에 따라 구매자가격평가표(購買者價格評價表)와 생산자가격평가표(生產者價格評價表)로 구분된다. 산업연관표는 일정기간 중에 발생한 모든 재화 및 서비스의 산업부문간 거래를 물량단위로 기록하는 것이 가장 이상적이라 할 수 있다. 그러나 한 나라에 존재하는 수많은 재화나 서비스를 하나의 통일된 물량단위로 파악하여 기록한다는 것은 불가능하기 때문에 실제의 산업연관표는 금액단위로 작성될 수밖에 없다. 금액단위로 재화와 서비스의 거래를 기록할 때 어느 거래단계의 가격을 기준으로 기록할 것인가 하는 문제가 생긴다. 다시 말해서 재화와 서비스 거래액의 평가문제가 제기된다. 재화와 서비스가 생산되어 소비자(수요자)에게로 판매되려면 생산자로부터 소비자(수요자)에게 상품을 연결해 주는 선의 역할을 하는 유통부문이 필요하다. 상품의 연결과정 곧 상품의 운반, 보관 등에서 발생하는 게 유통마진이다. 이는 생산물이 생산자에게서 소비자(수요자)에게로 판매되는 과정에서 화물운임이나 도소매마진 등의 유통마진이 발생하여 생산자의 출하가격과 소비자의 구입가격 간에는 유통마진만큼 차이가 나기 때문이다. 여기에서 산업연관표는 유통마진이 포함되지 않는 가격 즉 생산자의 출하가격으로 모든 거래를 평가하여 작성한 표가 생산자가격평가표(生產者價格評價表)이고, 유통마진을 포함한 가격 즉 구매자의 구입시점에서의 가격인 구매자가격으로 평가하여 작성한 표가 구매자가격평가표(購買者價格評價表)이다.

또한 지역산업연관표는 표의 형식에 따라 개방모형(open model)과 폐쇄모형(closed model)으로 구분된다. 개방모형은 중간거래 내역을 내생부문으로 처리하고, 부가가치부문과 최종수요 부문을 외생부문으로 취급하여 작성한 표를 나타내며, 따라서 가계부문이 외생부문으로 처리된 표이다. 반면에 폐쇄모형은 개방모형에서 외생부문으로 취급한 가계부문을 내생부문인 산업으로 간주하여 작성한 표이다. 따라서 폐쇄모형을 작성하기가 더 어렵고 많은 통계자료를 필요로 한다. 산출승수와 고용, 소득 승수 등 승수분석에서는 개방모형을 유형 Ⅰ(또는 제1종, type Ⅰ) 승수, 폐쇄모형을 유형 Ⅱ(제2종, type Ⅱ) 승수로 구분하여 분석한다. 유형 Ⅱ에서는 보통 행에 가계부문의 산업별 노동소득계수를 첨가하고, 열에는 가계부문의 산업별 제품에 대한 소비구조를 나타내는 소비계수를 내생부문으로 첨가하여 분석한다.

지역과 지역 간의 상호연관관계를 분석하기 위하여 작성하는 지역간산업연관표를 국가와 국가 사이의 관계에 적용한 것이 국제산업연관표이다. 국제산업연관표는 국가 간의 상이한 생산기술구조와 교역상태를 반영한 것으로 그 기본구조는 지역간산업연관표와 동일하다고 할 수 있다(한국은행, 2004: 199-200). 국제산업연관표의 예는 일본의 아시아경제연구소가 한국은행과 공동 작업으로 작성한 1990년 한일 국제산업연관표이다. 한일 국제산업연관표는 한일 양국 산업부문간의 거래관계를 나타내고 있으므로 이 표로부터 투입계수표와 역행렬 계수표 등을 작성하면 우리나라의 최종수요 발생에 따른 산업부문별 대일 수입유발계수를 추정할 수 있는 등 양국 산업 간의 상호연관관계를 수량적으로 분석할 수 있다.

한편 산업연관분석은 기본적으로 각 산업부문의 투입구조가 안정적이라는 가정에서 출발하므로 산업연관표의 부문 분류는 이와 같은 기본가정이 유지될 수 있도록 분류되어야 한다. 따라서 동일부문에 포괄되는 품목들은 동질성이 있어야 하며 그 투입구조나 배분구조에 있어 유사성이 있어야 한다. 이론적으로 볼 때 부문분류는 생산활동 단위에 따라 단일 재화 또는 서비스에 이르기까지 세분하는 것이 이상적이라고 할 수 있겠으나 산업부문을 지나치게 세분할 경우 표의 작성에 어려움이 있고, 이론적으로도 원재료간의

표 10-2 산업연관표의 부문 분류수

연 도	1960			1970			1980				1995				20×0			
구 분	기본부문	통합소분류	통합중분류	기본분류	통합소분류	통합중분류	기본분류	통합소분류	통합중분류	통합대분류	기본부문	통합소분류	통합중분류	통합대분류	기본부문	통합소분류	통합중분류	통합대분류
농림어업	23	7	4	31	15	6	38	16	6	1	30	11	4	1	30	11	4	1
광 업	19	4	2	20	10	3	20	9	3	1	15	7	4	1	15	7	4	1
제 조 업	174	73	27	217	98	32	254	99	36	9	260	106	50	14	259	106	50	14
전력,가스, 수도,건설	16	7	4	26	7	4	28	9	5	2	24	9	4	2	24	9	4	2
서비스업	30	14	4	43	20	8	53	26	11	6	70	32	12	9	73	32	12	9
가설 부문	4	2	2	3	3	3	3	3	3	1	3	3	3	1	3	3	3	1
합 계	266	109	43	640	153	56	396	162	64	20	402	168	77	28	404	168	77	28

자료: 한국은행, 2003, 「2000년 산업연관표」 p. 24.

대체가능성이 커져 오히려 투입구조의 불안정을 초래할 수도 있다. 따라서 동질성을 가능한 한 유지하면서 기초 통계자료의 사정이나 이용상의 편의를 고려하여 적정한 부문수로 하는 것이 일반적이다.

2000년 우리나라 산업연관표의 기본표는 과거 표들과 마찬가지로 구매자가격과 생산자가격에 의한 상품×상품(commodity by commodity)의 거래표로 작성되었다. 그리고 생산자가격평가표에서 국산품거래와 수입품거래를 구분하여 국산거래표 및 수입거래표를 각각 작성하였다. 2000년 표는 404부문 기본부문표와 이를 통합한 통합소분류표인 168부문, 통합중분류표인 77부문, 통합대분류표인 28부문표가 있다.

제 3 절 지역생산유발계수와 영향력계수

1. 지역생산유발계수

지역산업연관분석은 각 산업부문의 원재료의 투입구성비를 나타내는 지역투입계수의 산출로부터 시작된다. 지역투입계수는 지역의 중간투입액과 부가가치를 그 산업의 총투입액(=총산출액)으로 나눈 계수이다. 투입계수는 중간투입액을 총투입액으로 나눈 중간투입계수와 부가가치의 각 항목을 총투입액으로 나눈 부가가치계수로 구분될 수 있으나 통상 투입계수라 하면 중간투입계수를 의미한다. 생산유발계수는 최종수요의 1단위 증가에 따라 유발되는 각 부문의 직접 및 간접 생산파급효과를 나타내는 것으로 산업연관분석에서 가장 중요한 부문이다.

지역산업연관표에서 각 산업부문 생산물의 수습관계를 보면, 중간수요와 최종수요 합계에서 수입(輸入)을 차감한 값과 총산출액이 같으므로 수급방정식은 일연의 연립방정식체계로 표시할 수 있다. 이를 역행렬로 유도해 보면 다음과 같다.[8)]

---

8) 한국은행, 1996, 2003 「1993, 2000년 산업연관표」, 및 「산업연관분석해설」, 2004. 김호언, 1986, 「투입-산출모형에 의한 지역경제 구조분석: 대구지역을 중심으로」, 법문사. pp. 20-33, 谷山新良, 「전게서」, 1991.

$$AX + Y - M = X$$

$$\begin{bmatrix} A\text{: 지역 투입계수행렬} \\ X\text{: 지역 총산출액 열「벡터」} \\ Y\text{: 지역 최종수요 열「벡터」} \\ M\text{: 지역 수입액 열「벡터」} \end{bmatrix}$$

이것을 X에 대해서 풀면

$$(X - AX) = Y - M$$
$$(I - A)X = (Y - M)$$
$$X = (I - A)^{-1}(Y - M)$$

이 된다. 위의 식 (I-A)를 레온티에프 行列이라고 하며, I는 단위행렬(Identity matrix, Unit matrix)을 나타낸다. 그리고 $(I - A)^{-1}$을 생산유발계수행렬 또는 다부문 승수(multi-sector multiplier), 레온티에프 승수(Leontief multiplier), 레온티에프 역행렬이라고 한다. 이 생산유발계수는 최종수요의 1단위 증가에 따라 유발되는 각 산업의 생산에 미치는 직・간접 파급효과를 나타낸다. 이는 케인즈의 승수와는 의미가 다르다. 케인즈 승수와 레온티에프 승수와의 관계는 다음 〈표 10-3〉과 같다.

표 10-3 케인즈경제학과 산업연관론과의 관계

구 분	균 등 식	계 수			외생변수	내생변수 (균형식)
		계 수	보계수(補係數)	역 계 수		
수 학	방정식 ax+b=x	계수 a	양관수적 계수 (陽關數的 係數) 1-a	역계수 $\frac{1}{1-a} = m$	정수 b	해(근) mb=x
케인즈 경제학	국민소득균등식 cY+I=Y	소비성향	저축성향 1-c=s	승수 $\frac{1}{1-c} = \frac{1}{s} = K$	독립투자 I	국민소득 KI=Y
산 업 연관론	산업연관표균등식 AX+Y=X	투입계수 Λ	레온티에프계수 (I A)	역행렬계수 (I-Λ)$^{-1}$	최종수요 Y	균형산출양 BY−X

이제 逆行列 $(I - A)^{-1}$를

$$(I - A)^{-1} = (b_{ij})_{n \times n}$$

으로 표기하면, 생산유발계수 행렬의 요소 b_{ij}는 j부문의 생산물에 대한 최종수요 1단위를 충족시키기 위하여 필요한 i부문의 재화 또는 서비스의 직·간접 산출단위를 나타내는 것이다. 다시 말하면, 1단위 최종수요의 충격(impact)에 의해서 직·간접으로 유발되는 총산출단위(액)를 의미한다(谷山新良, pp. 80-81). 즉,

1단위의 최종수요 충 격	→	직 접 적 인 산출유발효과	+	간 접 적 인 산출유발효과	=	역행렬 계수

이 된다. 생산유발계수 행렬의 j번째 열합계는 j 산업부문의 생산물에 대한 최종수요 1단위 발생에 따라 전체산업부문에서 유발되는 직·간접 생산파급효과를 나타내며, 생산유발계수 행렬의 i번째 행합계는 전산업부문의 생산물에 대한 최종수요가 각각 1단위 발생할 경우 i산업부문에서 유발되는 직·간접 생산파급효과를 나타낸다.

b_{ij}의 대각항은 각 산업부문의 최종수요 1단위를 생산하기 위하여 직·간접으로 필요한 자기부문으로부터의 산출효과를 나타낸다. 따라서 역행렬의 대각항의 원소 b_{ii}는 반드시 1보다 같거나 커야 한다(김호언, 1986: 21). 이 때 대각원소에서 1을 제한 나머지의 값이 바로 최종수요의 변화가 자기부문의 생산에 미치는 간접효과를 나타낸다. 비대각항의 모든 원소는 부(－)의 값이 절대로 포함되어서는 안 된다. 왜냐하면, 역행렬의 어느 원소, 이를테면 b_{ij}가 부(－)의 값을 갖게 되면 j부문의 최종수요의 증가가 i부문에서의 산출물의 감소를 필요로 하기 때문에 이러한 경우는 경제적 의미가 없게 된다.

따라서 최종수요의 증가가 반드시 중간재 투입의 증가를 수반하기 위해서는 역행렬표의 어떠한 원소도 부의 값으로 표기되어서는 안된다. 이를 만족하기 위한 필요충분조건은 (I-A)행렬의 모든 연속적인 主소행렬식(leading principal minors)이 모두 0보다 커야 한다는 것이다. 이는 어떤 재화나 서비스 1단위 생산에 투입되는 재화의 직·간접 투입량의 합은 해당 생산물 1단위보다 작아야 함을 의미한다. 만약 연속적인 주소행렬식 중 하나라도 0보다 작다면 이는 해당 재화나 서비스를 생산하는데 직·간접으로 소요되는 해당 재화의 양이 1단위보다 큰 것을 의미하는 것으로 경제적 생산으로서의 의미가 없다.[9] 이러한 경제적 불합리를 배제하기 위한 거시경제의 안정에 관한 조건을 호

9) H-S조건은 총산출물 1단위를 생산하기 위한 자기부문으로부터의 직·간접 투입요구량은 반드시 1단위보다 작아야 함을 뜻한다. 김호언, 전게서, pp. 21-22, 정기준, 1991. 12, "투입산출분석의 호킨스－사이몬 조건: 그 재해석과 새로운 전개", 「경제논집」, 제30권 제4호, 서울대학교 경제연구소, pp. 401-413. Hawkins, 1948, pp. 309-322, Hawkins &

킨스-사이몬 조건(Hawkins-Simon Condition : H-S조건)이라 한다.

역행렬 $(I-A)^{-1}$은

$$(\boldsymbol{I}-\boldsymbol{A})^{-1} = \boldsymbol{I} + \boldsymbol{A}^1 + \boldsymbol{A}^2 + \boldsymbol{A}^3 + \boldsymbol{A}^4 + \cdots = \sum_{m=0}^{\infty} \boldsymbol{A}^m = b_{ij}$$

와 같이 나타낼 수 있으며, 단위행렬 I는 각 산업부문 생산물에 대한 최종수요가 1단위 발생했을 때 이를 충족시키기 위한 각 산업부문의 직접생산효과를 의미하고, A는 각 산업부문 생산물 1단위 생산에 필요한 중간재 투입단위 즉 1차 생산파급효과를 의미한다. A^2, A^3, A^4…는 각각 2차, 3차, 4차 생산파급효과를 의미한다.

2. 영향력계수와 감응도계수

산업에 대한 1단위의 최종수요에 의해 전산업으로 유발되는 파급효과계수(배수)가 영향력계수와 감응도계수이다. 다시 말하면 생산유발계수표를 이용하여 각 산업간의 상호의존관계의 정도를 전산업 평균치를 기준으로 한 상대적 크기로 표시한 것이 영향력계수와 감응도계수이다. 영향력계수가 능동적인 파급효과계수인데 비해, 감응도계수는 수동적인 파급효과계수이다. 이들 계수에는 제1종, 제2종, 제3종의 3가지 계수가 있다(이춘근, 2006: 53~63). 제1종 계수는 외생적으로 부여되는 초기 최종수요 1단위가 포함되어 있고, 제2종 계수는 이 외생적인 최종수요 1단위가 포함되어 있지 않다. 제3종 영향력계수는 자기부문내의 파급효과를 제외한 기타부문의 전산업에 미치는 순파급효과계수이고, 제3종 감응도계수는 기타부문의 전산업으로부터 파급되어 부여되는 순파급효과계수이다.

1) 영향력계수

영향력계수(index of the power dispersion)는 어느 산업이 타 산업에 미치는 파급효과의 정도를 나타내는 계수로서 각 산업의 생산유발계수 열합계를 전 산업 생산유발계수의 평균으로 나누어서 구한다. 따라서 이 계수는 어떤 산업의 생산물에 대한 최종수

Simon, 1949, pp. 245-248. 谷山新良의 산업연관론에도 H-S조건과 R. Solow의 비각해(非角解)조건에 대해서 자세히 설명되어 있다. 谷山新良, 「전게서」, pp. 90-96, Solow, 1952, pp. 29-46.

요가 1단위 증가했을 때 전 산업 부문에 미치는 영향력의 상대적 크기를 의미한다. 즉 특정산업의 최종수요가 다른 전체산업에 미치는 후방연관효과를 나타낸다. 즉 다른 산업으로부터 중간재를 구매하는 정도를 나타내는 후방연관효과는 중간투입률에 의해서 측정될 수 있다.

산업j의 영향력계수는 b_{ij}의 제j열의 열합계를 전산업 생산유발계수의 평균으로 나누어 구한다. 영향력계수가 1보다 큰 산업은 자기산업을 포함한 전산업에 대한 파급효과가 큰 산업이고, 1보다 작은 산업은 능동적인 파급효과가 작은 산업이다.

표 10-4 생산유발계수의 의미

구분	1부문	2부문	3부문	행 합계
1부문	b_{11} : 1부문의 최종수요 한 단위를 충족하기 위하여 직·간접적으로 필요한 1부문의 산출단위	b_{12} : 2부문의 최종수요 한 단위를 충족하기 위하여 간접적으로 필요한 1부문의 산출단위	b_{13} : 3부문의 최종수요 한 단위를 충족하기 위하여 간접적으로 필요한 1부문의 산출단위	$b_{11}+b_{12}+b_{13}:S_1$ 각 부문의 최종수요가 한 단위씩 증가하였을 때 이를 충족하기 위하여 필요한 1부문의 산출단위
2부문	b_{21} : 1부문의 최종수요 한 단위를 충족하기 위하여 간접적으로 필요한 2부문의 산출단위	b_{22} : 2부문의 최종수요 한 단위를 충족하기 위하여 직·간접적으로 필요한 2부문의 산출단위	b_{23} : 3부문의 최종수요 한 단위를 충족하기 위하여 간접적으로 필요한 2부문의 산출단위	$b_{21}+b_{22}+b_{23}:S_2$ 각 부문의 최종수요가 한 단위씩 증가하였을 때 이를 충족하기 위하여 필요한 2부문의 산출단위
3부문	b_{31} : 1부문의 최종수요 한 단위를 충족하기 위하여 간접적으로 필요한 3부문의 산출단위	b_{32} : 2부문의 최종수요 한 단위를 충족하기 위하여 간접적으로 필요한 3부문의 산출단위	b_{33} : 3부문의 최종수요 한 단위를 충족하기 위하여 직·간접적으로 필요한 3부문의 산출단위	$b_{31}+b_{32}+b_{33}:S_3$ 각 부문의 최종수요가 한 단위씩 증가하였을 때 이를 충족하기 위하여 필요한 3부문의 산출단위
열 합계	$b_{11}+b_{21}+b_{31}:R_1$ 1부문의 최종수요 한 단위를 충족하기 위하여 직·간접적으로 필요한 전부분의 산출단위	$b_{12}+b_{22}+b_{32}:R_2$ 2부문의 최종수요 한 단위를 충족하기 위하여 직·간접적으로 필요한 전부문의 산출단위	$b_{13}+b_{23}+b_{33}:R_3$ 3부문의 최종수요 한 단위를 충족하기 위하여 직·간접적으로 필요한 전부문의 산출단위	

자료: 한국은행, 2004, p. 100.

$$PD_j^{(1)} = \frac{1}{n} \cdot \sum_{i=1}^{n} b_{ij} \Bigg/ \frac{1}{n^2} \sum_{j=1}^{n} \sum_{i=1}^{n} b_{ij} = \sum_{i=1}^{n} b_{ij} \Bigg/ \frac{1}{n} \sum_{j=1}^{n} \sum_{i=1}^{n} b_{ij} = \frac{B_j^{(1)}}{\overline{B}^{(1)}}$$

2) 감응도계수

감응도계수(index of the sensitivity dispersion)는 어느 산업이 다른 산업으로부터 받는 생산파급효과의 정도를 나타내는 계수로서 각 산업의 생산유발계수 행합계를 전산업 생산유발계수의 평균으로 나누어서 구한다. 따라서 이 계수는 모든 산업부문의 생산물에 대한 최종수요가 1단위 증가했을 어떤 산업이 받는 영향의 상대적 크기를 의미한다. 즉 전산업의 최종수요에 대한 특정산업의 감응도(전방연관효과)를 나타낸다. 즉 다른 산업에 중간재를 판매하는 정도를 나타내는 전방연관효과는 중간수요율에 의해서 측정될 수 있다.

감응도계수는 역행렬계수 b_{ij}의 제i행의 생산유발계수 행합계를 전산업 평균으로 나누어서 산출한다. 감응도계수가 큰 산업은 타산업으로부터의 파급효과를 크게 받는 감수성이 강한 산업이고, 감응도계수가 작은 산업은 감수성이 둔해 타산업으로부터의 영향을 크게 받지 않는 산업이다.

$$SD_i^{(1)} = \frac{1}{n} \sum_{j} b_{ij} \Bigg/ \frac{1}{n^2} \sum_{j=1}^{n} \sum_{i=1}^{n} b_{ij} = \sum_{j=1}^{n} b_{ij} \Bigg/ \frac{1}{n} \sum_{j=1}^{n} \sum_{i=1}^{n} b_{ij} = \frac{B_i^{(1)}}{\overline{B}^{(1)}}$$

제 4 절 각종 승수

지역승수(multipliers)는 어떤 특정부문의 최종수요의 변화가 지역경제 전체에 직·간접으로 미치는 산출, 고용, 부가가치, 소득면에서의 수량적 파급효과를 의미한다.[10)]

1. 산출승수(Output Multipliers)

어떤 j산업의 산출승수(Q_j)는 j산업의 최종수요 1단위의 변화를 충족하기 위하여

10) 김호언, 1986, pp. 28-34, 서정헌, 1987, pp. 17-28, R. E., Miller & P. D. Blair, 1985, pp. 102-116 참조.

직 · 간접으로 필요한 모든 내생부문의 산출물 단위를 의미한다. 따라서 내생부문 j에 대한 산출승수는 생산유발계수행렬의 j부문 열원소를 전부 합한 것과 같다.

가계부문이 외생화된 경우에 총산출효과는 직접효과와 간접효과로 구분된다. 직접효과는 $(I-A)$행렬에서 해당 산업의 열에 있는 모든 원소를 더한 값이고, 간접효과는 $[(I-A)^{-1}-(I+A)]$ 행렬에서 해당 산업의 열에 있는 모든 원소를 더한 값이다. j 산업의 산출승수를 모든 산업의 평균생산유발계수로 나눈 것이 영향력계수이므로, 산출승수와 영향력계수는 각각의 순위가 동일하다.

$$Q_j = \sum_{i=1}^{n} b_{ij}$$

표 10-5 전국의 3부문 투입계수표(생산자가격표기준)

		중간수요		
		농림 어업	광공업	서비스산업
중간투입	농림어업	0.0481	0.0391	0.0045
	광공업	0.2226	0.5535	0.1626
	기타산업	0.1051	0.1323	0.2695
	중간투입계	0.3758	0.7250	0.4366
부가가치 계		0.6242	0.2750	0.5634
총 투입액		1.000	1.0000	1.0000

위의 〈표 10-5〉는 20×0년 전국 산업연관표를 3부문으로 축약하여 계산한 투입계수표이다. 이것은 〈표 10-1〉을 기준으로 계산한 것이다. 이것을 기준으로 산출승수를 계산하면 다음과 같다. 여기에서 투입계수행렬을 A라고 나타내면 다음과 같이 나타낼 수 있다.

$$A = \begin{bmatrix} 0.0481 & 0.0391 & 0.0045 \\ 0.2226 & 0.5535 & 0.1626 \\ 0.1051 & 0.1323 & 0.2695 \end{bmatrix}$$

투입계수행렬 A로부터 $(I-A)$와 역행렬계수 $(I-A)^{-1}$을 구하면 다음과 같다.[11)]

11) 역행렬계산은 SAS 패키지에서 소수 일곱째자리까지 계산하여 분석한 결과이기 때문에 사사오입과정에서 끝자

$$(I-A)=\begin{bmatrix} 0.9519 & -0.0391 & -0.0045 \\ -0.2226 & 0.4465 & -0.1626 \\ -0.1051 & -0.1323 & 0.7305 \end{bmatrix} \text{ 및}$$

$$(I-A)^{-1}=\begin{bmatrix} 1.0780 & 0.1033 & 0.0296 \\ 0.6359 & 2.4590 & 0.5514 \\ 0.2719 & 0.4601 & 1.4730 \end{bmatrix}$$

위의 역행렬계수가 바로 생산유발계수이고, 이를 정리하면 다음과 같다.

표 10-6 생산유발계수표: $(I-A)^{-1}$

		중간수요			행 합계	감응도계수
		농림 어업	광공업	서비스산업		
중간투입	농림어업	1.0780	0.1033	0.0296	1.2109	0.5145
	광공업	0.6359	2.4590	0.5514	3.6463	1.5493
	기타산업	0.2719	0.4601	1.4730	2.2033	0.9362
열 합계		1.9841	3.0224	2.0541	7.0605	3.0000
영향력계수		0.8430	1.2842	0.8728	3.0000	

주: 합계는 사사오입관계로 약간 다를 수 있음.

여기서 산출승수는 생산유발계수의 열합계이다. 즉 각 산업의 산출승수는 다음과 같다.

농림어업=1.9841, 광공업=3.0224, 서비스산업=2.0541이다.

또한, 이 표에서 영향력계수와 감응도 계수를 바로 계산할 수 있다. 먼저 생산유발계수의 행합계와 열합계는 표에서 보는 바와 같이 7.0605이다. 이것의 평균치는 7.0605/3=2.3535이다. 따라서 영행력계수(후방연관효과)는 생산유발계수의 열합계를 전산업 평균치로 나눈 값이므로 다음과 같이 계산된다.

리가 약간 다를 수 있다.

농림어업의 영향력계수=1.9841/2.3535=0.8430
광공업의 영향력계수=3.0224/2.3535=1.2842
서비스산업의 영향력계수=2.0541/2.3535=0.8728

감응도계수(전방연관효과)는 생산유발계수의 행합계를 전산업 평균치로 나눈 값이므로 다음과 같이 계산된다.

농림어업의 감응도계수=1.2109/2.3535=0.5145
광공업의 감응도계수=3.6463/2.3535=1.5493
서비스산업의 감응도계수=2.2033/2.3535=0.9362

2. 소득승수(Income Multipliers)

소득승수는 최종수요의 변화에 대응하는 어떤 주어진 부문의 부가가치(또는 소득)에 있어서의 1단위의 변화가 경제전체에 미치는 총소득의 변화를 말한다. 다시 말하면 소득승수는 특정산업의 소득 1단위의 변화가 전체산업에 미치는 총소득효과를 직접 소득효과로 나눈 값이다. 총소득효과는 직접 및 간접 소득효과로 구성되는데, 직접소득효과는 단위 산출액에 대한 임금의 형태로 가계에 돌아가는 금액의 비율을 나타낸다. 소득승수는 가계부문의 내생화 여하에 따라서 제1종 소득승수(가계부문을 외생부문으로 취급, Type Ⅰ)와 제2종 소득승수(가계부문을 내생부문으로 취급, Type Ⅱ)로 구분된다. 여기서 소득변수 대신에 부가가치를 사용해서 동일한 계산을 하면 부가가치 승수(value added multipliers)가 된다.

지역 부가가치에 관한 통계는 도내총생산 자료에 비교적 자세히 수록되어 있는 부가가치를 사용할 수 있고, 소득은 여러 가지 지역통계를 참고하여 작성해야 한다. 이 과정에서 부가가치 항목 중 피용자보수를 참고할 수도 있다.

소득승수는 가계부문을 외생부문으로 취급하는가 내생부문으로 취급하는가에 따라 제1유형(Type Ⅰ) 승수와 제2유형(Type Ⅱ) 승수로 구분된다. 제1유형의 소득승수는 가계부문을 외생부문으로 취급하여 작성한 개방모형으로부터 계산할 수 있다. 만약에 소득계수(산출액 단위당 소득)를 $H_i(= Y_i/X_{i})$이라고 할 때 다음과 같이 나타낼 수 있다.

$$Y_j = \frac{\sum_{i=1}^{n} H_i \cdot b_{ij}}{H_j}$$

3. 고용승수(Employment Multipliers)

고용승수는 해당 부문에서의 직접적인 고용 1단위의 변화로부터 야기된 경제전체에서의 총고용변화를 나타내는 것이다. 고용승수는 한 부문에서의 고용변화의 결과가 지역고용 전체에 미치는 파급효과를 측정하는 것이다. 총고용효과는 직접고용효과와 간접고용효과의 합으로 구성되며, 총고용효과를 직접고용효과로 나눈 것이 고용승수이다. 이들 고용효과의 상호관계를 살펴보면, 노동집약적인 산업은 상대적으로 높은 직접고용효과와 낮은 간접고용효과를 창출하게 된다. 자본집약적인 산업은 직접고용효과는 작지만, 간접고용효과는 상대적으로 크게 나타난다. 이러한 고용승수를 실제로 계산하는 데는 아이사드-큐인 방법(Isard-Kuenne method)과 무어-피터슨 방법(Moore-Peterson method)이 있다.

$$E_j = \frac{\sum_{i=1}^{n} W_i \cdot b_{ij}}{W_j}$$

고용승수는 가계부문을 외생부문으로 취급하는가, 내생부문으로 취급하는가에 따라 제1유형(Type Ⅰ) 승수와 제2유형(Type Ⅱ) 승수로 구분된다. 제1유형의 고용승수는 가계부문을 외생부문으로 취급하여 작성한 개방모형으로부터 계산할 수 있다. 만약에 노동계수(산출액 단위당 고용자수)를 $W(=L/X)$이라고 할 때 다음과 같이 나타낼 수 있다.

탐구학습

1. 주요 개념
- 지역산업연관분석(지역투입산출분석), 산업연관표, 지역산업연관표
- 지역산업연관분석의 기본가정과 유용성
- 규모에 대한 수익불변 현상, 규모에 대한 수확체증현상, 규모에 대한 수확체감현상
- 대체탄력성, 등생산량곡선
- 고정투입계수 생산함수(레온티에프 생산함수)
- 가법의 가정
- 중간수요와 최종수요, 중간투입과 부가가치, 총투입액과 총산출액
- 역행렬계수(생산유발계수행렬), 감응도계수(전방연관효과), 영향력계수(후방연과효과)
- 각종 승수(산출승수, 소득승수, 고용승수)

2. 토론과 과제
- 지역산업연관분석의 이론적 배경과 의의에 대해 설명하시오.
- 지역산업연관분석의 기본 가정과 유용성에 대해 설명하시오.
- 지역산업연관분석의 기본구조에 대해 설명하시오.
- 지역산업연관분석의 유형과 분류에 대해 설명하시오.
- 지역생산유발계수의 정의와 유도과정에 대해 설명하시오.
- 영향력계수와 감응도계수에 대해 설명하시오.
- 산출승수와 소득승수, 고용승수에 대해 설명하시오.

참고문헌

강광하, 2000.「산업연관분석론」, 연암사.

김호언, 1986,「투입-산출모형에 의한 지역경제 구조분석: 대구지역을 중심으로」, 법문사.

이춘근, 1994. 2,「지역산업연관모형의 추정방법과 대구지역에의 적용」, 연구보고서 93-1, 대구경북개발연구원.

_______, 1996. 12, "경북지역 산업연관모형에 의한 산업연관구조 비교분석",「대구경북개발연구」, 연구논문집 창간호. 대구경북개발연구원.

_______, 1998. 9, "경북지역 산업연관모형에 의한 산업구조분석: 입지계수법과 RAS방법의 비교분석",「경제학연구」, 한국경제학회.

_______, 2001. 5,「대구 · 경북지역간 산업연관모형의 개발과 분석」, 연구보고서 2001-3, 대구경

북개발연구원.

_______, 2006. 7, 「지역산업연관분석론」, 학문사.

_______, 2012.2, 경북지역 주력산업의 지역간 산업연관구조 분석, 「경제연구」, 한국경제통상학회.

정기준, 1991. 12, "투입산출분석의 호킨스-사이몬 조건: 그 재해석과 새로운 전개", 「경제논집」, 제30권 제4호, 서울대학교 경제연구소.

한국은행, 2003. 12, 「2000년 산업연관표」.

_______, 2004. 3, 「산업연관분석해설」.

谷山新良, 1991, 「產業聯關論」, 日本: 大明堂.

宮澤健一, 2002, 「產業連關分析入門」, 日本經濟新聞社.

藤川淸史, 2005, 「產業連關分析入門」, 日本評論社

Bacharach, M., 1970, *Biproportional Matrices and Input-Output Change*, Cambridge: Cambridge University Press.

Batey, P. W. J. & A. Z. Rose, 1990, "Extended Input-Output Models: Progress and Potential", *International Regional Science Review*, Vol.13, Nos. 1&2.

Blair, P. D. & R. E. Miller, 1990, Spatial Linkages in the US Economy, in M. Chatterji and R.E. Kuenne(eds), *Dynamics and Conflict in Regional Structural Change* (Macmillan, London), 156-79.

Broecker, J., 1984, "A Generalization of the Chenery-Moses Model," *Second World Regional Science Conference*, Roterdam, The Netherlands.

Chenery, H. B., 1953, "Regional Analysis". in H. B. Chenery, P. G. Clark, and V. Cao-Pinna (eds), *The Structure and Growth of the Italian Economy* (Rome: U. S. mutual Security Agency.

_______, 1956, "Interregional and International Input-Output Analysis," T. Barna, ed., *The Structural Interdependence of the Economy*, New York: Wiely.

_______, & P. G. Clark, 1959, *Interindustry Economics*, New York: John Wiley and Sons.

Dietzenbacher, Erik, and Michael L. Lahr (eds.), 2004, *Wassily Leontief and Input-Output Economics*, Cambridge University Press.

Hawkins, D., 1948, "Some Conditions of Macroeconomic Stability," *Econometrica*, Vol. 16, Oct.

_______, & H. A. Simon, 1949, "Note: Some Conditions of Macroeconomic Stability," *Econometrica*, Vol. 17, No. 2, July-Oct.

Hewings, G. J. D. & R. C. Jensen, 1986, "Regional, Interregional and Multinational Input-Output Analysis". In P. Nijkamp eds., *Handbook of Regional and Urban Economics*, Vol. 1. Regional Economics, North-Holland.

Isard, W., 1951, "Interregional Input-Output Analysis: a Mode of a Space Economy," *Review of Economics and Statistics*, Vol. 33, No. 4.

_______, 1953b, "Some Empirical Results and Problems of Regional Input-Output Analysis," in W. Leontief, et al., (eds.), *Studies in the Structure of the American Economy*, Oxford University Press.

_______, & T. Langford, 1971, Regional Input-Output Study: Recollections, Reflections, and Diverse Notes on the Philadelphia Experience ,Cambridge. Mass.: The MIT Press.

_______, 1975, *Introduction to Regional Science*, Englewood Cilffs, N. J., Prentice Hall, Isard, W. & R. E. Kuenne, 1953, "The Impact of Steel upon the Greater New York-Philadelphia Industrial Region," *The Review of Economics and Statistics*, Vol, 35, No. 4, November.

Kim, Euijune, G. J. D. Hewings & Chowoon Hong, 2004, "An Application of an Integrated Transport Network-Multiregional CGE Model: a Framework for the Economic analysis of Highway Projects", *Economic Systems Research*, Vol, 16, No. 3, September, 235-258.

Lahr, Michael L. & Erik Dietzenbacher (eds.), 2001, Input-Output Analysis: Frontiers and Extensions, Palgrave.

Leontief, Wassily, 1936, "Quantitative Input-Output Relations in the Economic System of the United States," Review of Economics and Statistics, Vol. 18, No. 3, 105-125.

_______, 1941, 1951, The Structure of American Economy: 1919-1929, Harvard University Press.(second edition: 1919-1939, New York: Oxford University Press, 1951)

Leontief, W. & A. Strout, 1963, "Multiregional Input-Output Analysis," In T. Barna, ed., Structural Interdependence and Economic Development, London: St. Martin's Press.

Miller, R. E., 1966, "Interregional Feedbacks Effects in Input-Output Models: Some Preliminary Results, Papers of Regional Science Association, Vol. 17.

_______, & P. D., Blair, 1985, Input-Output Analysis: Foundations and Extensions. New Jersey: Prentice-Hall.

Moses, L. N., 1952, Regional Input-Output: a Method of Analyzing Regional Interdependence, unpublished Ph. D. thesis, Cambridge: Harvard University.

_______, 1974, "Output and Prices in Interndustry Models," Papers of Regional Science Association, Vol. 32.

Oosterhaven, J., 1981, Interregional Input-Output Analysis and Dutch Regional Policy Problems, Gower Publishing Co.

Richardson, H. W., 1972, *Input-Output and Regional Economics*, N.Y.: John Wiley & Sons.

_______, 1985, "Input-output and Economic Base Multipliers: Looking Backward and Forward", *Journal of Regional Science*, Vol. 25, No. 4.

ten Raa, Thijs, 2005. *The Economics of Input-Output Analysis*, Cambridge University Press,

Theil, H., 1961, *Economic Forecasts and Policy*, North-Holland.

제 11 장 지역인구 및 공간구조분석

제 1 절 인구분석

우리나라의 장기발전계획이나 도시기본계획에서는 주요 지표의 하나로 20년 후의 인구지표를 추계하고 있다. 인구추정에 있어서는 인구의 정량적 분석 이외에도 정성적 분석과 인구 구성의 변화, 출생과 사망의 변화 등에 대한 분석도 구체적으로 이루어져야 한다. 또한 지역경제분석을 위해서 지역인구의 추정이 중요하다. 지역의 인구규모와 구조가 어떠한 가에 따라 적절한 각종 공공시설, 토지이용, 주택, 생활편의시설을 공급할 수 있기 때문이다. 지역인구분석과 예측은 과거의 추세를 연장하는 방법, 인구성장과 변화에 영향을 미치는 요인분석방법, 인구구조방법, 그리고 요인과 구조분석을 혼용하는 방법이 있다(大友 篤, 1997). 여기서는 추세연장법, 요인분석법, 구조분석법, 요인 · 구조분석법 등의 주요 기법에 대해서 설명하고자 한다.

1. 추세연장법

추세연장법은 추계하고자 하는 지역의 장래 인구성장이 과거와 같은 추세로 진행될 것이라는 가정을 전제하고, 장래의 인구를 예측하는 방법이다. 이것은 추계대상지역이 향후 새로운 인구유입을 불러일으킬 대규모 개발행위가 없이 성장하는 경우에 적절한 방법이다. 이 방법이 보편적으로 많이 쓰이는 가장 큰 이유는 추계에 사용되는 수식이 간단하기 때문이다. 일반적으로 이용되는 방법은 등차급수법, 등비급수법, 지수함수법, 로지스틱법, 최소자승법 등이 있다. 다음에서는 이들 방법에 대해서 각각 설명한다.

1) 선형성장모형(등차급수법)

선형성장모형(linear growth model) 또는 등차급수법은 추계하고자 하는 지역의 연평균 인구증가수가 일정하다는 가정 하에서 장래 인구를 추정하는 분석기법으로서 추정식은 다음과 같다.

$$P_n = P_o + b \cdot n, \qquad b = \frac{P_o - P_t}{t}$$

여기서 P_n: n년 후의 추정인구

P_0: 기준년도의 인구(the base population level)

b : 기간단위당(연평균) 인구증감수(the growth population per time period)

n: 연수(time period: 1년, 1개월 등)

P_t: 현재로부터 t년 전의 인구

위의 수식은 다음과 같은 등차급수식으로 변형해도 결과는 같다.

$$P_n = P_o(1 + rn), \qquad r = \frac{P_{n+1} - P_n}{P_n} = \frac{P_{n+1}}{P_n} - 1$$

여기서 P_0는 기준년도의 인구이고, P_n는 n년 후의 추정인구이며, r은 연간 인구증가율, n은 연수(기간)이다.

그림 11-1 선형성장모형

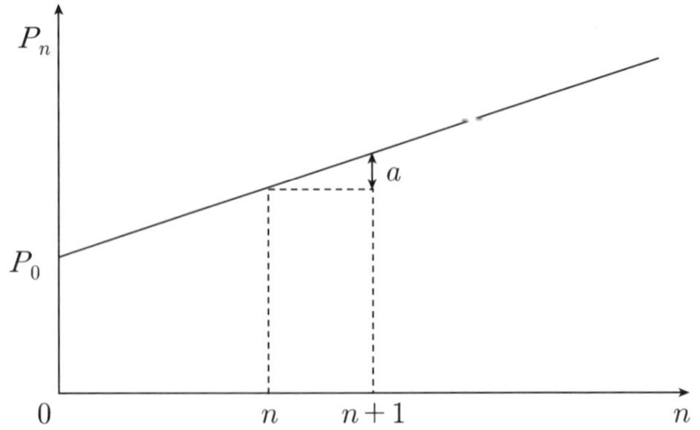

2) 기하급수성장모형(등비급수법)

기하급수성장모형 또는 등비급수법은 연평균 인구증가율이 일정하다는 가정 하에 이용하는 방법으로 급속한 발전을 하는 도시에 적용가능하다. 그러나 일반적으로 인구성장을 과대하게 추정하는 우려가 있다. 예컨대 대도시의 인구증가율은 한계점 이후에는 점차 감소하기 때문에 이를 고려하지 않고 적용할 경우 그릇된 자료를 추정할 수 있다. 등비급수법의 추정식은 다음과 같다. 여기서 r은 인구증가율(인구증감률)을 나타낸다.

$$P_n = P_o(1+r)^n$$

그림 11-2 기하급수성장모형

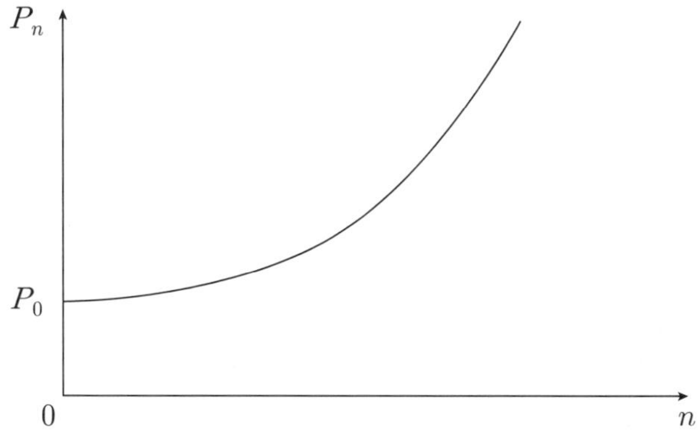

3) 지수함수성장모형

지수함수식은 연도의 경과에 따라 보다 급격한 인구증가를 나타내는 경우에 사용하는 것으로, 추정식은 다음과 같다.

$$P_n = P_0 \times e^{rn}$$

그리고 임의의 상수 a가 1이 아닌 양수일 때, $y = a^x\,(a \neq 1,\ a > 0)$로 정의되는 함수 y를 a를 밑으로 하는 x의 지수함수라고 한다. 그리고 임의의 양수 a가 1이 아닌 양수일 때 $y = \log_a x$로 정의되는 함수 y를 a를 밑으로 하는 x의 로그함수라고 하고, x를 $\log_a x$의 지수라고 한다. 지수함수는 로그함수의 역함수의 관계에 있다. 한편 로그함수에서 밑으로 사용되는 것으로 10과 무리수인 e가 있는데 밑을 10으로 하는 경우를 상용로그라 하고, $\log_{10}x$와 같이 표시한다. e를 밑으로 하는 경우를 자연로그($\log_e$)라 하며 ln으로 표시한다.[1)] 지수함수 e^x는 exp(x)로 표시하는데 exp는 exponent(지수)의 약자이다. 여기서 e는 자연지수로 값은 2.7182818…이다(심경섭, 2006: 115-116).

그리고 인구증가의 무한적인 궁극수준에 가정을 둔 모형으로 이중지수모형(double exponential model)이 있다. 모형의 수식은 다음과 같다. 여기서 P_∞는 인구의 궁극적인 수준, 즉 인구 증가의 상한선이다(N. Oppenheim, 1980: 39).

$$P_t = P_\infty a^{b^t}$$

그림 11-3 이중지수모형

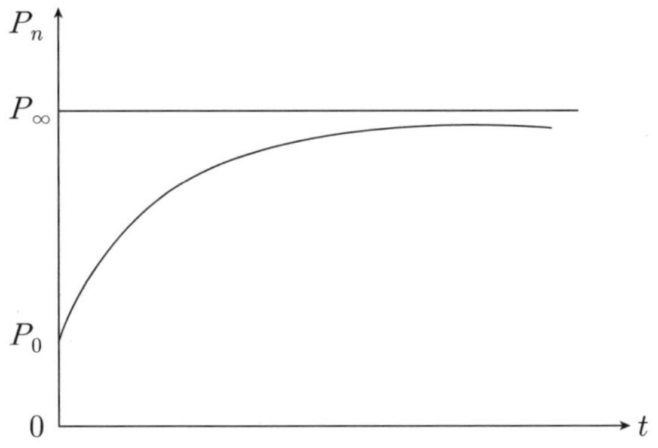

4) 로지스틱곡선모형

로지스틱모형(losistic model)은 인구성장이 초기에는 완만하게 성장하다가 일정기간이 지나면 급속한 증가율을 나타내고, 또 일정기간이 지나면 그 증가율이 점차 감소하여 결국에는 인구가 일정수준을 유지하는 성장경로를 보이는 지역의 인구추정을 하는데 적합한 모형이다. 한마디로 이탤릭체(비스듬한) S자형의 모양으로 인구가 성장할

1) 자연로그 계산 예를 제시하면 다음과 같다. $\ln e = \log_e e = 1$이고, $\ln 1 = \log_e e^0 = \log_e e = 0$, $\ln e^n = n\log_e e = n$, $\ln(1/e) = \log_e e^{-1} = -1$ 이다.

때 적용가능한 모형이다. 이 모형은 인구가 특정범위까지 인구의 증가가 일어난다는 전제하에 인구의 상한을 설정하여 예측하는 성장한계모형이다. 로지스틱모형을 수식으로 나타내면 다음과 같다. 여기서 a는 궁극적인 인구수준(상한선의 인구)에 대한 기준년도 인구수준의 비율(P_0/P_∞)이다. b는 자료를 (P_t/P_∞)의 이중 log(double logarithm)로 변환한 후 구한 직선식의 기울기이다(N. Oppenheim, 1980: 36-41).

$$P_t = \frac{1}{(\frac{1}{P_0} - \frac{b}{a})e^{-at} + \frac{b}{a}}$$

그림 11-4 로지스틱모형

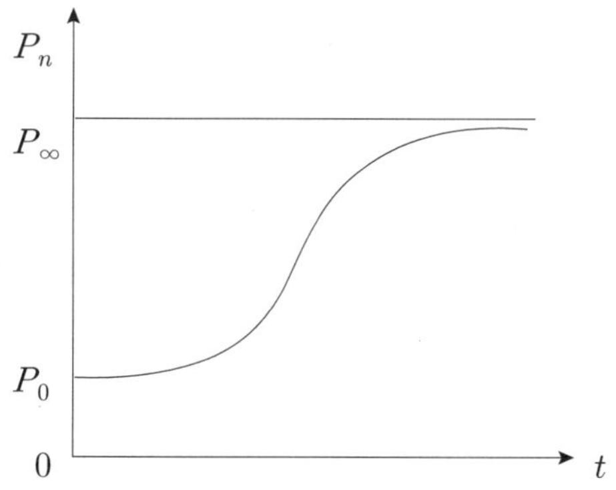

로지스틱 공식은 대도시권에서 인구를 어느 상한선까지 통제하고자 할 때 인구목표와 성장속도와의 관계를 분석하는 데 유용하게 사용된다. 로지스틱모형과 비슷한 모형으로 콤페르츠(Compertz)모형과 수정된 지수성장모형이 있다(원제무, 2001: 68).

5) 회귀분석: 최소자승법

회귀분석(regression analysis)은 한 변수(종속변수)가 다른 여러 변수(독립변수)에 의해서 어떻게 영향을 받는가를 분석하는 방법이다. 일반적으로 독립변수가 1개일 때는 단순회귀분석이라고 하고, 2개 이상일 때는 다중회귀분석이라고 한다. 회귀분석에서 다루고 있는 수리적 모형을 단순하게 회귀모형(regression model)이라고 한다.

회귀분석 대상이 되는 전체집단에서 종속변수와 독립변수 사이에 존재하는 수리적 모형이 모집단 회귀모형이고, 간단하게 모회귀모형(population regression model)이라고 한다. 그리고 표본자료에서 나타난 회귀모형을 표본회귀모형(sample regression model)이라고 한다. 모회귀선은 모집단이 갖는 유일한 회귀모형이지만, 표본회귀선은 표본자료에 따라 여러 가지로 나타날 수가 있다. 이러한 표본회귀선은 최소자승법(method of least squares)을 이용하여 구한다. 회귀모형을 정식화하면 다음과 같다. 수식에서 $\widehat{Y}_i$는 종속변수, X_i는 독립변수(설명변수)이며, e_i는 확률적 교란(오차)이다.

$$\widehat{Y}_i = \hat{a} + \hat{b}X_i + e_i$$

종속변수의 변동=체계적 변동+확률적 변동(오차)
종속변수의 변동=설명된 변동+설명 안 된 변동

최소자승법은 $\widehat{Y}_i = \hat{a} + \hat{b}X_i + e_i$ (단 i=1, 2, 3……n)에서 잔차의 자승합($\sum e_i^2$)이 최소가 되도록 하여 모수 a와 b의 추정량으로 계수 $\hat{a}$와 $\hat{b}$를 도출하는 방법이다.

등차급수법과 등비급수법은 초기년도와 최종년도의 인구만을 고려하여 그 증가율을 산정하기 때문에 연도에 따라 인구의 증감이 교차되는 도시에서는 적용이 어렵게 된다(대한국토·도시계획학회, 2006: 317). 이러한 결점을 보완하는 하나의 방법이 회귀분석법이다.

Y를 인구, X를 경과년도라고 하면, 회귀분석의 추정식은 다음과 같다.

$$Y = a_o + a_1X_1, \quad Y = a_0 + a_1X_1 + a_2X_2$$

여기서 전자를 단순회귀분석, 후자를 다중회귀분석이라고 한다. 최소자승법은 인구추세 뿐만 아니라 여러 가지 모형을 작성할 때 많이 사용된다.

6) 인구추정의 예시

2005년 현재 A시의 인구는 110,388명이고 이는 지난 1991년과 비교해 볼 때 총 32,426명이 증가하였고, 매년 지속적으로 인구가 증가하였다고 하자. 이 경우 A시의 인구가 15만 명을 넘는 시점을 등차함수, 등비함수, 지수함수 등으로 구분해서 추정하면 다음과 같다.

○ 선형성장모형(등차함수)의 인구추정

- 추정모형: $P_n = P_0 + rn$

  (P_n은 목표치 인구, P_0은 현재 인구, r은 인구증가율, n은 연수)

- 1991년에서 2005년까지 매년 인구증가수(r)는 $r = 32,426/14 = 2,316.143$ 임.
- 즉 연평균 인구증가수(r)는 2,316.143임.

따라서 등차함수에 의한 인구추정의 모형은 $P_n = 110,388 + n \times 2316.143$ 이다. 이 함수에 의하면, 2023년에는 A시의 인구가 15만 명이 넘을 것으로 추정된다.

○ 기하급수성장모형(등비함수)의 인구추정

- 추정모형: $P_n = P_0(1+r)^n$

  (P_n은 목표치 인구, P_0은 현재인구, r은 인구증가율, n은 연수)

- 1991년에서 2005년간 인구증가율(r)은 $\frac{1}{14} \times (\frac{2005\text{년 인구}}{1991\text{년 인구}} - 1)$ 임.
- 즉 인구증가율(r)은 0.029709임.

따라서 등비급수에 의한 인구추정의 모형은 $P_n = P_0 \times (1 + 0.029709)^n$ 이다. 이 함수에 의하면, 2016년에는 A시의 인구가 15만 명이 넘을 것으로 추정된다.

○ 지수함수성장모형의 인구추정

- 추정모형: $P_n = P_0 \times e^{rn}$

  (P_n은 목표치 인구, P_0은 현재인구, r은 인구증가율, n은 연수)

- 1991년에서 2005년간 인구증가율(r)은 $r = \ln(\frac{2005\text{년 인구}}{1991\text{년 인구}}) /\ 14$ 임.
- 즉 인구증가율(r)은 0.024841임.

따라서 지수모형에 의한 인구추정의 모형은 $P_n = P_0 \times e^{0.024841 \times n}$ 이다. 이 모형에 의하면, 2018년에 A시의 인구가 15만 명이 넘을 것으로 추정된다.

2. 요인분석법

1) 코호트요인법

코호트변화율법[2]은 지역인구추계의 인구학적 방법 가운데 가장 대표적인 방법이다. 특정기간에 있어서 특정의 국가 또는 지역의 인구변동(증감)은 다음의 식으로 나타낼 수 있다.

인구변동 = (출생 - 사망) + (유입 - 유출)

이 식은 인구학적 방정식으로 불려지며, 인구변동의 직접 요인인 출생, 사망, 유입, 유출의 4가지 인구학적인 요인간 관계를 나타낸 것이다. 이들 각 인구변동요인을 고려하여, 연령별 인구의 추계를 행하는 방법을 코호트요인법(N. Oppenheim, 1980: 45-63)이라 부른다. 이 명칭은 영어의 코호트 컴포넌트법(cohort component method)에 유래하고 있다.

여기서 코호트(cohort)란 인구 가운데 동시 출생집단을 의미하며, 가장 전형적인 것이 연령 코호트이다. 예를 들면 2007년에 태어난 자들의 집단은 2007년 탄생의 연령 코호트로 불려지고, 2007년에 태어난 자는 모두 동일의 코호트에 속하는 것이 된다. 또는 2007년에 결혼한 사람들의 집단은 2007년 결혼 코호트로 불려져 2007년에 결혼한 사람들은 모두 동일의 코호트에 속하는 것이 된다.

그런데, 코호트요인법에 있어서 코호트는 통상 연령 코호트를 가리키며, 이 방법은 인구 총수 뿐만 아니라 연령별 인구도 추계하는 방법이다. 코호트요인법은 코호트변화율법과 코호트 이동·생잔율법으로 구별된다. 코호트요인법에서는 각 연령 코호트에 대하여 인구학적 방정식으로 나타나는 출생, 사망, 유입, 유출의 각 인구변동요인을 고려하여 추계하지만, 대상지역에 대하여 연령별로 이들 4요인의 모든 것에 대한 데이터를 얻을 수 없는 경우가 있다. 이러한 경우에 사용되는 방법이 코호트변화율법이다. 즉 코호트변화율모형을 적용하는 방법이다.

그리고 코호트생잔법(cohort-survival method)은 기준 연도의 인구와 출생률, 사망

---

2) 코호트요인법을 경우에 따라서는 집단생잔법, 조성법이라고도 한다. 인구통계학에서 코호트(cohort)는 통계인자를 공유하는 집단 또는 동시 출생집단 등을 뜻한다.

률 및 인구이동 등의 변화요인을 고려하여 장래의 인구를 추정하는 것이다. 여기서는 인구변화요인의 장래에 대한 가정이 중요하게 작용한다. 인구의 생사에 의한 증감은 단순한 생물학적 요인뿐만 아니라 사회적 요인도 크게 작용하는 것이므로 과학적 가정을 정립하는 것이 매우 중요하다.

코호트생잔법에 의한 인구추정방법은 기준이 되는 연도의 인구가 시간이 경과하는데 따라 얼마나 생존할 수 있는가를 생잔율에 의하여 생존자를 산정하여 인구를 추정하는 방법이다. 코호트생잔법에 의한 기본적인 추정식은 다음과 같다(대한국토·도시계획학회, 2006: 328-329, 김홍배, 2005: 51).

$$P_t = P_0 + B_{o-t} - D_{o-t} + MI_{o-t} - MO_{o-t}$$

여기서 P_t는 시점 t의 인구, P_0는 시점 0의 인구, B_{0-t}는 시점 0과 t사이의 출생인구, D_{o-t}는 시점 0과 t 사이의 사망인구, MI_{o-t}는 시점 0과 t 사이의 전입인구, MO_{o-t}는 시점 0과 t사이의 전출인구 등을 나타낸다. 여기에서 $P_0 + B_{o-t} - D_{o-t}$는 생물학적 요인, 즉 출생, 사망 등에 의한 예측인구이며, $MI_{o-t} - MO_{o-t}$는 사회적 요인에 의한 예측인구로서 전체 추정인구는 생물학적 요인에 의한 예측인구와 사회적 요인에 의한 예측인구의 합으로 나타난다.

2) 사회경제적 요인법

사회경제적 요인법에 의한 인구추정방법은 취업인구에 따른 예측, 비교유추에 의한 방법, 그리고 토지이용계획의 의한 방법 등을 들 수 있다. 이들 인구추정방법에 대해서 구체적으로 살펴보면 다음과 같다(대한국토·도시계획학회, 2006: 338-339).

(1) 취업인구에 따른 예측

취업인구에 따른 예측은 계획 대상지에 앞으로 뚜렷한 산업구조 변화가 예상될 때에 적용하는 방법이다. 즉 장래 산업발전계획을 바탕으로 업종별 취업인구 예측을 이용하여 총인구를 추정하는 방법이 된다. 이때 일반적으로 가장 많이 이용되는 것이 경제분석 및 예측에서 상세히 다루게 될 경제기반이론인데, 이는 기간산업의 고용자수 변화가 비기간산업의 고용자수 변화에 영향을 미치며 이 두 산업의 업종별 취업자수 변화가 전체 도시인구를 결정짓게 된다는 것이다. 취업인구에 따른 예측을 위해서는 현재 산업별 인구구조에 대한 분석을 기초로 미래에 대한 예측이 선행되어야 된다. 대규모 산업도시나 행정복합도시 등과 같이 뚜렷한 성격을 갖는 새로운 도시를 건설하는데 있어서는 아주 유용한 방법이다.

(2) 비교유추에 의한 방법

전국의 도시에 대해 산업구조, 각종 가용자원, 입지요소, 코호트요인법 등을 조사·분석하여 계획대상이 되는 도시와 규모면에서 비슷하고, 제반사항이 유사한 도시를 찾아내어 그 도시의 인구성장과정을 계획 대상도시에 적용하는 방법을 말한다. 이 방법은 한 도시가 산업구조측면에서 복합적이어서 뚜렷한 기간산업을 설정하기 어려워 취업인구에 따른 예측이 곤란하거나 전국적으로 개발행위가 급격히 일어나 인구의 사회적 변동요인이 크기 때문에 과거추세에 의한 미래예측이 곤란할 때에도 유효하게 적용될 수 있는 방법이다.

(3) 토지이용계획에 의한 방법

계획대상지의 가용용지에 대해서 토지이용계획을 세우고 각종 공공용지를 제외한 주거용지 부분에 대해 건폐율, 용적률, 밀도 등을 설정해서 수용인구를 산정하여 인구를 예측하는 방법이다. 이는 주로 주거전용 도시, 즉 산업은 일상생활에 필요한 서비스업 정도만 있는 위성도시를 계획하고 건설함에 있어서 아주 유효한 방법이라 할 수 있다.

계획에 따른 수용가능인구가 산정되었고 개발목표년도가 정해졌을 때 중간년도의 인구는 S-곡선(sigmoid growth)에 의해 추정할 수 있다. 그러나 S-곡선에 의한 추정은 공공계획과 같이 연차적 개발계획이 확정된 경우에는 적용될 수 없다.

$$P_t = \frac{E}{1 + \{(E/P_o) - 1\}\ e^{-kt}}$$

여기서, P_t는 t년도의 인구이고, P_o는 초기년도의 인구, E는 추정수용 가능인구, e는 지수함수, k는 파라미터, t는 연수 등을 나타낸다.

3. 구조분석법

1) 대도시권내 인구분포의 예측

구조예측은 전체를 구성하는 부분의 실체적 변화를, 전역의 변화와 합쳐서 동일 기반 위에서 예측하는 방법이다. 가장 단순한 예로서 서울시의 50㎞권, 즉 서울시청을 중심으로 하는 반경 50㎞의 원형 지역의 내부를, 그 반경을 10㎞씩 잘라서 그은 동심원이 만드는 10㎞대의 인구분포의 변화를 예측해 보자. 이 분석법은 URGD법[3]의 응용이다.

특정지역에 있어서의 도시화율, 즉 총인구에서 차지하는 도시인구의 비율은 장기간에서 보면 처음에는 매우 저수준의 인구변화가 오랫동안 계속되었고, 그 상승 속도는 매우 완만한 것이었다. 그러나 어느 시기부터 특히 선진국가들에 있어서는 18세기경부터 서서히 상승속도가 가속화되어, 19세기 후반부터 20세기 전반에 걸쳐서 최고의 증가율을 나타내었고, 그후 다시 완만하게 되어 점차 100%에 근접하는 변화과정을 거치는 것으로 추정된다.

2) 정주모형에 의한 방법

정주모형에 의한 방법은 도시인구를 변화시키는 경제・사회・문화의 구성요소들 사이에 존재하는 상호 인과관계를 방정식으로 표현하여 장래인구를 예측한다. 정주모형에 의한 인구추정방법은 여러 가지로 구분해 볼 수 있지만, 여기서는 도시인구의 주된 사회적 증가요인이 되고 있는 인구경제학에 의한 추정에 대해 설명하고자 한다.

인구경제학이란 용어는 프랑스에서 제일 처음 사용한 것으로 démographie économique 라고 불리어졌다. 인구경제학은 인구변화를 구성하고 있는 인구변수군을 중심으로 한 관계의 체계라고 할 수 있는데 이는 형식인구학과 실체인구학의 2개 부문으로 나누어진다. 형식인구학이란 인구규모, 연령구조, 출생, 사망 등 인구변수 중 인구의 절대수에 관한 사항들이며, 실체인구학이란 형식인구학을 있게 한 외부변수로서 사회, 경제, 문화, 자연환경 등의 상호관계성을 연구하는 것을 말한다(대한국토・도시계획학회, 2006: 331-332). 인구경제학은 기존 인구학에다 인구변동의 주요 요인이 되는 경제적 측면에

---

3) URGD(Urban-Rural Growth Difference)법은 국제연합 인구부가 세계 각국의 도시인구의 예측에 사용하는 분석법으로서 다양한 분야에서의 응용이 가능하다는 점에서 유용한 방법이라고 말할 수 있다.

서의 연구를 보다 강화한 것이라고 할 수 있다.

4. 요인 · 구조분석법

1) 마코프 연쇄모형

코호트 변화율법은 단일 지역에 있어서의 지역예측방법이고, 대도시권내 인구분포 예측의 방법도 단일지역에 대한 지역예측을 누적해가는 형식을 취한다. 반면 마코프 연쇄모형은 다수의 지역에 대하여 장래의 상황의 예측을 하나의 계산 과정 속에서 행하는 방법이며, 특히 인구의 지역분포 등 장래치를 분명히 하는데 유용한 방법이다. 실제의 장래인구의 수치는 각 연도의 인구비중이 별도로 추계된 각 연도의 전국 장래인구 추계치를 곱하여 합함으로서 계산된다.

2) 로저스모형

상술한 지역인구예측의 방법은 인구학적 방정식에 있어서 지역인구 변동의 출생, 사망, 유입, 유출의 4가지 인구학적 요인의 전부, 또는 그 일부를 고정하는 형태로 행하는 것이고, 실용상으로 유용한 것이라고 할지라도 이론상은 반드시 충분한 것은 아니다. 이를 극복하기 위해 개발된 것이 다지역 인구예측법(multi-regional population projection)으로 불리는 방법으로서, 복수의 지역에 대하여 인구변동의 출생, 사망, 유입, 유출의 4가지 인구학적 요인의 모든 것을 고려하고, 남녀, 연령별 인구의 장래추계를 행하는 방법이다. 이 방법은 이것을 고안한 미국 콜로라도대학의 A. Rosers 교수의 이름을 따서 로저스모형이라고도 한다.

5. 모형의 선택

이상에서 여러 가지 방법에 의해서 인구를 예측하는 방법을 설명하였는데, 문제는 이들 중에서 어떠한 수식 즉 어떠한 모형을 적용할 것인가 하는 점이다.

모형에 대한 평가는 과거의 인구 측정치에 의한다. 즉 절대평균오차(Mean of Absolute Percentage Error: MAPE)에 의해서 모형의 적합성과 사용가능성을 판정하는 경우가 많은데 수식은 다음과 같다.

$$MAPE = \frac{1}{N}\sum_{i=1}^{N}\frac{|\,Q_i - q_i\,|}{Q_i} \times 100(\%)$$

여기서 N은 추정 기간이고, q_i는 추정식을 이용하여 계산된 추정인구이며, Q_i는 실제 인구수이다. MAPE는 실제 인구수와 추정 인구수의 오차를 실제 인구수로 나눈 값의 백분율 합으로 계산하고, 이를 다시 산술평균함으로써 계산된다. 한마디로 MAPE는 오차의 평균 크기를 나타내 준다.

일반적으로 MAPE가 작으면 작을수록 모형의 적합성이 높아 사용가능한 것으로 판단된다. 그러나 과거 인구수치와의 오차가 적다고 해서 모형의 타당성이 있다고 단순히 판단해서는 안 된다. 즉 외생적으로 주어지는 자료가 추정치에 커다란 영향을 주는 경우는 장래예측에 있어 외생변수가 많은 영향을 미치므로 주의를 해야 한다.

제 2 절 공간구조분석

공간상에는 사람, 자원, 정보 등이 특정지역에 입지를 하고 있는 동시에 다른 지역의 사람, 자원, 정보 등과 끊임없이 상호교류를 하고 있다. 이러한 사람, 자원, 정보의 입지와 흐름은 일정한 규칙 혹은 패턴을 가지게 된다. 예컨대 특정도시는 왜 규모가 그렇게 결정되는가, 그리고 그 도시는 다른 도시와 어떤 관계를 설정하고 있는가에 대한 이유가 존재하는 것이다. 일반적으로 인구규모에 따라 도시의 크기가 결정되고, 도시 간 상호교류는 상호보완성의 원리에 따라 이루어진다. 따라서 비록 지리적으로 인접해 있다고 하더라도 같은 규모의 도시 간에는 상호교류가 상대적으로 적게 이루어지는 특징을 가진다. 본 절에서는 지역공간구조를 이해하기 위해서 분포와 특성, 지역 간 관계와 상호작용, 공간구조와 네트워크 등에 대해서 살펴보고자 한다.

1 분포와 특성

지리적 분석 또는 공간적 분석과 같은 지역분포에 관한 분석은 지역분석 중에서 가장 기초적인 것이다. 즉 특정지역에 대한 자연적 변수에 국한하지 않고, 사회경제적 변수를 양적으로 파악·측정하고 분석하는 데에는 특정지역의 전역에 대한 변수의 양을 파악·측정하는 것도 필요하다. 그리고 특정지역 내부의 부분지역에 있어서 변수의 배분 또는 분포의 양태를 파악하는 것도 중요하다.

인구이동이나 교역 등 지역의 교류와 상호작용의 분석, 또는 지역구조와 도시기능 등의 분석에 대해서도 우선 특정지역을 구성하는 부분지역에 대한 변수의 양적 분포를 기초로 해서 출발하는 것이 많다. 또 지역계획의 입안과 시장조사 등에 있어서도 우선 필요한 것은 대상지역 내에 대한 각종 변수의 총계수치이다. 따라서 지역분포분석은 지역분석에 있어서 가장 기본적인 과제라고 할 수 있다.

지역분포분석이 특정변수에 대한 통계량의 부분지역 간 차이를 밝히는데 비해 지역특성분석은 주로 특정변수의 성질과 작용의 지역 간 차이를 밝혀서 변수에 관한 각 부분지역의 특징을 파악하는 것이다. 특정변수의 성질과 작용의 지역 간 차이는 지역 간 비교에 의해서 명확해지지만, 보통은 지역분포분석의 경우와 마찬가지로 통계적 기법이 이용된다. 즉 특정변수에 대해 부분지역마다 그 성질과 작용을 나타내는 통계자료를 정리한 통계수치를 계산해서 그 수량을 이용한 비교가 이루어지고 있다.

1) 지역의 공간적 특성

지역은 '지구표면상의 한정된 공간'을 의미하지만, 지역은 공간으로서의 여러 가지 특성을 지니고 있다. 인간의 행동에 의해 발생하는 사회경제적 변수는 여러 가지 공간적 특성의 영향을 받아 지역적인 차이를 발생시키는 경우가 있다. 그리고 지역분석에서는 대상 지역 내의 각 부분지역에 대한 사회경제적 변수나 문화적 변수, 지형이나 기후 등의 자연환경적 요인에 더하여 이들 공간적 특성도 고려하는 것이 필요한 경우가 많다. 특히 사회경제적 변수, 문화적 변수 또는 자연환경이 구체적인 것에 반하여 지역의 공간적 특성은 추상적인 것이기 때문에 간과하기 쉽다(大友 篤, 1997: 13-17).

(1) 거 리

지표면에 있어서 인간의 행동을 전제로 생각하면 거리(distance)란 특정의 지역 간의 공간적인 장벽이다. 인간이 어떤 지역으로부터 다른 지역으로 이동함에 있어서 극복하지 않으면 안 되는 것은 두 지역 간의 거리이다. 이 경우에 두 지역을 두 지점으로 보고 그 거리를 미터나 마일 등의 단위로 나타낸 것이 물리적 거리이다.

더욱이 인간이 의식하는 공간적인 장벽에는 심리적인 것도 존재한다. 예를 들면 매일 통근이나 통학을 위해 다니고 있는 교통로와 자주 다니지 않는 교통로를 비교하면 양자의 실거리는 동일하다고 하더라도 후자 쪽이 전자보다도 멀다고 느끼는 경우가 많다. 즉 인간이 의식하는 공간적인 장벽의 두께는 실거리나 시간거리만으로는 반드시 측정 가능한 것은 아니며, 두 지점 간의 공간적인 장벽의 두께를 인간의 심리적인 측면으로부터 측정하는 인지거리라고 불러지는 개념도 필요하게 된다.

이와 같이 거리라는 개념을 지역분석에 있어서 사용하기 위해서는 단순히 실거리뿐만 아니라 시간거리, 비용거리, 인지거리 등의 구별도 필요하게 된다.

(2) 접근가능성

두 지점 간의 공간적인 장벽의 두께를 종합적인 시점에서 파악한 개념이 접근가능성(accessibility)이다. 어느 CEO가 신규공장을 설립하기 위해 A, B 두 후보지를 선정했다고 하자. 공장으로서의 입지조건은 몇몇 조건을 제외하고는 완전히 동일하다고 한다. 즉 양자는 다함께 그곳에서의 노동자를 가장 가까운 C역을 경유하는 철도를 활용하여 C역으로부터 노선버스를 사용하여 A 또는 B에 통근시키지 않으면 안 되고 이 밖의 교통수단은 이용할 수 없다고 한다면 당연히 C역으로부터 A 또는 B까지의 실거리 또는 시간거리가 짧은 쪽에 공장을 설립하게 된다. 그러나 C역으로부터 A 또는 B까지의 노선버스의 운행횟수가 현격하게 다른 경우에는 실거리 또는 시간거리가 다소 길어지더라도 운행횟수가 많은 쪽으로 결정되어지는 수도 있을 수 있다. 즉 두 지역 간의 공간적인 장벽의 두께를 거리뿐만 아니라 노선버스의 운행횟수라는 다른 요소도 고려하여 종합적으로 측정하고 있는 것이다. 이 경우 운행횟수가 많은 쪽이 접근가능성이 높은 것으로 본다.

이와 같이 지역분석에 있어서 거리 이외에도 접근가능성으로 불러지는 공간적 특성을 고려해야 되는 경우도 있다.

(3) 상대적 입지

특정의 부분지역이 대상지역내에 있어서 공간적인 위치 때문에 다른 부분지역보다도 경제적, 사회적 또는 정치적으로 유리한 경우가 있다. 이 경우 그 부분지역은 상대적 입지(relative location)가 좋다고 한다. 예를 들면 동일의 토지조건이나 생산성을 가진

농촌이라고 하더라도 원격지의 농촌보다도 대도시 근교의 농촌이 대도시라는 시장에 가깝다는 공간적인 위치로 인하여 경제적으로 유리하다. 즉 대도시 근교의 농촌이 대도시라는 시장에 가깝다는 점에서 원격지의 농촌보다도 상대적 입지가 좋다는 것이 된다.

지역분석에 있어서 특히 상대적 입지라는 공간적 특성이 유력한 설명인자가 되는 경우가 있으며 이것은 통계적인 분석기법으로는 분명히 밝힐 수 없다는 점에 유의할 필요가 있다.

(4) 집 적

대상지역내에 있어서 특정한 소수의 부분지역에 특정한 부문이 집중되는 경우가 있다. 이것이 집적(agglomeration)이다. 예를 들면 상점가는 상점의 집적지이며 도시는 인구의 집적지이다. 상점가의 경우에는 다수의 상점이 특정의 좁은 공간에 모임으로서 상점 간의 경쟁이 심화되는 집적의 불이익이 있는 반면, 구매자 입장에서 보면 상점이 분산하여 있는 경우에 비하여 많은 상점의 공간적 장벽이 엷어지게 되고 접근가능성이 높아지게 되어 구입하기 쉽게 되며 많은 구매자를 불러 모을 수 있다는 점에서 집적의 이익이 있다. 결과적으로 집적의 불이익보다도 이익이 크기 때문에 상점가가 형성되게 된다. 소위 서울을 비롯한 수도권의 인구나 경제기능의 일극집중이라는 현상은 이와 같은 이유에서 일어나고 있는 것이다. 즉 대도시에 있어서 인구의 집적은 주택난, 교통난, 환경 문제 등 인간의 생활에 있어서 갖가지 불이익을 발생시키고 있지만 한편 근무지나 학교, 또는 정보나 사업소 등에의 접근가능성이 높기 때문에 다른 면에서의 이익도 크다. 결국 집적의 이익과 불이익을 비교하면 이익 쪽이 크기 때문에 대도시에의 인구나 경제기능의 집적이 점점 진전되게 된다. 인류가 촌락으로부터 마을, 나아가 도시를 만들고, 대도시나 거대도시를 건설해 온 사실은 인구집적의 이익이 불이익보다도 크다는 것을 긴 역사 속에서 나타내고 있는 것이다.

(5) 규 모

지금까지 설명해 온 공간적 특성은 지역을 점으로 간주하였을 때의 공간적 특성이지만, 지역을 면으로 보았을 경우의 공간적 특성으로서는 지역의 규모(size)가 있다. 규모는 한정된 공간의 크기 또는 넓이를 의미하지만 지역의 규모라는 공간적 특성이 그 지역의 사회경제적 특성에 영향을 미치는 가능성을 갖고 있다고 미국의 지리학자 R.

Morrill은 지적하고 있다. 그는 각국에 있어서 토지면적과 단위당 공업생산비, 수송비, 천연자원의 부존량, 그리고 국민소득과의 관계를 분석하여 이러한 사고방식을 규명하였다. 즉 공간의 규모도 다른 공간적 특성과 마찬가지로 지역분석에 있어서 설명인자가 될 수 있다는 것이다.

(6) 형 상

통상적으로 지역의 형상이라는 것에 관심을 갖는 사람은 대단히 적다. 자신이 거주하고 있는 시·군이 어떤 형상을 하고 있는가를 정확하게 파악하고 있는 사람은 매우 적은 것으로 생각된다. 그러나 지역의 형상도 지역의 규모와 마찬가지로 그 지역의 사회경제적인 특성에 영향을 미칠 가능성을 갖고 있다. 예를 들어 남북한 전체의 국토면적은 약 22만㎢로서 프랑스의 국토면적(약 55만 ㎢)에 비하여 작다. 그러나 우리나라와 프랑스의 극남에서 극북까지의 거리는 거의 유사하다. 그것은 프랑스가 단순하고 둥근 형태의 형상을 하고 있는데 비하여 우리나라는 국토면적은 작지만 좁고 긴 형태를 띠고 있기 때문이다. 또한 반도형태의 우리나라는 배타적 경제수역을 적용함에 있어 프랑스와 같은 국경보다 유리한 조건을 갖게 된다.

이와 같이 통상 거의 의식되고 있지 않는 지역의 형상도 공간적 특성으로서 결코 무시할 수 없다는 것을 알 수 있다.

2) 지역분포의 측정

(1) 중 심

특정한 영역 내에 있는 변수에 대한 지역분포의 평형점이 중심이다. 가장 자주 이용되는 것은 인구중심인데, 미국의 1900년 인구센서스의 보고서에서 1870~1900년의 매회 센서스에서 인구중심이 공표된 이래 매회 인구센서스에 그 시점의 인구중심이 발표되고 있다.

중심이란 대상이 되는 지역에서 어떤 변수에 대한 분포의 균질한 평면이라 할 수 있다. 따라서 변수에 대한 분포가 모두 같은 무게를 가진다고 가정할 경우, 그 평면을 지탱하는 평형점이며, 통상 이 점의 위치를 위도·경도로 나타낸다.

(2) 표준거리

최근에 개발된 지역분포 척도의 하나로 표준거리라고 하는 것이 있다. 이것은 미국의 통계학자인 R. Birch에 의해 고안된 것으로 지역 전체의 중심으로부터 모든 개별 인자(예를 들면, 인구의 경우에는 개인)까지의 거리의 분산이다.

(3) 최근린 척도

분포영역내의 특정한 변수의 분포 형태는 영역의 일부분으로 뭉친 분포형태 즉 집괴상패턴을 나타내는 것에서부터 영역 전체에 퍼진 분포형태, 즉 확산상패턴 등으로 여러 가지 분포패턴을 나타낸다. 이 패턴을 구별하는 방법이 최근린척도이다(한주성, 2006: 653). 이 방법은 식물생태학의 연구에서 나온 것으로 관찰된 지역분포의 패턴이 이론적인 랜덤분포로부터 어느 정도 괴리되어 있는가를 측정하는 것이다. 본래, nearest neighbour method라고 하며, 최근린척도, 최근린단위법, 인접(단위)법, 최근린법 등으로 표현하고 있다.

(4) 밀도와 접근도

밀도는 지역분포분석의 척도로서 가장 일반적인 것이다. 그 중에서도 인구밀도는 가장 대중적인 척도이다. 밀도는 대상지역의 단위면적당 변수의 통계량으로 정의된다. 즉 대상지역의 전체 면적을 A, 변수의 통계량을 P라고 하면, 밀도 D는 P/A와 같이 표시된다.

3) 지역특성의 척도

(1) 구성비(비율)

구성비(또는 비율)는 분자가 분모집단의 일부분의 크기를 나타내는 비례수로서 기술통계학에서는 분석비례수 또는 구성비례수라고도 하며, 특정변수의 부분집단에 대한 상대적인 크기를 지역 간에 비교하는데 자주 이용된다. 예를 들면 연령 5세 계급별 인구, 산업대분류별 취업자수, 작부종류별 경지면적, 종업원 규모별 사업소수 등으로 각 범주(계급, 분류항목, 종류, 규모 등) 중에서 상대적으로 큰 수치를 나타내는 범주로 그 지역의 특성을 나타내는 것이 지역 간의 비교에 있어서는 전역에 대한 구성비도 동시에 계산해서 전역의 수치를 기준으로 각 지역에 대한 각 범주 수치의 대소를 비교한다.

(2) 지역차지수

지수는 동종의 변수에 관한 통계를 비교할 경우 그 통계수치의 시간적 변화의 대소를 관찰하는데 많이 이용되는 비례수이다. 지역분석의 경우도 특정지역에 대한 동종의 변수에 대한 통계의 시계열적 변화를 비교하는데 이용된다. 인구집중지수, 전문화지수 등 몇몇 지수들은 모두 지역 간 시계열적 변화의 특색을 파악하는 것을 주요 목적으로 하고 있다.

지수에는 두 종류의 사용방법이 있다. 하나는 각 지역에 대한 특정 연도를 기준으로 해서 그 연도 이후 또는 이전의 변화를 비교하는 것이다. 이 경우에 각 지역에 있어서의 특정변수의 기준 연도를 중심으로 한 변화의 양상은 알 수가 있으나, 특정변수의 각 지역 간 수량적 차이는 알 수 없다.

다른 하나는 각 연도에 대해 특정변수의 전역에 있어서의 평균치를 기준으로 해서 각 부분지역에 대한 수치와의 비(比)를 계산함으로써 얻어지는 것으로, 각 지역에 있어서 특정변수의 수량적 차이의 변화와 함께 시계열적 변화를 비교하는데 편리한 지표이며, 지역차지수라고도 한다.

4) 지역종합지표

(1) 지역지표의 표시방법

지역지표의 표시방법은 이용목적과 작성목적에 따라 여러 가지로 나타낼 수 있으나, 일반적으로는 지수방식, 표준득점방식, 기준점방식 등을 들 수 있다.

(2) 개별지표의 종합화 방법

개별지역지표를 종합하는 방법에 대해서도 여러 가지 방법이 고안되고 있다. 대표적인 것으로서 단순평균에 의한 방법, 체계별 단순평균에 의한 방법, 상관도에 의한 방법, 요인부하량에 의한 방법을 들 수 있다.

(3) 지역종합지표의 문제점

기존에 작성되어 온 지역지표 또는 지역종합지표는 몇몇 사례를 제외하고 형식적으로나 내용적으로나 종합지표라는 점에서 완전한 체계를 갖추고 있는 것은 아니다. 어떤 것은 사회지표에 비중을 둔 종합지표이고 어떤 것은 경제지표에 중점을 둔 종합지표이기도 해서 자연환경, 사회적, 경제적 및 문화적 부문 등 모든 지역 변수를 망라한 것은 거의 보이지 않는다(大友 篤, 1997: 113).

그것은 지역종합지표라고는 하지만 단일한 지표치로서 모든 지역변수에 관한 지표를 종합해서 나타내는 것이 매우 곤란하다고 하는 기술적 이유만이 아니라, 복수의 지표치를 이용한 경우에 비해서 단일 지표치를 이용한 경우에 있어서 이용상의 제약성과 지표가 가지는 의의의 곤란성 때문이라고 생각된다.

지역특성을 종합적으로 파악하는데 단일수치에 의한 종합지표의 이용은 편리하니, 지표를 작성목표와 다른 목적으로 이용하는 것은 어렵다. 따라서 지역종합지표는 범용적인 목적으로 작성되기보다는 당초에 이용목적을 한정해서 그 목적에 따라 작성되어야 할 것이며, 그러한 경우에만 지표의 유효성이 발휘되게 된다. 결국 보다 범용성있는 지역종합지표의 작성을 위해서는 단일한 수치에 의한 종합치로서 나타내는 것만이 아닌 그것을 구성하는 개별치를 아울러 표시하는 것이 필요하다.

지역종합지표의 작성에 있어서는 지표의 작성목적에 따라 다른 내용의 통계자료를 이용할 필요가 있으나, 지표의 대상이 되는 지역규모의 차이에 따라서도 각각 다른 내용의 통계자료가 이용되어야 한다. 그것은 지역변수가 지역스케일이 달라도 항상 동일한 형태, 기능 또는 구조를 나타내는 것으로 한정하지 않기 때문이다. 오히려 일반적으로는 지역규모가 다르면 지역변수에 대응한 것이어야 한다.

2. 관계와 상호작용

1) 지역간 이동분석

지역간 상호작용 또는 지역간 교류의 개념을 이동이라는 현상으로 설명했으나 이 개념은 두 지역 이상에 있어서 이동주체의 상호교류(협의의 '지역간 이동') 외에 소수의 특정지역으로부터 다수의 지역으로 또는 다수의 지역으로부터 소수의 특정지역으로 이동주체가 일방적으로 이동하고 특정지역으로부터의 이동이 매우 적든지 전혀 발생하지 않는 이동도 포함된다. 이러한 이동형태는 전자의 경우에는 확산(diffusion), 후자의 경우는 집중(concentration)이라 부르고, 이는 협의의 지역간 이동(migration)과는 구별해서 취급되는 경우가 많다(大友 篤, 1997: 154-162).

2) 지역간 상호작용모형

(1) 거리 · 이동모형

거리 · 이동모형은 지역간 상호작용 모델의 기초가 되는 것으로 그 기초적인 사고는 지역간 교류 또는 이동이 지역간 거리의 함수로서 표시된다고 하는 것이다. 일반적으로 교류주체(인구, 물자, 정보 등)의 교류 또는 이동에는 거리의 증대에 따라 감소하는 경향이 있으나 이것은 출발지와 도착지 간의 거리가 클수록 거리의 저항이 커지며 그 때문에 교류 또는 이동의 거리가 커지면 교류 또는 이동의 정도가 적어진다고 설명되고 있다.

$$F_{ij} = \frac{k}{D_{ij}^{\alpha}}$$

i지역과 j지역 간의 교류(또는 이동)량 F_{ij}는 다음과 같이 나타낼 수 있다. 여기서 D_{ij}는 i와 j 간의 거리를 나타낸다.

(2) 중력모형

지역상호간 작용을 분석할 때에 가장 많이 이용되는 모델이 중력모형이다. 이 모형은 그 이름이 나타내듯이 뉴턴이 발견한 중력의 법칙 또는 만유인력의 법칙을 사회경제적인 지역변수에 응용한 것이다. 이 법칙에 의하면 질량을 각각 M_i, M_j라고 할 때, 두 물체 간에 적용하는 힘은 다음과 같다.

$$F = \frac{M_i M_j}{D^2} \cdot g$$

여기서 D는 두 물체 간의 거리, g는 만유인력이다. 이 법칙은 '두 개의 물체의 질량이 클수록 그들이 서로 끄는 힘은 커지며, 두 물체 간의 거리가 멀어질수록 그들이 서로 끌어당기는 힘은 적어진다'라는 것을 나타내고 있다. 즉 중력모형은 중력의 법칙에 있어서 물체의 질량 대신에 지역변수의 총량을 중력 대신에 지역 간 상호작용을 생각한 것이다. 그러나 사회경제적인 변수에 있어서는 지역 간 상호작용은 중력의 법칙에 있어서처럼 정확히 거리의 두 배가 된다고는 생각할 수 없다. 그래서 중력모형은 일반형으로서 다음과 같은 식으로 나타낼 수 있다.

$$F_{ij} = \frac{M_i M_j}{D_{ij}^{\alpha}}$$

(3) 포텐셜 모형

어떤 지역의 인구는 그 주변지역의 인구와의 사이에 여러 가지 사회경제적 또는 문화적인 영향을 서로 미치고 있다고 생각할 수 있다. 이 경우, 해당지역 인구는 그 주변의 복수의 지역인구 각각으로부터 영향을 받고, 또는 영향을 미치고 있다. 어떤 지역을 i라 할 때, i가 주변지역 j로부터 받거나 혹은 미치는 영향력을 iV_j라 한다면 i가 받거나 또는 미치는 영향력의 합계는 다음의 식으로 표시된다.

$$iV = \sum_{j=1}^{n} iV_j$$

3. 구조와 네트워크

1) 도시내부의 지역구조

(1) 동심원지대 구조

J. H. von Thünen에 의하여 제시된 농업입지이론에 관해서 인정된 동심원지대의 구조는 도시지역 내부에 있어서 도시적 토지이용의 패턴과 도시적 기능의 배치패턴에 대해서도 인정되고 있다. 튀넨이 제시한 농업지역의 동심원의 중심에 도시의 중심 즉 도심을 바꿈으로써 도시적 토지이용과 도시기능의 배치가 도심으로부터 거리에 따라 동심원상에 다른 패턴을 낳는다.

도시내부의 지역구조로서 이러한 패턴의 존재를 발견해서 도시의 지역구조이론으로서 1923년에 발표한 사람이 미국의 도시사회학자 E. W. Burgess이다. 그는 도시내부의 지역구조로서 실증적 연구에 의하여 동심원지대가 인정된다고 해서 도시의 성장은 도시지역의 외연적 확대로 나타나며, 이 확대의 전형적인 과정은 일련의 동심원패턴으로 자주 설명된다. 즉 도시의 중심에서 외연을 향해 차례로 중심업무지구, 점이지대, 노동자주택지대, 고급주택지대, 통근자주택지대가 만들어진다. 점이지대란 도심을 둘러싸고 상업지역에 주택지역이 이동된 지역으로 공장이 혼재하고 하급주택과 슬럼이 형성된 지역이다.

(2) 선형 지대구조

버제스의 동심원지대설에 대하여 이것을 수정한 형태로 부채형지대이론을 제창한 것이 H. Hoyt이다. 그는 1939년에 도시지역은 전체로서 원형이며 그 내부에 하나의 도심이 있다고 한다. 그 구조는 기본적으로 동심원패턴을 나타내지만 도시적 토지이용의 배치는 도심으로부터 바깥쪽을 향하여 늘어지는 교통로에 의하여 일그러진다. 동시에 도시의 인구증가에 수반해서 도시지역은 교통로를 따라 확대되고 그에 의하여 어떤 방향으로 집중되어 유사성이 있는 토지이용을 나타내는 지대가 늘어난다고 하는 것이다. 즉, 동심원지대는 교통로에 의하여 일그러지며 도시적 토지이용이나 도시기능의 배치는 부채형상의 선형 구조를 나타낸다고 한다.

(3) 다핵심 구조

1954년에 C. D. Harris와 E. L. Ullman은 도시구조이론으로서 다핵심을 제시하였다. 그것은 대부분의 도시에서 도시적 토지이용의 패턴은 단일 중심의 주변이 아닌 각각 떨어진 몇 개의 핵심을 주변으로 해서 형성된다고 한다. 즉 도시에서는 한 개 또는 수 개의 핵심주위에 다른 도시적 토지이용과 도시기능이 각각 특정한 장소에 집중되는 배치패턴을 나타낸다는 것이다(권용우 외, 1998: 245).

도시적 토지이용의 핵심이 되는 것으로서 중심업무지구, 도매・경공업지구, 중공업지구, 주택지구 및 문화센터, 공원, 소상업지구 등의 소핵심지가 있는데 이들 핵심지는 도시가 클수록 많아지며, 보다 전문화되며 또한 특정한 활동의 입지 유리성, 동종 활동의 집적이익, 이종 활동의 집적불이익 및 고지가 부담의 곤란성 등 네 가지 요인의 조합에 의해 출현한다고 한다.

2) 네트워크 분석

교통망이란 공간흐름에 대한 채널을 제공하는 일련의 통로로 이들이 연결하는 지점간의 상호관계가 망상의 체계로 구성된 지리적 공간구조라고 정의할 수 있다. 그런데 실제로 도로와 철도 등의 교통망 체계에서 특성을 분석하기에는 복잡성으로 인해 어려움이 따른다. 이를 단순화시켜 의미 있는 교통망분석을 시도하기 위한 방법을 모색하였는데, 이를 네트워크 분석이라 한다. 네트워크 분석의 기본은 실제 교통망의 체계를 구성하는 결절의 규모와 노선의 거리, 방향, 교통로의 질 등 현실적 여건을 모두 배제하고,

단순히 교통망을 구성하는 노선과 결절지점 간의 연결관계만을 분석한다(김인, 1994).

네트워크 분석에 있어 활용되는 척도를 보면, 첫째, 심벨(Shimbel)지수이다. 심벨지수는 네트워크상의 한 결절과 다른 모든 결절과의 최단경로를 통해서 연결된 통로의 총 노선수를 의미한다. 둘째, 이터지수로서 이는 네트워크에 있어서 선의 평균길이를 의미한다. 셋째, 파이지수이다. 이는 네트워크가 두 개의 지점과 그들을 연결하는 하나의 선으로 구성되는 단순한 경우에는 1이 되고 구조가 복잡함에 따라 그 값은 커진다. 넷째, 시터지수로서 이는 1점당 유동량 즉 지점이 유동량을 나타낸다. 다섯째, 이오타지수는 단위 유동량당 평균거리이며 그의 역수는 단위 거리당 유동량을 의미하며 모두 네트워크를 구성하고 있는 각 지점이 네트워크 전체 중에 어떠한 움직임을 나타내고 있는가의 척도라고 말할 수 있다. 여섯째, 케니히지수이다. 케니히지수는 지점 i로부터 다른 지점까지의 거리의 최대치로서 정의된 것이다. 일곱째, 근접성지수이다. 이는 특정지점의 도달가능성의 척도이다. i번째 지점까지의 근접성을 A_i로 나타내면,

$$A_i = \sum_{j=1}^{n} d_{ij}$$

여기서 d_{ij}는 i번째와 j번째의 지점 간의 거리이다. 근접성지수는 현실의 연결유무에 기초해서 특정한 지점의 다른 모든 지점으로부터 도달가능성을 측정하는 것이므로 어떤 지역 또는 어떤 나라의 기하학적 중심이 가장 접근가능한 지점이라고는 반드시 말할 수 없다. 여덟째, 회로계수이다. 이것은 앞의 두 개의 연결성 지수가 네트워크 안이 특정한 지점의 연결성을 나타내는 것임에 비해서 네트워크 전체의 연결성을 나타내는 지수이다. 아홉째, 베타지수이다. 이것은 장소 또는 지점당 연결의 수 즉 연결성의 강도를 나타내는 지표이다. 열번째, 감마지수로써 이는 하나의 네트워크에서 각 지점을 연결하는 실제선의 수와 최대의 연결성을 가지는 네트워크('완전연결 네트워크'라고 한다) 사이의 비율이다. 마지막으로 알파지수이다. 이는 주어진 교통망에서 실재하는 회로형 그래프 수와 이론상 가능한 회로형 그래프 수 사이의 비율을 말한다.

제 3 절 지역격차분석

기본적으로 인구와 자본, 그리고 정보 등은 특정지역으로 모이는 특성을 지닌다. 이는 F. Perroux의 모든 지역에서 발전이 동시에 이루어지지 않는다라는 주장에서도 알 수 있다. 즉 특정지역은 성장을 하는 반면에 그 외 지역은 정체 혹은 쇠퇴하는 특성을 보인다. 이러한 현상을 일으키기는 가장 큰 이유는 도시화 경제와 지방화의 경제라고 할 수 있다. 그 결과 인구와 자본, 그리고 정보는 지역적으로 공간적 불평등을 가져올 수 밖에 없다.

따라서 어느 정도의 지역간·계층간 격차 혹은 불평등은 필연적이라고 할 수 있다. 즉 발전은 불균형적 특징을 가지나 수렴과 확장의 과정을 거치면서 격차가 커지기보다는 수렴하게 된다. 이러한 수렴과정을 통해 국가와 지역은 발전하게 된다. 이런 맥락에서 볼 때, 격차는 성장과정에 따라 역 U자형을 보이게 된다.[4)]

그러나 지역간 격차가 클 경우 중심지역에는 외부불경제를 야기하게 되고, 주변지역에는 과소의 문제를 유발하게 된다. 따라서 격차와 불평등은 적정한 수준에서 조정·관리되어야 할 것이다.

이러한 격차를 측정하는 대표적인 방법으로는 변이계수, 지니계수, 표준점수, 집중지수, 상관계수, 지역별 비율 등이 있다(한주성, 2006: 645-654). 이들 방법에 대해서 보다 구체적으로 살펴보면 다음과 같다.

1. 변이계수

변이계수(coefficient of variation)는 어떤 변수들의 표준편차를 평균치로 나눈 값으로서 그 변수의 분포정도를 나타낸다. 변이계수가 작으면 작을수록 지역 간의 격차가 작은 것으로 평가할 수 있다. 따라서 지역별로 인구규모가 유사하다면 변이계수가 작게 나타날 것이고, 반대로 인구규모의 차이가 있다면 변이계수가 상대적으로 크게 나타날

4) 그러나 격차가 성장단계에 따라 수렴의 과정을 거치는가 혹은 더욱 벌어지는 형태를 나타내는가에 대해서는 상반되는 견해가 존재하고 있다.

것이다.

이러한 변이계수는 분산지향적 측정지수로서 계산이 용이하다는 장점이 있지만, 규모단위와 산술적 평균에 지나치게 의존하고 있는 단점이 있다. 즉 2개의 분포가 같은 상대적 편차를 보인다 하더라도 보다 작은 평균을 가지고 있는 분포가 보다 낮은 격차를 보이게 되므로, 분산지수가 보다 유용한 격차측정의 도구가 되기 위해서는 데이터를 변형시키거나 표준화시킬 필요가 있다.

$$CV_w = \frac{\sqrt{\sum_{j=1}^{n}(y_j - \mu)^2 \times f_j}}{\mu}$$

여기서, CV_w는 가중변이계수

y_j는 j지역의 소득

μ는 전국의 평균소득

f_j는 전국 대비 j지역의 인구비율

2. 지니계수

지니계수는 일반적으로 로렌츠곡선의 45° 이하의 면적에 대한 불균등면적의 비로써 표시한다. 로렌츠곡선은 두 변수의 누적적 관계를 시각적 · 정량적으로 비교하는 도표로서 곡선이 대각선에 근접할수록 격차가 줄어드는 것을 나타낸다.

예를 들어 우리나라의 광역시 · 도의 인구와 소득의 구성비를 인구규모가 작은 지역부터 각각 횡축과 종축에 누적비율로 표시하면 반달형의 곡선이 나타날 수 있는데, 지니계수는 대각선에 의해 형성된 삼각형의 면적과 반달형의 면적의 비율이다. 따라서 지역간 소득이 완전히 균등하게 배분되었다면 지니계수는 0이 되고, 완전한 불평등상태라면 1이 되며, 다음의 수식을 통해 산출한다.[5)]

5) 지니계수의 정의와 그림 형태에 대해서는 제8장에 자세히 설명되어 있다.

$$Gini = \frac{1}{2\mu_t} \cdot \frac{\sum_{i=1}^{n}\sum_{j=1}^{n}|y_i - y_j|}{n^2} = \frac{1}{2n^2\mu_t} \times \sum_{i=1}^{n}\sum_{j=1}^{n}|y_i - y_j|$$

여기서, y는 개별 구성원의 소득, n은 전체 구성원의 수

μ_t는 시간 t의 전체 평균소득

y_i는 i지역의 소득, y_j는 j지역의 소득

3. 표준점수

지역의 격차를 하나의 지표로 계산하기 위해서는 여러 개의 변수값들을 하나로 묶어서 통합변수값으로 산출해야 하지만, 각 측정변수들의 단위와 분포상태가 상이하기 때문에 일반적으로 표준화방법(Standardized Method)을 사용하게 된다. 흔히 표준화의 방법으로는 Z-score가 사용되지만, 이는 측정지표의 분포가 정규분포를 만족할 경우에만 사용이 가능하다. 따라서 표본이 정규분포의 가정을 만족하지 않는 경우, 특히 자료의 분포상 양 극단치의 값이 많은 비중을 차지하고 있는 경우, Z-score는 올바른 통합변수로서의 값을 제시해 주지 못하는 한계점을 가지고 있다(이번송 외, 1996).

대상표본의 크기로 인해 정규분포의 가정을 만족시키지 못하는 경우에는 Z-score를 사용하지 않고, 정규분포의 가정을 만족하지 않아도 표준화할 수 있는 결손지수(deprivation index)를 사용할 수 있다. 결손지수는 평가대상들 사이의 비교를 목적으로 하는 경우에 널리 사용되는 방법으로 UNDP에서 인간개발지수 산정에 활용하고 있다.

$$I_j = 1 - \frac{X_{max} - X_j}{X_{max} - X_{min}}$$

여기서, I_j는 j지역의 결손지수값($0 \leq I_j \leq 1$)

X_{max}는 X의 최대값

X_{min}은 X의 최소값

X_j는 j지역의 X값

4. 집중지수

지역분포는 어떤 변수의 통계량이 지역에 대한 배분이라는 형태로 나타나는 것과 동시에 각 지역의 공간적 넓이에 대한 백분비로도 나타낼 수 있다. 이렇게 변수를 지역간 통계량의 분포 형태가 아닌 지역 분포와의 대응한 형태로 관찰함으로써 특정변수에 대한 지역의 양상을 더욱 분명히 나타낼 수 있다. 영역의 내부에 있어서 특정한 변수가 특정한 지역에 집중적으로 분포되어 있는지, 또는 영역내의 각 지역에 균등하게 분포되어 있는지를 측량하는 지표로서 집중지수라는 것이 있다. 집중지수(C)는 다음의 식으로 나타낼 수 있다.

$$C = \frac{1}{2}\sum |X_i - Y_i|$$

X_i : 부분지역 어떤 통계량의 지역별 백분비

Y_i : 부분지역의 면적 백분비

여기서 집중지수가 작으면 균등하게 분포되어 있다고 하고, 집중지수가 크면 지역별로 편재되어 있다는 것을 나타낸다. 만약 면적이 넓은 부분지역이 많이 있고, 면적이 좁은 부분지역이 적게 있어 지역 균형이 잘 되어 있으면 통계량과 면적비율의 차이가 적게 되고, 반대 경우에는 크게 된다.

5. 상관계수

상관계수(correlation coefficient)는 두 자료간의 상호의존관계를 나타내주는 척도로서 두 자료에 관한 상관계수(r)는 다음과 같이 계산된다. 변수들 간에 상관관계가 시차를 두고 나타난 경우에는 교차상관계수(cross correlation coefficient)를 이용하는 것이 편리하다.

$$r = \frac{\Sigma(X-\overline{X})\ (Y-\overline{Y})}{\sqrt{\Sigma(X-\overline{X})^2(Y-\overline{Y})^2}}$$

변수들 간의 상관관계를 분석하는 것이 상관분석인데, 단순히 두 변수간의 상관관계를 나타내는 것은 단순상관계수(simple correlation coefficient)이고, 다중 회귀모형에서 기타의 변수가 일정할 경우에 특정한 두 변수간의 진정한 상관관계를 측정하는 것이 편상관계수(partial correlation coefficient)이다. 상관계수는 두 변수가 함께 움직이는 정도를 측정하는 수치이고, 결정계수(coefficient of determination)는 모형의 적합도를 판단할 때 사용되는 통계량이다.

독립 변수가 두 종류 이상이면 중상관분석이라고 하는데, 이들의 기법을 실제 적용하는 데에는 대부분 SAS, SPSS, E-Views, GAUSS, RATS 등과 같은 통계프로그램을 사용하여 구한다.

사회경제적인 지역변수 중에서 특정한 두 개의 변수 간에는 지역적인 상관관계가 인정되는 경우가 많이 있고, 이제까지 경험적으로 실증 분석되어 왔다. 예를 들면 도시의 인구규모와 도시발전과의 관계, 도시의 크기와 인구밀도와의 관계, 경제성장과 제조업 취업률 간의 관계, 인구 증가률과 주택보급률 관계 등에서 다소 높은 상관관계를 보였다.

6. 지역별 비율(단순 집중도)

특정한 영역에 대한 기능의 지역분포를 가장 단순히 표현하는 것이 지역별 통계량이다. 예를 들어 2시점 간에서 기능이나 현상의 지역적 분포를 비교할 경우 영역 전체의 통계량이 2시점 간에서 변화했을 때는, 절대 수치에 따른 지역 간 비교·관찰은 큰 의미가 없다. 그래서 이용되는 것이 변수의 통계량이 영역 전체에서 차지하는 지역별 비율, 즉 지역별 비율(지역별 구성비)이다.

이 지역별 비율은 인구의 지역분포, 즉 전체인구에 차지하는 각 지역의 인구비율로서 인구비중이라고도 한다. 또한 특정한 지역에 대해서 사용할 경우에는 그 지역에 관한 비율을 집중도라고 하는 경우도 있다.

전국 또는 특정지역을 도시지역과 농촌지역으로 구분할 경우, 전국인구 또는 특정지역 인구에 차지하는 도시지역의 인구의 비율(도시인구비중)은 그 나라 또는 지역의 도시화 수준(도시화율)을 나타내는 지표로서 이용된다.

탐구학습

1. 주요 개념
   - 추세연장법과 코호트요인법
   - 지역의 공간적 특성
   - 지역분포의 측정기준: 중심, 표준거리, 최근린척도, 밀도와 접근도
   - 지역간 상호작용과 중력모형
   - 도시내부의 지역구조: 동심원 지대구조, 선형 지대구조, 다핵심구조
   - 지역격차 분석기법: 변동계수, 지니계수, 표준점수, 지역전문화지수, 상관계수

2. 토론과 과제
   - 인구추정의 주요 기법과 특징을 설명하시오.
   - 인구증가가 완만한 지역의 인구추정에 적합한 기법과 그 이유를 설명하시오.
   - 특정도시를 사례로 하여 공간적 특성을 결정하는 요인을 설명하시오.
   - 집적과 도시규모가 상이한 이유를 공간적 특성차원에서 설명하시오.
   - 중력모형을 이용하여 두 도시 간의 상호작용을 설명하시오.
   - 우리나라 대도시와 중소도시 간의 지역격차를 분석하시오.

참고문헌

곽상경, 2005, 「계량경제학」, 제5판, 다산출판사.
권용우 외, 1998, 「도시의 이해」, 박영사.
김 인, 1994, 2001, 「현대인문지리학」, 법문사.
김형국, 1997, 「한국공간구조론」, 서울대학교.
김홍배, 2009, 「도시 및 지역경제분석론」, 기문당.
대한국토·도시계획학회, 2006, 「도시계획론」, 보성각.
박종화, 1997, 「지역경제론」, 박영사.
박종화 외, 1996, 「지역개발론」, 박영사.
심경섭, 2006, 「경제경영수학입문」, 범한서적주식회사.
원제무, 2001, 「EXCEL를 이용한 도시계량분석」, 박영사.
이번송 외, 1996, 「서울시 사회복지 서비스의 평가모형개발: 자치구별 공급수준 평가를 중심으로」, 서울시정개발연구원.
이정전, 1995, 「녹색경제학」, 한길사.

_____, 2011, 「환경경제학의 이해」, 개정판, 박영사.

이필영, 2003, 「계량경제학」, 교우사.

한국은행, 2006. 「주요 경제지표 해설」.

한주성, 2006, 2009, 「경제지리학의 이해」, 개정판, 한울.

홍경희, 1993, 「도시지리학」, 법문사.

홍기용, 1990, 「지역경제론」, 박영사.

大友 篤, 1997, 「地域分析入門」, 東洋經濟新聞社.

Oppenheim, Norbert, 1980, *Applied Models in Urban and Regional Analysis*, Prentice-Hall, Inc.

Hufschmidt, M. M. et al., 1983, *Environment, Natural Systems, and Development: An Economic Valuation Guide*, Johns Hopkins University Press.

Isard, W., 1960, *Methods of Regional Analysis: An Introduction to Regional Science*, Cambridge: MIT Press.

Jones-Lee M. W., 1976, *The Value of Life: an Economic Analysis*, Chicago University of Chicago Press.

Ullman, E. L., M. F. Dacey and H. Brodsky, 1971, *The Economic Base of American Cities*, Seattle: University of Washington Press.

제 12 장 지역환경분석*

제12장에서는 환경가치의 추정방법과 환경영향평가에 대해 논의한다. 먼저 환경가치의 개념과 환경가치 평가의 필요성 및 유형을 살펴보고, 환경가치 추정방법인 가상가치평가법(CVM), 컨조인트분석법(CAM), 헤도닉가격법(HPM), 여행비용접근법(TCM), 회피행위모형(ABM), 생산함수접근법(PFA)에 대해 설명한다. 다음으로 환경영향평가의 의의와 내용 그리고 특징에 대해 살펴본다.

제 1 절 환경가치의 의의

1. 환경가치의 개념

경제학자들은 개별 소비자들의 선호체계를 통해 표현되는 화폐적 가치에 중점을 두고 있다. 이런 맥락에서 가치란 주체와 객체 사이의 상호작용에 의해서만 나타나는 것이기 때문에 가치란 어떤 사물의 고유한 질(intrinsic quality)을 나타내는 것이 아니다. 따라서 어떤 사물은 인간이라는 가치 판단자(human valuators)에 의한 소유가치의 인식에 대한 차이와 또한 서로 다른 가치평가기법에 따라서 수많이 부여된 가치를 가질 수 있는 것이다. 경제적 부여가치는 환경보전에 대한 개인의 보상지불의사(Willingness to Pay: WTP)와 환경악화에 대한 보상수용의사(Willingness to Accept: WTA)로 나타난다.

* 본 장은 이성근, 2006, 「국토와 환경의 이해」 영남대학교 출판부. 제4부 제5장과 이성근 외, 2014, 「공공투자분석론」, 집현재, 제2부 제6장에서 제9장을 수정・보완한 것임.

환경관련 문헌에서는 다음 세 가지의 기본적인 가치관계를 식별하고 있다. ① 개인의 선호를 통해 표시되는 가치 ② 사회적 규범을 통해서 표현되는 공공 선호가치, 그리고 ③ 생태계의 물적 기능가치(functional physical ecosystem value) 등이다. 생태지향주의자들은 인간이 소유하는 가치로 표현되는 제도적 가치와는 달리 본질적 가치, 선호와 관련되지 않은 가치의 구분을 강조하고 있다. 이들은 생태계 그 자체의 기능과 잠재력은 본원적 가치의 원천이라고 주장한다. 이러한 가치는 인간의 경험이 사멸된다고 하더라도 존재하는 것이다.

그러나 인간은 본원적 가치의 부분을 인간의 선호에 의해서-예를 들면, 다른 종(種)을 대신하여-평가할 수도 있으므로 경제학자들은 이러한 개념을 포괄하기 위해 존재가치(existence value)라는 용어를 사용한다.

수요곡선과 시장가격이 없는 상태 하에서도 여러 가지 비시장가치 측정방법들이 고안되어 왔다. 예를 들면, 여행비용법, 속성가격(hedonic price) 등이 광범위하게 응용되고 있다. 여러 문헌들은 비사용가치(non-use value: 유증(遺贈)가치와 존재가치)와 선택가치(option value)는 자연자원의 총 경제적 가치의 부분으로서 집계되어야 한다고 제안하고 있다.

총경제가치 = 총사용(자)가치 + 존재가치(본원적 가치: intrinsic value)

총사용가치 = 실제 사용가치 + 선택가치

선택가치 = 사용가치(개인)+사용가치(미래 세대)+사용가치(타인: 개인 대리가치)

자연에 존재하는 동식물은 인간의 생존을 위해 필수적이다. 실제 인류가 이용하고 있는 종의 수는 전체 종의 극히 일부분에 지나지 않는다. 유전공학 등의 발전과 함께 그동안 쓸모없는 것으로 알려진 동식물이 인간에게 큰 효용을 제공할 수도 있다. 이와 같이 과학기술의 불완전성에 따른 자연자원의 효용에 대한 불충분한 인식, 그리고 인간의 소득과 기호의 변화에 따른 자연자원의 가치상승 등을 고려한 선택가치 등이 자연의 경제적 이용에 앞서 충분히 고려되어야 할 것이다.

2. 환경가치평가의 필요성

환경가치의 평가는 개발로 인해 파괴되는 환경재의 가치를 손실로 간주함으로써 사회문제화되고 있다. 예컨대, 새만금간척사업의 경우 사업의 타당성이 쟁점이 된다. 이는 새만금간척사업으로 발생하는 환경파괴를 어디까지 비용으로 인정하느냐, 그리고 환경파괴의 가치를 얼마로 평가하느냐에 따라 사업의 타당성이 달라지기 때문이다.

흔히 사업의 타당성평가는 비용·편익분석을 통해 수행된다. 비용·편익분석이란 정부나 공기업이 수행하는 사업의 사회적 이익과 사회적 손실을 비교해서 경제적 타당성을 평가하는 기법이다. 여기서 사회적 이익과 사회적 손실이란 어떤 개인이나 개별기업의 입장이 아닌 국민경제 전체의 입장에서 본 이익과 손실을 의미한다(이정전, 2000). 이러한 비용·편익분석기법을 통해 사업의 타당성을 평가할 때, 환경파괴에 따른 가치손실 부문에 대한 평가는 매우 중요하다. 즉 환경파괴의 가치평가가 사업의 타당성을 결정짓는 절대적인 요인으로 작용할 수 있기 때문이다.

정부가 추진하는 대부분의 사업은 규모가 매우 큰 사업이다. 따라서 이들 사업으로 인해 환경파괴는 필연적으로 발생하게 된다. 사업시행으로 인해 발생되는 손실가치를 보다 정확히 계산해야 개별 사업에 대한 사업타당성을 엄격히 평가할 수 있다. 만일 환경가치를 충실히 반영하여 비용·편익분석을 수행한다면, 지금까지 추진해 온 대부분 사업의 타당성은 인정받지 못하였을 것이다. 앞으로 소득수준과 교육수준이 계속 높아지고 이에 따라 환경의식도 높아지면, 환경파괴적인 공공투자사업의 타당성은 더욱 떨어지게 될 것이다.

제 2 절 환경가치의 유형

환경가치는 크게 사용가치와 존재가치 혹은 비사용가치로 구분되고, 환경재가 가져다 주는 총가치는 사용가치와 존재가치의 합이 된다. 사용가치란 개인이 환경재를 물리적으로 이용하기 때문에 환경재에 부여하는 가치이고, 존재가치란 개인이 물리적으로 환경을 이용하지 않음에도 불구하고 환경재에 부여하는 가치이다.

사용가치는 다시 직접사용가치와 간접사용가치로 구분된다. 예를 들어, 하천이 제공하는 가치를 생각해 보자. 직접사용가치는 수상스키, 낚시 등과 같은 여가와 어로 및 항해와 같은 상업적 이용으로부터 얻어지며, 또한 식수 및 하수처리, 관개, 공업용수 등과 같은 물 자체의 소비를 통해서 얻어진다. 한편 하천은 아름다운 경관을 제공하는 경관의 가치와 철새 도래지를 형성하는 것과 같은 생태적인 가치를 가지는데, 이러한 경관이나 철새의 감상을 통해 얻어지는 편익은 하천의 간접사용가치라 할 수 있다.

개인이 물리적으로 환경을 이용하지 않았음에도 불구하고 환경에 부여하는 가치인 존재가치가 실제로 존재하는가에 관해서는 논란이 있다. 그러나 대부분의 환경경제학자들은 많은 사람들이 환경단체에 가입하거나 자신이 직접 감상할 수 없는 야생동물의 보호 등을 위해 기부행위를 하는 것을 고려할 때, 이러한 존재가치를 인정하여야 한다고 생각한다. 존재가치는 다시 대리소비로 인한 가치와 청지기적 가치로 구분되고, 후자는 다시 증유가치와 고유가치로 구분된다.

대리소비의 가치란 어떤 개인이 자신이 직접 환경재를 이용하지 않더라도 자신이 알고 있는 사람이나 혹은 일반 대중이 환경재를 소비할 수 있다는 사실 자체로부터 얻는 가치이다. 청지기적 가치란 보다 동태적인 개념으로서 환경재가 합리적으로 이용되어 미래세대를 위해서 보존된다는 사실 자체로부터 얻는 만족도를 의미한다. 보다 구체적으로 증유가치는 현세대의 노력에 의해 보존된 자연환경이 후세세대에게 편익을 가져다 준다는 사실로부터 얻게 되는 편익이다. 그리고 자연은 스스로 보존되어야 할 권리를 가지기 때문에 환경재를 현세대나 미래세대가 이용하든 하지 않든 상관없이 자연환경이 보존된다는 사실 자체가 가져다 주는 편익이 고유가치이다.

표 12-1 환경재의 가치유형

편익의 종류		예
사용가치	직접사용가치	수상활동
		물의 소비
	간접사용가치	경관의 가치
		생태적 가치
존재가치	대리소비로 인한 가치	가족 및 친지, 친구의 하천이용 일반대중의 이용
	청지기적 가치	가족이나 후세를 위해 자연보존 오지의 습지 등을 보존

제 3 절 환경가치의 추정

Freeman에 의한 환경가치의 추정기법은 시장적 방법, 현시선호법, 그리고 진술선호법으로 구분된다. 여기서 시장적 방법에는 피해함수, 생산함수, 비용함수 등이 있고, 현시선호법에는 휴양수요함수, 특성임금모형, 특싱가격모형, 회피행위모형 등이 있으며, 진술선호법에는 가상가치평가법과 가상순위평가법 등이 있다(국토연구원, 2006: 426-427).

그러나 일반적으로 환경가치를 평가하기 위해 사용할 수 있는 방법은 물리적 연계모형과 행태적 연계모형으로 구분된다. 물리적 연계모형은 환경재와 소비자의 후생 사이에 어떤 물리적 관계가 있다고 보고, 이러한 물리적 관계를 파악하여 환경가치가 인간에게 주는 가치를 평가한다. 예를 들어, 대기오염이 심해지면 호흡기 질환이 늘어나고, 이로 인해 의료비를 추가로 지출하여야 한다. 이 경우 대기오염을 줄어들게 하는 정책의 편익은 이로 인해 호흡기 질환이 줄어들면서 절약할 수 있는 의료비를 계산하여 구할 수 있다.

물리적 연계모형은 이와 같이 오염도와 피해간의 물리적 관계를 나타내는 피해함수를 직접 추정하여 환경재의 가치를 평가한다. 이 방법은 소비자들이 자신의 만족도를 극대화하기 위해 사유재와 환경재를 소비하는 행위를 분석하는 것이 아니라, 주로 환경의 질이 유발하는 물리적 피해를 직접 추정하여 편익을 분석하기 때문에 경제학자들이 선호하지 않는다. 물리적 피해를 직접적으로 추정하는 방법으로는 피해함수(damage function), 생산함수(production function), 비용함수(cost function) 등이 있다.

행태적 연계모형은 물리적 연계모형과는 달리 개인의 효용극대화 행위를 분석하여 환경재의 가치를 평가하기 때문에 경제학자들이 더욱 선호하는 방법이다. 이 방법은 다시 직접분석방법과 간접분석방법으로 나뉘고, 직접분석방법에는 가상가치평가법이 있고, 간접분석방법에는 여행자비용법, 헤도닉가격법, 회피행위모형 등이 있다.

1. 가상가치평가법(CVM)

가상가치평가법(Contingent Valuation Method: CVM)은 조건부가치평가법이라고도 하는데, 환경재 등과 같이 시장에서 거래되지 않는 재화의 가치를 측정하는 기법 중 하나이다. 즉 비시장재의 수요함수를 추정하는 기법이다.

가상가치평가법은 다양한 대상과 지역에 적용될 수 있다는 장점이 있고, 미시적 자료가 불충분한 경우에도 광범위하게 적용할 수 있으나, 분석결과가 여러 가지 편의에 의해 영향을 받는다는 단점도 가지고 있다. 따라서 어떠한 문제에도 적용될 수 있는 그러한 기법은 아니며, 비시장재의 시장을 가상할 수 있어야 하며, 동시에 이러한 가상적인 시장이 충분히 현실적으로 납득 가능하여야 한다.

CVM은 공공재의 가치를 추론하는 하나의 방법론으로 처음 제시되었고, 이후 환경문제와 관련된 여러 다양한 대상의 가치를 평가하려는 환경경제학의 측정방법의 하나로서 발전하였다. CVM의 요체는 체계적인 설문방법에 의해서 시민-소비자가 주어진 평가대상을 얼마의 화폐가치로 평가하는지 직접 물어보는데 있다. 즉 어떤 평가대상이 거래되는 시장이 존재하지 않을 경우, 현실적으로 존재하지 않는 가상의 시장을 응답자에게 묘사해 주고, 개인시민-소비자가 그 대상에 부여하는 가치를 직접 물어보는 것이다(김태윤 · 김상봉, 2004: 27-28). CVM의 측정대상에 대한 논의는 사용가치와 비사용가치, 수동적 사용가치, 선택가치(option value) 등 평가대상의 다양한 가치의 구성요소 중 어떤 가치를 평가할 것인가의 문제와 지불의사액(WTP)과 수취의사액(WTA) 중 어떤 개념을 평가대상 가치의 대용치로 사용할 것인가 하는 문제이다. 가상가치평가법에서는 비시장재의 소비량 변화에 따른 한계지불의사액을 설문조사방법을 통하여 직접적으로 추정하는 방법을 택한다. 이 때 지불의사액(WTP)은 미시경제학의 소비자이론이라는 강력한 이론적 배경을 지니고 있다.

가상가치평가법은 여행자비용법과 헤도닉가격법과는 달리 환경재의 소비와 관련하여 각 개인이 실제로 행한 선택을 분석하여 환경재의 가치를 평가하고, 환경재의 가치를 보다 직접적으로 개인에게 물어보아 구하는 방법이다. 그런 만큼 이 방법은 원칙적으로는 자연휴양지, 경관, 습지, 대기 및 수질, 산림보호, 야생동물보호 등과 같은 어떤 종류의 환경재의 가치평가를 위해서도 사용될 수 있다.

2. 컨조인트분석법(CAM)

1) 컨조인트분석법(CAM)의 개념

컨조인트분석(Conjoint Analysis Method: CAM)은 진술적 선택법(stated choice or attribute-based methods)이라고도 한다. 다양한 속성을 가진 재화의 가치평가에 유리하여 최근 다양한 편익을 가져다주는 환경재 가치평가에 특히 더 많이 사용되고 있다. 마케팅과 교통경제학에서 시장재화의 특성별 화폐적 가치를 도출하기 위해 개발된 분석법에서 시작하였다. 기본적으로 CAM은 CVM과 같이 가상적인 상황을 제시한다는 데에는 변함이 없다. 그러나 CAM은 현 상태외의 다른 한 가지 대안만 제시하는 CVM과 달리 여러 개의 대안을 응답자에게 제시한다. 또한 CVM이 대안에 대한 화폐적 가치를 직접적으로 질문하는 대신, CAM에서는 여러 속성들의 다양한 값의 조합과 그에 따르는 비용을 대안 안에 함께 제시하고 선호하는 대안을 택하게 한다. 이에 따라 단일속성의 비시장재화의 일회적인 변화에만 가치측정이 가능한 CVM의 한계점을 극복하고 다수 속성들의 여러 수준과 그에 따라 변화하는 WTP간의 상충 관계를 분석함으로써 각 속성의 경제적 가치를 측정하는 것이 가능하다.

또한 CVM에서 흔히 발생할 수 있는 yea-saying과 nay-saying 편의를 방지할 수 있고, 연구하는 비시장재 공급의 대안들을 비교함에 있어서 각 속성들의 수준이 구체적으로 비교되기 때문에 도출된 WTP의 근거가 CVM보다 더 구체적이다. 이는 설문조사시 응답자의 어려움을 줄여주고 거절할 확률을 줄일 수 있다.

2) 컨조인트분석법의 특징과 유형

(1) 특징

CVM과 달리 CAM에서는 실험설계법(experimental design)에 따라 다수의 대안을 설계해야 한다. 즉, CAM에서 여러 속성변수 및 수준들에 따라 차별화된 선택대안집합(choice sets)을 설계하는 것을 실험계획법이라 한다. 실험계획을 위해서는 우선 분석할 대상이 가진 속성의 종류와 개별 속성들의 수준을 정해야 한다. 일반적으로 4~5개 정도의 속성을 선택하며 연구 목적에 따라 각 속성별로 2개 이상의 다양한 수준을 선택한다. 이때, CVM과의 중요한 차이는 대안에 별도의 속성으로서 비용을 포함한다는 것이다. 따라서 설문의 응답자는 자신의 효용을 극대화하되 비시장재에 대한 선호도와 자신의 예산제약을 동시에 고려하여야 한다. 각 대안에 대한 비용은 선행연구에 근거하여 개략적으로 정한다. 예를 들어, 비용을 포함하여 n개의 속성이 있다고 가정하고 각 속성은 각각 m개의 수준으로 나뉜다고 하자. 총 사용 가능한 대안은 총 m^n개다. 모든 가능한 대안들을 제시하는 실험설계를 완전요인실험(full factorial design)이라 한다. 완전요인실험법을 사용하면 정보의 소실이 없다는 장점이 있지만 너무 많은 개수의 대안을 응답자에게 제시하게 됨으로써 응답자에게 인지적 부담을 안겨줄 뿐만 아니라 설문조사의 비용 면에서도 부담이 될 수 있다.

이러한 문제점을 해결하기 위해서 전체 집합 중 선택대안집합을 도출하게 된다. 그러나 무작위로 선택대안들을 선택할 시에는 속성들의 수준이 충돌하는 비현실적인 대안 또는 다른 대안들에 비해 언제나 우위를 차지하는 대안이 포함되어 비효과적인 설문조사를 수행하게 된다.

따라서 최적화된 설문조사를 위해서 전체 선택대안들 중에서 부분요인실험(fractional factorial design)을 통해 최소로 선택된 일부 대안 집합만을 유도하는 것이 일반적이다. 부분요인실험법 중 주로 사용되는 방법은 직교계획(orthogonal design)과 효율적 계획(efficient designs)이다. 특히 직교계획(orthogonal design)은 속성들의 수준이 서로 직교 교차하여 서로 상관성이 없는 속성들의 조합을 뽑아내는 방법을 말한다. 통계학적으로 두 변수가 서로 독립일 때 직교(orthogonal)하는데, 따라서 속성들 간에 높은 상관관계가 있는 선택 대안을 배제시킬 수 있는 통계학적 설계라 하겠다. 이러한 실험설계는 SPSS나 SAS와 같은 통계 소프트웨어에서 수행될 수 있다.

일반적으로 응답자들은 통계적인 설계이론에 의해 도출된 일부 선택대안들 중 2개의 대안과 '현 상태(status quo)'를 표시하는 대안 중 하나의 대안을 선택하도록 한다. 이렇게 3개의 대안으로 구성된 질문을 선택 카드라 한다. 예를 들어 직교설계를 통해 10개의 선택대안집합이 도출되었다고 하자. 이 중 2개의 대안과 '현 상태' 대안은 하나의 선택카드를 구성한다. 따라서 직교계획으로 도출된 선택대안집합으로 총 5개의 선택카드를 만들 수 있다.

(2) 유형

CAM은 네 가지 유형으로 나눌 수 있다. 먼저 대안들 중 가장 선호되는 하나의 대안만을 택하도록 응답자를 유도하는 조건부선택법(contingent choice method)이 있다. 이 방법은 선택실험법(choice experiment)이라고도 한다. 이 외에 모든 대안에 대하여 응답자에게 선호하는 순서에 따라 순위를 결정하도록 하는 조건부순위법(contingent ranking method)과 점수를 매기도록 하는 조건부점수법(contingent rating)이 있다. 대응비교법(pairedcomparison method)은 두 가지 대안을 제시하고 응답자가 각 대안에 등급을 부여하는 방식이다. 그러나 이들 방법 중 조건부 선택법이 유일하게 후생경제학 이론의 근간과 일치한다.[2)]

이 외에도 가상행위평가법(contingent behaviour or contingent activity)은 환경재의 가상적 변화에 따른 응답자의 행동적 변화에 중점을 둔다. 이 가상적 행동변화의 자료를 바탕으로 시장에서 현시된 속성변화의 화폐적 가치를 측정한다. 예를 들어, 휴양지를 특징짓는 어느 특성의 가상적 변화와 그에 따른 가상적 수요 변화를 통해 그 특성이 가지는 가치를 구할 수 있다. 여행비용법의 방법론과 같지만 실제 일어난 변화가 아니며 행동 또한 가상의 답변이라는 사실이 다르다.

3. 헤도닉가격법(HPM)

헤도닉가격법(Hedonic Price Method: HPM)은 환경재의 비시장적 특질의 내재가치를 간접적으로 추정하기 위한 방법이다. 헤도닉가격법을 이용한 편익추정방법은 크게 두 단계로 나누어지는데, 첫 번째 단계는 각 특성의 한계내재가격을 추정하고, 두 번째 단계에서는 추정된 가격을 그 특성 외의 다른 모든 특성들에 회귀시킴으로써 그 특성에 대한 수요곡선을 추정한다. HPM은 토지시장이나 주택시장 등을 환경가치에 대한 대체시장으로 이용하여 환경가치를 추정하게 해 준다. 즉 주택을 소유하는 소비자는 효용을 주택 그 자체에만 얻는 것이 아니라 그 주택이 가지고 있는 여러 가지 특성(주택규모, 주택환경, 지역의 교육환경, 자연환경 등) 등을 통하여 얻게 된다는 헤도닉가설을 적용하여 부동산가격에서 환경가치를 분리해 내는 방법이다.

예컨대 경관의 화폐적 가치를 주택시장에서 도출하기 위해 다음과 같은 주택가격방

---

2) 이는 조건부 선택법만이 '현 상태(status quo)'의 속성 수준으로부터 변화된 상태에 대한 WTP를 추정하게 하는데, 이렇게 추정된 WTP가 후생경제학 원리의 보상잉여(compensating surplus: CS)와 일치하는 개념이기 때문이다. 조건부 순위법의 경우 대안들 중 현실에서 실현가능한 대안이 있는 경우에만 후생경제학과 일치하는 WTP를 추정해낼 수 있다.

정식을 가정해 볼 수 있다.

$$P_h = f(S, N, A, Q)$$

여기서 종속변수인 P_h는 주택가격이고, S는 주택의 특질(면적, 방수 등), N은 지역특성(범죄율, 학군 등), A는 거주편의성(시장접근도, 도로접근도 등), Q는 환경질(대기질, 소음, 경관 등)을 나타내는 변수이다. 주택가치방정식 P_h를 환경질 변수인 Q에 대해 편미분하여 환경질의 한계내재가치(marginal implicit value of environment)를 구할 수 있다. 즉 Q의 한계내재가격을 P_q라고 하면 $\alpha P_h/\alpha Q = P_q(S, N, A, Q)$가 성립된다. 이때 한계내재가격은 환경질 한 단위를 개선하기 위해서 개인이 지불하고자 하는 한계지불의사와 일치한다. 그리고 이 추정된 가격을 다른 모든 특성들에 대해 회귀시킴으로써 그 특성에 대한 수요곡선을 추정할 수 있다. 단 헤도닉함수를 추정하는데 있어 주의하여야 할 점은 함수형태에 관한 설정인데, Box-Cox 함수로 전환시키는 것이 일반적이다. 모든 단계를 거쳐 Q에 대한 수요함수가 개인별로 추정되었다면 ΔQ만큼 환경질이 개선되었을 때의 편익은 수요곡선 이하의 면적으로 측정할 수 있다.

헤도닉가격법은 대기질 등 환경개선에 대한 편익추정에 많이 사용되어 왔다. 그러나 이 방법은 가계의 주거선택결과에만 의존하므로 공원, 기타 위락시설 등 그 지역내 다른 지점에서의 환경질 개선에 대한 가계의 선택을 포착하지 못한다. 그리고 이 방법은 사람들의 구체적인 행동반응에 기초한 것이므로 건강에 미치는 장기적 효과 등에 관한 사항은 제대로 반영하지 못한다. 또한 변수선택에 의해 결과가 예민하게 변화하고, 추정방법에 따라 추정치가 편향될 가능성이 크다. 그러나 보다 근본적으로 이 방법은 시장자료를 이용하는 만큼 시장이 규제되거나 왜곡된 상태 하에서 환경가치를 추정할 수 없다는 단점이 있다.

4. 여행비용접근법(TCM)

여행비용접근법(Travel Cost Method: TCM)은 레크리에이션과 관련된 재화와 서비스를 평가하는데 선진국에서 널리 사용되어지고 있다. 1950년대 후반에서 1960년대에 개발된 이 기법은 관찰된 행동에 근거하여 입장료, 사용료 대신에 가변적인 여행비용을 이용하여 수요곡선을 도출함으로써 가격이 없는 환경재의 가치를 구할 수 있다는 판단을 전제로 하고 있다. TCM은 비시장재화의 측정기법 중 가장 오래된 기법으로서 레크리에이션 시설이나 문화·관광유적 등의 가치를 소비자의 현시된 선호가 실현된 자료를 이용하여 간접적으로 도출하는 방법이다.

여행자비용법은 공원, 호수, 야영장 등과 같은 여가시설의 개선으로 발생하는 편익을 추정하는 방법으로 널리 이용되고 있다. 이 방법의 기본적인 틀은 어떤 위락지역의 시설을 이용하기 위해 사람들이 얼마의 액수를 지불할 용의가 있는지를 추정하기 위하여 그 위락지역에 도달하는데 소요되는 시간과 비용에 관한 정보를 이용하는 것이다.

이 방법의 적용을 위해 먼저 위락시설의 방문객들로부터 여행경비, 여행기간, 연령, 소득, 직업 등에 관한 자료를 설문조사한다. 다음 단계에서는 방문객의 방문을 종속변수로 하고, 설명변수인 여행비용, 사회경제적 변수를 이용하여 방문율 방정식을 추정한다. 이 방정식으로부터 위락지에 대한 수요함수를 구한 후 총수요곡선 아래의 면적을 더하여 위락지 방문에 따른 총편익을 추정하게 된다.

이 방법은 미국연방수자원프로젝트의 옥외위락시설이나 서비스의 편익을 추정하기 위한 가상가치측정법과 함께 미국수자원위원회가 공인한 가치추정기법 중의 하나이다. 여행비용접근법은 낚시, 사냥, 삼림욕 등 실외 레크리에이션의 가치를 측정하는데 널리 사용된다.

Smith와 Kaoru(1888)의 연구결과 여행자비용법을 적용한 연구들이 결과면에서 양면성을 지니고 있고, 여행시간의 처리방식, 대체재의 영향, 함수형태의 선택에 의해 결과가 큰 영향을 받는다는 사실을 확인하였다. 이 방식의 단점은 다목적 여행인 경우 각 목적간 비용의 배분이 어렵고, 추정치의 의미가 명확하지 않는 등 문제점을 가지고 있고, 존재가치 등 비사용편익을 추정할 수 없다는 단점이 있다.

개발프로젝트에 의해 위협받는 문화재나 역사적 사적의 가치 또한 이 여행비용기법에 의해 분석 가능하다. 그러나 이렇게 하여 산출된 가치는 당해 자원전체를 대상으로 한 것이 아니며, 최저평가치인 것을 인식하지 않으면 안 된다.

5. 회피행위모형(ABM)

개인은 환경오염으로 인해 발생하는 위험도를 사전에 줄이기 위해 방어행위를 할 수도 있고, 이미 발생한 환경피해를 완화하기 위한 회피행위를 취할 수 있다. 회피행위모형(Averting Behavior Model : ABM)은 주로 환경재와 시장재 사이의 대체관계를 이용해 환경재의 가치를 평가하는 방법이다(국토연구원, 2006: 448). 이 모형은 대기오염과 같은 총체적 환경질과 사무실내 공기처럼 각 개인이 접하는 개인적 환경질을 구분하고, 각 개인은 개인적 환경질의 변화로 인해 효용변화를 경험한다고 가정하고 있다. 각 개인은 총체적 환경질이 악화되면, 자신의 개인적 환경질이 동시에 나빠지는 것을 방지하기 위해 공기정화와 같은 오염완화수단을 구입하는데, 이러한 완화행위를 분석해 총체적 환경질 개선의 편익을 분석할 수 있다.

그러나 회피행위모형은 회피행위의 비결합성의 문제점을 내포하고 있다. 비결합성 가정이란 오염피해를 회피하거나 완화하기 위한 행위는 오염피해완화기능밖에 하지 않는다는 가정이다. 예컨대 실내공기를 외부의 오염된 공기와 차단하기 위해 에어컨을 가동하는 경우, 에어컨은 실내공기의 정화기능도 하지만, 실내온도를 낮추어 쾌적함을 가져다주기도 한다. 따라서 대기정화만을 에어컨의 기능으로 인정해 에어컨 사용량과 대기오염의 관계를 추정할 경우 오류가 발생할 수도 있다.

6. 생산함수접근법(PFA)

생산함수접근법(Production Function Approach: PFA)에서는 기업의 생산 활동에 환경질의 변화가 미치는 영향을 생산성 비교를 통해 측정한다. 즉 환경을 생산의 투입요소 중 하나로 보고 환경의 개선 또는 악화로 발생하는 생산성 변화를 추정하여 환경가치를 분석한다. 이때 생산성의 변화는 생산함수(production function)를 이용하여 구할 수 있다. 예를 들어, 토양오염이나 수질오염으로 농작물 또는 수산물의 산출량이 감소하였다면 토양의 질이나 수질은 농작물 및 수산물의 생산 요소 중 하나로 이들 환경재 악화의 화폐적 가치는 생산함수를 이용하여 구할 수 있다. 그러나 환경 악화로 생산성이 달라지면 이로 인해 생산자의 공급곡선 및 수요곡선이 또한 달라질 수 있다. 이는 곧 시장균형 자체를 변화시킬 수 있다. 따라서 환경 악화로 달라진 새로운 균형을 구해야 하며, 이를 초기의 균형상태와 비교하여 환경재의 가치를 평가할 수 있다.

제 4 절 환경영향평가*

1. 환경영향평가의 의의

환경영향평가는 개발이 환경에 미칠 부정적 영향을 사전에 예방하기 위한 제도이다. 환경영향평가는 자연과정(natural process)과 인간활동(human activities)간의 경제적·사회적·생태적 지속성의 확보와 조화로운 실현을 위해 환경을 고려한 개발계획의 수립과 의사결정을 지원하는 사회적 절차라 할 수 있다. 즉, 개발계획 수립과 이를 시행하는 과정에서 해당사업의 경제성과 환경성을 동시에 고려하여 지속가능한 사업계획 수립과 이행을 도모하기 위해 거쳐야 하는 일종의 의사결정과정이다.

환경영향평가는 1977년 「환경보전법」을 제정하면서 도입되었다. 이후 1990년 「환경정책기본법」 제정 등을 거쳐 1993년에 대규모 개발사업의 환경영향평가를 대폭 개선하여 별도의 「환경영향평가법」을 제정하였다. 1999년에는 「환경·교통·재해 등에 관한 영향평가법」을 제정하여 환경, 교통, 재해, 인구에 관한 영향평가를 통합하여 운영하다가 2990년 교통, 재해, 인구에 관한 영향평가를 분리하여 환경영향평가제도만을 규정하는 「환경영향평가법」을 개정하였다. 2011년에는 「환경정책기본법」에 따른 사전환경성 검토와 「환경영향평가법」에 따른 환경영향평가를 하나의 법률로 규정하고자 또다시 「환경영향평가법」을 개정하였다. 개정된 「환경영향평가법」에서는 종전 「환경정책기본법」상 사전환경성 검토를 전략환경영향평가, 환경영향평가, 소규모 환경영향평가로 구분되었다.

2. 주요 내용과 특징

1) 전략환경영향평가

전략환경영향평가는 환경에 영향을 미치는 지역개발 계획을 수립할 때 환경보전계

---

* 본 절은 이성근 외, 2013, 「최신지역개발론」, 도서출판 집현재. 제4부 제4장을 수정·보완한 것임.

획과의 부합여부를 확인하고 정책대안의 선정・분석 등을 통해 해당 계획의 적정성 및 입지타당성을 검토하는 것이다. 전략환경영향평가의 시행은 개발사업 관련 상위 행정계획부터 소규모 개발사업에 이르기까지 지속가능한 개발을 담보하는 제도로서 중요한 의미가 있다.

전략환경영향평가는 도시개발, 산업단지 조성, 도로건설, 철도건설, 공항건설, 수자원 개발, 산지개발, 체육시설 설치 등에 관한 계획을 수립할 때 그 해당하는 행정기관의 장이 실시해야 한다. 전략환경영향평가 대상계획은 다음과 같이 구분된다.

첫째, 정책계획을 들 수 있다. 정책계획은 국토의 전 지역이나 일부 지역을 대상으로 개발 및 보전 등에 관한 기본방향이나 지침 등을 일반적으로 제시하는 계획을 말한다.

둘째, 개발기본계획을 들 수 있다. 개발기본계획은 국토의 일부 지역을 대상으로 하는 계획으로서 구체적인 개발구역의 지정에 관한 계획, 개별 법령에서 실시계획 등을 수립하기 전에 수립하여 실시계획의 기준으로 작용하는 계획을 말한다.

2) 환경영향평가

환경영향평가는 환경에 영향을 미치는 실시계획・시행계획 등의 허가, 인가, 승인, 면허 또는 결정 등을 할 때에 해당 사업이 환경에 미치는 영향을 미리 조사・예측・평가하는 제도이다. 이를 통해 개발사업에서 환경파괴를 최소화하거나 제거시킬 수 있는 방안을 마련할 수 있다.

환경영향평가는 도시개발사업, 산업단지 조성사업, 도로건설사업, 철도건설사업, 공항건설사업, 수자원개발사업, 산지개발사업, 체육시설 설치사업 등에서 사업시행자가 실시해야 한다. 환경영향평가의 세부평가항목은 자연생태환경분야, 대기환경분야, 수환경분야, 토지환경분야, 생활환경분야, 사회 및 경제환경분야 등의 여섯 개 분야이다.

환경영향평가를 위해 사업시행자는 환경영향평가서 초안을 작성하여 주민 등의 의견을 들어야 하며, 계획 또는 사업에 대하여 승인 등을 하는 기관의 장은 환경영향평가 대상사업에 대한 승인이나 확정하기 전에 환경부장관에게 협의를 요청하여야 한다. 환경부장관이 협의를 요청받으면 주민의견 수렴절차 등의 이행여부, 환경영향평가서의 내용 등을 검토하여야 하며, 환경영향평가서 혹은 사업계획의 보완・조정을 요구할 수 있다.

사업시행자는 사업계획 등을 시행할 때, 사업계획에 반영된 협의내용을 이행하여야 하며, 해당 사업을 착공한 후에는 그 사업이 주변 환경에 미치는 영향을 조사하고, 그 결과를 환경부장관, 승인기관의 장에게 통보하여야 한다.

표 12-2 전략환경영향평가와 환경영향평가의 비교

구 분	전략환경영향평가	환경영향평가
성격	· 지속가능발전, 환경적 연관성 규명	· 환경상 영향에 대한 구체적 규명
특징	· 환경적 합목적성 충족과 자연환경시스템의 유지에 중점	· 환경영향 최소화 방안에 중점
내용	· 광범위한 잠재적 대안 고려	· 대안검토 곤란
시기	· 의사결정 초기단계	· 의사결정 마지막 단계
주체	· 행정기관의 장	· 사업시행자
대상	· 101개 행정계획	· 77개 개발사업

3) 소규모 환경영향평가

소규모 환경영향평가는 환경보전이 필요한 지역이나 난개발이 우려되어 계획적 개발이 필요한 지역에서 개발사업을 시행할 때에 입지의 타당성과 환경에 미치는 영향을 미리 조사·예측·평가하여 환경보전방안을 마련하는 것을 말한다.

소규모 환경영향평가는 다음에 해당하는 개발사업의 시행자가 실시한다. 즉, ① 보전이 필요한 지역과 난개발이 우려되어 환경보전을 고려한 계획적 개발이 필요한 지역으로서 대통령령으로 정하는 지역에서 시행되는 개발사업, ② 환경영향평가 대상사업의 종류 및 범위에 해당하지 아니하는 개발사업으로서 대통령령으로 정하는 개발사업이 해당된다.

한편, 사업시행자는 소규모 환경영향평가 대상사업에 대한 승인 등을 받기 전에 소규모 환경영향평가서를 작성하여 승인기관의 장에게 제출하여야 하며, 승인기관장 등은 소규모 환경영향평가 대상사업에 대한 승인 등을 하거나 대상사업을 확정하기 전에 환경부장관에게 소규모 환경영향평가서를 제출하고 소규모 환경영향평가에 대한 협의를 요청하여야 한다. 환경부장관은 소규모 환경영향평가서를 검토한 결과 소규모 환경영향평가서 또는 사업계획 등을 보완·조정할 필요가 있는 등 대통령령으로 정하는 사유가 있는 경우에는 승인기관장 등에게 소규모 환경영향평가서 또는 해당 사업계획의 보완·조정을 요청하거나 보완·조정을 사업자 등에게 요구할 것을 요청할 수 있다.

탐구학습

1. 주요 개념
   - 환경가치의 개념과 유형
   - 환경가치의 추정방법
   - 조건부가치평가법
   - 여행자비용법
   - 헤도닉가격법
   - 회피행위모형
   - 환경영향평가
   - 전략환경영향평가

2. 토론과 과제
   - 환경가치 평가의 필요성과 유형에 대해 설명하시오.
   - 환경가치평가의 사례를 들어 설명하시오.
   - 공원의 가치평가에 적합한 기법과 적용방법에 대해 설명하시오.
   - 우리나라 환경영향평가제도의 변화과정에 대해 설명하시오.
   - 환경영향평가제도의 문제점과 개선방안에 대해 설명하시오.

참고문헌

김태윤 · 김상봉, 2004, 「비용 · 편익분석의 이론과 실제」, 서울: 박영사.
국토연구원, 2006, 「공간분석기법」, 서울: 한울.
권오상, 1999, 「환경경제학」, 서울: 법문사.
김홍배, 2003, 「정책평가기법」, 서울: 나남출판.
박희정, 1997, 「편익분석을 통한 지방공공시설의 투자결정」, 한국지방행정연구원.
이성근, 2006, [국토와 환경의 이해」, 영남대학교 출판부.
이성근 외, 2013, 「최신지역개발론」, 서울: 도서출판 집현재.
이성근 외, 2014, 「공공투자분석론」, 서울: 도서출판 집현재.
이정전, 2000, 「환경경제학」, 서울: 박영사.
大野榮治, 2000, 「環境経済評価の實務」、けい草書ほう.
栗山浩一, 2000, 「図解環境評価と環境會計」、日本評論社.

竹内憲司, 1999,「環境評価の政策利用」、けい草書ほう.

Dixon, John A., 1986, *Economic Analysis of the Environmental Impacs of Developmnet Projects*(長谷川弘、1991, 環境はいくらか).

_______, 1990, *Economic Valuation Techniques for the Environment*(長谷川弘、1993, 環境の経済評価テクニック).

http://www.law.go.kr(국가법령정보센터)

http://www.me.go.kr(환경부)

제 13 장 경제성분석: 비용 · 편익분석*

제13장 경제성분석에서는 공공투자사업의 타당성을 분석하기 위해 사업에 소요되는 모든 비용과 편익을 체계적으로 계산하고 비교하는 기법인 비용 · 편익분석에 대해 살펴본다. 먼저 비용 · 편익분석의 의의와 절차를 살펴보고, 비용 · 편익분석의 기초이론으로 비용과 편익의 판별, 사회적 할인율의 결정, 잠재가격의 추정, 민감도 분석에 대해 논의한다. 그리고 비용 · 편익분석방법인 순현재가치(NPV), 편익비용비(B/C Ratio), 내부수익률(IRR)을 설명한다. 끝으로 비용 · 편익분석의 한계와 해결방안에 대해 논의한다.

제 1 절 비용 · 편익분석의 개요

1. 비용 · 편익분석의 의의

비용 · 편익분석(cost-benefit analysis)은 공공분야에서 정해진 목표를 달성하기 위하여 예상되는 여러 가지 대안들(alternatives)에 대하여 각각의 비용과 편익을 측정하고 비교 평가하여 최선의 대안을 도출하는 기술적 방법이다. 보다 간단히 정의하면 특정사업에 소요되는 모든 편익과 비용을 체계적으로 계산하여 비교하는 기법이다.[1] 이러한 비용 · 편익분석은 사업으로 인해 발생하는 모든 비용과 편익을 화폐로 측정한다. 따라서 화폐로 측정하기 어려운 무형석 편익까지도 가급적 화폐로 측정하고자 노력한다. 그렇기 때문에 비용 · 편익

* 본 장은 이성근, 2006, 「정책계획론」, 법문사, 제5편 제4장과 이성근 외, 2014, 「공공투자분석론」, 집현재, 제2부 제2장을 수정 · 보완한 것임.

1) 비용 · 편익분석은 다음과 같이 간단히 정의할 수 있다. “Cost-benefit analysis is a set of procedures for defining and comparing benefits and costs”.

분석에서 의사결정의 기본원칙은 가장 큰 순편익을 제공해 주는 대안을 선택한다.

이러한 비용·편익분석은 다음과 같은 세 가지 특징을 가지고 있다. 첫째, 비용·편익분석은 그 사업으로 인하여 사회에서 발생하는 모든 비용과 편익을 측정하려고 한다. 따라서 금액으로 측정할 수 없는 불가시적 요소까지도 측정한다.

둘째, 비용·편익분석은 경제적 합리성을 중시한다. 따라서 경제성 또는 경제적 효율성의 기준이 가장 많이 사용된다. 특정 대안의 총편익에서 총비용을 뺀 순이익이 영보다 크거나, 다른 대안의 순편익보다 커야 경제적 합리성이 있는 것으로 판단한다.

셋째, 비용·편익분석은 정책 제안을 위한 분석의 기준으로 민간시장을 사용한다. 기회비용도 사경제부문에 투자할 경우 얻을 수 있는 순편익에 입각하여 계산한다.

한편 비용·편익분석은 기업차원의 재무적 분석과는 달리 사회적 관점 또는 국민경제 전체의 관점에서 비용과 편익을 파악한다. 따라서 민간기업에서 새로운 사업을 추진할 때 사용하는 타당성 검토와 비교할 때, 접근방법은 비슷하지만 근본적으로 차이가 있다. 즉 사회전체적 관점에서 편익이란 특정사업의 국민생산에 대한 공헌을 뜻하며, 비용이란 국가자원의 낭비를 의미하게 된다.

2. 비용·편익분석의 절차

공공부문 투자사업의 평가절차는 민간부문 투자사업의 평가절차와 대체로 유사하나 비용과 편익의 측정을 위한 항목이나 할인율의 결정 등이 민간부문의 그것과는 크게 다르다. 일반적으로 비용·편익분석의 절차는 네 단계로 시행된다(김종순, 2001: 204; 김동건, 1997: 200).

첫째, 사업목표의 설정과 규명
둘째, 각 대안의 모색(대안의 식별과 추정)
셋째, 각 대안들의 편익과 비용의 추정, 평가 및 환산
넷째, 대안의 선택

보다 광의로 해석하면, 세 단계로 구분되는데, 첫번째 단계는 정책목표를 정확히 정의하고 달성 가능한 대안을 탐색하는 단계이다. 두번째 단계는 탐색한 대안에 대해서 정확하게 비용과 편익을 계산하는 단계이다. 마지막 단계는 정책결정자가 결정을 위한 기준 또는 방법을 선택하고, 이에 의하여 최적대안을 결정하는 단계이다.

제 2 절 비용 · 편익분석의 기초

1. 비용 · 편익의 판별

1) 비용 · 편익 판별의 의의

비용 · 편익분석은 계획이 사회적으로 가져오는 편익과 경제적 또는 사회적 비용이 어느 정도인지를 분석하는 과정이다. 즉, 계획성과를 분석하기 위하여 그 계획의 비용과 편익이 어떤 것인지를 확인하여야 한다.

계획이 금전적이거나 다른 계량적인 수치로 나타날 수 있는 것인지 또는 계획과 직접적으로 관련된 비용과 편익인지를 확인하여야 한다. 어떠한 비용과 편익의 항목을 사용하느냐에 따라 계획성과가 다르게 나타날 수 있다. 또한 계량화할 수 없는 효과들도 고려하여야 하며 금전적인 효과라도 그 효과가 이중으로 계산되지 않게 하여야 하며 사회구성원 간의 편익과 비용의 단순한 이전소득 등은 배제하여야 한다.

따라서 계획성과, 즉 계획이 가져오는 편익과 그 비용이 정확하게 확인되어야 올바른 계획평가가 가능하기 때문에 계획의 편익과 비용의 형태를 파악하는 것이 중요하다. 모든 계획은 일련의 편익을 창출한다. 그러한 편익에서 계획의 제반비용을 공제한 순편익이 어느 정도인지 확인하기 위하여 비용 · 편익분석을 사용한다. 이러한 편익과 비용을 비교하기 위한 공통된 척도를 필요로 하게 되며 그 척도로 화폐적 가치가 이용된다.

2) 비용과 편익의 판별

이윤극대화를 추구하는 민간부문의 투자에서 순편익을 계산할 때 오직 사적비용과 사적편익만을 고려한다. 그러나 공공부문에서 의사결정을 할 때에는 사회구성원 전체의 이익을 고려해야 하므로 공공부문 계획의 경우 직접적 편익과 비용 이외에도 다른 유형의 편익과 비용이 고려되어야 한다.

계획결정에서 비용과 편익의 형태를 파악하고 나면, 이들을 평가할 수 있는 적절한 가격을 결정해야 한다. 이때 유형적인 편익이나 비용의 경우 시장가격이 존재하나, 무형적이거나 간접적이고 외부적인 비용과 편익은 시장가격이 존재하지 않기에 평가에 어려움이 있다. 또한 시장가격이 존재할 경우에도 시장이 완전하지 않으면 시장가격이 자원의 정확한 기회비용을 반영하지 못하므로, 사회적 편익과 비용을 정확하게 평가하지 못하는 문제점이 있다.

표 13-1 비용과 편익의 판별

실질적 비용과 편익	내부적 비용과 편익	직접적 비용과 편익	무형적 비용과 편익
· 국민생산 또는 사회적 후생증가를 통한 이익 · 자원의 기회비용	· 공공사업 자체에서 발생하는 내부적인 비용과 편익	· 공공사업의 일차적 목교와 관련된 비용 및 편익	· 시장가격으로 평가될 수 없는 비용과 편익
금전적 비용과 편익	**외부적 비용과 편익**	**간접적 비용과 편익**	**유형적 비용과 편익**
· 공공사업으로 발생한 화폐적인 비용과 편익	· 공공사업으로 발생하는 간접적인 사업효과로 금전적인 성격을 갖지 않는 것이 많음	· 공공사업의 2차적인 목표의 성격을 갖는 것으로 유발효과, 연관효과의 성격을 가짐	· 시장가격으로 평가될 수 있는 비용과 편익

자료: R. Mayer, 1985.

2. 사회적 할인율의 결정

1) 사회적 할인율의 의의

공공투자사업의 경제적 타당성 평가 시 편익과 비용의 추정치를 현재가치로 환산하여 편익/비용 비율을 구하는 과정에서 활용되는 것이 사회적 할인율(social discount rate)이다. 할인율이란 현재재와 미래재 간의 교환비율로써 미래의 편익과 비용을 현재가치로 환산할 때 적용하는 이자율을 의미한다. 그리고 사회적 할인율이란 공공투자사업의 속성상 그 대상이 사회전체가 되므로, 사회전체의 시간적 투자가치가 반영된 할인율을 의미한다.

공공사업의 편익과 비용은 수년에 걸쳐 발생하지만, 그에 대한 타당성 여부는 현재시점에서 평가되어야 한다. 따라서 미래에 발생하는 편익과 비용을 현재가치로 환산할 때 적용되는 것이 바로 사회적 할인율이다.

이러한 사회적 할인율은 사회내 구성원들이 동의할 수 있는 할인율을 사용해야 하나, 개개인들이 지니고 있는 시간의 투자가치가 개인의 선호도에 따라 달라지므로 사회내 구성원들이 모두 공감할 수 있는 할인율을 찾기가 어렵다.

그러면 이러한 할인율의 크기는 어떻게 결정되는지 알아보자. 높은 할인율은 편익이 단기간에 걸쳐 집약적으로 발생하는 단기투자에 유리하지만, 현재가치를 감소시켜 꼭 필요한 사업이 시행되지 않을 수도 있다는 단점이 있다. 반대로 낮은 할인율은 장기간에 걸쳐 편익이 발생하는 장기투자에 유리하지만, 지나치게 낮은 할인율은 불필요한 사업에 타당성을 부여하는 오류를 범할 수 있다. 그래서 적정할인율의 선택은 매우 중요한 일이다.

2) 사회적 할인율의 유사개념

사회구성원들의 시간적인 투자가치에 대한 개인적인 선호가 다르므로 사회전체 구성원들이 공감하는 시간적 투자가치, 즉 단일의 사회적 할인율은 존재하기 어렵다. 따라서 분석가는 사회적 할인율을 대신할 수 있는 다양한 할인율 중에서 적절한 할인율을 선택해야 한다. 사회적 할인율을 대신할 수 있는 할인율로는 시장이자율, 정부공채이자율, 기업할인율, 개인적 할인율, 사회적 할인율 등이 있다.

첫째, 시장이자율은 민간자본시장에서 형성된 이자율로 어떤 개인이나 기업이 타인이나 타기업으로부터 돈을 빌려올 때 원금에 대해 지불할 이자를 계산하는데 적용되는 이자율이다(김홍배, 2012: 150).[2] 분석가는 시장할인율을 공공사업의 할인율로 적용할 수 있다. 그러나 자본시장의 불완전성으로 인해 민간시장의 할인율을 공공사업의 할인율로 적용하는 데는 무리가 있다. 이는 민간시장이 장래에 대한 불확실성과 위험부담 때문에 장기 위험 프리미엄(premium)이 붙은 이자율이 형성되기 때문이다. 따라서 시장이자율을 할인율로 적용하기 위해서는 시장의 구조가 검토되어야 하고 시장이자율을 통합하는 적절한 이자율을 채택해야 할 것이다.

둘째, 정부공채이자율(government borrowing rate)은 정부할인율이라고도 불리며, 정부가 발행하는 국공채에 부과되는 이자율로서 이것은 정부가 민간으로부터 차입하는 차입금에 대하여 지불하는 이자율을 말한다. 정부가 발행하는 국공채 이자율을 5.0%에

2) 시장이자율은 돈을 빌리는 주체들의 신용도에 따라 매우 다양한 이자율이 존재한다.

서 부과하고 이 수준에서 국공채를 구입하는데 만족한다면 5.0%수준의 수익에 맞출 수 있는 공공사업은 적절한 사업이라고 판단할 수 있다. 따라서 정부공채이자율이 투자수익률 측면에서는 최소한의 대안이 될 수 있다.[3)]

셋째, 기업할인율(corporate discount rate)은 기업이 잠재적 투자사업의 경제성을 평가할 때 적용하는 할인율이다. 이는 최소한의 기대수익률과 위험부담률, 조세 등을 포함하는 수준에서 결정된다. 기업은 정부에 비해서 도산의 위험성이 높으므로 도산의 위험에 따른 할증금이 기업할인율에 포함되어야 한다. 만약 위험성이 전혀 없는 국공채이자율이 3.0%, 위험프리미엄 3.0%이라면 투자수익률은 6.0%에 해당된다. 그런데 법인세 등을 포함하는 조세가 50%라면 적용할인율을 12.0% 수준으로 올려야 할 것이다. 이를 세금 전 할인율이라고 한다. 기업할인율은 공공사업과 민간사업을 동일 수준에서 보고 공공사업의 수익성을 민간사업 수준으로 올려야 한다는 논리에는 적합한 할인율이라 할 수 있다.

넷째, 개인적 할인율(personal discount rate)은 개인의 효용할인율이라고도 한다. 이는 개인의 시간선호율 혹은 시간의 투자가치로서 현재 소비를 포기하고 미래소비를 선택하는 대신에 적용되는 이자율을 말한다. 즉 개인의 장래의 소비를 위해 기꺼이 현재의 소비를 포기하려는 양이 바로 개인의 효용할인율이다. 예를 들어 어느 소비자가 갖는 두 기간의 한계대체율이 1.20이라면 이는 내년의 소비 120만원의 소비를 위해 현재 100만원의 소비를 기꺼이 포기하려는 소비자의 의사를 표현하는 것이다. 이 경우 소비자의 효용할인율은 연 20%이며, 이는 소비자가 갖는 시간에 대한 투자가치가 된다.

다섯째, 피구의 할인율(Pigou's discount rate)은 공공사업의 결정시 현 세대 위주의 의사결정이 아니라 앞으로 다가올 세대를 위하여 현 세대들이 생각하는 할인율보다 낮은 할인율을 적용하는 것을 말한다. 피구(Pigou)는 개인들이 미래에 대한 통찰력이 낮아 충분히 대비하지 않으려는 경향이 있음을 지적한다. 이러한 경향으로 인해 모든 의사결정은 현 세대를 위한 결정으로 일관되게 된다. 따라서 정부가 미래세대를 대변하는 대변자로서의 역할을 수행하여야 한다는 주장이다.

3) 사회적 할인율의 적용

우리나라의 사회적 할인율은 1999년 7.5%를 적용하다 2007년 이후 2017년까지

---

3) 정부는 도산가능성이 낮으므로 사회경제주체 중에서 가장 높은 신용도를 보유하고 있다. 따라서 정부가 제시하는 이자율은 가장 낮은 특징을 지니게 된다.

표 13-2 우리나라의 사회적 할인율 적용의 변화

구 분	1999	2004	2007년	2017. 9 이후
편익발생기간	7.5%	6.5%	5.5%	4.5%

5.5%를 적용하다가 2017년 9월부터 4.5%를 적용하기로 하였다.

할인율은 복리와 유사하지만 역으로 적용되는 개념이라고 할 수 있다. 가령 사회적 할인율이 연 5.5%라면 올해의 10억 원은 내년에는 (1+0.055)을 곱한 1,055백만 원이 되듯이, 사회적 할인율이 연 5.5%라면 내년의 1,055억 원의 현재 가치는 (1+0.055)로 나눈 10억 원이 된다는 것을 알 수 있다.[4)]

사회적 할인율이 5.5%일 때 현재가치로 환산한 예를 보면 다음과 같다. 매년 10억 원을 투자할 경우 이를 기준년도로 현재가치화 하면 〈표 13-3〉과 같이 나타난다.

표 13-3 사회적 할인율 계산과정

사업의 가치	경과연수	할인계수	기준년도로 환산한 현재가치
10억	기준년도	$\frac{1}{(1+0.055)^0}$	10억
10억	1	$\frac{1}{(1+0.055)^1}$	9.615억
10억	2	$\frac{1}{(1+0.055)^2}$	9.245억
:	:	:	:
:	:	:	:
10억	n	$\frac{1}{(1+0.055)^n}$	10억 $\times \frac{1}{(1+0.055)^n}$

4) 수자원부문은 장기적으로 50년이라 초기 운영 30년간은 5.5%, 이후 20년간은 4.5%를 적용하고 있다(기획재정부·한국개발연구원, 「예비타당성조사 지침개선을 위한 공개토론회」, 2009. 3. 24-25, p. 4 자료에서 인용)

3. 잠재가격의 추정

1) 잠재가격의 의의

시장가격이 공공투자사업에 대한 진정한 사회적 가치를 반영한다고 할 때에는 하나의 중요한 전제조건이 충족되어야 한다. 즉, 시장이 완전해야 한다는 점이다. 완전한 시장이란 통상 완전경쟁시장을 뜻하며, 완전경쟁시장에서는 시장가격이 자원의 기회비용을 의미하므로 자원의 진정한 사회적 가치를 반영한다고 하겠다. 따라서 완전경쟁시장에서는 시장가격과 잠재가격이 서로 일치하게 된다.

그러나 우리가 취급하고 있는 시장은 대부분 불완전하기 때문에 현실적으로 완전한 시장은 존재할 수 없다. 예를 들어, 독점시장에서 생산되는 재화의 가격은 독점이윤이 포함되어 있으므로 완전경쟁시장에서의 시장가격보다 높다. 따라서 독점시장의 시장가격은 진정한 사회적 가치를 반영하지 못한다. 이러한 경우의 사회적 가치평가를 위해서는 시장가격을 완전경쟁적인 가격으로 조정해야 하는데, 이렇게 조정된 가격을 잠재가격(shadow price)이라고 한다. 즉, 잠재가격이란 왜곡된 시장에서 자원의 기회비용, 즉 진정한 사회적 가치를 반영하는 가격이다(김동건, 2012: 89-90).

공공투자분석에서 시장가격이 왜곡되어 있는 경우에는 비용과 편익의 가치를 정확하게 평가할 적절한 대체수단이 필요하다. 그 대체수단이 바로 잠재가격인 것이다. 일반적으로는 최종산출의 시장가격이 편익의 적절한 평가가치이고, 자원의 시장가격이 비용의 적절한 평가가치로 생각된다. 그러나 시장가격이 항상 사회적 가치를 정확하게 반영하지 못할 수도 있다. 잠재가격에 대한 필요성은 시장가격이 재화의 사회적 가치를 정확하게 반영하지 못한다는 인식으로부터 출발한다(김홍배, 2012: 242).

이와 같이 시장가격이 존재하지 않거나 적절하지 않을 때에는 명시적 가격으로 전가해야 한다. 이 전가된(imputed)가격이 잠재가격인 것이다. 하지만 잠재가격의 도출에는 항상 비용이 들며, 때로는 충분한 자료를 얻기 위해 막대한 비용이 소요될 때도 있다. 그러므로 잠재가격의 도출은 비용과 편익을 고려하여 결정해야 한다.

2) 잠재가격의 적용

비용편익분석에서 잠재가격 설정은 불공정 경쟁, 독점 및 과점의 형성, 정부의 가격

지원 정책 등으로 인해 사회가치를 반영한 시장가격을 측정할 수 없거나 신뢰할 수 없을 때 추정한다. 시장가격이 존재하지 않는 경우에도 잠재가격을 추정하여 적용한다. 예를 들면, 우회도로 건설로 인해 절약되는 시간의 경제적 편익을 측정할 때 해당 지역의 시간당 임금수준 또는 택시요금을 적용할 수 있다. 시장가격이 형성되어 있지 않은 무형물의 가치는 무료 방문객들이 지불하는 간접비용을 근거로 추정한다. 무료 동물원을 이용할 경우 동물원까지 도달하는데 소요되는 교통비를 실제 지불가격으로 보는 것이다. 또한 분석가들이 설문지를 작성하여 의견을 조사하는 방법으로 응답자들이 특정한 서비스를 제공받는 대가로 기꺼이 지불할 의사가 있는 금액을 묻는 것이다. 환경문제의 경우에는 외부비용의 형태로 발생하는 원상복구경비를 근거로 추정할 수 있다.

4. 민감도분석

1) 민감도분석의 의의

타당성 분석에서 위험(risk)에 관한 논의가 빠져 있다면, 그 분석은 완전할 수가 없다. 사업의 위험 정도는 주요 변수들의 민감도 여부에 직접적으로 연관되어 있다. 즉 주요 변수들의 민감도지수(sensitivity indicator)[5]가 크면 클수록 사업의 위험은 그만큼 높다. 따라서 민감도지수가 1보다 높은 변수들에 대해서는 이들을 더욱 세분화시켜 정밀분석함으로써 민감도가 큰 원인이 무엇인가를 밝혀내야 할 것이다.

민감도분석은 미래에 발생할 수 있는 다양한 변동상황이 사업에 어떤 영향을 미치게 되는가를 분석하는 것을 말한다. 민감도분석은 위험을 평가하기 위해 가장 널리 통용되는 기법으로 모든 비용과 편익에 대한 가정이 어떤 효과를 가져오는지 제시해 준다. 위험이라는 용어를 사용하면서 민감도분석을 설명해 왔는데, 이 위험이라는 용어와 불확실성이라는 용어를 학술적인 정의를 가지고 양자를 구별하면, 위험은 어떤 의미 있는 확률을 배정할 수 있는 상황을 의미하는 반면, 불확실성은 이와 같은 확률을 배정하는 것조차 불가능한 상황을 의미한다.

---

5) 민감도지수 = 내부수익률의 변화(%) / 관련 변수의 변화(%)

2) 민감도분석의 방법

(1) 주관적 예측

주관적 예측이란 미래에 발생할 지도 모르는 변동상황을 주관적인 느낌으로 예측하고 판단하는 것으로 가장 신속하고 간편한 접근방법이라고 하겠다. 이와 같은 판단은 분석가의 경험과 감각에 의존하는 경우가 많다. 좋은 예로서 사업의 비용·편익분석에 의해 산정된 순현재가치 또는 내부수익률에 ±8%의 오차가 발생할 수 있다고 지적하는 경우이다. 또 다른 예로 측정된 NPV가 나중의 실제 NPV와 8% 이상 차이가 날 확률은 5% 이하라고 지적하는 것이 이에 해당된다. 이와 같은 오차에 대한 예상은 여러 방법에 의해 도출될 수 있겠지만, 여기서 강조하고자 하는 것은 이러한 예상이 공식적인 계산과정을 통해 도출되는 것이 아니라 순전히 주관적·경험적 판단에 의해 도출된다는 점이다.

(2) 선택적 민감도분석

선택적 민감도분석(selective sensitivity analysis)이란 객관적인 검토과정을 거쳐 이루어지는 것으로 여러 가지 가능성 있는 변동상황 가운데서 중요한 상황을 선택하고 이들 변화가 사업의 NPV와 IRR에 어떻게 영향을 미치는가를 밝혀내는 방법을 말한다(김동건, 1997: 185-187).

특히 다음과 같은 상황에 대해서 심층분석이 이루어져야 할 것이다. 첫째, 산출물의 가격과 산출량이 예상과 달리 변동되었을 때 사업의 타당성은 어떻게 변할 것인가?

둘째, 투입물의 가격과 투입량이 당초 계획과 달리 변동되었을 때 사업의 타당성은 어떻게 변하게 될 것인가?

셋째, 시설의 가동률이 당초계획과 달라진다면 이것이 사업의 비용과 편익흐름에 어떠한 영향을 주게 될 것인가?

넷째, 공사기간이라든가 혹은 시설가동률을 일정수준까지 끌어올리는데 소요되는 시간 등이 예상보다 늘어날 경우 이것이 사업의 타당성에 어떠한 영향을 줄 것인가?

(3) 일반적 민감도분석

일반적 민감도분석(general sensitivity analysis)은 사업의 NPV 또는 IRR에 영향을 미칠 수 있는 주요 변수들의 변화가 실제적으로 일어날 수 있는 가능성을 모두 나열하고, 이 가능성 각각에 확률을 부여함으로써 미래에 발생하는 여러 가지 상황을 종합적으로 정리·분석하는 방법을 뜻한다. 따라서 일반적 민감도분석은 사업효과에 대한 확률분석(probability analysis)이며, 위험도분석(risk analysis)이라고 할 수 있다.

3) 민감도분석의 과정

실제로 분석가들은 어느 수준까지의 민감도분석을 행해야 할 것인가에 대해 고민할 때가 있다. 물론 시간상으로나 예산상에 아무런 제약이 없다면 일반적 민감도분석을 택하는 것이 가장 바람직하고 추천할 만하다. 그러나 이러한 선택 역시 현실적 여건이 어떠한 가에 따라 달라질 수 있고 그래서 분석가는 현명한 선택을 위해 노력하지 않으면 안 된다.

민감도분석 수준에 관한 어떤 일반적인 규칙은 없으나 경제 이론상의 효율성 규칙(efficiency rule)[6]을 적용시켜 볼 때, 비용·편익분석은 다음과 같은 다섯 가지의 과정으로 구성되어 있다.

첫째, 목표의 설정 및 구체적 대안마련
둘째, 각 대안에 대한 비용과 편익의 분류 확인
셋째, 비용과 편익의 측정 및 수익성 도출
넷째, 민감도분석
다섯째, 최종선택 및 보고서 작성

이러한 방식으로 위의 다섯 가지 과제에 예산을 적정하게 배분시키고 합당한 분석수준이 결정되도록 함으로써 민감도분석도 이에 적절하게 대응하여 분석되어야 할 것이다.

---

6) 효율성 규칙이란 다섯 가지의 과제에 대하여 자금(예산)을 배정할 때 한 과제에 배정한 예산의 한계가치와 다른 과제에 배정한 예산의 한계가치가 일치하도록 하고, 전체 비용·편익분석의 총 가치가 최대로 증가될 수 있도록 자금을 배분해야 한다는 것이다.

제 3 절 비용 · 편익분석방법

1. 비용 · 편익분석의 평가기준

비용 · 편익분석에 있어서 적용되는 판단의 기준은 대체로 순현재가치(Net Present Value: NPV), 편익/비용비(Benefit-Cost Ratio: B/C ratio), 그리고 내부수익률(Internal Rates of Return: IRR)로 구분해 볼 수 있다.

2. 순현재가치법

1) 개 념

순현재가치(Net Present Value: NPV)란 투자사업의 전 기간에 걸쳐 발생하는 순편익의 합계를 현재가치로 환산한 값을 의미하며, 이 순현재가치가 정(+)으로 나타나면 그 사업은 타당성이 있는 것으로 평가된다.

계획으로 인한 편익과 비용의 발생은 대부분 시간을 두고 발생한다. 즉, 계획으로 인한 효과가 시간대별로 달리 발생하기 때문에 계획의 각 효과들을 평가하기 위해서 시간의 투자가치가 고려되어야 할 것이다. 즉, 순현재가치법은 시간대별로 달리 발생하는 편익과 비용을 이용하여 계획을 평가하는 것이다. 순현재가치의 계산 공식은 다음 수식과 같다.

$$\text{편익의 총현가} = \sum_{t=0}^{n} \frac{B_t}{(1+r)^t}$$

$$\text{비용의 총현가} = \sum_{t=0}^{n} \frac{C_t}{(1+r)^t}$$

$$\text{순현재가치} = \sum_{t=0}^{n} \frac{B_t}{(1+r)^t} - \sum_{t=0}^{n} \frac{C_t}{(1+r)^t} = \sum_{t=0}^{n} \frac{B_t - C_t}{(1+r)^t}$$

여기서 r은 사회적 할인율, t는 사업의 기간(연수)이다. 일반적으로 경제적인 사업이 되기 위해서는 순현재가치(NPV)가 영(zero)보다 커야 한다.[7]

$$\text{순현재가치}(NPV) = \sum_{t=0}^{n} \frac{B_t - C_t}{(1+r)^t} > 0$$

순현재가치는 비용·편익분석에서 가장 널리 사용되는 보편적인 기준이다. 그러나 의사결정에 있어서 여기에 전적으로 의존하는 것은 문제가 있다. 이 기준의 가장 큰 취약점은 대규모 사업이 소규모사업에 비해 큰 순현재가치가 발생하게 되어 대규모 사업이 통상 유리하게 평가된다는 점이다.

참고로 미래가치와 현재가치를 가상적인 예를 들어 계산하면 다음과 같다. 먼저 미래가치는 다음과 같이 계산된다. 여기서 F_t는 미래가치, P는 현재가치, r은 이자율 또는 할인율, t는 기간을 나타낸다.

$$F_t = P(1+r)^t$$

만약 1,000만원이 연 복합이자율 8%로 5년 동안 투자된다고 하면, 5년 후의 미래가치는 얼마인가 하는 문제이다. 그것은 다음과 같이 계산되어 1,469만 3,300원이 된다.

$$F_5 = 1,000(1+0.08)^5 = 1,469.33$$

반대로 5년 후에 3,000만원을 받는다면 이 3,000만원의 현재가치는 얼마인가를 계산해 보자. 이때 연 이자율은 8%를 가정한다. 계산하면 3,000만원의 현재가치는 2,041만 7,500원이 된다.

$$P = \frac{F_t}{(1+r)^t} = \frac{3,000}{(1+0.08)^5} = 2,041.75$$

2) 순현재가치법의 할인율

순현재가치를 계산하기 위해서는 적절한 할인율을 사용하여 시간의 흐름에 따라 순편익의 가치를 할인해 주어야 하므로 어떤 수준의 할인율을 적용하느냐가 매우 중요한 관건이 된다.

---

7) 이것을 최적상태에서 프로젝트평가를 위한 기본방정식이라고 한다(This is the fundamental equation for evaluating projects in a first-best world).

(1) 할인율

미래의 가치를 현재의 가치로 전환하기 위해서는 미래가치를 현재부터 미래기간까지의 투자가치만큼으로 할인해야 한다. 즉, 시간의 투자가치는 바로 미래의 가치를 현재의 가치로 전환할 때 할인하는 비율이다. 이러한 할인율은 정책의 편익과 비용의 규모를 결정하는데 큰 영향을 주는 것으로 미래의 가치를 현재의 가치로 전환할 때 높은 할인율은 미래의 가치를 크게 할인하며 낮은 할인율은 미래의 가치를 작게 할인한다는 것이다. 즉 시간은 투자가치를 가지고 있기 때문에 미래에 발생하는 가치를 현재가치로 평가하기 위해서는 미래가치를 시간의 투자가치만큼 할인하는 것이다.

(2) 할인율에 따른 우선순위

할인율이 변할 때 미래에 발생하는 가치들의 현재가치는 변하게 되고 이에 따라 선택되는 대안도 달라질 수 있다.

표 13-4 대안의 비용과 편익(순현재가치)

(단위: 백만 원)

구분 \ 연도	0	1	2
대안#1의 비용(편익)	-100	0	300
대안#2의 비용(편익)	-100	260	0

할인율이 5%일 때

대안#1의 순편익= -100+0+(300/(1+0.05)^2 = 172.11백만 원

대안#2의 순편익= -100+(260/(1+0.05))+0 = 147.62백만 원

할인율이 20%일 때

대안#1의 순편익=-100+0+(300/(1+0.2)^2 = 108.33백만 원

대안#2의 순편익=-100+(260/(1+0.2))+0 = 116.67백만 원

할인율이 5%일 때는 대안 #1이 선택되고, 할인율이 20%일 때는 대안 #2가 선택된다.

3) 순현재가치법의 접근방법

(1) 후방접근법

후방접근법(backward approach)은 현재를 평가의 기준으로 설정하는 방법으로, 발생하는 모든 항목의 편익이나 비용의 가치를 현재 시점으로 전환하여 타당성을 측정하는 방법이다. 이를 현재가치법이라 한다.

(2) 전방접근법

전방접근법(forward approach)은 계획의 효과가 더 이상 나타나지 않는 미래시점을 기준으로 정하는 방법으로, 발생하는 편익과 비용을 모두 분석가가 설정한 마지막 시점으로 전환하여 타당성을 평가하는 방법이다. 일반적으로 계획분야의 비용·편익분석에서는 전방접근법의 경우 계획성과의 마지막 시점이 모호하기 때문에 현재가치법을 주로 사용한다.

3. 편익/비용비

1) 개 념

편익/비용비(B/C ratio)는 계획의 총편익을 계획에 투입된 총비용으로 나눈 값, 즉 단위비용당 편익을 가리키는 것이다. 편익/비용비의 기준은 편익/비용 비율이 높은 대안일수록 경제적 타당성이 높은 것으로 평가하는 기준이며 여기에서도 적절한 사회적 할인율을 적용하여 비율을 계산한다. 대안의 편익/비용비가 1보다 크면 그 대안은 비용에 비해 더 큰 편익이, 그리고 편익/비용비가 1보다 작은 대안은 비용에 비해 낮은 편익이 발생됨을 가리킨다. 그러므로 전자는 계획으로 의미가 있고, 후자는 대안선택 대상에서 제외되어야 하는 것이다. 1일 경우는 사회후생변화에 아무런 영향을 미치지 못함을 말한다. 편익/비용비의 공식은 다음 수식과 같다.

$$\frac{B}{C}=\frac{\sum_{t=o}^{n}\frac{B_t}{(1+r)^t}}{\sum_{t=o}^{n}\frac{C_t}{(1+r)^t}}$$

여기서 r은 사회적 할인율, t는 사업의 기간(연수)을 나타낸다.

2) 편익/비용비와 순편익

편익/비용비와 함께 대안들을 비교하여 계획으로 선택하는 데 자주 사용되는 방법이 순편익(Net Benefit: NB)인데 이는 계획의 총편익과 총비용의 규모를 단순 비교하여 계산하는 것이다. 비용/편익비는 계획에 투입되는 비용의 효율성을 나타내고 순편익은 비용에 대한 편익의 규모를 나타내는 것이다. 이러한 두 가지 기준에 의해 대안의 선택을 할 때 제시된 대안의 수를 구분해서 설명한다.

3) 점진 편익/비용비 방법

한 번에 두 대안씩 묶어서 한 대안에서 다른 대안으로 변경되었을 때 발생하는 편익과 비용의 변화를 가지고 대안들의 우선순위를 결정하는 방법으로, 여기서 점진 편익/비용비란 대안 변경에 따른 비용의 한계편익을 가리킨다. 방법은 대안들을 비용의 규모에 따라 가장 적은 비용이 투입되는 대안부터 가장 많은 비용이 투입되는 대안까지 오름차순으로 구분한 다음 처음 두 대안을 선택하여 비용의 변화와 편익의 변화를 계산하고 그 결과로부터 두 대안의 순위를 결정하는 것이다.

4) 편익/비용비의 취약점

편익/비용비는 사업의 비용 1단위당 편익이 얼마인가를 보여주는 것이므로 자연히 소규모 사업이 상대적으로 높은 편익/비용비를 갖게 되는 경우가 많다. 그러나 이러한 소규모사업의 순편익 규모는 그리 크지 않으므로 사업의 우선순위를 결정하는데 있어서 편익/비용비 기준은 큰 의미가 없으며, 다만 예산의 제약 때문에 순편익이 큰 대규모 사업을 수행하기 어려울 때 이 기준을 적절히 사용할 수 있을 것이다.

4. 내부수익률

1) 개 념

내부수익률(Internal Rates of Return: IRR)이란 계획이 원만히 진행된다는 전제하에서 기대되는 예상수익률로서 계획의 전 기간에 걸쳐 발생하는 편익의 현재가치와 비용의 현재가치를 일치시켜 순현재가치(NPV)가 영(zero)이 되게 하는 할인율을 말한다. 즉 내부수익률은 현재가치의 편익과 비용을 서로 동일하게 만드는 할인율을 말하는 것이다. 내부수익률은 현재가치법과 마찬가지로 시간대별로 편익과 비용이 발생하는 정책을 평가하는데 널리 사용하는 방법이다. 내부수익률을 구하는 공식은 다음 수식과 같다. 수식에서 λ는 내부수익률, t는 사업기간이다. 내부수익률이 통상적으로 사용되는 사회적 할인율보다 크다면 그 투자사업은 타당성이 있는 것으로 평가된다.

$$\sum_{t=o}^{n}\frac{B_t}{(1+\lambda)^t}=\sum_{t=o}^{n}\frac{C_t}{(1+\lambda)^t} \quad \text{또는}$$

$$\frac{B_0-C_0}{(1+\lambda)^0}+\cdots+\frac{B_t-C_t}{(1+\lambda)^t}+\cdots+\frac{B_n-C_n}{(1+\lambda)^n}=0$$

표 13-5 대안의 비용과 편익(내부수익률)

구 분 \ 연 도	0	1
대안 #1	-200	360
대안 #2	-300	500

〈표 13-3〉 대안 1, 2의 비용과 편익을 가지고 내부수익률의 공식을 이용하여 내부수익률 값을 구하면 다음과 같다.

대안 #1의 내부수익률: 0.80: -200+(360/(1+λ))=0, 360/(1+λ)=200, 200(1+λ)=360, 200+200λ=360, 200λ=160, λ=0.80

대안 #2의 내부수익률: 0.67: -300+(500/(1+λ))=0, 500=300(1+λ), 500=300+300λ, 300λ=200, λ=0.67.

2) 내부수익률의 할인율

내부수익률은 비로 비용의 평균 연수익률로 해석할 수 있고, 대안평가에서 내부수익률이 높으면 높을수록 그 대안은 우수한 대안으로 평가받는다. 즉, 내부수익률에 의한 대안의 비교는 기본적으로 할인율과 시간의 투자가치의 비교라고 할 수 있다. 그러므로 대안의 내부수익률이 할인율보다 높다면 비용의 수익률이 할인율보다 높다는 것을 의미하므로 그 대안은 실질적으로 가치(편익)를 증가시키는 계획대안으로 볼 수 있다. 따라서 이 경우 제시된 대안은 계획으로 의미가 있다. 이와 반대로 대안의 내부수익률이 할인율보다 낮으면 이는 투자된 비용의 수익률이 할인율보다 작음을 의미하므로 실질적으로 가치(편익)를 증가시키는 대안으로 볼 수 없다.

3) 내부수익률의 취약점

첫째, 어떤 사업이 성질상 사업의 초기에 많은 비용이 투입되어야 하고, 어느 정도의 편익기간이 지난 후 다시 대규모 비용이 발생하는 사업에 대해서는 내부수익률이 달리 계산될 수 있다.

둘째, 예산상의 제약이 있다든가 혹은 사업들 간에 상호배타적인 관계가 있을 때에는 내부수익률 기준을 직접적으로 적용할 수 없다.

셋째, 내부수익률의 가장 큰 취약점이라 할 수 있는 것으로 평가기간에 따라 내부수익률의 수가 달라지는 것이다. 즉, n기간 동안 대안의 효과가 측정되는 경우 계산되는 내부수익률이 n개가 되는 것이다.

제 4 절 비용 · 편익분석의 한계와 해결방안

1. 비용 · 편익분석의 한계

비용 · 편익분석은 계획 및 대안의 타당성 평가에 있어서 아주 보편적으로 사용되고 있을 뿐 아니라, 방법론적으로 큰 신뢰성을 가지고 있다. 그 결과 비용 · 편익분석의 적용범위는 과거에 비해 확대되고 있다. 그럼에도 불구하고 비용 · 편익분석은 불확실성의 처리, 사회적 형평성의 미고려, 무형적 편익의 측정 등에 있어서는 방법론적 한계가 지적된다.

첫째, 불확실성의 문제이다. 기본적으로 비용 · 편익분석은 계획의 사전평가에 주로 사용된다. 따라서 비용 · 편익분석에서는 수립된 계획이 원활하게 수행되었다고 전제를 하고 효율성 평가를 수행하게 된다. 즉, 비용 · 편익분석시 고려해야 할 비용과 편익은 변화가 없고, 적용하는 할인율도 변화가 없으며, 계획의 성과에도 변화가 없다고 가정하는 것이다. 그러나 현실적으로 계획의 집행과정에서는 다양한 환경변화가 발생한다. 예컨대, 계획집행단계에서 추가적인 비용부담 혹은 편익의 감소, 사회적 할인율의 증가, 그리고 계획성과의 변동 등과 같은 불확실성의 문제가 지적된다. 그러나 이러한 불활실성은 엄격하게 볼 때, 위험조건(condition of risk)이라고 할 수 있다. 반면 순수불확실성은 계획상황에 대한 확률의 추정이 전혀 불가능한 상황이다(노화준, 1994: 347). 이러한 순수불확실성은 A국과 B국 사이에 전쟁이 발생할 것인가 발생하지 않을 것인가와 같은 상황이라고 할 수 있다.

둘째, 사회적 형평성을 고려하지 못하고 있다. 비용·편익분석에서는 계획집행결과 총편익이 총비용보다 크면 그 계획은 타당하다고 보고 있다. 그러나 현실적으로 모든 계획은 수혜집단과 피해집단이 발생하게 된다. 비용·편익분석에서는 계획성과가 누구를 대상으로 한 것인가에 대해서는 관심을 가지지 않는다. 오직 총편익이 총비용보다 얼마나 더 큰가에 관심을 가지고 있을 뿐이다. 비용·편익분석에서는 집단간, 계층간, 지역간, 더 나아가 세대간의 형평성을 전혀 고려하지 못한다는 한계점이 지적된다. 이를 테면, 어떤 강의 제방 1m 보수공사가 비용·편익분석적 측면에서 볼 때, 경제적 타당성을 확보하지 못했다고 가정하자. 그 결과 제방보수공사를 하지 않았을 경우, 제방의 범람으로 인해 피해를 보는 집단은 제방인근에 거주하고 있는 다수의 저소득층이라는 점을 지적할 수 있다. 이런 경우 과연 제방보수공사의 경제적 타당성은 어떠한가에 대한 한계가 지적되는 것이다.

셋째, 무형적 편익의 가치추정이다. 비용·편익분석의 가장 큰 장점은 모든 비용과 편익을 화폐화함으로써, 서로 상이한 대안을 비교·평가하여 우선순위를 선정할 수 있다는 것이다. 대부분 비용은 화폐단위로 측정가능하다. 그러나 다수의 편익과 일부의 비용은 화폐단위로 측정하기 어려운 경우가 있다. 예컨대 간척사업을 위해 필요한 골재를 채취하기 위해서 인근 지역의 산을 훼손한 경우, 훼손된 산에 대한 비용가치에 대한 문제이다. 우선 훼손된 산의 가치를 비용으로 계산할 것인가라는 문제이고, 만약 비용으로 계산을 한다면 시장에서 거래되지 않는 자산(공공재, 환경재 등)의 가치를 어떻게 측정할 것인가라는 문제이다. 특히 최근 들어 환경재의 가치에 대한 인식이 증가함에 따라 환경재가 주는 무형적 편익 및 비용에 대한 중요성이 비용·편익분석에서 매우 중요하다. 그러나 현재의 비용·편익분석은 이러한 무형적 편익의 가치추정에 한계가 지적된다.

2. 비용 · 편익분석의 해결방안

비용 · 편익분석은 계획 및 대안의 경제적 타당성을 평가하는데 있어 매우 유용한 기법이다. 그리고 이 기법은 적용범위가 더욱더 확대되고 있다. 최근 수립된 대부분의 계획들은 비용 · 편익분석의 결과를 제시하고 있다. 그러나 비용 · 편익분석은 앞서 지적한 바와 같은 세 가지 문제점이 근본적 한계로 지적된다. 최근 들어서는 비용 · 편익분석의 한계를 보완하기 위한 다각적인 노력이 시도되고 있는데, 이러한 개선방안을 살펴보면 다음과 같다.

첫째, 비용 · 편익분석에서 제기되는 불확실성의 문제점을 해결하기 위해서 민감도분석을 수행한다. 앞서 살펴본 바와 같이, 민감도분석은 비용 · 편익분석의 계수값(parameter)의 변화가 비용 · 편익분석의 결과에 어떠한 영향을 미치는가를 분석하는 방법이다. 이러한 민감도분석(sensitivity analysis)을 통하여 계획의 타당성이 각 계수값에 얼마나 민감하게 반응하는가를 알 수 있다. 즉, 계획집행과정에서 비용의 증가, 편익의 감소, 사회적 할인율의 증가, 그리고 목표달성 정도의 변동이 어떻게 되는가에 따라서 비용 · 편익분석의 순현재가치, 비용 · 편익비, 내부수익률이 어떻게 달라지는가를 분석하는 것이다. 예컨대 5%의 할인율을 적용해서 A계획이 타당성을 확보하였다고 할 때, A계획이 타당성을 확보할 수 있는 할인율의 범위를 민감도분석을 통해 알아본다. 이것은 A계획의 집행기간 중 시장이자율 등의 상승으로 할인율이 증가할 수 있는 불확실성을 대비한 것이다. 그리고 확률의 추정이 어려운 경우에는 의사결정계분석(decision tree analysis)과 게임이론(game theory) 등의 방법을 보완적으로 사용할 수 있다.

둘째, 비용 · 편익분석에서 제기되는 사회적 형평성의 미고려 문제를 해결하기 위해서 사회적 비용 · 편익분석을 수행한다(김동건, 1997: 173). 사회적 비용 · 편익분석은 계획으로부터 누가 어떤 혜택을 얼마만큼 받았는가에 큰 관심을 가지고 있다. 여기에는 기본적으로 빈곤계층에 부여되는 편익증대의 가치는 부유계층에 부여되는 편익증대의 가치보다 높다는 가정을 전제로 하고 있다. 따라서 사회적 비용 · 편익분석에서는 빈곤계층의 편익증대가 클수록 그 계획의 타당성은 높아지게 된다. 이를 위해서 편익의 측정시 집단별로 편익을 추정하고, 각 집단별로 사회적 가중치를 곱함으로써 비용 · 편익분석에서 발생하는 형평성의 문제를 보완하고 있다.

셋째, 비용과 편익을 화폐로 추정하기가 거의 불가능한 경우가 있다. 예컨대 산아제한 프로그램, 보건서비스 프로그램, 전염병 퇴치율 등의 편익은 금전적으로 추정하기가 매우 곤란하다. 이런 경우 합리성을 결여하면서까지 편익을 금전적 가치로 환산하는 것이 아니라 총비용과 총효과를 비교하여 대안을 평가하게 되는데, 이 때 사용하는 기법이 비용효과분석(cost effectiveness analysis)이다. 비용효과분석은 편익이 비금전적인 단위로만 측정될 수 있거나 경제적 편익의 측정이 거의 불가능한 경우에 사용하게 된다.

비용효과분석은 각 사업의 투자비용이 동일하여 편익만을 비교할 필요가 있을 때 적용될 수 있다. 예를 들면, 수질개선을 위해 5억원의 예산을 지출할 경우 종말처리장의 확장과 노후하수관의 교체가 검토되고 있다고 하자. 지출로 인한 효과는 해당지역 수질의 오염도 개선 효과를 비교함으로써 평가할 수 있기 때문에 편익을 화폐가치로 측정할 필요가 없다. 또한 사업의 편익이 동일한 경우에도 소요되는 비용만을 비교함으로써 결정할 수 있다.

넷째, 비용·편익분석에서 제기되는 무형적 편익의 가치추정을 위해서 조건부(가상)가치평가법(Contingent Valuation Method: CVM)[8]을 편익과 비용 추정시 사용한다. CVM이란 환경재 등과 같이 시장에서 거래되지 않는 재화의 가치를 측정하는 기법의 하나이다. CVM에서는 비시장재의 소비량 변화에 따른 한계지불의사액(WTP)을 설문조사방법을 통하여 직접적으로 추정하는 방법을 택한다. 즉, 무형적 편익과 비용을 추정하기 위해서 각 개인이 실제로 행한 선택을 분석하여 무형적 편익/비용의 가치를 평가하는 방법이다. 이러한 방법은 원칙적으로 자연휴양지, 경관, 습지, 대기 및 수질, 산림보호, 야생동물보호 등과 같은 어떤 종류의 무형적 가치평가를 위해 적용할 수 있다.

다섯째, 대안의 성격이 상이한 경우 대안들간의 상호비교가 불가능하다. 예컨대 고속도로 건설사업과 철도건설사업, 그리고 공원조성사업의 효율성을 동일한 지침에 의하여 분석하는 것은 대안의 성격상 불가능하다. 이 경우 다양한 평가기준을 하나로 묶는 체계적인 방법이 요구되는데, 대표적인 방법으로는 다기준분석(multi-criteria analysis)법을 들 수 있다. 다기준분석법의 하나인 분석적 계층화법(Analytic Hierarchy Process:

---

8) 조건부가치평가법(가상가치평가법)은 다양한 대상과 지역에 적용될 수 있다는 장점이 있으며, 미시적 자료가 불충분한 경우에도 광범위하게 적용할 수 있으나, 분석결과가 여러 가지 편의에 의해 영향을 받는 단점도 가지고 있다. 따라서 어떠한 문제에도 적용될 수 있는 기법은 아니고, 비시장재의 시장을 가상할 수 있어야 하며, 동시에 이러한 가상적인 시장이 충분히 현실적으로 납득 가능하여야 한다.

AHP)을 채택하여 사업의 타당성을 종합판단하고 있다(한국개발연구원, 2004: 344-345). 이 방법은 공공투자사업의 정성적인 특성을 평가에 반영하고, 평가에 참여한 연구진의 전문적인 식견을 종합하여 판단하는 방법이다. AHP 방법은 개념화, 계층구조 설정, 가중치 산정 및 일관성 검정, 대안별 선호도 추정, 종합점수 산정, 환류과정, 종합판단의 과정을 거친다.

탐구학습

1. 주요 개념
   - 비용·편익분석
   - 사회적 할인율
   - 잠재가격
   - 불확실성과 민감도분석
   - 순현재가치
   - 편익비용비
   - 내부수익률
   - 비용효과성분석
   - 다기준분석과 AHP 기법

2. 토론과 과제
   - 비용·편익분석의 필요성에 대해 설명하시오.
   - 비용·편익분석의 절차에 대해 설명하시오.
   - 비용·편익분석에서 사회적 할인율과 잠재가격의 중요성을 설명하시오.
   - 비용·편익분석의 장단점을 설명하시오.
   - 비용·편익분석의 한계와 해결방안을 설명하시오.
   - 비용·편익분석의 사례를 들어 적용절차와 주요 내용을 설명하시오.

참고문헌

김동건, 1997, 「비용·편익분석」, 박영사.
김재형 외, 2000, 「예비타당성조사 수행을 위한 일반지침 연구」, 한국개발연구원.

김종순, 2001, 「지방재정학」, 삼영사.
김태윤 · 김상봉, 2004, 「비용 · 편익분석의 이론과 실제」, 박영사.
김홍배, 2003, 「정책평가기법」, 나남출판.
김홍배, 1997, 「비용 · 편익분석론」, 홍문사.
노화준, 1999, 「정책분석론」, 박영사.
박희정, 1997, 「편익분석을 통한 지방공공시설의 투자결정」, 한국지방행정연구원.
배득종 역, 1992, 「공공선택론」, 나남.
이성근 외, 2014, 「공공투자분석론」, 서울: 도서출판 집현재.
이춘근 · 임규채, 2009, 「타당성조사 수행을 위한 기본 연구」, 연구보고서, 대구경북연구원.
한국개발연구원, 2004, 「예비타당성조사 수행을 위한 일반지침 수정 · 보완연구(제4판).
宮川公男, 1994, 「政策科學の基礎」, 東京: 東洋經濟新報社.
_______, 1997, 「政策科學の新展開」, 東京: 東洋經濟新報社.
Dasgupta, A. K. & D. W. Pearce, 1978, *Cost-Benefit Analysis*, London: The Macmillan Press Ltd.
Mayer, R., 1985, *Policy and Program Planning: A Developmental Perspective*, New Jersey, Prentice-Hall, Inc.
Schmid, A. A., 1989, *Benefit-Cost Analysis*, London: Westview Press.
Schofield, J., 1987, *Cost-Benefit Analysis in Urban & Regional Planning*, London: Allen & Unwin.
Zerbe, Richard O., Jr. & Dwight D. Dively, 1994, *Benefit-Cost Analysis: In Theory and Practice*, New York: Harper Collins College Publishers.

제 3 편

지역경제정책

제 14 장 지역경제정책

제14장에서는 지역경제정책의 의의와 목표를 설명하고, 지역경제정책 수단과 추진 전략을 설명하고자 한다. 지역경제정책 수단은 거시적 지역경제정책과 미시적 지역경제 정책으로 구분하여 설명하고자 한다. 그리고 지역경제정책의 평가과정과 평가방법을 살펴보고, 추진전략에 대해서 설명하고자 한다.

제 1 절 지역경제정책의 의의와 목표

1. 의 의

많은 선진국들은 1940, 50년대 총량 위주의 경제성장과 실업해소 및 완전고용정책 등으로 괄목할 만한 성장을 이룩했다. 그러나 한편으로는 불균형 성장을 야기시켜, 중심도시와 주변도시가 나타나는 등 지역 간 불균형을 심화시킨 면도 있었다. 그리하여 지역 간의 균형발전에 관심을 가지게 되었고, 지역경제정책에 대한 관심도 제고되었다.

지역경제정책은 지역 간의 불균형 성장과 지역 간 격차를 해소하고, 지역의 물가안정과 완전고용, 경제성장, 지역수지의 균형 등을 실현하여 지역 발전이 가능하도록 추진하는 중앙 및 지방정부의 여러 가지 경제정책을 의미한다. 보다 간단히 정의하면 지역의 경제발전을 위해 추진하는 중앙정부와 지방정부의 일체의 활동과 시책을 말한다.

지역경제정책을 광의로 해석하면 지역의 경제, 사회, 문화적 조건을 개선하기 위해서 수행하는 정부의 모든 공적 지원과 활동을 의미한다. 협의의 지역경제정책은 지역생산과 고용 증가에 직접적인 영향을 주는 활동과 시책만을 지칭하는 경우가 많다. 일반적으로 지역경제정책의 목적은 지역격차를 줄이고, 지역 간의 균형성장을 달성하여 모든 지역이 안정속의 번영을 지속하도록 하는 것이다.

일반적으로 경제정책이라는 것은 경제문제와 관련된 어떤 특정한 목적을 달성하기 위한 정부의 정책행위하고 할 수 있다. 경제정책은 결국 한 나라 전체의 경제후생을 증대시키는 것을 목적으로 한다.

지역경제정책에는 양적(또는 정량적) 지역경제정책과 질적(또는 정성적) 지역경제정책으로 구분되고, 거시적 지역경제정책과 미시적 지역경제정책으로 구분되기도 한다. 양적(또는 정량적) 지역경제정책은 정책의 매개변수나 정책수단을 변화시키는 정책이다. 여기서 정책수단이나 매개변수로는 세율이나 이자율, 보조금, 정부지출, 환율 등을 의미한다. 질적(또는 정성적) 지역경제정책은 경제구조의 질적 측면을 변화시키는 경제정책이다. 여기에는 경제의 제도적인 측면이나 독점의 생성이나 해체, 관세동맹의 도입, 산업의 국유화 여부 등이 이에 속한다. 거시적 지역경제정책과 미시적 지역경제정책은 다음 절에서 설명한다.

2. 목 표

일반적으로 경제정책의 목표에는 상위목표와 하위목표가 있다. 상위목표는 경제가 추구해야 할 궁극적인 목표이고, 하위목표는 상위 목표를 실현시키기 위한 수단을 말하다. 예를 들면, 완전고용이나 경제성장과 같은 경제정책의 목표는 자유, 정의, 진보와 같은 사회적 목표를 실현하기 위한 수단인 것이다. 여기서 자유, 정의, 진보 등은 상위 목표이고, 완전고용과 경제성장은 하위 목표가 된다.

한 나라의 경제정책 목표는 일반적으로 국민들의 사회후생(social welfare)의 극대화를 추구한다. 보다 구체적인 목표는 실업해소와 완전고용, 물가안정, 경제성장, 국제수지균형 등의 목적을 위해 취해진다. 그러나 이들 네 가지의 목적도 크게 보면, 완전고용과 물가안정이 달성되면 나머지 경제성장과 국제수지 균형문제 등 두 가지는 저절로 달성될 수 있다. 따라서 한 나라의 경제정책은 결국 완전고용의 달성과 물가안정에 정책의 초점을 맞추는 경우가 많다. 이와 같은 국가의 경제정책 목표는 지역경제정책의 목표와 상호 관련성이 높다.

따라서 지역경제정책의 목표도 ① 지역의 실업해소와 완전고용, ② 인플레이션의 해소와 물가안정, ③ 지속가능한 지역경제성장, ④ 지역수지의 균형 등을 목표로 할 수 있다. 한 나라의 경제정책 목표는 지역경제의 경우도 일맥상통하는 면이 있다. 즉 어떤 지역이 실업 없는 완전고용 상태와 물가가 안정되면 그 지역은 안정적인 성장을 하게 되고, 지역수지도 안정적으로 균형이 될 가능성이 높다. 다만 지역경제는 공간상에서의 분배 상태를 추가로 고려해야 하기 때문에, ⑤ 지역 간의 균형성장과 지역격차 해소가 추가되어야 할 것이다. 보다 구체적으로는 지역고용의 창출, 지방 재정수입의 증가, 주민 삶의 질 개선과 복지 증진, 지역 산업의 진흥과 육성, 지역의 전반적인 경쟁력 향상 등을 목표로 할 수 있다.

M. Temple(1994: 225)은 지역정책의 목표를 경제활동을 보다 효율적으로 하고, 동등한 지역간 분배를 달성하는 것이라고 했다. 그리고 1980, 90년대 영국의 지역정책 P. Townroe와 R. Martin(1992: 20)은 성공했다기보다는 실패했다고 지적하였다.

S. H. Robock(1970: 243)은 지역개발정책의 목표를 크게 세 가지로 구분하여 제시하였다. 즉 ① 지역소득불균형의 축소, ② 지역균형성장의 달성, ③ 낙후지역의 특별지원 등의 세 가지를 제시하였다. 지역개발관리들은 전문 기술자들에게 두 가지 문제를 강조할 필요가 있다는 것이다. 첫째, 지역개발정책과 우선권은 주로 정치적인 의사결정에 의해서 결정된다. 기술자가 할 수 있는 가장 좋은 것은 정치적 결정의 질과 그것들의 수단을 개선시킬 정치적 과정을 설명하는 것이다. 둘째, 이미 채택된 지역목표는 국가경제성장률을 최대화하는 것에 두지 않는다. 대신에 사회적 정의와 정치적 안정에 상당한 비중을 둔다는 것이다. 사회적 정의는 모든 지역에 사는 사람들의 경제적 및 사회적 이득을 동등하게 분배하는 것이다. 그러나 지역의 발전과정에서 지역 간 불균형이 종종 불가피하게 야기된다. 지역간 성장불균형은 피할 수 없는 성장의 부산물이자 조건이라는 것이다(Hirschman, 1958: 183-184). 따라서 순수한 균등화 정책은 반드시 빈곤한 정책이 된다는 것이다. 비록 그 정책이 보다 낳은 균등화정책을 향하여 추진될지라도 그렇게 된다는 것이다(Isard and Reiner, 1961: 23).

그리고 상술한 정책목표에 대하여, 한쪽 목표를 달성시키고자 할 때 다른 한쪽 목표도 동시에 달성 가능한 경우 두 목표는 서로 보완적 관계에 있다고 한다. 반대로 한쪽 목표를 달성하고자 할 때 다른 한쪽의 목표 달성이 어렵게 되는 경우에는 서로 대체적 내지 상충적 관계에 있다고 한다. 2개의 목표가 서로 관계없는 경우에는 서로 독립적 관계라고 한다.

그리고 목표들을 수행하는 과정에서 효율성(效率性)과 형평성(衡平性)의 문제가 야기되기도 한다. 즉 국민경제 내지 지역경제의 성장을 위해 효율성에 비중을 두어야 한다는 견해와 지역간 소득과 격차를 줄이는 형평성문제에 보다 비중을 두어야 한다는 주장이 있다. 효율성에 중점을 둔 정책은 다소의 지역 간 불균형상태가 일어나더라도 지역성장에 비중을 두는 정책이고, 형평성에 기반을 둔 정책은 지역의 성장보다는 지역간 배분과 복지, 균형성장에 비중을 두는 정책을 말한다. 두 가지 가치관은 모두 일리가 있으나 지역경제가 당면하고 있는 경제상황과 가치관에 따라 적절히 조화롭게 사용하면 될 것이다.

지금까지 취해온 각 나라의 개발정책을 보면, 후진국이나 개발도상국들은 초기에 효율성 위주의 지역경제정책을 취해오다가 어느 정도 경제가 발전되고 성숙되면 형평성 위주의 정책을 실시하여 온 경우가 많다. 우리 경제도 1960, 70년대에는 주로 효율성 위주의 정책을 취해왔고, 2000년대 이후에는 형평성문제에 비중을 두고 있는 것 같다.

3. 도시 및 지역정책과의 관계

일반적으로 지역경제정책은 어떤 지역의 매력을 향상시키기 위해 취해진다. 특히 지역정책은 저 개발된 지역에 투자의 상대적인 유인을 증가시키기 위해 사용된다. 이런 측면에서 지역정책은 도시재생정책과 약간 비슷한 면이 있다. 그러나 지역정책과 도시정책의 주요 차이점이 있다. 즉 지역정책이 목표로 하는 부문은 산업부문이고, 도시정책이 목표로 하는 부문은 도시규모이기 때문에 두 정책의 목표는 아주 다르다. 산업부문은 일반적으로 높은 공간 비용과 가격변화에 매우 민감하게 변화하고, 부동산이나 재산부문이 아닌 제조업이나 분배부문에 속한다. 지역정책이 지방경제개발에 미치는 효과는 부문과 지역에 따라서 다르게 된다. 따라서 지역정책은 공적 자금을 이용하여 건설하는 사회간접자본시설을 확대하고 지역정책의 사회적 한계비용과 한계편익을 고려하여 촉진되어야 한다.

도시정책과 지역정책의 주요 차이점은 정책이 영향을 미치는 공간적 규모이다. 일반적으로 도시정책이 영향을 미치는 범위는 지역정책보다 공간적 규모가 훨씬 더 작다. 이렇게 다른 공간적 규모는 채택되는 정책의 유형이나 정책이 평가 받을 범위가 다르다는 것을 나타내는 것이다. 도시정책의 목표는 주로 토지 내지 부동산시장이다. 모든 도시정책은 후생적인 충격을 미치는데, 그 충격효과는 여러 입지에 대한 부동산 가격의 변화에 의해서 분석될 수 있다. 더욱이 이러한 후생효과의 규모와 성격은 여러 소득계층에 따라서 아주 다르다. 따라서 도시정책은 후생분배효과를 가진다. 도시 및 지역경제학자들은 도시정책의 편익에 관한 평가를 이러한 후생적 분배효과를 고려하여 평가한다.

지역정책은 지역투자를 증가시키고 외부에서 지역으로 투자를 유치하는데 촛점을 맞춘다. 지역정책은 일반적으로 도시정책보다 훨씬 더 큰 공간경제에 영향을 미치고, 보다 넓은 지역에까지 기업자본의 유치를 위해 노력한다. 지역정책은 지역 사회기반시설의 공급을 확대하고, 지역경제의 진흥을 위해 보조금 등을 주기도 한다. 지역정책도 사회후생적 효과를 가지는데, 주로 정책의 규모와 공간적 배분은 지역정책에 대한 기업들의 반응에 크게 의존한다. 게다가 지역정책은 인플레이션이 지역공급조건에 매우 민감하게 반응하는 상황에서는 효율적인 거시경제적 역할을 하기도 한다.

제 2 절 지역경제정책의 수단

지역경제정책은 크게 보아 국가단위의 정책과 비슷한 면도 많지만 한편으로는 해당 지역의 특수성에 따라 얼마든지 특수한 정책을 취할 수도 있다. 일반적으로 정책수단은 양적 정책수단과 질적 정책수단 또는 거시적 정책수단과 미시적 정책수단, 거시적·미시적 정책간의 협력적 수단 등으로 구분할 수 있다.

먼저 양적 경제정책수단이란 상술한 바와 같이 이자율, 조세율, 가격, 통화량, 정부지출 등과 같이 양이 많고 적음(또는 높고 낮음)을 나타내는 양적 경제변수에 영향을 미치도록 하여 목적을 달성하고자 하는 정책을 말한다. 이러한 정책에는 주로 금융정책과 재정정책 등이 있다. 질적 경제정책수단은 제도의 변경, 유도, 권유 등과 같이 경제체제와 운용을 새롭게 바꾸어 목적을 달성하고자하는 정책 수단이다. 이러한 예는 시장기구가 정상적으로 작동하지 않을 경우 어떤 제도적 장치를 마련할 경우, 독과점 규제를 막기 위한 공정거래법을 제정한다거나 통화정책의 효율성을 높이기 위해 한국은행의 독립성을 강화하는 것 등은 질적 경제정책 수단이다.

일반적으로 한 나라의 경제안정화정책은 총수요관리정책과 총공급관리정책으로 구분되는데, 총공급관리정책은 총공급을 늘리는 정책 외에는 마땅한 정책이 없기 때문에 주로 총수요관리정책을 논하게 되고, 총수요관리정책은 일반적으로 금융정책과 재정정책으로 구분된다. 다른 한편으로 정책수단은 거시적 지역경제정책과 미시적 지역경제정책 수단으로 구분된다. 이를 구분하여 설명하면 다음과 같다.

1. 거시적 지역경제정책

거시적 지역경제정책은 지역경제 전체에 영향을 미치는 지역경제정책을 의미하는데, 정부정책과 마찬가지로 일반적으로 지역에서 차별적으로 행해지는 금융정책과 차별적인 재정정책으로 구분된다. 일반적으로 거시적 지역경제정책 수단은 무역정책과 재정·금융정책간의 이전, 거시정책의 중앙조정 등으로 분류되고 거시정책의 중앙조정은 차별적인 지역 조세 및 지출정책, 차별적인 금융정책, 차별적인 관세 및 기타 무역조정, 자동안정화장치, 자유재량조치 등을 들 수 있다.

우리나라의 경우는 지방자치제를 실시하고 있지만, 지방분권이 강력히 실시되지 않아 지방정부나 지역형 기관이 독자적으로 취할 수 있는 지역 금융 및 재정정책은 극히 제한되어 있다. 따라서 지방분권화가 강력히 추진되어 지방에서 어느 정도 차별적인 거시정책의 시행이 가능토록 해야 할 것이다. 이하에서는 재정 및 금융정책의 의미에 대해서만 간단히 살펴보고자 한다.

1) 차별적인 재정정책

지방 재정정책(local fiscal policy)은 지방정부의 지출이나 조세수입, 조세율 등을 변화시켜 지역 총수요를 조절함으로써 지역경제의 안정적 성장을 도모하려는 경제정책을 의미한다. 그러나 우리나라는 실질적인 지방분권이 실시되지 않아 아직까지 지역별로 뚜렷한 차이를 보이지 못하고 있다. 이러한 재정정책수단에는 적극적인 정책수단과 소극적인 정책수단이 있다. 여기서 적극적인 정책수단이란 정부가 일정한 정책목표를 달성하기 위하여 세입 및 세출부문에 직접적으로 개입하는 정책수단을 말한다. 소극적인 정책수단(자동안정화 장치)은 정부의 직접적인 개입없이 경기의 호황, 불황에 따라 유효수요가 자동적으로 조정되도록 하는 정책을 말한다. 일반적으로 재정정책의 수단은 재정지출정책, 조세정책, 공채정책, 재정투융자정책(정책금융) 등을 들 수 있다.

그림 14-1 지역경제정책의 수단

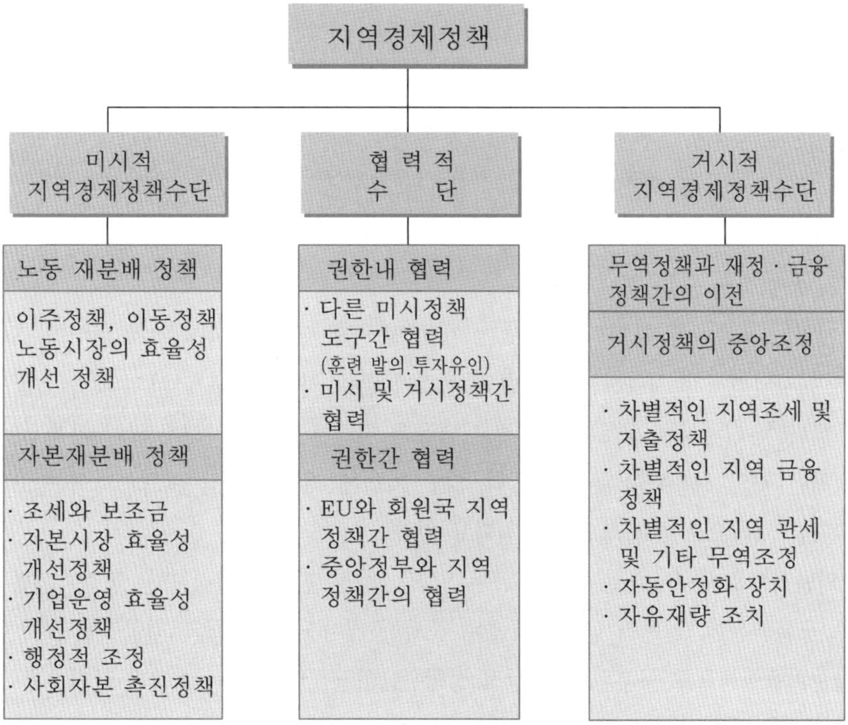

자료: H. Armstrong & Jim Taylor, 2000, pp. 223-224를 참고하여 재작성.

그리고 지방재정은 다양하고 동태적인 성격을 내포하고 있는데, 지역 간의 경제력 차이로 인한 지방자치단체의 재정적 불균형현상은 어느 정도 불가피하다고 할 수 있다. 이와 같은 지방자치단체간의 재정력의 격차를 시정하고 또 한편으로 재원의 부족분을 보전하기 위하여 중앙과 지방간의 재정협력관계를 제도화한 것이 지방재정조정제도이다. 지방재정조정제도는 국가(중앙정부)에서 지방자치단체의 부족한 재원을 보완하고 또한 각 지방자치단체간의 재정수준을 균등화시켜 주는 데 의의가 있다. 지방정부는 규모에 따라 재정자립도에서 큰 차이가 나고, 조세수입도 천차만별이기 때문에 지방재정을 정부가 조정할 필요가 있는 것이다. 이를 위해 각국은 지방재정조정제도를 도입하고 있다.

지방재정조정제도(local finance equalization scheme)란 지방자치단체의 재정력을 보완· 확충하고, 자치단체간의 재정불균형을 완화시키기 위해서 국가나 상급 지방자치단체가 재정력이 취약한 자치단체로 재원을 이전, 지원하는 제도를 말한다. 다른 말로 표현하면 중앙정부가 지방정부의 재정력 격차를 완화하고, 지방정부의 부족재원을 보전하기 위해 국세 중 일부를 지방정부에 보전해 주는 제도를 의미한다. 현재 지방재정조정방법으로는 지방교부세제도와 국고보조금제도, 국가균형발전특별회계 등이 있다. 이러한 제도운영으로 지방자치단체에 지원하는 재원을 지방재정조정금이라고 한다.

2) 차별적인 금융정책

지역 금융정책은 지역의 통화량, 이자율 및 이와 관련된 여러 가지 변수의 조정을 통하여 지역경제가 지향하는 목표를 달성하기 위해 지역 금융당국이 수행하는 정책을 의미한다. 우리나라는 국토면적이 좁고 금융의 지방분권이 실시되지 않아 차별적인 금융정책은 거의 사용하지 못하고 있다. 다만 기업에 대한 특별금융이나 지역 중소기업 특별자금 형식으로 부분적으로 지원되고 있다.

일반적으로 금융정책은 일반적(또는 양적) 정책수단과 선별적(또는 질적) 정책수단으로 구분되는데, 일반적 금융정책에는 다시 공개시장조작정책과 재할인율정책, 법정지불준비율정책으로 구분된다. 일반적 정책수단이란 금융정책의 효과가 국민경제 전체에 영향을 미치는 정책수단을 말하고, 선별적 정책수단은 어떤 특정부분에 영향을 미칠 목적으로 수행하는 금융정책을 말한다. 여기서 공개시장조작(open market operation)이란 중앙은행인 한국은행이 공개시장에서 유가증권을 매입 또는 매각함으로써 시중 유동성을 조절하려는 정책을 말한다. 재할인율(rediscount rate)정책은 중앙은행이 통화량을 조절할 목적으로 예금은행을 상대로 재할인율을 변동시킴으로서 시중 유동성을 조절하려는 정책이다. 시중은행이 할인한 어음을 중앙은행인 한국은행이 다시 할인해 주는 것을 재할인한다고 하고, 이 때 적용하는 이자율을 재할인율이라고 한다. 법정지불준비율정책이란 중앙은행이 예금은행들의 법정지불준비율을 변동시켜 시중 유동성은 조절하려는 정책이다.

그리고 선별적 금융정책은 어떤 특정부분에 영향을 미칠 목적으로 선택적으로 개입하는 금융정책을 말한다. 선별적 금융정책은 선진국의 경우 전시나 불경기 등의 특수상황에서 실시하고, 개발도상국의 경우는 급속한 경제성장을 이루고자 할 때 실시한다. 이러한 선별적 금융정책은 직접개입 경제정책의 한 예라 할 수 있다. 지역 금융정책도 선별적인 금융정책의 한 예로 볼 수 있는 특별금융의 지원이나 중소기업 특별 지원자금, 각종 보조금 지원 등의 시책을 실시하고 있다.

2. 미시적 지역경제정책

미시적 지역경제정책은 국가와 지역에 따라 약간 다르겠지만, 대체로 노동과 자본 재분배정책으로 대분류되고, 노동 재분배정책은 지역내 노동배분정책과 노동의 공간적 배분정책으로 크게 분류되며, 공간적 배분정책에는 다시 노동 이주정책과 이동정책, 노동시장의 효율성 개선정책 등으로 구분된다. 지역내 노동배분정책은 지역재훈련이나 교육정책, 중간노동시장제도 등을 들 수 있다. 노동의 공간적 분배정책 중 이주정책의 사례로는 이주에 따른 금전적, 정신적 비용을 부담해 주는 보조금 지원을 들 수 있고, 노동이동정책에는 잠재적 이주자에 대한 개선된 정보제공, 이주자에 대한 주택보조, 주택판매와 구매를 용이하게 하는 정책 등을 들 수 있다. 노동시장의 효율성을 개선하는 정책에는 지역의 집단적 거래 계약을 장려하는 시책들을 의미한다.

사실 노동이동은 지역 간, 직업 간 완전하지 않다. 노동의 지리적 이동을 촉진시키려는 정책은 지금까지 지역정책에서 상대적으로 소수의 역할을 해 왔다. 이는 노동이주에 대한 장애를 제거하는 데 어려움이 있기 때문이다. 반면에 높은 실업률이 상존하는 지역에 자본을 이동시키려는 정책이 크게 강조되어 왔다. 자본 재분배정책은 조세와 보조금, 자본시장 효율성개선정책, 기업운영 효율성개선정책, 행정적 조정, 사회자본 촉진정책 등으로 구분된다. 보다 구체적으로 보면, 조세와 보조금의 사례로 자본과 토지, 건물 등에 대한 보조금이나 이자율 경감, 투자에 대한 조세 부과, 지방세 및 임대료 경감, 성장지역 기업들에 조세 부과 등을 들 수 있고, 그밖에 노동에 대한 임금 보조, 중요 노동자 이주 지원, 화물운송과 에너지 보조금 등을 들 수 있다. 그리고 산출재에 대한 수출리베이트나 가격보조, R&D에 대한 보조금, 기술정보보급에 대한 보조금 등을 들 수 있다. 자본시장의 효율성을 개선하는 정책에는 대출 협정, 벤처자본 규정, 거래 보증, 신용조합, 미시적 신용계획제도, 사회적 모험자본 등을 들 수 있고, 기업운영 효율성 개선정책은 소기업에 대한 경영자문 서비스나 경영컨설팅에 대한 보조금 등을 들 수 있다. 행정적 조정에는 사적 기업과 공적 산업의 입지에 관한 행정적 지원, 계획규제의 완화, 관세규제의 완화, 기업에 관한 행정적, 관료적 요구의 감소 등을 들 수 있다. 사회자본 촉진정책으로는 지역경제발전에 관한 자본형성계획 등을 들 수 있다(H. Armstrong & J. Taylor, 2000: 234-235)

그리고 직접개입 경제정책이란 정부가 직접적인 통제수단을 동원하여 특수한 경제적 목표를 달성하려는 경제정책을 말한다. 여기에는 대외적인 통제수단과 대내적인 통제수단이 있다. 대외적인 수단에는 수출이나 수입통제, 외환관리 통제, 자본이전의 제한 등이고, 대내적인 수단에는 재화와 서비스의 가격통제, 임대료 규제, 배당금이나 임금규제, 지가 규제, 투자 통제, 선별적인 금융규제, 최고가격제나 최저가격제 등이 있다. 이러한 직접통제 규제정책은 해제 시에 반드시 부작용이 생기기 때문에 정책실시 시에는 신중을 기해서 실시해야 한다. 그래서 선진국에서는 전쟁 시나 특별한 경우가 아니면 실시하지 않는다. 그러나 후진국이나 개발도상국에서는 특별한 부문의 급속한 성장이나 발전을 촉진하기 위해서 가끔 실시하기도 한다.

제 3 절 지역경제정책의 평가

지역경제정책의 평가는 1990년대에 공적으로 자금지원이 된 지역개발프로젝트나 계획을 평가하는 방법이 필요하여 대두된 새로운 차원의 방법이다. 예를 들면, 스코틀랜드 기업에 도입된 산출측정시스템(Output Measurement Framework: OMF)은 스코틀랜드의 지역개발청이 전체 네트워크 하에서 공적으로 자금지원이 된 모든 프로젝트와 프로그램의 업적을 평가하는데 적용되는 방법이다. 지역경제정책을 보다 잘 평가하려고 하는 경제학자들의 연구는 지역정책이 가치가 있는지를 평가하기 위한 노력에서 비롯되었다. 정책평가의 첫 번째 단계는 정책의 목적을 명확히 해야 한다. 대부분의 정책입안자들은 그 정책의 장점이 정확히 평가되기를 희망한다(H. Armstrong & J. Taylor, 2000: 363-365).

1. 평가과정

하나의 정책은 목적을 가져야 하고 정책입안자들이 정책의 목적이 성취되었는가를 알고 싶을 때에는 정확히 평가하여야 한다. 이때 이상적인 것은 가급적 정량적으로 평가할 수 있어야 한다. 예를 들면, 지역정책의 주요 목적 중의 하나는 지원지역에 있어서 고용의 증가이다. 정책의 목적이 정확하게 구체화된 후 정책입안자들은 이용할 수 있는 정책수단의 범위를 명확히 할 필요가 있다. 예를 들면, ① 동일한 목적을 얻기 위한 대안적 방법이 있는가. ② 이러한 대안적 정책과 관련된 상대적인 비용은 얼마인가 등을 명확히 해야 한다. 다음 단계는 여러 가지 정책수단을 평가할 목표변수들의 활동과정 효과를 예측할 수 있어야 한다. 여러 가지 정책수단이 평가되었을 때만 가장 좋은 정책수단을 성취할 수 있을 것이다. 평가는 프로젝트가 완성된 후에 취해지는 최종적인 이벤트가 아니다. 프로젝트의 평가는 프로젝트가 시작되기 전과 시행 중, 완성된 후 등 3단계에 걸쳐 평가되어야 한다. 일반적으로 프로젝트평가는 사전적인 사정, 시행 중의 모니터링, 사후 평가 등 3단계를 거친다.

먼저, 첫 단계인 사전적인 감정(사정)은 정책의 목적을 성취할 수 있는가, 비용은 얼마나 투입되는가에 대한 사전 사정이 필요하다. 구체적으로는 ① 성공의 기회는 어떻게 되고, ② 프로젝트의 편익이 비용을 초과하는가, ③ 같은 목적을 얻는데 보다 저렴한 방법이 있는가 등을 검토하는 것이다.

두 번째 단계는 모니터링 진행단계로 프로젝트의 효과를 측정하기 위해 취해지는 것이다. 모니터링 단계에서는 프로젝트 효과를 평가하고, 프로젝트 최종 평가단계에서 필요한 정보를 수집하고 분석한다. 또한 이 단계에서는 공적인 자금이 적절하게 사용되었는지도 점검한다.

세 번째 단계는 사후 평가단계인데, 이 단계에서는 프로젝트가 완결된 후에 한다. 이 단계에서는 프로젝트에 관한 공적 지출이 경제적이었는지 그리고 사회적으로 가치가 있었는지 등에 대해서 평가한다. 사후 평가단계는 일반적으로 모든 공공지출의 순사회적 가치를 평가하기 위해 비용·편익분석을 행한다. 그리고 정책평가는 계속적으로 반복되는 과정이다. 이러한 반복적인 접근방법은 평가를 진행되는 과정 속에서 계속될 필요가 있다는 것을 나타낸다.

2. 평가방법

H. W. Richardson(1979: 263-286)은 지역정책의 평가방법을 크게 다섯 가지로 구분하였다. 첫째 방법은 가장 널리 이용되는 방법인데, 어떤 특별한 기준에 의해서 지역정

그림 14-2 지역경제정책의 평가과정

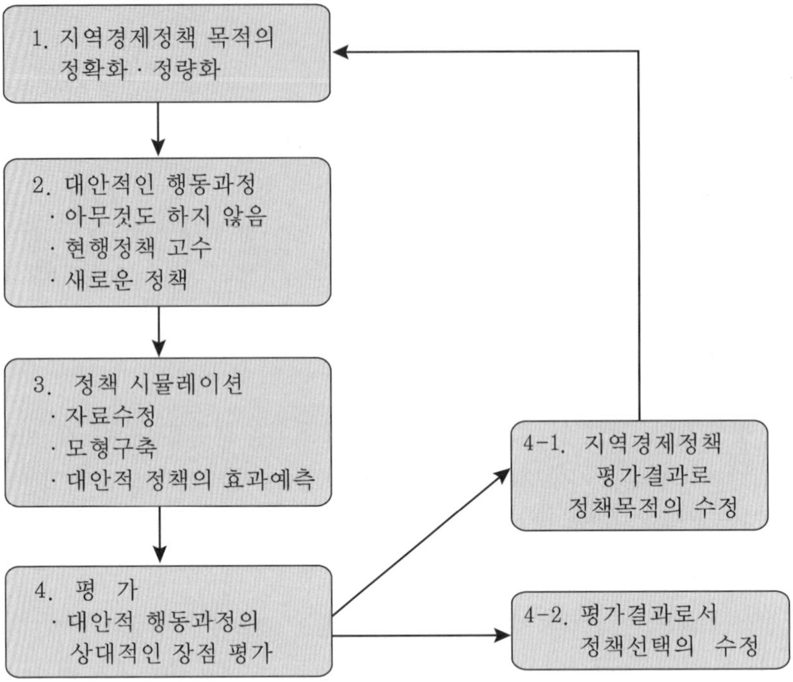

책수단의 효과를 평가하는 방법이다. 이 방법은 지원금으로부터 편익을 받는 기업의 수, 규모 및 기타 다른 특성, 지원지역에 창출되는 새로운 일자리의 수, 지역정책의 예산비용, 낙후지역의 산업구조 변화, 실업이나 인구이동의 일시적인 변화 등과 같은 지표를 가지고 평가한다. 그러나 이 방법은 매우 체계적이지 않기 때문에 결코 만족스럽지 못하다. 분석을 위해 선택된 변수들은 자료의 이용성과 대안적인 평가기준의 상대적인 중요성에 관한 분석가의 주관적인 판단을 반영한다. 즉 중요한 변수가 제외되었는지 중요하지 않은 사소한 변수가 포함되었는지를 결정하는 방법이 없다.

둘째 방법은 범위가 좁고 응용하기는 어렵지만 매우 분명한 방법이다. 이 방법은 실제적인 성장과 정책을 실시하지 않았을 경우 기대되는 성장을 비교함으로써 지역경제 성과에 관한 지역정책의 영향을 측정하는 것이다. 이 방법 사용을 반대하는 두 가지 이유가 있는데, 하나는 경제성장 이외에 다른 중요한 요인과 지역정책의 사회적 효과 등을 간과했다는 점이다. 또 다른 이유는 기대되는 성장(업적)을 측정할 수 있는 만족할 만한 방법이 없다는 것이다. 이 방법의 강력한 옹호자인 B. Moore와 J. Rhodes(1973: 202-206)는 기대되는 성장을 측정하기 위하여 수정된 변화·할당분석을 사용하였는데, 결과는 만족스럽지 못하였다.

셋째 방법은 실제적인 마이너스 기대성장(actual minus expected growth) 접근방법인데, 이는 총체적 지역경제에 미치는 정책의 전반적인 효과에 초점을 두는 방법이다. 이 방법은 거시적 시각으로부터 미시적 시각에서 그 자체 정책에 집중하는 측면이 있다. 예를 들면, 정책 자체의 편익과 비용은 무엇인가, 그리고 정책은 상당한 순편익을 보장하는가 등에 관심을 가진다. 이 방법도 편익과 비용의 정확한 측정이 문제가 된다.

넷째 방법은 지역경제정책이 사전에 결정된 목표를 얼마만큼 달성하였는가에 따라 평가하는 방법이다. 이 방법은 매우 매력적인 방법 같아 보이지만 한계가 있다. 왜냐하면 대부분의 정책은 목표와 관련된 평가에 있어서 간과할 수 있는 예기치 못한 효과가 있기 때문이다. 지역의 목표는 여러 개가 있을 수 있는데, 지역정책은 이 중 일부 목표는 효과적으로 달성할지 모르지만, 다른 목표는 달성할 수 없을 것이다.

다섯째 방법은 지역경제정책의 경험에 관해서 국제적으로 비교하는 방법이다. 이 방법도 문제가 많다. 국가 간에는 문화적, 사회적, 제도적 차이가 많은데, 이를 동일시하는 데에는 문제가 많을 수 있다.

상술한 다섯 가지 방법도 지역경제정책의 효과를 정확히 평가하는 데는 한계가 있다는 것을 살펴보았다. 따라서 위의 여러 가지 방법 중 혼합해서 사용하는 것이 어려운 문제를 해결할 수 있는 적절한 방법일 것이다. 각 나라의 경제 및 사회구조에 맞은 평가방법을 선택하여 평가하는 것이 바람직하다고 하겠다.

3. 정책효과의 실증분석

정부가 지원한 지역의 고용변화에 관한 지역경제정책의 효과를 실증분석한 사례를 설명하고자 한다. 이에 대한 첫 번째 시도는 B. Moore와 J. Rhodes(1973)에 의해서 행해졌다. 이들은 지원지역에 관한 실제 증가한 고용자수와 정책이 취해지지 않았을 때를 가정한 고용자수를 비교하여 지역경제정책의 충격효과를 분석하였다. 이러한 방법은 고용성장추세가 주로 지역의 산업혼합에 의해서 결정된다고 가정한다. 이들 연구는 주로 시계열 자료에 근거하여 회귀분석방법을 주로 사용한다. 이들 모형에서 사용하는 종속변수는 주로 지역총고용의 연간 변화수치를 사용하고, 독립변수는 지역경제정책의 강도를 나타내는 지표나 지역의 산업혼합지표 등을 사용한다. 이들 모형은 다음과 같이 나타낼 수 있다(Armstrong & Taylor, 2000: 368-373).

$$\triangle E_t = f(\triangle E_t^*,\ RP_t,\ X_t)$$

여기서 $\triangle E$는 지원지역의 평가에 적당한 산업의 연간 총 고용변화를 나타내고, $\triangle E^*$는 지원지역의 평가에 적당한 산업의 연간 기대되는 총 고용변화를 나타낸다. RP는 지역경제정책의 수단을 나타내고, X는 고용성장의 기타 결정요인(다른 지역과의 상대적인 임금비용, 노동 이용성, 금융에 대한 평가 등), t는 기간을 나타낸다.

그리고 B. Moore et al.(1986)은 상술한 연구와 비슷하게 1950-1981년 동안 영국의 원조지역에 있어서 노동추세에 관한 자본과 노동지원금의 효과를 평가했다. 이들은 실증분석 결과 3가지 지역경제정책수단(100파운드 지출당 지원개발보조금(Regional Development Grants: RDG)의 현재가치와, 고정가격으로 평가된 지역선택지원금(Regional Selective Assistance: RSA)의 총연간 지출, 고정가격으로 평가된 지역고용 프레미엄(Regional Employment Premium: REP)의 총연간 지출 등이 1950~1981년까지 원조지역의 고용성장에 실질적인 효과를 미쳤다고 하였다.

그리고 산업이동에 관한 시계열분석을 보면 다음과 같다. 시계열분석은 원조지역으로의 산업이동이 시간에 걸쳐 왜 매우 현저하게 변화하는가를 설명해 준다. B. Ashcroft & J. Taylor(1977, 1978)는 산업이동은 2단계 과정을 거쳐 이루어진다고 보았다. 그리고 지원지역으로의 산업 이동은 네 가지 주요 변수(즉 전체경제에 있어서의 수요압력, 투자 인센티브, 노동 보조금, 비원조지역의 산업입지 조정 등)에 의해서 영향을 받는다고 했다. 1단계에서는 모든 지역에 있어서 산업의 총 이동은 주로 국가투자수준에 의해서 결정되고, 그에 더하여 총 산업이동은 지역경제정책 변수에 의해서 영향을 받는다고 했다.

2단계에서는 산업이동의 공간적 분포는 대안적 입지의 경제적 매력성에 영향을 미치는 요인들에 의해 설명될 수 있다는 것이다. 이들 요인들은 주로 지역경제정책 수단들이다. 이들의 접근방법은 산업이동은 국가수준에서 첫 번째로 발생되고, 그 후 지역들간에 분배된다는 것이다. 이러한 2단계 모형은 다음과 같다.

$$M_t = f(INV_t,\ LC_t,\ GRAN_t)$$

$$\frac{M_{at}}{M_t} = g(\frac{W_{at}}{W_t},\ \frac{U_{at}}{U_t},\ LC_t,\ GRAN_t)$$

여기서 M은 모든 지역 간에 이동되는 기업의 수를 나타내고, INV는 국가투자수준, LC는 비원조지역의 입지조정의 강도, GRAN은 지원지역 기업에 대한 투자인센티브 가치, M_a는 지원지역으로의 산업이동, W_a는 지원지역에서의 임금률, W는 국가 임금률, U_a는 지원지역의 실업률, U는 국가 실업률 등을 나타낸다. 따라서 2단계 발생-분배모형은 산업이동은 먼저 국가수준에서 발생되고, 그 후 지역의 상대적인 경제흡인력에 따라 지역 간에 분배된다는 것이다. 이 방법은 1960~1971년 간에 산업이동의 50% 이상이 지역경제정책의 직접적인 결과였다고 설명하고 있다. 영국에 있어서 산업이동에 관한 연구는 주로 원조지역으로 이동하는 기업 설립수에 관한 지역정책의 효과를 평가하는데 집중되고 있다.

그리고 A. del Monte와 R. de Luzenberger(1989)는 1951~1981년 간 남부 이태리 지역으로의 기업 유입과 새로운 기업의 형성간의 관계를 연구하였다. 이들의 두 가지 방정식은 다음과 같다.

$$M_j = f(GNP,\ RP_j)$$

$$B_j = g(GRP_j,\ RP_j,\ M_j)$$

여기서 M_j는 남부 이태리지역(J)으로 이동하는 기업설립의 수, B_j는 남부 이태리 지역의 새로운 기업의 창업률, GNP는 국민총생산, GRP_j는 J지역(남부 이태리지역) 지역총생산, RP_j는 남부 이태리지역 지역정책에 관한 연간 지출액 등을 나타낸다. 첫 번째 방정식은 남부지역으로의 기업의 내부이동은 GNP와 지역정책에 의해서 영향을 받는다는 것이고, 실증분석 결과 상당히 긍정적인 영향을 미쳤다고 했다. 두 번째 방정식은 지역에 있어서 지방기업의 창업률은 세 가지 요인에 의해서 영향을 받는다는 것이다. 실증분석 결과 새로운 기업의 유입변수는 상당히 긍정적인 영향을 미쳤지만, 나머지 두 변수는 그렇지 않다고 했다. 따라서 지역정책은 남부 이태리지역으로의 새로운 기업의 유입에 긍정적인 영향을 미쳤다고 했다.

이밖에 지역 간 산업이동에 관한 횡단면 분석이 있다. 횡단면 분석은 지역 간 산업이동에 관한 대안적인 분석을 제공해 준다. 예를 들면, J. Twomey와 J. Taylor(1985)는 지역 간 산업이동이 세 가지 요인 즉, 원산지와 목적지의 규모, 두 지역 간 거리, 각 지역의 상대적인 경제적 매력도 등에 영향을 미쳤다고 했다. 두 지역 간 산업이동은 두 지역 간의 공장 수에 의해 긍정적인 영향을 받고, 두 지역 간 거리는 부정적인 영향을 받는다고 했다.

제 4 절 지역경제정책의 추진전략과 발전과제

1. 추진전략

지역경제개발전략을 추진함에 있어 기본적인 제약점의 하나는 보편화된 모형이 없다는 것이다. 국가 정책과 전략은 그 나라의 발전단계와 정치적인 시스템, 사회적 가치와 목표, 자원의 지리적 패턴과 발전 잠재력, 기술적, 경제적 자료의 활용 가능성 등 여러 가지 요소들에 따라 달라질 수 있다.

S. H. Robock(1970: 253-355)은 다양한 지역개발정책의 목표와 활동과 관련하여 지역경제의 개발정책 전략으로 크게 세 가지로 구분하여 제시하였다. 즉 ① 어떤 필요한 선행조건의 구축 ② 계속적인 공공 및 사적 개발활동에 지역적 고려를 포함시키려고 하는 노력 ③ 특수한 지역개발수단을 위해 새로운 프로그램의 계획과 실행 등의 세 가지를 제시하였다.

먼저 지역개발의 첫 번째 단계는 필요한 선행조건을 구축해야 하는데, 이를 위해서는 어떤 특수한 개발계획 활동에 우선권을 확보할 필요가 있고, 지역개발계획 활동의 분산 내지 지방분권을 국가계획기관에 의해서 보증받을 필요가 있다는 것이다. 이러한 국가책임은 국가자원을 보다 잘 평가하고 확인하는 선행투자 연구나 조사를 지원하는 것이다. 또한 특수부문에 대한 모든 국가계획이 지역적인 영향이나 확인하는 작업이 포함되고, 국가계획이 지역연구의 가이드라인으로 제공될 수 있으며, 지역이나 각 주, 지방에서 이용할 수 있는 기술지원과 기술훈련을 제공하는 것 등이다. 선행조건으로는 국민들에게 기술훈련을 시키고, 일반 대중들로부터 각종 사업의 이해를 폭넓게 받아야 한다고 했다. 그리고 지역패턴을 보다 자세히 설명하기 위하여 장기적인 프로젝트나 계획을 수립하여 시행할 필요가 있다는 것이다. 이러한 장기 프로젝트는 현재의 낙후지역을 보다 발전된 모습으로 발전시킬 것을 약속하는 것이 될 것이다. 이러한 작업들은 현재의 정치적인 압력을 완화시키는 역할을 할 것이다.

지역개발전략의 두 번째 단계는 정부의 각종 정책뿐만 아니라 공적, 사적 투자의 결정에 지역적 고려를 포함시키는 것이다. 공공투자에 관한 의사결정의 일반적인 문제는 한정된 자원의 우선권과 경합하게 된다. 이러한 체계 속에서는 불황지역과 저발전지역에 대한 인프라투자의 역할과 시기에 관한 논쟁이 계속되고, 높은 성장잠재력을 가진 성장지역에 지역투자를 집중할 것인가, 아니면 분산시킬것인가 하는 논쟁이 계속되고 있다. 사실 인프라 그 자체가 경제의 자립성장을 보장해 주는 것이 아니다. 그리고 인프라투자는 농업이나 제조업, 서비스산업의 성장 잠재력이 확대되도록 해야 한다. 분산과 집중투자 문제는 시기에 따라 다양하게 변하고 그 국가의 발전단계에 따라 변한다. 사적 투자활동은 여러 가지 측면에서 공적 투자에 비해서 중요하다. 사적 투자를 장려하기 위해 특수한 조세나 다른 금융 인센티브를 사용하는 전략은 여러 가지 측면에서 효율적으로 적용될 수 있다. 기술적 연구를 통한 투자기회의 확인은 사적 투자를 유인하는데 보다 생산적이 될 수 있다. 이러한 공적, 사적 투자와 더불어 지역적 고려는 공공정책의 결정에 매력적으로 고려될 수 있다. 어떤 정책에 대해서는 지역적 고려가 없을 수도 있다. 그럼에도 불구하고 정부정책에 관한 지역적 고려는 분석되고, 계속적으로 다루어 져야 한다. 기술적 연구에 관한 이러한 투자는 여러 가지 상황에서 높은 지역개발이득을 발생시켜 준다. 어떤 경우에는 정책결정이 지역개발목적을 보다 잘 성취하기 위해서 수정될 수도 있다.

지역개발전략의 세 번째 단계는 지역개발수단을 위해 새로운 프로그램의 계획과 실행이다. 많은 나라에 있어서 계속적인 경제활동과 의사결정 전략은 지역개발목표를 성취하는데 적절하지 않을 수도 있다. 그래서 종종 새로운 프로그램이 지역개발욕구를 충족하기 위해 설계되어 추진되고 있다. 특히 많은 저개발 국가에서는 도시화문제와 기술적인 추세나 기술문제, 내부이동(이주) 문제 등을 소홀히 취급하고 있다는 것이다. 그리하여 향후에는 이러한 문제를 고려하여 지역계획을 수립해야 한다는 것이다. 주민이주정책은 미국이나 브라질, 기타 여러 국가에서 지역불균형을 해소할 수 있는 주요 수단 중의 하나이다.

2. 발전과제

우리나라와 같은 소규모 개방경제하에서 지역경제정책의 추진전략과 방향을 간단히 정리하면 다음과 같다.

첫째, 우리나라는 수도권의 경제력 집중을 완화시키고, 지방의 중추관리기능을 강화해야 한다. 우리나라 대부분의 중추관리기능은 서울내지 수도권에 집중되어 지역 간의 균형발전을 저해하고, 지역 간 불균형을 심화시키고 있다. 우리나라의 중추관리기능의 지역적 분포는 서울 내지 수도권의 일극집중(一極集中), 단일핵(單一核) 집중구조라고 할 수 있다. 그 정도도 일본의 경우보다도 더욱 심각하다. 바로 이러한 현상 때문에 지방 대도시는 인구만 집중되었고, 해당 지역 중추관리도시로서의 기능을 거의 수행하지 못하고 있다.

지방의 중추관리기능은 서울 내지 수도권에 과도한 집중으로 모든 분야에서 극히 미약하게 나타나고 있다. 더욱 심각한 것은 차지하는 비중도 과거에 비해 소폭 감소한다는 사실이다. 즉 공기업 본사와 500대 기업의 본사 비중도 계속 감소하였고, 금융산업에 있어서도 예금은행이나 비은행기관의 예·대출금 비중이 점차 감소하고 있다.

지방의 중추관리기능을 강화하기 위해서는 ① 해당도시 역세권의 효율적인 개발 ② 공공기관의 이전과 혁신도시의 효율적인 건설 ③ 기업 본사기능 강화와 친 기업환경 조성 ④ 국제교류기반시설의 강화와 국제적인 이벤트 개최 ⑤ 지방분권과 지역금융권의 강화 ⑥ 연구개발기능과 문화기능의 강화 등의 시책을 효율적으로 추진해야 할 것이다.

우리나라는 해방 이후 지금까지 수도권의 경제력집중이 진행되어 왔기 때문에 단시일 내에 지방의 중추관리기능을 강화하기는 어렵다. 지방의 중추관리기능의 강화는 지방정부의 노력만으로 극복하기가 어렵고, 중앙정부차원의 결단과 시책의 강화가 필요한 것이다. 해방 이후 60여 년간 실시된 수도권의 경제력집중을 지방정부의 노력만으로 극복하기는 어렵다. 따라서 중앙정부는 공공기관의 지방이전시책을 차질 없이 추진하고, 혁신 신도시와 기업도시, 주요 지역별 산업수도 육성정책도 효율적으로 추진해야 할 것이다. 이 과정에서 중앙정부의 의지와 이전대상 지역에서의 수용여건이 상호 긍정적으로 결합될 때 그 효과는 배가될 것이다.

둘째, 낙후지역과 문제지역의 효율적인 개발과 육성이 필요하다. 우리나라는 성장률이 높은 일부 대도시는 크게 발전하고, 산간 오지나 일부 낙후지역은 성장률이 크게 낮은 실정이다. 일반적으로 낙후지역은 성장률이 다른 지역에 비해서 낮고, 전체적인 발전 수준이 크게 낙후된 지역으로 전통적인 농업이 지배적인 경제구조를 가진 지역을 의미하고, 문제지역은 한 때는 크게 발전하였으나 여러 가지 요인에 의해서 장기적으로 경제적인 침체단계에 접어든 지역을 의미한다. 한 나라가 발전하기 위해서는 어느 정도 지역 간의 균형발전이 필요하다. 과거 우리나라는 성장거점도시전략을 추진하여 성장거점도시를 육성시키면 인근 다른 지역에 파급효과를 미쳐 인근 주변지역도 발전하게 된다고 생각한 적도 있었다. 그러나 그 결과는 그렇게 되지 못한 측면이 있다. 즉 해당 거점도시는 어느 정도 발전하였지만, 인근 주변지역은 발전하지 못하고 오히려 역류효과에 의해서 쇠퇴되는 현상도 보였다. 성장지역과 낙후지역 간의 성장격차가 커지면 지역 간, 국민들 간 위화감이 생길 수 있다. 따라서 낙후지역과 문제지역이 어느 정도 발전될 수 있도록 차별적인 시책을 추진할 필요가 있는 것이다.

셋째, 지역 첨단 전략산업의 진흥과 육성이 필요하다. 최근 16개 광역시・도는 전략산업 내지 주력산업을 선정하여 육성하고 있다. 그러나 지역 간의 차별성이 약하고 중복적으로 지정된 경우도 있다. 지역 전략산업이 발전하기 위해서는 전략산업과 지방대학 관련학과를 연계시켜 특성화시킬 필요가 있다. 그렇게 되면 지역 전략산업과 지방대학이 동반 발전하는 상생전략이 될 수 있다. 과거 지방 산업정책은 주로 하향식 정책으로 추진되어 중앙정부의 일방적인 시책과 자금지원에 의해서 이루어 졌다. 지방자치제가 본격적으로 실시되고 우리 경제가 성숙단계에 접어든 최근에는 지방의 내생적 발전 시책에 의해서 추진되는 상향식 지역산업정책이 실시되어야 할 것이다.

넷째, 지역 서비스산업의 구조를 고도화하기 위해서는 비즈니스 서비스산업을 육성시킬 필요가 있다. 이를 위해서는 먼저 금융 및 보험, 무역, 정보・통신, 운수・보관, 유통 물류 등의 도시형 서비스업을 육성하고, 기업본사나 중앙행정 관청의 지역 유치 등 중추관리기능을 강화해야 한다. 비즈니스 서비스산업은 제조업을 포함한 다른 기업의 경영활동을 지원하는 서비스 산업을 나타낸다. 기업경영 프로세스의 일부를 외부에서 생산・공급하는 산업으로서, 기존 기업의 입장에서는 아웃소싱의 대상이 되는 산업이다. 비즈니스 서비스업 중에서도 전략적 업종인 시장조사・마케팅, 기업조직서비스(컨설팅, 인재채용 등), R&D 및 기술시험서비스, 인적자원 개발, 컴퓨터관련 서비스, 기업체 컨텍센터, e-비즈니스 등의 분야를 육성할 필요가 있다.

끝으로 한 지역이 경제적으로 지속 가능한 발전을 이루기 위해서는 지역내에서 혁신이 연속적으로 일어나야 한다. 이를 위해서는 기존 산업의 재구조화와 신산업의 발굴 · 육성이 이루어져야 하고, 동적인 지역혁신체제의 기반구축이 이루어져야 한다. 상술한 바와 같이 지역혁신체제는 지역내의 다양한 경제주체들이 생산과정이나 새로운 기술과 지식의 창출, 도입, 활용, 교류, 수정, 확산과정에서 역동적으로 상호 작용하고, 협력함으로써 형성되는 지역내의 연결체계를 의미한다.

지역혁신시스템(RIS)의 핵심요소인 기업간 상호협력관계를 강화하고, 공급 및 고객기업, 연구기관, 지원기관 등 혁신주체들간의 네트워크를 활성화해야 한다. 이를 통해 지역산업 여건에 적합한 지역혁신시스템을 효율적으로 구축할 수 있도록 전략산업을 중심으로 한 개방형 혁신네트워크를 구축해야 한다. 기업의 혁신역량 강화를 위해 지역내 혁신 지원기관과의 네트워크화를 통하여 기초연구, 응용연구에서부터 시험생산, 연구장비, 종업원의 교육훈련, 금융지원, 디자인 등 많은 과정에서 물리적 · 사회적 · 정치적 · 문화적 융합화를 도모해야 한다.

지역혁신주체가 중심이 되어 지역 내 기술혁신지원 주체들을 통합 · 조정 · 네트워크화 하고, 지역 내의 내생적 발전과 혁신역량을 강화해야 한다. 이를 통하여 고위 기술산업, 연구개발능력, 국제적인 연구기술개발 네트워크화를 도모할 수 있도록 통합적 지역혁신시스템을 구축해야 한다. 그리고 창의적 원천기술을 효율적으로 개발할 수 있도록 전략산업 중심의 개방형 네트워크를 강화하고, 시스템적 접근을 통해서 지역내 산재하는 혁신주체들 즉 중소기업, 대기업, 연구기관, 지방정부, 지역 대학 및 기술이전센터 들의 긴밀한 협력체제를 구축해야 할 것이다.

탐구학습

1. 주요 개념
   - 지역경제정책
   - 지역경제정책의 목표, 수단, 평가

2. 토론과 과제
   - 지역경제정책의 개념과 목표에 대해 설명하시오.

- 지역경제정책의 수단을 설명하시오
- 지역경제정책의 평가과정과 평가방법에 대해 설명하시오.

참고문헌

한승수, 1996, 「신경제정책론」, 두산동아.

홍금우, 2005, 「현대경제정책론」, 조선대 출판부.

Amstrong, Harvey and Jim Taylor, 2000, *Regional Economics and Policy*, third edition, Blackwell Publishers Ltd.

Ashcroft, B. and J. Taylor, 1977, "The Movement of Manufacturing Industry and the Effect of Regional Policy," *Oxford Economic Papers*, Vol. 29, 84-101.

_______, 1979, "The Effect of Regional Policy on the Movement of Manufacturing Industry in Great Britain", In D. Maclennan and J. Parr(eds), *Regional Policy: Past Experience and New Directions*, Martin Robertson, Oxford.

Del Monte, A. and R. de Luzenberger, 1989, "The Effect of Regional Policy on New Firm Formation in Southern Italy", *Regional Studies*, Vol. 26, 231-240.

Hirschman, Albert O., 1958, *The Strategy of Economic Development*, New Haven: Yale University Press.

Isard, Walter & Thomas Reiner, 1961, "Regional and National Ecnomic Planning and Analytic Techniques for Implementation", *Regional Economic Planning*, Paris: Organization for European Economic Cooperation.

McCann, Philip, 2001, *Urban and Regional Economics*, Oxford University Press.

Moore, B and J. Rhodes, 1973, "Evaluating the Effects of British Regional Policy", *Economic Journal*, Vol. 83, 87-110.

Moore, B., J. Rhodes & P. Tyler, 1986, *The Effect of Government Regional Policy*, HMSO, London.

Richardson, H. W., 1979, *Regional Economics*, Chicago: University of Illinois Press.

Robock, Stefan H., 1970, "Strategies for Regional Economic Development", In David L. McLee, Robert D. Dean & William H. Leahy (eds.), *Regional Economics: Theory and Practice*, New York: The Free Press.

Temple, M., 1994, *Regional Economics*, St. Martin's Press.

Townroe, P. & R. Martin(eds.), 1992, *Regional Development in the 1990s*, London: Jessica Kingsley Publishers, Regional Studies Association.

Twomey, J. & J. Taylor, 1985, "Regional Policy and the Interregional Movement of Manufacturing Industry in Great Britain", *Scottish Journal of Political Economy,* Vol. 32, 257-277.

제 15 장 지역산업진흥정책

제15장은 지역산업진흥정책에 대해서 살펴보고자 한다. 제1절에서는 지역산업진흥정책을 개관하고, 제2절에서는 참여정부, 이명박정부, 박근혜정부, 문재인정부의 지역산업진흥정책을 주로 살펴본다. 그리고 제3절에서는 지역산업진흥정책의 전망과 과제에 대해서 논의한다.

제 1 절 지역산업진흥정책의 개관

1. 의 의

우리나라는 국가의 경제성장을 최우선으로 하는 개발전략이 1960년대부터 본격화되면서 정부주도형 공업화 전략에 따라 농업중심이던 국토의 경제구조가 많은 변화를 겪게 되었다. 특히 산업입지정책은 기업이 활동할 수 있는 거점의 공간배치를 인위적으로 통제하는 정책으로 이러한 산업입지정책을 통해 1970년대 초반까지 국가가 조성하는 산업단지의 대부분을 수도권과 동남권에 배치함으로써 당시 제조업의 종사자수와 부가가치에 있어 수도권과 동남권이 차지하는 비중이 80%가량을 점유하였다(김용웅 외, 2009).

1990년대 이후부터는 산업구조가 고도화, 개방화 되면서 산업의 지역배치에 있어서 중앙 정부의 역할은 크게 줄어들었다. 그렇지만 이미 집적된 산업과 노동력으로 인해 집적경제 효과와 거대한 시장규모, 거기에 권력과 고급인력, 각종 교육문화시설까지 집중된 수도권과 영남권은 다른 지역과 비교할 수 없는 입지적 매력을 갖춘 상태였기 때문에 1990년대까지는 수도권과 영남권이 양극이 되어 산업시설과 인구가 집중되었다. 그러나 1990년대 이후에는 영남권의 인구와 산업이 정체하기 시작하면서 규모의 경제 등 기업의 자본주의 논리에 의해 수도권 일극 집중현상이 두드러졌다(강현수, 2013).

한편 2000년대에 들어 세계경제의 글로벌화가 급속히 진행되고 지역경제가 세계경제에 편입되어 지역 간의 경쟁이 치열해 지면서 지역경제의 성장과 발전이 그 지역이 가진 산업의 성장과 불가분의 관계를 갖게 되었다. 이에 따라 지역경쟁력 차원에서 지역산업의 중요성이 더욱 강조되었다(나주몽, 2012). 특히 2003년 참여정부의 출범과 더불어 '국가균형발전정책'이 추진되었고, 국가균형발전특별법의 제정은 국가균형발전특별회계와 국가균형발전위원회의 설립 등 보다 체계화된 지역정책의 면모를 갖추는 계기가 되었다. 이명박정부에서는 효율성을 중시하여 지역경쟁력을 강화하고자 광역경제권의 도입과 함께 포괄보조금 형태로 지역계정사업을 추진함으로써 지방분권을 추진하고자 하였다(장재홍외, 2013).

지역산업진흥정책은 지역산업을 육성하기 위해 취해지는 모든 정책을 의미한다. 일본에서는 지역 산업조직정책과 산업구조정책을 모두 포괄한다. 지역산업지원사업이라 함은 지역산업의 경쟁력을 높이고, 지역혁신체계를 강화하기 위하여 추진하는 사업을 말한다. 지역산업정책의 범위는 중앙정부의 지역산업육성정책과 지방정부의 산업육성정책을 포함하는 개념으로 중앙정부와 지방정부가 지역산업의 발전을 위하여 지역 간 격차완화 또는 지역경쟁력 강화 차원에서 추진하는 포괄적인 산업정책 등을 의미한다.

지역정책에 따른 우리나라 지역산업육성정책은 중앙정부가 계획을 수립하고 이에 필요한 산업인프라 구축 등의 지원을 대부분 담당한 반면, 광역자치단체는 대상 산업의 선정 시 중앙정부와의 조율을 통해 매우 제한된 범위 내에서 지방비를 통한 사업비를 부담하였다. 참여정부와 이명박정부 이후부터 광역자치단체의 참여는 점차적으로 기획단계뿐만 아니라 정책추진, 재정지원 및 사업평가까지 확대되었다.

최근 지역산업육성정책의 추진에 있어서 광역자치단체의 적극적인 참여가 점차 증가하고 있고, 그에 대한 수요도 늘어가고 있다. 지역산업육성정책 추진주체로서 지방정부의 역할이 커짐에 따라 지역산업육성정책의 추진에 있어서 지역산업의 단계별 차별화된 추진주체의 필요성이 대두되고 있다.

2. 지역산업진흥정책의 유형

지역산업정책은 지역산업의 자율적인 발전을 도모하기 위해 지역이 기존에 갖고 있는 지역자원의 활용을 촉진하여 발전시키는 것을 의미한다. 지역산업정책의 범위는 중앙정부의 지역산업육성정책과 지방정부의 산업육성정책을 포함하는 개념으로 중앙정부와 지방정부가 지역의 발전을 위하여 지역 간 격차완화 또는 지역경쟁력 강화 차원에서 추진하는 포괄적인 정책이다(장재홍외, 2013).

중앙정부가 주도하는 하향식의 지역산업정책은 상대적으로 중앙정부의 재원이 큰 비중을 차지하게 되며 선도산업육성사업·전략산업육성사업과 지역지연산업·지역특화산업육성사업이 이에 해당한다. 반면 일부 지역기업에게 사업자금을 지원하는 융자사업과 같은 경우는 지방자치단체 주도로 이루어지는 정책으로 볼 수 있다. 결국 협의 개념의 지역정책은 중앙정부가 정책기조에 따라 추진하는 지역발전정책인 반면, 광의 개념의 지역정책은 중앙정부의 지역발전정책과 지방정부의 발전정책을 포함한다고 할 수 있다.

그림 15-1 지역산업진흥정책의 유형

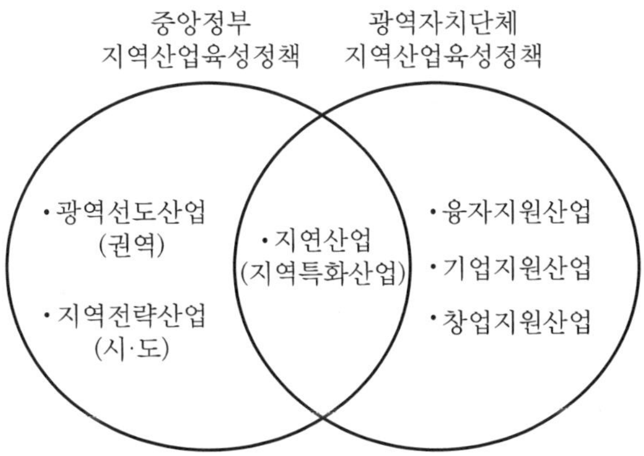

자료: 장재홍 외, 2013.「지방정부의 지역산업육성정책 분석 및 정책적 시사점」, p.40을 기초로 작성.

지역산업진흥정책은 대부분의 경우에 국비로 재원을 마련하거나 일부 지방자치단체의 공동부담 형태로 재원을 마련하여 추진되고 있어 광역자치단체의 독자적인 산업육성 프로그램은 여전히 미흡한 수준에 그치고 있다.

3. 지역산업진흥정책의 특성

지역전략산업은 참여정부가 지역혁신발전 5개년계획에서 지역에서 전략산업을 선정하면서부터 본격적으로 사용하게 되었다. 지역전략산업은 「국가균형발전특별법」에 근거하여 지역 내 의견수렴 및 지역혁신협의회 심의를 거쳐 16개 광역시·도를 대상으로 지역별 특성을 반영한 4대 전략산업을 자율적으로 선정하였고 이를 지역전략산업이라 칭하였다.

한편 이명박정부에서는 지연산업을 지역특화산업이라고 사용하였고 전략산업 대신 선도산업을 선정하여 육성하면서 선도산업이라는 용어를 본격적으로 사용하였다. 여기서 선도산업은 5+2 광역경제권별로 추진하고 있는 주요 광역경제권의 산업군을 말한다.

지역산업정책 유형인 [그림 15-1]에서 알 수 있듯이 정부의 지역산업육성정책과 지자체의 산업육성정책의 교집합부분은 지연산업 및 지역특화산업으로 이에 초점을 맞추어 지역산업정책의 특성을 살펴본다.

우리나라에서는 지역에 연고를 두거나 뿌리를 둔 산업을 주로 지역특화산업이라는 용어를 사용하고, 지연산업이라는 용어는 잘 사용하지 않았으나 참여정부는 지역혁신발전 5개년계획에서 지연사업을 선정하여 육성하였다.

지연산업(地緣產業)은 어떤 지역에 연고가 있는 산업을 의미한다. 여기서 지역적 연고란 그 지역에서 전통적으로 그 산업분야의 생산과 관련된 업체들이 다수 존재하거나 관련기술이 전수되어 내려오거나 어떤 문화적 뿌리가 있음을 의미한다. 지연산업은 그런 점에서 특정지역의 지역특화산업이 될 수 있다. 그러나 지연산업이라고 해서 반드시 지역적 특화산업이 된다고 보장할 수는 없다.

지연산업을 구체적으로 정의하면, 각 지역의 자연자원, 역사 및 문화자원, 축적된 기술과 숙련 등 지역특화자원을 활용하는 산업으로서 시장규모가 작아 시·도의 주력 성장산업이 될 수는 없으나 고용 및 소득창출, 정주체계 안정 및 지역사회의 활력 증진을 위해 육성이 필요한 산업을 의미한다.

한편 지역산업(地域産業)은 특정 지역(지방)에 입지하고 있는 모든 산업을 의미한다. 여기서 지역이란 국가의 하부단위로서 공간적으로 일체화되어 있는 영역을 의미한다.[1)]

지연산업과 유사한 개념으로 일본에서는 지장산업(地場産業)이라는 표현을 사용하고 있다. 즉 지장산업은 다수의 중소기업이 특정지역에 집적하여 산지를 형성하고, 부존하는 자연자원, 원재료를 이용하여 지역 내 노동력으로 산지의 기술을 이용하여 생산하고, 국내시장 나아가 해외시장에까지 판매하는 것을 의미한다(여상일, 1996: 4-5). 지장산업은 지역적인 장소성을 갖는 산업으로 해석할 수 있다.[2)] 地場産業(지장산업)이라는 용어를 지역산업이라는 용어와 대비하여 설명되는 경우도 있다. 여기서 지역산업은 주로 지역 내 시장을 대상으로 소비재를 공급하는 산업을 뜻한다. 이에 비해 地場産業이라는 용어의 의미는 일반적으로 ① 주로 지역 내 자원과 노동력을 이용하여, ② 가공도를 높인 특산품으로서, ③ 지역 외에 판매되는, ④ 중소기업형 산업의 집적이라고 정리할 수 있다.

그러나 지장산업과 지역산업을 분명히 구별하는 것은 어려운 일이다. 왜냐하면 원래는 지역 내 주민의 요구를 만족시키기 위해 발생한 지역산업이 지장산업으로 발달하는 예도 많기 때문이다. 다만, 일정하게 한정된 지역에 관계가 있고, 지역적 특성을 가진 산업이라는 점은 틀림이 없다. 그리고 지장산업은 그 발달에 따라 원재료 등의 자원을 지역 외에서 구입하여 쓰는 경우도 많고, 노동력도 지역 외(주로 주변 지방자치단체)로부터 보충하여 쓰는 경우가 많다.

우리나라에서 많이 사용하고 있는 지역특화산업(地域特化産業)은 그 지역에만 특화되어 있고, 지역의 자원을 활용하여 상품을 생산하고, 지역 내·외로 판매하는 산업이라고 정의할 수 있다. 지역특화산업은 외부로부터 유치한 산업이라도 지역에 기반을 내리고 하나의 산업으로 형성된 경우도 포함된다고 할 수 있다.

지연산업과 지역특화산업은 유사하지만 구분하자면 다소의 차이가 있다. 즉 지연산업은 해당지역의 전통성과 토착성을 다소 지니고 있으나, 지역특화산업은 이것에 큰 의

---

1) 지방산업이란 개념은 일반적으로 지역산업과 같은 개념으로 쓰이고 있지만, 때로는 서울이나 수도권에 대응하는 개념으로 사용될 때도 있다.

2) 지장산업의 형태가 다종다양하기 때문에 지장산업의 개념도 통일적인 것이 아니다. 야마사키 미쯔루(山崎 充)는 地場(地緣)産業을 「특정한 지역에 ① 입지한 전통이 있는 산지(역사성), ② 동일업종의 중소영세기업이 집중(산지성), ③ 생산 판매구조가 산지단위로 사회적 분업체제로 되어 있음(사회적 분업체제), ④ 특산품을 생산하고 있음(특산품 생산), ⑤ 국내외시장을 대상으로 광역 상품생산 판매를 하고 있음(전국 해외시장)의 요건을 가진 것이다」라고 정의하고 있다. 그러나 이 개념도 하나의 산지에 모두 해당하는 것이 아니라 지장산업 산지에는 이런 요건을 가진 곳이 많다는 의미에 불과하다.

미를 주지 않고 있다는 것이다. 그리고 지역특화산업은 하향적 지역개발의 차원에서 집적이익과 규모의 경제를 추구하는 능률성의 관점에서 대두된 개념이고, 지연산업은 장기적으로 특색 있는 산지가 형성되어 상향적 지역개발이나 지역 주도적 지역경제 활성화의 전략으로 대두된 개념이라고 볼 수 있다.

4. 산업구조정책과 산업조직정책

산업정책은 한 나라의 산업활동을 보다 효율적인 방향으로 발전시키기 위하여 일정한 목표를 정해 놓고, 이러한 목표를 달성하기 위하여 취해지는 여러 가지 산업관련 정책을 의미한다. 일반적으로 산업정책은 산업구조정책과 산업조직정책으로 구분된다.

1) 산업구조정책

산업구조정책은 한 나라 또는 한 지역의 산업구조를 보다 발전적이고 효율적인 구조를 갖추도록 하는 산업정책이다. 여기서 산업구조란 국민경제 내지 지역경제의 산업별 구성을 의미한다. 즉 한 나라에 있어서 생산요소가 각종 산업에 어떻게 배분되고, 각 산업들이 어떤 재화를 생산, 교환, 판매하는 가를 보여주는 경제적 조직이라고 할 수 있다. 산업구조정책은 일반적으로 산업구조가 고도화되는 것을 추구한다고 할 수 있다. 산업구조의 고도화는 1차 산업보다는 2차 산업의 비중을 높이고, 2차 산업에서는 경공업 비중보다는 중화학 공업비중을 높여 첨단 산업과 부가가치유발계수와 전·후방연관효과, 각종 승수효과가 높은 산업의 비중을 높이는 것을 의미한다.

Colin G. Clark는 산업을 1차 산업과 2차, 3차 산업으로 구분하고, 경제가 발전할 수록 1차 산업에서는 2차 산업이, 2차 산업보다는 3차 산업의 비중이 높아진다고 하였다. 산업구조정책은 크게 산업의 보호·육성정책과 사양산업 합리화 조성정책으로 구분된다. 일반적으로 경제가 발전한 선진국일수록 1차 산업의 비중은 감소하고, 생산의 우회도가 높은 2, 3차 산업의 비중은 높아지게 된다.

2) 산업조직정책

산업조직정책이란 시장의 실패가 존재할 경우 정부가 의도적으로 시장에 개입하여 시장의 구조 및 기업의 시장행동에 영향을 미쳐 특정산업의 시장성과를 국민내지 지역경제를 위해 바람직한 방향으로 개선하도록 하는 일련의 산업정책을 의미한다. 기업들이 직·간접적으로 맺고 있는 관계들은 시장구조, 시장행동, 시장성과 등이다. 산업조직정책의 목표는 어떤 산업내의 시장성과를 개선하는데 있다.

일반적으로 산업조직정책은 경쟁유지 또는 경쟁촉진을 위한 정책과 경쟁제한정책, 대항력정책 등으로 구분된다. 여기서 대항력정책은 정부가 시장의 경쟁조건에 직접 개입하거나 독점이나 경쟁에서 발생하는 성과를 간접적으로 규제하려는 정책을 말한다. 예를 들면 독점기업에 대행하기 위하여 정부가 소비자, 노동자, 수요자들에게 저항의식을 향상시키거나 지나친 가격인상과 품질저하에 대비하여 소비자단체를 육성하는 등 대항력을 기르는 정책이다.

제 2 절 지역산업진흥정책의 주요 내용

1. 개 요

지역산업진흥정책은 1990년대부터 추진해 오다가 2000년대에 접어들어 지역전략산업 육성사업(2002), 국가균형발전 특별법(2004) 등의 산업정책을 추진하면서 형태를 갖추어 가기 시작했다. 이들 지역산업진흥정책의 목표는 다른 지역과의 비교보다는 지역내 산업구조와 자원에 기반하여 해당 지역에서 성장할 수 있는 산업을 발굴하여 지원하거나 기존 산업의 경쟁력을 강화시켜 지역의 자립적 발전을 도모하는 것이라 할 수 있다(오은주, 2013).

산업정책에서 지역산업정책을 독립적으로 분리하여 체계적으로 중장기 계획을 수립하여 지원하기 시작한 것은 2003년 참여정부의 출범 이후로 보는 시각이 지배적이다. 물론 국민의 정부 시절인 1998년 지역전략산업진흥사업이 시작되었으나 법, 회계, 계획 및 추진체계 등이 고루 갖추어진 것은 참여정부의 의지에서 비롯되었다고 볼 수 있다(한국산업기술진흥원, 2013).

본 절에서는 지역산업진흥정책의 변천과정을 국민의 정부(1998~2003), 참여정부(2003~2008), 이명박정부(2008~2013), 박근혜정부(2013~2017), 문재인정부(2017년 이후)로 나누어 그 특징을 살펴보고자 한다(장재홍 외, 2013; 한국산업기술진흥원, 2013).

국민의 정부(1998~2003)에서는 과거와 같은 단순한 입지공급 측면의 지역산업정책에서 벗어나 지역을 대상으로 하는 본격적인 지역산업정책을 추진하는 한편 기존 중앙정부 주도의 하향식 산업육성정책에서 벗어나 분권적·상향식 기획을 바탕으로 지역의 산업기반을 구축하고 자생적 혁신능력을 향상시켜 경쟁력 있는 지역혁신체제를 구축하는 것으로 지역전략산업의 클러스터를 활성화 하는 것이었다. 이를 통해 지역전략산업의 경쟁력 제고와 지역 간 균형발전이라는 두 가지 정책목표를 동시에 달성하는 것을 추구하고자 하였다.

우리나라 지역산업진흥정책이 현재와 같은 기본 틀을 갖추게 된 것은 참여정부(2003~2008)이다. 참여정부는 과거의 의존적 지방화에서 벗어나 자립형 지방화를 지역정책의 목표로 설정하고 수도권과 비수도권이 함께 번영할 수 있는 상생전략을 추구하였다. 지역정책의 추진방향은 전국에 최소기준의 충족을 통한 통합적 균형의 실현과 지역의 잠재력과 비교우위를 극대화하는 역동적 균형을 병행 추진하였다. 특히 지역혁신체제 구축을 역동적 균형을 실현하기 위한 핵심 정책분야로 설정하고, 지역 거버넌스 구축, 지방대학 육성, 혁신 클러스터 조성 등과 더불어 지역산업 육성 및 경쟁력 강화를 위한 다양한 시책을 추진하였다.

이명박정부(2008~2013)의 지역산업진흥정책은 지역산업 지원사업을 광역적으로 접근한 것이 특징이다. 그 동안에 추진되었던 지역발전전략이 시·도 단위 중심으로 이루어지면서 광역연계의 시너지효과 창출을 곤란하게 하고, 역량과 자원의 분산 등으로 인해 지역경제 활성화와 국가경쟁력 강화 효과가 기대보다 미흡한 것으로 평가되었기 때문이다. 이에 따라 기존 행정구역을 초월한 광역경제권 단위의 사업 발굴 및 지역 간 연계·협력사업의 활성화를 통해 지역산업정책에 있어서의 규모 및 범위의 경제를 추구하였다.

2013년에 출범한 박근혜정부(2013~2017)의 지역산업진흥정책에서는 행복생활권 설정 차원에서 시·군 단위의 소규모 지리적 단위를 상대적으로 중시하면서 산업정책 추진에 있어서는 이명박정부 때 설정한 광역경제권 단위를 폐지하고, 다시 시·도 생활권 중심으로 환원한 것을 특징으로 하고 있다. 특히 산업통상자원부는 지역경제 활력 제고를 위해 지역 R&D 지원사업의 지역경제 파급효과를 제고하고, 지역인재의 지역기업 취업을 촉진하는데 중점을 두었다.

2. 참여정부의 지역산업진흥정책

1) 전략산업진흥정책

참여정부는 분산·분업정책을 중심으로 지역산업발전정책을 추진하였다. 분산정책은 중앙부처 이전을 위한 세종시와 중앙정부 산하 공공기관의 이전을 위한 혁신도시 건설을 통해 달성하고자 하였다. 분업정책으로는 지역전략산업 육성사업을 추진하였다. 이를 위해 국가균형발전 특별법(2004)를 제정하고, 대통령 직속기구로 '국가균형발전위원회'를 설치하여 지역혁신클러스터 정책 및 지역균형발전 5개년 계획을 수립하였다.

지역전략산업이라는 용어는 학문적 용어라기보다는 정책적인 용어인데, 지역산업 중에서 전략적으로 중요하여 육성하는 산업을 의미한다. 국가균형위원회의 제1차 국가균형발전 5개년계획 수립지침에서는 전략산업을 다음과 같이 정의하고 있다. 전략산업을 '지역경제의 중·장기적 발전을 견인할 주력 성장 동력산업으로써 주된 지원 주체가 광역자치단체인 산업'으로 정의하고 있다(국가균형발전위원회·산업자원부, 2004).

이것을 보다 자세히 살펴보면 전략산업은 해당 지역 산업 중 성장 가능성이 높고 부가가치 유발계수나 고용유발계수, 산업간 전·후방연관효과, 각종 승수효과가 높은 산업 중에서 선택한다는 것이다. 일반적으로 사전적 의미의 전략산업은 경제 전체의 생산력을 확대시키고 이에 따라 고용수준 상승과 수출증대, 기술진보 등에 큰 파급효과를 기대할 수 있는 산업을 말한다.

구체적인 전략산업은 경제정책의 목표에 따라 달라지므로 정책주체인 중앙 및 지방 정부가 어떤 것을 선택할 것인가에 대하여 신중한 판단이 필요했다. 지역 전략산업의 선정은 궁극적으로 정책적인 판단의 문제이며, 전략적인 과제라고 할 수 있다.

제1차 국가균형발전 5개년계획(2004~2008년)에서 제시한 지역전략산업의 선정기준과 원칙은 다음과 같다. 첫째, 지역별 비교우위 및 경쟁력을 고려하여 선정하고, 둘째 지역의 산업기반, 혁신여건 및 산업구조 고도화를 위한 지역의 육성의지를 반영하며, 셋째 산업집적 활성화 기본계획과 연계하여 선정한다. 넷째 기존 주력사업의 고도화 및 차세대 성장 동력산업과의 적절한 조화를 기하고, 다섯째, 수차례의 전문가 컨설팅을 통해 전략산업의 수, 전략산업내의 중점 산업부문을 조정하여 시·도별 각각 4개의 전략산업을 선정하기로 하였다.

주요 전략산업의 지역적 차별화를 보면, 바이오 분야는 경기(의약), 충북(신약, 장기), 대구(바이오 신소재) 등이고, 전자·정보분야는 대구·경북(모바일), 광주(광전자), 충남(디스플레이) 등으로 차별화되었으며, 정보통신분야는 서울(디지털 미디어), 대전(통신기기), 경기(IT 부품) 등으로 차별화되었다.

지역별 전략산업은 지역별 산업기반과 공간 특성을 고려하고 산업집적활성화 기본계획상의 전략산업을 반영하였다. 또한 지역 내에 이미 집적지가 형성되어 있는 기존

표 15-1 지역별 전략산업 현황

지 역	국가균형발전 5개년계획 관련 전략산업			
서 울	정보통신	바이오	디지털컨텐츠	금융·기업지원서비스
경 기	정보통신	생명	문화컨텐츠	국제물류
인 천	기계·금속	자동차	정보통신	물류
부 산	기계부품	영상IT	항만물류	관광컨벤션
대 구	섬유	메카트로닉스	전자·정보기기(모바일·나노)	생물
광 주	광산업	정보가전	자동차부품	디자인문화
대 전	정보통신	생물	첨단부품소재	메카트로닉스(지능형로봇)
울 산	자동차	정밀화학	조선해양	환경
강 원	의료기기	바이오	신소재·방재	관광문화
충 북	반도체	이동통신	바이오	차세대전지
충 남	전자정보기기	생물(농축산바이오)	자동차부품	첨단문화(영상미디어)
전 북	자동차·기계	생물(발효식품)	대체 에너지	문화관광
전 남	신소재·조선	생물(기능성식품, 농업생물)	문화관광	물류
경 북	전자정보기기	생물·한방(농업생물, 해양생물)	신소재부품	문화관광
경 남	지식기반 기계	바이오(생물소재)	지능형 홈	로봇
제 주	건강 뷰티생물(향장품+해양생물)	디지털 콘텐츠	친환경농업	관광

자료: 국가균형발전위원회·산업자원부, 2004. 8, 「제1차 국가균형발전 5개년계획: 지역혁신발전계획」, p. 9.

주력산업의 구조고도화와 지식기반 신산업의 균형 있는 발전을 도모하고, 차세대 성장동력산업의 경우는 시·도 여건에 따라 별도의 전략산업 또는 전략산업의 세부 중점 분야에 포함시켰다.

〈표 15-1〉은 16개 광역시도별 전략산업을 선정한 현황이다. 이는 제1차 국가균형발전 5개년계획(2004~2008년)에서 선정된 전략산업인데, 광역시·도별로 4개씩 선정하여 추진하였다.

참여정부는 지역산업육성을 위해 2004년부터 2008년 사이에 연평균 8천 6백억 원을 투입하여 5년간 약 4.36조 원을 지원하였다. 이들 지역산업 육성 지원책은 지역기업보다 대학(49.3%)과 테크노파크 및 지역특화센터 설립과 같은 하드웨어 중심으로 이루어졌다. 지역전략산업발전을 위한 정부지원자금을 정책수단별로 보면 인력양성 약 2조 원(39.4%), 기반구축 약 1.4조원(27.2%) 그리고 기술개발은 약 9천억 원(17.9%)으로 나타났다.

2) 지연산업진흥정책

지연산업은 지역에 연고를 둔 산업이다. 따라서 가급적 지역의 자원을 활용하면서 전략산업으로 선정되었다. 일반적인 선정기준은 해당 제품의 전통성과 지역성, 특성화와 차별성, 연계성과 통합성, 시장성과 지속가능성, 지역산업간 연관효과 등을 참고하여 선정된다.

일본의 경제학자인 小久原治의 지연산업의 역할에 대한 기본적인 개념을 중심으로 기술하면 다음과 같다(고재건, 1998). 첫째, 지연산업은 지역주민 소득창출과 지역경제 활성화에 기여한다. 지연산업은 지역의 자원을 활용하여 생산하기 때문에 지역주민의 소득을 창출하고, 지역경제 활성화에 이바지한다. 또한, 지역 내 경제순환을 높임으로 산지 및 주변지역 경제기반의 형성과 향상에 이바지하고, 생산활동은 직·간접적으로 지역경제에 파급효과를 미친다.

둘째, 지역주민의 고용 창출에 이바지한다. 다수의 지연산업은 산지 및 산지 주변지역의 주민들을 고용함으로써 지역 고용 창출에 이바지한다. 지연산업 기업은 대기업의 지방입점과는 달리 지역의 중·고령층, 부인층을 포함하여 다양한 노동력을 여러 형태로 고용할 수 있으므로 지역경제사회에 공헌한다. 이러한 의미에서 지연산업은 가족노동력, 중·고령 노동자의 고용기회를 제공하는 역할을 수행한다.

셋째, 지방재정의 확충에 기여하고 있다. 지연관련 기업은 지역자본으로 지역주민을 고용하고 경영활동을 수행하기 때문에 지방세 수입의 증대 등 지방재정의 안정에 기여하게 된다.

넷째, 지역의 산업진흥과 기술축적에 기여한다. 지연산업이 발전됨에 따라 지연산업의 기술, 기법, 기능이 오랜 기간에 걸쳐 축적되고, 이러한 기술 등은 급격한 환경변화에 민감하게 대응할 수 있는 유연한 적응력을 키울 수도 있다.

다섯째, 지역의 전통문화의 유지 발전에 기여한다. 지연산업은 지역 밀착형 산업이 많아 각 지역의 전통, 예능, 문화, 축제행사 등 녹자적인 풍토 및 생활문화와 연계되어 있다.

끝으로, 지역의 특성화에 따른 부대효과가 있다. 각 지역에서 특화된 기술과 기능을 통하여 그 지역 특유의 공예품이나 생산품을 만들어 냄으로써 해당지역을 매력 있고 독특한 지역으로 발전시킨다. 특히 지역주민은 지역문화와 향토 사랑을 통한 자긍심을 가지고 지역 관광진흥에 기여하게 된다. 그리고 해당지역의 독특한 지역생활문화 자체가 하나의 관광자원으로 활용될 수 있다.

우리나라에 해당 지역별 지연산업은 광역도시별 지역혁신 5개년계획에 선정되어 있다. 16개 광역 시·도별 지연산업 현황은 다음 〈표 15-2〉와 같다. 표에서 보는 바와 같이 서울지역의 지연산업은 인쇄산업, 문화·관광산업 등이고, 대구지역의 지연산업은 문화콘텐츠산업, 비즈니스서비스업, 안경산업, 소프트웨어산업, 전시·컨벤션산업, 출판·인쇄산업 등이며, 경북지역은 섬유기계산업, 한방산업, 인삼가공산업, 문화축제 이벤트산업, 농산물 가공 및 시설 채소업, 수산물가공 및 해양산업, 전통 직물산업, 포도가공산업, 마늘가공산업, 화훼산업 등 10개 산업이 선정되었다.

산업자원부는 지연산업 육성을 위해 산학연 등의 경제주체가 기술개발, 인력양성, 기업지원서비스, 네트워킹 등 다양한 산·학·연 협력요소를 연계 추진하는 패키지사업 형태로 지원하고 있다. 산업자원부는 2004년에서 2006년까지 3년간 국비 1,473억 원을 투입하여 56개 과제를 선정하였는데, 2007년 2월 지원조건은 사업기간 3년 이내, 과제당 연간 10억 원 내외이다.

표 15-2 지역별 주요 지연산업(2000년대 전반기)

지 역	주요 지연산업
서 울	인쇄산업, 문화・관광산업 등
부 산	범천동 귀금속산업, 기장 해조류 가공・유통산업, 자갈치시장, 미니 토마토 유통산업, 화훼부류 유통산업 등
대 구	문화콘텐츠산업, 비즈니스서비스업, 안경산업, 소프트웨어산업, 전시・컨벤션산업, 출판・인쇄산업 등
	특화산업: 안경테, 알루미늄 기물류, 자동차부품, 자전거부품, 우산・양산, 섬유기계(연사기, 와인더, 래피아 직기), 섬유제품(내의양말, 매직글러브, 손수건, 침장류, 스포츠 의류)
인 천	강화도 새우젓, 완초 공예산업, 수산자원조성사업, 강화 인삼명성 되찾기 사업, 사자발약쑥 특산품 등
대 전	영상・게임산업, 웰빙산업(실버벤처산업), 대덕구 공예산업, 동구 포도주 가공산업, 첨단섬유소재산업 등
광 주	김치산업, 한복패션산업, 전문특화상업거리 육성, 양동 재래시장 문화거리조성사업, 화훼・원예산업 등
울 산	울산농산물, 울산축산업, 산악・산업・해양관광산업 등
경 기	경기북부 가구산업, 이천 도자기산업, 양주 회암사지종합개발사업, 수동 관광지종합개발사업, 도라산 평화공원조성사업 등
강 원	생명농어업, 건강채소・화훼산업, 토종동물산업, 유기농업, 목재・산림산업, 한방・약초산업 등
충 북	바이오농업 , 석회석신소재산업, 옥천 묘목산업, 에코세라피건강산업, 보은 문화산업 등
충 남	금산 인삼산업, 보령 머드산업, 공주 자카드섬유산업, 계룡군 문화엑스포, 청양 칠갑산 그린투어 등
전 북	익산 귀금속・보석산업, 익산 니트산업, 남원 옻칠산업, 순창 장류산업, 임실 유가공산업 등
전 남	기능성 식품산업, 토종 약초생산・가공업, 도자기(삼강청자)산업, 나비 디자인・천연염색산업, 전통 애견(진도개) 산업 등
경 북	섬유기계산업, 한방산업, 인삼가공산업, 문화축제 이벤트산업, 농산물가공・시설채소산업 등
경 남	실크산업, 석재가공산업, 축산사료유통산업, 하동 녹차가공산업, 약초・자연건강식품산업 등
제 주	축산업, 수산업, 스포츠산업, 향토음식산업, 화훼산업 등

주: 대구시 특화산업은 대구광역시 담당계 자료를 참고하여 추가한 것임.
자료: 국가균형발전위원회・산업자원부, 2004. 8,「제1차 국가균형발전 5개년계획: 지역혁신발전계획」.

3) 성과와 한계

산업자원부의 지역산업진흥계획에 근거한 '지역산업진흥사업'은 당초 특정 지역의 산업구조조정과 신산업 육성을 목표로 기획하여 추진되었고, 수도권을 제외한 13개 시・도의 지역특화산업육성정책인 4+9 지역진흥사업이 추진되었다. 1999년부터 부산(신발), 대구(섬유), 광주(광산업), 경남(기계)의 4개 지역을 대상으로 혁신기반 구축, R&D 지원, 기술지원을 비롯한 다양한 소프트웨어(S/W) 사업 지원 등을 패키지로 제공하여 지역산업의 내생적 발전을 도모하였고, 2002년에는 비수도권 나머지 9개 지역까지 포함하는 제1단계 지역산업진흥계획(2002~2007)으로 확대됨으로써 비로소 포괄적 지역산업정책으로서의 면모를 갖추게 되었다.

특히 참여정부의 제1차 국가균형발전 5개년계획(2004~2008년)에서는 혁신의 개념을 강조하고, 산업단지 대신 클러스터 개념을 중시하였으며, 산업클리스터와 혁신클러스터의 개념을 도입하여 추진하였다. 참여정부의 지역산업 정책 추진 결과 테크노파크, 전략산업기획단, 지역특화센터 등 지역산업발전을 위한 거버너스 체제를 구축하여 글로벌 경쟁력 향상을 위한 기업지원 인프라를 지역에 구축한 것을 가장 큰 성과로 들 수 있다.

그러나 다음의 몇 가지 측면에서 개선해야 할 여지가 있다. 첫째, 지역별 특정산업에 대한 중장기 지원 및 중앙주도-지역보조 형태의 추진체계로는 진정한 지방분권 및 균형발전을 이끌어 내는 데는 한계가 있었다.

둘째, 선정된 전략산업이 주로 제조업 중심으로 되어 있어 서비스산업 업종이 크게 부족하다는 점과 전략산업의 선정에 있어 지역산업의 잠재력을 고려하지 않는 등 지역현실에 맞지 않고, 지역간 중복선정이 이루어지면서 실질적인 성과를 이끌어내지 못하였다.

셋째, 인접 광역지자체간 산업별, 기능별 광역클러스터를 형성하여 상호 시너지효과를 도모하는 데는 한계를 가지고 있었다.

한편 지연산업의 육성에 있어서도 우리나라는 국토면적이 좁고 지역특산물도 차이가 크지 않아 선정된 지연산업이 지역적인 차별성이 약했다는 한계가 있다. 선정된 지연산업을 유형별로 보면, 식품관련 산업의 비중이 높고 다음으로 문화·관광, 농림어업 및 섬유산업의 비중이 높다. 광역 지방자치단체는 기초 자치단체와의 협의를 통해 혁신중심의 지역산업 육성전략을 마련하고, 지연산업은 주민 주도의 내발적 지역혁신 발선선탁으로 추진하여야 한다. 지연산업은 지역특화발전특구와 연계하여 육성되고, 기초 지방자치단체 단위의 지역혁신체계를 구축하여 경쟁력 있는 지역상품을 개발해야 할 것이다.

지연제품은 지역의 자원을 가급적 활용하면서 세계화할 수 있는 명품을 만들기 위해서 노력하는 것이 필요하다. 이에 소요되는 자원요소는 해당지역에서 조달해도 되고, 아니면 전 세계에서 조달해도 될 것이다. 글로벌 경제하에서 너무 지역적인 요소에 한정하는 것은 문제가 있다고 하겠다. 다른 나라, 다른 지역의 원자재를 사용하여 만들더라도 제품에 차별성이 있고, 브랜드가 해당지역 것이면 지연제품으로 인정해 주어야 할 것이다.

3. 이명박정부의 지역산업진흥정책

1) 광역선도산업진흥정책

광역선도사업은 광역경제권별로 기업, 대학, 연구소가 서로 협력하여 글로벌 경쟁력을 갖춘 유망제품을 개발함으로써 기업의 고용·매출을 확대시키고 지역경제 활성화에 기여하고자 추진된 정책이다. 즉 지역발전 및 국가경쟁력 향상에 기여도가 높은 광역경제권의 산업으로서 글로벌 경쟁력 강화, 연계 협력의 강화 및 이를 통한 클러스터 발전의 임계점 확보, 기업 수요자 중심의 사업 추진, 부가가치 창출을 최우선의 목표로 설정 등의 특징적 내용을 가지고 있다.

광역경제권 사업계획 수립 이전에 먼저 광역경제권 선도산업을 균특법 제11조 제1항에 따라 산업을 선정한다. 2008년 상반기에 지역 수요조사를 통해 당시 균형발전위원회에서 선도산업이 발표됐으며, 이후 광역경제권내 시도간 협의를 통해 선도산업을 확정했다. 광역경제권 선도산업 프로젝트는 크게 5단계의 계획체계로 진행되었다.

1단계는 지역 수요조사를 통해서 제시된 균형위·지경부의 선도산업 예시(안)를 기준으로 시도간 합의를 거쳐 선도산업을 확정한다. 2단계는 클러스터 맵(map) 분석, 지식경제 통합기술 청사진 등 지역·산업 분석과 국가산업기술정책 방향 등을 활용해서 선도산업 세부 특화분야를 도출한다. 3단계는 특화분야 내에서 프로젝트 사업기간인 3~5년 내 육성목표로 삼을 수 있는 유망상품이나 핵심기술 등의 경쟁력 원천을 발굴한다. 4단계는 경쟁력 원천에 대한 목표지위를 설정하고 현 지역상황을 분석해서 광역선도산업 프로젝트를 도출한다. 5단계는 전략영역 설정, 정책과제 도출, 지원정책 수단도출과 같은 통합적 사업계획 프레임워크에 따라 프로젝트의 세부사업 발굴 등의 과정으로 진행되었다(민봉준, 2009).

광역선도사업은 광역경제권별로 여건과 특성에 맞는 1~2개 신성장 선도산업을 선정하여 R&D, 기업지원, 인력양성 등의 지원을 통해 권역의 지속적 성장 촉진을 도모하였다. 먼저 수도권을 제외한 충청권, 호남권, 대경권, 동남권의 4개 권역과 강원 및 제주의 지역을 대상으로 지역의 자율성에 따른 선택과 집중의 원칙을 바탕으로 권역 내 합의를 거쳐 12개 선도산업 및 20개 프로젝트를 선정하였다.

선정된 선도산업을 대상으로 2009년부터 3년간 총 9,000억 원을 투입하고, 성과에 따라 신규 사업을 추가로 발굴·추진하였다. 선도사업 재원의 70% 이상을 R&D, 인력양성, 마케팅 등 기업에 집중 지원하였으며 광역경제권 간 연계·협력사업을 적극 장려하고, 기존에 구축된 시설·장비 등 인프라 간 상호연계 및 활용도를 제고하는 데 중점을 두었다(송하율·김찬준, 2010).

선도사업은 크게 R&D사업과 비R&D사업으로 구분하여 추진되었다. R&D사업은 기업체를 중심으로 연구개발을 통해 제품을 생산·판매하는 전 과정을 지원하기 위한 사업이며, 비R&D는 R&D 수행을 위한 보조 역할을 하여 R&D 성과를 제고하기 위한 사업으로 구성되었다. R&D사업과 비R&D사업이 선도산업의 전략적 제품개발과 시장창출을 도모하고자 하는 통합적 사업시스템의 형태를 띠고 있다.

2011년 기준으로 국고지원액의 76.6%를 차지하는 R&D지원사업은 주관기관을 반드시 기업에 한정하는 기업주도 컨소시엄 형태로 지원되었다. R&D과제는 3년 간의 국비지원금에 따라 대형R&D(40~60억 원), 중형R&D(15~40억 원), 소형R&D(15억 원 미만)로 구분되었는데, 기업의 참여조건은 해당 광역경제권에 주된 사업장(본사 또는 공장)을 보유하고 있는 기업으로서 기업부설연구소를 보유하고 있으면서 전년도 매출액이 200억 원 이상(대형R&D) 내지 100억 원 이상(중형R&D)인 경우로 제한되었다. 이를 통해 3년 내 글로벌 경쟁력을 갖추고 사업화가 가능한 유망상품, 부품소재, 핵심기술 등을 개발하는 것이 사업의 목표였다.

〈표 15-3〉은 1단계 5+2 광역경제권 선도산업 현황을 나타내고, 〈표 15-4〉는 2단계

표 15-3 5+2 광역경제권 선도산업(1단계) 현황

권 역	선도산업
수도권	지식정보산업
충청권	의약 바이오, New IT
대경권	IT 융복합, 그린에너지
동남권	수송기계, 융합부품소재
호남권	신재생에너지, 친환경 부품소재
강원권	의료융합, 의료관광
제주권	물산업, 관광레저

자료: 지식경제부(2008), "5+2 광역경제권 선도산업 모두 확정", 2008. 12. 22.

표 15-4 광역선도사업 2단계('12~'14) 전략산업 및 프로젝트 현황

구 분		미래 성장동력산업분야(17개)				대표 주력산업분야(23개)			
충청권	선도산업	의약바이오	차세대 에너지			New IT			융합기계부품
	프로젝트	차세대의약	태양광(부품)	이차전지	나노융합소재(화학소재기반)	무선통신융합	반도체	디스플레이	동력기반기계부품
호남권	선도산업	신재생에너지		라이프케어		광융복합		친환경 수송기계	
	프로젝트	태양광(소재)	풍력시스템·모듈	바이오식품	바이오활성소재	광부품 및 시스템	신광원조명	친환경 차량 및 부품	그린·레저선박
대경권	선도산업	그린에너지		IT 융복합		스마트기기 부품		첨단융합소재	
	프로젝트	태양광(장비)	연료전지	의료기기(치료/헬스케어기기)	실용로봇	스마트자동차부품	스마트모바일	첨단금속·세라믹소재	하이테크섬유소재
동남권	선도산업	에너지 플랜트		그린화학소재		수송 기계		조선해양	
	프로젝트	풍력부품	원전설비	화학융합소재	지능형기계부품	친환경차량부품	항공	해양플랜트기자재	그린선박조선기자재
강원권	선도산업	기능성 신소재				바이오메디칼		헬스케어	
	프로젝트	세라믹/비철소재부품				의생명바이오	전자의료기기	헬스테인먼트	
제주권	선도산업	풍력서비스				차세대식품융합		MICE	
	프로젝트	제주형 풍력서비스				청정헬스푸드	뷰티향장	휴양형 MICE	

자료: 지식경제부(2012), 지경부, "40개 광역단위 산업클러스터 육성" 본격 착수, 2012. 1. 3.

우리나라 광역경제권 선도산업과 주요 프로젝트들이 이다.

2) 지역특화산업정책

지역특화산업 육성사업은 시·군·구 단위 지역의 특성과 여건에 맞는 산업을 육성

하기 위한 사업이다. 이를 위해 산 · 학 · 연 등의 지역혁신주체들이 공동 참여하여 기술개발, 인력, 양성, 마케팅 등을 비롯한 기업지원서비스, 네트워크 등의 다양한 산 · 학 · 연 협력요소들을 연계하여 추진하였다.

지역특화산업은 지역내 연고(특화)자원의 산업화로 도모하며 이를 위해 지역내외의 산 · 학 · 연 · 관 및 기업지원기관 간의 협력 촉진과 연계강화를 지원하는 사업으로 궁극적으로 지역경제 활성화 및 고용창출을 목표로 한다. 지경부의 지역특화산업 육성사업은 지역연고산업(RIS) 육성사업과 지역혁신센터(RIC) 육성사업 및 지자체연구소 육성사업으로 구성된다.

지역특화산업 육성을 위해 2004년부터 시행된 지역연고산업육성사업과 지자체연구소육성사업에다 지역대학의 강점분야를 대상으로 지역경제의 성장잠재력을 확충할 수 있는 중장기 성장엔진을 만들기 위해 1995년부터 추진 중이던 지역혁신센터조성사업을 2010년 지역특화산업 육성사업으로 통합한 바 있다.

지역연고산업 육성사업은 지역전략산업을 제외한 지역 내 연고자원으로서 지역 내 일자리 창출 및 소득 증대효과가 큰 특화산업분야를 대상으로 지역브랜드 대표 스타기업 창출, 혁신네트워크의 자립화, 특화산업 고부가가치화 클러스터 구축 등을 실현하기 위해 2011년 현재 95개 사업단을 선정하여 기술개발, 인력양성, 산학연 네트워킹, 기업지원 등을 패키지 형태로 지원하였다.

지자체연구소 육성사업은 지역별 특화산업분야의 R&D를 선도하는 거점연구기관 설립을 지원함으로써 지역의 기술혁신 및 산업구조 고도화를 촉진하기 위한 사업이다.

지역혁신센터조성사업은 지역전략산업 분야 및 대학 강점분야의 장비구축 · 활용, 연구 개발 등을 통해 대학-기업의 혁신역량을 높이고, 지역의 성장잠재력을 확충하기 위한 사업이다. 혁신센터별로 1단계 인프라구축(4년), 2단계 인프라완성(3년), 3단계 인프라활용(3년) 등 10년에 걸쳐 장비구축과 더불어 기술개발, 인력양성, 창업지원, 기술개발 사업화, 마케팅, 네트워킹, 기술이전 지도 등의 다양한 지원사업을 추진하였다.

지식경제부는 1995년부터 지역 대학에 특성화 장비 구축을 통해 기업을 지원하는 지역혁신센터 조성사업과 지역발전의 핵심기관인 지자체연구소 육성사업을 추진하여 지역성장 잠재력을 확충하였다. 또한 지역연고산업 육성사업을 통해 지역의 숨겨진 연고자원을 산업화하는 비즈니스 모델을 개발하여 소득증대와 일자리 창출 등 지역경제 활성화에 기여하여 왔다. 지식경제부는 그 간의 지역특화산업의 성과를 바탕으로 지역

표 15-5 2010년 지역특화산업 상품(177개 상품) 현황

권역별	RIC (47품목)	RIS (75품목)	지자체연구소 (55품목)
수도권 (30품목)	3D LCD, 반도체기판 등 8품목	화장품, 건강기능식품, 생활가전 등 10품목	의약품, 건강기능식품 등 12품목
중부권 (28품목)	신소재부품 및 화학소재 등 5품목	건강기기, 전자제품, 섬유패션, 식품, 주류 등 12품목	홍삼, 허브제품 등 11품목
대경권 (26품목)	무선통신기술, 태양전지등 10품목	안경, 식품, 건강기능식품 등 12품목	섬유패션, 로봇제품 등 4품목
동남권 (44품목)	반도체 회로기술, 3D 영상장치등 4품목	건강기기, 건축자재, 화장품, 등 27품목	녹차, 한방, 화장품 등 13품목
호남권 (49품목)	전기자전거, 광센서 등 20품목	건강기기, 섬유패션, 식품, 등 14품목	장류, 치즈, 버섯 등 15품목

자료: 지식경제부(2010), "지역특화산업으로 지역발전의 날개를 달다", 보도자료, 2010. 3. 20.

별 여건에 맞는 산업을 육성하고, 일자리 창출을 위해 지속적으로 지원한다는 것이었다. 참고로 2010년 3월에 발표된 권역별 특화산업 현황은 다음 〈표 15-5〉와 같다.

전술한 지역사업인 선도산업육성사업과 특화산업육성사업은 지역산업진흥계획에 포함되어 사업 구상 및 기획에서도 시·도와 공동으로 추진되었으며 사업 집행과정에서도 지역 내 거점기관인 테크노파크에 의해 추진되며 사업 평가에 대해서는 지역 내 거점기관인 지역사업평가원에 의해 이루어졌다.

3) 성과와 한계

우리나라의 지역산업정책은 과거 시·도 중심의 지역단위에서 이루어졌다면 이명박 정부에서는 광역경제권 중심으로 전환되었다. 국민의 정부와 참여정부에 지역산업정책은 균형발전정책의 틀 속에서 수도권을 제외한 13개 시·도의 전략산업을 중심으로 산업육성정책이 추진되었으나, 이명박정부에서는 이른바 5+2 광역경제권 전략 하에서 세계 각국의 지역정책 광역화 추세에 대응하기 위하여 지역산업정책의 지역단위를 광역적으로 확장하여 육성정책을 추진했다. 이를 통해 선도사업은 광역경제권별로 여건과 특성에 맞는 1~2개 신성장 선도산업을 선정하여 R&D, 기업지원, 인력양성 등의 지원을 통해 권역의 지속적 성장 촉진을 도모하였다.

이명박정부(2008~2012)의 지역산업진흥정책의 성과는 지역산업 지원사업을 광역

적으로 접근한 특징을 띠고 있다. 이것은 단일 행정구역 단위의 사업 추진에 따른 중복적·분절적 현상과 이에 따른 비효율성을 완화하고자 한 것이다. 그동안 시·도 단위 중심으로 추진되었던 지역발전전략이 광역연계의 시너지효과를 창출하기 곤란하고 지역의 역량과 자원의 분산 등으로 지역경제 활성화와 국가경쟁력 강화 효과가 기대보다 미흡한 것으로 평가되었기 때문이다. 이에 따라 기존 행정구역을 초월한 광역경제권 단위의 사업 발굴 및 지역 간 연계·협력사업의 활성화를 통해 지역산업정책에 있어서의 규모 및 범위의 경제를 추구하고자 하였다.

그러나 선도사업 수행 방식 및 체계 측면에서는 개선의 여지가 많은 것으로 평가된다(송하율·김찬준, 2010). 첫째, 선도사업의 프로젝트별로 목표를 명확하고 구체적으로 설정하여 성과 관리의 효과성을 제고하기 위한 기반을 구축하여야 한다. 특히 R&D와 기업지원사업 간 연계성 강화, PD(program director)제도의 실효성 제고, 프로젝트의 특성을 감안한 유연성 있는 규정의 운영 등이 필요하다.

둘째, 선도사업은 3년 간의 연구개발 후 시장에 판매될 수 있는 상품을 중심으로 사업을 추진하고 있으며 아울러 성과목표도 부가가치 창출에 중점을 두고 있다. 선도사업이 설정하고 있는 부가가치창출의 성과목표에 부응하여 각 세부과제별로 부가가치 창출 등을 성과목표로 설정하여야 함에도 불구하고 기술적 성과목표만을 설정하고 있어 선도사업의 목표와 부합하지 않는 문제점을 가지고 있다. 성과목표가 구체적으로 설정되지 않을 경우 선도사업의 성과 관리가 용이하지 않고 특히 목표의식의 부재로 인하여 사업의 성과를 충분히 거두지 못할 우려가 있다.

셋째, 선도사업은 단·중기 내 상용화를 통한 부가가치 창출로 권역의 산업발전을 강화하는 것을 목표로 설정하고 있다. 선도사업의 이러한 특성에 부응하기 위해서는 연구 성과물의 비즈니스 플랜(business plan)을 수립하는 것이 필요하다. 각 과제별로 단순한 R&D의 수행에서 나아가 개발된 제품의 판매를 위한 구체적인 전략을 수립함으로써 최종 성과의 달성을 위한 이정표로 삼아야 한다.

한편 지역특화산업육성사업은 시·군·구 단위 지역의 특성과 여건에 맞는 산업을 육성하기 위한 사업으로 지역별로 전문화되고, 차별성이 있어야 한다.

지역별로 차별화된 지역특화산업을 육성하기 위한 한 방법으로 그 지역의 역사나 문화를 지역의 특화제품에 가미할 수 있는 방안을 적극 모색할 필요가 있다. 지역특화산업의 선정도 다소 시간이 걸리더라도 지역에서 성장잠재력이 가장 높고, 확실한 비교우위에 있는 업종을 선정해야 한다.

그리고 지역특화산업은 입지에 따라 도시형 지역특화산업과 지방형 지역특화산업으로 구분되는데, 도시형 지역특화산업은 주로 대도시에 입지하고 기술혁신과 상품개발, 디자인 개발을 통해 유행성이 높은 상품을 공급하는 특화산업이고 지방형 지역특화산업은 전통성이 높고, 저가의 비용과 저생산성의 특징을 보이는 산업이다. 지역 특화기업들도 자기 업종이 도시형 지역특화산업인지 지방형 지역특화산업인지 구분하여 그 유형에 맞는 전략을 강구해야 할 것이다.

또한 지역특화산업의 차별화와 제품의 홍보를 강화하기 위해 지역특화 제품관련 축제나 이벤트를 적극 개발해야 한다. 지방정부는 지연제품의 판매기획전을 다양하게 개최하거나 문화축제를 특화상품이 주제가 된 행사로 개최하여 특화상품의 판매촉진과 홍보를 강화하는 방안을 적극 검토해야 한다.

4. 박근혜정부의 지역산업진흥정책

1) 시·도 협력 산업진흥정책

박근혜정부는 국민에게 행복을, 지역에 희망을이란 지역발전정책의 새로운 비전을 설정하여 주민이 실생활에서 행복과 희망을 체감하고(happiness), 행복한 삶의 기회를 고르게 보장하며(opportunity), 자율적 참여와 협업의 동반자관계를 통해(partnership), 전국 어디에서나 정책의 사각지대가 없도록(everywhere) 하는 지역희망(HOPE) 프로젝트를 지향하였다. 이러한 지역발전정책의 비전 달성을 위해 지역행복생활권 구현, 맞춤형·패키지 지원, 지역주도 및 협력 강화의 3대 추진전략을 제시하였다.

추진전략으로 중점적으로 추진할 과제로 6대 분야 17개 과제를 제시하였다. ① 지역행복생활권 기반 확충 분야 ② 일자리 창출을 통한 지역경제 활력·제고 분야, ③ 교육여건 개선 및 창의적 인재 양성 분야, ④ 지역문화융성 및 생태 복원 분야, ⑤ 사각지대 없는 지역의 복지·의료 분야, ⑥ 지역균형발전 시책의 지속 추진을 실천과제로 제시하였다.

이러한 지역발전정책의 HOPE 프로젝트에서는 지역 창조경제를 활성화하는 방향으로 지역사업을 추진하고자 하며, 지역산업정책과 연관된 박근혜정부의 지역발전정책은 일자리 창출을 통한 지역경제 활력·제고분야가 이에 해당한다. 일자리 창출을 통한 지역경제 활력 · 제고분야는 일자리 창출 중심의 지역산업 육성, 지역투자 촉진을 통한 일자리 창출, 산업단지를 창조경제의 거점으로 육성, 지역 과학기술 기반확충, 지역 관광산업 육성, 지역성장거점 육성, 농어촌 일자리 창출 등 7개의 발전시책이 포함되었다.

박근혜정부는 저성장이 장기간 지속되는 가운데, 경제주체들의 경제의욕이 저하되고 있고, 경제 내의 불균형이 심화되고 있다고 보고, 이를 혁신하기 위해 '경제혁신 3개년 계획'을 수립하여 발표하였다.[3] 우리 경제의 혁신과 재도약을 위해 비정상의 정상화를 통한 기초가 튼튼한 경제, 창조경제를 통한 역동적인 혁신경제, 내수 활성화를 통한 내수와 수출 균형경제 등 3대 전략을 중심으로 경제혁신 3개년 계획을 수립하여 추진하였다.

그리고 정부의 창조경제 육성에 부합하는 지역산업정책의 개편 필요성에 따라 시 · 도 주도의 중장기 지역산업 활성화 전략을 수립하도록 하는 지역산업발전종합계획(2014~2018)을 수립하였다. 지역산업발전계획의 수립에 따라 전 정부부터 추진하여 오던 광역 선도산업을 폐지하고, 기존 전략산업과 특화산업을 통합한 주력산업과 지역연고산업, 광역시도간 협력산업이 자자체 차원에서 추진되었다.

또한, 박근혜정부는 2014년 3월 광역 선도산업을 2015년 폐지하고, 그 대안으로 지역간 협력산업을 선정하여 육성하기로 하였다. 즉 산업통상자원부는 2014년 3월 제1차 지역경제위원회를 개최, 2014년 지역산업지원사업 시행계획(지역산업진흥계획)을 의결하는 한편, 박근혜정부의 지역발전정책에 따라 새롭게 지원될 시 · 도 협력산업과 주력산업도 확정 · 발표하였다. 향후 지원이 확정된 시 · 도 대표산업은 시 · 도간 자율적 협의로 도출된 시 · 도 간 협력산업 16개와 시 · 도 스스로 발굴하여 중추적으로 육성한다. 주력산업은 63개로 시 · 도 간 자율적 협의를 통해 협력산업을 선정하고 협력권을 구성하였으며, 시 · 도별로는 3건 이내의 협력에 참여하게 되었다. 지방비 매칭을 의무화하고 협력권별 협의를 통해 주관 시 · 도를 선정함으로써 지역의 참여와 책임을 강화한 것이 특징이다.

이와 더불어 산업자원통상부는 시 · 도의 63개 주력산업(시도별 5개 이내)을 자율로 선정하였으며, 2015년부터 지원하였다. 주력산업은 시 · 도 간 협력산업을 새로이 선정 · 지원함에 따라 특화산업, 광역 선도산업 등 기존의 지원 대상산업을 시 · 도 단위에서 중추적으로 육성할 산업으로 재편한 것이다. 박근혜정부가 선정하여 육성하는 시 ·

3) 관계부처 합동, 「경제혁신 3개년 계획」 추진방향, 2014. 1.

도간 협력산업과 주력산업은 다음 〈표 15-7〉 및 〈표 15-8〉과 같다.

표 15-6 지역산업 지원사업 개편

공간	~ '12년	'13년	'14년(과도기)	'15년
광역권/시·도간	광역 선도사업 (선도+연계협력)	광역 선도사업 (선도+연계협력)	광역 선도사업 (선도+연계협력)	광역 선도사업 (종료)
			산업협력권사업 (시범)	산업협력권사업 (본 사업, 협력산업)
	광역거점지원사업	광역거점지원사업	광역거점지원사업	성장기반구축사업
시·도	지역전략사업	(新)특화사업	(新)특화사업	지역주력사업
시·군·구	지역특화사업		지역전통사업 (시범)	지역연고(전통)사업 (본 사업)

자료: 산업자원통상부, "기술, 인재중심의 지역 혁신역량 강화방안 발표", 보도자료, 2013. 10. 31, p. 2.

표 15-7 시·도간 협력산업 선정

협력산업	협력권		협력산업	협력권	
	주관	참여		주관	참여
조선해양플랜트	경남, 부산	전남, 울산	기계부품	충남	세종
화장품	충북	제주	광·전자융합	광주	대전
의료기기	강원	충북	기능성하이테크섬유	대구	경북, 부산
로하스헬스케어	제주	강원	친환경자동차부품	전북	광주
이차전지	충남	충북	바이오활성소재	전남	전북, 강원
기능성화학소재	대전	충남	자동차융합부품	경북	대구, 울산
지능형기계	경북	대구, 대전	차량부품	부산	경남
에너지부품	광주	전북	나노융합소재	울산	경남, 전남

자료: 산업자원통상부, "산업부와 14개 시·도, 2014년 지역산업 육성을 위해 6,557억 원 투입", 보도자료, 2014. 3. 31, p.2

표 15-8 시·도별 주력산업 선정

시·도	주력산업	시·도	주력산업
부산	디지털콘텐츠, 지능형기계부품, 초정밀융합부품, 금형열처리, 바이오헬스	충북	바이오의약, 반도체, 전기전자부품, 태양광, 동력기반기계부품
대구	스마트지식서비스, 스마트분산형에너지, 정밀성형, 소재기반바이오헬스, 의료기기	충남	디스플레이, 자동차부품, 인쇄전자부품 동물식의약, 디지털영상콘텐츠

광주	스마트가전, 디자인, 초정밀공작기계, 생체의료용소재부품, 복합금형	전북	건강기능식품, 기계부품, 복합소재섬유, 해양설비기자재, 경량소재성형
대전	무선통신융합, 로봇자동화, 금속가공, 메디바이오, 지식재산서비스	전남	석유화학기반고분자소재, 에너지설비, 금속소재·가공, 바이오식품
울산	에너지부품, 정밀화학, 조선기자재, 자동차, 환경,	경북	모바일, 디지털기기부품, 에너지부품, 성형가공, 기능성바이오소재
세종	자동차부품, 바이오소재	경남	항공, 기계소재부품, 지능형생산기계, 풍력부품, 항노화바이오
강원	웰니스식품, 구조용신소재 스포츠지식서비스	제주	물응용, 관광디지털콘텐츠 웰니스식품, 풍력 · 전기차서비스

자료: 산업자원통상부, "산업부와 14개 시·도, 2014년 지역산업 육성을 위해 6,557억원 투입", 보도자료, 2014. 3. 31, p.3.

2) 지역연고(전통)산업진흥정책

박근혜정부의 지역연고(전통)산업은 주로 시 · 군 · 구나 지역행복생활권 내에서 시군구의 협의를 통해 선정되었다. 지역연고(전통)산업은 지역주민의 정책 체감도 제고를 위해 지역 행복생활권 단위 생활밀착형 산업을 지원하는 산업을 의미한다.

2013년에 새로이 선정된 지역연고산업을 보면, 〈표 15-9〉에서 보는 바와 같이 충북

표 15-9 우리나라 신특화산업 현황(2013~14년)

권역	지역	주력산업	연고산업	뿌리산업	문화융합 생활산업	지식기반 서비스산업
충청	대전	광학기기소재 바이오소재 금형정밀가공	-	-	-	지식융합 연구개발서비스
	충북	전력에너지부품 금속가공 기능성화장품	바이오 · 한방 식품	-	-	-
	충남	자동차부품·소재 조명 부품·소재	그린바이오	금속 소재 · 부품 가공	-	지식영상서비스
호남	광주	스마트가전	-	복합금형	생체의료용소재부품	지식데이터 디자인
	전북	경량소재부품 인쇄전자 에너지변환·저장부품	향토 기능성식품	자동차 · 기계생산 기반	-	-
	전남	구조 · 기능세라믹스 석유화학기반고분자소재 해양기자재 · 부품	고기능 생물소재	금속소재 · 가공	-	-

동남	부산	초정밀융합부품 산업섬유소재	바이오 헬스	금형열처리	-	영상콘텐츠
	울산	수송기계융합부품 정밀화학 에너지소재 환경 엔지니어링플랜트	-	-	-	-
	경남	생산기계 수송기계전장 나노광학	생명 건강	소재성형	-	-
대경	대구	생산공정기계	소재기반 바이오 헬스	정밀성형	패션웨어	데이터기반 지식서비스
	경북	디지털기기부품 에너지부품소재	기능성 바이오 소재	성형가공	생활섬유	-
강원	강원	생활의료기기 구조용신소재	웰니스식품	-	-	스포츠지식서비스
제주	제주	생명융합지식 해양바이오	건강뷰티소재	-	-	문화관광콘텐츠
계		32개	10개	8개	3개	9개

자료: 한국산업기술진흥원, 「지역산업진흥계획」, 2014년 자료에서 인용.

은 바이오・한방식품이고, 충남은 그린바이오산업이며, 대구는 소재기반 바이오헬스산업이고, 경북은 기능성 바이오소재산업이다. 전남은 고기능 생물소재이고, 전북은 향토기능성식품이다. 2014년에 수립된 지역산업진흥계획에서 제시된 2014~2015년에 주력산업과 지역연고산업 육성사업은 위의 표와 같다.

3) 평가

박근혜정부에서는 산업 측면에서 창조경제를 강조하고, 지역차원에서는 행복생활권을 중심에 두는 정책을 추진하였다. 지역산업정책에서는 기존의 지역산업정책을 포용하면서도 약간 차별화된 지역산업정책을 추진하고 있다고 평가할 수 있다. 정책 추진의 범위는 이명박정부에서 설정한 광역경제권 단위를 폐지하고 다시 시・도 지역생활권 중심으로 환원한 것이 특징이다. 이와 함께 행복생활권 설정 차원에서 시・군 단위의 소규모 지리적 단위를 상대적으로 중시하였다.

이명박정부 때는 5+2 광역경제권과 광역 선도산업을 강조하고 육성하였지만, 박근혜정부에 와서는 창조경제[4]를 화두로 제시하면서 지역행복생활권과 시도간 협력산업과

4) 박근혜정부는 창조경제 개념을 '창의성을 우리 경제의 핵심가치로 두고, 과학기술과 ICT(정보통신기술) 융합을 통해 산업과 산업이 융합하고, 산업과 문화가 융성해서 새로운 부가가치를 창출하고, 일자리를 만들어 내는 것'이라고 하였다.

주력산업 등을 강조하고 육성하였다. 또한 우리 경제를 구체적으로 혁신하기 위해 경제혁신 3개년계획을 수립하여 추진하였다.

산업통상자원부는 2013년 10월에 지역경제 활력 제고를 위한 '지역산업 혁신역량 강화방안'을 발표하였다. 이 보고서에는 기술·인재가 지역기업과 함께 성장하고 지역발전에 기여하는 지역혁신의 선순환 구조를 구축하기 위한 것으로, 지역R&D 지원사업의 지역경제 파급효과를 제고하고 지역인재의 지역기업 취업을 촉진하는데 중점을 두었다.[5)]

지금까지 지역R&D 사업이 지역 기반이 약한 신성장동력산업 위주로 지원이 되었고, 시·도의 자발적인 협력이 저조하여 미흡했던 점을 개선하기 위해 현행 지역산업 지원체계를 지역주도형으로 개편하게 되었다.

2014년까지 인위적 행정구역 단위로 수행했던 이명박정부에서 추진한 광역 선도사업을 폐지하고, 시·도 중심으로 고용창출 효과가 큰 지역 주력 뿌리산업을 육성하는 新특화사업을 중추적인 지역사업으로 추진하였다. 한편 산업생태계와 기업 수요 기반의 시·도간 자율 협약에 의한 산업협력권 사업('14년 250억 원)과 지역주민의 정책 체감도 제고를 위해 지역 행복생활권 단위 생활밀착형 산업을 지원하는 지역연고(전통)사업('14년 110억원)을 병행 추진하였다.

박근혜정부의 산업선정 원칙은 한국표준산업분류(KSIC) 5단위 기준으로 설정하되, 산업 선정은 지역 자율적으로 선정하였다. 협력산업은 시도별로 2개 이상을 선정하고, 주력산업은 시도별로 5개 이내 산업을 선정하는 것으로 하였다. 주력산업의 선정은 산업의 집적도, 특화도, 성장성 중에서 2개 이상의 지표를 충족하는 것을 대상으로 하였다.

박근혜정부에서 2013년에 새롭게 시행되었던 新특화사업이 2014년에는 新특화사업과 지역전통사업으로 나뉘어 추진하였다. 그러나 2015년부터는 지역산업 혁신역량 강화방안에 따라 新특화사업은 지역 주력사업으로 추진되며, 지역 전통사업은 지역 연고(전통)사업으로 추진되었다.

박근혜정부의 지역정책은 기본적으로 지역 주민의 삶의 질 향상에 초점을 두면서 과거 정부와의 차별성을 지니며 지역의 정주여건 개선에 초점을 맞추었고, 창조경제 활성화를 지역과 연계하여 추진함으로써 지역의 신성장동력 발굴에 노력하였다고 할 수

---

5) 산업통상자원부, 2013년 10월 31일자 보도자료(기술, 인재 중심의 지역 혁신역량 강화방안 발표).

있다. 그러나 이러한 주민의 삶의 질 제고 정책과 지역의 신성장동력 창출 전략이 국가 재정투입의 한계로 인해 실질적인 성과를 가시화하지 못하였다는 점에서 한계가 있었으며, 규제프리존 정책 등의 관련 정책들이 법제화되지 못해 사실상 실효성 측면에서 문제가 있었다.

5. 문재인정부의 지역산업진흥정책

새롭게 출범한 문재인정부의 지역산업진흥정책은 현재로서 국정기획자문위원회(2017)가 발표한 국정운영 5개년 계획에서 방향성을 가늠할 수밖에 없다. 지역산업진흥정책과 관련된 국정과제의 전략은 주로 과학기술 발전이 선도하는 4차 산업혁명과 중소벤처가 주도하는 창업과 혁신성장에 해당된다고 할 수 있다.

먼저 4차 산업혁명을 촉발하는 초지능・초연결 기술(AI, IoT, 5G 등)을 확산하고 핵심기술 개발, 신산업 육성을 통해 일자리 및 성장동력을 확보하는 것이다(국정기획자문위원회, 2017). 이것의 구체적인 전략으로는 소프트웨어 강국, ICT 르네상스로 4차 산업혁명 선도 기반 구축, 고부가가치 창출 미래형 신산업 발굴・육성, 자율과 책임의 과학기술 혁신 생태계 조성, 친환경 미래 에너지 발굴・육성, 주력산업 경쟁력 제고로 산업경제의 활력 회복을 통해 실행할 계획이다. 특히 주력산업 경쟁력 제고로 산업경제의 활력 회복 전략은 주력 산업의 선제적인 사업 재편을 활성화하고, 스마트화・융복합화・서비스화를 통해 산업 전반의 경쟁력 제고하며, 또한 중소・중견기업 수출 지원 강화 및 외국인투자・유턴기업 지원하는 것을 목표로 하고 있다.

다음으로 중소벤처가 주도하는 창업과 혁신성장의 주요 내용은 낙수효과 단절 및 청년 고용절벽을 해결하기 위해 근본적으로 경제성장 패러다임을 대기업 중심에서 중소・벤처기업 중심으로 전환이 필요하다는 인식 하에서 중소벤처기업을 지원해왔던 중소기업청을 중소벤처기업부로 격상・확대함으로써 중소벤처기업을 보다 체계적이고 강력하게 지원할 수 있는 정부 시스템을 구축할 계획이다(국정기획자문위원회, 2017). 또한 대기업과 중소기업 간 임금 격차를 완화시킬 수 있는 다양한 제도의 시행으로 중소기업의 인재난과 인력난을 완화하고, 창업 지원과 창업실패에 대한 재기 시스템을 강력하게 구축함으로써 혁신적 아이디어 하나면 창업하여 세계로 뻗어나가는 기업을 만드는 데 충분한 환경 구축한다는 것이다. 이것의 구체적인 전략으로는 혁신을 응원하는 창업국가 조성, 중소기업의 튼튼한 성장 환경 구축, 대·중소기업 임금 격차 축소 등을 통한 중소기업 인력난 해소를 통해 실행할 계획이다.

국민의 정부부터 시작된 지역경제 활성화 목적의 지역산업정책은 참여정부에서 체계화되고, 이후 새로운 정부가 들어설 때마다 새정부의 국정목표에 따라 정책방향이 변화되어 왔다는 것을 부인할 수 없다. 정부의 교체는 국정철학과 환경의 변화를 수반한다는 점에서 지역정책의 변화를 초래할 수밖에 없으나, 목표나 정책방향, 정책범주의 변화정도가 클수록 부작용도 내포하고 있다.

그럼에도 불구하고 지역산업정책에 있어서는 지역산업정책의 체계화, 통합화를 지향하여 왔다는 점에서 꾸준히 개선된 것으로 평가되나, 과거의 전략산업이 그대로 유지된 상황 하에서 새로운 정부가 들어설 때 마다 새로운 전략산업이 선정되면서 각 지역별로 전략산업의 숫자가 과다해지거나 전략산업 육성이라는 본래의 목적이 퇴색해지는 상황이 발생하여 선택과 집중의 원칙에서는 소홀히 하여 왔다는 평가가 있다. 따라서 향후 지역산업진흥정책 방향 설정 시에는 지역문제의 본질적 해결에 근거를 두고 그 동안의 정책성과 확산과 발전적 정책으로 일관성을 가지고 추진되어야 할 것이다.

한편 참여정부 이후 지역 자율성 제고라는 정책 방향을 제시하고 꾸준히 지역의 자율성이 제고 되었으나, 지역의 시각에서 보면 지역의 기대에는 못 미치고 있다는 지적도 있으며, 지역의 정책 기획력 제고에 대한 논란이 있어 이에 대한 획기적인 정책 대안은 나타나고 있지 못한 상황이다.

문재인정부의 지역산업진흥정책의 기본적인 방향은 국정운영 5개년 계획의 100대 국정과제에서 제시한 더불어 잘사는 경제의 국정과제로부터 출발하여 구체적인 로드맵이 제시될 것으로 전망된다. 특히 기존의 엘리트 중심의 정치, 국가 중심의 국정운영이라는 한계를 인식하고, 이러한 문제의식에서 국민주권이 실질적으로 보장되는 주권자 민주주의의 실현을 기본적 인식이 바탕에 있는 만큼 국민주권의 아래로부터의 지역혁신이 중시 되어 지역산업정책이 추진될 것으로 보인다.

제 3 절 지역산업진흥정책의 전망과 과제

우리나라는 지난 10여 년간 지역산업정책을 통해 광역지자체 단위로 전략산업을 선정하여 집중 육성하여 왔다. 지역 전략산업 중심으로 혁신기반을 구축하고 R&D 투자, 인력양성 등 해당 산업들의 혁신역량을 강화하는 데 편중해 지역 전략산업 육성 정책을 추진했다는 한계가 가지고 있다.

따라서 이를 위한 지역산업정책의 과제로서 글로커 패러다임 경제변화에 대응한 지역 혁신주체의 잠재성장률을 향상시키는 것이 중요하다. 이를 위해 첫째 지역산업 경쟁력 강화를 위한 종합적인 접근이 필요하다. 지역산업의 지속적인 성장을 위해서 주력산업을 통한 지역혁신의 경쟁력을 향상시키는 것이 중요하다. 즉 지역산업의 저렴한 토지가격이나 저임금 노동력에 의한 비용절감과 같은 기존 생산요소의 비교우위에서 탈피하여 지역이 가지고 있는 주력산업이 지역의 지식의 창출·확산·활용 시스템과 연계되어 기술혁신을 통해 산업의 혁신주체가 경쟁우위를 가질 수 있도록 지역산업의 종합적인 경쟁력을 확보할 수 있도록 해야 한다. 둘째 지역의 스마트 전문화를 통해 신사업의 창출과 지역에 성장잠재력의 발굴이 중요하다. 지역경제에 신성장동력산업 발굴 및 육성하여 지역의 성장잠재력을 높이기 위해서는 지역의 스마트 전문화가 필요하다. 이를 위해서 지역 내에서 새로운 성장기회 포착과 신성장 산업을 발굴은 기업가적 발굴과정이 중요하다. 기업가적 발견 과정은 지역경제 주체 및 정책 담당자들이 시장과 수요를 면밀하게 파악하고 주체의 역량을 정확히 판단하여 지역의 잠재적 자원을 활용한 지역산업육성이 이루어져야 한다. 이를 통해 경쟁력이 약회된 지역산업의 구조조정의 길을 열어주는 통로 역할을 해야 한다. 또한 지역의 성장잠재력의 발굴은 기존 산업과 다른 새로운 성장동력산업의 발굴에 의해서만 되는 것이 아니라 기존의 비교우위요소를 더욱 강화하여 지역산업을 특성화시키면서도 이들 통해 다양한 신산업을 창출해 내는 것이 필요하나.

한편 정부가 추진 중인 지연산업 및 지역특화산업 육성계획은 과거의 시책에 비해서 보다 실효성 있는 지원이 이루어 질 수 있도록 했다는 점에서 긍정적인 평가를 받고 있으나, 최근 한국의 지역경제는 저성장 기조아래서 고령화, 저출산, 고용 없는 성장의 문제가 대두되고 있는 상황에 놓여 있다. 이에 대해 일본의 경우도 불황의 장기화, 엔고의 지속과 달러화의 안정, 가격파괴와 공동화 현상 등으로 지연 사업이 큰 어려움을 겪었다. 이를 해결하기 위한 방법으로 下平尾 勳(1998)은 신상품개발과 기술개발을 강화하고, 내수를 확대하는 한편 수출마케팅능력을 향상하고, 후계자 양성과 인재를 양성해야 한다고 주장하고 있다.

따라서 지연산업의 육성방향은 첫째, 지역의 특성 및 산업발전계획과 관련하여 추진하고, 지역적인 차별성을 강구해야 한다. 다소 시간이 걸리더라도 지역에서 성장잠재력이 가장 높고, 확실한 비교우위에 있는 업종을 선정해야 한다.

둘째, 새로운 수요창출과 판로확대를 위해서는 적극적인 시장개척활동과 판촉홍보를 강화해야 한다. 지역 특화산업의 하부구조로서 철도, 공항, 항만, 용수, 정보 · 통신, 주거환경, 교육 등 물적 하부구조와 자치행정의 여건이나 제도, 행정규제 여부, 기업에 대한 서비스 등 제도적인 하부구조 및 인적 하부구조의 축적에 노력해야 한다.

셋째, 지연산업의 성패는 지역주민의 참여와 지역 특화산업을 이끌어 갈 젊고 유능한 인재의 양성 여부에 달려 있다고 하겠다. 따라서 다양한 전문지식과 식견을 가진 젊은 인재를 육성하여 지연산업의 주도세력으로 양성하여야 한다. 지연산업 추진 주도세력을 양성키 위해서는 젊은 지도자를 국내대학, 연구기관 등에 위탁 연수교육을 실시하고, 새로운 기술습득과 최신 시장정보 수집을 위해 전문가 초청 강연이나 장 · 단기 해외연수, 시찰 등도 실시해야 할 것이다.

넷째, 산 · 학 · 연 · 관의 공동 추진체계의 구축이 필요하다. 지방정부에서는 지연산업 추진위원회를 구성하여 제반 애로사항을 협의하여 운영할 필요가 있다. 그리고 지역단위 명품별 생산자조직과 대학과 연구기관 및 행정기관과의 유기적인 공동협조 추진체제를 갖추어 나가야 한다.

끝으로, 지연산업의 발굴 · 육성은 장기적인 관점에서 추진하고, 종합적인 지원제도와 계속적인 사후지도 및 관리가 필요하다. 선정된 특화상품에 대해서는 사업성과를 사후에 평가하여 문제점을 개선해 나가는 동시에 가장 애로가 많은 인력, 자금, 판로 및 기술지원 등에 대한 지속적인 사후지도 지원을 해 나가야 할 것이다.

지역산업진흥정책이 지속가능한 발전을 도모하기 위해서는 지역산업정책의 사업추진 방식에 있어서도 중앙이 주도하고 지역이 참여하는 방식에서 지역의 실질적인 자율기획 · 운영하는 방식으로 전환이 필요하다. 이를 위해 시 · 도별로 자체위원회를 통해 지원 대상 산업을 선정하고 지역주도형 지역산업진흥정책을 추진하고 중앙에서 검토하는 방식으로 추진할 필요가 있으며, 성과관리에 있어서도 중앙은 지역별 성과를 평가하고 지역은 과제별 성과를 평가하여 지역주도형 지역산업진흥정책을 통한 내생적 발전을 도모해야 할 것이다.

탐구학습

1. 주요 개념
   - 광역 선도산업, 지역 전략산업
   - 시도 협력산업, 지역 주력산업
   - 산업구조정책과 산업조직정책
   - 지연산업, 지역특화산업
   - 지역산업(진흥)정책, 지역행복생활권, 창조경제
   - 4차산업 혁명, 혁신성장
2. 토론과 과제
   - 광역선도산업과 지역전략산업의 발전과제에 대해서 설명하시오.
   - 지연산업 및 지역특화산업의 의의와 발전과제에 대해서 설명하시오.
   - 시 · 도 협력산업과 주력산업의 현황과 발전과제에 대해서 설명하시오.
   - 참여정부의 지역산업진흥정책에 대해서 설명하시오.
   - 이명박정부의 지역산업진흥정책에 대해서 설명하시오.
   - 박근혜정부의 지역산업진흥정책에 대해서 설명하시오.
   - 문재인정부의 4차산업혁명과 혁신성장에 대한 향후 정책 방향에 대해서 설명하시오.

참고문헌

강연주, 2014, "정부의 지역산업발전 정책 변화와 지자체의 대응", 「대전발전포럼」, 대전발전연구원.

강현수, 2013, "우리나라 지역불균형의 전개과정과 실태", 「지역균형발전론의 재구성」, 사회평론.

경상북도, 2004. 「경상북도 지역혁신발전 5개년계획」.

________, 2006. 제2차 경북산업진흥계획」.

고재건, 1998. “제주지역 지연산업의 실증분석에 관한 연구”, 「사회발전연구」, 제주대지역 사회발전연구소.

국정기획자문위원회, 2017,「문재인 국정운영 5개년 계획」

국가균형발전위원회, 2004, 「제1차 국가균형발전 5개년계획 수립지침」.

나주몽, 2012, “지역경쟁지수와 지역경제 효율성에 관한 실증연구”, 「도시행정학보」, 제25권, 4호, 3-30.

대구경북지역혁신연구회, 2004, 「지역 전략산업의 클러스터 구축방안」, 세미나 2004. 3. 26,발표자료.

대구전략산업기획단, 2007, 「대구 지역산업발전로드맵(RIRM)」.

대구광역시, 2004, 「대구광역시 지역혁신발전 5개년계획」.

대한상공회의소, 1998. 「글로벌경쟁시대의 공동브랜드 전략과 성공조건」.

산업연구원, 1999, 「권역별 · 지역별 산업발전 비전과 특화산업 진흥전략」.

한국산업기술진흥원, 2013, 「지역산업정책백서」.

송하율 · 김찬준, 2010, “광역경제권 선도산업 육성사업의 성과 제고를 위한 정책과제”, 「KIET산업경제」, 2010년 8월, 산업연구원.

여상일, 1996. 「지역특화산업육성을 위한 지방자치단체의 역할」, 한국지방행정연구원.

오은주, 2013, 「지역주도형 지역산업 육성방안」, 한국지방행정연구원.

이춘근, 1999, “특화산업육성을 통한 지역경제활성화 방안: 대구경북지역을 중심으로,” 행정자치부, 「시도연구원주최 발표논문집」, 행정자치부, 시도연구원.

_______, 1999, “지역 특화산업의 실태와 육성방안”, 「대구경북개발연구」, 대구경북개발연구원.

_______ · 신두섭, 2005, 「경북지역 지연산업의 실태와 육성방안」, 연구보고서, 대구경북연구원.

이춘근 · 김갑성 외 5인, 1997, “대구 · 경북지역의 특화산업의 선정과 육성방안”, 심포지엄 자료, 대구경북개발연구원 · 삼성경제연구소.

이케다 루리, 2000, 「韓國과 日本의 地緣産業에 관한 比較硏究-京畿道 利川과 日本 有田燒(아리타-야키)産地의 比較硏究」, 서울대학교 환경대학원 학위논문.

장재홍 · 송하율 · 김찬준 · 김동수 · 변창욱 · 서정해 · 정준호, 2012, 「한국 지역정책의 새로운 도전-효율과 형평의 동태적 조화」, 연구보고서, 산업연구원.

장재홍 · 김동수 · 이두희 · 허문구 · 박상철 · 허만율, 2013. 11, 「지방정부의 지역산업육성정책 분석 및 정책적 시사점 - 지방정부 세출분석을 중심으로 -」, 연구보고서, 산업연구원.

중소기업청, 1998, 「지역특화산업별 활성화 사업계획」.

關 滿博 · 福田順子, 1998,「變貌する 地場産業」, 新評論.

下平尾 勳, 1993, 「地域振興と地場産業」, 八朔社.

山口哲朗, 1997. 5, “地場産業の育成”, 「地銀協月報」, 全國地方銀行協會.

McCann, Philip, 2002, *Urban and Regional Economics*, Oxford University Press.

Richardson, H. W., 1979, *Regional Economics*, University of Illinois Press.
http://www.pref.osaka.jp/kogyo/jiba/jiba1.html.

제 16 장 지역과학기술정책

제16장은 지역과학기술정책에 대해서 살펴보고자 한다. 제1절에서는 지역과학기술정책을 개관하고, 제2절에서는 지역과학기술정책의 주요 내용으로 참여정부, 이명박정부, 박근혜정부, 문재인정부의 지역과학기술정책을 중심으로 살펴보고, 제3절에서는 4차산업혁명 대두와 지역과학기술정책의 대응을 살펴본다. 그리고 제4절에서는 지역과학기술정책의 전망과 과제를 논의한다.

제 1 절 지역과학기술정책의 개관

1. 의 의

최근 4차산업혁명 시대가 도래와 함께 지능화된 과학기술은 국가전체의 부를 창출하는 가장 중요한 원천이 되고 있다. 더불어 정보·통신의 급속한 발전은 정보량 이동이 급증하고, 자본과 기업의 자유로운 이동을 촉진하여 지방이 국가를 넘어선 새로운 경제단위로 부각되고 있다.

일반적으로 과학·산업기술정책은 국가의 과학 및 산업기술을 바람직한 전략에 의해 개발시키는 국가정책이라고 정의할 수 있다(두산동아, 2007). 한편, 지역의 과학·산업기술정책은 한 지역에 있어 과학 및 산업기술 전략을 수행하는 지역정책이라고 할 수 있다. 지역의 과학·산업기술정책은 국가 단위의 과학·산업기술정책에 비해 내생적 지역발전을 촉진하는 측면에서 정부가 적극적으로 개입하여 정책을 기획, 집행, 지원하는 경우가 많았다. 특히 지역과학기술정책이란 중앙정부 또는 지방정부가 지역의 과학기술에 대한 발전방향을 제시하고 과학기술의 진흥을 보다 적극적이고 계획적으로 추진하기 위하여 정책적인 지원을 하는 것을 의미한다.

경제변화와 기술변화는 상호 긴밀한 관계를 갖고 경제에 영향을 미친다. 즉 주어진 시점에서 경제에 투입되는 노동이나 자본 등 전통적인 희소자원의 이용은 현재의 기술에 주로 의존하나, R&D투자로 경제에 투입되는 자원은 현재의 기술을 변화시키고, 산업구조를 포함하여 경제 전체에 영향을 주게 된다.

과거 산업화시대의 균형적인 지역발전정책은 산업의 지역배치를 도모하기 위한 하부구조의 구축과 함께 산업단지의 배치라는 관점에서 정책이 추진되었다(현재호 · 황병용, 1998). 그러나 21세기 지식기반경제시대를 맞이하여 지식(knowledge)이라는 요소가 경쟁력의 원천으로 부각되면서, 과거 전통적인 제조업 중심의 합리적인 산업배치 정책은 더 이상 존재하기 어려워지고 있다.

21세기 지식경제사회에서는 생산 · 판매기능 중심의 전통적인 산업요소보다는 연구개발 기능과 같은 지식중심의 산업요소가 중요시 되었다. 사이언스파크(sciencepark), 테크노파크(technopark)와 같은 과학기술산업단지를 조성하고 있는 현상은 1980년대 이후 전세계적으로 확산되어 가고 있다. 이는 지식기반경제시대의 도래에 따라 지역의 과학 · 산업기술을 진흥하려는 정책의 일환으로 여겨지고 있다. 1980년대 이전까지의 과학기술정책은 중앙정부에 의해 주도되었으나, 지역적인 단위의 경쟁이 세계적 차원에서 진행되는 글로컬화(glocalization)의 시대에는 과학기술정책 역시 지역적 차원에서 지식기반의 혁신지원정책으로 전환이 이루어지고 있다.

1990년대 들어 지역산업 측면에서 특징적으로 나타나는 현상으로는 기술력이 뒷받침되지 않은 산업의 성장이 한계에 이르렀다는 인식에 따라, R&D 혁신기반을 구축하기 위해 노력을 경주하였다는 점이다. 더욱이 1990년대 후반 클러스터이론과 혁신체계론이 결합하여 지역산업정책의 이론적 기반으로 대두되면서 지역과학기술정책의 중요성이 부각되었다. 2000년대 이후에는 세계의 많은 국가들이 혁신클러스터정책의 맥락에서 지역과학기술정책을 추진하고 있다.

2. 지역과학기술정책의 성격과 기능

지역과학기술정책의 성격은 크게 여섯 가지로 구분할 수 있다. 첫째, 지역과학기술정책은 지역을 대상으로 하고 있으며, 정책효과를 통해 지역의 발전을 유도하는 것이다(권기창 · 배귀희, 2006). 둘째, 미래지향성과 불확실성을 가지고 있다. 연구개발 등 투자에 따른 위험부담이 높으며, 대규모의 장기적인 투자가 필요한 경우도 있다. 셋째, 경제적 파급효과가 크고 지역경쟁력 제고라는 이데올로기적 성격을 가지고 있다. 넷째, 정치성을 가지고 필연적으로 가치의 선택이자 우선순위의 결정이라는 과정을 거치게 된다(성지은, 2006). 다섯째, 그동안 독립적으로 발전해 온 지역과학기술의 각 부문들이 융합되면서 새로운 부문들이 만들어 지고 있다. 부문별 지역과학기술이 상호 보완적으로 발전하면서 이들이 네트워크형 지역과학기술로 형성되고, 과거에 엄격히 구별하던 기초연구, 응용연구, 개발연구, 상업화의 단계가 일련의 과정으로 다루어지기도 한다. 마지막으로 거대하고 빠른 과학기술의 출현과 더불어 지역의 과학기술에 대한 정책적 개입이 보편화되는 현상을 지닌다. 현대의 과학기술은 냉전이라는 이데올로기의 산물로 등장하였으며, 국가주도에 의한 정부, 기업, 대학이라는 복합체에 의해 추진되었다. 과학기술의 수준이 곧 지역경쟁력이 되면서, 국가와 지방자치단체는 대학 등 연구기관과 기업 등 복합체들의 과학기술력을 결집하고, 효율성을 높이기 위해 과학기술인력을 양성하며, 상업화를 위한 대규모 투자를 유인하게 되었다(권기창 · 배귀희, 2006).

지역과학기술정책은 지역의 과학기술진흥을 통한 내생적 지역발전을 유도하는데, 특히 지역의 연구개발 장비 및 인적자원 활용, 기술의 상업화를 가능케 하고 산학협력을 통한 지역대학의 연구역량을 제고할 수 있게 한다. 이와 관련하여 지역과학기술정책은 지역의 연구개발 역량제고 및 기술집약형 기업육성, 지역인력 양성 등에서 성과를 거두고 있는 것으로 평가되고 있다.

한편, 글로컬화와 지식기반경제로 패러다임이 전환되면서 노동투입, 자본축적에 의한 성장의 한계를 돌파할 수 있게 하는 새로운 성장엔진으로 지역과학기술정책이 더욱 부각되고 있다. 특히, 과학기술에 기반한 혁신주도형 경제로의 전환과 4차산업 혁명에 대응하여 혁신성장의 지역혁신체계를 구축해 나가기 위해 과학 · 산업기술행정체제를 개편하여 지속가능한 발전을 도모하는 것이 요구된다.

3. 지역과학기술정책의 유형

기술정책의 유형으로 윤진효(2002)는 기술수요정책과 기술공급정책으로 구분하고, 기술수요정책으로 기술기반 산업육성형, 공공물품 조달형을 제시하였으며, 기술공급정책으로 인적자원개발 및 지원형, 기술개발에 대한 자본지원형을 제시하고 있다.

지역과학기술정책은 다양하게 분류할 수 있으나, 지역과학기술정책의 기능에 따라 물리적 인프라구축을 중심으로 한 기반형과 소프트사업 중심의 비기반형으로 구분한다. 여기서 기반형으로는 기능의 복합성, 단일성을 중심으로 하는 거점형과 기술창출형으로 구분하며, 비기반형으로는 산업진흥형과 지원형으로 구분한다.

표 16-1 과학기술정책의 분류

구 분	사 업 기 능		
사업형태		복 합	단 일
	기 반	거점형	기술창출형
	비기반	산업진흥형	지 원 형

첫째, 거점형 지역과학기술정책은 주로 창업보육기능과 정보·교류기능, 경영 및 금융지원기능 등을 중심으로 수행되고 있다(이성근, 2001). 개별 거점형 지역과학·산업기술정책을 살펴보면, 테크노파크 조성사업, 국가산업단지 혁신클러스터 추진사업, 벤처기업육성촉진지구사업, 소프트웨어진흥지구사업, 과학연구단지사업 등을 들 수 있다.

둘째, 기술창출형 지역과학·기술정책은 주로 연구개발, 교육훈련, 기술이전기능을 중심으로 수행되고 있으며, 지역혁신센터사업, 지역환경기술개발사업, 지역기술이전센터사업을 들 수 있다.

셋째, 산업진흥형 지역과학기술정책은 지역특화기술개발사업, 지역산업진흥사업, 지역연고산업진흥사업, 산·학·연 컨소시엄사업 등을 들 수 있다.

마지막으로 지원형 지역과학기술정책으로는 전문연구정보센터, 전략산업기획단 운영사업, 두뇌한국21플러스, 누리사업, 링크사업 플러스 등을 들 수 있다.

이러한 과학기술정책을 통한 과학기술혁신은 혁신에 필요한 다양한 요인과 메커니즘이 충분히 갖추어진 특수한 지역 환경에서 일어난다고 한다. 게다가 현대의 기술혁신은 복잡한 양상을 띠고 있다. 이로 인해 모든 혁신환경에서 공통적인 요인이 존재하는지, 이런 요인이 갖춰졌다고 해서 혁신 메커니즘이 저절로 작동하게 되는 것인지, 그리고 정부정책과 지역사회의 노력에 의하여 인위적으로 혁신환경을 조성하거나 기존 클러스터의 차원을 높일 수 있는지에 관해서는 아직 결론을 내리지 못하고 있다(고석찬, 2004).

제 2 절 지역과학기술정책의 주요 내용

1. 개 요

1990년대 이후 국가 간의 경쟁심화, 부와 성장의 원천으로서의 지식·정보·과학기술의 중요성 증대, 지방의 과학기술역량 제고가 중앙부처의 주요 관심 대상이 되기 시작하였다. 세계화의 진전에 따라 국가발전에 있어 지역의 중요성이 점점 증대되고 있는 가운데 지역 내 과학기술 혁신 주체 간에 긴밀한 상호작용을 통해 기술혁신의 효율적 창출 및 활용을 위한 창의적인 학습지역의 중요성이 강조되었다. 이에 초기 지역혁신 개념이 적용된 사업들은 1990년대 중반부터 시행되었으며, 혁신 인프라 구축을 위한 장비 지원, 시설 지원 및 연구개발자금 지원 등에 집중되었다.

1997년에 제정된 「과학기술혁신을 위한 특별법」에는 중앙정부가 지방의 과학기술진흥을 촉진하기 위하여 연구개발자금, 연구인력 및 기술정보 등을 지원하기 위한 시책을 강구하도록 구체적으로 명시되어 있다. 정부는 본격적인 지방화시대의 도래에 대비하여 지역의 과학기술 잠재력을 최대한 발현시키고, 지역산업발전에 기여할 수 있는 지방과학기술진흥을 추진하기에 이르렀다.

「국가과학기술혁신을 위한 특별법(1997, 1999 개정)」은 지방과학기술진흥종합계획의 수립 근거가 되어, 1999년 12월 제1차 계획이 수립되었다. 제1차 계획은 2001년에 제정된 「과학기술기본법」에 의거하여 계속 유효하게 되었으며, 지방자치단체들도 지방과학기술진흥의 중요성을 인식하여 과학기술 전담조직을 설치하기 시작하였다(국가균형발전위원회, 2007).

참여정부시절인 2003년에 '제2차 과학기술기본계획(2003~2007)'이 수립되었으며, 참여정부의 「국가균형발전특별법」 제정으로 보다 종합적인 차원에서 지역과학기술정책이 추진되었다. 특히 제2차 계획은 수립단계에서 지방자치단체의 주도적 참여와 의견수렴을 통해 수립된 상향식 계획이었다는 점에서 과거의 계획과 차별화가 되었다.

이명박정부에 들어, 5+2 광역경제권 중심의 선도산업육성 추진과 지역의 경쟁과 자율을 중시하는 방향으로 지역발전정책 및 기술정책의 전환이 이루어졌다. 신지역발전정책 수립에 따른 5+2 광역경제권 정책기조 반영을 위해, 2007년도에 수립된 '제3차 지방과학기술진흥종합계획(2008~2012)'의 수정안이 2009년 말에 제시되었으며, 광역경제권별 선도사업, 녹색성장사업 및 신성장동력사업을 포함해 권역별 특성과 연계한 지방 R&D역량강화의 내용을 보완하게 되었다(장재홍 외, 2012).

박근혜정부에 들어서 지역과학기술혁신 역량 강화 및 특성화된 지역발전이 지속적으로 증대되고, 과학기술의 지역 착근을 위해 지역 특성을 강조하는 쪽으로 지역과학기술정책의 방향을 개선해야 할 필요성이 대두되었다. 이러한 창조경제 실현을 위한 핵심수단으로 과학기술의 중요성이 부각되고 있는 가운데, 개인 삶의 질 향상에 기여하는 과학기술의 역할에 대한 기대가 증가하게 되었다. 창조경제 개념은 국민의 상상력과 창의성을 과학기술과 ICT를 접목하여 새로운 산업과 시장을 창출하고, 기존산업을 강화함으로써 좋은 일자리를 만드는 경제전략이다.

박근혜정부에서는 창조경제 실현과 지방의 과학기술진흥을 촉진하기 위한 '제4차 지방과학기술진흥종합계획(2013~2017)'을 마련하였다. 특히 과학기술에 대한 인식이 경제성장을 위한 수단을 넘어, 건강, 안전 등 삶의 질 향상을 가져다주는 수단으로 인식하였다.

문재인정부의 국정운영 5개년 계획에 포함된 과학기술 관련 내용을 보면 4차 산업혁명시대에 대비하여 스마트 카, 드론, 3D 프린팅, 바이오, AR/VR(증강 및 가상 현실) 등 융복합 신산업 기반의 고부가가치 첨단기술 산업을 육성하고, 사물인터넷 전용망 조기구축, 주요 지역에 5G 시험망을 구축하며, 신산업성장을 위한 규제개선 및 제도를 정비하고 선제적 사회 및 교육혁신을 단행할 계획이다. 더욱이 문재인정부의 핵심 철학인 사람중심 과학기술 혁신정책을 실현하기 위해 향후 과학기술혁신정책이 추구해야 할 정책목표, 정책과제를 제안하고 추진하고자 한다.

2. 참여정부의 지역과학기술정책

1) 주요 내용

참여정부는 국가균형발전을 국정의 주요 방향으로 설정하여, 지방과학기술진흥을 적극적으로 추진했다. 특히 과학기술기본계획에는 국가균형발전을 위한 지방과학기술혁신 부문이 처음으로 주요 정책과제로 포함되었다. 2004년 「국가균형발전특별법」 제정 및 제1차 국가균형발전 5개년계획의 수립, 국가균형발전특별회계의 설치 등 지방화촉진 및 지역혁신체계 구축에 대한 다양한 제도 마련으로 지역 R&D 사업이 지속적으로 추진되었다. 이때 중앙부처별로 다양한 정책과 프로그램이 마련되었다. 예를 들어, 지식경제부는 지역산업진흥사업(4+9), 지역혁신기반구축사업, 산학협력중심대학사업 등을 추진하였으며, 교육과학기술부는 지방대학혁신역량강화사업, 지역혁신인력양성사업, 지방과학연구단지사업, 중소기업청은 산학연공동기술개발사업 등을 추진하였다.

참여정부에서는 지역과학기술정책과 관련하여 2000년에서 2004년 사이에 추진된 제1차 지방과학기술진흥종합계획이 종료됨에 따라 2005년에서 2007년을 시행기간으로 하는 제2차 지방과학기술진흥종합계획을 수립하였다. 이러한 지역과학기술진흥정책을 구체화하기 위해, 제2차 지방과학기술진흥종합계획은 지방자치단체의 주도적 참여와 지역민의 의견을 통해 수립된 상향식 계획으로 추진되었다.

제2차 지방과학기술종합계획의 비전은 지역의 혁신역량 강화를 통한 지역 경쟁력 제고와 국가균형발전을 실현하는 것이며, 이에 따른 목표는 지역산업경쟁력 강화와 자생적 성장동력 확보, 과학기술 하부구조와 과학기술 자원의 지역편중 해소, 지자체 주도-정부 조정의 지방과학기술사업 추진체계 확립이다.

참여정부의 기본계획은 그 실천 목표로 삼고 있는 과학기술 중심사회의 모습에서도 시대인식과 정책 기조를 긴밀하게 연계시켰다. 국가전략과학기술 개발을 위한 기술 부문 선정 기준으로는 정부가 지향하고 있는 과학기술 중심사회의 모습으로 ① 지식·정보·지능화 사회, ② 건강한 생명사회, ③ 지속가능한 사회, ④ 고부가가치 창출 산업 구조, ⑤ 국가 안전 및 위상제고를 제시했다. 또한 참여정부의 기본계획에서는 과학기술 중심사회의 실현을 위한 전제로서 국가과학기술혁신시스템의 고도화를 강조하였다. 이 정책의 주안점은 ① 수요 중심의 분권화, 네트워크형 국가혁신시스템 정착, ② 산·학·

연 연계 촉진, 연구개발 기획 및 성과확산 시스템 강화, ③ 동북아 R&D 허브 구축을 통한 국가혁신시스템의 개방화·세계화로 정의했다. 국가과학기술혁신시스템의 구조는 국가전략 과학기술 투자에서부터 신산업 육성 및 일자리 창출, 삶의 질 향상에 이르기까지 과학기술과 사회의 선순환 구조를 전제로 하여 제시되었다(홍성주 외, 2013).

이러한 기본계획에 기초하여, 참여정부는 지역 차원의 제2차 지방과학기술진흥종합계획의 비전과 목표를 구체화하기 위하여, 3가지 추진전략 즉 지역의 과학기술혁신역량 강화, 지방 R&D투자의 효율성 제고, 지방과학기술의 성과 확산을 제시하였다. 이들 추진전략의 기능을 구체적으로 살펴보면 다음과 같다.

첫째, 지역의 과학기술혁신역량강화이다. 이를 위해 지역별 4대 전략산업을 중점 육성하기 위한 지역혁신주체(산·학·연·관)간의 네트워크를 구축하고, 지역 산업의 수요를 반영한 과학기술인력 공급과 지자체 주도의 지방과학기술사업 추진체계를 확립하고자 했다.

둘째, 지방과학기술사업간 연계추진을 통한 R&D 투자의 효율성 제고이다. 지방 R&D사업의 종합조정을 통해 유사·중복사업의 통합 추진을 유도하고, 지역기술혁신거점 간 네트워크 구축을 통한 지방 R&D사업의 연계와 이미 구축된 인프라 활용을 극대화하기 위해, 소프트웨어 중심의 사업을 적극적으로 발굴·추진하는 것이었다.

셋째, 과학기술 성과에 대한 확산의 적극 추진이다. 과학기술성과의 확산은 두 가지 측면으로 구성되어 있다. 하나는 연구개발 결과의 기술사업화를 촉진하기 위한 지원을 확대하는 것인데, 이를 통하여 지역 신산업을 창출하고 지역경제 활성화를 도모하고자 한다. 또 하나는 과학문화 확산사업을 지원하고, 특히 지방의 과학기술 인프라를 확충하는 것이다. 이를 통하여 과학기술에 대한 사회적 인식을 제고하고, 과학기술성과의 사회적인 확산기반의 확대를 추구하고자 했다.

또한, 참여정부의 지방과학기술진흥종합계획의 특징을 살펴보면, 먼저 지역과학기술 혁신로드맵(Regional Technology Road-Map: RTRM)수립을 통한 핵심기술개발과 지역별 특성화를 촉진하는 것이며, 다음으로 R&D예산 중 지방투자비중 확대라고 할 수 있다. 이를 구체적으로 살펴보면, 첫째, 지역과학기술 혁신로드맵 수립은 이를 통해 4대 전략산업을 대상으로 지역산업육성을 위한 핵심기술 개발을 지원함으로써, 지방 R&D사업의 지역별 특성화를 촉진해 가는 것이었다. 아울러 분야별로 특성화된 지역거점 연구중심대학과 산학협력 중심대학 등을 육성하여, 지역사회가 필요로 하는 핵심 기술인력을 양성해 나가도록 하였다.

둘째, R&D예산 중 지방투자비중을 40%까지 확대하고자 했던 것이다. 정부는 지역의 과학기술 혁신역량 강화를 통한 혁신주도형 발전기반을 구축하기 위해, 2007년까지 정부 R&D 예산 중 지방투자 비중을 40% 수준까지 확대하고, 지방 R&D사업에 대한 종합적인 점검을 실시하여 체계적인 관리방안을 마련함으로써 지방 R&D 투자의 효율성을 높이는 것이었다. 이러한 지역과학기술정책은 정부가 지역의 혁신주도형 발전기반 구축을 통해 지방의 과학기술 혁신역량을 강화하여, 각 지역의 기술혁신 잠재력을 발굴·개발·활용할 수 있도록 하고, 지역경제가 자생적인 성장을 도모할 수 있는 기초를 제공하는데 중요한 의미가 있다.

표 16-2 제2차 지방과학기술진흥종합계획 추진전략 및 중점 추진과제

추진전략	중점 추진과제 내용
지역의 과학기술 혁신역량 강화	· 지역과학기술혁신로드맵(RTRM)에 기초한 전략 특화기술개발 - 지역별 4대 전략산업에 대한 핵심기술개발 추진 - 지역 기존산업의 고도화를 촉진하고 첨단기술과의 융합을 통해 신산업을 창출·육성 · 핵심인력 양성과 산·학·연협력체제 구축 - 지역대학의 경쟁력 강화를 위한 우수 과학기술 인력 양성 - 수요지향형 산업기술인력 육성 - 수요자 중심의 산·학·연 협력 네트워크 구축
지방 R&D 투자의 효율성 제고	· 기존 거점의 연계체제 구축과 지역혁신거점의 육성 - 개별거점간 네트워크 구축 - 지역혁신을 선도할 혁신거점의 육성 · 지역과학기술정보시스템의 통합·연계 - 지역내 개별 과학기술정보시스템의 통합·연계 체제 구축 - 지역 과학기술정보시스템의 관리·운영체제 개선 · 지자체 주도-중앙정부 조정의 사업 추진체계 확립 - 지자체주도의 지방과학기술사업 추진체계 확립 - 중앙정부의 지방 R&D사업 조정자로서의 역할 강화
과학 기술의 성과확산	· 연구개발결과의 성과확산과 기술사업화 촉진 - 기술이전 촉진과 기술사업화를 위한 시스템구축 - 지역내 창업보육사업의 내실화를 통한 기술사업화 역량 강화 · 지역 과학기술문화의 저변확대 - 지역의 특성을 반영한 과학기술문화 인프라와 컨텐츠 확충 - 지역과학기술문화 참여주체의 저변확대와 지원체제 정비

자료: 과학기술부, 2005, 「제2차 지방과학기술진흥종합계획(2005-2007)」, pp.3-9.

제2차 지방과학기술진흥종합계획의 추진기간인 2005년부터 2007년까지 3년 간 총투자 실적은 10조 7,002억 원 규모였다. 연도별로 보면, 2005년 2조 8,849억 원에서 2006년 3조 38억 원으로 약 4.1% 증가하였고, 2007년에는 4조 8,115억 원 규모로 전년대비약 60.2% 증가하였다. 이 같은 투자실적은 제1차 지방과학기술진흥종합계획 수행기간인 2000년부터 2004년까지 5년 간 투자실적 6조 8,160억 원보다 큰 규모를 나타냈다(교육과학기술부, 2008). 특히 참여정부 기간인 2003년에서 2007년까지 국가연구개발비 총액은 48,717억 원에서 8조 9,222억 원으로 크게 증가하였다. 지방R&D예산 증대를 통한 지속적인 지방과학기술진흥사업의 확대로 정부연구개발예산(일반+특별회계) 중 지방비중은 2003년 27.0%에서 2004년 32.1%, 2005년 33.7%, 2006년 36.2%, 2007년 39.8%로 증가하였다.

2) 성과와 한계

제1차와 제2차 지방과학기술진흥종합계획에서는 지역혁신체제 구축을 기본전략으로 상정하고 추진하였다. 즉 과학기술혁신관련 지식과 인력의 공급, 과학기술혁신주체의 육성, 혁신기업지원 관련 사업을 지속적으로 추진하고 대학, 공공연구소를 중심으로 한 지역혁신거점 육성과 기술사업화 촉진, 신기술기업의 창업 지원 사업도 병행 추진하였다. 이를 위해 지방과학기술진흥사업에 대한 중앙정부의 투자가 큰 폭으로 확대되었다.

참여정부의 대표적인 지역과학기술정책의 성과를 살펴보면, 첫째, 지역R&D 예산 증가 및 지역혁신거점 확충을 통해 지식기반사회로의 전환을 추구하였다. 특히 광역지자체의 과학기술전담부서 설치 및 조직의 확대 등 과학기술정책 개발과 수행을 위한 지자체의 행정적 노력을 강화하였다. 국가 R&D투자에 있어 수도권과 대전을 제외한 지방에 대한 투자로 이어지면서 지방(대전 제외)의 투자가 2000년 6,037억 원에서 2006년 2조 3,344억 원으로 증가하였다. 또한 대덕테크노밸리, 한국과학기술연구원 강릉 분원, 순창장류연구소 등 과학연구단지, 정부 출연(연) 분원 및 지자체 연구소 설립을 추진하였다.

둘째, 미래 신산업 창출을 위한 신성장 동력 발굴 문제를 중시하였다. 더불어 지방에 대한 정부의 R&D투자 확대 및 과학기술진흥을 위한 지자체의 행정 노력으로 전략산업의 지역과학기술발전에 기반을 형성하는데 커다란 성과를 거두었다.

셋째, 지역과학기술 인프라 투자 확대를 통한 지역혁신거점의 지속적 확대를 통해 경제와 과학기술의 급속한 발전 과정에서 지역 간 자원 및 인구의 불균형이 심화되어온 문제를 해결하기 위한 방안을 모색하였다. 지역혁신센터사업(RIC, TIC, RRC)은 2000년에 58개였던 것이 2006년에 106개소로 증가하였고, 지역특화센터도 4개 시도에 전략산업 2단계사업이 개시되어 2006년에 52개소로 증가하는 등 지방과학기술 투자확대에 의해 다양한 지역기술혁신거점을 확충하였다.

이러한 지역 핵심지원기관은 대학 등과 제휴해 협력 기업의 기술 고도화에 필요한 지식이나 정보의 습득 기회의 제공, 기업 간의 제휴의 증가에 주력하였다. 지역에 입지하는 대학, 기업연구소, 출연연구기관 등이 연계하여 향후의 지역 기술을 견인하는 역할을 수행하였다(나주몽 역, 2005).

참여정부 R&D정책의 한계점을 살펴보면, 첫째, 수도권과 지자체 간 R&D추진 역량의 격차를 좁히지 못했다. 특히 지방기업체의 연구개발비 증가로 총연구개발비 중 지방비중이 다소 증가하였으나, 지역-지역, 기업체-대학 · 공공(연)간 증가율에서 차이가 발생하였다. 둘째, 중앙부처-지자체의 협력적 사업추진체계 정착이 미흡한 점이다. 지자체의 사업 우선순위와 연계 없이 중앙부처 주도로 사업이 추진되는 경향이 많이 나타났다. 셋째, 지역혁신센터, 지방연구중심대학, 과학연구단지 등 지역혁신 거점은 확충되었으나 대부분 국비 · 지방비에 의존하였다. 지역의 기술혁신 관련 거점기관의 사업비 중 민간재원은 6% 수준으로 매우 낮게 나타났다. 또한 고가 연구장비 도입시에 체계적인 사전검토 미흡으로 과다 중복이 발생하고, 연계 · 활용방안 미비로 저활용 · 유휴장비가 발생하였다. 종합적으로 살펴보면, 중앙 주도적 하향식 R&D 정책으로 지역의 자생 능력 확충에는 한계가 있다고 평가할 수 있다(이성근 외, 2012).

3. 이명박정부의 지역과학기술정책

1) 주요 내용

이명박정부는 실질적 지방분권, 지역의 자율성과 책임성의 동시 제고를 통해 지역이 주도하고 중앙정부 조정 · 지원하는 협력 체제를 구축하고자 하였다. 또한 광역경제권 부각, 세계화 진전, 지식기반경제 심화 등으로 국경보다 지역이 강조되면서 규모의 경제를 위한 5+2 광역경제권으로 지역발전 정책의 패러다임의 전환을 모색하였다.

이명박정부에 들어, 5+2 광역경제권 중심의 선도산업육성 추진과 지역의 경쟁과 자율을 중시하는 방향으로 지역발전정책 및 기술정책의 전환이 이루어졌다. 신지역발전정책 수립에 따른 5+2 광역경제권 정책기조 반영을 위해 2007년도에 수립된 제3차 지방과학기술진흥종합계획(2008~2012)의 수정안이 2009년 말에 제시되었으며, 광역경제권별 선도사업, 녹색성장사업 및 신성장 동력사업을 포함해 권역별 특성과 연계한 지방 R&D 역량강화의 내용을 보완하게 되었다.

제3차 지방과학기술진흥종합계획 수정계획은 이명박정부의 지역발전 및 과학기술정책 방향의 전환에 맞춰 새로운 국정철학과 과학기술정책 방향을 반영한 지방과학기술진흥종합계획 개정의 필요성이 증대됨에 따라 추진되었다. 행정구역 단위의 분산투자에서 광역경제권 단위로 규모화 하여 규모의 경제를 추구하고, 균형배분 중심의 과학기술진흥계획에서 비교우위에 따른 특성화, 차별화를 도모하였으며, 중앙주도적 하향식 과학기술발전에서 지자체가 중심이 된 과학기술진흥을 반영하기 위한 노력이 이루어졌다.

제3차 지방과학기술진흥종합계획은 지방과학기술의 비전과 목표를 설정하고 중앙정부와 시도별 과학기술시책을 종합·체계화하여 지방과학기술진흥을 위한 실천전략을 제시했다. 비전은 자율적 성장동력을 갖춘 특성화된 지역발전 실현이며 이에 따른 목표로 4대 분야를 제시하였다. 즉 지역의 성장동력과 연계한 지역맞춤형 R&D 지원강화, 지역에 고용·정착하는 과학기술 인재양성, 지역의 연구개발거점간 연계활성화를 통한 협력체제 강화, 지역의 고유한 특성을 살린 과학기술 인프라 확충이다.

이러한 비전과 목표를 구체화하고 지역과학기술정책의 중점과제를 다음과 같이 추진하였다. 첫째, 지자체 주도 지역밀착형 R&D사업추진, 지역R&D종합조정 지원시스템을 구축하였다. 둘째, 인력양성을 위하여 지역 수요에 대응한 과학기술인력의 양성 및 활용을 촉진하였다. 셋째, 거점활성화를 위하여 클러스터 자립 및 연계 강화를 통한 경쟁력, 기술사업화 및 기업지원을 강화하였다. 넷째, 인프라 구축을 위하여 연구 장비의 구축 및 활용 효율성 제고, 지역R&D종합정보시스템 연계를 강화하였다.

제3차 지방과학기술진흥종합계획에서 수정된 내용의 주요 특징을 보면, 첫째 이명박정부의 5+2 광역경제권 정책기조를 반영하였다. 광역경제권별로 선도사업, 녹색성장사업, 신성장 동력사업을 포함하여 권역별 특성과 연계한 지방 R&D 역량 강화 내용을 보완하였고, 과학기술기본계획의 지역기술혁신 정책기조를 반영하였다. 둘째, 교육과학기술부, 지식경제부, 국토해양부 등 정부부처 개편에 따른 R&D 사업구조 개편 내용을 반영하였다. 셋째, 지방 R&D의 종합조정체계 활성화 및 지방 R&D 지원기관 간 연계 활성화 등과 하드웨어(H/W) 중심투자를 지양하고, 소프트웨어(S/W) 지원강화를 통한 장비활용 효율화 및 지역 R&D종합정보시스템 연계를 추진하는 등 지방 R&D 실태조사의 후속조치를 반영하였다. 넷째, 지방과학기술혁신협의회의 활성화를 통한 부처 간 조정기능을 강화하고, 지방과학연구단지와 테크노파크 간 연계협력 강화를 반영하는 등 종합적 R&D 추진체계를 강화하기 위한 내용을 담고 있다. 다섯째, 지자체의 수요와 특성을 반영한 지자체 R&D계획을 반영하였다. 중앙정부의 일방적 수립에서 탈피하여 지자체의 적극적인 참여하에 지역의 특성을 고려한 현장지향적 계획으로 수립함에 따라, 지자체 주도의 지역전략(특화)산업 육성을 위해 지자체 주도의 지역밀착형 매칭지원사업 추진을 검토하였고, 지자체별 지방 R&D계획의 수립과 지자체의 책임성 강화를

표 16-3 제3차 지방과학기술진흥종합계획 수정계획 추진분야 및 중점 추진과제

추진분야	중점 추진과제 내용
지방 연구개발 지원	· 지역 신성장 동력 확보를 위한 미래 기초·원천연구역량 강화 - 광역권별, 시도단위별 신성장동력사업 등의 육성을 위한 기초·원천 연구 지원 강화 · 녹색성장 및 지역밀착형 R&D 사업 추진 - 자율과 경쟁원칙에 의한 지방 주도 사업 기획(역매칭 사업 시범 실시) · 지방R&D 종합조정기능 활성화 - 지방과학기술진흥협의회 활성화 - 광역 차원에서 종합 기획·조정 - 지자체 차원에서 R&D전담기구의 연계 강화
인력 양성	· 지역 수요에 대응한 과학기술인력의 양성 및 활용 촉진 - 지역 거점을 중심으로 한 연구인력 양성·정착·유인·활용 지원체계 구축
거점 활성화	· 클러스터 자립 및 연계 강화를 통한 경쟁력 강화 - 기존의 H/W투자에서 S/W투자의 운영 내실화로 기업 자립화 및 활성화 - 국제과학비즈니스벨트, 연구개발 특구, 지방과학연구단지가 연계 추진 (Hub-spoke 개념 도입) · 기술사업화 및 기업지원 강화
인프라 구축	· 연구장비의 구축·활용의 효율성 제고와 지역R&D 종합정보 시스템 연계 강화 - 지역별 R&D 종합정보시스템 연계강화 · 과학기술 문화 확산

자료: 제3차 지방과학기술진흥종합계획 수정계획, 2010.10,
교육과학기술부·한국과학기술기획평가원, 2010, 「2010 지방과학기술연감」 p.17.

위해 연구개발지원단 등 지방 R&D 기획시스템강화를 반영하였다(교육과학기술부 · 한국과학기술기획평가원, 2010).

지방과학기술진흥을 위한 추진분야 및 중점 추진과제로 다음과 같은 과제들을 제시하고 있다.

이명박정부가 중점적으로 추진한 세부사업을 살펴보면, 첫째, 지방연구개발지원을 위한 국제과학비즈니스벨트사업과 연계한 지역별 기초연구 거점구축, 주요 출연연구원 분원을 통한 특화기술 강화, 녹색성장 및 지역 밀착형 R&D사업 추진, 둘째, 인력양성을 위한 학연협력연구센터, 특화전문대학원 설치, 세계수준연구중심대학(WCU)사업의 추진, 셋째, 거점 활성화를 위한 연구개발특구 추가 지정, 지방과학연구단지 활성화, 지역전략산업을 중심으로 한 광역연계형 협력네트워크 구축, 넷째, 인프라 구축을 위한 지역별 기술이전 전담조직 전문인력 역량강화, 개방형 중소기업 R&D지원체계 활성화 등이다.

이명박정부 기간 중인 2008년에서 2010년까지 국가연구개발비 총액은 10조 5,465억 원에서 13조 7,443억 원으로 크게 증가하였다. 수도권과 대전지역에 투자된 국가연구개발비를 살펴보면 7조 2,246억 원에서 9조 2,095억 원으로 전체 연구비중은 68.5%에서 67%로 나타났다(이성근 외, 2012).

2) 성과와 한계

이명박정부의 제3차 지방과학기술종합계획 기간 동안에 지방과학기술정책의 성과는 지방의 R&D 역량 지속적 성장, 지역R&D 수행을 위한 인프라 확대, 지방과학기술진흥정책 추진체계 확산의 3가지 측면으로 나누어 살펴볼 수 있다(관계부처 및 지자체 합동, 2013). 먼저 지방의 R&D 역량 지속적 성장 측면에서는, 지방에 대한 R&D 투자는 연평균 10%대의 성장률을 보였고, 연구개발비는 지방 총 연구개발비가 연평균 11.9% 성장했으며, 중앙정부 R&D 투자는 연평균 11.8% 성장하였다. 또한 지방 연구원 수의 비중은 2007년에 8만 4,106명(29.1%)에서 2011년에 11만 873명(29.6%)으로 증가하였나. 논문 · 특허 · 사업화 등의 기술적 · 경제적 성과는 지방에서 상대적으로 두드러진 성장세를 보였다. 지방 SCI 게재논문의 비중은 2007년에 30.5%에서 2011년에 33.2%로 증가하였다. 또한 특허출원의 비중 역시 2007년에 26.7%에서 2011년에 29.1%로 증가하였다. 더욱이 사업화 비중 역시 2007년에 43.1%에서 2011년에 52.7%로 증가하였다.

둘째, 지역R&D 수행을 위한 인프라 확대 측면에서는, 중앙정부의 지역R&D 사업을 수행하는 다수의 거점기관이 설치 및 운영되었다. 특히 테크노파크, 지방과학연구단지, 지역혁신·특화센터, 지자체연구소 등 각 지역의 거점기관이 지속적으로 확대하여, 2007년에 약 170여개에서 2012년에는 289개로 증가하였다. 또한 대덕특구 이외에도 2011년에는 대구와 광주, 2012년에는 부산이 연구개발특구로 추가로 지정되었다.

셋째, 지방과학기술진흥정책 추진체계 확산 측면에서는, 지역 의견 수렴을 위한 지방과학기술진흥협의회의 운영 활성화를 도모하여 민간 전문가 중심으로 위원 구성을 전면 개편하고, 정책 제안을 위한 지역과학정책 워크숍 활동을 전개하였다. 또한 지자체의 과학기술정책 추진 기반이 점진적으로 확대되어, 지자체 소속 과학기술 자문기구인 지역과학기술위원회를 설치하여 2006년에 1개 지자체에서 2012년에 13개 지자체로 확대하였다. 더불어 지자체의 과학기술정책 추진을 뒷받침할 수 있는 지자체 산하 R&D 기획, 관리, 조직 운영에 대한 노력이 확산되었다.

이명박정부의 과학기술정책 성과를 종합적으로 살펴보면, 광역경제권 단위로 규모화, 비교우위에 따른 특성화 및 차별화와 지자체가 중심이 된 과학기술진흥 정책 추진, 소프트웨어 중심의 R&D역량강화 등으로 요약할 수 있다. 또한 미래성장동력, 녹색산업 등 국가주도사업과 광역경제권 선도사업, 지자체 주도사업 등 지방주도사업의 상호 연계를 통한 효율성을 제고하였으며, 국가산업단지, 연구개발특구, 첨단의료복합단지, 원자력클러스터 조성 등을 통한 신성장 동력산업 육성을 위한 기반을 구축하였다(이성근 외, 2012).

이명박정부의 지역과학기술정책의 한계점을 살펴보면 다음과 같다. 먼저, 2008년 이명박정부 출범 이후 지역발전정책이 기존 시·도 중심에서 5+2 광역경제권 중심의 수월성 투자로 개념 전환이 이루어지고, 공간적 개념만을 적용할 경우 국가R&D와 지역R&D의 구분 및 역할 자체가 모호해지므로 R&D 목적과 주체를 동시에 고려하여 국가-지역 R&D를 정의할 필요가 있었다.

두 번째, 거버넌스가 제대로 구축되어야만 자원배분의 적정성을 담보할 수 있으며, 중앙과 지역 간의 기능과 역할분담이 잘되어야 정합성을 확보할 수 있다. 하지만 중앙과 지역 간 R&D자원의 배분과 역할이 명확하게 설정되어 있지 못해 혼선을 유발하고 있는 측면이 있었다. 특히 지역균형발전정책 측면에서의 지역R&D에 대한 거버넌스 확립 미비로 인해, 상위기관(과학기술위원회와 지역발전위원회)과 각 중앙부처가 독립적,

분절적으로 지역 R&D의 기획 · 집행 · 평가를 수행하고 있어, R&D투자의 중복성, 효율성, 효과성, 형평성 등 다양한 측면에서 문제점이 지속적으로 노정되었다. 또한 중앙주도-지역보조 형태의 추진체계로는 진정한 지방분권과 균형발전을 이끌어 내기에는 한계가 나타났다.

세 번째, 국가연구개발사업에서 지식경제부와 교육과학기술부의 지역R&D 투자 규모가 타 부처에 비해 상당한 비중을 차지하고 있으나, 수도권에 편중되는 측면이 강하다. 수도권과 비수도권의 투자 비중의 격차가 2007년 이후 심화되고 있다. 결국 규모의 경제추구, 연계 · 협력에 기반한 광역화 추구로 수도권과 비수도권 간 R&D격차가 심화되었다.

4. 박근혜정부의 지역과학기술정책

1) 주요 내용

우리나라는 과학기술에 대한 투자를 기반으로 수많은 경제사회적 역경을 이겨내고 급속한 산업화와 경제성장 그리고 국가발전을 이루어 낼 수 있었다. 1996년에는 OECD 회원국으로, 그리고 2009년에는 OECD 개발원조위원회(DAC) 회원국으로 가입하며 국가의 위상을 높일 수 있었다. 그러나 우리나라가 온전한 의미에서의 선진국 대열에 합류했다고 보기는 아직 이르다. 무엇보다 1인당 국민소득 2만 달러 함정에서 벗어나지 못하고 있다. 2013년 1인당 국민소득은 2만 2,780달러로서, 처음으로 2만 달러에 진입한 2007년의 2만 1,695달러보다 약 1,000달러 증가했다. 즉, 6년 동안 거의 제자리걸음을 하고 있는 것이다(조황희 등, 2013). 이러한 상황을 극복하기 위해서 국가의 지속적인 발전과 성장을 위한 지방의 역할과 중요성이 점차 증대되고 있으며, 차별화된 기술력을 통한 지역경쟁력의 확보는 지방뿐만 아니라 국가와 기업의 생존 · 발전을 좌우하는 핵심적 요소라고 할 수 있다.

박근혜정부에서는 지역의 자율성을 확대한 과학기술정책을 지향하면서, 지자체와 중앙정부의 파트너십 기반의 지역과학기술진흥정책을 지향하였다. 제4차 지역과학기술종합계획의 비전은 과학기술로 만들어가는 행복한 지역 사회이고, 이를 위한 목표는 지역 자율성 및 책임성 강화와 지역 특성화 과학기술역량 제고로 설정하였다.

첫 번째 목표인 지역 자율성 및 책임성 강화는 지역 주도 지역과학기술정책의 정착을 위한 지역 자율성 확대와 책임성 제고에 역점을 두고, 지역 기반의 R&D 자원을 활용한 지역R&D 자율성 확대를 도모하여 지역 주도의 R&D 전략 수립 및 추진체계를 확립하고자 했다.

두 번째 목표인 지역과학기술 역할 강화는 행복한 지역사회 구현을 위한 과학기술의 역할의 확대와 내실화를 지향하는 것으로, 지역과학기술의 역할을 지식·기술 창출에서 더 나아가 창조경제 생태계 구현에 초점을 두었고, 지역의 수요와 비교우위에 기반한 R&D 투자 내실화, 지역밀착형 인재양성 등 지역에 특성화된 과학기술 역량 제고

그림 16-1 제4차 지방과학기술진흥종합계획(2013~2017)

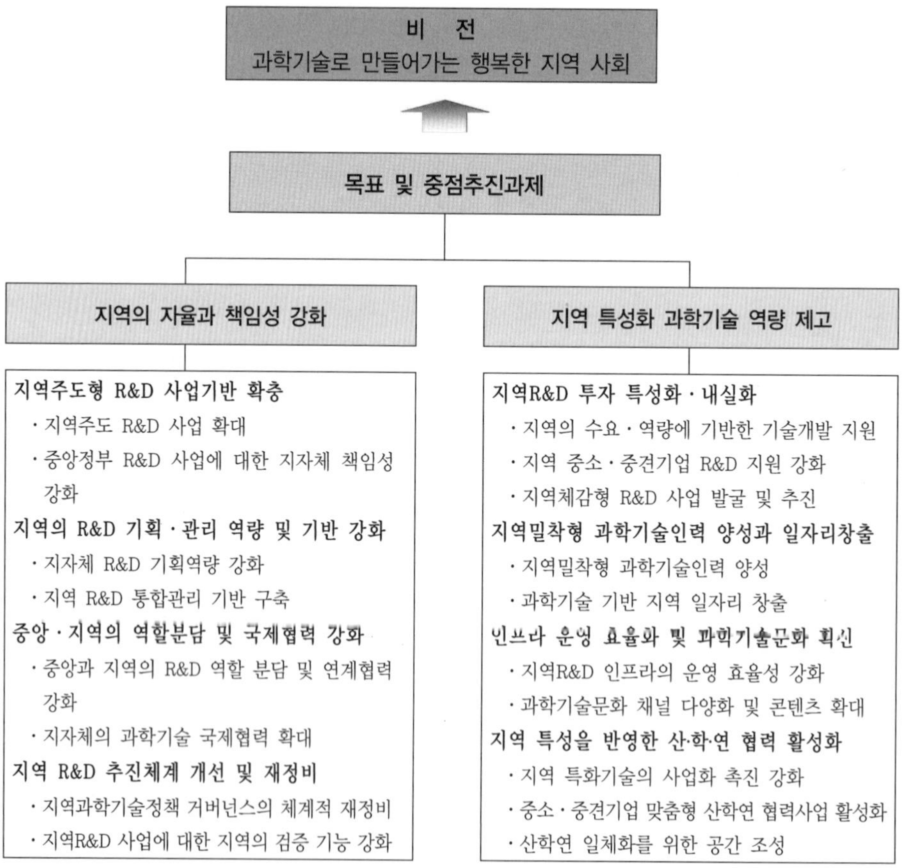

자료: 관계부처 및 지자체 합동, 2013, 「제4차 지방과학기술진흥종합계획(안)(2013~2017)」, p.10.

를 위한 방안을 제시하였다.

이러한 제4차 지방과학기술진흥종합계획(2013~2017)은 2가지 목표에 따라 각각 4개씩 총 8개의 추진과제를 제시하였다. 추진과제를 자세히 살펴보면 다음과 같다(관계부처 및 지자체 합동, 2013).

첫째, 지역주도형 R&D사업기반 확충이다. 지자체의 자율적 R&D 재원 확충은 지자체가 자율적으로 추진하기 적합한 포괄보조 방식의 R&D사업도입을 검토하여, 중앙부처는 사업의 기본적 가이드라인을 제시하고, 지자체는 지역특성에 맞는 R&D 사업을 기획하고 협업을 시행하였다. 국가R&D와의 차별성 확보는 지역 특성에 부합하고 지자체가 추진할 필요성이 있는 사업을 중심으로 추진하여 지역의 연고자원 개발, 지역 내 중소기업 기술지원 등을 중점적으로 지원하였다.

둘째, 지역의 R&D 기획·관리 역량 및 기반 강화를 위해 지역R&D 통합관리의 기반을 구축하였다. 지자체 R&D 기획·관리 역량 강화는 지역 실정에 맞는 R&D 전략 및 사업의 기획·관리 등을 수행하는 지자체 산하 R&D 지원조직을 구성하고, 지역 내 연구개발지원단, 테크노파크, 시도발전연구원 등과 같은 기존 R&D 기획·관리 지원조직의 연계 및 통합을 통해 R&D 사업을 지원하였다. 지역R&D 통합관리의 기반 구축은 지역 내 R&D 정보시스템의 구축·연계에 있어 지자체별로 지역R&D 통합정보시스템을 구축하고 부처별로 추진·관리되는 R&D와 혁신역량 자원 DB와 연계하여 추진하였다. 또한 지역R&D사업의 효율성, 공정성 및 투명성 제고를 위해 지역 내 평가기관의 역량을 강화하였다.

셋째, 중앙·지역의 역할분담 및 국제협력 강화이다. 이를 위해 중앙과 지역의 R&D 역할 분담 및 연계협력을 강화하고, 지자체의 과학기술 국제협력을 확대하였다. 특히 국가 R&D는 기초 원천, 인프라, 성장동력발굴 등의 사업에 집중하고, 지역R&D는 지역경제활성화를 위한 사업화 시장화에 역점을 두었다.

넷째, 지역R&D 추진체계 개선 및 재정비이다. 이를 위해 지역과학기술정책의 거버넌스를 체계적으로 재정비하고, 지역R&D 사업에 대한 지역의 검증 기능을 강화하였다. 지역과학기술위원회의 활성화를 통해 지역과학기술위원회는 지자체가 전액 부담하는 자체 R&D 사업의 효율성 제고를 위해, 지역에 적합한 자체 R&D 사업 발굴 및 검토를 강화하여 지자체 자체 R&D 사업의 효율성을 제고하였다.

다섯째, 지역R&D 투자에 있어 특성화·내실화를 도모하였다. 이를 위해 지역의 수요 · 역량에 기반한 기술개발을 지원하고 지역 중소 · 중견기업의 R&D 지원을 강화하며, 지역체감형 R&D 사업의 발굴 및 추진하였다. 특히 100세 시대 건강수명연장, 먹거리 안전 등 지역민 체감도가 높은 연구개발에 대한 지원 확대와 감성 및 체험 상품화가 가능한 지역R&D 사업 발굴 지원을 위해, 지역의 문화 · 예술 · 관광 등 인문사회적 자원과 과학기술 접목을 유도하였다.

여섯째, 지역밀착형 과학기술인력 양성과 과학기술기반 지역일자리를 창출하였다. 이를 위해 지역밀착형 과학기술인력을 양성하고 과학기술 기반 지역 일자리를 창출하였다. 지역밀착형 과학기술인력 양성은 지역대학의 경쟁력 제고 및 특성화를 추진하는 것으로, 산학협력선도대학육성사업(LINC), BK21플러스사업 등을 통해 과학기술인력 양성을 위한 지역대학 지원사업을 지속적으로 확대하였다. 또한 과학기술기반 지역일자리 창출은 지역R&D를 통해 일자리를 창출하는 것으로, 지역 과학기술인력 양성과 고용 연계에 중점을 둔 채용연계형 R&D 사업의 적극적 발굴 및 지원을 확대하였다.

일곱째, 인프라 운영의 효율화 및 과학기술문화를 확산하였다. 이를 위해 지역 R&D 인프라의 운영 효율성을 강화하고, 과학기술문화 채널의 다양화 및 소프트웨어 · 콘텐츠를 확대하였다.

여덟째, 지역 특성을 반영한 산 · 학 · 연간의 협력을 활성화하였다. 이를 위해 지역 특화기술의 사업화 촉진을 강화하고 중소 · 중견기업 맞춤형 산학연 협력사업을 활성화하였다. 또한 산 · 학 · 연 일체화를 위한 공간을 조성한다. 특히 산학연 협력을 위한 개방적 공동연구 기반을 조성하고, 산 · 학 · 연 공동연구 활성화를 위해 R&D 수행기관 내에 산학연공동연구공간을 설치하며, 일체화 공간 중심의 공동연구, 기술이전 · 사업화, 계약학과 등 산 · 학 · 연 협력사업을 추진하였다.

우리를 둘러싸고 있는 상황과 환경이 변하면, 그에 따른 새로운 대응방식이 필요하다. 정부는 국가와 지역의 발전과 성장에 있어서 지방과학기술의 혁신역량의 중요성이 증대됨에 따라, 박근혜정부에 들어 미래창조과학부는 관계부처와 지자체 합동으로 지방의 과학기술진흥을 촉진하기 위한 제4차 지방과학기술진흥종합계획(2013~2017)을 마련하게 되었다. 그간 지방과학기술진흥 정책을 통해 지역의 R&D 역량 및 인프라 기반은 성장하였지만, 여전히 지역이 주도적으로 R&D를 추진하기에는 역량이 아직 미흡하고 지역 R&D 투자의 실효성이 부족한 것으로 평가되어, 이번 제4차 계획은 지역의 자율과 책임성 강화 그리고 지역 특성화 과학기술 역량 제고를 주요 목표로 설정하였다.

따라서 지자체가 지역 특성에 맞게 사업 운영상의 재량을 가지고 자율적으로 기획·관리하는 지역 R&D포괄보조사업 시행, 지역 R&D 전담기관 구축 등 지역 R&D의 역량강화방안에 중점을 두었다.

제4차 지방과학기술진흥종합계획이 기존의 정책과 차별화 되는 주요 특성을 살펴보면 다음과 같다. 첫째, 지역 R&D 포괄보조사업이 도입되었다는 것이다. 기존 정책에서 R&D에는 포괄보조금 제도가 도입되지 않은 상황 이였으며, 지역 R&D는 주로 중앙정부 주도로 추진되는데, 개별 부처별로 분절적으로 추진되어 지역의 특성을 고려하지 않고 획일적으로 실행되었다. 이에 제4차 계획에서는 지자체가 자율적으로 추진하기 적합한 포괄보조 방식의 R&D사업 도입 검토를 통해, 지자체의 자율적 R&D 재원 확충과 지역 특성에 부합하고 지자체가 추진할 필요성이 있는 사업 중심의 추진을 통해 R&D 사업을 기획하고 협업·시행하였다.

둘째, 지자체 R&D의 기획·관리를 위한 지원조직을 구성하여 운영하였다. 기존 정책에서는 지역 R&D 정책의 높은 중앙정부 의존도와 지자체의 자체 R&D 재원 부족 등으로 인해 지자체 R&D 지원조직의 설치가 미비한 상황이었다. 또한 대부분의 지역에서 테크노파크, 지방과학연구단지 등의 기존 지역 거점기관이 지자체의 소규모 재원 지원 등을 통해 간접적으로 역할을 수행했었다. 이에 제4차 계획에서는 지역 실정에 맞게 R&D 전략 수립 및 사업 기획·관리 등을 수행하는 지자체 산하 R&D 지원조직을 구성하고, 지역 내 기존 R&D 기획·관리 지원조직인 연구개발지원단, 테크노파크, 시도발전연구원 등의 연계 및 통합을 통해 R&D 사업을 지원했다.

2) 성과와 한계

박근혜정부의 창조경제는 경제 활성화와 일자리 창출이라는 공통적 추진 목적을 가지고 있으나, 문화와 경제 발전의 관계를 강조한 기존 개념과는 달리 인적자본, 과학기술 등을 강조한 생태계 기반의 중장기 국가 발전 정책이다. 즉 창조경제의 핵심가치를 과학기술과 인적자원으로 제시하고, 우리나라 미래 경제를 이끌고 세계시장을 선도하기 위한 추격형 경제에서 선도형 경제로의 패러다임을 전환하며, 과학기술 등 모든 분야에 상상력과 창의성을 접목하여 산업 융합 촉진을 통해 새로운 성장 동력과 일자리를 창출하기 위한 정책이라고 할 수 있다(차두원·유지연, 2013).

특히 창조경제의 핵심수단으로 과학기술의 중요성이 부각되면서 삶의 질 향상에 기여하는 과학기술의 역할에 대한 기대도 증가되었다. 또한 지역과학기술혁신 역량 강화 및 특성화된 지역발전의 요구가 지속적으로 증대되면서 과학기술의 지역 착근을 위해 지역 특성을 강조하는 쪽으로 지역과학기술정책 의 방향 개선이 필요하게 되었다. 이에 추가로 연구개발특구 조성, 기초과학연구원 분원 설치 등 과학기술을 통한 지역발전 기회 확대가 요구되었고, 국가 및 지역의 과학기술 거버넌스 정립, 지역의 과학기술 자치 요구를 반영하려는 정책으로의 전환 모색을 인식하게 되었다. 그동안 우리나라는 노동·자본집약 산업중심으로 압축 성장을 하였으나, 중국 등의 추격과 선진국과의 기술 격차 지속 등으로 인해 성장률이 둔화되는 추세를 보이고 있으며, 이에 대응하여 산업생태계 전반의 R&D 생산성과 창의성을 제고하는 기술혁신전략의 필요성이 강조되었다.

그러나 박근혜 정부의 주민의 삶의 질 제고 정책과 지역의 신성장 동력 창출 전략이 국가 재정투입의 한계로 과학기술정책의 실질적인 성과를 가시화하지 못하였다는 점에서 한계가 있었다고 할 수 있으며, 정부의 지역정책은 재정투입 규모 등의 면에서 과거 정부에 비해 지역정책이 다소 후퇴하였다는 평가를 받고 있다.

5. 문재인정부의 지역과학기술정책

문재인정부의 국정운영 5개년 계획에서는 더불어 잘사는 경제 목표 하에 과학기술 발전이 선도하는 4차 산업혁명 전략에 주된 과학기술정책 내용이 제시되어 있다. 따라서 이를 통해 문재인정부의 지역과학기술정책에 대한 전망과 과제를 살펴볼 수 있다.

먼저 과학기술 발전이 선도하는 4차 산업혁명'의 주요 내용은 4차 산업혁명을 촉발하는 AI, IoT, 5G 등을 통해 초지능·초연결 기술을 확산하고, 핵심기술 개발과 신산업 육성을 통해 일자리 창출 및 성장 동력을 확보하는 것이다. 이를 위해서 4차 산업혁명을 체계적으로 대비하고 지휘할 수 있는 컨트롤타워인 대통령 직속 4차 산업혁명위원회를 설치하고, 기술·산업·사회·공공 등 분야별 혁신과제를 선정하여 추진할 계획이다. 또한 4차 산업혁명을 주도할 수 있도록 소프트웨어·융합교육 확대, 평생교육기반 조성 등으로 시대에 적합한 창의적 인재를 육성하고, 스타트업지원, 금융·M&A제도 개선, 공공시장 창출, 규제혁신 등을 통해 역동적 창업·벤처 생태계 조성한다는 것이다.

이에 대한 구체적인 전략으로는 소프트웨어 강국, ICT 르네상스로 4차 산업혁명 선도 기반 구축, 고부가가치 창출 미래형 신산업 발굴·육성, 자율과 책임의 과학기술 혁신 생태계 조성, 친환경 미래 에너지 발굴 · 육성, 주력산업 경쟁력 제고로 산업경제의 활력 회복을 통해 실행할 계획이다.

향후 4차 산업혁명으로 인해 ICT와 기존 영역의 기술들은 상호 융복합 되어 공진화 되는 '혁신기술'의 패턴을 보일 것으로 예상되며 혁신기술은 해당 기술 기반의 플랫폼이 확산되어 산업구조가 변화되거나 새롭게 창출되게 하는 영향을 미칠 것이다. 특히 지역과학기술정책의 신속한 대응 여부에 따라 4차 산업혁명이 야기할 기술적 영향은 클라우드 소싱, 빅데이터 처리, 사물인터넷, 공유경제와 개인 간의 플랫폼 등이 있으며 신흥시장에서 청년층과 중산층이 성장할 것으로 전망된다.

제 3 절 4차 산업혁명 대두와 지역과학기술정책의 대응

1. 의 의

제조업 혁신을 위해 등장한 4차 산업혁명의 핵심은 다품종 대량생산이 가능한 생산체계로서 IT와 제조의 융합을 기본 바탕으로 하고 있다. 즉 기존의 경직된 중앙제어식 일관공정시스템을 유동적인 분산제어식 가변 공정시스템으로 전환하면서 소비자와 생산자 모두 가치를 향상시킬 수 있다는데 의의가 있다. 4차 산업혁명은 컴퓨터와 인터넷의 등장과는 차원이 다른 종류의 기술이 산업계에 일으킬 혁명적 변화를 의미하며 기계의 지능화를 통해 생산성이 고도로 향상되어 산업구조 근본이 변하는 것으로 지능정보기술이 변화 동인이라고 할 수 있다.

4차 산업혁명의 동인이 되는 새로운 차원의 기술진보 요소들로 사물인터넷. 클라우드, 빅데이터, 모바일인터넷, 인공지능, 로봇 등이 있다. 사물인터넷은 사물들 간의 네트워크화와 소통, 클라우드은 엄청난 속도로 진화하고 있는 컴퓨터 연산능력과 데이터 처리기술, 빅 데이터는 데이터의 수집 · 저장 · 분석을 통한 코드화 혹은 알고리즘화에 사용될 수 있는 데이터의 대량 수집과 이용, 모바일 인터넷은 인터넷과 연결된 스마트 기기, 인공지능은 인간 뇌의 인지기능을 모방한 알고리즘화 기술, 로봇은 인공지능을 이식한 기계 공학 등 이라고 할 수 있다.

2. 4차 산업혁명의 주요 내용

4차 산업혁명에 의한 지능정보기술은 수확체증이 가능할 정도의 높은 생산성을 제공하며 기존 생산요소(노동, 자본)를 압도하며 산업구조 재편을 촉발하여 지능정보기술을 활용한 ICT 기반 플랫폼 기업들은 전체 산업으로 영역을 확장되고 산업 경계를 무너뜨리며 기존 제조·서비스 업체를 위협할 것으로 예측하고 있다(관계부처합동, 2017).

지능정보기술의 파괴적 영향력에 대해 앞서 주목하고 있는 해외 주요국가와 선도기업들은 지능정보기술의 파괴적 영향력에 대해 앞서 주목하고 있어, 미국에서는 스마트 아메리카 프로젝트, Brain Initiative, 독일에서는 인더스트리 4.0전략, 일본에서는 일본재흥전략, 로봇신전략, 중국에서는 중국제조 2025, 인터넷플러스 전략 등을 통해 장기간에 걸쳐 대규모 연구와 투자를 체계적으로 진행하고 있다.

지능정보기술로 인한 산업구조 변화는 필연적으로 일자리 및 업무 성격 등을 함께 변화시키고 삶 전반에 총체적 변화를 야기 시킬 것으로 예측하고 있다. 즉 사회 전반에 걸쳐 기계가 인간을 대신하여 일을 수행함으로써 생산성 향상, 근로시간 감소, 건강수명 증가 등 경제·사회적 혜택이 고루 확대되는 반면, 자동화로 인해 단순·반복 업무의 일자리 수요가 감소하고 고부가가치 업무에 대한 인력수요가 증가하는 등 고용 구조 변화도 야기할 것으로 예측하고 있다.

이러한 세계적이 흐름과 변화를 직시하여 4차 산업혁명에 대해 미래부를 중심으로 국가차원의 대응을 추진하였다. 미래부는 2015년에 지능정보기술의 발전에 주목하고 지능정보기술·산업 분야에 중점을 둔 지능정보 민관합동 자문위원회 운영을 시작으로 민간 의견수렴 및 국민적 공감대 형성을 위한 지능정보사회 추진 민관합동 컨퍼런스 개최 등을 거처 2016년 12월에 정보통신전략위원회 심의·의결을 통해 관계부처합동으로 지능정보사회 중장기 종합대책 수립하였다.

여기서 지능정보기술이 과거에는 기계가 진입하지 못한 다양한 산업 분야에 기계가 진입하여 생산성을 높이고 산업구조의 대대적인 변화를 촉발함에 따라 경제·사회 전반의 혁명적 변화를 초래하는 것을 4차 산업혁명으로 간주하고 있다. 지능정보기술은 지역경제의 다양한 분야에 활용될 수 있는 범용기술 특성을 보유하고 있어, [그림 16-2]

그림 16-2 지능정보기술과 타 산업 · 기술의 융합

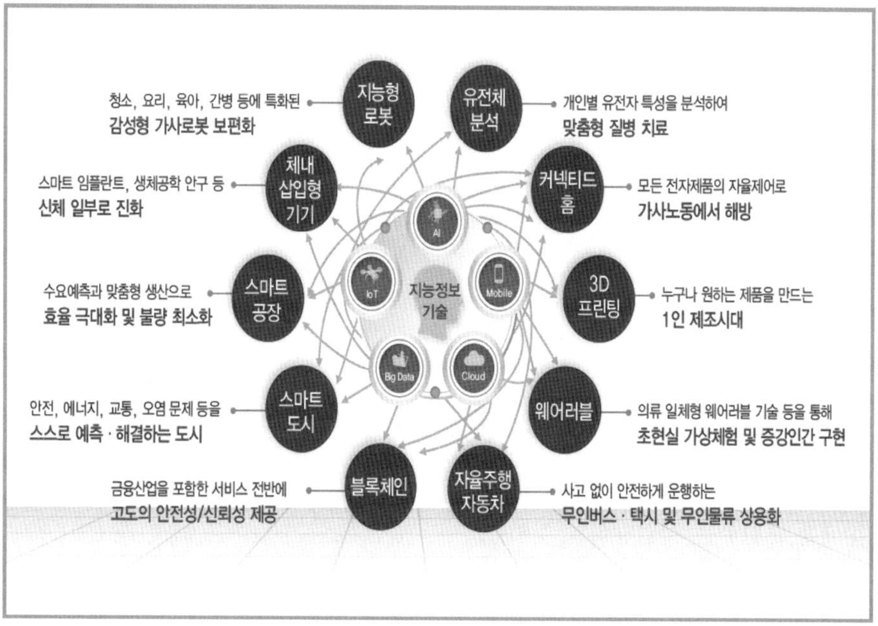

자료: 관계부처 합동, 2017, 「제4차 산업혁명에 대응한 지능정보사회 중장기 종합대책」, p.7.

와 같이 사회 전반에 혁신을 유발하고 광범위한 사회 · 경제적 파급력을 가질 것으로 보고 있다.

정부의 지능정보사회 중장기 정책목표는 3가지로 설정하였다. 첫째 급속도로 발전하는 지능정보기술은 ICT 산업뿐 아니라 모든 미래 산업에 근본적 영향을 미쳐 국가경쟁력을 판가름하기 때문에 정책목표를 글로벌 경쟁에서 뒤처지지 않고 지능정보기술을 이끌어나갈 수 있는 자체기술력 및 데이터 · 네트워크 인프라 확보로 설정하고, 장기적 연구 투자가 필요한 초기 단계의 高위험 분야이므로 정부-민간 협력을 통한 기술개발 및 데이터 · 네트워크 인프라 확보를 추진하고자 한다.

둘째 지능정보사회는 기술 · 데이터 중심으로 경쟁력이 전환되므로 다양한 산업에서 지능정보기술을 활용하는 것이 중요하다. 이와 같은 이유로 정책목표를 공공서비스 및 민간산업 전반에 지능정보기술 도입을 조기 확산하여 생산성 향상 및 국가경쟁력 확보로 설정하고 민간의 혁신 파트너로 규제개선, 테스트베드, 생태계 조성 등을 통해 민간

투자를 촉진하고 공공서비스에 대한 선제적 도입으로 마중물 역할을 수행하고자 한다.

셋째 자동화의 확대로 삶의 편의성과 안전성이 향상될 수 있으나 노동의 본질 변화, 양극화, 해킹 등 위협 요인도 발생할 수 있다. 이 때문에 정책목표를 변화하는 사회상을 반영한 교육·고용·복지 제도를 통해 소외계층 없이 국민 모두가 혜택을 누리는 안전한 지능정보사회 구현으로 설정하고, 지능정보사회 핵심인 창의 인재를 양성하고 사회구조 변화와 역기능에 대비하여 안전망을 구축하는 사회정책 및 제도 정비하고자 한다.

3. 4차 산업혁명의 대응

4차 산업혁명과 같은 기술변화는 상품과 서비스 생산의 전통적 가치사슬을 해체시키고 있다. 가치사슬 해체는 비즈니스 모델을 다양화하고 경쟁 위계를 뒤흔들고 있다. 특히 인공지능기술 시대의 작업방식은 인간 - 네트워크, 인간 - 기계 사이의 역동적 협력 형태를 포함하는 작업방식일 것이며, 이미 인간과 함께 일하는 로봇 개념을 구체화한 제조용 로봇 개발과 상용화가 진행되고 있다. 이뿐만 아니라 네트워크 속에서 빅데이터를 생산하고 가공하며 거기서 부가가치를 만들어내는 과정에서 인간이 인공지능과 협업할 것이다. 제조과정에서도 인간과 기계(전통적 공장에서 보던 기계설비는 물론 인공지능 알고리즘을 체화하고 있는 로봇포함)가 협업한다. 독일의 제조업 플랫폼 인더스트리 4.0은 이와 같은 개념을 포함하고 있다(허재준, 2017).

정부의 관계부처 합동으로 발표한 지능정보사회 중장기 종합대책(2017)에서 향후 과제로 다음과 같이 제시하고 있다. 첫째 미래 경쟁력 원천인 데이터 자원의 가치 창출이다. 이를 위한 전략은 데이터 기반의 합리적 의사결정 체계가 확립되고 누구나 원하는 데이터를 쉽게 찾고 거래하여 가치를 창출하는 데이터 기반 사회와 이를 통해 자연자원 빈국에서 데이터 자원 부국으로 도약하고자 한다.

둘째 지능정보기술 기반 확보이다. 이를 위한 전략은 대학·연구소 중심으로 지능정보산업의 기반이 되는 기초과학 및 원천연구를 활발히 진행하여 세계 수준의 기술역량 확보와 함께 기업 중심의 도전적 연구개발 활동이 대학·연구소의 연구역량과 연계되고, 기업들은 새로운 지능정보 서비스·제품으로 새로운 시장 창출하고자 한다.

셋째 데이터·서비스 중심의 초연결 네트워크 환경 구축이다. 이를 위한 전략은 사람·사물을 포함하여 만물로부터 생성된 데이터가 초연결 네트워크를 통해 언제 어디서나 안전하게 전달되고 활용하여, 다양한 사업자가 풍부한 주파수 자원과 규제 완화로 신규 네트워크를 손쉽게 구축하여 더 많은 데이터의 생성 · 수집 · 전달 · 활용을 촉진하고자 한다.

넷째 국가 근간 서비스에 선제적인 지능정보기술 활용이다. 이를 위한 전략은 공공서비스에 지능정보기술을 선도적으로 적용함으로써 공공서비스의 품질이 향상되고, 국민들이 그 혜택을 고루 향유하게 하며, 관련 기업들은 공공서비스의 선제 도입을 통해 초기 시장 수요를 확보하고자 한다.

다섯째 지능정보산업 생태계 조성을 통한 민간 혁신 파트너 역할 수행이다. 이를 위한 전략은 누구나 창업 · 성장 지원제도를 활용해 아이디어를 마음껏 사업화하고 지능정보 환경을 반영한 규제 개선으로 신규 제품 · 서비스를 빠르게 출시와 함께 금융, 유통, 방송 등 다양한 서비스를 개인 맞춤형으로 향상시키고, 공정경쟁 환경 하에 응용서비스 사업자가 자유롭게 경쟁하게 하고자 한다.

여섯째 지능형 의료서비스를 통한 혁신 가치 창출이다. 이를 위한 전략은 국민 모두 지능정보기술이 적용된 안전하고 정밀한 의료서비스 혜택 향유, 질병예방 및 맞춤형 치료 등으로써 건강한 삶 영위와 함께 방대한 유전체 및 진료기록 등을 지능정보기술로 하여 개인 맞춤형 정밀진료에 의한 의료산업의 새로운 부가가치 창출을 하고자 한다.

일곱째 제조업의 디지털 혁신이다. 이를 위한 전략은 전 공정에 걸쳐 소비자와 시장 데이터에 기반한 플랫폼 생산체제가 도입되고 출시된 상품에 지능정보서비스 기능이 추가되어 고품질화와 함께 지능정보기술이 적용된 지능형 로봇 및 3D 프린팅 기술 활용으로 제조업의 생산성이 향상되어 성장한계에 직면한 제조업이 재도약하고자 한다.

여덟째 지능정보사회 미래교육 혁신로 이다. 이를 위한 전략은 온 국민이 각자 눈높이에 맞춘 최적화된 교육을 제공받아 잠재력을 마음껏 발휘하며 지능정보사회의 새로운 기회를 창출 · 향유와 함께 정부, 학교, 연구소, 기업 등이 공동으로 산업계에서 필요한 핵심인력 양성을 지원하여 글로벌 경쟁력 확보하고자 한다.

아홉째 자동화 및 고용형태 다변화에 적극적 대응이다. 이를 위한 전략은 신기술 분야의 고부가가치 일자리가 많이 창출되고 노동유연성이 높아지며 전통산업 종사자들도 신산업으로 원활하게 전직이 이루어지게 하고, 이와 함께 비정규직 근로자에 대한 고용안전망 확대 및 구직자 맞춤형 취업정보 제공 등으로 근로자들의 실직 · 전직에 대한 두려움 해소하고자 한다.

열 번째 지능정보사회에 대응한 사회안전망 강화이다. 이를 위한 전략은 일상생활에 적용 가능한 지능정보 기술개발로 누구나 불편함 없이 활동하고 차별이 없는 사회적 혜택을 누리며 실직, 전직 및 의료비 증가에도 어려움 없이 안정적인 생활을 영위하고자 한다. 이외에도 지능정보사회에 대비한 법제 정비 및 윤리 정립, 사이버 위협, AI 오작동 등 역기능 대응을 향후 정책과제로 설정하고 있다.

이처럼 4차 산업혁명에 대응하여 다양한 관점의 정책과제에서 종합적인 대응전략을 제시되고 있는 가운데, 지역경제차원에서 살펴보면 산업구조 및 고용시장 변화에 대응하는 좀 더 구체적인 전망과 정책이 필요하다. 산업구조측면에서 제조업 혁신을 위해 등장한 4차 산업혁명의 핵심은 다품종 대량생산이 가능한 생산체계로서 IT와 제조의 융합을 기본 바탕으로 하여 기존의 경직된 중앙제어식 일관공정시스템에서 유동적인 분산제어식 가변 공정시스템으로 전환하면서 소비자와 생산자 가치 모두를 향상시킬 것인가에 대한 기대감이 높아지고 있다. 또한 제4차 산업혁명을 선도하는 핵심기술들이 기업주도 혁신이 이루어지고, 제조업을 비롯한 여타 산업에 광범위하게 확신시키면서 기존 산업의 생산방식과 가치사슬 활동, 비즈니스 모델을 혁신적으로 변화시키는 산업의 스마트화가 빠르게 진행될 것이다. 이에 4차 산업혁명에 따른 제품과 서비스의 융복합 및 네트워크화는 산업의 정의 자체를 확장할 뿐만 아니라 폭넓고 근본적인 수요자 니즈를 만족을 위해 관련된 제품들을 모두 포함하는 새로운 비즈니스 영역으로의 확대를 기대하고 있다.

노동시장측면에서 4차 산업혁명으로 인해 실제 전반적인 일자리 공급 자체가 줄어들지 여부는 기술진보에 대응하여 어떻게 제도적·정책적 적응을 하는지에 의존한다. 단기적으로는 부정적 영향이 두드러져 보일 수 있으나 이에 대한 관건은 기술진보에 맞추어 제도를 어떻게 조율해 나가는가에 달려 있다. 현재 진행되는 기술진보의 성격이 패러다임 전환적 특성을 지닌 점을 고려하면, 지금과 같은 시기의 단기적 영향도 항구적 영향을 미칠 수 있어, 막연히 장기적으로는 다 좋아질 것이라고 낙관해서는 안 된다. 그만큼 정부, 기업, 근로자 모두 기술진보가 연 새로운 상황에 대한 적응력 제고가 필요하다(허재준, 2017).

향후 지역경제 차원에서 기계와 인간이 협업함으로써 고용위기를 극복하고 인간 능력을 배가시킬 수 있는 새로운 조직 구조, 프로세스, 비즈니스 모델 정립은 새로운 스타트업들이 주도할 수밖에 없다. 산업정책, 대기업집단규제, 공정거래정책도 새로운 형태의 스타트업 비즈니스들에 플랫폼을 제공하는지를 중요한 준거점으로 삼을 필요가 있다.

제 4 절 지역과학기술정책의 전망과 과제

우리나라의 지방과학기술에 대한 투자는 1990년대 중반부터 시작되었다고 할 수 있다. 1995년에는 지방대학에 지역협력연구센터(RRC)를 설치하고, 지방대학을 지역기술혁신센터(TIC)로 지정하면서 지방과학기술 투자가 시작되었다. 그 이후 지방과학기술 투자사업은 크게 세 가지로 발전하였다. 테크노파크 중심의 전략산업 육성, 대덕연구단지의 클러스터화 사업, 산업단지클러스터 사업이 그것이다. 그리고 2000년대 중반 이후 산학협력중심대학사업 등 지방대학의 연구 및 인력양성을 위한 사업들이 교육과학기술부를 중심으로 집중 지원되었다. 김대중, 노무현 정부를 거치면서 시 · 도 행정구역 단위의 지역혁신 거버넌스의 토대가 마련되었고, 이명박정부는 광역경제권 중심의 지역발전정책을 통해 임계규모 확보에 주력하였다. 또한 박근혜정부는 창조경제정책을 통해 지역에서 창조산업이 선도해가는 것을 강조하였다. 그러나 지방 과학기술 투자의 성과가 지방대학과 산업의 경쟁력 강화를 통한 실질적인 변화의 추동력 확보로 이어지지는 못했다. 또한 지방 과학기술을 통해 실질적인 성과 창출의 한계가 초래되었다. 이것은 지역별로 임계규모를 창출할 수 있는 전략적 전문화와 특성화에 기초한 분업 구조가 정책되지 못했기 때문으로 풀이된다(이정협, 2013).

지난 40여 년 간 우리나라는 과학기술정책을 통해 국가경제발전의 기반을 다지고 글로벌 시장에서 세계적인 경쟁력을 확보할 수 있는 수준으로 경제도약을 이루는데 주도적인 역할을 담당하기도 하였지만, 한편으로 우리나라의 지역과학기술정책은 지역적 특성을 충분히 고려하지 않고 주로 첨단기술분야에 치중된 것으로 평가된다(이성근 외, 2006). 따라서 지역과학기술정책의 기획과정에서 해당산업의 경쟁력, 공급자의 영향력, 지역성, 산업연관성 등을 종합적으로 고려하여야 할 것이다. 특히 정책기획의 측면에서 타 부문과의 관계, 계획 간의 수직적 · 수평적 연계성을 유지하고 연도별 목표와 연구개발 투자비를 비롯한 수치화된 목표의 설정하고, 기업 등에 실효성 있는 성과의 효율성을 높이는데 집중해야 할 것이다.

이와 더불어 전 세계적으로 도시는 에너지의 효율을 높이기 위한 신에너지 공급과 기술 개발, 사물인터넷의 등장으로 제조업이 급속도로 발달할 것으로 예상되는 가운데 지역특성을 고려한 지역과학·산업기술정책을 추진하고, 내생적 발전기반을 구축하기 위해 지방정부의 연구개발예산을 증액하여 전문성을 갖춘 인력을 양성하는 등 지방정부의 과학기술행정체제를 강화할 필요가 있다.

탐구학습

1. 주요 개념
   - 지역과학기술정책
   - 지역과학기술정책의 변천과정
   - 참여정부의 제2차 지방과학기술진흥종합계획
   - 이명박정부의 제3차 지방과학기술진흥종합계획 수정계획
   - 박근혜정부의 제4차 지방과학기술진흥종합계획
   - 4차 산업혁명의 대두와 영향

2. 토론과 과제
   - 지역경제와 과학기술은 어떤 관계가 있는가?
   - 지역과학기술정책의 유형에 대해 설명하시오.
   - 참여정부의 지방과학기술정책에 대해 설명하시오.
   - 이명박정부의 지방과학기술정책에 대해 설명하시오.
   - 박근혜정부의 지방과학기술정책에 대해 설명하시오.
   - 우리나라의 지역과학기술정책의 변천과 과제에 대해 설명하시오.
   - 4차 산업혁명 대두와 지역과학기술정책의 대응에 대해 설명하시오.

참고문헌

고석찬, 2004, 「지역혁신 이론과 전략」, 대영문화사.

교육과학기술부, 2008, 「2007 지방과학기술연감」.

교육과학기술부·한국과학기술기획평가원, 2010, 「2010 지방과학기술연감」.

과학기술부, 2005, 「제2차 지방과학기술진흥종합계획(2005-207)」.

관계부처 및 지자체 합동, 2013, 「제4차 지방과학기술진흥종합계획(안)(2013~2017)」.

관계부처합동, 2017, 「제4차 산업혁명에 대응한 지능정보사회 중장기 종합대책」.
국가균형발전위원회, 2007, 「국가균형발전정책의이론과 실제」.
국정기획자문위원회, 2017, 「문재인 국정운영 5개년 계획」
권기창 · 배귀희, 2006, "과학기술정책의 거버넌스 변화", 「한국정책과학회보」, 제10권 제3호, 한국정책과학학회.
나주몽역, 2005, 「클러스터 전략」, 전남대학교출판부.
나주몽, 2017, "4차 산업혁명과 도시경제 활성화", 창원시정연구원 개원 2주년 기념 세미나자료집
두산동아, 2007, 「두산세계대백과」.
성지은, 2006, "과학기술정책결정구조의 변화 : 참여정부 과학기술행정체체 개편을 중심으로", 「행정논총」, 제44권 제1호, 서울대학교 대학원 한국행정연구소.
신태영 외, 2012, 「한국 혁신체제의 동태분석과 발전전략」, 과학기술정책연구원.
이성근, 2001, 「지역혁신지원 국가연구개발사업의 추진실태 및 조사분석 연구」, 한국과학기술기획평가원.
이성근 · 박상철 · 이관률, 2006, "지역전략산업의 육성과 지역혁신체제의 구축", 「한국행정논집」, 제18권 제1호, 한국정부학회.
이성근 외, 2012, 「자립적 지역발전론」, 집현재.
이정협, 2013, "지역 과학기술 정책 방향과 과제", 「지역균형발전론의 재구성」, 사회평론.
윤진효, 2002, "차기정부의 과학기술정책 과제와 방향", 「공공정책연구」 제12호, 한국공공정책학회.
장재홍 · 송하율 · 김찬준 · 김동수 · 변창욱 · 서정해 · 정준호, 2012, 「한국지역정책의 새로운 도전-효율과 형평의 동태적 조화」, 산업연구원.
교육과학기술부 · 한국과학기술기획평가원 · 과학기술정책연구원, 2009, 「제3차 지방과학기술진흥 종합계획 수정(안)」.
조황희 · 송치웅 · 홍사균 · 홍성범 · 김기국 · 장용석, 2013, 「과학기술기반 창조경제 구현을 위한 조사분석연구: 창의적 연구개발을 위한 K-APPA시스템 구축방안」, 과학기술정책연구원.
차두원 · 유지연, 2013, "창조경제 개념과 주요국 정책 분석", 「ISSUE PAPER 2013-01」, 한국과학기술기획평가원.
현재호 · 황병용, 1998, "과학기술지방화와 과학기술협력", 「정책연구」, 과학기술정책관리연구소.
홍성주 · 신태영 · 엄미정 · 전찬미 · 원영재 · 양설민, 2013, 「한국 과학기술혁신정책 장기 추세 분석」, 과학기술정책연구원.
허재준, 2017, "4차 산업혁명이 일자리에 미치는 변화와 대응 ", 「월간노동리뷰」 2017년 3월호, 한국노동연구원.

제 17 장 지역창조경제정책

제17장에서는 지역의 창조경제정책에 대해 살펴보고자 한다. 제1절에서는 창조경제에 대해 개관하고, 제2절에서는 창조경제정책의 주요 내용을 살펴보며, 제3절에서는 지역 창조경제정책의 전망과 과제를 논의한다.

제 1 절 창조경제의 의의

1. 창조경제의 대두 배경

2008년 주택시장 버블로 시작된 미국의 금융위기와 유럽 국가들의 재정악화에 따른 국가부도 사태 등 세계 경제침체로 인해 금융시장 규제완화, 장기간 지속된 저금리, 경기부양 자금의 불분명한 흐름이 주요 원인으로 비대해진 금융부문이 실물경제를 압도하고, 경기부양책이 신규 고용으로 이어지지 못하는 구조적 문제에 직면하는 등 경제 패러다임은 한계에 봉착해 있다.

창조경제의 등장배경은 첫째, 세계적 장기 경제침체 극복을 위한 신성장 동력 창출과 일자리문제 해소를 위한 새로운 경제체제의 본격적 모색에 있으며, 둘째, 창의적 아이디어 기반의 소프트웨어가 경제발전의 새로운 동인으로 등장하고, 대표적 창조기업인 Apple, Facebook 등은 기술, 사용자 생태계 기반의 혁신적 시장을 구축하는 것이 필요하고, 셋째, 주요국 과학기술 경쟁 심화와 자국 기술 보호 정책 강화 등 혁신적 기술 중요성 증가에 따른 새로운 성장 동력의 모색이 필요하게 되었다(차두원 · 유지연, 2013).

따라서 정부에서도 창조경제 실현계획-창조경제 생태계 조성방안에서 창조경제의 필요성에 대해 지난 40여 년 간 우리경제의 성장을 이끈 추격형 전략은 글로벌 경제위기와 신흥 산업국가의 추격 등에 따라 한계에 봉착했으며, 이에 따라 창조와 혁신을 통해 시장과 일자리를 창출하는 경제 패러다임으로 전환하여 우리나라도 경제운영의 패러다임을 그간의 모방・응용을 통한 추격형 성장에서 벗어나 국민의 창의성에 기반한 선도형 성장으로 전환하기 위한 것이라고 창조경제 필요성을 역설하고 있다(관계부처 합동 보도자료, 2013.6.5.).

2. 창조경제의 개념

일반적으로 창조경제(creative economy)는 산업화시대, 정보화시대, 지식기반경제를 잇는 새로운 경제 패러다임으로 1990년대 후반 영국 및 UN을 중심으로 문화산업, 도시 및 지역정책 분야에서 활발하게 논의되고 있는 개념이다.[1] 창조경제는 수많은 거래에 의해 창의적인 생산물의 가치가 증대되는 경제로서 창조적 인간, 창조적 산업, 창조적 도시를 기반으로 한 새로운 경제체제를 지향한다(Howkins, J. 2001)

창조경제의 정의와 관련하여 최계영(2016)은 아이디어와 지식이 창조되고 순환되는 지식 생태계, 창조성을 갖춘 인적자본, 연관 산업 융합에 부응하는 생태계 혁신, 기업가정신 및 창업에 우호적인 환경, 소통과 신뢰에 기반하는 사회적 자본 등 제반 요소를 갖추어 창조와 혁신이 일상화되는 경제를 의미한다고 하였다. 이러한 제반 요소를 갖춘 국가가 곧 선도국가이며, 요소투입의 한계를 극복하고 지속가능한 성장과 사회적 가치의 실현을 이루는 것이라고 하였다.

유엔은 유엔개발기구(UNDP)와 유엔무역개발회의(UNCTAD)와 함께 창조경제 보고서를 발간하였다. 이 보고서에서 유엔은 창조경제란 경제성장과 발전 잠재력을 지닌 창의적 자산을 기반으로 점진적으로 변화하는 경제로 정의하였다(박동배외, 2014). 또한 산업연구원(2014)는 창조경제를 산업 부문 및 경제주체 간의 연계・협력의 강화와 융・복합 촉진을 통해 기존 산업의 부가가치 제고는 물론 새로운 성장동력산업을 창출

1) 영국은 1997년 노동부 집권 이후 창조경제 관련 정책을 지속적으로 추진하고, 2008년 'Creative Britain: New Talents for the New Economy'를 통해 정부와 관련 단체들이 수행해야 할 8개 분야 26개 정책과제를 발표했다. 이러한 영국 관련 정책들은 유럽연합 정책에 반영되었고, 창조산업 등 주도권 확보를 위해 영연방 네트워크, UNESCO, WIPO 등을 통해 전 세계로 확산되어 추진되었다. UN은 2008, 2010년 'Creative Economy Report'를 발간하고 UNESCO는 2002년 창조도시 네트워크를 구축하는 등 국제기구도 창조경제 관련 논의와 정책을 지속적으로 수행하고 있다(차두원, 유지연, 2013)

하는 경제발전 전략으로 보았으며, 창조경제 활성화 전략, 산업정책 패러다임의 변화, 지역정책 패러다임의 변화 모두를 고려해야 한다고 주장하였다.

정부의 관계부처 합동(2013)은 창조경제를 국민의 상상력과 창의성을 과학기술과 ICT에 접목하여 새로운 산업과 시장을 창출하고, 기존산업을 강화함으로써 좋은 일자리를 만드는 새로운 경제전략(2013, 관계부처합동)라고 하였다. 한편 이민화·차두원(2013)은 이러한 창조경제의 개념을 확장하여 한국의 상황에 맞는 새로운 창조개념으로 한국의 창조경제는 전 산업 분야의 혁신이 쉬워지는 경제이다라고 주장하였다. 즉 새로운 환경변화로 메타기술의 발전, 혁신생태계의 형성, 시장 플랫폼의 등장을 창조경제의 3대 동인으로 설정하고 이러한 새로운 환경변화에서 창조적 아이디어를 구현하는 비용과 시간이 극적으로 감소하고 이러한 환경변화에 대응한 혁신경제의 진화된 형태의 새로운 경제를 한국의 창조경제라고 주장하였다.

창조경제 개념을 광범위하게 보는 관점에서는 단순히 특정 산업이나 영역을 넘어 경제구조 전체의 창조적 전환을 통한 새로운 가치창출시스템을 창조경제라고 하고 있다(김윤현, 2013). 여기서 창조성은 그 특성에 따라, 과학·경제·문화의 창조성 그리고 기술적 창조성으로 분류하였다. 문화적 창조성은 상상력과 아이디어를 창출하는 능력과 연관이 있으며 텍스트, 소리 또는 이미지를 통해 새로운 형태로 표현한 것이다. 과학적 창조성은 호기심, 실험정신 및 새로운 방식의 문제해결과 관련된 것이다. 경제적 창조성은 기술, 비즈니스, 마케팅 등에서 혁신을 이끄는 과정으로 경제의 경쟁우위를 얻는 것이다. 기술적 창조성은 기술적 창조와 문화, 과학, 경제적 창조성이 상호작용하면서 잠재적 창조자산을 창출하는 핵심적 역할을 하는 것이다. 따라서 창조경제의 궁극적 목적은 경제구조 전체의 창조적 전환을 통해 새로운 가치창출시스템에 의한 국민들의 삶의 만족도를 높이는데 두고 있다.

3. 창조경제의 중요성

한국은 최근 저성장시대로의 패러다임 전환에 따른 성장률 저하, 복지에의 요구 증대, 저출산·고령화에 따르는 활력 둔화, 실업, 계층 및 세대 간 갈등 심화 등 다양한 문제를 해결해야 할 시점에 도래하였다. 특히 성장률 저하는 물론, 성장의 과실이 계층 간·세대 간에 불공정하게 배분되고 있다는 인식이 확산되고 있으며 저출산·고령화,

실업문제에 대한 비관적 전망이 불식되지 않고 있다.

과학기술과 IT에 기반한 첨단기술은 기업 생산성을 향상시킨 반면 일자리를 감소시키고, 노동비가 저렴한 후진국으로의 아웃소싱 확대에 따라 자국 내 일자리 창출의 한계에 직면하고 있다. 특히 우리나라의 제조업, 중화학 중심 수출주도형 산업에서 핸드폰·반도체 등 첨단 산업을 기반으로 고도성장을 이루었으나, 최근 새로운 성장 동력이 부재하고 소득 2만 달러 정체, 고용 없는 성장, 청년실업 문제 등이 심화되고 있다.

즉, 한국경제는 이제까지 성장을 이끌어왔던 기존의 노동, 자본 등 생산요소의 투입에 의존하는 방식이 한계에 봉착해 잠재성장률의 하락이 지속되고 있어 선진국 진입을 목전에 두고 있는 상황에서 위기에 봉착해 있다고 할 수 있다. 우리경제의 성장을 이끈 추격형 전략은 2000년 이후 글로벌 경제위기 및 신흥 산업국가 등장 등으로 한계성을 드러내고 있으며, 특히 선도자의 지식 · 기술에 의존하는 추종전략은 자신의 생산요소 투입의 한계를 넘어설 수 없는 태생적 한계성을 내포하고 있다.

따라서 이제는 한국이 추종자에서 선도자로 전환을 모색해야하는 시점이라고 할 수 있으며, 추종자에서 선도자로 전환하는 열쇠가 되는 창조와 혁신을 통해 창조경제로의 전환이 필요하다. 즉 부가가치 창출 요소가 노동 · 자본이 중시되었던 산업경제나 지식 · 정보가 중시되었던 지식경제에서 혁신적 기술과 창의적 아이디어를 중시하는 창조경제로의 이동이 필요하다.

이처럼 한국경제가 기존의 성장과 개발방식으로는 한계가 있고, 새로운 방식의 시도가 필요하다는 요구가 높아지고 있는 가운데 세계 대부분의 도시들도 이전의 고속성장 시대에 유효했던 요소투입 확대형 모델인 생산인구의 투입확대 공식에 한계를 느끼고, 창조경제의 모색을 통해 대안을 찾고 있다

제 2 절 창조경제정책의 개관

1. 창조경제정책의 의의

국가정책차원에서 박근혜정부는 창조경제를 창의성, 과학기술 및 지식융합에 기반한 경제 운용을 통해 신성장 동력을 구축하고 중소기업과 창업 활성화를 도모하고 궁극

적으로 새로운 일자리 및 시장을 창출하는 경제로 정의했다. 즉 창조경제의 개념은 국민의 상상력과 창의성을 과학기술과 ICT에 접목하여 새로운 산업과 시장을 창출하고, 기존 산업을 강화함으로써 좋은 일자리를 만드는 새로운 경제 전략으로 정의하였다. 이는 UN에서 정의한 창조경제의 입장, 즉 경제사회적인 기능을 강조하면서 창조경제의 범위나 기능 및 그 궁극적인 성과로 일자리 창출 등을 목적으로 한다는 점에서 유사하다(박동배 외 2014).

이에 정부는 2013년 6월 국무총리 주재로 국무회의를 개최하고, 창조경제 실현계획-창조경제 생태계 조성방안(이하 창조경제 실현계획)을 확정하였다. 이것은 국민의 창의적 아이디어가 과학기술 ICT와 결합하여 창업과 신산업 및 신시장 창출로 연결되고, 좋은 일자리를 창출하기 위한 창조경제 생태계 조성 방안을 추진한다는 것이다.

창조경제 실현계획에서는 창조경제 생태계 조성을 위해 창조경제를 통한 국민행복과 희망의 새 시대 실현을 비전으로, 창조와 혁신을 통한 새로운 일자리와 시장 창출, 세계와 함께하는 창조경제 글로벌 리더십 강화, 창의성이 존중되고, 마음껏 발현되는 사회구현 등 3대 목표와 6대 전략이 제시되었다.

정부의 창조경제의 6대 전략은 첫째, 창의성이 정당하게 보상받고 창업이 쉽게 되는 생태계 조성(전략 1), 둘째, 벤처·중소기업의 창조경제 주역화 및 글로벌 진출 강화(전략 2), 셋째, 신산업·신시장 개척을 위한 성장 동력 창출(전략 3), 넷째, 꿈과 끼, 도전정신을 갖춘 글로벌 창의인재 양성(전략 4), 다섯째, 창조경제의 기반이 되는 과학기술과 ICT 혁신역량 강화(전략 5), 여섯째, 국민과 정부가 함께하는 창조경제문화 조성(전략 6) 등 6대 전략을 제시하였다.

창조경제로의 패러다임 변화가 실질적인 성과로 이어지고 확산을 통해 지역경제 혁신을 도모한다는 방침 하에 지역별로 창조경제혁신센터 및 지역창조경제협의회거점으로 추진했다. 지역창조경제협의회는 지역 인재의 창의성을 기반으로 한 창조경제 모델을 확립하여 지역 현장에 창조경제 패러다임을 고루 확산해 나가는 것이 관건으로 파악하고 그동안 꾸준한 투자를 통해 지역 혁신 인프라가 갖추어져 있어, 혁신 주체 간 연계·협력할 경우 시너지 창출효과가 가능하다는 인식하에 출발되었다. 따라서 지역창조경제협의회는 지역경제의 혁신주체들 간 연계·협업을 통해 지역에 특화된 전략산업 분야의 중소·중견기업 성장을 지원하기 위해 기존 자원의 연계를 통한 지역 혁신 거점 구축하는데 우선 추진하여 왔다(박동배 외 2014).

2. 창조경제정책의 주요 내용

박근혜정부는 국민의 창의적 아이디어가 과학기술·ICT와 결합하여 창업과 신산업·시장 및 새로운 일자리 창출로 연결되는 창조경제 실현계획을 발표하였고, 국민의 창의성에 기반한 선도형 전략으로 패러다임 전환을 모색하고자 했다. 또한 제3차 과학기술기본계획(2013~2017)을 수립하여 창업생태계 조성, 벤처·중소기업의 성장 지원, 신산업 육성 등과 같이 창조경제 실현을 뒷받침하기 위한 과학기술의 역할 강화 및 전략적 투자를 도모했다.

창조경제의 실현계획 주요 내용은 [그림 17-1]과 같다. 첫째, 다양한 개인, 기업들의 아이디어가 자유롭게 교류·소통하면서 과학기술 ICT와 융합되어, 상상을 현실로 만드는 창의적 자산인 기술과 지식을 창출한다. 둘째, 창의적 자산이 도전정신을 바탕으로 창업으로 연결되거나 기존 제품 서비스와 결합하여 새로운 산업과 시장을 만들어내고 기존 산업의 경쟁력을 강화한다. 셋째, 중소기업과 대기업이 상생 협력하며 세계로 진출하고, 다양하고 많은 양질의 일자리가 끊임없이 생성되는 것이다.

그림 17-1 창조생태계 조성과정

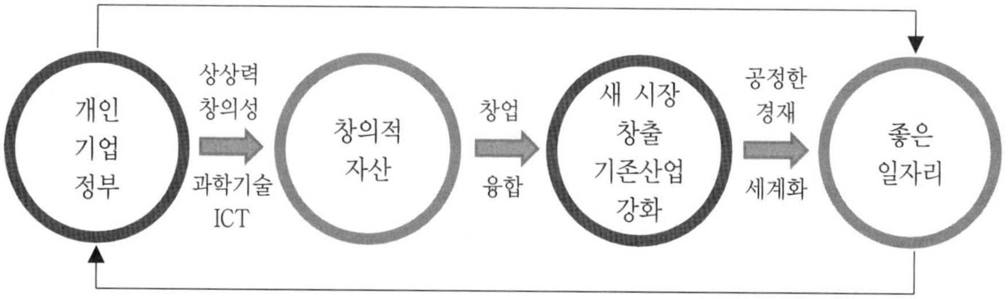

자료: 관계부처합동(2013), 창조경제실현계획.

정부는 창조경제를 실현하기 위해 6대 전략을 제시하였다. 1) 창의성이 정당하게 보상받고 창업이 쉽게 되는 생태계 조성, 2) 벤처·중소기업의 창조경제 주역화 및 글로벌 진출, 3) 신산업·신시장 개척을 위한 성장 동력 창출, 4) 꿈과 끼, 도전정신을 갖춘 글로벌 창의인재 양성, 5) 창조경제의 기반이 되는 과학기술과 ICT 혁신역량 강화, 6) 국민과 정부가 함께 하는 창조경제문화 조성 등이다. 이를 통해 정부는 창조경제를 통해 창의성에 기반한 선도형 성장모델의 기반구축을 목표로 했다.

창조경제의 첫 번째 전략으로써 창의성이 정당하게 보상받고 창업이 쉽게 되는 생태계 조성을 위한 과제는 창의적 아이디어와 가능성만으로도 자금조달이 가능한 투자환경 조성, 상상력·창의성과 기술이 창업으로 쉽게 연결되도록 창업 全과정 지원, 지식재산이 제 가치를 인정받고 활발히 유통될 수 있도록 제도 개선, 성실 실패가 용인되고, 재도전이 가능한 창업 안전망 구축을 제시했다.

두 번째 전략으로써 벤처·중소기업의 창조경제 주역화 및 글로벌 진출 강화를 위한 과제는 초기 판로개척을 위해, 정부·공공기관이 첫번째 고객이 되어 공공수요 창출, 세계시장 진출 지원을 위한 국내외 인프라 확충 및 현지 네트워크와의 연계 강화, 대·중소기업간 성과공유·협력사업 확대 등 동반성장 생태계 조성, 중소기업 인력 수요조사-교육-채용 체계인 인력공동관리협의회 구축을 제시했다.

세 번째 전략으로써 신산업·신시장 개척을 위한 성장 동력 창출을 위해 과학기술과 ICT로 새로운 활력을 불어넣는 창조경제 비타민 프로젝트 추진, 창의적 콘텐츠 제작 창업 지원을 위한 위풍당당콘텐츠코리아 펀드 조성, 국민행복 사회실현을 위한 사회문제 해결형 및 C-Korea 프로젝트 추진, BT NT ET 및 우주 원자력 등 미래 유망 신산업 분야에 대한 투자 강화, 범정부 민간 공동으로 산업융합 및 신시장 창출을 가로막는 규제개선 추진을 제시했다.

네 번째 전략으로써 꿈과 끼, 도전정신을 갖춘 글로벌 창의인재 양성을 위한 과제는 초등학생용 융합인재 교육콘텐츠를 개발하여 초등학교 교과서에 반영, 스펙초월 채용시스템을 도입·확산하여 능력과 직무중심의 채용지원, 청소년을 대상으로 한 성공벤처인의 1:1 멘토링으로 도전정신, 기업가정신 고취, 우수 해외인재의 국내유입을 위해 창업비자 도입을 제시했다.

다섯 번째 전략으로써 창조경제의 기반이 되는 과학기술과 ICT 혁신역량 강화을 위한 과제는 정부 R&D예산 중 기초연구 비중 확대, 연구기관의 서랍 속 특허를 기업에 무상 제공 등 기술이전 및 사업화 촉진, Giga급 유·무선 네트워크 등 세계 최고의 ICT 인프라 구축, 산·학·연·지역협력으로 창업교육, 기술사업화, 벤처창업 지원 강화, 우리 과학기술로 환경 등 글로벌 문제를 해결하고, 개도국에 과학기술혁신센터 설치를 제시했다.

여섯 번째 전략으로써 국민과 정부가 함께하는 창조경제문화 조성을 위한 과제는 상상-도전-창업 문화 확산을 위한창조경제 박람회, 1가구 1지식재산 갖기 운동 추진, 아이디어의 제안-공유-실현을 위한 무한상상실 설치, 아이디어 페스티벌 개최, 대한민국 창조경제 소통의 문, 창조경제 종합포털(Creative Korea) 구축, 원칙적으로 공공기관이 가진 모든 정보를 민간에 제공하여 새로운 비즈니스 창출, 행정기관 간 자료유통, 영상회의 등이 자유로운 정부통합 의사소통시스템 구축을 제시했다.

창조경제생태계를 산업 측면에 적용하여 보면 시스템 내의 창조계층에 의한 아이디어는 외부 환경인 사회·환경적 요인이나 산업·경제적 요인에 영향을 받아 상호작용을 하면서 부가가치를 지닌 제품이나 공정혁신으로 전환되고 나아가 창업 및 기업의 경쟁력 강화로 이어지게 된다. 따라서 이러한 창조경제 생태계라는 시스템내의 성과는 궁극적으로 고용창출과 새로운 시장 창출을 하면서 삶의 질을 높이게 되는 것이다(박동배 외, 2014).

제 3 절 지역창조경제정책의 주요 내용

1. 지역창조경제정책의 의의

지역창조경제정책은 창조경제로의 패러다임 변화가 실질적인 성과로 이어지고 확산을 통해 지역경제의 혁신을 도모하기 위해서 지역별로 창조경제혁신센터 및 지역창조경제협의회를 거점으로 추진되었다. 또한 창조경제타운은 아이디어-사업화 지원 플랫폼으로, 창조경제타운에서는 다양한 아이디어를 제안 받은 후 아이디어의 가치를 키우기 위해 전문적인 멘토링을 수행하며, 아이디어 제안자가 사업화나 창업을 할 수 있도록 범국가적 창조경제 지원 사업들에 연계하는 기능을 통해 사업이 추진되었다.

특히 지역창조경제협의회는 지역 인재의 창의성을 기반으로 한 창조경제 모델을 확립하여 지역 현장에 창조경제 패러다임을 고루 확산해 나가는 것이 관건으로 파악하여, 그동안 꾸준한 투자를 통해 혁신주체 간 연계·협력할 경우 시너지 창출이 가능하다는 인식 하에 출발되었다. 여기서 지역창조경제협의회는 지역경제의 혁신주체들 간 연계·

협업을 통해 지역에 특화된 전략산업 분야의 중소·중견기업 성장을 지원하기 위해 기존 자원의 연계를 통한 지역 혁신 거점 구축하는데 우선적으로 추진했다. 지역별 창조경제혁신센터는 지역 인재의 아이디어를 발굴하거나 사업화나 창업을 지원하고자 설립된 것으로 기업가정신 및 기술사업화 교육 등 다양한 프로그램 기획·운영하고 다양한 창조경제 주체 간 소통과 협업을 위한 교류 공간을 제공·운영하고 있다. 그리고 지역에 내재되어 있는 기존 자원의 효과적인 연계 활용을 통해 지역 주도로 지역 맞춤형 발전 모델 발굴·추진하는 것을 주요 기능으로 했다(박동배 외, 2014).

박근혜정부에서는 2015년까지 단계적으로 전국 17개 시·도로 '창조경제혁신센터'를 설치하고 '창조경제협의회'를 구성·운영하여 지역 인재의 아이디어 사업화·창업 및 중소·중견기업의 성장 지원을 통해 지역경제 혁신을 도모하고자 사업을 추진했다.

2. 창조경제혁신센터와 창조경제 확산

창조경제혁신센터의 추진배경은 창업 관련 각종 정책추진과 민간의 자발적 노력 등을 통해 창업 기반은 확대되고 있으나, 수도권 등에 편중된 경향이 나타나게 되고, 미래부·산업부·중기청 등에서 지역 인프라를 구축하고 있으나, 혁신 주체 간 창조경제 비전 공유와 연계·협력은 아직 미약한 수준에 머물러 있다는 상황 인식에서 기인했다.

이러한 현실을 직시하고 창조경제로의 패러다임 변화가 실질적인 성과로 연결되기 위해 지역 현장으로의 창조경제 확산과 지역 주체들의 직접참여를 이끌어내기 위해 지역에 창조경제혁신센터를 연결고리로서 설치하게 되었다. 이를 통해 지역 인재와 역량을 기반으로 하는 창조경제 모델을 확립하여 지역 현장에 사람들이 모여드는 창조경제 플랫폼 구축하고, 지역이 보유한 인적·물적 자원을 효과적으로 연계·활용하여 지역 주도형·맞춤형 발전 모델을 제시하고 추진하며, 생산·마케팅 역량과 자금·기술력을 갖춘 대기업이 강점을 활용하여 지역의 창조경제 생태계 조성의 촉매제 역할을 수행하고자 했다.

창조경제혁신센터의 비전은 지역의 혁신 역량 제고 및 연계를 통한 지역 창조경제 생태계 조성과 지역경제 발전이다. 주요 목표는 우수 인재가 상주하며 지역에 기여하는 경제시스템 구축, 대기업·중소기업·벤처·창업기업 간 유기적 생태계 구축, 지자체·지역유관기관·지역주민의 역량 결집이다.

그림 17-2 창조경제혁신센터를 통한 지역창조경제 생태계 조성

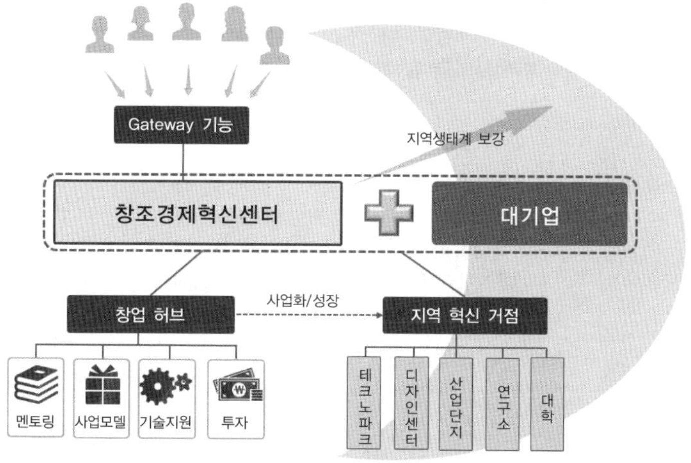

자료: 관계부처협동(2014), 창조경제혁신센터 운영방안.

창조경제혁신센터의 주요기능은 창업 허브, 지역 혁신 거점, 협력성장의 엔진이다. 첫째, 창업허브의 기능은 교류 공간·프로그램 운영으로 혁신주체 간 소통과 협업 지원, 창업촉진, 아이디어 구체화를 위한 창업 단계별 지원, 글로벌 전문 기업으로의 성장 지원을 통해 지역 인재·기업의 창업과 성장 지원을 수행한다. 특히 창업 단계별 지원은 원스톱 서비스 플랫폼을 활용, 지역의 창의적 아이디어를 발굴·구체화하여 창업·사업화로 연계하는 것이다. 지역에서 발굴된 우수 아이디어에 대해 사업화 성공 가능성을 검증한 후 엔젤, 벤처캐피털 등을 통해 투자를 유치하고 지원하는 것으로, 지역 엑셀러레이터 발굴·육성과 스타트업 보육·성장 지원을 통해 지역 창업 생태계 형성을 도모한다. 또한 기업성장의 지원기능을 통해 창업기업이 중소·중견기업을 거쳐 글로벌 전문기업으로 성장하도록 밀착 지원을 강화한다는 것이다.

둘째, 지역혁신거점으로서의 기능은 지역역량을 연계하여 지역의 창의적 인재, 창업지원기관, 기업지원기관, 대학·연구기관 등 지역의 역량을 네트워크화 하여 통합 지원한다. 즉 분절적으로 운영되고 있는 각 부처의 지역센터·사업을 혁신센터를 중심으로 클러스터화 하여 창업허브 및 혁신거점 기능을 강화한다. 즉 지역별 창조경제협의회를 통해 지역 창조경제 활성화 관련 사항을 논의하고, 지역 내 유관기관 연계·협력 활성

그림 17-3 창조경제혁신센터의 창업단계별 지원

아이디어 발굴	· 창조경제타운 및 창조경제혁신센터의 각종 프로그램을 통해 우수 아이디어를 발굴하여 비즈니스 모델 등을 구체화
사업화 준비	· 지역 내 관련기관을 연계·활용하여 시제품 제작(시제품제작터 등), 디자인 시안 제작(디자인센터 등) 등을 통해 사업화 검증 준비
가능성 검증	· 아이디어의 사업화 성공 가능성 사전 검증 지원 – 대기업 대상 BM 및 시제품 발표기회 제공, 해외시장 검증 지원, 고객반응 모니터링 및 피드백 제공 등
투자유치 지원	· 검증된 BM 및 시제품의 경우 엔젤, VC 등을 초청하여 투자유치 지원

자료: 관계부처협동(2014), 창조경제혁신센터 운영방안.

화 및 역할분담을 하여 센터 간 전국적인 네트워크를 구축하고, 지역의 수요와 이에 맞는 대기업의 역량을 사업단위에서 매칭하는 노력을 도모하고자 한다는 것이다. 또한 지역의 혁신거점으로 지역의 역량을 결집하고자 지역 혁신기관 간 네트워킹을 통한 지역역량 연계, 지역 창조경제 전략 수립 참여, 파일럿 프로젝트 등 지역 창조경제사업 발굴 · 기획, 연계프로그램의 코디네이터 및 원스톱 서비스 창구 역할을 담당하고자 한다.

셋째, 협력성장의 엔진 기능은 지역 혁신역량을 보완하기 위해 대기업의 강점을 활용하여 지역 내 지원기관의 미흡한 역량을 보완 · 강화함으로써 지역 창조경제생태계 형성에 기여하고자 했다. 이를 위해 전담 대기업을 활용하여 지역의 창업지원, 중소 · 중견기업의 육성을 지원하고 혁신센터에서 발굴한 창업 · 벤처기업의 사업모델과 상품 개발, 판로확보, 해외시장 진출 등을 지원하고, 이를 통해 우수기술을 직접 매입하거나, 지분투자, M&A 등을 통해 창업 · 기술개발 의욕을 높이는 등 기업생태계를 활성화 하고자 하는 것이다. 또한 지역 생태계의 촉매제로서 기능을 수행하기 위해 해당지역의 각종 지원기관의 역량을 분석하여 미흡한 점은 대기업 등을 활용하여 보완한다는 전략이다. 즉 대기업의 강점을 활용한 지역 혁신역량 보완, 우수기술 매입, 지분투자, M&A 등을 통한 기업생태계 활성화, 사업모델 개발, 마케팅, 판로확보 등 글로벌 진출 지원을 수행한다는 것이다.

창조경제센터가 지역에 착근되기 위해서는 지역 지원기관과의 역할분담 및 연계를 거버넌스가 필요하다. 이를 위해 창조경제혁신센터는 기존 지역혁신기능의 연계를 바탕으로 대기업 참여를 계기로 산업 밸류체인 중 신 가치 창출이 가능한 분야에 특화하고 지역을 선도하는 중추적인 역할이 요구된다. 이에 혁신센터는 아이디어 발굴과 새로운 실험·시도, 대기업 역량을 활용한 기존 산업의 한계극복을 통한 창조산업화, 판로·마케팅 등에 역점을 두고, 결과적으로 지역인재, 벤처·창업 양성을 통해 기존의 원-하청 관계를 넘어서고 다양한 수요와 기술변화에 대응 가능한 기업생태계 창출이 주요한 역할이다. 또한 지역에서 기존의 지역혁신활동에 중추적 역할을 해왔던 테크노파크, 창업보육센터 등은 종래와 같이 운영하되, 혁신센터와의 기능 연계, 예산 간 협업·연결을 강화한다. 창조경제협의회는 혁신센터, 테크노파크 등 기존 지역혁신거점들이 함께 참여하여 지역 창조경제 활성화 방안, 유관기관 간 협력 및 역할분담을 논의한다.

한편 창조경제센터가 지속가능한 활동을 하기 위해서는 자금 운영과 수익 창출이 필요하다. 이에 혁신센터의 지속적 운영을 위한 안정적인 자금 지원이 요구되기 때문에 센터의 안정적 운영을 위해 정부와 지자체 등이 운영비와 직접 사업비를 지원하게 됐다. 이를 위해 운영비는 미래부가 지자체 매칭과 함께 센터를 지원하며, 센터 성과를 평가하여 우수센터에 차년도 운영비를 추가지원하게 했다. 또한 사업화 지원 등을 센터와 연계하여 지원하고, 관련부처 사업을 연계·운영하여 시너지를 제고하고, 대기업, 금융회사(지역 금융회사 등)을 중심으로 동반성장 펀드, 해당 산업분야 창업지원 전용 펀드 등 조성하고 중장기적으로는 혁신센터 지원으로 성장한 기업으로부터 센터가 투자이익을 취득·재투자할 수 있는 사업모델을 설계했다.

지역의 창조경제혁신센터를 광역 지자체와 시도지자체로 나누어 살펴보면 다음과 같다.

먼저 광역지자체에 설립된 창조경제혁신센터는 광주창조경제혁신센터, 대구창조경제혁신센터, 대전창조경제혁신센터, 부산창조경제혁신센터, 서울창조경제혁신센터, 세종창조경제혁신센터, 울산창조경제혁신센터, 인천창조경제혁신센터로 〈표 17-1〉과 같은 사업을 추진했다.

표 17-1 광역지자체의 지역창조경제혁신센터

명칭	지자체	주요 내용
광주창조경제 혁신센터	광주광역시	지역 특화분야에 적합한 Start-up 및 벤처기업과 중소·중견기업의 육성 및 글로벌 진출 지원을 수행, 대기업·연구기관·지역 대학·지자체 인프라 등을 바탕으로 효과적인 지원
대구창조경제 혁신센터	대구광역시	지역패션 및 의류, 지능형 기계, 자동차부품 등의 특화산업 분야의 스타트업 및 벤처 기업 중소·중견 기업 육성
대전창조경제 혁신센터	대전광역시	대전시와 SK와의 협업을 통해 ICT, 반도체, 에너지 분야 등 혁신적인 아이디어를 갖춘 기업을 발굴하여 성장을 지원
부산창조경제 혁신센터	부산광역시	지역의 창의적 아이디어 사업화와 중소·중견기업의 성장을 지원하고, 지역경제 혁신과 창조경제 활성화를 위한 전진기지 역할. 창업, 유통, 영화영상, IoT, 고용과 연관된 지원 및 보육 사업을 전개하고, (예비) 창업가 및 분야별 전문가 양성을 위해 센터 시설과 더불어 다양한 서비스를 제공
서울창조경제 혁신센터	서울특별시	전국의 우수한 창업·혁신 생태계를 민간 주도로 연결하는 창업·혁신 네트워크 허브로써, 민간 창업·혁신 네트워크의 자발적 협력모델을 구축하고, 서울의 창업지원역량을 활용하여 전국 혁신센터와 협력하여 창업문화를 확산하며, 서울시 및 CJ와의 협력을 바탕으로 도시 생활 스타일의 사업화를 지원
세종창조경제 혁신센터	세종특별자치시	농업과 과학기술의 융합을 통한 '창조마을 고도화'등 3대 목표를 설정하고, 농촌과 도시가 함께 잘사는 도농상생의 실현과 지역 특화 신산업 창출을 통한 지역창조경제 생태계 조성을 지향
울산창조경제 혁신센터	울산광역시	울산경제 재도약을 위한 창업, 혁신, 고용창출의 허브로써, 창업, 취업에 관한 전반적인 업무를 담당. 창업(아이디어 단계 - 아이디어 구체화 단계 - Business Model 수립 단계 - 사업화 단계), Level-Up (기술 개발, R&D, 시제품 제작 등), Scale-Up(제품 양산, 투자, 마케팅 등), 취업(자소서 작성, 면접, 취업관련 교육 등).각 단계별로 필요한 정보와 노하우를 제공하여 창업과 취업에 도움을 드리는 역할을 수행
인천창조경제 혁신센터	인천광역시	인천광역시와 한진, KT간 협업을 통해 첨단 ICT 기술이 접목된 스마트물류, 스마트시티, 에너지 효율화 중심 스타트업 발굴·육성과 한·중 스타트업 교류협력 플랫폼을 구축하여 중소, 벤처기업 수출 경쟁력 향상에 기여

자료: 전국창조경제혁신센터(https://ccei.creativekorea.or.kr/info/center.do).

다음으로 시도 지자체에 설립된 창조경제혁신센터는 강원창조경제혁신센터, 경기창조경제혁신센터, 경남창조경제혁신센터, 경북창조경제혁신센터, 전남창조경제혁신센터,

전북창조경제혁신센터, 제주창조경제혁신센터, 충남창조경제혁신센터, 충북창조경제혁신센터, 포항창조경제혁신센터로 〈표 17-2〉와 같은 사업을 추진했다.

표 17-2 시도 지자체의 지역창조경제혁신센터

지역창조경제 혁신센터	지자체	위치	주요 내용
강원창조경제 혁신센터	춘천시	강원대학교, 한빛·보듬관	빅데이터와 모바일 이용하여 새로운 산업을 창출하고, 강원도의 주력 산업인 관광, 의료기기, 농업의 재도약을 지원
경기창조경제 혁신센터	성남시	판교 테크노벨리내 공공지원센터	각 지역 혁신센터의 글로벌 진출 지원업무를 수행하고 있으며. IT / 게임 / 차세대 통신 등의 특화산업 분야의 스타트업 및 벤처 기업과 중소 / 중견 기업 육성을 진행합니다. 경기 창조경제혁신센터는 지역 특화분야에 적합한 Start-up 및 벤처기업과 중소 / 중견기업의 육성 및 글로벌 진출 지원
경남창조경제 혁신센터	창원시	경남창원과학 기술진흥원	빅데이터와 크라우드 소싱을 이용한 새로운 산업을 창출하고, 주력 산업인 관광, 의료기기, 농업의 재도약을 지원
경북창조경제 혁신센터	구미시	모바일융합 센터	중소기업의 제조역량 혁신을 위한 스마트 팩토리, 벤처·창업 활성화를 통한 산업구조 고도화 , 전통문화 및 농업의 창조적 사업화 지원, 지역 청년층 고용확대를 위한 일자리 발굴 등 다양한 사업을 추진
전남창조경제 혁신센터	여수시	덕충동 (전남창조경제 혁신센터)	전통적 농수산업에 국공립 농수산 연구기관, 대학·출연(연) 등이 보유한 ICT, 생명공학, 식품가공기술 등의 첨단기술을 접목하여 새로운 농수산 벤처 창업을 지원하는 전국의 거점 기능을 수행
전북창조경제 혁신센터	전주시	서광빌딩	빅데이터와 크라우드 소싱을 이용한 새로운 산업을 창출하고, 주력 산업인 관광, 의료기기, 농업의 재도약을 지원
제주창조경제 혁신센터	제주특별 자치도	제주벤처마루	제주도와 카카오, 아모레퍼시픽의 협업을 통해 문화창조, 스마트 관광, 에너지 신산업 분야의 스타트업/ 벤처기업과 중소/중견 기업 대상으로 다양한 성장 지원 및 글로벌 진출 도모 등의 역할을 수행
충남창조경제 혁신센터	아산시	천안아산 KTX역사	충청 태양광 허브 구축, 농수산물 명품화 플랫폼 구축, 창업 생태계 활성화, 무역존을 통한 원스톱 수출 지원 및 청년 일자리 창출에 지원
충북창조경제 혁신센터	청주시	오창읍 각리 1길(충북창조 경제혁신센터)	충북의 뷰티, 바이오, 친환경에너지산업 인프라에 대기업의 R&D와 자금을 연결하고, 중소/벤처기업의 아이디어를 융합하는 중추적인 역할./중소기업의 성장한계 돌파와 벤처창업을 활성화하여 창조기반의 산업 생태계의 허브의 역할 제공

포항창조경제 혁신센터	포항시	포항창조경제 혁신센터	포항시와 포스코의 협업을 통해 에너지·환경·소재 분야 특화산업을 중심으로 강소기업육성과 벤처창업 지원 등의 역할을 수행하는 전국 최초 민간자율형 창조경제혁신센터

자료: 전국창조경제혁신센터(https://ccei.creativekorea.or.kr/info/center.do).

3. 창조타운과 플랫폼 구축에 의한 상용화 지원

창조경제타운은 미래창조과학부에서 주관하고 한국과학기술정보연구원에서 운영하고 있는 아이디어-사업화 지원 플랫폼이다. 창조경제실현을 위해서는 창조경제에 대한 국민 공감대 형성 및 창조경제 문화 조성·확산에 대한 필요성을 인식하고 누구나 아이디어를 제안하고 발전시켜 제품과 서비스로 구현할 수 있는 아이디어 구현하는 플랫폼 구축이 필요했다. 이에 따라 2013년에 국가 차원에서 창조경제 생태계 기반을 조성하기 위해 국민이 참여하는 개방형 플랫폼이 기획되어 오픈되었다.

창조경제타운에서는 다양한 아이디어를 제안 받은 후 아이디어의 가치를 키우기 위해 전문적인 멘토링을 수행하며, 아이디어 제안자가 사업화나 창업을 할 수 있도록 범국가적 창조경제 지원 사업들과 연계하고 있다. 즉 국민들의 창의적 아이디어 발굴·확산을 통해 창조경제를 실현하는 종합 창구로써 국민의 아이디어를 가치화하는 국가 차원의 아이디어-사업화 지원 플랫폼으로 역할을 수행하고자 했다. 별도의 비용 없이 창의적 아이디어를 제안하여 사업화나 창업에 도전하고자 하는 국민이라면 누구나 참여할 수 있고 전문가의 멘토링을 통해 아이디어를 보다 구체화시킬 수 있다는 점에서 해외의 민간플랫폼과 일부 차이가 존재한다. 또한 각 부처·민간에서 개별적으로 진행하는 사업들과 달리, 창조경제타운은 범국가적 창조경제 지원 사업들과 지속적인 협력·연계를 추진하고 있다는 점에서 아이디어 지원의 통합 창구 역할이 가능하다는 것이다. 즉 모든 국민이 모든 분야의 아이디어를 제안할 수 있고, 미흡한 아이디어일지라도 전문가의 다양한 멘토링을 통해 보다 구체화되고 발전될 수 있는 기회를 제공하고자 했다. 자신의 아이디어를 평가받고 싶거나 전문가의 조언이 필요한 사람, 실제로 창업을 하고 싶지만 부처/민간에서 어떻게 지원받아야 할지 모르는 사람 등에게 다방면의 도움을 줄 수 있는 복지형 아이디어 지원 플랫폼으로 설계되었다.

창조타운 운영은 3가지 측면 즉 우수한 아이디어 유입과 활성화, 아이디어 권리화

지원을 확대, 사업화 지원 프로그램 연계 강화에 중점을 두고 추진하고 있다.

첫째, 우수한 아이디어 유입과 활성화를 도모하고 있다. 이를 위해 먼저 공과대학과 아이디어 연계를 통해 전국 대학 공학교육혁신센터(83개)가 주관하는 공과대학생 창의적 종합설계(캡스톤 디자인) 아이디어는 타운을 통해 고도화를 도모하고 있다. 특히 교육부는 캡스톤 디자인 등록 DB 구축 및 창조경제타운과의 시스템 연동을 통한 대학생들의 아이디어 · 기술이 등록될 수 있도록 하고 있으며, 미래부는 아이디어 사업화 지원 및 관련 분야 기업과의 연계 강화하고 있다. 다음으로 공공데이터 기반 창업 활성화를 위해 기존 공공 데이터 분야의 단순 시범사업 및 일회성 경진대회를 타운과 연계한 창업 공모전 방식으로 전환하여 안행부와 미래부가 추진하고 있다. 마지막으로 아이디어 · 창업 공모전 효과성 제고를 위해 타운을 통해 정부 민간 공모전 아이디어를 모집하는 공모전 모듈을 마련하여, 아이디어의 권리화, 구체화, 사업화 등 사후활용을 특허청이나 중기청, 농진청 등에서 지원하고자 하다. 이에 대한 사례로 고교생 앱개발 경진대회, 실전창업리그(중기청), 대학창의 발명대회, D2B 디자인페어(특허청), 농식품벤처창업경진대회(농진청), 삼성투모로우솔루션등이 있으며 수상작뿐 아니라 탈락 아이디어에 대해서도 추가 창업 공모전(패자 부활전)을 통해 멘토링 및 사업화 기회 부여(특허청)한다.

둘째, 아이디어 권리화 지원을 확대하고자 특허청은 아이디어 지재권화 및 IP 금융 연계하여 창의적 아이디어에 대한 권리화 지원을 확대한다.

셋째, 사업화 지원 프로그램 연계 강화하고자 미래부, 산업부, 중기청에서는 아이디어 구체화 및 자금을 지원한다. 선별된 아이디어에 대해 연구개발서비스업을 활용한 조사 · 분석, 시제품 제작 및 기술개발을 위한 R&D 지원을 추진한다. 특히 창업맞춤형사업, 창업선도대학 등을 통해 시제품제작, 마케팅 비용 등 자금을 지원한다. 또한 특허청, 민관합동 창조경제추진단에서는 아이디어 거래 및 유통 지원을 한다. 투자자, 수요기업 등이 참여하는 오프라인 행사 개최하고 지식재산거래정보 센터와 연계와 타운 아이디어 대상 창의 상품 유통채널 구축을 추진하고 있다.

한편 국내에서 중소기업청에서는 창조경제 실현계획의 일환으로 무한상상 국민창업 프로젝트를 추진하며, 아이디어의 사업화를 지원하고 있다. 온라인 기반 아이디어-사업화 플랫폼인 아이디어오디션은 국민의 창의적인 아이디어를 자유롭게 발견하고 창업 및 사업화할 수 있는 환경을 조성한다. 여기서 아이디어 오디션의 프로세스는 아이디어 등록하기, 아이디어 더하기, 전문가 평가, 제품 개발, 제품 개발 완료, 판매 수익 분배의 총 6단계로 진행된다. 판매 수익이 발생했을 경우 참여한 회원에게 기여도에 따라 수익을 차등 분배하며, 일반적으로 아이디어 제안자에게 제조사로부터 받은 로열티의 1/3이 분배된다. 또한 중소기업청은 예비 창업자와 창업 기업이 창업 관련 정보를 편리하고 손쉽게 이용할 수 있도록 창업넷을 운영하고 있다. 창업넷은 창업 준비에서 온라인 법인설립까지 원스톱 플랫폼으로 통합 구축하여 창업을 지원하기 위한 전주기 정보를 제공한다. 최근 지속적으로 기능을 개선하고 수요자 눈높이에 맞는 맞춤형 창업 정보를 제공하는 등 창업 지원을 위해 노력하고 있다.

제 4 절　지역창조경제정책의 전망과 과제

세계 대부분의 도시들이 이전의 고속성장시대에 유효했던 요소투입 확대형 모델인 생산인구의 투입확대 공식에 한계를 느끼고, 창조경제의 모색을 통해 대안을 찾고 있는 가운데 한국에서도 도시발전의 새로운 동력으로 창조경제에 대한 디자인이 시작되었다. 이제까지 우리는 지역정책 추진과정에서 창의성에 초점을 둔 전략산업의 경쟁력 강화에는 상대적으로 비중을 두지 못하였다. 즉, 효율성 제고 중심의 정책, 특정 산업 육성정책에 초점을 두면서 산업 간 연계 및 융합, 다양한 산업을 포괄하는 지식기반사업서비스 기반 등에 대해서는 상대적으로 소홀하였던 것이다(산업연구원, 2014).

창조경제 활성화 전략은 창조경제 인프라 및 시스템 확충, 창조산업 육성, 창조도시 육성의 3대 요소로 구분하고 있지만, 이들 3대 요소를 통합적이고 체계적으로 추진하는 것이 무엇보다도 중요하다. 이러한 관점에서 창조경제 활성화 전략은 국가적 차원의 정책과 특정 지역을 단위로 하는 정책으로 구분할 필요가 있다. 특히, 창조경제의 3대 요소를 체계적으로 통합시키기 위해서는 국가적 차원보다는 특정 지역 단위에서의 연계 및 협력 강화, 융·복합을 촉진시키기 위한 노력이 요구된다(김선배, 2015). 즉 창조경제의 또 다른 중요한 한 축을 구성하는 창조산업 클러스터, 창조도시와 같은 공간적 측면에서의 논의는 다소 미흡한 것으로 판단되며, 창조경제 활성화 전략과 공간적 발전 및 지역산업 육성전략의 유기적 결합의 중요성을 강조하며 지역 특성을 고려한 지역 창조경제 활성화 방안을 모색해야 할 것으로 전망된다.

기존의 많은 창조경제 관련 연구가 창조산업이나 경제부문 중심으로 이루어져 왔으나, 공간적인 측면에서 창조경제의 구현에 대한 연구도 함께 이루어져 왔다. 산업발전과 지역발전 패러다임이 수직적·수평적 산업정책에서 개방형 산업정책으로 패러다임이 변화되면서 OECD가 제안한 장소 중심의 지역발전 패러다임과의 결합에 대한 필요성이 커지고 있다. 따라서 지역의 창조역량, 즉 창조 잠재력이 높을 뿐만 아니라 창조성이 발현되어 내발적으로 발전하는 도시가 필요하며, 창조성을 발휘할 수 있는 환경을 갖춘 도시에 창조계층이 모여 창조자본이 형성되고, 창조기업이 집중하여 성장하는 창조도시를 형성할 필요가 있다. 이러한 관점에서 창조도시는 창조산업이 도시경제의 주요 기반이 되는 도시를 뜻하며 창조성의 소비와 생산이 융합된 창조공간으로써 과학기술, 재능 있는 사람, 그리고 다양한 문화가 공존하는 사회를 의미한다(이민화, 2013).

향후 지역창조경제정책의 시행은 광역지역마다 자신에게 적절한 창조경제 전략의 수립단계에 들어가야 한다. 지역마다 일괄적으로 적용되는 단 하나의 창조경제 전략은 없으며 개별지역은 개념적 모형을 각 지역의 실정에 맞도록 변형하여 적용해야 한다. 지역 고유의 장단점이 무엇이고 그에 적절한 전략이 무엇인지 고민하는 것 자체가 이미 창조경제의 시작이라고 할 수 있다. 이를 위해 지역경제차원에서 지역 창조경제 추진을 위해 과제로 고려해야 할 사항은 다음과 같다(조유리 등, 2013).

첫째, 창조경제의 필요성을 지역 내에 공유하여 공감대를 형성하고 협의를 이끌어내야 한다. 지역창조경제가 민간경제주체의 자발적 참여와 노력을 기반으로 한다는 점에서, 협의를 이끌어내는 첫 단계가 가장 중요하다. 협의의 과정에서 지역마다 창조경제를 통해 얻고자 하는 목표를 설정하고 사업화의 주체인 기업 부문, 금융·법률 등 인프라 부문, 정부·유관기관의 지원 부문 등 창조경제에 참여할 각 부문이 함께 참여해야 효과적이다.

둘째, 지역의 자원과 네트워크를 파악하여 자신에게 적합한 창조경제모형을 설정할 필요가 있다. 지역이 가진 다양한 지정학적 특성과 장단점 등을 파악하여 지역의 경제적, 비경제적 자원과 자산을 파악하는 것이 선행되어야 한다. 다음으로 어느 민간 주체가 네트워크의 리더십을 발휘할 것인지, 어떤 연관 산업 간에 융합네트워크를 강화할 것인지, 사업화를 촉진하기 위해 가장 필요한 인프라는 무엇인지, 온라인이나 오프라인에 플랫폼 역할을 할 조직이 필요한지를 구상한다. 민간기업, 지역연구원, 진흥원 등이 지자체와 함께 협의회나 연구공동체의 형식을 취함으로써 분석의 전문성을 꾀하고 창조경제 전략의 구심점이 될 수 있다.

셋째, 아이디어 창출, 사업화 단계에서 지방정부 지원이 필요한 영역을 선택하여 지원해야 한다. 정책 추진의 용이성보다 정책 효과와 민간으로의 파급력이 높은 분야와 단계를 선택할 필요가 있고, 다양한 참여자들의 의견을 적극적으로 수렴하여 정책을 결정해야 한다. 이때 지방정부의 한정된 예산으로 일부 영역 혹은 단계를 선택해야하기 때문에 지역의 역량과 특징에 맞추어 하나를 선택적으로 추진할 수 있도록 이에 대해 중앙정부는 지방정부에 예산 지원이 필요하다.

넷째, 경험의 체화 단계에서 맞춤식 지원이 필요하다. 초기 부양 단계에서 지원이 성공적으로 실행되고, 이후에 아이디어의 창출과 사업화가 상당히 진행되어 규모가 증가하면, 지역 단위에서 학습을 촉진할 수 있도록 지원한다. 사업화의 성공과 실패 사례를 수집하고 정리하고 토론하며, 성공기업이 후배 벤처기업에게 재투자할 수 있도록 유도한다.

다섯째, 지역창조경제의 전략을 모니터링하고 평가가 필요하다. 창조경제 전략의 수행과 평가는 단기적인 경제성과보다 장기적으로 지역의 네트워크를 강화하고 지식풀을 확장함으로써 혁신의 자생력을 갖춰나가고 있느냐에 맞춰져야 한다.

이러한 다섯 단계의 실행전략은 수행시기상 선형적인 구조로 제시되었지만, 실제 정책을 수립하고 추진하는 과정에서 수행하는 과정에서 다섯 단계가 동시다발적이거나 후단계에서 선단계로 옮겨가는 등의 피드백 과정을 필연적으로 수반하게 될 수 있으며 혹은 지역마다 필요하지 않은 단계가 있을 수 있다.

탐구학습

1. 주요 개념
   - 창조경제의 개념, 창조경제정책
   - 창조경제실현계획, 창조경제혁신센터, 창조경제타운
   - 지역 창조경제정책, 지역 창조경제정책 활성화

2. 토론과 과제
   - 창조경제의 의의와 역할에 대해 설명하시오.
   - 창조경제의 정의에 대해 설명하시오.

- 지역의 창조경제정책에 대해 설명하시오.
- 창조경제혁신센터와 창조경제차원의 역할에 대해 설명하시오.
- 우리나라 지역의 창조경제정책의 활성화 방향에 대해 설명하시오.

참고문헌

김선배, 2015, "지역 창조경제의 프레임워크와 활성화 방안". 「KIET 산업경제」 2015.09, 44-54.

관계부처합동, 2014, 「창조경제혁신센터 운영방안」, 제1차 창조경제혁신센터 운영위원회, 2014.10.30 일자.

관계부처합동, 2013, 「창조경제 실현계획(안)-창조경제 생태계 조성방안」, 2013.6.4일자.

나주몽, 2016. "일본의 문화예술창조도시정책과 창조기반전략의 정책적 함의:가나자와와 요코하마를 중심으로", 「한국경제지리학회지」, 19-4, 1-18.

오세홍·원동규·임희영, 2014, 「창조경제 성공모델과 전략적성과기반 관리」, ISSUE PAPER 2014-2, 한국과학기술기획평가원.

최계영, 2013, 「창조경제의 비전과 정책 추진방향」, KISDI, 13-02

최윤기·김선배·박재곤·홍진기·변창욱·최준석·정준호, 2014, 「지역특성을 고려한 지역별 창조경제 활성화 방안 연구」, 산업연구원.

Howkins, J., 2001, *The Creative Economy: How People Make Money from Ideas*, Penguin Press.

제 18 장 지역인적자원개발정책

제18장은 지역인적자원개발정책에 대해서 살펴보고자 한다. 제1절에서는 지역인적자원개발정책을 개관하고, 제2절에서는 참여정부와 이명박정부, 박근혜정부, 문재인정부의 지역인적자원개발정책을 살펴본다. 그리고 제3절에서는 지역인적자원개발정책의 전망과 과제를 논의한다.

제 1 절 지역인적자원개발정책의 개관

1. 의 의

지역경제학의 목적이 지역자원의 효율적이고 합리적 배분에 있다고 할 때, 지역경제에서 사람중심의 인적자원의 중요성은 매우 크다. 최근에는 지역의 인적자원을 개발하는 것이 지역경제학의 중요한 영역으로 크게 부각되고 있다.

특히 우리나라의 급속한 저출산과 인구감소 시대를 맞이하여 인재를 양성하고 배분하고 활용하는 일은 국가적인 문제뿐만 아니라 지역의 문제이다. 지역에서 경쟁력이 확보되어질 때 국가의 경쟁력이 담보되고 유지될 수 있기 때문이다. 따라서 지역의 인재를 어떻게 양성하고 배분하며 활용할 것인가는 지역과 국가의 경쟁력 강화에 있어 중요한 부분을 차지한다.

2002년에 제정된 인적자원개발기본법 제2조에서 인적자원의 개념을 국민 개인·사회 및 국가의 발전에 필요한 지식·기술·태도 등 인간이 지니는 능력과 품성으로 규정하고 있고, 인적자원개발은 국가·지방자치단체·교육기관·연구기관·기업 등이 인적자원을 양성·배분·활용하고, 이와 관련되는 사회적 규범과 네트워크를 형성하기 위하여 행하는 제반활동으로 규정하고 있다.

인적자원개발기본법의 정의를 토대로 지역인적자원개발은 지역의 특수성을 반영하고 지역발전을 목표로 하는 활동이라고 할 수 있으며, 지역주민 개개인의 삶의 질을 제고하고 지역 경쟁력을 강화하기 위한 인적자원의 양성·배분·활용과 사회규범 및 네트워크 형성 활동으로 정의할 수 있다(임준희, 2006).

기존의 인적자원개발은 공급자가 주도하고, 국가중심이며, 제도적 교육훈련에 초점을 두고 있었으나, 새로운 패러다임에서는 기업과 같은 수요자가 주도하고, 민간 및 시민사회 등이 능동적으로 참여하며 현장 학습에 초점을 둔다.

인적자원개발은 인간의 오랜 역사동안 지속되어온 활동이다. 다만, 그 존재를 학문적으로 정의내린 것은 최근의 일이다. 제2차 세계대전 중에 미국에서 산업 내 교육(Training Within Industry: TWI)이라는 용어가 등장한 이후 인적자원개발 활동은 훈련활동으로 정체성을 확보하게 되었다. 인적자원개발에 대하여 Nadler는 행동변화를 위해 설계되고 특정 시간 동안 실시되는 일련의 조직화된 활동으로 규정하고, McLagan은 개인과 조직의 효과성을 증진하기 위한 훈련 및 개발, 경력개발, 조직개발의 통합적 사용으로, Watkins는 조직의 개인, 집단, 조직 수준에서 장기간이고 직무와 관련된 학습능력을 고양하기 위한 연구와 실천분야로서, 훈련, 경력개발 그리고 조직개발을 포함하는 활동으로 규정하고 있다(권대봉·현영섭, 2003).

표 18-1 인적자원개발의 패러다임 변화

구 분	구 패러다임	신 패러다임
주도자	공급자(교육기관)	수요자(기업)
국가-민간의 관계	국가 중심	민간 및 시민사회
권 한	집권화	분권화, 지방화
지배구조	정책과 집행의 일원화	정책수립은 국가, 집행은 민간
인증체제	학제중심 인증체제	능력중심 인증체제
학습초점	제도적 교육훈련	현장학습
학습기간	1회적 학습	계속적 학습과 평생학습
학습방식	공급자 교사 중심	학습자 중심
목 표	단순 기능	다기능, 지식노동능력

자료: 윤영득, 2007.

학술적 측면에서 인적자원개발은 인간(human), 자원(resource), 그리고 개발(development)의 세 가지 요소의 총칭으로 이해된다. 우선 인간의 의미로는 인간의 학습력과 발달가능성이다. 다른 동물과 달리 인간은 매우 뛰어난 학습력을 보유하고 있으며, 이를 바탕으로 창조적 발달을 지속해오고 있다. 인적자원개발은 인간의 학습력과 이를 바탕으로 하는 발달가능성을 전제로 한다. 그리고 자원의 의미는 인간고유능력, 즉 휴먼웨어(human ware)의 활용가능성을 말한다. 인간을 자원으로 이해하는 데에 대한 반론도 제기되고 있으나, 인적자원개발 분야에서 인간에게 자원이라는 용어를 섭목시키는 것은 인간만이 가지고 있는 능력을 자원으로 활용할 수 있다는 관점에 기초하기 때문이다. 마지막으로 개발의 의미는 미래지향성을 의미한다. 개발이라는 것은 미래의 특정 상태에 도달하기 위해서 또는 미래의 특정 상태는 아니더라도 바라보는 시점 자체가 미래에 있는 경우에 한한다(권대봉・현영섭, 2003).

한편 지역인적자원개발(Regional Human Resources Development: RHRD)이란 지방자치단체 주도로 지역사회의 모든 가용 가능한 학습자원을 활용함으로써 지역의 인적 자본과 사회적 자본을 형성할 수 있도록 하는 활동을 의미한다. 이를 통해 지역에서의 개인의 자아실현, 경제적 능력 제고, 지역사회의 응집력 제고를 통해 지역주민의 삶의 질 향상과 지역사회의 활력을 목적으로 지역단위 인적자원의 양성과 활용, 재교육, 여가활동 및 이를 위한 인프라 및 제도의 구축 등을 의미하는 지역사회 평생학습 및 이의 총체적 지원활동으로 정의할 수 있다(이상용, 2005).

2. 지역인적자원개발정책의 성격과 기능

인적자원개발기본법은 인적자원을 국민 개개인・사회 및 국가의 발전에 필요한 지식・기술・태도 등 인간이 지니는 능력과 품성으로 정의하고 있으며, 인적자원개발(Human Resource Development: HRD)은 국가・지방자치단체・교육기관・연구기관・기업 등이 인적자원을 양성・배분・활용하고, 이와 관련되는 사회적 규범과 네트워크를 형성하기 위하여 행하는 제반활동이라는 포괄적 정의를 하고 있다. 또한 인적자원개발기본법 제4조와 국가균형발전 특별법 제12조에서는 지방자치단체에 인적자원개발을 지원하는 등 국가단위에서 지역인적자원개발(Regional Human Resource Development: RHRD)에 대한 근거를 마련하고 있다. 지역인적자원개발은 지자체 및 전국 RHRD센터가 중심이 되어 지역 핵심인재양성 및 지역시스템 구축을 통한 총체적 지역발전역량을 강화하는 사업이다.

지역인적자원개발은 국가 및 지역의 사회적 자본을 긍정적으로 유도하여 국민전체의 시너지와 협동, 사회적 응집력을 목표로 하기 때문에 단위 지역사회에 그 의미를 국한하지 않으며, 사회적 불균형을 야기하는 개인, 지역사회 전체, 다양한 사회집단을 포함한 다차원적인 측면의 개선을 통하여 가치를 내재한 협동적 자산을 증진시키는 노력이 개입되어야 한다(이상용, 2005).

기존의 지역인적자원개발의 정책상 목표는 지역경쟁력 강화, 주민의 삶의 질 향상, 국가 균형발전에 있었으나, 2008년부터는 인재강국이라는 국정지표를 달성하기 위한 국가차원의 인재육성정책과 지역의 요구를 반영한 현장 중심의 인재육성정책으로 구분하여 추진하고 있으며, 이를 통해 지역인재육성은 국가수준의 인재육성정책 목표를 달성하기 위하여 협력하는 것과 동시에 지역에서 요구하는 인재를 효율적으로 육성하는 데 목표가 있다(현영섭, 2008).

정책 영역으로서 지역인재육성은 인적자원의 양성, 배분과 활용, 사회적 자본 형성 및 기반구축의 4가지 범주로 구분된다(교육과학기술부, 2010). 즉 인적자원 양성 측면에서는 초·중등교육, 고등교육, 직업훈련, 평생학습 등을 포괄하며, 인적자원 배분 및 활용 측면에서는 취업, 인력수급, 노동시장으로의 이행, 고용정책 등이 포함된다. 사회적 자본 형성 측면에서는 인식전환, 신뢰구축 등 사회·문화·환경의 형성(social capital)을 의미하며, 기반구축 측면에서는 DB구축, 네트워크, 조직, 인력, 제도, 연구 등의 인프라가 포함된다. 지역인적자원개발의 효용성이 극대화되기 위해서는 지역산업계 및 노동시장의 인적자원 수요를 반영하여 기획·추진되어야 하고, 동시에 국가 인적자원개발계획과도 긴밀하게 연계되어야 한다. 지역인적자원개발은 지역혁신을 주도하고 지역경제·사회발전을 이끌 핵심인력을 양성·유지·관리한다는 관점에서 지역의 모든 관련 주체들의 적극적인 참여와 협력이 필수적이다(백성준 외, 2005).

지역인적자원개발의 성격을 정리하면 다음과 같다. 첫째, 인적자원개발은 학습을 통한 개인의 능력향상과 조직의 목적달성에 기여한다. 둘째, 인적자원개발은 인간의 능력을 개발하고 활용하도록 한다는 점에서 미래지향성을 가진다. 셋째, 인적자원개발은 훈련 프로그램과 시스템 구축의 두 가지 차원에서 인간의 능력을 향상시키고 그 활용성을 증가시키려는 노력이다. 넷째, 인적자원개발은 측정할 수 없는 인간의 능력을 자원으로 인식한다. 다섯째, 인적자원개발은 학습자 중심의 활동과 조직 중심의 활동을 동시에 실시한다(권대봉 · 현영섭, 2003).

제 2 절 지역인적자원개발정책의 주요 내용

1. 개 요

지역인적자원개발 정책은 2000년에 인적자원 총괄 부총리제 및 인적자원개발회의 운영에 관한 추진체제를 준비하면서 시작되었으며, 그 이후 지역인적자원개발 추진체제 구축방안에 대한 정책연구 및 제1차 국가인적자원개발기본계획의 수립과 함께 지역인적자원개발사업의 내용이 정책에 반영되면서 본격화되기 시작하였다. 이후 중앙정부 주도로 지역인적자원개발 사업이 이루어졌으며, 지역의 인재를 육성하여 지역의 발전을 도모하기 위해 교육과학기술부와 지방자치단체가 공동으로 사업을 추진해오고 있다. 이러한 지역인재육성 정책의 변화 동향은 크게 ① 지역인적자원개발의 정책 시범운영기(2002~2003년), ② 지역인적자원개발 추진기반 구축기(2004~2005년), ③ 지역인적자원개발 추진체제 내실화 및 활성화기(2006~2007년), ④ 지역인적자원개발 전환기(2008년 이후)로 구분된다(강경종 외, 2012).

시기별 내용을 살펴보면, 먼저 지역인적자원개발 정책 시범 운영기(2002~2003년)은 지역인적자원개발 정책의 본격적인 추진에 앞서 부산, 광주, 충북 지역을 대상으로 시범운영한 시기이다. 이 시기의 주요 정책 추진체제는 시도교육청이며, 지역인적자원개발 사업을 추진하기 위한 법적 근거를 마련하고, 향후 사업의 발전방향을 도출하는 데 주된 노력을 기울인 시기였다.

둘째, 지역인적자원개발의 추진기반 구축기(2004~2005년)는 지역인적자원개발 사업을 전국단위로 확대하여 추진한 시기이다. 특히 사업을 전국 단위로 확대하기 위하여 13개 광역시 · 도에 지역인적자원개발 사업을 추진하기 위한 추진체제를 갖추는 데 많은 노력이 투입된 시기로 시 · 도에 지자체, 대학, 산업체, 연구기관, 교육청 등이 연계한 지역단위 인적자원개발 추진체계가 구축되었다.

셋째, 지역인적자원개발 추진체제 내실화 및 활성화기(2006~2007년)는 우수사업을 발굴하여 확산하는 데 중요한 초점을 두는 한편 지역에 실질적인 변화를 가져올 수 있는 지역인적자원개발 사업이 되도록 유도한 시기이다. 특히 2007년에는 지역인적자원개발사업의 연계 및 협력을 통한 시너지 효과 창출을 위해 지역인적자원개발협력사업과 국가인적자원개발-지역인적자원개발(NHRD-RHRD)연계사업을 추진하였다.

넷째, 2008년부터 2009년까지는 지역인적자원개발 전환 단계로, 이명박정부의 출범 이후 지역인적자원개발 사업에서 지역인재육성 사업으로 새롭게 명칭을 변경하면서 사업의 추진방향이 변화된 시기이다. 즉, 지역인적자원개발 전환기인 2008년 이후는 지역인재육성 추진기로 이명박정부의 출범 이후 지역인재육성사업의 추진방향이 변화되었다.

다섯째, 2010년 이후에는 인적자원개발 기본법 폐지 논의가 가시화되었다. 지역인적자원개발사업의 지원에 대한 국비 격감관련 정책사업의 다변화 및 지역인적자원개발 사업에 대한 시·도의 주체적 역할을 강조하였다. 특히 2010년에는 국비가 전년도 대비 50% 감소한 40억 원이 투입되고, 지방비는 대응투자 50% 이상 의무화 기준에 따라 지역인적자원개발 사업을 추진해 왔으나, 2011년에는 30억 원이라는 최소 규모로 사업을 운영해 오다 급기야 2012년에는 사업비의 중앙정부 지원은 전혀 없는 상황으로 반전되었다(최병학, 2012).

2. 참여정부의 지역인적자원개발정책

1) 주요 내용

국민의 정부에서 처음으로 인적자원 개념을 정책에 도입하고 국가차원에서 인적자원개발의 필요성을 강조하기 시작하였다. 2002년 8월 26일 인적자원개발 기본법을 제정·공포 하는 등 인적자원개발에 관한 정책을 본격적으로 추진하였고 2001년 정부가 발표한 제1차 국가인적자원개발 기본계획(2001~2005)은 인적자원개발기본법에 의한 구속력 있는 국가계획으로 추진하였다.

참여정부의 인적자원개발 계획은 제1차 국가인적자원개발기본계획(2001~2005)에서 사람, 지식 그리고 도약을 지향했고, 제2차 국가인적자원개발기본계획(2006~2010)은 인재강국 코리아(creative korea)를 지향했다. 참여정부의 제2차 계획의 특징은 정책과제별 성과지표와 정책수단, 추진일정 등을 명확히 하고, 재정투자계획, 법령수급 전망이 반영되었다(이성근외, 2012).

참여정부는 정의롭고 효율적인 사회를 위한 합리적인 개혁 정부를 지향하였다. 또한 국가적 갈등 구조를 해결하는 국민통합 정부, 국민과 수평적 쌍방향적으로 소통하는 열린 정부, 모든 국민에게 꿈과 용기를 주는 희망의 정부를 가치로 하였다. 이러한 가치 달성을 위해서 학습사회, 인재강국 건설을 비전으로 하고, 핵심인력양성, 평생학습 능력향상, 사회통합달성, HRD 추진체제 혁신을 4대 분야 전략으로 설정하였다(교육인적자원부, 2007).

지역인적자원개발 촉진을 위해 참여정부는 지자체에 인적자원개발 전담부서를 설치하였다. 또한 지역인적자원개발협의회 확대, 지자체 중심의 평생학습도시 연계추진, 우수 인적자원의 수도권 집중 완화정책, 지방대학 중심의 지역혁신 클러스터 구축(지역혁신인력양성사업), 지역인적자원개발 협의회 확대, 지자체 중심의 평생학습도시 확대를 추진하였다.

특히 지역인적자원개발지원센터는 국가균형발전특별법, 인적자원개발기본법 등에 근거하여 설립되었다. 여기서는 지역인적자원개발시행계획 수립 및 추진실적 평가, 지역인적자원개발관련 각종 정보의 생산·유통·활용 등을 포함하는 정보 인프라 구축 및 서비스 센터로서의 기능, 지역인적자원개발 정책의 조정·분석·평가지원 및 기초연구 조사, 지역인적자원개발 협의체의 주요 활동 지원 및 정책개발, 기타 지방자치단체가 필요한 사업을 추진한다.

주요한 정책과제로는 고등교육을 통한 국제경쟁력을 가진 핵심인력의 양성과 국내 핵심인력의 해외 진출 및 국외 핵심인력의 국내 유치, 그리고 다양한 분야의 인재를 조기 발굴·양성하기 위한 수월성 교육의 확대를 추진했다.

지식경제사회로의 발전을 위해서는 지식기반의 요체인 고급인력의 선진화가 필수적이다. 물론 국제경쟁력을 가진 핵심인재를 양성하는 것은 대학과 같은 고등교육기관만의 역할이 아니다. 초·중등 단계에서 개인의 특성과 역량을 최대한 개발하고 육성할 수 있는 수월성 교육의 확대정책이 추진될 때 경쟁력을 갖춘 핵심인재양성의 기반을 다질 수 있다. 국제경쟁력 있는 핵심인재 양성은 고등교육 혁신, 인적자원개발 및 활용의 국제화, 그리고 수월성 교육의 확대 등 세 가지 영역으로 구성되어 추진되었다(교육인적자원부 외, 2005).

참여정부는 우선 고등교육을 둘러싼 주변 환경에 적극적으로 대응하기 위하여 교육

규제 완화 등 대학자율화 정책을 지속적으로 추진하는 한편, 두뇌한국사업(BK21사업), 전문대학원 정착, 지방대학 혁신역량강화사업(NURI) 및 대학특성화 지원 사업 등 고등교육의 경쟁력을 강화하고 고등교육기관이 혁신역량으로서 역할을 다할 수 있도록 다양한 사업이 추진되었다. 그리고 대학의 경쟁력 제고를 위하여 유사학과나 학부를 통·폐합하고 정원을 감축하는 등의 수단을 활용하여 지역과 대학 내 강점분야로 자원의 재배분을 추진하였다.

그리고 정부는 인적자원개발 및 활용의 국제화를 위하여 2004년 11월 외국인 유학생 유치확대 종합방안(study korea project)을 수립하였다. 이는 교육수출, 유학·연수수지 개선, 대학체제 개선 및 국제화 추진을 위한 목적으로 추진되었으며, 외국인 유학생 유치 목표를 2004년 16,832명에서 2010년 50,000명으로 확대하는 내용을 담고 있다.

표 18-2 평생학습도시 선정 현황

구 분	개 수	선 정 도 시
서울	7	관악구, 성북구, 양천구, 영등포구, 강동구, 강서구, 마포구
부산	4	해운대구, 연제구, 사상구, 영도구
대구	3	달서구, 동구, 수성구
인천	4	연수구, 부평구, 남구, 남동구
광주	4	남구, 동구, 광산구, 북구
대전	2	유성구, 대덕구
울산	2	울주군, 중구
경기	12	광명시, 부천시, 이천시, 구리시, 수원시, 안산시, 용인시, 평택시, 시흥시, 과천시, 안양시, 남양주
강원	4	화천군, 삼척시, 강릉시, 횡성군
충북	4	청주시, 단양군, 제천시, 진천군
충남	7	금산군, 부여군, 아산시, 서산시, 태안군, 천안시, 서천군
전북	8	진안군, 전주시, 익산시, 김제시, 남원시, 정읍시, 군산시, 완주군
전남	7	순천시, 목포시, 곡성군, 여수시, 광양시, 강진군, 영암군
경북	4	안동시, 칠곡군, 구미시, 경산시
경남	8	거창군, 창원시, 김해시, 남해군, 양산시, 하동군, 진주시, 통영시
제주	2	제주시, 서귀포시
계	82	

자료: 평생교육진흥원, 2011.1((http://www.lll.or.kr/)

그리고 국제화에 관련된 사업으로 1960년대부터 추진되어 온 학술진흥재단 사업, 국제교육진흥원 사업, 유네스코 한국위원회 등 국제기구 관련사업, 외국교육기관의 유치 등이 있다.

마지막으로 국제경쟁력을 갖춘 핵심인재양성의 기반을 다지기 위한 교육의 다양화와 특성화, 그리고 수월성 제고를 위해 시행되고 있는 정책으로 수월성교육 종합대책, 수준별 이동수업 활성화, 우수분야 대학과목의 선이수과정, 특수목적고등학교 운영, 그리고 과학·영재교육 강화 등을 들 수 있다.

정부는 개인의 자아실현, 사회적 통합증진, 경제적 경쟁력을 제고시키고 궁극적으로 개인의 삶의 질 제고와 도시 전체의 경쟁력을 향상시키며, 언제나, 어디서나, 누구나 원하는 학습을 즐길 수 있는 학습공동체 건설을 위하여 평생학습도시 사업을 추진하였다.

2) 성과와 한계

참여정부는 국민의 정부의 인적자원개발 정책을 계승하는 한편, 2004년에는 지역인적자원개발의 주된 목적을 지역경쟁력 강화와 주민 삶의 질 향상에 두었다. 주민기초교육보장, 평생학습 기회 확충, 지역산업 부응을 위한 직업능력 함양, 소외 계층 인적자원개발, 문화와 여가 활성화 등의 다양한 활동이 본격적으로 지역 수준에서 적용될 수 있는 방향을 모색하였다.

2006년 수립된 제2차 국가인적자원개발 기본계획(2006~2010)은 제1차 기본계획의 연장선상에 있으면서도 양극화 문제를 해소하고자 사회통합을 위한 인적자원개발을 별도의 독립된 영역으로 설정하였다. 2007에는 인적자원개발회의를 승격시켜 대통령을 위원장으로 하는 국가인적자원위원회로 개편하고, 민간의 참여를 촉진하여 지역인적자원개발 및 인적자원우수기관 인증제 등을 추진하도록 인적자원개발기본법을 개정하였다. 지역인적자원개발의 개념은 인적자원의 양성·배분·활용과 함께 사회적 네트워크 형성과 사회적·제도적 규범을 형성하는 등의 사회적 자본과 관련된 영역으로 인식되었다. 이 당시까지는 지역인적자원개발이 지역 균형 발전을 위한 국가적인 정책방향이었으며, 지역에 대한 정책적 지원도 제공되었다(박철우 외, 2013).

2003년 시범운영과 2004년 본격적인 추진을 통해 지역인적자원개발에 대한 종합적 관점에서 기본계획을 수립했다는 것이 대표적인 성과라고 할 수 있다. 지역인적자원개발의 인프라 구축에 있어 가장 중요한 기구는 지역인적자원개발 협의체와 지역 인적자원개발지원센터이다. 특히 지역인적자원개발을 위한 인프라 확충 부문에서 지역인적자원개발지원센터가 가장 활발한 활동을 전개하였다.

참여정부에서 추진되었던 주요 내용에 대한 인재육성정책의 한계는 다음과 같다. 첫째, 2004년 수립된 지역인적자원개발계획은 그 활동범위, 방법, 관련활동에 대한 법적 또는 제도적 규정이 없을 뿐만 아니라 한계와 범위가 명확하지 않아 계획의 효율성이 낮아졌다. 그리고 센터를 비롯하여 지역인적자원개발 관련기관 간의 역할모형이 명확히 설정되어있지 않아 역할이 불분명하고, 업무의 중복과 같은 비효율성이 초래되었다. 또한 지역인적자원개발의 중요성에 대한 인식이 부족하고, 사업내용에 대한 인지도가 부족함에 따라 지역혁신주체의 참여 및 산학연 네트워크 형성이 미흡했다.

둘째, 고등교육 혁신에 있어서 BK21사업이나 NURI사업 등을 통해 우리나라 대학의 연구력이 증대되고 경쟁적 풍토가 실질적으로 조성되었다는 긍정적인 평가가 있고, 또한 연구중심대학을 위한 제도적 기반이 마련되었다는 평가도 있지만 이를 지속시키기 위해서는 앞으로 공공부문의 지원정책보다 대학의 자발적인 변화가 필요하다. 즉, 대학간 통합 및 정원감축 등이 단순히 외형적인 감축이 아니라 특성화분야로의 자원 재배분으로 이어질 수 있도록 하는 자구적인 노력이 필요하다.

3. 이명박정부의 지역인적자원개발정책

1) 주요 내용

이명박정부의 인재개발사업 비전은 글로벌 경쟁력을 갖춘 광역경제권 창조이며, 지역산업 발전에 기여하는 인력양성을 정책목표로 하였다. 광역권 인력양성, 지방대 교육역량 강화 확대 전략을 통해 지역산업 발전에 기여하는 인력을 양성하며, 이를 통해 글로벌 경쟁력을 갖춘 광역경제권 창조라는 비전을 제시하였다(이성근 외, 2012).

지역인적자원개발에 대한 국가적인 지원 정책이 변화되면서 양성과 배분 및 활용 간의 미스매칭이 고질적인 문제로 남게 되었다. 이명박정부의 지역인적자원개발에 대한 정책대상 및 영역은 다음과 같다. 정책대상은 학령인구 및 성인을 포함한 전 지역 주민으로 보고 있으며, 정책영역은 인적자원의 양성, 배분과 활용, 사회적 자본 형성 및 기반 구축의 4가지 범주로 구분된다.

표 18-3 이명박정부의 인재육성사업의 정책영역

구 분	영역 내용
인적자원양성	초·중등교육, 고등교육, 직업훈련, 평생학습 등
인적자원 배분 활용	취업, 인력수급, 노동시장으로서의 이행, 고용정책 등
사회적 자본 형성	인식전환, 신뢰구축 등 사회·문화·환경의 형성(social capital)
기반구축	DB구축, 네트워크, 조직, 인력, 제도, 연구 등 인프라

자료: 교육과학기술부, 2009.

이명박정부의 지역인재육성사업에 기본방향은 경쟁 공모 시스템 유지 및 전년도 사업의 평가결과 우수한 사업을 계속 지원하고, RHRD 정책역량 강화와 현장중심의 평가를 수행하는 데 있다. 이에 따른 2010년도 지역인재육성사업의 세부 추진방향은 균등배분 기본사업비 감액, 선택과 집중 강화, 지자체의 역량 및 책무성 강화, 전문 평가위원회 운영을 통한 평가체제가 구축되었다. 2010년부터 추진된 지역인재육성사업은 기본사업과 공모사업으로 구성되었다. 기본사업은 시도별로 균등 지원되는 사업으로, 정책기획 및 연구·조사와 시·도 공동사업에 총 13억 원이 지원되었다. 공모사업은 27억 원의 예산이 지원되며, 현장수요 기반 사업에 20억 원 전년도 우수사업에 7억 원의 예산이 지원되었다. 또한 현장수요 기반 사업은 기초단위 과제, 광역단위 과제, 광역경제권 단위 과제로 구성되었다(이상돈 외, 2009).

기본사업은 정책기획 및 연구·조사와 시·도 공동사업으로 구분된다. 정책기획 및 연구·조사와 관련해서는 지역인재개발 관련 정책기획을 위한 기본 연구·조사, 지역인재육성 활성화를 위한 세미나, 간담회 등 네트워크 구축, 인재개발 관련 지역별 기초통계 수집·분석, 기 구축된 DB 업데이트 등이 이루어졌다. 특히 연구·조사의 필수과제로는 지역별 비교 가능한 인적자원개발 지표·통계 조사, 신성장 동력산업 및 녹색산업과 지역인재개발 실태 조사, 관련 산업 발전을 위한 인력양성 방안, 차년도 지역특화 인재육성사업 사전 조사 연구가 이루어진다.

공모사업은 현장수요 기반 사업과 계속지원 사업(전년도 우수사업)으로 분류되며, 현장수요 인력양성 공모사업을 중심으로 추진되었다. 현장수요 기반 사업은 단위 지역의 특화 전략산업 분야 인력양성을 통한 지역내 일자리 창출과 지역주민의 역량강화를 통한 사회 통합 도모를 목표로, 기초단위 과제, 광역단위 과제, 광역경제권 단위 과제에 총 20억 원을 지원하였다. 현장수요 기반 사업의 사업기간은 2010년 4월부터 12월까지 9개월간이며, 대응투자 비율은 50% 이상 의무적으로 투자하도록 되어 있다. 계속지원 사업은 기존 사업 중 실적평가가 우수한 사업을 계속 지원하여 지역의 특성화 모델 사업으로 발전시키기 위한 것으로, 7개 내외의 과제에 총 7억 원을 지원했다.

지역인재육성사업은 지역주민의 공공복리 향상을 책임지고 있는 지방자단체가 구심점이 되어 사업을 총괄 및 조정하도록 하였다. 이를 위해 중앙정부 및 지역 내 교육청, 대학, 연구기관 및 산업체 등 기관 간 유기적인 연계 및 협력체계(network)를 구축하였다.

지역인재육성사업 추진체제에 대해 [그림 18-1]을 통해 구체적으로 살펴보면, 광역자치단체와 기초자치단체는 상호 간의 협력을 통해 지역인재육성을 위한 기본계획이나 사업제안서를 교육과학기술부에 제출하고, 교육과학기술부에서는 사업 선정 평가를 통해 재정지원을 담당하는 역할을 수행하였다. 또한 지방자치단체에서는 지역인적자원개발지원센터를 중심으로 지자체, 지역인적자원개발협의회, 지역인적자원개발 유관기관의 상호 협력을 통해 세부 사업을 추진하였다.

그림 18-1 지역인재육성사업 추진체계

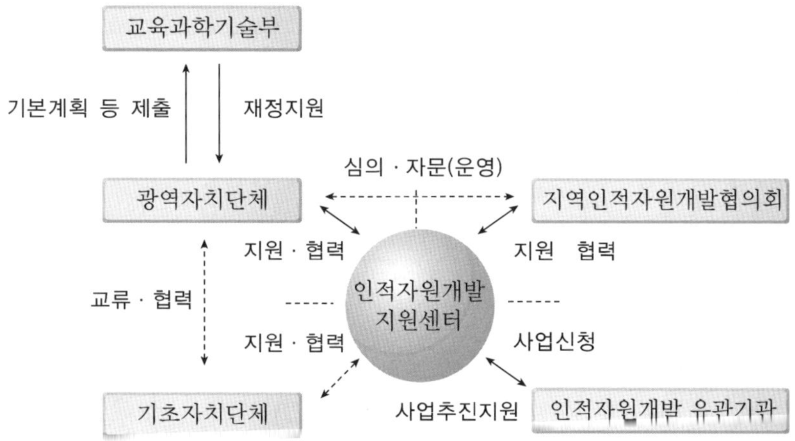

자료: 교육과학기술부, 2010, 2010년 지역인재육성사업 추진계획.

2) 성과와 한계

이명박정부의 출범 이후 지역인적자원개발사업에서 지역인재육성사업으로 새롭게 명칭이 변경되었고 사업의 추진방향도 변화가 되었다. 특히 자율과 경쟁 중심으로 지역 인적자원개발(RHRD) 사업이 재설계되어 선택과 집중을 통한 창의적 지역 인재육성 사업 발굴·확산에 초점을 두었다.

이명박정부의 인재육성사업은 인적자원이라는 용어를 인재로 대체하고, 교육인적자원부와 과학기술부를 통합하여 교육과학기술부로 명칭을 변경하여 교육부총리제가 폐지되고 국가인적자원위원회, 국가인적자원개발기본계획 등 기존 정부에서 시행되어온 인적자원개발정책 추진 체제의 기능과 역할이 사실상 중지 상태에 놓이게 되었다(오헌석, 2009). 더욱이 2009년 이후 이명박정부의 실용성 가치에 맞는 인재양성사업에 따라 사업의 효율적 관리 측면에서 중앙단위에서 사업 기획과 평가가 이루어짐으로써 지역 수준의 자생적 인적자원개발 정착에 어려움으로 작용하였다.

지역인적자원개발사업은 참여정부와 이명박정부가 공통으로 걸쳐 있는 만큼 사업의 성과는 〈표 18-4〉와 같다. 인재육성사업 수는 참여정부에서 가장 많은 사업을 하다가 이명박정부가 들어선 2008년부터 감소추세를 보였다.

이명박정부의 인재육성사업은 지역자체의 수요나 강점을 활용하기 위한 인력양성

표 18-4 이명박정부의 인재육성사업의 성과

(단위: 개, 명)

구 분	사업수	교육생	수료생	취 업	창 업	자격증
2004	8	7,921	62	28	0	0
2005	46	15,219	4,597	413	0	118
2006	108	31,422	19,341	1,624	32	856
2007	213	44,255	21,565	1,615	130	2,479
2008	103	23,670	22,572	2,287	31	1,360
2009	88	11,957	11,007	1,966	19	1,075
2010	30	3,289	3,065	1,255	130	767
합계	596	137,733	82,209	9,188	342	6,655

주: 2010 교육생 수는 1회성 참가자(제주, 전북) 수를 배제한 숫자임.
자료: 이성근 외 2012.

사업이라기 보다는 광역경제권 등 국정사업의 수행을 위한 산업이나 기업 중심의 인력양성사업에 집중하였다. 따라서 지역인재육성을 위한 지자체의 기획 및 연구 기능이 감소하고 단발적 사업 위주로 운영되는 등 참여정부의 사업과 영속성을 확보하지 못하였다는 한계를 가지고 있다.

다음으로 지방대학을 중심으로 지역산업과 연계될 수 있도록 하였지만 지자체 내 싹트고 있던 지역인재개발사업에 대한 정책적 관심과 배려가 부족하여 지역 중심의 인재개발사업이 정착될 수 있도록 하는 역할을 하지 못하는 정책적 한계를 보였다(이성근 외, 2012).

4. 박근혜정부의 지역인적자원개발정책

1) 주요 내용

박근혜정부는 침체되어 있던 사회에 새로운 활력을 불어넣기 위해 창조경제를 동력삼아 다양한 변화를 시도했다. 창조경제는 경제주체들의 창의적 아이디어를 바탕으로 과학기술과 ICT를 접목하고 산업과 산업, 산업과 문화의 융합을 촉진해 새로운 시장과

그림 18-2 박근혜정부의 창조경제시대 창의인재상

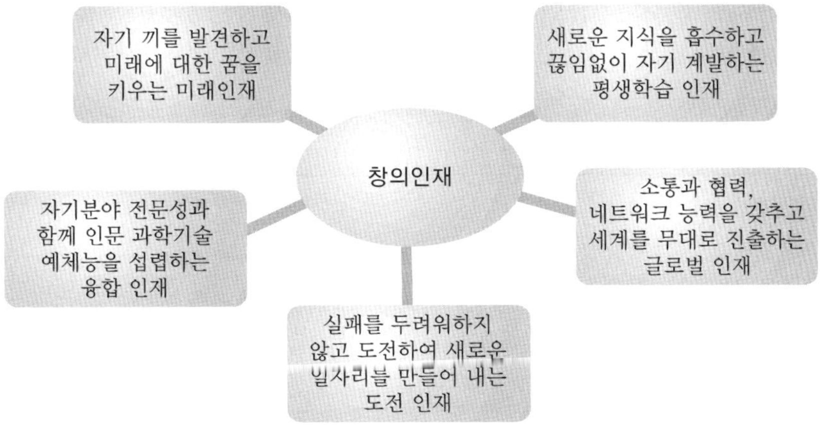

자료: 관계부처 합동, 보도자료, 2013. 8. 7. (http://www.msip.go.kr)

일자리를 만드는 것을 의미한다. 이러한 창의인재를 견인할 핵심인재는 끊임없이 변화를 추구하며 실패를 두려워하지 않는 도전정신을 갖춘 창의인재라고 할 수 있다.

이러한 인식하에 박근혜정부에서는 2013년 8월에 미래부, 교육부, 고용부 합동으로 창조경제를 견인할 창의인재육성방안을 발표하여 시행하였다(관계부처합동, 2013). 창조경제 시대의 창의인재상은 ① 자기 끼를 발견하고 미래에 대한 꿈을 키우는 미래인재, ② 자기분야 전문성과 함께 인문·과학기술·예체능을 섭렵하는 융합인재, ③ 실패를 두려워하지 않고 도전하여 새로운 일자리를 만들어 내는 도전인재, ④ 소통과 협력, 네트워크 능력을 갖추고 세계를 무대로 진출하는 글로벌인재, ⑤ 새로운 지식을 흡수하고 끊임없이 자기 계발하는 평생학습인재이다.

창의적 인재양성을 통한 국제경쟁력 확보의 중요성은 다음과 같다(김영철, 2006). 첫째, 창의적 인간을 육성함으로써 이들이 지역에 공헌할 수 있는 기회가 확보된다. 둘째, 지식자본론을 현실화시켜 지역의 경제력이 향상된다. 셋째, 미래사회에 요구되는 지식이 창조적 지식이란 점에서 지역발전의 지속성을 유지할 수 있다.

표 18-5 창의적 인재양성을 위한 제조건

조 건	방 향	내 용
이념적 조건	교육정책의 이념 강조	수월성 다양성
구조적 조건	교육활동의 휴먼웨어, 소프트웨어, 하드웨어 운용방식의 변환	학습자 중심의 교육체제 생각하는 기술, 살아있는 콘텐츠 유연한 물적 인프라
문화적 조건	창조적 마인드 형성이 가능한 문화풍토 조성	창조적 리더의 일상화 조직의 발전적 가치 공유

자료: 김영철 외, 2006.

정부는 창의인재 육성방안에서 창조경제시대의 창의인재상을 도출하고 이러한 창의인재 5대 핵심역량을 제고하며 창의성을 장려하는 열린 문화를 조성하기 위해 Five-Jump전략과 11개 세부 추진과제를 제시하고 인재양성정책을 추진했다.

이러한 창의인재 육성방안에서는 창의와 융합을 근간으로 하는 창조경제 시대의 혁신에 핵심을 창의성과 끊임없이 도전하는 열정을 갖춘 '창의인재' 양성으로 간주하고 창의인재 핵심역량 제고전략으로 Five-Jump 5가지를 제시하였다. 여기서 5가지 핵심

그림 18-3 박근혜정부의 창의인재 육성 비전과 추진과제

비 전	창조경제를 견인할 창의인재 양성
핵심역량	Five-Jump 전략 및 추진 과제
Jump-1 꿈 · 끼	· 개개인의 꿈과 끼를 키우는 교육 확대 -학교를 창의성 발현의 산실로 조성 -창의적 진로교육 활성화
Jump-2 융합 · 전문	· 통섭적 사고 강화를 위한 융합교육 활성화 -초중등 융합교육 강화 -창조산업 맞춤형 융합인재 양성
Jump-3 도전	· 창업 친화형 교육 · 연구 생태계 조성 -중등 기술창업교육 강화를 통한 기업가정신 고취 -대학 창업 활성화로 학생의 도전역량 제고
Jump-4 글로벌	· 글로벌 창의 · 도전 역량 제고 -해외 산업체 현장학습 및 글로벌 취업 · 창업 확대 -해외 우수인력의 활용을 통해 다양성 · 개방성 제고
Jump-5 평생학습	· 끊임없이 도전하는 평생학습기반 마련 -누구나 언제나 교육받을 수 있는 학습 여건 강화 -경력단절 없는 역량 개발 및 활용

인프라	· 창의성을 장려하고 존중하는 열린 문화 조성

자료: 관계부처 합동, "창조경제를 견인할 창의인재 육성방안", 보도자료, 2013.8.7, p.11.

역량은 개개인의 꿈 · 끼, 융합 · 전문, 도전, 글로벌, 평생학습이다.

첫째, 개개인의 꿈과 끼를 키우는 교육 확대전략에서는 학교를 창의성 발현의 산실로 조성하고 창의적 진로교육을 활성화하는 것이다. 먼저 학교를 창의성 발현의 산실로 조성하기 위해 교육부는 토론, 실습, 체험 등의 참여 · 활동 중심 수업을 통해 자기주도적 창의학습을 추진하였다. 이러한 프로그램을 통해 진로탐색 활동, 동아리 활동, 예술 · 체육 활동 및 선택 프로그램 활동 등 학생의 흥미와 수요를 반영한 참여 · 활동형 프로그램의 확대를 강화하였다. 또한 미래창조과학부와 교육부가 공동으로 아이들의 꿈과 끼를 살리고 상상력과 창의력을 발현할 수 있도록 학교 내 무한상상실을 구축하는 다빈치 프로젝트를 추진하였다.

둘째, 통섭적 사고 강화를 위한 융합교육 활성화 전략은 초 · 중등 융합교육과정 강

화와 창조산업 맞춤형 융합인재 양성하는 것이다. 먼저 초・중등 융합교육과정을 강화하기 위해 미래부, 교육부는 수학・과학・기술・공학・예술의 융합 콘텐츠 확대 및 웹기반・앱기반의 미래형 과학교실 구축하고 학교 교육으로 SW 소통능력을 함양하였다. 다음으로 창조산업 맞춤형 융합인재 양성은 인문학 기반 융합교육과 창조경제를 이끌 석・박사급 고급인재 양성을 위해 BK21 플러스사업을 추진하고, 산업현장의 융합화를 선도할 신산업 융합을 위한 핵심인력을 양성하였다.

셋째, 창업 친화형 교육・연구 생태계조성은 중등 기술창업교육 강화를 통한 기업가 정신을 고취하고 대학 창업 활성화로 학생의 도전역량 제고하는 것이다. 즉 청년들이 패기와 열정을 가지고 자신의 꿈을 달성하기 위해 다양한 분야에 도전할 수 있도록 창업 친화형 교육・연구 생태계를 조성하였다.

넷째, 글로벌・창의 도전역량 제고전략은 해외 산업체 현장학습 및 글로벌 취업・창업 확대와 해외 우수인재의 활용을 통해 다양성・개방성 제고이다. 특히 미래창조과학부는 벤처기업이 창업초기부터 협소한 내수시장을 넘어 세계시장으로 진출을 지원하기 위해 전문적인 컨설팅 기관을 설립하여 운영했다.

다섯째, 끊임없이 도전하는 평생학습기반을 마련하는 전략은 누구나 언제나 교육받을 수 있는 학습 여건 강화하고 경력단절 없는 역량 개발 및 활용할 수 있도록 하는 것이다. 즉 구직에서 재직 단계까지의 다양한 직업훈련 과정을 평가하여 학점으로 인정하는 등 학위취득 경로를 다양화하고, 학사학위 보유자뿐만 아니라 고숙련 기능 인력 등 동등 자격을 가진 자에게 입학자격을 부여하여 구직자 및 재직자의 지속적인 역량 계발을 지원했다.

이에 박근혜정부에서는 창의성・도전정신을 갖춘 융합형 인재가 양성될 수 있도록 정형화된 교육과정에서 탈피하여 개개인의 창조적 역량을 자유롭게 발현할 수 있도록 인재양성 시스템의 개선을 도모하고자 했다.

2) 성과와 한계

박근혜정부의 핵심 국정 과제로 제시된 창조경제는 산업・문화・기술 간의 융합을 통해 새로운 영역에서의 미래 성장 동력을 발굴하고 일자리를 창출하는 데 그 목적이 있다. 창조경제는 창조적 지식을 우리 경제의 핵심요소로 인식하고 전 산업에 걸친 접목과 융합으로 새로운 가치를 창조하는 것이다.

그동안 정부는 창의성·인성을 갖춘 인재를 육성·활용하기 위한 방안을 지속적으로 추진해 왔으나 교육·고용 환경은 여전히 바뀌지 않았다. 이를 개선하기 위해 박근혜정부는 2013년 6월에 발표된 창조경제 실현계획의 부문별 후속조치로서 꿈과 끼, 도전정신을 갖춘 글로벌 창의인재 양성을 위해 창조경제를 견인할 창의인재 육성방안을 2013년 8월에 발표하였다. 이 육성방안에는 창조경제를 이끌 산업융합 핵심인재의 양성을 추진하고자 했다. 또한 인적자원개발센터와 평생교육진흥원을 인위적으로 통합하거나 폐지하지는 않고 지역 자율적으로 결정하도록 유도하였다.

그러나 이러한 상황에서는 지방자치단체 주도의 지역인적자원개발 정책을 효율적으로 추진하는데 한계가 있었다. 특히 지역인재양성을 통해 지역 내 창의적 교육 프로그램 개발 및 인프라 구축을 통해 창의적 인재양성을 선도하는 동시에 기존 산·학·연 협력 패러다임에서 벗어나 기업실무형 인재양성을 통해 창업과 신산업 창출로 산·학·연 일체화 사업을 진행하는 등 패러다임 전환을 주도해 나가는 것에는 정책적 한계가 있었다.

지역인적자원개발의 기조에서 박근혜정부는 이명박정부의 자율 및 경쟁의 단계에서 벗어나 지역균형발전과 더불어 실질적인 인력개발로 변화되도록 노력했다. 이를 위해서 인적자원개발과 고용정책의 연계를 성공적으로 추진하고, 고용정책이 지역특성에 맞게 분권화되도록 노력했다. 종적으로는 중앙정부의 역할과 지방자치단체간의 협력 관계를 유기적으로 작동시켜 나가면서 횡적으로는 지방자치수준에서 관련 기관 간의 협력을 통한 실질적인 지역 특성화가 이루어져야 하며. 국가에서 역점적으로 추진하는 인재육성정책과 지역인재육성정책을 연계해야 한다(김철우 외, 2013).

5. 문재인정부의 지역인적자원개발정책

인적자원개발정책은 국가와 지역을 지속 가능하게 성장·발전시키는 산업·경제정책과 연계한 동시적 추진이 요체인 만큼 이것이 실효를 거두려면 산업과 기업의 인적자원 수요자들이 자발적이고 협력적으로 참여하도록 하는 노력이 매우 중요하다. 특히 4차 산업혁명 시대의 도래에 따라 노동 및 자본의 양적 투입이 아닌 인적자원의 질적 투입에 의한 새로운 성장 동력의 창출이 강조되고 있어, 인적자원의 양성·활용으로 지식과 기술의 개발·창출·확산이 더욱 긴요해지고 있다.

문재인정부의 100대 과제에서 나타난 인적자원정책은 청년과학자와 기초연구 지원으로 미래역량을 확충한다는 것을 제시하고 있다(국정기획자문위원회, 2017). 이를 위한 과제목표는 연구자 주도 기초연구지원 예산 2배 증가 및 연구 자율성을 보장하고 또한 청년 과학기술인 친화적 연구환경 조성을 목표로 하고 있다. 먼저 기초연구 지원확대를 통해 역량 있는 연구자가 연구 단절 없이 연구 초기부터 지속적으로 연구비를 지원받을 수 있도록 최초 혁신 실험실 및 생애 기본 연구비를 지원하고 연구과제 특성을 반영해 성과중심 및 과정존중의 차별화된 평가체계를 정립하겠다는 것이다.

다음으로 청년 과학기술인 육성을 위해서는 실무형 R&D 연구기회 제공으로 R&D 역량을 제고하고, 연구 산업 활성화를 통한 과학기술 일자리 확대를 도모하고자 미취업 석·박사의 기업 연구과제 참여 지원, 과제기반 테뉴어 제도를 도입하고, 경력단절 여성 과학기술인과 산·학·연 기관 매칭, 대체인력 지원 등으로 여성과학기술인의 경력 단절을 방지하고자 한다.

제 3 절 지역인적자원개발정책의 전망과 과제

지식기반의 세계화, 국제화로 인한 국가 간의 인력이동이 확대되어 가는 상황에서 국제경쟁력을 가진 고급핵심인재의 양성과 배분·활용이 중요한 이슈로 대두되고 있다. OECD에서도 고급인력의 국가 간 이동이 주요 이슈로 다루어지고 있을 만큼 그 중요성이 커지고 있다. 세계 각국에서는 핵심인재가 국부 창출을 위한 중요 자원이자 미래 성장을 위한 잠재력이라는 인식하에 국가와 기업이 나서서 핵심인재를 확보하기 위한 정책 추진과 방안 마련에 노력을 기울이고 있는 상황이다.

정부는 창의성·인성을 갖춘 인재를 육성·활용하기 위한 방안을 지속적으로 추진해 왔으나 교육·고용 환경은 여전히 바뀌지 않고 있다. 입시·경쟁 위주의 교육으로 인해 교육 현장에서 창의성을 갖춘 인재를 양성하기가 곤란한 현실이다. 기업에서는 학벌 위주의 채용 문화가 잔존하고 있어 아이디어, 창의성, 능력 등이 존중받지 못하고 있다. 대학생들은 학과 공부보다 스펙 쌓기에 치중하고 있으며, 글로벌 우수인재의 유·출입도 원활하지 못하다.

그러나 세계가 하나의 경제권으로 재편되고 국가 간 무한경쟁에 돌입한 오늘날에는 독창적이고 창의적인 생산물이나 서비스의 개발을 위한 새로운 아이디어와 혁신 등은 개인 및 기업뿐만 아니라 지역 및 국가경제적인 측면에서 경쟁력을 향상시키는 중요한 요소로 평가되고 있다.

지역의 경쟁력은 지역에 정통하고 창의적인 인적자원에 의해 만들어지는 것이라 할 때 지역인적자원개발 전략이 새롭게 부각될 필요가 있다. 경쟁력이 높은 지역을 많이 보유한 국가가 21세기 지식경제를 주도한다는 주장이 설득력을 얻어가고 있는 가운데 지역인적자원개발을 위한 인프라 구축은 국가 인적자원개발 추진에 상응하는 지역 인적자원개발의 추진일 뿐만 아니라, 국가균형발전을 위한 지속가능한 자립형 지방화를 위해 필요하다고 할 수 있다. 즉 지역인재개발을 통해 주민의 삶의 질을 향상시키고 지역경쟁력 강화를 도모해야 한다.

지역의 혁신역량과 지역경제발전과의 관련성을 보여준 OECD 선진국가의 지역 사례들은 지역수준의 인적자원개발의 중요성에 대해 강조하고 있다. 즉, 지역의 혁신역량을 강화하기 위해서는 인적자원개발정책이 지역발전전략의 중요한 초점이 되어야 한다(김애경 외, 2007). 이러한 인적자원개발정책에는 다양한 인적자원개발 프로그램 이외에 이들이 상호 유기적이고 종합적으로 작동하도록 하는 물질적 및 비물질적 인프라를 포함한다. 특히 중앙정부 중심의 국가 인적자원개발과 지방정부 주도의 지역 인적자원개발이 분권화된 의사결정 속에서 상호 보완적으로 작용할 때 비로소 지식경제에서의 인적자원개발이 유의미한 성과를 거둘 것이다.

지금까지 한국은 국제경쟁력 있는 핵심인재 양성을 도모해 왔으나 요소투입과 혁신주도형 성장이 혼재되고 있는 상황으로 기존의 추격형 경제발전 패러다임으로는 국가의 부가가치 창출에 한계를 나타나고 있다. 이에 따라 모방을 통한 성장이 더 이상 불가능한 수준에 도달하여 추격자에서 벗어나 창조자로의 인재양성 필요로 하게 되었다. 더욱이 창조경제의 부상과 더불어 과학기술뿐만 아니라 인문사회, 문화예술 등 전 분야를 아우르는 창조적 융합인재에 대한 수요도 증대됨에 따라 가장 핵심요소인 인재 또한 창조적이고 융합적인 탈경계형 인재로의 전환이 요구되고 있다.

향후 지역인적자원개발정책의 방향을 제시하면 다음과 같다. 첫째, 지역산업과 연계된 지역인적자원개발 정책을 추진해야 한다. 즉 해당 광역・시도에서는 시도 간 협력산업이나 주력산업과 연계된 학과를 해당지역 대학에서 육성하도록 하여 지방대학의 특성화를 강화하고 국제경쟁력을 높여 나가야 할 것이다. 둘째, 대학과 지역 기업 간 산학협력을 통한 인적자원 개발이 필요하다. 지역산업 수요에 부응하는 대학의 고급인력 양성과 기술혁신 지원이 필요하다. 셋째, 지역 인적자원개발 거버넌스를 효율적으로 구축해 나가야 한다. 지방정부와 지방고용노동청, 지역 인재개발센터(재단), 지역인적자원개발위원회, 시도 발전연구원, 유관기관 간의 효율적인 역할 분담과 협력적 거버넌스 구축이 필요하다.

미래에는 새로운 지식 기반의 창의성, 평생 학습을 통한 전문성, 평생학습을 통한 전문성, 더불어 일할 수 있는 인성을 갖춘 지역인재가 필요하다. 지역인재개발이 단순히 개인 차원의 교육적이며 시혜적 성격이 아닌 개인과 지역의 경쟁력 강화에 초점을 두어야 한다. 그러기 위해서는 지역인재개발사업이 기관과 지역 간 중복되지 않는 통합의 지역인적자원개발이 되어야 하며, 혁신을 선도할 수 있는 창조적인 인재개발이 이루어져야 한다.

더욱이 지식기반사회에 부응하는 인력의 수급·개발과 국민의 인성, 도덕적 성숙 및 사회적 신뢰관계 등을 포괄하는 사회적 자본의 형성은 지역인재육성과 함께 인적자원개발의 양대 축이라고 할 수 있다. 능력주의의 확산, 집단 간·계층 간 갈등 완화, 사회구성원 상호간 규범과 가치의 공유를 통해 사회적 자본을 형성함으로써 사회통합의 여건을 조성할 수 있다. 사회통합은 경제성장과 사회발전의 전제조건이다(교육인적자원부 외, 2005).

세계화·개방화 및 지식기반사회화 흐름에 주도적으로 대응하고, 높은 수준의 사회적 신뢰와 민주시민의식을 갖추기 위해서는 향후에도 지역인재육성정책과 함께 사회적 자본을 형성하는 국가차원의 노력이 필요하다. 사회적 신뢰 구축을 위해서는 평생학습을 통해 민주시민 기초역량 함양, 자발적 시민참여 확대, 인권존중의식 함양, 세계시민의식 형성을 위한 외국문화 이해 확대, 시장경제에 대한 이해 확산, 고객중심의 기업문화 및 직업윤리 정립 등이 지속적으로 요구된다.

탐구학습

1. 주요 개념
- 지역인적자원개발정책
- 지역인적자원개발의 패러다임 변화

- 참여정부의 지역인적자원개발정책
- 이명박정부의 지역인적자원개발정책
- 박근혜정부의 지역인적자원개발정책
- 문재인정부의 지역인적자원개발정책의 방향
- 창의인재양성

2. 토론과 과제
- 지역경제에서 인적자원개발이 가지는 의미와 역할은 무엇인가?
- 지역교육격차를 해소하기 위한 정책적 대안은 무엇인가?
- 지역인적자원개발지원센터의 역할과 기능에 대해 설명하시오.
- 창의인재양성의 필요성과 지역인적자원개발의 과제에 대해 설명하시오.
- 참여정부의 지역인적자원개발정책에 대해 설명하시오.
- 이명박정부의 지역인적자원개발정책에 대해 설명하시오.
- 박근혜정부의 지역인적자원개발정책에 대해 설명하시오.
- 문재인정부의 지역인적자원개발 방향에 대해 설명하시오.

참고문헌

교육과학기술부, 2009, 「2009년도 지역인재육성사업 추진계획」.
교육과학기술부, 2010, 「2010년 지역인재육성사업 추진계획」.
교육인적자원부 외, 2005, 「제2차 국가인적자원개발기본계획(2006~2010)」.
________, 2007, 「지역인적자원개발 추진계획」. 내부자료.
관계부처 합동(미래부, 교육부, 고용부), 2013, "창조경제를 견인할 창의인재 육성 방안", 2013.8.7. 보도자료.
________, 2013, 「창조경제를 견인할 창의인재 육성 방안」.
________, 2013 "고용률 70% 로드맵", 2013.6.4., 보도자료.
국정기획자문위원회, 2017,「문재인 국정운영 5개년 계획」
권대봉·현영섭, 2003, "전략적 인적자원개발의 개념과 특성에 기반한 이론적 틀," 「인력개발연구」, 제5권 제1호, 한국인력개발학회.
강경종 · 윤여인 · 최병학, 2012, 「지방자치단체 주도형 지역인적자원개발 정책 연구」. 한국직업능력개발원.
김영철 외, 2006, 「창의적 인재양성과 효율적 교육체제 구축」, 정보통신정책연구원.
박철우 · 노민선 · 박인섭 · 서종현 · 이석열, 2013, 「효율적 HRD를 위한 지역별 인적자원협의체에 관한 연구」, 고용노동부.
백성준 외, 2005, 「지역 인적자원개발 거버넌스체제 구축방안」, 한국직업능력개발원.
윤영득, 2007, "지역혁신체제적 인적자원개발과 직업능력개발의 혁신," 「인적자원관리연구」, 제14권 제3호, 한국인적자원관리학회.
이상용, 2005, "지역발전을 위한 인적자원개발과 산학협력의 연계," 「지역개발논총」, 제17집, 충남대학교 공공문제연구소.
이상돈 · 강경종 · 강일규 · 현영섭, 2009, 「지역인적자원개발지원센터의 역할 및 기능 재정립 방안 연구」, 한국직업능력개발원.
이성근 외 25(대구경북연구원), 2012, 「지방분권과 균형발전 기반한 자립적 지역발전론」, 집현재.
임준희. 2006. "지역인적자원개발 추진실적과 향후 계획". 「직업과 인력개발」, 2006 가을호, 4-11.
최병학, 2012, 「RHRD 추진전략 구도설정」, 한국지역인적자원개발협의회.
현영섭, 2008,「지역혁신을 위한 RHRD 추진 체제 개선 방안 연구」,한국교육개발원.
한국직업능력개발원, 2013, '지역중심 인재개발과 대학 특성화', 제46차 인재개발(HRD) 정책포럼 자료.

제 19 장 지역일자리정책

제19장 지역일자리정책에서는 지역일자리정책의 개념 및 중요성, 주요 내용에 대해 설명하고 지역일자리정책에서 중요한 지역맞춤형 일자리창출사업을 중심으로 설명한다. 이를 위해 먼저 제1절에서 지역일자리정책을 개관하고, 제2절에서는 지역맞춤형 일자리사업에 초점을 맞추어 주요 내용을 설명한다. 제3절에서는 문재인정부의 국정과제를 포함한 지역일자리정책 전망과 과제에 대해 논의한다.

제 1 절 지역일자리정책의 개관

1. 지역일자리정책의 개념

한국 경제가 지속적인 성장을 이루던 시기에서는 일자리란 경제성장에 따라 당연히 만들어지는 것으로 이해되었다. 그러나 IMF 경제위기와 글로벌 금융위기 이후 저성장이 새로운 경제흐름으로 자리하면서 일자리 분배와 양질의 일자리 창출은 정부정책의 중요과제로 대두되었다. 특히 저성장시대로 진입되면서 인구와 노동구조의 변화 및 고령화로 인해 경제 활력이 저하되고 있어, 지역일자리창출의 중요성은 날로 커지고 있다.

한편 일자리에 대한 개념 정의마저 정부기관에 따라 다른 것이 현실이다. 통계청의 취업자 정의는 지난 1주일동안 1시간이상 일한 사람을 의미한다. 한편 고용노동부의 고용 정의는 4대 보험(국민연금, 건강보험/장기요양보험, 산재보험, 고용보험) 가입자이다. 여기서 4대 보험 가입조건은 한 달에 60시간 이상 고용되는 기업은 모두 해당되며, 고용노동부에서는 현재 이러한 개념의 고용통계를 작성한다. 지금까지 일자리 개념은 통계청의 취업자 조사목적에 맞춘 개념으로 통용되었다고 볼 수 있으나, 통계청 조사는 경제활동의 참여 여부에만 초점을 맞춘 개념으로, 개인복지와 지역경제의 안정성·성장성을 나타내는 지표인 일자리 본연의 개념이라고 할 수 없다. 따라서 여기서는 고용노동부의 일자리 개념을 사용한다.

최근 고용노동부는 자치단체에서 수행하고 있는 일자리사업에 대한 조사 결과를 토대로 중앙과 지역을 망라한 종합적인 일자리사업의 효율화 방안을 모색하고 있다. 또한 지자체 또한 일자리 창출 관련 전담부서를 두고 지역차원의 일자리사업을 다양하게 선개하고 있다. 특히 지역의 특성을 감안한 지역맞춤형 일자리사업은 지역일자리정책 차원에서 주요사업으로써 다양하게 추진되고 있고, 이를 위해 중앙정부와 지자체의 일자리사업 연계 및 협력방안이 요구되고 있다.

한국보다 먼저 저성장시대에 돌입한 일본은 1991년 일본의 버블경제가 붕괴되면서 장기불황을 경험하게 되고, 일자리 정책도 상당한 전환기를 맞이하게 되는데 가장 많은 변화는 2000년부터 일어나게 된다.

2000년에 「지방분권일괄법」이 제정되어 중앙정부와 지방정부의 역할분담을 명확히 하여 일자리 정책 권한을 중앙정부에서 지방정부로 이양한다는 방침이 제시되었고, 그에 따라 지역 일자리정책도 지역이 주체가 되어 지역의 상황을 고려하여 각 지역의 특성을 살리는 방향으로 전환하게 되었다. 또한, 2000년에 고용대책법이 개정되어, 지방자치단체가 고용정책을 실시하는 것을 노력의무로 규정하여 사상 처음으로 고용정책이 지방자치단체의 정책으로 자리 잡게 되었다. 2003년에는 6월 직업안정법이 개정되어, 그때까지 중앙정부 기관인 직업안정소가 일괄적으로 실시해 왔던 무료직업소개를 지방자치단체도 참여할 수 있는 길을 열게 되었다. 일본은 2005년에 15부현, 19시읍에서 청년층이나 실업자 취직지원이 실시되었고, 2007년 고용대책법의 개정에 따라 지역고용개발촉진법도 개정되어, 지방자치단체가 종래 4유형에서 2유형(고용개발촉진지역과 자발적 고용창조지역)으로 재편되어 일자리 창출도 선택과 집중을 의식하면서 진행되고 있다.

그러나 일본 역시 1990년대 이전의 경우 고용사정이 악화된 지역은 특정지역에 한정되어 있어서 중앙정부에서 집중적으로 그 지역에 공공사업 등으로 지원을 할 수 있었지만 대부분의 지역에서 고용이 악화되었기 때문에 중앙정부의 지원은 한계에 직면하여, 각 지역의 고용상황은 인구, 지리, 산업구조, 재정 규모 등으로 각기 달라 일률적으로 중앙정부가 고용정책을 실시해도 그 효과가 불투명하다는 측면은 부정할 수 없다(한 산대 산학협력단, 2011).

이와 같이 일본의 일자리 정책이 중앙정부주도에서 지방정부주도로 전환된 가장 큰 배경은 장기불황 가운데 국가재정이 악화되어 과거와 같이 공공사업(주로 건설업)확대를 할 수 없다는 판단하에 이루어진 것이다. 종래 지역의 고용은 중앙정부 주도의 공공사업으로 지탱되었는데 공공사업 축소로 인해 더 이상 지역 고용을 중앙정부에 의존할 수 없게 되어 지역이 독자적인 일자리 정책을 실시하는 것이 필요했다.

우리나라도 경기침체와 고용위기의 여파가 계속되면서 과거와 같이 중앙정부가 아닌 지역사회가 그 영향을 가장 민감하게 느끼고 적극적으로 대응하고 있음을 알 수 있다. 각 자치단체는 지역 고용과 관련한 대책을 지역정책의 최우선으로 설정하고 일자리 창출의 시급함과 중요성을 지역민들과 공감하고 있다. 이러한 상황 변화 속에서 지역이 고용대책 수립과 집행의 주체가 되는 지역고용사업의 중요성이 부각되었다. 대표적인 지역일자리정책으로 2006년부터 실시된 지역맞춤형 일자리창출 지원사업을 들 수 있다. 이것은 지역사회가 지역의 경제, 산업, 사회, 문화적 특성에 기반하여 지역의 인적, 물적 인프라를 적극 활용한 지역일자리 창출 방안을 모색하고 제안하면 중앙정부는 이를 재정적으로 적극 지원하는 방식이다.

또한 정부는 2010년에 지방자치단체장이 임기 중 창출할 일자리 목표를 공시하고 체계적 정책집행을 내용으로 하는 지역일자리 공시제 정책을 추진하고 있고, 고용노동부 이외에도 다양한 부처에서 일자리창출사업을 추진하고 있다.

한국에서는 그동안 재정지원 일자리사업에 대한 관심 및 평가가 주로 중앙부처 단위에서 이루어지고 있는 사업들에 집중되어 왔다. 중앙부처에서 기획하여 지방자치단체를 거쳐 수행하는 사업들도 전달체계에 대해서는 논의가 많이 이루어졌지만 일자리사업의 효율화라는 관점에서 지역의 매개역할에 대해서는 논의가 제대로 이루어지지 않은 것으로 판단된다. 또한 지방자치단체별로 중앙부처와는 별개로 자체예산을 통해 수행하는 사업들이 상당수에 이르고 있지만, 이러한 사업들을 포괄하여 종합적으로 일자리사업을 파악하려는 노력이 부족했다. 일자리사업의 수행주체도 중요하지만 일자리사업이 각 수요자에게 어떻게 전달되는지도 중요하기 때문에 통합관리의 필요성이 요구되고 있다(이규용 · 강병식, 2012).[1]

1) 이규용 · 강병식, 2012, "지역일자리사업의 현황과 쟁점-중앙부처의 지역일자리사업을 중심으로", 「월간노동리뷰」, 2012년 2월호 pp. 75~91.

2. 지역일자리정책의 중요성

세계경제는 글로벌 금융위기 이후 하락세를 지속하고 있고, 우리나라 경제의 실질 및 잠재 성장률도 둔화되고 있다. 성장잠재력 저하는 여러 가지 요인에 기인한 것이지만 저출산·고령화에 따른 인구구조 변화로 인한 노동력의 양적 투입 둔화, 중국을 비롯한 개발도상국가들의 추격으로 인한 요소투입 중심의 추격형 성장의 한계에 기인한 바가 크다. 특히 우리나라의 급속한 저출산·고령화는 인구구조를 변화시켜 생산인력 확보를 어렵게 함으로써 성장잠재력에 부정적인 영향을 미친다. 또한 고령화가 진전됨에 따라 고령인구를 중심으로 새로운 신사업을 통한 수요의 창출이 요구되기도 한다.

이러한 현상은 우리나라가 고도성장기에서 저성장기로의 이행을 거쳐 이제 장기 저성장기로 이행되는 단계에 있다고 볼 수 있다. 소위 저성장이 새로운 노멀(normal)이 되는 시대로 접어들었다. 이런 저성장이 뉴노멀(new normal)이 되는 시대는 우리나라가 지금까지 경험해 보지 못한 당면한 현실이며 지역경제의 경제활동 주체가 이러한 현실을 객관적으로 직시하는 것이 필요하다.

저성장시대의 지역경제는 만성적인 구조조정과 높은 실업률, 시장의 활력 둔화, 생산의 고비용 및 소득의 양극화 등이 고착화될 수 있다. 따라서 성장하지 않는 경제로의 전환에 대비하고 그에 맞는 사회적 체질 변화가 요구되고 있다. 저성장시대는 새로운 성장 엔진을 발굴할 수 있는 기회도 제공하지만 빈곤의 악순환이라는 위기를 동시에 포함한다. 이에 따라 양적 성장 위주의 기존 경제발전정책에서 양적 성장과 질적 성장을 동시에 추구하는 정책으로의 패러다임 전환이 요구되고 있으며, 지역정책 차원에서 인력·자원·환경을 지속가능한 형태로 전환하는 새로운 패러다임의 모색이 필요하다.

더욱이 지역일자리정책은 지역산업정책과 가장 밀접한 관계를 갖고 있다고 할 수 있다. 지금까지 우리나라는 국가산업정책이 주도를 해왔지만 2000년대 이후부터 실질적인 지역산업정책이 추진되어 왔다. 그러나 지금까지의 지역산업정책은 지나치게 R&D 지원 중심으로 추진되어 왔던 경향이 있어 일자리 중심으로 지역산업정책의 전환이 필요하다(나주몽·김일태, 2016).

3. 지역일자리정책의 주요 내용

최근 지방정부가 독자적인 일자리정책을 수립·추진하는 사례가 증가하면서 점차 중앙정부가 추진하는 지역일자리사업과 지방정부가 주도하는 지역 일자리사업 간의 차이점 등을 보다 분명하게 제시할 필요가 있다. 지역일자리정책에 대한 보다 체계적인 유형 구분과 이를 통한 중앙정부와 지방정부간의 책임 및 역할 구분을 제시하는 것이 필요하다. 특히 고용노동부에서는 지역 일자리창출을 위한 주요 사업으로 지역일자리 공시제도를 도입하여 운영하고 있다. 이것은 지방자치단체장이 해당 지역의 주민들에게 자신의 임기 중에 추진할 일자리 목표 및 대책을 제시하고 중앙정부는 지자체의 일자리 대책이 원활하게 추진될 수 있도록 컨설팅, 인센티브 등 지원을 하고, 그 추진성과를 확인·공표하도록 하는 등 다양한 지역고용활성화 정책을 추진하고 있다. 그렇지만 지역 일자리정책에 있어 주요한 정책은 지역맞춤형 일자리창출 지원사업이라고 할 수 있다.

지역맞춤형 일자리창출 지원사업은 2006년부터 시행된 대표적 지역고용사업으로 지역 특성을 고려한 취약계층의 맞춤형 일자리 창출을 지원함으로서 지역의 일자리창출 기반 마련을 목적으로 추진되어 광역과 기초 자치단체 차원에서 특화사업, 패키지사업, 연구사업, 포럼사업을 추진하고 있다. 2015년부터는 자치단체의 일자리정책 방향에 적합한 사업을 지원하기 위하여 프로젝트사업이 추가되었으며, 2016년부터는 지역·산업 맞춤형 일자리창출 지원사업으로 변경되어 사업이 추진 중에 있다.

지역맞춤형 일자리창출 지원사업은 지난 10여 년 간에 많은 성과를 가져왔다. 사업 및 참여자 수, 사업 종료 후 취업자 수의 괄목할 만한 증가라는 양적인 성과 이외에도 지역 특성에 적합한 분야가 발굴되고 관련 분야의 인력양성이 제도적 지원을 받아 적극 추진되면서 새로운 지역일자리가 창출되는 기반이 마련되었다는 질적 성과도 주목된다. 하지만 문제점이나 한계도 간과할 수 없다. 그 중에서도 특히 수행기관이 지역맞춤형 일자리창출 지원사업을 수행하면서 부딪히는 각종 애로사항을 스스로 극복하지 못하고 있는 것이 현실이다.

한편, 몇 년 동안 일자리정책의 거버넌스 구축이나 전달체계의 효율화, 고용-복지서비스의 연계방안에 관한 논의가 활발히 진행되고 있는데, 이러한 논의의 한가운데 지역 이슈가 자리 잡고 있다. 이는 일자리창출의 주체로서 지역이 갖는 공간적 특성 및 행정주체로서의 기능과 역할을 재정립할 필요성이 높아지고 있는 현실이 투영된 결과이다. 일자리 정책을 둘러싼 중앙정부와 지방정부와의 권한 재배분이나 행정 분권이라는 지역의 기능적 측면의 중요성이 강조되고 있다고 볼 수 있다.[2)]

최근 고용노동부는 지역·산업맞춤형 일자리창출 지원사업을 통해 지역의 고용문제 해결을 위하여 해당 지역 자치단체가 지역주민의 일자리창출, 고용촉진, 직업능력개발 등의 사업을 추진하고 있다.

지역·산업 맞춤형 일자리창출지원 사업은 OECD 회원국 등 선진각국에서도 파트너십에 기초한 지역주도형 고용 사업을 개발·추진하고 있는 가운데 중앙정부 차원의 일률적인 정책기획 및 집행이 전국 차원의 일관성 있는 정책추진이라는 강점이 있지만, 지역의 창의성을 이끌어내고 지역별·산업별 특성에 부합하는 맞춤형 고용사업을 추진하기에는 어려움이 있다. 이러한 필요성에 기초하여 지역이 주도하는 지역 분권형 고용·인적자원 개발 사업을 통해 지역·산업별 특성에 맞는 고용창출 및 직업능력개발에 기여하고 지역 간 노동시장 불균형을 해소하고자 수행하게 되었다.

더욱이 고용관련 지역의 현안문제를 지역에서 자율적으로 해결하기 위해서는 자치단체 내 고용관련 다양한 기관의 참여를 통해 시너지 효과를 극대화하는 것이 중요하다. 따라서 고용을 중심으로 한 자치단체 내 파트너십을 활성화하여 정부주도의 정책방식에서 벗어나 지역사회 각 구성원들의 자발적인 참여를 기반으로 하는 고용정책을 추진하고자 한다.

제 2 절 지역맞춤형 일자리창출사업

1. 개 요

지역맞춤형 일자리사업은 지역의 고용창출 및 인적자원 개발을 위해 지자체가 지역의 고용관련 비영리법인(단체)과 협업 네트워크를 구성하여 사업을 제안하고 고용창출 등에 효과가 클 것으로 판단되는 사업을 선정하여 사업비를 보조, 관리·감독하여 추진하는 사업이다.

---

2) 이규용, 2013, 일자리창출과 지역, 월간노동리뷰 11월호, pp. 1~2.

사업목적은 지역특성에 맞는 고용창출 및 직업능력 개발을 통해 지역 간 노동시장 불균형 해소, 지역고용 관련 다양한 기관의 참여를 통한 시너지 효과를 극대화하여 고용관련 지역의 현안문제를 지역에서 자율적으로 해결토록 지원, 지역산업 등과 연계된 지역 특화형 고용정책 토대 마련, 지역차원의 고용사업 토대가 될 수 있는 인적네트워크 구성과 지역노동시장 정보체계 기반 구축이다.

사업유형으로는 예산재원별 구분 광역 자치단체 지원사업은 고용노동부 예산과 광역자치단체예산을 매칭하는 사업이 있다. 또한 기초 자치단체 지원사업은 고용노동부 예산과 기초자치단체예산을 매칭하는 형태의 사업이다.

사업추진유형별로 구분한 특화사업, 포럼사업, 연구사업, 패키지사업, 프로젝트사업 등이 있다. 여기서 특화사업은 지역차원의 고용문제 해결을 위해 지역의 일자리창출, 고용촉진, 직업능력개발 등을 수행하는 사업이며, 포럼사업은 지역 내 고용관련 인적네트워크 구축을 통해 지역의 고용 이슈를 발굴 · 공론화시키고 지역 고용에 대한 지역민의 인식과 관심을 제고시키기 위한 사업 (포럼은 지역 언론, 지방의회, 연구진, 학계, 노사단체, 시민단체, 유관기관 관계자를 포괄하여 구성) 또한 연구사업은 지역차원의 고용문제에 대한 실태분석 및 대안제시 등을 위한 지역별 연구사업이다.

그리고 패키지사업은 특화사업, 포럼사업, 연구사업이 2개 이상 결합된 사업으로 특화사업이 반드시 포함되어야 한다. 또한 프로젝트사업은 자치단체장이 선거공약, 지역일자리 목표 공시제 등에서 제시한 고용정책을 달성하기 위해 여러 개의 개별사업을 묶어서 수행하는 사업이다.

지역맞춤형 일자리사업에서 특화사업과 패키지사업은 고용부 및 광역자치단체의 감독 하에서 직업훈련, 취업지원, 기타 일자리창출과 관련한 지역 내 공공 및 민간 기관들이 직접 수행하는 사업으로, 사업수행기관을 대상으로 지역고용전문가들의 시각에서 그 운영 및 성과에 대한 컨설팅에 적합이라고 할 수 있다. 반면, 자치단체와 전문가들이 직접 사업에 참여하는 연구사업과 포럼 사업, 그리고 사업의 주체가 자치단체인 프로젝트사업은 컨설팅 대상에서 제외하고 있다.

지역맞춤형 일자리창출 지원사업은 중간평가단계에서 컨설팅이 실시되고 있고, 관련 규정(2015년 고용노동부 시행지침)에 따르면 컨설팅은 지역경제 및 노동 관련 분야 지역전문가(대학, 연구기관, 실무전문가 등)로 구성하여, 중간평가와 함께 컨설팅을 실시한다.

컨설팅은 참여기관의 전문성과 사업역량 향상을 지원하기 위하여 수행한다. 참여기관의 전문성과 사업역량 향상을 지원하여 사업이 성공적으로 추진될 수 있도록 하기 위하여 사업에 대한 성과평가 및 사업 참여 기관에 대한 컨설팅, 사업수행기관 대표자 및 실무자를 대상으로 교육프로그램 운영을 실시함으로써 사업 수행에 필요한 기술적 지원과 자문역할을 수행한다.

컨설팅의 주체가 되는 컨설턴트는 지역맞춤형 일자리창출 지원사업을 평가하는 평가위원으로 2014년의 경우에는 총 50명의 평가위원들이 평가 및 컨설팅에 참여하였고, 평가위원들의 직업은 교수, 연구기관 연구원, 공인노무사 등으로 구성되어 현장 방문 시 평가위원들은 고용센터와 자치단체 담당자와 동행하여 컨설팅과 모니터링 기능을 수행하였다.

사업주관부처는 주로 고용노동부, 광역지자체, 각 시군지자체로 사업공모(고용노동부)를 통해 사업선정(심사위원회)을 선정하고 협정서체결하여 보조금을 지급한다. 이후에 지도점검을 하고, 실적보고 및 정산을 한 후에 사업평가를 실시한다.

2. 주요 내용

1) 지역맞춤형 일자리사업의 변천

지역맞춤형 일자리창출 지원사업은 지역의 고용문제 해결을 위하여 해당 지역의 자치단체 주도로 비영리법인 또는 비영리단체 등과 컨소시엄을 구성하여 지역주민의 일자리창출, 고용촉진, 직업능력개발 등을 추구하는 특화사업과 이와 관련된 지역고용 포럼사업과 연구사업이다(고용노동부, 2013).

지역분권형 고용·인적자원개발정책을 통해 지역 특성에 맞는 정책을 시행하고, 지역 간 노동시장 불균형 해소를 목적으로 하는 사업으로 특화사업, 포럼사업, 연구사업, 패키지사업 등 크게 네 가지로 구성되어 있다. 특히 특화사업과 패키지사업 위주로 진행되고 있으며, 특화사업은 지역노동시장의 수요에 대응하여 지역 차원의 고용문제를 해결하려는 목적을 가진다. 패키지사업은 네 가지 사업 중 두 개 이상이 결합된 사업으로 특화사업을 반드시 포함시켜야 한다. 포럼사업은 지역 고용분야 인적네트워크를 형성하는 인프라 구축사업이며, 연구사업은 지역노동시장 및 고용문제를 파악하고 정책과제 도출을 목적으로 하는 사업이다(고용노동부, 2013).

표 19-1 2006-2014년 일자리사업 관련 포럼, 연구, 패키지, 특화 사업 수

(단위: 개수, %)

	2006년	2007년	2008년	2009년	2010년	2011년	2012년	2013년	2014년
포럼	13 (12.4)	8 (6.1)	10 (6.8)	7 (6.8)	13 (13.1)	16 (8.9)	15 (5.7)	16 (3.8)	17 (3.2)
연구	37 (35.2)	25 (18.9)	24 (16.3)	8 (7.8)	10 (10.1)	3 (1.7)	8 (3.0)	41 (9.7)	23 (4.4)
패키지	6 (5.7)	20 (15.2)	22 (15.0)	24 (23.3)	29 (29.3)	25 (13.9)	12 (4.6)	8 (1.9)	16 (3.0)
특화	49 (46.7)	79 (59.8)	91 (61.9)	64 (62.1)	47 (47.5)	136 (75.6)	225 (86.5)	355 (84.5)	466 (89.2)
합계	105 (100.0)	132 (100.0)	147 (100.0)	103 (100.6)	99 (100.6)	180 (100.6)	260 (100.0)	420 (100.0)	522 (100.0)

자료: 우상범 · 이상호(2014)

2006년부터 2014년까지 시행된 포럼, 연구, 패기지, 특화 사업은 〈표 19-1〉과 같다. 특히 2010년에 99개였던 것이 2011이후에 이들 사업 수는 180개, 260개, 420개, 522개로 급속하게 증가하였다.

2006년부터 시작된 이 사업은 지역고용지원센터를 중심으로 지방정부, 노사단체, 학교, 훈련기관 등 고용 관련 주체들의 지역고용 네트워크 구축을 시도하며, 지역 단위의 고용·훈련사업을 지원하고 있다.

2009년부터 이 사업이 지역 간/지역 내 경쟁사업, 계속/신규 사업으로 구분되었다. 전국적으로 경쟁하는 지역 간 경쟁사업은 주로 지역전략산업, 지역 내 경쟁사업은 지역복지사업과 연계성이 크다고 할 수 있다. 계속사업은 사업 평가에서 C등급 이상을 받은 운영기관이 계속 진행하는 사업으로 지역 노동수요를 충족시키는 데 기여하는 사업에 대해서 지속적으로 지원하여 좀 더 높은 성과를 달성하도록 유도하기 위함이다. A, B등급은 5년, C등급은 3년까지 사업을 계속할 수 있다(고용노동부, 2013).

그러나 2008년 세계금융위기로 인한 실업문제가 심각한 사회적 이슈로 등장하면서 2010년 10월 고용노동부의 2020 국가고용전략을 시작으로 일자리창출을 최우선 목표로 삼고 예산을 투입함으로써, 지역맞춤형 일자리사업은 2011년부터 예산과 수행기관 수가 큰 폭으로 증가하게 되었다. 박근혜정부 역시 2017년까지 고용률 70%를 달성하겠다는

로드맵과 더불어 2013년부터 예산을 더욱 확대하였다(전인 등, 2015).

사업기관 수와 정부 지원금액을 살펴보면 2011년을 계기로 지역맞춤형 일자리창출 지원사업의 변화를 살펴볼 수 있다. 사업 초창기인 2006년에는 95개 사업기관에 49억 원으로 시작되었다. 사업기관 수와 지원금액이 급격히 증가한 것은 2011년 이후인데, 당시 이명박정부가 일자리창출을 통한 실업률 감소와 경제 활성화를 주된 목표로 설정한 것과 연관된다. 가장 두드러진 사업규모 증가폭을 보인 시기는 2013년 박근혜정부이다. 박근혜정부의 최우선 국정과제인 고용률 70%를 달성하기 위한 주요 정책수단 중 하나

표 19-2 지역맞춤형 일자리창출 지원사업 기관 수 및 예산(2006~2014)

(단위: 개, 백만 원)

	2006		2007		2008		2009		2010		2011		2012		2013		2014	
	개수	금액	개수	금액	개수	금액	개수	금액	개수	금액	개수	금액	개수	금액	개수	금액	개수	금액
서울	9	663	15	1,075	28	1,233	18	1,923	15	1,447	23	2521	30	2843	56	3993	73	5305
부산	11	490	18	1,313	14	1,215	8	1,755	9	2,648	15	3279	19	2976	23	4004	26	4892
대구	19	912	23	1,931	30	2,100	19	1,870	12	2,616	13	2743	18	2255	31	4233	40	6757
인천	7	259	5	203	7	355	3	395	5	941	12	1541	23	2166	34	3740	38	5120
광주	6	331	15	940	12	694	10	690	4	617	10	1824	15	2354	26	3057	26	4982
대전	11	770	13	1,193	13	644	5	893	5	1065	5	918	7	930	15	1929	17	2014
세종	-	-	-	-	-	-	-	-	-	-	-	-	-	-	4	133	4	425
울산	2	88	1	40	2	81	1	44	1	33	5	974	9	899	13	1363	10	896
강원	2	107	3	189	5	272	2	95	2	336	8	1051	16	1215	29	2934	33	3340
경기	12	605	17	917	19	828	11	895	16	1971	22	2706	32	3065	55	5647	72	9104
경남	7	306	4	347	10	454	5	448	5	410	5	579	15	1523	29	3321	31	4181
경북	-	-	-	-	5	308	8	423	5	457	14	2423	23	2784	36	4517	49	7783
전남	4	146	8	425	14	503	5	998	9	1690	14	3578	23	3306	32	4908	36	7202
전북	5	232	4	345	9	592	6	425	5	667	7	1368	16	2305	25	3331	24	4471
충남	4	218	2	150	6	354	5	460	6	908	10	1506	16	1466	22	2029	31	3506
충북	5	273	4	143	11	426	5	460	5	473	8	728	13	1090	22	2645	22	2920
제주	1	6	2	90	2	81	1	50	0	0	3	297	1	20	4	308	6	649
계	95	4,909	134	9,301	187	10,140	112	11,824	104	16,279	174	28,036	276	30,927	456	59,092	538	73,637

주: 세종시는 2012년부터 추가되어 시행.
자료: 우상범 · 이상호(2014)

로 지역 차원의 일자리사업을 적극 추진했다. 따라서 2013년에 일자리사업 참여기관 수 및 지원 금액이 모두 큰 폭으로 증가하였다. 예컨대 2012년 대비 사업기관 수는 65.2%포인트, 지원 금액은 63.5%포인트 증가했다. 2014년 현재 지역맞춤형 일자리사업에 참여하는 기관은 533개이고 지원 금액은 736억 원이다. 지자체 대응자금까지 포함한다면 800억 원이 넘는다(우상범 · 이상호, 2014).

지역맞춤형 일자리사업은 2006년 95개(49억 원 규모) 기관의 참여로 시작하여 2014년 538개 참여기관, 736억 원 규모로 확대되었다. 특히 정부의 고용정책에 따라 사업규모의 변화가 뚜렷이 나타났다. 노무현 정부의 정책방향은 사회취약계층, 청년 일자리 문제에 역점을 두고 진행되었다. 2007년 사업이 본격화되면서 예산은 93억 원 규모로 확대되었다(국회입법조사처, 2009; 전인 등, 2015 재인용).

2) 지역 · 산업맞춤형 일자리사업

지역맞춤형 일자리사업은 2015년까지 이루어졌고 2016년 시행지침부터는 사업명칭이 지역 · 산업맞춤형 일자리창출 지원사업으로 바뀌어 지역 또는 산업 맞춤형 일자리사업으로 바뀌었다. 2016년 고용노동부 시행지침에서 정의한 지역 · 산업맞춤형 일자리창출 지원사업은 지역의 고용문제 해결을 위하여 해당 지역의 자치단체가 지역주민의 일자리창출, 고용촉진, 직업능력개발 등을 추구하는 사업이라고 정의하고 있다.[3)]

지역일자리정책은 지역의 다양한 고용주체들과 상호협력을 통하여 자치단체가 지역특성에 맞는 고용 및 인적자원사업을 발굴, 추진할 수 있도록 적극적으로 지원하는 정책이며 자치단체가 지역고용 관련 단체와 컨소시엄을 구성하여 지역 특성에 적합한 고용촉진, 능력개발사업을 발굴하면 고용부에서 공모를 통해 경상사업비를 지원하는 정책이다.

지원 대상은 광역 및 기초자치단체로 지자체와 고용 관련 비영리민간단체(법인) 등이 컨소시엄을 구성하여 재정자립도에 따른 대응투자를 조건으로 공모에 응하여 선정하는 방식을 취하고 있다. 이 정책의 지원내용으로 교육 · 훈련 지원사업, 고용 · 환경개선 사업(근로자 숙소, 통근버스 임차 지원), 지역고용혁신추진단 및 지역혁신프로젝트 사업 지원이다. 특히 자치단체의 재정자립도를 고려하여 10%~40% 범위에서 지방비

3) 2015년도 고용노동부 시행지침과 비교해 보면 해당 지역의 자치단체 주도로 "비영리법인 또는 비영리단체" 등과 컨소시엄을 구성한다는 문구와 더불어 지역고용 포럼사업과 연구사업이라는 문구가 삭제되어 있다.

매칭을 조건으로 지원하고 있다.

이후에는 지역일자리정책을 포괄하고 있는 지역·산업맞춤형 일자리창출 지원사업을 중심으로 살펴보기로 한다. 지역·산업맞춤형 일자리창출 지원사업의 운영주체별 역할은 고용노동부(중앙), 지자체, 사업주가 기능을 분담하여 수행하고 있다.

먼저 중앙정부인 고용노동부(지역산업고용정책과)에서는 시행지침 제·개정 및 제도 개선, 자치단체별 예산 배정, 사업 진행과정 점검 및 애로사항 대응, 지역혁신프로젝트사업 심사·선정, 혁신사업지원단(중앙단위) 운영을 담당한다. 또한 고용노동(지)청은 고용노동(지)청 공통으로 관할 자치단체의 제안서 접수, 검토보고서 작성, 약정체결, 지도·점검, 자치단체 정산 결과 검토 및 환수, 부정수급 처분을 수행한다.

광역 자치단체 관할 고용노동(지)청은 서울(서울고용노동청), 인천(중부고용노동청), 경기(경기고용노동지청), 강원(강원고용노동지청), 부산(부산고용노동청), 울산(울산고용노동지청), 경남(창원고용노동지청), 대구·경북(대구고용노동청), 광주·제주(광주고용노동청), 전북(전주고용노동지청), 전남(목포고용노동지청), 대전·충남·세종(대전고용노동청), 충북(청주고용노동지청)이 있다.

광역 자치단체 관할 노동청의 예로써 서울의 경우를 살펴보면 서울고용노동청에서 지역별 사업기본계획 수립, 광역과 기초지자체의 지원사업 공모 및 심사·선정, 관할자치단체 예산 교부, 노사민정협의체(또는 지역고용심의회)에 보고, 전년도 사업 추진실적, 지원사업 선정결과 등을 보고, 지역산업맞춤형일자리창출지원 사업 사업비 회계정산 법인 지정을 수행한다. 다음으로 지방에서는 지방자치단체와 사업수행기관(비영리법인 또는 비영리단체)이 역할분담을 통해 사업을 수행하고 있다.

먼저 지방자치단체는 지방 자치단체 지원사업 공모 참여, 선정된 자치단체 지원사업 관리·운영, 사업계획서에 따라 사업 수행, 수행기관 및 사업주에 대한 지도·점검 실시, 사업평가 및 컨설팅에 협조, 보조금 신청, 사업비 정산 및 보조금 환수, 정산 결과 해당 고용노동(지)청에 통보를 수행한다. 또한 사업수행기관(비영리법인 또는 비영리단체)은 자치단체 사업의 수행기관으로 참여 및 수행, 사업계획서에 따라 사업 수행, 지도·점검, 사업평가 및 컨설팅에 협조, 고용창출 지원사업 수행기관은 지원사업주에 대해 점검 실시, 보조금 신청 및 수령 후 예산운용계획서의 세부 항목에 맞춰 사용, 해당 자치단체 및 고용노동(지)청에 사업실적보고서 및 정산 보고서 작성·제출을 수행한다.

마지막으로 고용창출지원사업의 사업주는 근로조건 등에 대한 근로계약서(사업주-

근로자) 체결, 사업계획서에 따른 업무 수행, 지도점검 및 자료제출 요구 등에 대한 협조해야 한다.

이 사업의 예산운영은 고용노동부에서 광역자치단체별 예산 배정하고 사업대상 자치단체를 선정한 후 광역 자치단체 관할 고용노동청에서 해당 자치단체에 교부하여 예산이 집행된다. 사업의 추진체계는 고용노동부가 사업을 공모하고, 자치단체가 지원신청하며, 고용노동부와 자치단체 간에 지원기관선정 및 약정서체결을 한다. 이후 고용노동부는 자치단체에 보조금을 지원하고 고용부가 지도점검 및 정산을 실시한다. 마지막으로 고용 및 외부기관에 의해 사업을 평가하는 순서로 추진된다.

그림 19-1 지역 · 산업일자리창출 공모사업의 추진체계

사업공모	⇨	지원신청	⇨	지원기관 선정 및 약정서 체결	⇨	보조금 지급	⇨	지도점검 및 정산	⇨	사업 평가
고용부		자치단체		고용부 ↔ 자치단체		고용부 ↔ 자치단체		고용부		고용부 및 외뷔기관

사업공모내용은 예산범위 내에서 공모를 실시하되, 구체적인 사항은 공모 시기에 제시한다. 공모사업으로 먼저 지역혁신프로젝트 사업은 광역지자체가 주체가 되어 추진하며, 광역자치단체는 지역고용창출의 전략적 추진을 위해 사업주체, 예산, 인력 등 대규모 자원을 활용하여 지역의 종합적인 일자리 사업을 발굴하거나 제안한다.

지역혁신프로젝트 사업을 구체적으로 살펴보면 먼저, 인력양성, 고용서비스, 고용환경개선, 기타 판로확대 · 기술지원 등과 같이 지역 실정에 맞는 패키지 사업을 발굴 및 신청하고, 지역고용전문관을 포함한 지역의 산업계 · 노동계 · 교육기관 · 정부기관이 참여하여 지역단위 노동시장을 선도할 수 있는 사업을 발굴 제안하고, 지역내 일자리 사업간 연계를 통해 의미 있는 프로젝트로 재구성하는 것이다.

이 사업은 광역자치단체별 최대 연간 50억 원 한도 내에서 3년간 지원하며, 단지 산업구조조정 등으로 대량 고용변동 우려 등 지역의 위기상황을 반영한 사업으로 인정된

사업에 대해서는 최대한도를 초과하여 신청이 가능하다. 여기서 기초를 포함한 광역단위 고용정책 자문과 의제 발굴 등을 위한 전문가 협업방안을 반드시 포함해야 하는데 전문가 협업방식은 지역일자리 목표 공시제 컨설팅, 고용정책포럼, 해당 지역일자리정책 추진방향 연구 등 다양한 형태를 인정하며 명칭은 자치단체에서 자유롭게 정할 수 있다.

다음으로 광역과 기초지자체의 일반 지역산업맞춤형일자리창출 사업은 광역과 기초지자체가 주체가 되어 추진하며, 교육훈련, 지역특화사업, 지역 고용구조조정 업종 근로자 지원사업, 고용환경개선사업, 그 밖에 지역 특성에 맞는 일자리창출 사업을 추진한다.

첫째, 교육훈련은 지역의 산업수요에 맞는 인력양성 및 지역차원의 고용문제를 해결하기 위해 실시하는 교육·훈련 및 취업촉진 지원사업이다.

둘째, 지역특화사업은 지역의 문화·환경자원·특산물 등 향토자원 상품화를 통한 일자리창출하는 사업으로 예를 들어 지역연고산업 전략의 하우스맥주 산업화·인적인프라구축사업, 로컬푸드 활용 농산물 가공, 해조류 활용 사업 등이 있다. 또한 취약지역·취약계층의 일하는 복지를 통한 지역공동체 활성화 지원으로 예를 들어 농촌지역 폐교를 활용하여 가내수공업 형태의 노인 일자리창출 등이 이에 해당한다.

셋째, 지역 고용구조조정 업종 근로자 지원사업은 지역주력업종의 구조조정으로 고용여건 악화 또는 악화될 우려가 있는 자치단체 지원이다.

넷째, 고용환경개선사업은 중소기업 근무환경 개선을 위한 각종 공간·시설 즉 휴게실, 수유실, 체력단련실 등에 비치되는 안마기, 운동기구, 공기정화기 등 고용환경개선을 위해 설치 또는 비치가 필요한 각종 기구, 설비, 비품 등의 임차료 지원 등을 의미하며, 임차 지원(기숙사, 통근버스 제외)은 기숙사, 통근버스임차지원은 산업단지 합동공모로만 지원하며, 자본재 구입비 및 시설공사비 투입에 관련한 예산은 자치단체 대응자금으로 부담하는 것이다. 그 밖에도 지역 특성에 맞는 일자리창출 사업을 추진하고 있다.

지역·산업맞춤형 일자리창출 지원사업은 자치단체와 사업 수행기관이 사업 종료 이후에도 미취업 훈련생의 취업 알선 등 훈련생의 취업을 위한 적극적인 지원책을 마련해야 한다. 또한 자치단체와 사업수행기관은 구인처 개발 등 취업 알선 실적 관리를 위해 워크넷에 등록을 해야 하며, 약정기간과 약정기간 종료 3개월 이내의 취업자 및 취업자 고용유지 현황을 관할 고용노동청에 제출하여야 한다.

제 3 절 지역일자리정책의 전망과 과제

지역일자리 문제가 사회적으로 주요한 정책 이슈가 되고 국정운영의 현안으로 대두됨에 따라 중앙부처는 각 부처의 업무영역에서 일자리 창출을 위한 다양한 시책들을 제시하여 추진 중이다. 지역에서는 중앙부처의 일자리창출정책과 연계하여 모든 지자체가 자기 지역의 일자리창출을 위해 다양한 시책을 추진해 왔다. 특히 지역마다 일자리 수급 상황이 상이하여 중점 추진과제에서 다소 차이가 있지만, 전반적으로 중앙부처의 일자리 창출 관련 지원사업과 더불어 지역별 특성에 부합하는 다양한 시책을 통해 일자리 창출을 위해 노력해 왔다.

그럼에도 지역의 일자리 창출의 기능과 역할에 대한 논의의 확장이 필요하다. 지역에서의 고용문제는 지역산업구조, 인구 및 노동공급 등 인적자본이나 지역입지와 같은 지역특성요인뿐만 아니라 중앙과 지역 간의 균형발전, 지방분권 및 이에 따른 권한의 이양 등 다양한 요소에 의해 영향을 받는다.

지역일자리 창출 문제를 전략적으로 접근하기 위해서는 지역 내 산업구조나 입지상태와 같은 외생적인 여건에 대한 고려뿐만 아니라 고용창출을 위한 내부역량을 어떻게 키워나갈 것인가를 고민하여야 할 때이다. 이런 점에서 지역의 특수성을 감안한 지역고용전략에 대한 검토가 필요하다. 모든 지역을 다 아우를 수 있는 전략이 아닌 지역유형별 특성에 부합하는 지역고용전략을 하부단위로 끌어내려 이에 적합한 전략을 마련해야 하는 것이다.

지역 수요에 부응하여 잘 훈련된 인력은 지역에 머무르지 않으며 지역에서는 여전히 인력부족이라는 미스매치 현상을 겪게 된다. 이는 훈련의 실패나 노동공급 정책의 실패가 아닌 지역이 안고 있는 산업구조나 노동력 수급구조, 지역 입지적 특성이 복합적으로 얽혀서 나다나는 것으로 볼 수 있다.

더욱이 최근에 일자리 창출 중심의 산업정책에 대한 필요성이 고조되고 있는 가운데 산업 간 연관의 강도에 따라 외생변수 변화가 경제 전체에 미치는 영향도 달라질 수 있어서, 산업정책의 관점에서 고용창출형 산업의 산업연관효과에 대한 측정방법 및 실증분석이 필요하다(나주몽, 2016).

국민의 정부는 IMF 국가위기 상황에서 2000년부터 공공부문에서의 일자리창출 관련 예산을 축소해왔으나, 참여정부는 2004년부터 적극적으로 관련예산을 증대시켰다. 특히 참여정부 시기의 일자리 창출정책은 크게 청년실업 대책, 사회적 일자리 사업, 취약계층 지원으로 구성되었으며, 노동부·보건복지부·중소기업청 등 범정부적인 차원에서 전개되었다.

이에 반해 이명박정부와 박근혜정부의 일자리 정책은 기존의 성장을 통한 일자리 창출 전략에 해당한다고 할 수 있다. 특히 일자리 중심의 창조경제는 자본투입 중심의 추격형 전략에서 벗어나 과학기술과 사람 중심의 선도형 창조경제로 전환하여 성장 잠재력 제고와 일자리 창출이 선순환 되는 경제 시스템 구축을 목표로 추진해 왔다.

한편 문재인정부가 들어서 100대 국정과제와 별도로 새정부 국정비전을 선명하게 부각시키고 최우선적으로 추진하는 4대 복합·혁신과제로 일자리경제, 혁신 창업국가, 인구절벽 해소, 자치분권과 균형발전으로 설정하여 추진하고자 한다. 특히 현재 한국경제가 직면하고 있는 저성장, 일자리 부족, 사회경제적 불평등 문제를 해결을 위해서는 대기업과 중소기업, 사용자와 노동자 등 모두가 더불어 성장하는 전략 필요하다는 것을 강조하고 있다. 여기서 더불어 성장의 핵심과제는 좋은 일자리가 마련된 대한민국으로, 일자리 창출로 가계소득을 늘리고, 늘어난 소득으로 소비를 확대하여 내수 활성화 및 성장으로 이어지는 경제 선순환 구조 구축이 가능하다는 것이다. 일자리 문제해결의 핵심은 일자리를 늘리고, 노동시간과 비정규직을 줄이며, 고용의 질을 높이는 전략이라고 할 수 있다.

문재인정부의 일자리 경제와 관련 전략은 국민의 눈높이에 맞는 좋은 일자리 창출, 사회서비스 공공인프라 구축과 일자리 창출, 성별·연령별 맞춤형 일자리 지원강화, 실직과 은퇴에 대비하는 일자리 안전망 강화, 좋은 일자리 창출을 위한 서비스 산업혁신 등이 지역일자리창출과 밀접한 관련을 갖고 있다(국정기획자문위원회, 2017).

첫째, 국민의 눈높이에 맞는 좋은 일자리 창출은 일자리 중심 국정운영 인프라 구축 및 공공부문 일자리 81만개 창출과 사회적 대화를 통한 양질의 일자리 창출 생태계 조성을 과제목표로 설정하고 있다. 이를 위해 대통령 직속 일자리위원회 설치 및 범정부적 국가 일자리정책으로 집중 관리하고, 공공부문 일자리 81만개 창출은 공공부문 일자리 충원 로드맵을 마련하여 2022년까지 공공부문 일자리 81만개를 창출할 계획이다. 또한 맞춤형 일자리 창출은 사회적 대화를 통한 지역 · 산업 맞춤형 일자리 창출을 도모하는 것이다.

둘째, 사회서비스 공공인프라 구축과 일자리 창출은 아동 · 노인 · 장애인 대상 생애주기별 사회서비스 확대 및 공공인프라 확충을 통해 양질의 일자리 창출을 도모하는 것이다.

셋째, 성별 · 연령별 맞춤형 일자리 지원강화는 청년 구직활동 및 고령사회에 대응한 고용안정과 재취업 지원과 출산 · 육아 등 직장 내 차별 해소 및 경력단절 여성의 재취업을 지원하는 것이다.

넷째, 실직과 은퇴에 대비하는 일자리 안전망 강화는 실업급여 보장성 강화, 고용보험 가입대상 확대 등을 통해 중층적 고용안전망 체계를 구축하는 것이다.

다섯째, 좋은 일자리 창출을 위한 서비스 산업혁신은 신규 시장 개척, 업종 간 융합 활성화로 우리 경제의 신성장 동력을 확충하고, 영세 서비스업종 생산성 향상 및 서비스 산업혁신을 통한 좋은 일자리 창출의 저변을 확대하는 것이다.

특히 문재인정부에 들어 일자리위원회를 중심으로 4개 부처가 공동으로 참여하여 일자리 정책 5년 로드맵 및 사회적경제 활성화 방안을 발표하였다. 이 로드맵은 문재인정부의 최우선 국정과제인 일자리 경제의 5개년에 걸친 실천계획을 제시하는 것으로, 임기 중에 '일자리-분배-성장의 선순환 구조'를 정착시키기 위해 5대 분야 10대 중점과제를 선정하고 연도별 추진방안을 마련하여 일관성 있게 추진하는 내용이 담겨 있다.

일자리정책의 5대 분야는 일자리 인프라 구축, 공공일자리 창출, 민간일자리 창출, 일자리 질 개선, 맞춤형 일자리 지원이며 이러한 5대 분야에 10대 중점과제를 선정하였다. 즉 5대 분야별 중점과제를 살펴보면, 일자리 인프라 구축분야에 중점과제는 일자리 중심 국정운영 시스템 구축과 일자리 안전망 강화 및 혁신형 인적자원개발이다. 공공일자리 창출분야는 공공일자리 81만명 확충이다. 민간일자리 창출분야는 혁신형 창업 촉진, 산업경쟁력 제고 및 신산업 · 서비스업 육성, 사회적경제 활성화, 지역일자리 창출이다. 일자리 질 개선분야는 비정규직 남용 방지 및 차별없는 일터 조성, 근로여건 개선이다. 맞춤형 일자리 지원은 청년 · 여성 · 신중년 등 맞춤형 일자리 지원으로 나누어져 있다.

문재인정부의 일자리 정책은 높은 청년실업 · 에코붐 세대의 고용시장 진입에 따른 당장의 일자리 위기에 대응하면서도 저출산 · 고령화 심화, 4차 산업혁명이 가져올 미래 고용위기에도 선제적으로 대비하는 것이며, 또한 기업의 경쟁력과 노동자의 삶의 질, 일자리의 양과 질, 일자리를 통한 수요확충과 혁신성장을 통한 공급확충 과제들이 상충되지 않고 상승작용을 하도록 정책 간 조화를 도모하는 것을 기본 방향으로 하고 있다(일자리위원회외 4개부처, 2017년 10.18. 보도자료).

이처럼 새로운 정부에서 일자리경제 정책에 가장 관심을 갖고 정책을 추진하고 있는 만큼 지자체차원에서도 지역일자리창출에 대한 구체적인 전략과 준비가 요구된다. 문재인정부의 국정운영 5개년 계획에서 일자리 경제정책을 논의함에 있어 지역의 중요성이 커지고 있는 가운데 지역의 특성을 감안한 시역맞춤형 일자리사업은 다양하고 일관성 있게 추진되어야 한다. 더욱이 지역일자리창출정책은 지역의 특성을 반영한 지역경제와 산업의 진단을 포함하여 다양한 방법을 통해 중앙정부와 지자체의 일자리사업 연계 및 협력방안이 요구되며, 향후에는 중앙과 지역을 망라한 종합적인 지역·산업일자리사업의 효율화 방안이 체계적으로 모색되고 추진되어야 할 것이다.

이러한 점을 고려할 때 지역일자리 창출 전략을 모색하기 위해서는 지역특성을 감안한 실현가능한 역할모델을 정립하려는 시도가 필요하다. 가령 대도시형, 중소도시형, 농어촌형, 시군구형과 같은 지역 입지적 특성을 기초로 하되 해당 유형 내에서 산업구조나 지리적 특성, 인구구조 등을 고려한 하부단위의 지역일자리에 대한 역할모델을 만들 필요가 있다. 이러한 역할 모델에는 산업이나 문화, 지역공동체의 활성화 같이 지역을 구성하고 유지하는 지역특성의 요소들이 고려되어야 할 것이다. 이는 지역고용전략이 필요한 이유이며 나아갈 방향이라고 볼 수 있다(이규용, 2013).

탐구학습

1. 주요 개념
   - 지역일자리정책의 개념
   - 지역일자리정책의 중요성
   - 지역맞춤형 일자리창출 사업의 목적과 유형
   - 지역맞춤형 일자리창출 사업의 변천
   - 지역일자리정책의 전망

2. 토론과 과제

- 지역일자리정책의 개념과 중요성에 대해 설명하시오.
- 지역일자리정책에서 지역맞춤형 일자리 창출사업의 의의를 설명하시오.
- 지역맞춤형 일자리창출 사업의 사업 목적과 유형에 대해 설명하시오.
- 지역맞춤형 일자리창출 사업의 변천과 과제에 대해 설명하시오.
- 지역일자리 정책에 대한 전망과 과제에 대해 설명하시오.

참고문헌

국정기획자문위원회, 2017, 「문재인 국정운영 5개년 계획」.

고용노동부, 2016, 「2017 지역·산업 맞춤형 일자리창출지원 사업 시행지침」.

고용노동부, 2013, 「2014 지역맞춤형 일자리창출 지원사업 시행지침」.

한신대산학협력단, 2011, 「지역고용정책 평가 및 지역고용 활성화 전략 연구」, 고용노동부.

나주몽·김일태, 2016, 가상추출방법을 이용한 고용창출형 선도산업의고용연관효과, 「한일경상논집」, 70호, 199-222.

이규용·강병식, 2012, "지역일자리사업의 현황과 쟁점-중앙부처의 지역일자리사업을 중심으로-", 「월간노동리뷰」, 2012년 2월호, 75~91.

이규용, 2013, "일자리창출과 지역", 「월간노동리뷰」 2013년 11월호, 1~2.

일자리위원회·기획재정부·산업통상자원부·고용노동부·중소벤처기업부, 2017, 일자리 정책 5년 로드맵 및 사회적경제 활성화 방안 발표, 보도자료 2017.10.18.일자.

전인·오선희·김승호·김기근, 2015, "대구·북지역의 사례연구를 통한 지역맞춤형 일자리사업의 개선방안", 「노동정책연구」, 제15권 제4호, 83~110.

제20장 지역녹색성장정책

제20장에서는 지역녹색성장정책에 대해 살펴보고자 한다. 제1절에서는 저탄소 녹색성장 의의에 대해 개관하고, 제2절에서는 지역녹색성장정책을 살펴보며, 제3절에서는 파리 기후변화 협정의 새로운 기후체제에서 지역녹색성장정책의 전망과 과제를 논의한다.

제 1 절 저탄소 녹색성장의 개관

1. 의 의

녹색성장(green growth)이 전 지구적 이슈로 등장하게 된 배경은 지구온난화, 신성장 동력 창출의 필요성, 에너지 위기 심화와 국가발전 패러다임의 변화 등에서 찾을 수 있다. 먼저, 온실효과에 따른 지구 온난화 현상은 지구의 평균 온도가 상승하면서 국지적인 침수, 이상기후에 의한 자연재해 및 농작물 피해, 산림감소와 사막화 등을 가져오며 이로 인해 세계 각 국은 엄청난 경제적 손실을 입을 수 있다. 이러한 온실효과의 수범은 온실가스라고 할 수 있는데, 다량의 온실가스가 대기로 배출됨에 따라 지구대기 중 온실가스의 농도가 증가하여 지구의 표면온도가 상승하는 지구 온난화 현상이 초래된다. 한편 우리나라는 기존의 요소투입형 경제가 성장의 한계를 보이고 있는 가운데 새로운 성장 동력의 확보가 절실한 상황에서 국가 및 지역경제 성장을 위한 새로운 동력으로서 녹색성장의 필요성이 대두되고 있다.

이처럼 21세기에 접어들어 환경과 에너지 문제의 심각화에 따라 지속가능한 발전 패러다임이 대두되고 있다. 특히 화석연료 의존구조로는 경제·사회·환경에 대한 부정적 영향이 불가피하며, 에너지 수요가 증가하는 현재의 경제구조에서 화석연료에 대한 높은 의존은 대기오염 등 환경오염을 심화시킬 전망이다(박승규·한표한, 2009).

특히 신흥경제국의 에너지에 대한 수요증가로 에너지 수급이 불안정해지고 있는 가운데 석유파동과 같은 자원 민족주의가 반복될 경우에 경제성장은 치명적인 영향을 받게 된다. 우리나라와 같이 자동차, 조선, 철강, 석유화학 등 에너지 다소비형 업종중심의 산업구조 하에서 지속적인 경제성장을 위해서는 에너지를 적게 소비하는 새로운 산업구조인 녹색성장 산업구조로의 재편이 시급한 실정이다.

이와 같이 최근 녹색성장에 대한 필요성과 관심이 높아지고 있는 가운데 녹생성장의 개념은 아직까지 학문적으로는 정립되지 않은 상태로 받아들여지고 있다. 경제성장을 최우선으로 하여 자원의 고갈을 유발시킨 기존의 성장 패러다임이 한계에 직면하고 있어 그간 경제성장을 견인했던 화석연료를 줄이고 저탄소에 기반한 새로운 저탄소녹색성장과 관련된 정책들이 추진되고 있는 것이다. 이러한 녹색성장정책은 온실가스를 줄이는 저탄소 경제발전 패러다임으로, 경제성장을 추구하되 자원이용과 환경오염을 최소화하고 이를 다시 경제성장의 동력으로 활용하는 선순환 구조를 추구하는 것이다.

저탄소 녹색성장의 개념을 보다 구체적으로 살펴보기 위해서는 먼저 지속가능한 발전에 대한 개념 검토가 필요하다. 지속가능한 발전(Environment Sound and Sustainable Development: ESSD)의 개념을 처음으로 정립한 것은 1987년에 환경 및 개발에 관한 세계위원회의 브룬트란트 보고서(The Brundtland Report)였다. 이후 1992년 리우지구환경선언에서 그 개념이 구체화 되었다. 지속가능한 발전이란 미래세대가 그들의 필요를 충족시킬 능력을 저해하지 않으면서 현 세대의 필요를 충족시키는 발전으로 정의된다.[1] 이러한 지속가능한 발전의 개념은 보다 진화하여 2002년 요하네스버그의 지속가능발전 세계정상회의에서는 경제·사회·환경의 세 개 축이 통합된 의미로 정착됨으로써 오늘날의 녹색성장의 개념적 모태가 되고 있다(김현호·김선기, 2009).

먼저 저탄소란 화석연료에 대한 의존도를 낮추고 청정에너지의 사용 및 보급을 확

---

1) 지속가능한 발전에서는 주요 네 가지 원칙을 제시하고 있다. 첫째, 세대 간 형평의 원칙으로 자연과 환경자원의 개발 및 이용에 있어 현 세대와 미래 세대 간에 동등한 혜택을 누려야 하며, 둘째, 지속가능한 이용의 원칙으로 자연과 환경자원의 개발 및 이용에 있어 합리적인 기준을 설정하여 적정한 이용을 유지하여야 하고, 셋째, 공평한 사용의 원칙으로 어느 한 국가에서의 자원의 사용과 이용은 다른 국가들의 필요를 감안해야 하며, 넷째, 통합의 원칙으로 환경적 고려가 경제적 그리고 사회적인 것들과의 통합성을 고려해야 한다는 원칙들이다.

대하며 녹색기술 연구개발, 탄소 흡수원 확충 등을 통하여 온실가스를 적정수준 이하로 줄이는 것을 말한다. 또한 녹색성장이란 에너지와 자원을 절약하고 효율적으로 사용하여 기후변화와 환경훼손을 줄이고, 청정에너지와 녹색기술의 연구개발을 통하여 새로운 성장 동력을 확보하는 것이다. 이를 통해 새로운 일자리를 창출해 나가는 등 경제와 환경이 조화를 이루는 성장을 말한다.

이러한 녹색성장의 개념은 여러 주체에 의해서 정의되고 있는데, 먼저 「저탄소 녹색성장 기본법」 제2조에 따르면 녹색성장이란 에너지와 자원을 절약하고 효율적으로 사용하여 기후변화와 환경훼손을 줄이고 청정에너지와 녹색기술의 연구개발을 통하여 새로운 성장 동력을 확보하며 새로운 일자리를 창출해 나가는 등 경제와 환경이 조화를 이루는 성장을 뜻한다. 녹색성장위원회는 녹색성장을 환경(green)과 경제(growth)의 선순환구조를 통해 양축의 시너지를 극대화시켜 삶의 질 개선 및 생활의 녹색혁명을 일으키고 국제 기대에 부합하는 국가위상을 정립하는 성장이라 하였다.

또한 아시아태평양 경제사회위원회(UN ESCAP)에 의한 녹색성장은 생태적 부담을 최소화하는 동시에 경제적 산출물을 극대화시키는 전술로써, 소비와 생산방식을 근본적으로 변화시킴으로써 경제성장과 환경적 지속가능성을 조화시키는 접근법(UN ESCAP, 2008)으로 정의했다. 다시 말해 녹색성장이란 경제성장을 추구하되, 환경오염과 자원이용을 최소화하고, 환경과 경제의 선순환구조를 통해 양축의 시너지 효과를 극대화시키는 발전양식이라 할 수 있다. 이처럼 녹색성장은 궁극적으로 새로운 문명을 창조하고 새로운 변화와 질서를 수용하는 복합적이고도 열린 개념(open-ended concept)이며, 각 주체가 공유된 비전을 중심으로 창의적으로 발전시켜 나가야 할 개념이다(김현호·김선기, 2009).

최근 프랑스에서 개최된 제21차 유엔기후변화협약 당사국 총회에서는 2015년 12월에 파리기후변화 협정이 채택되면서 선진국이든 개도국이든 공히 기후변화에 대응하기 위한 노력을 해야 한다는 새로운 기후체제의 프레임워크가 마련되었다. 저탄소 녹색성장 정책은 지난 이명박정부에서 본격적으로 시작되었고, 박근혜정부의 창조경제 전략을 통하여 어느 정도 기반이 마련되었다. 더욱이 새로운 문재인정부에서도 100대 국정과제에 신기후체제에 대한 견실한 이행체계 구축이 목표과제로 포함되어 이에 대한 구체적인 지역정책이 추진될 예정이다.

2. 저탄소 녹색성장의 성격 및 기능

녹색성장의 특성은 경제와 환경의 관계에 대한 근본적인 변화를 내포하고 있으며 그 핵심은 환경을 보는 시각의 변화에 있다. 우선 저탄소사회를 구현하기 위해서는 단순히 오염을 규제하는 측면에서 한발 더 나아가 사회경제 전반의 탄소집약도 개선과 생태적 효율성 제고가 필수적이다. 따라서 생산과 소비는 분리된 것이 아니며 재화와 서비스를 생산하고 소비하는 사회경제 모든 부문의 생산, 소비양식의 변화가 수반되어야 한다. 또한 환경규제는 부담이자 비용이며 부정적 경쟁력의 원인이란 사고에서 벗어나 경제성장의 촉진이자 새로운 비즈니스의 기회, 경쟁력 강화의 원동력이란 전향적 사고로의 전환이 필요하다.

최근 국내외 어려운 상황 속에서 녹색성장이 경제 및 환경 문제를 동시에 해결하는 성장의 새로운 원천으로 개척할 수 있는 긍정적인 기능을 살펴보면 다음과 같다. 첫째, 생산성 기능으로 자원 및 자연 자산 이용의 효율을 높이기 위한 인센티브, 자원 생산성 향상, 폐기물 및 에너지 소비 절감, 자원의 유용한 활용 등이 있다. 둘째, 이노베이션 기능으로 성장과 환경 문제 해결을 위한 새로운 방법을 가능하게 하는 정책과 틀에 있어 이노베이션 기회의 활성화를 도모한다. 셋째, 새로운 시장 창출기능으로 그린기술, 제품 서비스의 수요자극에 의한 신시장의 창출에 도움을 준다. 넷째, 신뢰확산의 기능으로 정부의 주요 환경 문제 대책에 대한 예측 가능성과 안정성의 강화에 의한 투자자의 신뢰를 향상시킨다. 다섯째, 안정성 기능으로 공공 지출의 구성 및 효율성의 조사와 오염과 징금을 통해서 자원가격변동을 감소시켜서 재정건전화를 지탱한다.

그러나 녹색성장전략이 경제적 진보의 기준으로 GDP에만 주목하게 되면 대체적으로 부와 건강, 행복에 대한 자연자산의 기여를 놓칠 수도 있다. 「녹색성장기본법」 제39조 에너지정책 등의 기본원칙에서 녹색성장의 의미를 살펴보면 녹색성장은 국민이 저탄소녹색성장의 혜택을 고루 누릴 수 있도록 저소득층에 대한 에너지 이용 혜택을 확대하고 형평성을 제고하는 등 에너지와 관련한 복지를 확대한다.고 명시하고는 있지만, 기본적으로 지속가능발전론에 비해서 상대적으로 사회적 형평성은 다소 약화되고, 경제성장과 환경보존이 강조된 개념으로 이해할 수 있다(김선기 외, 2010).

따라서 녹색성장전략은 성장의 질이나 구성 등에 있어 진전을 측정한 다양한 기준과 그것이 사람들의 부와 행복에 어떤 영향을 미치는지를 주목할 필요가 있으며 이런 관점을 유지할 때 녹색성장은 지속가능한 발전에 필수적인 요소가 된다.

제 2 절 지역녹색성장정책의 주요 내용

1. 개 요

녹색성장정책은 기존의 환경이라는 측면에서, 온실가스의 배출량을 삭감하기 위해 경제 활력을 억제하기 때문에 경제성장에 있어 부정적인 이미지가 강하였다. 그러나 녹색성장은 환경과 성장을 조화시키거나 양립을 지향하고 있고, 기존의 소극적이고 보수적인 그린화 정책에서 벗어나 녹색기술개발, 환경 배려형 비즈니스모형을 통한 새로운 산업을 창출·진흥시키고, 신성장 동력의 엔진으로서 성장력을 강화하는 정책이다.

녹색성장 국가정책은 2008년 대통령 8·15 경축사에서 저탄소 녹색성장전략이 제시된 후 기후변화대응 기본계획을 비롯한 계획이 수립되었다. 이어서 정부의 저탄소 녹색성장 기본법안의 확정과 녹색성장위원회의 출범을 시작으로 2009년 3월에 녹색성장 국가전략 및 5개년 계획의 수립이 본격화 되었고, 공공과 민간이 참여한 가운데 논의를 거쳐 2009년 7월 국무회의에서 녹색성장 국가전략 및 5개년 계획을 최종 의결했다.

우리나라의 저탄소 녹색성장과 관련된 국가전략은 국가의 최상위 계획이라 할 수 있는 녹색성장 국가전략과 그 실천계획인 녹색성장 5개년 계획, 그리고 중앙정부와 지방정부의 추진계획을 포함하는 종합계획과 부문별 계획으로 구성된다.

녹색성장은 경제와 환경이 조화를 이루는 성장으로써 환경보전과 경제성장 간의 선순환적인 구조 아래 지속가능한 성장을 추구하는 새로운 발전양식으로 국가 차원에서 기술개발, 제도정비, 인프라 구축 등도 중요하지만, 지역차원에서 기후변화의 원인이 되는 사회 전반의 구성요소들 각각의 대응을 결집시키는 것도 매우 중요하다.

특히 지역경제에서는 녹색산업 육성에 중점을 두고 에너지와 자원을 절약하고 녹색기술의 연구개발을 통해 새로운 성장 동력을 확보하고자 한다. 이를 통해 새로운 일자리와 부가가치를 창출하고 지역의 경쟁력 확보에 주력한다. 더욱이 녹색성장은 삶의 양식 전체의 전환을 통해 추진되기 때문에 기후변화의 원인과 대응의 최일선에 있는 자치단체와 주민의 역할과 실천이 절실히 요구된다.

지역 차원에서 녹색성장의 최종 목표는 지역 환경의 가치증대와 지역에서의 신성장 동력의 발굴을 통한 당해 지역주민의 삶의 질 제고에 두어야 하다. 이러한 목표 달성에 있어 녹색성장을 위한 지역발전정책은 ① 지자체의 기후변화 대응, ② 녹색산업 육성, ③ 녹색기술 육성, ④ 지자체 녹색생활 실천, ⑤ 녹색환경 조성 및 녹색인프라 구축 등 전략이 필요하다(김현호 · 김선기, 2009).

지역정책차원에서는 지역이 보유한 녹색자원과 역량을 최대한 활용하여 에너지 사용과 온실가스 배출을 최소화하면서 그 과정에서 새로운 성장 동력을 발굴하여 지역경제를 활성화하고 삶의 질을 제고시키는 발전전략이 필요하다.

따라서 녹색성장정책은 국가차원에서 추진해야 할 바람직한 가치이지만 모든 지역이 동일하게 추진할 수는 없으며, 지역의 여건과 특성을 반영한 특성화가 이루어져야 정책의 효율성을 제고할 수 있다.

2. 성격과 기능

지속가능한 경제 실현을 위한 새로운 개념의 녹색성장을 추진하기 위해서는 어느 한 부문의 개선이 아니라 국가와 자치단체 전반의 시스템 변화가 전제되어야 한다. 지속가능한 경제는 지구적 생태자원의 보호 재활용 · 재이용을 촉진하며 화석에너지로부터의 에너지 자립을 지향하고 생태가치와 문화 · 사회가치가 중요시되는 경제이다(김현호 · 김선기, 2009).

특히 지방자치단체는 지속가능한 경제를 위해서 녹색성장을 통해 지역의 삶의 질 향상을 도모해야 한다. 즉 녹색성장의 국가전략이나 계획에 협력적으로 동조하되 최종 목표는 주민의 삶의 질 향상을 고려해야 한다.

녹색성장을 위한 지자체의 역할을 크게 네 가지로 구분할 수 있다(모성은, 2012; 환경부, 2008). 첫째, 에너지 소비의 주체이자 온실가스의 주요 배출원으로서 역할로 지자체 보유 건물 설비, 도로조명, 차량의 에너지 소비를 절감하는 것은 물론, 메탄을 포집 · 활용함으로써 온실가스 저감을 추진한다. 둘째, 에너지 생산과 배분의 주체로서의 역할로 전기, 가스, 수도 등 자원을 공급하는 경우 에너지 효율 향상과 신 · 재생에너지 보급을 확대해야 한다. 셋째, 규제자와 개발 주체로서의 역할로 지자체의 주요 업무인 토지이용 계획의 수립, 각종 개발사업 시행 및 수송체계 조직의 주체로서 의사결정과정에서 온실가스 감축을 위한 다양한 규제수단을 보유하고 있어야 한다. 넷째, 녹색성장 촉진자로서의 역할로는 시민·기업·공공기관 등 에너지 최종 소비자들에게 정보 제공, 동기부여 등을 통해 소비 양식 변화를 유도해야 한다.

지자체의 저탄소 녹색성장 사업은 2009년 기준으로 16개 시·도의 기타 사업을 포함하여 총 27개 사업으로 구분되며 이는 다시 유사사업을 기준으로 분류하였을 때 13개 사업으로 분류된다(박승규·한표환, 2009). 저탄소 녹색성장 사업을 시·도별로 구분하여 보면 광역시의 최대 중심 사업은 주로 에너지관련 사업으로 나타났으며 저탄소 관련, 교통관련, 기후변화 관련 사업 순으로 많이 진행되고 있는 것으로 나타났다.

정부의 저탄소 녹색성장 정책의 기조에 따라 2009년에 저탄소 녹색성장 사업 중 가장 많은 부문을 차지하는 사업은 에너지 관련 사업으로 전체 133개의 사업 중 31%인 41개 사업이다. 에너지 관련 사업은 주로 신재생에너지 에너지합리화 사업, 폐연료재생 사업, 발전소 및 천연에너지 사업으로 다시 분류되며 광역시와 도에서 비슷하다. 또한

표 20-1 저탄소 녹색성장사업 분류

부 문	내 용
에너지관련	신재생에너지, (건물)에너지합리화, 폐연료재생, LFG 건립,발전소 및 천연에너지
기후변화관련	기후변화 조례 제정
교통관련	자전거 보급 및 전용도로 설비, 교통 개선 및 철도
농업관련	숲조성 및 작물재배, 친환경 농업
기술관련	기술센터 건립
저탄소관련	탄소배출권관리, 탄소마일리지, 매립가스, CDM, 온실가스관리
인프라관련	상하수도 인프라
일자리관련	일자리 창출 사업
환경관련	하천복원, 공원조성
녹색타운관련	그린 타운 조성 관련 사업
LED관련	LED 및 조명 관련사업
건축물관련	건축물 조례 제정, 친환경 건축 인센티브
기타	엑스포 유치, 우수 이용, 그린펀드 조성, 기타 사업

자료: 박승규·한표환, 2009, 「저탄소 녹색성장의 지역경제발전효과 추정 및 극대화 방안」, p.52.

저탄소 관련 사업 역시 정부의 기조아래 전체의 11%를 차지하며 탄소배출권관리 탄소마일리지, 매립가스, 온실가스 관리사업으로 분류된다. 반면 국외의 저탄소녹색성장으로 활용되고 있는 기후변화관련 사업은 상대적으로 적게 나타나 전체의 5%에 해당하는 10개의 사업으로 나타났다.

대부분의 광역자치단체가 저탄소사회를 조성하기 위하여 온실가스 감축 및 기후변화 대응 역량을 강화시키고자 하고 있기 때문에, 에너지 사용량을 감소시키고 신재생에너지 보급률을 증대시키며 대중교통 분담율을 향상시키는 전략 등을 통해 온실가스 배출량을 효과적으로 감축시키고자 한다. 이를 위해 광역자치단체가 녹색성장 비전을 설정하고, 구체적인 정책목표를 설정하는 등 시・도차원의 녹색성장 로드맵을 발표하였다.

3. 주요 내용

1) 지자체의 기후변화 대응

기후변화대응은 IPCC(intergovernmental panel on climate change)를 중심으로 국제기구와 국가적 차원에서 논의되고 있으나, 기후변화대응의 실질적인 주체인 지자체의 역할이 점점 중요해 지고 있어, 일괄적이며 효율적인 정책수행을 위해서는 지자체와 정부의 협력이 필수적이라 할 것이다. 따라서 기후변화 대응은 지구적 문재인 동시에 지역적인 전방위적 문제로서 공동의 대응이 필요하다.

기후변화 대응은 크게 완화방안과 적응방안으로 구분되는데 대부분의 녹색성장시책 또는 기후변화 대응시책들은 온실가스 감축에 따른 완화에 초점이 맞추어져 있다. 그러나 이미 진행된 온실가스 배출은 감축을 위한 노력에도 불구하고 오랫동안 지속될 것이기 때문에 기후변화의 영향을 최소화하는 적응 또한 매우 중요하다.

기후변화 대응을 위해서는 온실가스 감축을 위한 완화와 기후변화의 영향을 최소화하는 적응이 병행 추진되어야 한다. 일차적으로 완화 측면에서 가장 핵심적인 이슈는 온실가스의 주범인 화석연료의 사용과 비중을 줄이는 것이다. 이것은 사회경제 전반에서 중요한 과제이지만, 실질적으로 경제성장에 지장을 주지 않으면서 에너지 사용을 획기적으로 줄이는 데에는 한계가 있으므로, 보다 적극적으로 신재생에너지 등 대체연료의 개발보급을 통해 화석연료의 비중을 줄이는 것이 효과적인 대안이라고 할 수 있다.

지자체의 기후변화대응 프로세스는 크게 저감과 적응으로 구분되며, 각각은 측정

(measure), 계획(plan), 실천(action), 평가(monitoring)의 4단계로 진행된다.

먼저 저감하는 방법에서 측정단계의 측정은 온실가스 배출량을 산정하는 단계로, 배출량의 산정 · 평가, 배출량 예측이 포함된다. 계획단계에서는 저감을 위한 계획 수립 단계로, 저감 잠재량의 산정, 저감 목표 설정, 부문별 저감 대책을 수립하여 로드맵을 작성한다. 실천단계에서는 부문별 저감 프로그램을 운영하는 단계이다. 평가단계에서는 프로그램의 운영 실적을 평가하는 단계이다.

그리고 적응하는 방법의 프로세스를 보면 측정단계에서는 기후변화를 예측하고, 취약성을 평가하는 단계이며, 계획단계는 취약성 평가 결과에 따라 적응 대책과 로드맵을 수립하는 단계이다. 실천단계는 적응 프로그램의 운영단계이다. 평가는 프로그램의 운영 실적을 평가하는 단계이다.

그림 20-1 지자체 기후변화 대응 프로세스

	측정 (Measure) →	계획 (Plan) →	실천 (Action) →	평가 (Monitoring)
저 감	· 배출량 산정 · 배출량 예측 · 저감 잠재량 산정	· 목표 설정 · 로드맵 수립 · 저감 대책 수립	· 저감 프로그램 운영	· 프로그램 운영 실적 평가
적 응	· 기후변화 예측 · 취약성 평가	· 적응 대책 수립 · 로드맵 수립	· 적응 프로그램 운영	· 프로그램 운영 실적 평가

자료: 환경부, 2008, 「지자체 기후변화대응 업무안내서」, p.51.

2) 녹색산업의 육성

녹색성장은 단지 에너지 · 환경 문제를 해결하는데 그치지 않고 나아가 산업계의 생산구조 및 일반 국민의 생활구조와 소비구조를 친환경적으로 전환함으로써 지속가능한 국가발전 패러다임으로 자리를 잡아가고 있다. 이러한 녹색성장정책은 최근 전 세계가 녹색성장을 부르짖기 시작하는 때에 발맞추어 세계의 녹색성장 조류에 합류함으로써 여타 국가와 녹색성장과 공유가치를 창출해 나갈 수 있으며, 이를 통해 방대한 녹색성장 관련 글로벌 수요 창출의 혜택을 활용할 수 있다.

녹색성장을 달성하기 위한 산업발전의 핵심적인 두 가지 측면은 녹색성장의 개념을 형성시킨 밑거름으로 녹색성장의 새로운 동력원으로 부상하고 있는 녹색산업 그 자체의 발전과 산업 전반의 녹색화라고 할 수 있다.

특히 녹색산업 분야에서 치열한 글로벌 경쟁은 이제 피할 수 없는 국가적 도전이 되었다고 볼 수 있다. 녹색산업에서의 글로벌 경쟁에서 녹색산업이 지속적 우위를 점하고, 이 산업을 녹색성장 달성을 위한 주요 동력으로 효과적으로 가동하기 위해서는 산업 및 기업 차원에서 구체적으로 고려하고 추진해야 할 과제와 정책의 전략에 대해 심도 있게 논의하고, 대응책을 강구함으로써 녹색성장 목표에 상응하는 산업발전 체제를 구축하고 정비해 나갈 필요가 있다.

녹색산업과 관련한 정부의 현행 정책과 제도는 크게 세 가지 측면에서 볼 수 있다. 첫째는 정부가 녹색성장을 위하여 발표한 다양한 육성·지원방안이고, 둘째는 녹색성장의 법적 기초와 근간을 이루는 「저탄소 녹색성장 기본법」, 셋째는 녹색산업에 속한 개별 산업들에 대한 정부의 규제 및 지원제도이다(이성근 외, 2011).

특히 정부는 국가에너지기본계획, 그린에너지산업 발전전략, 발표에 이어 2008년 12월에 지식주도형 녹색성장 산업발전전략의 발표를 통해 녹색성장을 위한 산업·에너지 부문의 밑그림을 제시하였다. 지식경제부가 제시한 지식·혁신주도형 녹색성장 산업발전전략은 산업의 녹색전환(green transformation)을 통해 저탄소형 산업구조로의 전환과 핵심 주력산업의 녹색산업화 달성을 목표로 하고 있다(나주몽, 2009).

이것은 실물경제로 전이되고 있는 경제위기 극복의 계기를 마련하는 동시에 경제의 성장 잠재력을 확충하기 위한 녹색성장의 드라이브 정책이라고 할 수 있다. 여기서 녹색전환은 산업별 CO_2저감, 에너지 효율향상, 환경친화적·저탄소형으로 전환하여 시장에서 경쟁우위를 확보하는 동시에 새로운 시장을 창출하는 것을 의미한다(지식경제부, 2008b). 즉 녹색성장시대의 산업발전 패러다임으로 핵심 주력산업과 에너지·환경 기술간 융합을 통해 친환경 사업영역을 발굴함으로써 새로운 성장 동력을 창출하고자 하며, 산업의 환경친화적 전환을 통해 환경과 경제가 선순환 하는 지속가능한 성장을 달성하고자 하는 것이다.

지식경제부의 지식·혁신주도형 녹색성장 산업발전전략은 녹색성장을 위한 산업발전의 핵심적인 내용을 담고 있다. 이것의 주요 내용은 9개 산업별, 12개 기능별 녹색성장전략으로 일명 3G 9-6-6전략이라고도 한다(지식경제부, 2008a).

3G는 핵심주력산업의 녹색혁신(Green Innovation: GI), 저탄소형 산업구조 재설계(Green Restructuring: GR), 가치사슬의 녹색변환달성(Green Value Chain: GV)을 나타낸다. 이것을 구체적으로 살펴보면 다음과 같다.

첫째, 핵심주력산업의 녹색혁신(green innovation)은 주력산업과 녹색기술의 융합을 통해 전 산업의 녹색산업화를 촉진하여 단시간 내에 녹색산업의 선두주자로 발돋움하는 산업별 전략으로 구성되어 있다.

둘째, 저탄소형 산업구조 재설계는 산업구조 고도화, 지식기반경제로 이행, 에너지 효율 향상 및 온실가스 감축 등을 통해 저탄소형으로 산업구조를 재설계할 수 있도록 기능별 전략 즉 지식서비스산업 육성 및 녹색화, 지식경제 R&D 시스템의 혁신, 지식재산의 창출·활용, 기후변화 대응 지원, 녹색경영 활성화로 구성되어 있다.

셋째, 가치사슬의 녹색변환달성은 생산-물류-마케팅-서비스-재자원화에 이르는 가치사슬 전 과정의 친환경화를 통한 전 산업의 녹색화 기반조성의 기능별 전략으로 구성되어 있다. 즉 저탄소형 산업구조 재설계의 전략은 녹색표준정립 정립, 그린IT추진, 그린허브코리아 구축, 녹색유통·물류혁신, 국제환경규범과 시장확대, 산업계자원생산성 혁신을 추진하는 것이다.

한편 우리나라의 지방자치단체는 지역의 녹색산업을 육성하기 위한 다양한 시책들을 수립 추진하고 있다(김현호·김선기, 2009). 다양한 차원에서 수립 추진하고 있는 지방자치단체의 녹색산업 육성은 기존 산업의 녹색화와 신재생 에너지 산업 육성, 녹색산업 기반조성 등으로 파악할 수 있다. 기존 산업의 녹색화는 생태산업단지의 조성 지역 소재 산업의 고효율 친환경기술의 강화, 폐자원 에너지 효율화 사업, 자전거 산업의 육성 등이 해당된다. 신재생 에너지 산업육성은 풍력, 태양광 등 신재생 에너지 산업 클러스터조성, 신재생 에너지 관련 산업육성, 그린홈 산업의 육성 등이 해당된다. 녹색산업 기반조성을 위한 사업은 녹색인재의 육성 등이 대표적이다.

녹색산업 육성에 있어 광역지방자치단체와 기초지방자치단체에는 차이가 있다. 광역지방자치단체의 경우 비교적 다양한 범위에 걸쳐 사업을 계획 추진하고 있는 반면 기초지방자치단체는 녹색산업을 육성하는 자치단체가 제한적일 뿐 아니라 특정한 부문에 한정되어 있다.

광역 지방자치단체 가운데서도 농촌이나 낙후지역을 포함하고 있는 광역 도에 비해 대도시 등을 포함하고 있는 광역시 지역이 녹색산업의 육성에 대해 관심이 높고, 대부분의 광역 지방자치단체의 경우 녹색산업 및 녹색기업유치 전략을 계획 추진하고 있다는 공통점을 보이고 있다.

3) 녹색기술의 육성

녹색성장 및 기술 등에 대한 근거법률인 「저탄소 녹색성장 기본법」에서는 녹색기술을 경제활동의 전 과정에 걸쳐 에너지와 자원의 사용을 줄이고 온실가스 및 오염물질의 배출을 최소화하는 온실가스 감축기술, 에너지 효율화 기술, 청정에너지 기술, 자원순환기술 등으로 규정하고 있다. 즉 녹색기술은 제품생산에서 소비까지 경제활동의 전 과정에 걸쳐 에너지 사용을 줄이고, 오염물질 및 폐기물을 최소화하는 기술을 의미한다.

한편 녹색성장 5개년계획(2009)에 따르면 녹색기술개발은 신 성장 동력 창출을 주목적으로 하여 추진하는 것으로 판단된다. 10대 정책방향 중 하나인 녹색기술개발 및 성장 동력화는 신성장 동력 창출에 포함된다. 실천과제로서 ① 녹색기술개발투자의 전략적 확대, ② 효율적 녹색기술개발 체계의 구축, ③ 녹색기술이전 및 사업화 촉진, ④ 녹색기술・산업 개발을 위한 인프라 확충, ⑤ 녹색기술개발을 위한 국제협력 활성화, ⑥ 신 성장 동력 녹색기술 산업 육성 등 추진이다.

녹색기술은 녹색산업과 밀접한 관계성을 지니고 있으며, 다양하게 정의되고 있다. 녹색기술의 기본개념은 경제활동에서 발생하는 환경저해물질의 배출량을 감축시켜 환경친화성을 증가시킴과 동시에 에너지 사용의 효율성을 제고하고, 이를 통해 새로운 시장을 창출해 경제성장까지 견인하는 광의의 기술적 트렌드라고 정의된다(이성근 외 2013).

저탄소 녹색성장을 이끌 녹색 기술은 경제 발전을 지원하면서 환경 지속성을 고려하는 광의의 기술적 트렌드로서 핵심적인 에너지 관련 기술과 환경 관련 기술이다. 구체적으로 재활용 및 대체에너지 개발을 위한 신에너지 개발 기술, 에너지나 자원의 효율성을 극대화시키는 고효율화 기술, 환경부하량을 최소화하거나 오염방지 및 환경 복원을 위한 환경 친화 기술 등으로 구분할 수 있다(이해춘, 2008).

먼저 대체 에너지 기술은 재생에너지 기술, 원자력 및 핵융합기술, 수소연료 및 전지기술 등이 있으며, 에너지 개발 기술은 저탄소산업 성장을 위한 핵심적이고 새로운 기술이다. 이러한 에너지 개발 기술은 화석 연소를 대체할 수 있는 대체 에너지 및 신에너지 개발기술이 주류를 이루고 있으며 저탄소 산업 성장을 위한 핵심적이고 새로운 기술이다. 이 기술들의 개발 및 혁신은 새로운 에너지 산업을 형성하고 기존 산업에 대한 파급효과를 가져와 산업 성장의 동력으로 작동할 수 있다.

다음으로 고효율화 기술에는 화석연료 효율성 극대화 기술, 수송 · 건설 · 선박 · 항공 부문 효율성 극대화 기술, 전력 효율성 향상 기술 등이 있다. 수송이나 전력부문의 에너지 효율화 기술은 기존 산업에서 생산비용을 절감시켜 제조 공정의 혁신을 유도할 수 있는 기술이다.

마지막으로, 환경 친화 기술은 친환경 공정 및 친환경 제품 제조 기술, 대기 · 수질 · 토양의 오염 저감 및 방지기술, 생태계 복원, 폐기물 재활용 등이 해당된다. 이러한 기술은 친환경 제품의 생산 및 소비를 통해 지구 환경오염, 생태계 파괴, 자원 낭비 등의 다양한 환경 문제를 해결하고, 이와 관련된 친환경 산업의 발전을 유도할 수 있는 기술이라고 할 수 있다.

이러한 녹색성장에 기반을 둔 녹색기술개념은 경제성장에 우선적 기여라는 한계를 극복하기 어렵다. 따라서 녹색기술 개념에는 경제성장 수단으로서의 역할이 중요하지만 향후 환경과 사회적 지속가능성에 대한 고려를 보다 많이 담을 수 있도록 개념의 재정립이 필요하다.

4) 지자체의 녹색생활 조성

녹색성장은 가정이나 개인, 기업, 지역 등의 녹색생활의 실천을 통해 달성될 수밖에 없다. 녹색생활이란 국민 개개인이 일상생활 속에서 자원과 에너지를 현명하고 친환경적으로 이용하여, 지구온난화의 원인이 되는 이산화탄소, 메탄 등 온실가스를 줄이고 저탄소 녹색사회를 구현하고자 하는 생활양식을 말한다.

「저탄소 녹색성장 기본법」 제2조에서 녹색생활이란 기후변화의 심각성을 인식하고 일상생활에서 에너지를 절약하여 온실가스와 오염물질의 발생을 최소화하는 생활로 규정하고 있다. 녹색생활은 일상생활 속에서 자원과 에너지를 현명하고 친환경적으로 이용하여 온실가스 배출을 적게 하고 저탄소 녹색사회를 구현하고자 하는 생활습관으로 정의할 수 있다(이성근 외, 2011).

지방자치단체가 추진하고 있는 녹색생활 실천의 하나는 녹색생활의 중요성에 대한 관심과 주의를 환기시키기 위한 차원의 사업으로 그린 스타트 녹색포럼 등을 조직하고 행사를 개최하는 일들이 여기에 해당된다.

다른 하나는 녹색생활을 실천하기 위한 주민준칙이나 지켜야 할 수범을 제시하고 녹색생활 실천에 대해서 인센티브를 부여하는 방법의 사업들이다. 탄소마일리지, 에코마일리지 등이 여기에 해당된다.

녹색생활을 위한 일반주민의 녹색생활, 소비자의 녹색생활, 직장인의 녹색생활에 대한 관점에서 주요 내용을 살펴보면 다음과 같다. 첫째, 일반주민의 녹색생활은 일반주민이 저탄소 녹색생활 실천을 바탕으로 하는 자발적인 운동으로, 주민 개개인의 인식변화와 실천을 통해 온실가스의 배출을 억제하고자하는 노력이 필요하다. 가정에서부터 실천할 수 있는 녹색생활의 대상으로는 난방 및 취사, 전기, 수도, 승용차 등에 있어, 생활습관의 개선을 통하여 에너지의 절약도 가능하고, 온실가스의 배출을 저감할 수 있으며, 이를 통해 환경보호와 기후변화에도 대응할 수 있다. 예를 들어 우리나라의 대표적인 녹색생활운동으로 추진한 그린스타트 운동은 녹색생활 실천문화를 확산시키기 위한 범국민운동이다. 이것은 녹색생활 캠페인을 산업계와 정부가 연계되면서, 녹색생활 관련 제도와 정책을 체계적으로 추진하게 되어, 이산화탄소 줄이기 운동실천서약에 참여와 더불어 녹색생활의 지혜를 홍보하고 실천하는 캠페인을 통하여 녹색생활에 대한 인식을 높이고 구체적인 실천을 확산시키기 위한 다양한 노력을 하고 있다. 또한 국내에서 그린 혁명을 이끌 대중적 인지도를 갖는 전문가를 선정하여, 녹색생활의 모범적인 실천자로서 그린리더를 육성하고 있다. 국민들에 의해 본격적인 온실가스 줄이기 실천운동을 전개할 수 있도록 녹색생활을 유도하고 있다.

둘째, 소비자 녹색생활은 저탄소 녹색제품의 구매와 녹색실생활확산을 통해 동참할 수 있다. 특히 친환경상품의 판매장소에 대하여 그린스토어 인증제를 도입, 소비자가 쉽게 이용할 수 있는 그린 유통망을 확대, 탄소라벨링 인증 제품 구매에 적극 동참, 친환경공산품의 비중확대를 통해 소비자의 녹색생활을 실천할 수 있다. 또한 녹색생활을 실천하기 위해서는 녹색식생활의 확산이 요구된다. 식품의 원료 수입 및 수송거리 등 푸드마일리지에 대한 체계적인 분석과 정보를 제공하고, 소비자의 인식 제고를 통해 로컬푸드운동에 대한 참여를 권장하는 것이 필요하다.

셋째, 직장인의 녹색생활에 있어 근무복장으로 기존의 일률적인 정장차림에서 탈피하여 여름에는 넥타이를 풀고, 겨울에는 내복을 입도록 하여 적정온도 유지를 통한 기후적응형 복장운동을 추진하는 것이다. 또한 재택근무, 원격 근무센터 구축・운영, 영상회의 활성화 등 스마트 오피스를 추진하면 온실가스의 감축과 교통수요 감소 등을 통한 에너지 절감이 가능하다.

5) 지자체의 녹색환경 및 녹색 인프라 조성

녹색환경 조성은 정주환경을 에너지 저소비형, 기후친화형 생활환경을 만들어 온실가스 배출을 억제하는 데 목적이 있다. 도시와 농촌의 녹색생활환경의 조성은 정주환경의 물리적 구성요소들을 친환경적으로 조성함으로써 에너지 소비를 줄이고 궁극적으로 온실가스 감축에 기여하는 것이다.

녹색환경의 조성과 관련해서 지방자치단체들은 거시적 차원과 미시적 차원의 시책들을 추진하고 있다. 거시적 차원에서는 녹색도시 및 녹색농촌을 추진하고 있다. 에너지 자립을 통한 화석 에너지를 저감할 수 있는 정주공간을 형성하자는 것이다. 미시적 차원에서는 ① 탄소흡수원을 조성하기 위해 생태숲 생태하천 습지복원 등의 시책을 추진하고 있으며, ② 주택, 건물, 공공청사 등에 대한 녹색건축물 보급, ③ 탄소배출을 저감할 수 있는 도시개발이나 교통체계의 개선 등의 사업을 추진하고 있다(김현호 · 김선기, 2009).

거시적 차원의 시책을 살펴보면, 첫째, 녹색도시는 물리적인 환경친화성 구현과 환경복원에서 벗어나 저탄소 녹색 기술구현과 이를 통한 녹색고용 창출을 담아내기 위한 공간을 창조하는 것이다. 도시의 공간구조와 기능을 배치할 때 불필요한 차량이동을 줄이고 건축물 배치 시에 밀도를 고려하여 에너지 저소비 및 탄소배출을 줄여 주는 도시구조를 형성하도록 해야 한다.

둘째, 녹색농촌은 농촌공간에서 지역 주민들이 자조적으로 녹색생활을 실천하고, 저탄소 녹색성장을 유도하는 공간적 · 실천적 단위이다. 녹색농촌의 개념은 공간적 측면에서는 환경친화적 농촌개발, 농업생산측면에서는 자원순환형 농업시스템 구축, 자원이용측면에서는 에너지 자립기반구축, 그리고 녹색생활측면에서는 마을공동체 육성을 의미한다. 녹색농촌관련 주요 정책으로는 환경부의 자연생태 우수마을조성사업이 2010년까지 100개소, 농림수산식품부의 농촌마을종합개발사업이 2017년까지 1,000권역, 녹색농촌체험마을조성사업이 2017년까지 850개소, 어촌마을종합개발사업이 2013년까지 225권역, 산림청의 산촌생태마을조성사업이 2013년까지 300개소를 목표로 추진되었다(이성근, 2011).

미시적 차원에서 시책은 첫째, 녹색환경 시책으로 탄소흡수원 조성이 중요하다. 탄소흡수원을 조성하기 위해서도 다양한 사업을 추진하고 있는데 녹색환경의 조성 가운데 가장 활성화된 분야가 탄소흡수원이라고 할 수 있다. 여기에서 탄소흡수원은 생태숲 조성 및 지역녹화 생태하천 조성, 습지복원 등의 사업이 대표적이다.

둘째, 주택, 건물, 공공청사 등에 대한 녹색건축물 보급은 녹색환경 조성에 중요하다. 건축물 부문은 우리나라에서 사용하는 에너지 소비량의 22%를 차지하며 감축주체와 방법이 매우 복잡하고 한번 지으면 30년 이상 영향을 미치게 된다. 또한 국민생활과 밀접한 관련을 가지고 있기 때문에 온실가스 감축이 쉽지 않은 것이 현실이다.

셋째, 녹색환경의 조성에서 또 하나 간과할 수 없는 부문이 도시계획 및 개발로 대부분의 광역지방자치단체도 에너지 효율적인 공간구조를 달성하기 위한 계획을 갖고 있지 못하다. 그러나 녹색환경의 조성에 빠뜨릴 수 없는 교통체계에 있어서는 상당수 지방자치단체가 자전거 도로를 개설하거나 도로 다이어트 등 녹색환경조성 사업을 계획 추진하고 있다.

한편 저탄소 녹색성장사회를 견인하는 주요 인프라 구축전략과 방법으로 녹색교통, 녹색산업단지, 생태하천 등을 살펴볼 수 있다(이성근 외, 2011). 첫째, 녹색교통은 교통에 있어서 에너지 소비를 줄이고 화석연료 소비와 온실가스 배출을 최소화하기 위해 육상교통, 해상교통, 항공교통, 물류 정책에 대한 종합적인 조정과 각종 교통시설 및 교통수단 등 국가교통체계를 효율적으로 개발 운영·관리하여 저탄소 교통체계를 구축하고 녹색가치를 창출하는 것이라 할 수 있다(「저탄소 녹색성장 기본법」 제 53조, 「국가통합교통체계효율화법」 제2조, 「지속가능한 교통물류 발전법」 제2조).

둘째, 생태산업단지는 산업단지에서 발생하는 폐기물을 다른 기업의 원료나 에너지로 재사용함으로써 자원효율성을 높이고 오염을 최소화하는 녹색산업단지이다. 생태산업단지는 효율적인 자원의 공유와 자본의 확보 및 환경적 성과 획득, 기업과 지역 커뮤니티를 위한 인적 자원의 공정한 강화 등을 위해 기업 간 혹은 지역 커뮤니티와 협력하는 기업공동체라 할 수 있다(한국산업단지공단, 2008).

셋째, 생태하천은 기후변화 등으로 홍수와 가뭄 피해가 빈번하여 근원적인 대책이 필요하고, 하천의 본래 모습으로 자연그대로 가꾸어가고 하천의 생태적 기능이 잘 유지되도록 하는 등 하천의 다양한 기능을 종합적으로 관리하기 위해서는 생태하천으로 복원하는 노력이 필요하다. 우리나라에서는 생태하천을 조성하기 위해 하천정비사업을 시행하고 있다. 하천정비사업은 홍수에 강하면서도 맑은 물과 수려한 경관, 생태계가 살아 움직이는 건강한 하천으로 되살리기 위해 치수기능에 환경기능을 접목하여 자연친화적으로 개발하는 것을 주요 내용으로 하고 있다.

제 3 절 지역녹색성장정책의 전망과 과제

신흥개발도상국의 경제개발과 세계인구의 지속적인 증가는 에너지·자원 부족현상을 부추기고 이에 따른 가격상승을 가속하고 있다. 선진국들은 이미 자원의 효율적·환경 친화적 이용에 국력을 집중하고 있다. EU등 선진국들은 녹색기술 육성과 환경규제를 통해 관련 산업의 성장을 이끌어내는 것은 물론, 새로운 시장을 선점하고 동시에 일자리까지 창출하는 등 발 빠른 움직임을 보이고 있어 녹색산업, 녹색기술이 새로운 성장엔진으로 자리 잡아가고 있다.

최근 프랑스에서 개최된 제21차 유엔기후변화협약 당사국 총회에서는 2015년 12월에 극적으로 파리기후변화 협정이 채택되면서 신 기후체제의 프레임워크가 마련되었다. 파리 기후변화 협정은 선진국과 개도국의 대결적 구도와 비용 부과를 통한 온실가스 감축 노력이라는 비현실적인 접근 방법을 탈피하여 선진국과 개도국을 막론하고 온실가스 감축을 통한 기회 창출을 누구든지 적극적으로 만들어 갈 수 있는 새로운 장을 만들어 주었다는데 큰 의의가 있다. 즉 파리 기후변화 협정은 기존 교토 의정서의 문제점과 한계를 잘 극복하여 선진국이든 개도국이든 공히 기후변화에 대응하기 위한 노력을 해야 한다는 것이 특징이다.

지난 이명박정부의 저탄소 녹색성장 정책, 박근혜정부의 창조경제 전략을 통하여 어느 정도 기반이 마련되었다. 그러나 이들을 좀 더 보완하고 확대발전 시키는 작업이 범부처적으로 새로운 일자리 및 신성장동력 창출 차원에서 적극적으로 추진될 필요가 있다. 궁극적으로는 이렇게 범부처적으로 마련되는 우리의 국가적 기여 방안이 각국이 유엔에 제출하는 국가별 기여 방안의 모델이 되도록 치밀한 협상 전략과 결부가 되어야 한다(정서용, 2016).

문재인정부의 100대 국정과제에는 신기후체제에 대한 견실한 이행체계 구축이 구체적으로 포함되어 있다.

신정부의 과제목표는 2021년까지 온실가스 배출전망 대비 상당한 수준으로 감축을 실현하는 것이며, 또한 기후변화 리스크를 예측·관리하고 피해를 최소화하는 안전사회를 구현하는 것이다.

이에 대한 주요 내용은 첫째, 지속성차원에서 지속가능발전위원회 위상을 강화하여 사회·경제 전반의 지속성 제고 및 기후·대기·에너지정책 통합성 제고하는 것이다. 여기서 지속가능발전위원회는 2018년에 2030 지속가능발전 국가목표·비전 및 이행전략을 수립하고 확정하여 활동한다는 전략이다.

둘째, 온실가스 감축을 강화하기 위해 배출권거래제 정상화 등 온실가스 배출증가 억제한다는 것이다. 즉 2017년에 배출권거래제 전담부서 조정 추진 및 배출권 할당계획을 확정하고, 2018년에 에너지세제 개편, 2030년 온실가스 감축 로드맵을 수정·보완하여, 2020년까지 제로에너지 건물 확대, 중·대형차 온실가스 기준 신설하겠다는 것이다. 특히 공공기관 배출량 30% 감축하고 폐자원에너지 활성화 등 부문별 감축을 강화한다는 전략이다.

셋째, 기후적응 역량의 제고를 위해 사회 전반의 기후변화 적응 역량 평가·점검체계를 구축한다는 것이다. 이를 위해 2018년 공공기관 적응보고제 도입 등 기후변화 적응 역량 평가를 제도화하고, 2019년 한반도 기후변화 시나리오 생산 및 전국 적응위험지도를 작성하며, 2020년까지 기후변화 입체감시망 및 종합정보체계를 구축한다는 전략이다.

넷째, 범지구적 논의에 동참하여 파리후속협상 참여 등 국제사회의 역할을 강화한다는 것이다. 이를 위해 2018년부터 국제 배출량 검증 상호인정체계 구축, 해외 배출권 확보를 위한 개도국과의 양자협력 메카니즘에 의한 협정 등을 마련하겠다는 전략이다.

따라서 신기후체제에 대한 견실한 이행체계 구축에 따른 기대효과로는 기후·대기·에너지 통합관리로 저탄소 경제, 기후변화 위험으로부터 안전한 사회를 구현하는 것이라고 할 수 있다.

이러한 상황에서 정부는 세계적 트렌드 변화를 반영하여 지역경제차원에서 경제성장을 추구하되 자연자원 이용과 환경오염을 최소화하고 이를 다시 경제성장의 동력으로 활용하는 선순환구조를 만들어가는 것이 중요하다. 녹색성장을 추구하는 지역경제에서는 환경과 경제성장이라는 가치의 시너지 효과를 극대화하고 지방정부와 시민, 기업과 지역사회가 녹색성장의 가치를 공유하고 이를 바탕으로 창의적으로 발전시켜 나아가야 할 필요가 있다.

녹색성장을 위한 다양한 지역발전정책에 대한 지역차원에 과제는 다음과 같다. 첫째, 녹색산업의 성장에 따라 지역적 차원의 과제는 기존 산업군의 오염물질 배출 여부 확인 및 대응전략 수립이다. 이를 위해서는 특정 범위에서의 환경오염 총량 및 환경오염 저감시설 설치 등이 요구된다. 그리고 지역차원의 생태에너지 발전전략 구상 등의 장기적 발전전략 수립과 탄소시장에 대한 관심과 대응이 요구된다. 또한 기능적인 측면에 있어서 기술역량 강화로 녹색산업에 대한 중장기단계별 기술 및 투자 로드맵을 동시에 수립하여 기술개발과 제품상용화 투자가 연계되어 이루어질 수 있도록 하는 전략을 마련해야 한다.

둘째, 녹색기술 분야는 에너지, 자동차, 온실가스 저감, 친환경 건축물, 그린IT 기술 분야에 대한 집중투자가 필요할 것으로 예상된다. 녹색성장을 위해서는 화석연료에 의해 생산된 기존 에너지를 가장 효율적으로 사용하는 기술을 개발하는 한편 신재생에너지 기술을 개발하여 화석연료의 사용을 줄이는 것이 동시에 필요하다. 더욱이 선진국 수준의 녹색기술을 확보하기 위해서는 민간수요에 대한 폭 넓은 진단과 반영, 효율적인 연구개발체계, 녹색기술이외에도 자원 활용과 환경기술에 대한 관심과 투자 등을 포함한 다양한 분야의 노력이 필요하다.

셋째, 녹색생활의 실현에 있어서 온실가스 감축을 개인차원에서의 녹색생활이 선택문제가 아니라 반드시 해야만 하는 당면과제라는 인식의 전환이 필요하다. 의지의 차원에서 한 단계 발전하여 일상생활 속에서 자연스럽게 행하는 삶의 한 부분으로 자리 잡아야 한다. 또한 녹색소비자로서 녹색제품을 적극적으로 구매하며 에너지를 절감하기 위한 노력이 광범위하게 전개되어야 할 것이다.

넷째, 녹색인프라의 구축에서는 교통에서의 변화를 기회로 삼아 정부는 이산화탄소 배출 억제에 전력을 다하고 녹색시대를 주도하는 자동차나 교통 분야에 녹색교통체계 구축 및 녹색가치 창출이 필요하다. 그리고 녹색인프라 구축에 주요한 생태산업단지구축은 장기적으로는 산업단지의 입지, 산업단지 내 입주업체의 구성 및 관리 운영체제 전반에 걸쳐 긍정적인 변화의 방향을 설정하는 것으로서 향후 산업단지의 경제성과와 환경성을 제고할 수 있을 것이다.

한편 생태하천도 향후 기후변화 등으로 홍수 및 가뭄피해가 빈번할 것으로 예상되고 있으며 매년 예측불가능성이 증가하고 있다. 이에 향후 하천정비는 보다 친환경적으로 이루어져야 할 것이다. 더욱이 도시에서의 하천복원은 생물다양성보다는 문화적이고 경관적인 가치를 중시할 것으로 예상됨에 따라 향후 하천에 대한 활용은 보다 활성화될 것이고 생태계 조성이라는 측면에서 하천의 정비와 활용이 이루어져야 할 것이다.

녹색성장정책은 지속가능한 발전의 큰 세계적 흐름 속에서 나타난 지속가능한 발전을 지향하는 수단적인 정책이다. 선진국들의 지속가능성을 지향하는 국가발전모델과 우리나라의 발전방향을 감안할 때 녹색성장은 지속가능발전의 큰 틀 안에서 포용되어 지속적으로 진행될 필요가 있다. 녹색성장은 경제와 환경의 상생이란 측면에서 우리사회의 경제발전 욕구를 충족시켜줄 수 있었고 이런 점에서 녹색성장에 대한 공감대를 넓히고 이를 발판으로 하여 지속가능한 발전의 토대를 만들어 가야 한다(한국지역개발학회, 2013).

탐구학습

1. 주요 개념
   - 지속가능한 발전, 녹색성장, 녹색성장 5개년 계획
   - 기후변화대응 프로세스
   - 녹색산업, 녹색성장 산업발전전략
   - 신기후체제의 프레임워크

2. 토론과 과제
   - 녹색성장의 의의와 역할에 대해 설명하시오.
   - 녹색성장의 정의에 대해 설명하시오.
   - 지자체의 녹색성장정책의 정책구성에 대해 설명하시오.
   - 지자체의 기후변화대응 프로세스에 대해 설명하시오.
   - 우리나라 지자체의 녹색성장정책의 주요 내용에 대해 설명하시오.
   - 우리나라 녹색성장의 정책수단에 대해 설명하시오.
   - 파리 기후변화 협정과 신 기후체제에 대해 설명하시오.

참고문헌

김선기 · 박승규 · 박진경 · 전대욱, 2010, 「녹색성장과 지역특화발전」, 한국지방행정연구원.
김현호 · 김선기, 2009, 「지방자치단체 녹색성장 추진전략」, 한국지방행정연구원.
나주몽, 2009, 녹색성장을 위한 전남 산업발전의 대응전략, 전남산업포커스, 1(1), 6-27.
녹색성장위원회, 2009, 「녹색성장 5개년 계획(2009~2013)」.
도건우 · 이지훈 · 신창목, 2009, 「녹색뉴딜사업의 재조명」, 제691호, 삼성경제연구소
모성은, 2012, 「지역발전정책론」, 박영사.
박승규 · 한표환, 2009, 「저탄소녹색성장의 지역경제발전효과 추정 및 극대화 방안」, 한국지방행정연구원.
이성근 외, 2011, 「녹색성장과 지역경영」, 열린시선.
이성근 외, 2013,
이해춘, 2008, "저탄소 녹색성장을 위한 기술, 산업 및 노동". 「직업과 인력개발」 2008 가을, 14-23.
한국지역개발학회, 2013, 「지역정책론」, 보성각.
정소용, 2016, 신(新) "기후체제와 한국의 정책대응", 「정세와 정책」 2016년 2월, 13-16.
지식경제부, 2008a, 「지식 혁신주도형 녹색성장을 위한 산업발전전략」.
지식경제부, 2008b, 「제3차 신 재생에너지 기술개발 및 이용보급 기본계획(2009~2030)」.
한국산업단지공단, 2008, 「생태산업단지 구축 정책방향」.
환경부, 2008, 「지자체 기후변화대응 업무안내서」.
UN ESCAP, 2008, 「The Green Growth Approach for Climate Action」.

제21장 토지 · 주택정책

제21장 토지 · 주택정책에서는 토지와 토지정책, 그리고 주택과 주택정책에 대한 개념과 중요성 등을 살펴보고 토지 · 주택정책의 주요 내용과 박근혜 · 문재인정부의 토지 · 주택정책에 대해 살펴본다. 끝으로 우리나라 토지 · 주택정책에 대한 평가와 과제에 대해 논의한다.

제 1 절 토지 · 주택정책의 의의

1. 토지 · 주택정책의 개념

토지 · 주택정책의 구성개념인 토지와 토지정책, 주택과 주택정책의 사전적 개념을 살펴보면 우선 토지는 경지나 주거지 따위의 사람의 생활과 활동에 이용하는 땅을 의미한다(국립국어원 홈페이지). 그리고 토지정책(land policy)은 국가가 토지를 관리하고 토지문제를 해결하기 위해서 하는 목적지향적 행동을 말한다(방경식, 2011). 한편 주택은 사람이 들어가 살 수 있게 지은 건물을 말하고(국립국어원 홈페이지), 주택정책(housing policy)은 주택문제의 해결을 위해 공적기관이 행하는 정책으로서 주택건설, 주택조정, 주택생산 합리화, 지대 · 임대료 통제 및 지도 등 주택에 관한 정책의 총칭을 의미한다(현대건축관련용어편찬위원회, 2011).

토지는 자연적으로 주어진 한정된 재화이자 인간생활에 필수적인 공간으로서 후손에게 물려주어야 할 자산이므로 단순히 개인의 소유물에 그치는 것이 아니라 사회의 공공재화로서의 성격도 강하다. 따라서 토지의 기능 · 적성 · 위치에 따라 가장 효율적인 보유 · 이용 · 개발을 위해 적정한 유도 또는 규제가 가해질 필요가 있다. 이러한 토지를 다루는 토지정책은 한정된 토지를 합리적이고 효율적으로 이용하여 활용도를 제고하고, 토지의 소유와 이용에서 발생하는 부와 소득을 국민이 고루 누리도록 형평성을 유지하기 위한 정부의 공적 개입을 말한다(이성근 외, 2013: 473).

주택은 인간생활의 필수공간으로서 식사, 수면, 보건, 휴식 등의 다양한 기능을 수행하는데 건축법상으로는 단독주택과 공동주택으로 구분할 수 있다. 주택정책은 양적 부족과 질적 수준이라는 주택문제를 해결하여 주거의 안정과 복지를 추구하기 위한 정부의 공적 개입을 말한다(이성근 외, 2013: 479).

이를 종합하면 토지 · 주택정책은 국민이 생활하고 활동할 수 있는 토지나 주택을 다루는 정부의 행동방침이나 노선이라고 할 수 있다.

2. 토지 · 주택정책의 중요성

토지 · 주택정책은 국민의 생존을 위한 기본적인 공간을 다룬다는 점에서 그 중요성을 찾을 수 있다. 우선 토지정책의 중요성을 살펴보면 첫째, 토지정책은 국토의 효율적 이용, 국토환경보전, 국토의 균형개발, 투기억제와 지가안정, 개발이익의 환수, 토지시장의 투명성 확보 등 토지제도의 이상을 실현하기 위한 수단이라는 점이다. 둘째, 토지는 국민생활에 필수적인 땅을 다룬다는 점에서 그 중요성을 찾을 수 있다. 즉 국민이 생활하고 활동하기 위해서는 어떠한 경지나 주거지가 필요한데 이를 다루는 것이 토지정책이므로 토지정책은 국민생활에 필수적인 기본정책이다.

다음으로 주택정책의 중요성을 살펴보면 첫째, 주택정책은 충분한 양의 주택확보, 양호한 주거환경 조성, 주택시장의 안정, 주거격차의 완화 등 주택제도의 목표를 실현하는 수단이라는 것이다. 둘째, 주택정책은 주택문제를 해결하고 국민의 쾌적한 거주를 보장한다는 점에서 그 중요성이 있다. 따라서 주택정책은 국민의 복리증진과 직접적인 관계가 있다.

3. 토지 · 주택정책의 수단

정부가 토지 · 주택 등 부동산 시장에 개입하는 정책수단은 크게 직접개입방식과 간접개입방식이 있다(이태교 외, 2014: 34-36). 직접개입방식은 정부가 직접적으로 토지 · 주택 시장에 개입하는 방식으로 공용수용제도, 선매권 제도, 최고가격제, 토지비축제 또는 토지은행제도, 부동산거래허가제, 부동산소유제한제, 용도지역지구제 등이 있다. 간접개입방식은 정부가 시장의 기능을 활성화시키는 방법으로 시장에 간접적으로 개입하여 거래관련 정보를 제공하거나, 경제적 동기를 통해 수요나 공급을 변화시키는 방식이다. 조세 및 부담금 제도, 보조금 제도, 금융규제 및 지원, 실거래가격의 공개 등의 방법이 있다.

그러나 직접개입방식은 특정 지역에 제한적인 영향을 미치므로 실시효과가 비교적 확실하나 예상치 못한 부작용이 발생할 수 있고, 간접개입방식은 시장기구를 통해 넓은 지역에 적용되어 상대적으로 부작용이 적지만 정책효과의 시기 · 크기 · 범위를 예측하기 어렵다는 점이 있어 정부의 실제 정책은 두 가지 방식이 혼용되는 경우가 많다.

제 2 절 토지 · 주택정책의 주요 내용

1. 토지정책

토지정책은 토지문제에 대한 토지자원의 효율적인 이용과 형평성 있는 분배 등을 달성하기 위한 정부의 직 · 간접적인 개입을 의미한다. 일반적으로 토지정책은 토지소유 및 거래정책, 토지이용정책, 토지개발정책, 개발이익환수 및 개발손실보상정책 등으로 구분할 수 있다.

1) 토지소유 및 거래정책

토지소유 및 거래정책은 토지의 취득(양수), 사용 · 수익, 처분(양도) 등의 단계에서 규제하는 정책이다. 토지소유권[1])은 헌법에서 보장하고 있으나 토지의 합리적인 이용과 개발 · 보전을 위해 각종 공법적 제한의 대상이 되고, 「민법」 등에 의한 사법적 규제의 대상이 된다.

토지의 소유를 제한하는 제도로는 첫째, 소유자격을 제한하는 농지취득자격증명제,

1) 토지소유권의 권능에는 사용권, 수익권, 처분권이 있으며, 사용권은 보유권, 이용권, 개발권을 포함한다.

토지거래허가제, 농지처분명령, 토지거래신고제(1999년 폐지), 임야매매증명제(1997년 폐지) 등이 있고, 둘째, 소유한도를 제한하는 농지소유상한제, 택지소유상한제(1998년 폐지) 등이 있다.

토지의 소유에 따른 사용·수익을 제한하는 제도로는 개발이익환수제, 공용제한2) 등이 대표적이고 재산세, 종합부동산세 등도 보유를 제한하는 제도이다. 토지의 처분을 제한하는 제도로는 공용수용,3) 선매제, 양도소득세 등을 들 수 있다.

또한 취득·처분 등 거래단계에서 규제하는 제도로는 부동산실명제, 부동산 실거래가 신고제, 부동산 등기의무제, 검인계약서 제출의무 등이 있다.

2) 토지이용정책

토지자원은 한정되어 있으며, 사회성·공공성을 띠고 있기 때문에 효율적으로 이용되어야 함과 동시에 장기적인 관점에서 관리되어야 한다. 따라서 토지이용에 대해서는 일정 부분 정부의 개입이 불가피하다.

토지이용정책은 크게 토지이용계획과 개발행위허가제 및 개발권양도제 등이 있다. 토지이용정책은 기본적으로 계획체계의 일원화와 토지이용계획간 연계성 강화를 특징으로 하는 「국토의 계획 및 이용에 관한 법률」(2002년 제정)과 토지이용규제의 투명성을 확보하고 국민의 토지이용의 편의를 도모하기위한 「토지이용규제 기본법」(2005년 제정) 등에 근거하고 있다.

토지이용계획은 장래의 경제·사회변화를 예측하여, 한정된 토지의 합리적인 이용을 위해서 장래 수용되어야 할 기능에 따라 토지공간을 양적으로 배분하고, 각 기능별로 사용될 토지의 위치를 결정하는 것이다(대한국토·도시계획학회, 2011). 토지이용규제의 대표적 기법이 용도지역지구제가 있다. 「국토의 계획 및 이용에 관한 법률」은 그 성질과 목적에 따라 토지를 용도지역·용도지구·용도구역4)으로 구분하고 있다. 용도

---

2) 공공복리를 위하여 또는 일정한 물건의 효용을 확보하기 위하여 재산권에 가해지는 공법상의 제한을 말하며, 토지이용계획제한, 사용제한 등이 예이다.

3) 특정한 공익사업을 위하여 재산권을 법률에 의해 강제적으로 취득하는 것을 말한다.

4) 용도지역은 토지의 이용 및 건축물의 용도·건폐율·용적률·높이 등을 제한함으로써 토지를 경제적·효율적으로 이용하고 공공복리의 증진을 도모하기 위하여 서로 중복되지 아니하게 도시·군관리계획으로 결정하는 지역이다. 용도지구는 토지의 이용 및 건축물의 용도·건폐율·용적률·높이 등에 대한 용도지역의 제한을 강화하거나 완화하여 적용함으로써 용도지역의 기능을 증진시키고 미관·경관·안전 등을 도모하기 위하여 도시·군관리계획으로 결정하는 지역이다. 용도구역은 토지의 이용 및 건축물의 용도·건폐율·용적률·높이 등에 대한 용도지역 및 용도지구의 제한을 강화하거나 완화하여 따로 정함으로써 시가지의 무질서한 확산방지, 계획적이고 단계적인 토지이용의 도모, 토지이용의 종합적 조정·관리 등을 위하여 도시·군관리계획으로 결정하는 지역이다.

표 21-1 용도지역의 종류

용도지역			지정목적
도시지역	주거지역	제1종 전용주거	단독주택 중심의 양호한 주거환경을 보호하기 위해 필요한 지역
		제2종 전용주거	공동주택 중심의 양호한 주거환경을 보호하기 위해 필요한 지역
		제1종 일반주거	저층주택을 중심으로 편리한 주거환경을 조성하기 위해 필요한 지역
		제2종 일반주거	중층주택을 중심으로 편리한 주거환경을 조성하기 위해 필요한 지역
		제3종 일반주거	중고층주택을 중심으로 편리한 주거환경을 조성하기 위해 필요한 지역
		준주거	주거기능 위주로 이를 지원하는 일부 상업기능 및 업무기능을 보완하기 위해 필요한 지역
	상업지역	중심상업	도심 · 부도심의 상업기능 및 업무기능을 확충하기 위해 필요한 지역
		일반상업	일반적인 상업기능 및 업무기능을 담당하게 하기 위해 필요한 지역
		근린상업	근린지역에서의 일용품 및 서비스의 공급을 위해 필요한 지역
		유통상업	도시 내 및 지역 간 유통기능의 증진을 위해 필요한 지역
	공업지역	전용공업	주로 중화학공업 · 공해성 공업 등을 수용하기 위해 필요한 지역
		일반공업	환경을 저해하지 아니하는 공업의 배치를 위해 필요한 지역
		준공업	경공업 그 밖의 공업을 수용하되, 주거 · 상업 · 업무기능의 보완이 필요한 지역
	녹지지역	자연녹지	도시 녹지공간 확보, 도시확산 방지, 장래 도시용지의 공급 등을 위해 보전할 필요가 있는 지역으로 불가피한 경우에 한해 제한적인 개발이 허용되는 지역
		생산녹지	주로 농업적 생산을 위하여 개발을 유보할 필요가 있는 지역
		보전녹지	도시의 자연환경 · 경관 · 산림 및 녹지공간을 보전할 필요가 있는 지역
관리지역		계획관리	도시지역으로의 편입이 예상되는 지역 또는 자연환경을 고려하여 제한적인 이용 · 개발을 하려는 지역으로서 계획적 · 체계적 관리가 필요한 지역
		생산관리	농업 · 임업 · 어업생산 등을 위하여 관리가 필요하나, 주변 용도지역과의 관계 등을 고려할 때 농림지역으로 지정하여 관리하기가 곤란한 지역
		보전관리	자연환경보호, 산림보호, 수질오염방지, 녹지공간 확보 및 생태계 보전 등을 위해 보전이 필요하나 자연환경보전지역으로 지정하여 관리하기가 곤란한 지역
농림지역			도시지역에 속하지 아니하는 「농지법」에 의한 농업진흥지역 또는 「산지관리법」에 의한 보전산지 등으로서 농림업의 진흥과 산림의 보전을 위하여 필요한 지역
자연환경보전지역			자연환경 · 수자원 · 해안 · 생태계 · 상수원 및 문화재의 보전과 수산자원의 보호 · 육성 등을 위하여 필요한 지역

구역 중 개발제한구역(green belt)은 도시의 무질서한 확산을 방지하고, 도시주변의 자연환경을 보전하여 도시민의 건전한 생활환경을 확보하기 위하여 도시의 개발을 제한할 필요가 있는 경우 등에 지정되는 것으로 행위제한의 정도가 커서 구역완화에 대한 요청이 지속되고 있는 실정이다.

개발행위허가제는 모든 개발행위에 대해 국가의 허가를 필요로 하는 제도로서 엄격한 토지이용규제이고, 개발권양도제는 일정하게 주어진 개발허용한도 내에서 해당 지역의 토지이용규제로 인해 사용하지 못한 부분을 다른 지역에 판매할 수 있도록 하는 제도이다(이태교 외, 2014: 108-110).

3) 토지개발정책

토지개발정책은 택지의 안정적 공급, 토지의 계획적 개발, 토지의 효율적 이용, 개발이익배분의 형평성 도모 등을 목적으로 한다. 토지의 개발은 관련 법률에 따라 「도시개발법」에 따른 도시개발사업, 「택지개발촉진법」에 따른 택지개발사업, 「산업입지 및 개발에 관한 법률」에 따른 산업단지개발사업, 「경제자유구역의 지정 및 운영에 관한 특별법」에 따른 경제자유구역개발사업, 「관광진흥법」에 따른 관광단지조성사업 등을 통해 다양한 용도의 토지를 개발·공급할 수 있도록 하고 있다.

표 21-2 토지개발사업의 종류

관련 법률	사업의 종류	소관 부처
도시개발법	도시개발사업	국토교통부
택지개발촉진법	택지개발사업	국토교통부
주택법	대지조성사업	국토교통부
공공기관 지방이전에 따른 혁신도시 건설 및 지원에 관한 법률	혁신도시개발사업	국토교통부
기업도시개발특별법	기업도시개발사업	국토교통부
친수구역 활용에 관한 법률	친수구역조성사업	국토교통부
지역균형개발 및 중소기업 육성에 관한 법률	지역종합개발사업	국토교통부
	복합단지개발사업	
산업입지 및 개발에 관한 법률	산업단지개발사업	국토교통부
물류시설의 개발 및 운영에 관한 법률	물류단지개발사업	국토교통부
경제자유구역의 지정 및 운영에 관한 특별법	경제자유구역개발사업	산업통상자원부
관광진흥법	관광단지조성사업	문화체육관광부

4) 개발이익환수 및 개발손실보상정책

개발이익이란 「개발이익 환수에 관한 법률」에 따르면 개발사업의 시행이나 토지이용계획의 변경, 그 밖에 사회적 · 경제적 요인에 따라 정상지가상승분을 초과하여 개발사업을 시행하는 자나 토지 소유자에게 귀속되는 토지 가액의 증가분을 말한다. 개발이익환수정책은 개발이익이 소유자의 노력보다는 외부적인 요인에 의해 발생한 우발적인 이익이므로 개인이 전적으로 사유화해서는 안 되며, 이를 사회적으로 환수하여 사회적 형평성을 도모해야 한다는 취지[5]에서 대부분의 국가에서 시행하고 있다.

개발이익환수제도로는 간주취득세, 양도소득세, 개발부담금, 개발제한구역 훼손부담금, 공공용지부담제도, 기반시설설치비용, 농지보전부담금, 대체산림자원조성비 등이 있다(이태교 외, 2014: 269-273).

개발손실보상정책은 개발 등으로 인하여 지가의 하락이 발생한 개발손실에 대해 보상하는 것으로 주로 「공익사업을 위한 토지 등의 취득 및 보상에 관한 법률」에 근거하여 손실보상이 이루어지고 있다. 하지만 다양한 개발이익환수제도와는 달리 공익사업이나 토지이용계획의 결정 · 변경 및 행위제한 등에 따른 개발손실에 대해서는 제한적으로 매수청구권[6]이 제도화되어 있을 뿐 대부분 보상이 이루어지지 않고 있는 실정이다.

2. 주택정책

주택정책은 주택의 특성에 따른 양적 · 질적 문제를 해결하여 국민의 주거생활의 안정과 주거복지를 도모하기 위한 정부의 개입을 의미한다. 일반적으로 주택정책은 주택건설 · 분양정책, 임대주택공급정책, 주거환경정비정책, 주택시장안정정책, 주택금융정책 등으로 구분할 수 있다.

1) 주택건설 · 분양정책

주택건설 · 분양정책의 주요 내용으로는 사업계획승인제도, 분양가상한제 등을 들 수 있다. 주택건설 사업계획승인제도는 단독주택 및 공동주택의 경우 일정 규모 이상의

5) 개발이익의 환수를 뒷받침하는 이론으로는 불로소득론, 지대론, 부당이득론 등이 있다.

6) 매수청구권제도는 일정 요건이 성립하는 경우 해당 토지의 매수를 청구할 수 있는 제도로서 「국토의 계획 및 이용에 관한 법률」, 「개발제한구역의 지정 및 관리에 관한 특별법」, 「도시공원 및 녹지에 관한 법률」, 「하천법」, 「한강수계 상수원 수질개선 및 주민지원 등에 관한 법률」 등에 규정되어 있다.

주택건설사업을 시행하고자 하는 자[7] 또는 1만m² 이상의 대지조성사업을 시행하고자 하는 자는 「주택법」에 따라서 사업계획승인권자의 사업계획승인을 얻어야 한다는 것이다.

분양가 상한제는 사업주체가 입주자모집승인을 얻어 일반에게 공급하는 공동주택은 「주택법」이 정하는 기준에 따라 산정되는 분양가격 이하로 공급하여야 한다는 것이다. 여기서 분양가격은 택지비와 건축비로 구성된다. 분양가상한제는 신규주택 공급량 감소와 질 하락, 초과수요, 분양 프리미엄 등의 문제점으로 인하여 적용과 해제에 대한 논의가 지속되고 있다.

2) 임대주택공급정책

임대주택은 임대목적에 따라 제공되는 매입임대주택 및 건설임대주택을 말한다. 매입 임대주택은 임대사업자가 매매 등으로 소유권을 취득하여 임대하는 주택을 말한다. 건설임대주택은 공공건설임대주택과 민간건설임대주택으로 구분할 수 있다. 공공건설임대주택은 공적 주체가 서민의 주거안정을 도모하기 위해 직접 임대주택을 건설하여 시장임대료 보다 낮은 수준으로 공급하는 것을 말한다. 주로 국가 또는 지자체의 재정, 주택도시기금의 자금지원, 공공사업에 의하여 조성된 택지 등에 건설·임대하는 주택이다. 임대주택의 종류와 차이점은 다음과 같다.

표 21-3 임대주택의 구분

<table>
<tr><th>주체</th><th>유형</th><th>임대
기간</th><th>주택규모
(전용면적)</th><th>내용</th></tr>
<tr><td rowspan="4">공공</td><td rowspan="2">영구임대
주택</td><td>영구</td><td rowspan="2">40m²
이하</td><td>· 1989년 저소득층의 주거안정을 위해 도입하였고, 건설비의 85% 이상을 재정에서 지원하였으나 현재는 공급 중단</td></tr>
<tr><td>50년</td><td>· 영구임대를 대체할 목적으로 1992년 도입
· 공급조건은 시중임대료의 30%수준
· 공급대상은 생계급여 또는 의료급여 수급자 등(소득 1분위)</td></tr>
<tr><td rowspan="2">공공임대
주택</td><td>10년</td><td rowspan="2">85m²
이하</td><td rowspan="2">· 임대기간 종료 후 분양전환
· 공급조건은 시중임대료의 90%수준
· 공급대상은 입주자저축(청약저축, 주택청약종합저축)에 가입한 무주택세대구성원(소득 3~5분위)</td></tr>
<tr><td>5년</td></tr>
</table>

7) 박근혜정부는 2014년 다양한 주택수요에 대응하고 주택건설 환경 변화를 반영할 수 있도록 사업계획승인 기준을 단독주택의 경우 기존 20호에서 30호, 공동주택의 경우 기존 20세대에서 30세대로 완화하였다.

	국민임대주택	30년	85㎡이하 (통상 60㎡이하)	· 1998년 5년 공공임대주택에 입주하기 어려운 저소득층의 주거 안정을 위해 도입하였고, 분양전환하지 않음 · 공급조건은 시중임대료의 60~80%수준 · 공급대상은 무주택세대구성원(소득 2~4분위)
	행복주택	30년	45㎡ 이하	· 2013년에 도입되어 대학생 · 신혼부부 · 사회초년생 등을 위하여 직장과 학교가 가까운 곳이나 대중교통 이용이 편리한 곳에 공급, 분양전환하지 않음. · 공급조건은 시중임대료의 60~80%수준 · 공급대상은 무주택세대구성원/무주택자(소득 2~5분위), 입주계층에 따라 거주기간 상이
	장기전세주택 (Shift)	20년	85㎡이하 (통상 60㎡이하)	· 2007년에 서울특별시와 SH공사가 처음으로 도입하여 공급시작 · 공급조건은 시중임대료(전세금)의 80%수준 · 공급대상은 무주택세대구성원/무주택자(소득 3~4분위)
민간	민간건설 임대주택	4년	제한없음	· 민간이 순수한 자기자금으로 건설 · 준공공임대주택, 기업형임대주택은 8년 이상 임대 · 임대사업자가 임차인 자격 및 선정대상자를 결정함
		8년		
	민간매입 임대주택	4년	제한없음	· 준공공임대주택, 기업형임대주택은 8년 이상 임대 · 임대사업자가 임차인 자격 및 선정대상자를 결정함
		8년		

주: 공공주체의 경우에도 LH, 지자체 등은 임대기간 20년, 전용 85㎡이하를 대상으로 공공매입임대를 하고 있음.

자료: 마이홈 홈페이지 참고하여 재작성.

3) 주거환경정비정책

주거환경정비정책은 관련 법률인 「도시 및 주거환경정비법」상의 정비사업으로 추진되고 있는데 주거환경정비사업과 도시환경정비사업으로 구분할 수 있다.[8)]

주거환경정비사업은 주거환경개선사업, 주택재개발사업, 주택재건축사업, 주거환경관리사업, 가로주택정비사업 등으로 세분된다. 주거환경개선사업은 도시저소득주민이 집단으로 거주하는 지역으로서 정비기반시설이 극히 열악하고 노후 · 불량건축물이 과도하게 밀집한 지역에서 주거환경을 개선하기 위하여 시행하는 사업이다. 주택재개발사업은 정비기반시설이 열악하고 노후 · 불량건축물이 밀집한 지역에서 주거환경을 개선하기 위하여 시행하는 사업이다. 또한 주택재건축사업은 정비기반시설은 양호하나 노

---

8) 「도시 및 주거환경정비법」이 개정되어(개정 2017.2.8, 시행 2018.2.9) 정비사업은 기존 주택재건축사업은 재건축사업으로, 기존 주거환경개선사업과 주거환경관리사업은 통합하여 주거환경개선사업으로, 기존 주택재개발사업과 도시환경정비사업은 통합하여 재개발사업으로 단순화될 예정이다.

후·불량건축물이 밀집한 지역에서 주거환경을 개선하기 위하여 시행하는 사업이다. 그리고 주거환경관리사업은 단독주택 및 다세대주택 등이 밀집한 지역에서 정비기반시설과 공동이용시설의 확충을 통하여 주거환경을 보전·정비·개량하기 위하여 시행하는 사업이며, 가로주택정비사업은 노후·불량건축물이 밀집한 가로구역에서 종전의 가로를 유지하면서 소규모로 주거환경을 개선하기 위하여 시행하는 사업이다.

한편, 도시환경정비사업은 상업지역·공업지역 등으로서 토지의 효율적 이용과 도심 또는 부도심 등 도시 기능의 회복이나 상권활성화 등이 필요한 지역에서 도시환경을 개선하기 위하여 시행하는 사업이다.

표 21-4 주요 정비사업의 비교

구분	주거환경개선사업	주택재개발사업	주택재건축사업	도시환경정비사업
목적	주거환경의 개선	주거환경의 개선	주거환경의 개선	도시환경의 개선
요건	도시저소득주민 집단거주+정비기반시설 극히 열악+노후·불량건축물 과도하게 밀집	정비기반시설 열악+노후·불량건축물 밀집	정비기반시설 양호+노후·불량건축물 밀집	상업지역·공업지역 등+토지의 효율적 이용과 도심·부도심 등 도시기 능의 회복이나 상권활성화 등이 필요
대상지역	정비구역	정비구역	정비구역 또는 구역 외	정비구역
시행방법	현지개량방식, 매수방식, 관리처분방식, 환지방식	관리처분방식, 환지방식	관리처분방식	관리처분방식, 환지방식
수용권	있음	있음	원칙적으로 없음(매도청구만 가능)	있음
사업시행자	시장·군수, LH공사등	조합, 조합+시장·군수(또는 LH공사등, 건설업자등)[9]	조합, 조합+시장·군수(또는 LH공사등)	조합, 토지등소유자, 조합(또는 토지등소유자)+시장·군수(또는 LH공사등, 건설업자 등)

4) 주택시장안정정책

주택시장안정정책으로는 주택가격의 안정과 투기방지를 위해 지정지역, 투기과열지구, 청약 조정대상지역 등을 지정·운영하고 있다.

9) 여기서 건설업자등은 건설업자, 등록사업자, 신탁회사 및 한국감정원을 말한다.

지정지역은 「소득세법」에 의거 당해 지역의 부동산가격상승률이 전국소비자물가상승률보다 높은 지역으로서 전국부동산가격상승률 등을 고려하여 당해 지역의 부동산가격이 급등하였거나 급등할 우려가 있어 기획재정부장관이 부동산가격안정심의위원회의 심의를 거쳐 지정하는 지역을 말한다. 지정지역을 시장에서는 투기지역이라고 하는데 당초 지정지역은 양도소득세를 기준시가 대신 실지거래가액을 기준으로 과세함으로써 부동산투기를 억제하려는 정책적 목적에서 도입되었으나, 2007년부터 모든 자산의 양도가액을 실지거래가액에 의하도록 함에 따라 그 제도적 기능이 많이 상실되었다.

투기과열지구는 「주택법」에 의거 국토교통부장관 또는 시 · 도지사가 주택가격의 안정을 위하여 필요한 경우에 일정한 지역을 주거정책심의위원회(시 · 도지사가 지정하는 경우에는 시 · 도 주거정책심의위원회)의 심의를 거쳐 지정한다. 투기과열지구는 주택가격이 급등하거나 주택에 대한 투기수요로 청약경쟁이 과열된 지역에 대해 실수요자의 주택청약에 우선권을 부여하고, 청약 및 전매제도 등을 강화함으로써 투기를 차단하고 시장 과열 현상을 완화하기 위한 제도이다.

청약 조정대상지역은 「주택공급에 관한 규칙」에 의거 2016년 11월 15일 도입된 제도로서 주택에 대한 투기적 수요억제 및 주택시장의 안정을 위하여 일정한 지역 및 주택에 대하여 청약자격요건 및 재당첨 제한 등을 강화한 지역이다. 투기과열지구의 지정요건 중 정량요건의 일부를 준용하여 과열이 발생하였거나, 발생할 우려가 있는 지역을 선정하여 실수요자의 당첨기회 확대와 시장과열을 완화하기 위한 제도이다.

5) 주택금융정책

주택금융정책으로는 금융지원정책과 금융규제정책으로 구분할 수 있다(이태교 외, 2014: 352-366). 금융지원정책은 정부가 직접 저리의 자금을 공급하거나 이자비용 부담을 덜어줌으로써 정책목적을 달성하는 방식이다. 저리자금의 공급방식은 부동산 수요자에게 저리의 자금을 공급하는 소비자금융 방식과 부동산개발업체에게 저리의 자금을 공급하는 공급자금융 방식으로 구분된다. 이자비용의 부담을 덜어주는 방식은 정부가 이자차액을 지급해 주는 방식과 이자비용을 소득공제해주는 방식으로 구분된다.

금융규제정책으로는 주택시장이 과열되었을 때 사용할 수 있는 정책수단으로 대출총액한도제, LTV(loan to value) 비율, DTI(debt to income) 비율 및 DSR(debt service ratio) 비율 규제 등이 있다. 대출총액한도제는 금융기관으로 하여금 주택분야에 대출해 줄 수 있는 대출총액을 제한하는 제도이다. 대출총액은 시장균형하의 대출총액보다 적은 수준에서 결정한다. LTV 비율 규제는 개별 차입자에게 대출해 줄 수 있는 대출액의 규모가 줄어들어 주택 시장을 안정시키는 효과가 있다. DTI 비율 규제는 소득과 연동하여 대출액을 결정하므로 고소득층에게는 규제의 효과가 작고, 저소득층에게는 상대적으로 규제의 효과가 크다고 볼 수 있다. 최근에 도입되고 있는 DSR 비율 규제는 DTI 비율 규제가 소득 대비 신규대출 원리금만을 비교하는데 비해, 담보대출 이외에 금융권에서의 대출 정보를 수집하여 원금과 이자를 모두 더한 원리금 상환액을 토대로 대출상환 능력을 심사한다. DSR 비율 규제의 시행은 대출한도가 낮아지고, 비용부담이 많아지는 효과가 있다.

3. 박근혜정부의 토지 · 주택정책

1) 토지정책

박근혜정부의 토지정책 방향은 토지거래 활성화를 위한 규제완화라고 할 수 있는데 주요 정책을 살펴보면 다음과 같다(국토교통부 홈페이지). 첫째, 수요자 중심의 토지이용체계 확립과 유연화이다. 복잡한 토지이용 인허가 절차를 간소화하고 관계부처 간 협의와 심의는 일괄로 처리하여 토지이용 인허가의 과정을 대폭 줄였다. 또한 불필요하거나 유사한 용도지구는 통폐합 · 정비하고, 신규수요와 지역특성을 반영할 수 있는 용도지구를 신설하여, 보전관리지역도 계획적 개발을 전제로 허용범위를 확대하였다.

둘째, 합리적인 토지이용과 개발을 위한 선진 토지정책의 구현 및 도시계획시설의 효율적 관리 · 활용이다. 토지거래허가구역 조정을 통한 토지시장의 정상화 지원, 계획입지에 대한 개발부담금 한시 감면 등을 통한 체계적인 국토이용을 유도하였다. 또한 도시계획시설체계를 공공성 · 수요 · 공급가능성 등을 감안하여 정비하고, 장기미집행시설에 대한 해제신청의 구체적 기준과 절차를 마련하였다.

셋째, 투자활성화를 위해 건축제한의 네거티브 방식으로 전환과 입지규제 완화이다. 토지이용규제에 있어서 네거티브방식을 도입하여 준주거지역, 상업지역, 준공업지역 및 계획관리지역 등 각각의 용도지역에서 건축할 수 있는 행위를 열거해 왔었으나 법률을 개정하여 건축할 수 없는 행위를 열거하는 방식으로 전환하였다. 건축인허가와 관련하여 지자체의 임의규제나 불합리한 조례는 정비 · 모니터링하여 건축행정의 투명화 · 효율화를 추진하였다. 또한 입지규제가 네거티브로 전환되는 용도지역에서 난개발 우려가 없는 범위에서는 업무, 판매, 문화, 관광시설 등의 입지가 완화하였다.[10)]

넷째, 개발제한구역 관련 규제의 완화이다. 개발제한구역 내 기존 건축물의 용도변경을 확대하고, 동식물 관련시설의 행위규제의 권한을 지방자치단체에 위임하였다. 또한 공공기여형 훼손지 정비사업[11)]의 시행과 해제사업시 훼손지 복구대상 기준 등을 완화하여 주민의 실생활과 밀접한 주민지원사업으로 개편하고, 중 · 소규모(30만㎡이하) 해제권한을 지방자치단체에 위임하며, 소규모 단절토지 범위(1만㎡미만) 확대로 자투리 토지 활용도를 제고하였다.

박근혜정부의 토지정책은 규제완화를 통한 토지이용 활성화가 주요 방향으로써 토지이용의 고도화와 토지거래의 활성화를 유도하였다는 평가가 있는 반면 지나친 규제완화로 난개발의 부작용이 우려된다는 평가도 제기되었다.

2) 주택정책

박근혜정부의 주택정책 방향은 주택시장 정상화와 주거안정을 통한 보편적 주거복지 실현이라고 할 수 있는데 주요 정책을 살펴보면 다음과 같다(국토교통부 홈페이지).

첫째, 주택시장 정상화를 위한 지원정책이다. 정책의 주요 내용은 규제 개선, 실수요자 지원, 재정비사업 개선 등이다. 규제개선은 주택시장 구조변화에 맞추어 분양가 상한제 신축운영, 분양권 전매제한 완화 등 규제정상화와 청약통장 일원(주택청약종합저축), 청약제한 완화 및 청약자격 확대 등 제도개선으로 신규주택 수요에 대한 진입장벽 완화 등이다. 실수요자 지원은 주택마련을 위한 디딤돌 대출 및 공유형 모기지 등 저리의 구입자금 지원 등이다. 재정비사업 개선은 노후주택 관리를 통한 주거의 질 제고, 재건축 초과이익 환수제도 유예 연장, 재건축 · 재개발사업 규제 완화 및 공동주택 리모델링 활성화 등이다.

둘째, 서민 · 중산층 주거안정정책이다. 정책의 주요 내용은 공공임대, 주거급여, 금융지원 등이다. 공공임대는 공공임대주택의 공급확대, 대학생과 신혼부부 등 청년층을

---

10) 농림축산식품부도 2016년 6월 농지로서 이용가능성이 낮은 토지를 농업진흥지역에서 해제하거나 용도구역을 농업진흥구역에서 농업보호구역(5ha이하)으로 변경하여 행위제한을 완화함으로써 농촌지역에 2 · 3차 산업 육성 및 일자리 창출을 통해 지역경제 활성화를 도모하였다.

11) 축사 등 건축물 난립으로 훼손된 지역을 주민들이 직접 정비하고, 일부(30% 이상)를 공원녹지로 조성하여 공공기여하는 경우 창고 등의 설치를 2017년까지 한시 허용한다.

위한 행복주택, 민간의 역량을 활용하여 중산층이 장기간 안정적으로 거주가능하고 이사・청소・세탁 등 주거서비스가 제공되는 양질의 임대주택을 공급하기 위한 뉴스테이 등[12]이 있다. 주거급여는 소득과 주거비 부담수준 등을 종합적으로 고려하여 중위소득의 43%(약 97만명)를 대상으로 월세자금이나 자가 수선자금 지급지원 등이다. 금융지원은 주택구입과 전・월세에 대한 저리의 자금지원이다.

박근혜정부의 주택정책은 과거 공급자 중심에서 실수요자 중심으로의 전환이라는 점이 긍정적으로 평가된다. 하지만 전세가격 상승과 전세의 월세전환이 지속되어 실질적인 주거비 부담은 여전히 높고, 저금리와 유동자금의 증가에 따른 국지적인 시장 과열과 규제완화에 따른 공급과잉 우려로 인한 주택시장 불안 등이 문제점으로 지적되었다.

4. 문재인정부의 토지・주택정책

1) 토지정책

문재인정부의 토지정책은 두가지로 하나는 거시적 정책이고 다른 하나는 미시적 정책이다. 전자는 살기 좋은 국토, 편리한 교통이라는 비전에서 알 수 있듯이 국토라는 거시적이고, 포괄적인 측면에서 접근하고 있다. 토지를 포함하는 국토의 균형있는 발전을 목표로 전 지역이 고르게 잘사는 국가균형발전을 추진하고 있다. 세종시・혁신도시・기업도시・새만금 등 지역성장거점을 중심으로 균형성장의 기반을 구축하고, 도시별 구도심의 생활여건을 개선하여 도시경쟁력의 강화를 추진하고 있다(국정기획자문위원회, 2017).

후자는 도시경쟁력 강화 및 삶의 질 개선을 위한 도시재생뉴딜 추진이다. 이는 공공중심으로 전국적 도시재생 뉴딜사업을 추진하고 이와 연계하여 저렴한 공공임대 주택을 공급한다는 목표를 갖고 있다. 주요 내용은 첫째, 도시재생 뉴딜사업의 발굴과 지원이다. 구도심과 노후주거지 등을 포함하여 정비가 시급히 필요한 곳부터 우선적으로 선정하여 지역특성에 맞게 지원할 계획이다. '17년에 뉴딜 사업 추진방안 및 부처협업 TFT 구축 등 추진기반 마련하고 매년 도시재생 뉴딜사업의 지역선정과 지원을 한다.

---

12) 박근혜정부는 공공임대주택은 2013년~2017년까지 총 55.1만호 공급하고, 행복주택은 2017년까지 15만호 공급(사업승인)하며, 뉴스테이는 2015년~2017년까지 사업지 15만호 확보 등을 추진하였다.

둘째, 지역역량의 강화이다. 지역중심의 뉴딜사업 추진을 위해 지자체와 지역전문가 등 추진주체의 역량 강화를 지원한다. 주민 · 청년 등 지역주체 주도로 사회적 경제조직을 설립 · 운영할 수 있도록 초기부터 사전기획과 컨설팅 등을 지원한다. 셋째, 도시재생 연계 공공임대주택의 공급이다. '17년에 도시재생 연계형 공공임대주택 공급방안을 마련하고 '18년부터 본격적으로 공급할 계획이다. 넷째, 주거취약계층을 대상으로 녹색건축물을 우선 적용한다. '18년부터 공공임대주택 등 소형주택 에너지성능을 패시브하우스 수준으로 강화할 계획이다.

이와 같은 도시재생 뉴딜정책은 구도심과 노후 주거지 생활 여건 개선으로 주민의 삶의 질을 개선하고, 쇠퇴지역을 혁신공간으로 재창출하는 파급효과를 기대하고 있다.

2) 주택정책

문재인정부의 주택정책은 사회통합형 주거사다리 구축을 통한 주거복지의 실현이다. 이는 과거 공급자 중심의 단편적 · 획일적 지원에서 수요자 중심의 종합적인 지원과 사회통합형 주거정책으로 패러다임을 전환하는 것이다.

주요 내용은 첫째, 생애단계별 · 소득수준별 수요자 맞춤형 지원이다. 주거수요를 반영한 맞춤형 임대주택과 주거지원 프로그램을 개인의 생애단계 진전에 맞추어 패키지로 지원한다. 특히 저출산 · 고령화에 적극적으로 대응하기 위해 청년 · 신혼 · 고령가구에 지원을 집중하여 주거사다리를 마련한다. 둘째, 무주택 서민 · 실수요자를 위한 주택공급의 확대이다. 낮은 임대료로 장기간 거주 가능한 공공임대주택, 저렴한 가격으로 내 집 마련이 가능한 공공분양주택 등의 공급을 확대한다. 초기임대료 제한, 입주자격 규제 등 공공성을 강화한 민간임대주택과 공공지원주택도 공급한다. 셋째, 임대차시장의 투명성과 안정성의 강화이다. 그동안 정부관리의 사각지대에 놓인 순수 민간 임대차시장을 안정적이고 투명하게 관리한다. 임차인 권리보호 강화를 통해 임대인과 임차인의 균형 잡힌 권리관계 형성을 도모하고, 임대보증금 보호 수단도 강화한다. 넷째, 협력적 주거복지 거버넌스 구축 및 지원 역량의 강화이다. 지자체와 사회적 경제주체 등 민간의 역량을 최대한 활용할 수 있는 지원방안과 협력체계를 구축한다. 주거지원이 수요자에게 효과적으로 전달될 수 있도록 전달체계를 확충하고, LH 주거복지 공급주체의 역량을 서민 주거지원에 집중한다.

제 3 절 토지 · 주택정책의 평가와 과제

1. 토지 · 주택정책의 평가

우리나라의 토지정책은 첫째, 지방자치에 의한 주민참여가 확대된 이후 국민들의 자기주장이 강화되어 공익우선의 토지정책 시행이 어렵게 되고, 사익을 위해 토지정책이 왜곡되는 사례가 늘어나게 되었다. 둘째, 개발이익을 환수하는 제도가 미비하여 개발이익이 지나치게 사유화됨으로써 국민들의 투기의식이 상존하고 있다. 셋째, 토지거래규제정책으로서 토지거래허가제는 허가의 대상 및 기준과 관련하여 일부의 허점이 노출되고 있으며, 농지취득자격증명제는 농지취득제한의 완화 이후 유명무실한 제도로 전락했다. 넷째, 기존의 토지개발정책은 수요자중심이 아닌 공급자중심의 개발로 인해 양호한 입지의 대도시 공급은 부족하고, 지방 중소도시는 과잉공급으로 인해 미분양이 늘어나는 불균형을 초래했다. 또한 수용방식 위주의 개발은 토지의 대체취득 수요로 인해 주변지역의 지가상승을 초래하는 부작용이 컸다. 다섯째, 개발손실보상정책은 그 대상과 기준을 정하기 어렵고 재원확보가 걸림돌이 되어 활성화되지 못하고 있다(이성근 외, 2014: 249).

주택정책의 평가는 일반적 차원과 주거복지 차원으로 구분하여 살펴보기로 한다. 먼저 일반적 차원의 주택정책은 첫째, 주택의 절대적 부족문제 완화를 들 수 있다. 주택보급률은 전국평균으로 2008년 100%를 초과함으로써 전국적인 차원에서 보면 주택의 절대적인 부족문제는 완화되었다. 둘째, 그동안 교외의 신개발을 통한 주택보급에 치중한 결과 필연적으로 도심의 쇠퇴를 가져왔다. 셋째, 주거의 질적수준 개선여부를 보면 경제발전과 소득증대 그리고 건축기술의 발달 등에 따라 크게 개선되었다. 넷째, 주택가격의 안정여부를 보면, 경제성장과 더불어 대체로 계속 상승하여 왔으며, 특히 서울을 비롯한 수도권지역의 상승이 두드러졌다. 그러나 1997년의 외환위기, 2008년의 세계 금융위기 등을 거치면서 주택가격은 점차 안정되고 있으며, 과거와 같은 주택투기는 많이 사라졌다. 다섯째, 주택시장은 지역별로 다양한 특성을 보이고 있으나, 주택정책은 국가가 주도하고 있어 지역특성을 반영한 주택정책 시행에 한계가 있다(이성근 외, 2013: 484).

마지막으로 최근 규제완화 중심의 토지정책과 공공임대 확대, 청약제도개선 등 실수요자를 고려한 주택정책이 긍정적으로 평가된다. 문재인정부는 임대주택의 확대를 통한 주거안정 실현을 중심으로 하는 주택정책이 추진되고 있는 것으로 평가할 수 있다.

다음으로 주거복지 차원의 주택정책은 첫째, 공급자위주의 주택정책으로 수요자의 맞춤형 지원이 미흡하였다. 최근 청년 일자리의 부족과 저출산 · 고령화 등 사회구조적인 문제가 심화되고 있다. 이와 같은 사회구조 변화에 대응하여 대학생과 청년 등이 학업과 생업에 전념할 수 있도록 뒷받침할 수 있는 생애단계별 맞춤형 주거지원이 미흡하였다. 또한 취업, 결혼, 출산과 저소득층의 중산층 진입으로 이어질 수 있는 주거사다리를 마련해 주고 세대간 · 계층간 사회통합을 이루는 주거정책이 미흡하였다. 둘째, 주거정책의 공공성이 미흡하였다. LH와 같은 공공 사업주체의 경우, 사업성 개선을 위해 저소득층에게 30년 이상 임대하는 장기임대주택보다 분양전환형 임대주택에 치중하였다. 민간의 역량을 활용하기 위해 기업형 임대주택(뉴스테이) 활성화를 추진했으나, 임대료가 비싸고 입주자격 제한이 없어 서민지원에 한계가 있었다. 셋째, 정부가 순수 민간임대차 시장에 소극적으로 대응하였다. 그간 임대인과 임차인의 관계를 공적 규율 대상보다는 사적 자치의 영역으로 보고, 임차인 보호에 있어서 정부 개입을 최소화하였다. 임대사업자 등록 부진, 임대차 정책 수립을 지원할 수 있는 통계인프라와 임차인의 권리보호 장치가 미흡하였다. 넷째, 다양한 주체와의 협력이 미흡하였다. 임대주택 공급이 정부 · LH 중심으로 이루어지고, 지자체 · 사회적 경제주체 · 민간부문의 역량 활용이 부족하여 재고 확충에 한계가 있었다. 특히 지자체의 경우 지역주민 반대, 열악한 재정여건, 복잡한 행정규제 등으로 인해 임대주택 공급 규모가 현저히 감소하였다. 다섯째, LH · 지자체 · 민간의 협업체계가 미흡하였다. 조직과 인력 부족으로 주거복지 프로그램이 수요자에게 효율적으로 전달되지 못했다.

2. 토지 · 주택정책의 과제

토지 · 주택정책의 향후 과제를 살펴보면 먼저 토지정책의 경우 첫째, 토지이용의 공공성이 강화되면서 지속적으로 토지이용규제가 복잡 · 다양해지고 있는데 관련규제의 객관적인 평가를 통해 토지이용규제를 단순화 · 투명화 · 합리화하여야 한다. 둘째, 토지시장의 안정기조를 유지하기 위하여 토지비축제도 확대, 농지 · 산지 등의 소유 · 이용 및 세제 합리화, 지역개발과 연계한 토지공급으로 시장상황에 따른 토지수급의 탄력적인 대응이 필요하다. 셋째, 토지시장의 투명화 · 선진화를 위한 토지정보체계구축 및 효율적인 활용과 실거래가의 공개가 필요하고, 토지시장동향의 상시적인 모니터링으로 정부의 시장 감시 · 조절기능 등 집행력을 강화하여야 한다. 넷째, 개발이익의 철저한 환수와 더불어 국민의 권리의식이 높아짐에 따라 개발손실 보상의 제도화를 추진하여 공익사업에 따른 사업손실보상, 매수청구권 확대 등이 이루어져야 한다.

한편 그동안의 주택정책은 양적인 주택공급확충에 치우쳐 주거환경의 질적 수준을 향상시키는데 미흡하였는데 최근 공급위주의 주택정책에서 수요자 관점의 주택정책으로 전환이 일부 이루어졌다. 그러나 향후에도 국민 주거복지 · 환경수준의 향상, 주택서비스의 형평성 확보 등이 강화되어야 한다. 주택정책의 과제를 살펴보면 첫째, 교외의 신개발보다 도심의 재개발수요가 더욱 확대될 것이다. 따라서 노후 주거지에 대해 주택개량, 기반시설 확충, 공동체 활성화 등을 지원하여 재생을 도모해야 한다. 문재인정부의 도시재생사업도 지속적인 관심과 추진이 필요하다. 둘째, 1~2인 가구의 급증, 고령화 등 사회구조의 변화에 적극 대응한 주택정책이 필요하다. 셋째, 아파트 중심의 주택공급에서 벗어나 동호인주택, 실버주택 등 다양한 유형의 주택 공급이 필요하다. 넷째, 기초생활수급자 등 주거취약계층에 대한 주거복지지원을 강화하여 주거격차를 완화하여야 할 것이다. 다섯째, 주택시장의 지역성을 반영하여 지방자치단체의 주택정책에 대한 권한 강화가 필요하다. 즉, 지방자치단체 중심의 주택정책으로 주거복지의 향상을 도모해야 할 것이다(이성근 외. 2013: 485).

탐구학습

1. 주요 개념

- 토지정책, 주택정책
- 토지이용계획, 개발행위허가제, 개발권양도제
- 개발이익 · 개발손실, 분양가상한제, 임대주택
- 지정지역, 투기과열지구, 청약 조정대상지역
- LTV · DTI · DSR

2. 토론과 과제

- 토지 · 주택정책의 개념과 중요성에 대해 설명하시오.
- 토지 · 주택정책의 수단에 대해 설명하시오.
- 토지정책의 종류와 내용에 대해 설명하시오.
- 주택정책의 종류와 내용에 대해 설명하시오.
- 토지 · 주택정책의 문제점과 해결방안에 대해 설명하시오.

참고문헌

국정기획자문위원회, 2017, 문재인정부 국정운영 5개년 계획.
국토교통부, 2017, 주거복지 로드맵.
대한국토 · 도시계획학회, 2011, 도시계획론, 서울: 보성각.
방경식, 2011, 부동산용어사전, 서울: 부연사.
이성근 · 서경규 · 김종수, 2014, 최신 부동산학, 서울: 부연사.
이성근 외, 2013, 최신 지역개발론, 서울: 집현재.
이태교 · 이용만 · 백성준, 2014, 부동산정책론, 경기: 법문사.
현대건축관련용어편찬위원회, 2011, 건축용어사전, 서울: 성안당.
http://www.korea.go.kr(국립국어원)
http://www.law.go.kr(국가법령정보센터)
http://www.mltm.go.kr(국토교통부)
http://www.mafra.go.kr(농림축산식품부)

제22장 사회간접자본정책

제22장에서는 사회간접자본정책을 생산기반시설에 초점을 맞추어 유형별로 살펴보고자 한다. 제1절에서는 사회간접자본정책을 개관하고, 제2절에서는 산업입지정책, 제3절에서는 교통·물류인프라정책, 제4절에서는 지역정보화정책, 제5절에서는 글로벌 경제인프라정책을 살펴본다. 이어서 제6절에서는 사회간접자본정책의 전망과 과제를 논의한다.

제 1 절 사회간접자본정책의 개관

1. 개 요

사회간접자본(Social Overhead Capital: SOC)은 사회를 지탱하는 자본 또는 시설로 매우 포괄적인 개념인데, 일반적으로 도로, 항만, 철도 등 생산활동에 직접적으로 사용되지는 않지만, 경제활동을 원활하게 하기 위해서 필요한 사회기반시설을 말한다. 이를 일부 학자들은 하부구조 또는 기반구조(infrastructure)라는 용어로도 사용하고 있다. 우리나라에서는 사회간접자본이 1994년 제정된 「사회간접자본시설 확충에 대한 민간자본 유치 촉진법」 이후 법률상의 용어로 사용되고 있다.

사회간접자본이라는 말은 일반적으로 다음의 세 가지 개념에 기반하고 있다(양지청, 2002). 먼저, 사회간접자본을 직접생산력이 있는 생산자본에 대비한 개념으로 보아, 생산 활동에 필요한 자본 중에 기업이 직접비용을 지불하지 않아도 되는 자본을 사회간접자본으로 보는 시각이다. 이는 사회간접자본을 반드시 생산 활동에 소요되는 자본에만 한정하는 문제가 있다. 두 번째, 재화의 특성 측면에서 접근한다면 사회간접자본은 인간생활에 필요불가결한 재화로서 공동소비성, 비배제성과 같은 특성 때문에 시장기구에 의해 충분한 공급을 기대하기 어려운 것이라고 보는 시각이다. 물론 여기에는 정보통신기술의 발달로 종래에 불가능하였던 사회간접자본의 소비에서 경합이 가능해진 부분이 있다는 비판이 있다. 세 번째, 단순히 재화 및 서비스를 공급하는 주체를 기준으로 공공부문에 의해 공급되는 것을 사회간접자본으로 보는 시각이다. 이는 비배제성과 비경합성의 극복으로 인해 사회간접자본에 대해 광범위한 민영화가 활성화되고 있다는 점을 고려하지 못하고 있다(정보통신정책연구원, 2005).

이렇듯 사회간접자본은 사회의 발전에 따라 그 의미와 성격 및 역할 등이 달라지고 있다. 오늘날 사회간접자본은 생산 활동에 직접 기여를 하는 교통·물류, 산업단지, 수자원, 에너지 등을 포함하는 생산기반시설뿐만 아니라 국민에게 안락하고 깨끗한 삶터를 제공하는 공원, 학교, 상·하수도 등 생활편익시설을 포함하는 것으로 보아야 할 것이다. 따라서 종전의 사회간접자본의 개념은 사회기반시설의 개념으로 대체되고 있다. 「사회기반시설에 대한 민간투자법」에서는 사회기반시설을 ① 각종 생산 활동의 기반이 되는 시설, ② 당해 시설의 효용을 증진시키거나 이용자의 편의를 도모하는 시설, ③ 국민생활의 편익을 증진시키는 시설로 정의한다.

사회간접자본에 대한 명확한 분류기준은 없으며, 크게 생산기반시설, 환경관련시설 및 생활편익시설로 나눌 수 있다. 생산기반시설은 산업의 생산 활동에 필요한 시설로서 교통·물류시설, 에너지시설, 산업단지 등이 있으며, 환경관련시설은 수리·치수시설과 같은 자연환경의 극복과 이용에 관련된 시설뿐만 아니라 공급·처리시설, 정보통신시설 등 이용자의 편의를 도모하는 시설을 포함한다. 생활편익시설은 직접적으로 국민의 생활편익을 증진시키는 시설로서 교육시설, 문화체육시설, 주택단지 등이 있다.

2. 사회간접자본정책의 목표와 기능

1) 사회간접자본정책의 목표

사회간접자본정책이란 국가경제 발전과 국민복지 증진을 위해 다양한 사회간접자본을 언제, 어디에, 어떻게 공급하고 관리할 것인가에 대한 정책을 말한다. 사회간접자본은 국가경제 발전과 국민복지 증진에 기여하는 물적 기반이므로 그 공급은 장기적인 관점에서 계획적으로 추진되어야 한다. 또한 한정된 재원으로 최대의 효과를 거두기 위해서는 정확한 수요추정과 투자우선순위 조정 등이 필요하다.

사회간접자본정책의 목표는 크게 ① 생산 활동 지원, ② 국가경제 발전, ③ 국민복지 증진으로 요약할 수 있다. 먼저, 사회간접자본의 확충은 물류비용 절감, 생산비 인하, 생산효율성 제고 등을 통해 생산 활동을 지원한다. 둘째, 사회간접자본의 확충은 나아가 국가경제를 발전시킨다. 사회간접자본의 확충을 통한 기업의 경쟁력 강화, 국토의 균형발전, 기술혁신의 촉진, 투자촉진 등은 국가경제 발전의 원동력이다.

끝으로 사회간접자본의 확충은 직접적으로 주민의 삶의 질을 향상시키고, 간접적으로는 국가경제 발전을 견인하게 된다. 또한 생활편익시설의 확충, 고용인구의 증가, 지역경제 활성화 등을 통해 궁극적으로 국민의 복지를 증진시킨다. 이와 같은 사회간접자본의 전방위적인 기능은 사회간접자본정책을 수립함에 있어 친환경적인 개발과 지속가능한 발전을 주요 과제로 하는 이유가 된다.

2) 사회간접자본의 기능

사회간접자본은 사회의 소비와 생산, 생산과 복지, 복지와 소비 등을 상호간에 연계시켜주는 역할을 통해 사회의 지속적인 발전을 유도한다. 즉 생산 활동을 간접적으로 지원하고 그 자체가 생산요소로 작용하여 지역 투자를 촉진시키고 생산비용의 절감과 물가안정을 도모한다. 또한 기술개발을 촉진하고 지역 간 사회·경제적인 격차를 완화하며, 지역의 고용촉진과 경제활성화 등의 역할을 담당한다.

사회간접자본 투자가 지역경제에 미치는 영향은 파급효과의 경로, 효과의 시차, 파급효과의 공간적인 확산과정 등 세 가지 측면에서 분석할 수 있다(대한국토·도시계획학회, 1999). 먼저, 사회간접자본 투자는 기업의 생산성과 지역주민의 삶의 질을 향상시켜 지역경제에 긍정적인 영향을 미친다. 둘째, 사회간접자본 투자의 경제적 효과는 시설의 물리적인 개발과 운영으로 구분하여 분석할 수 있다. 전자의 경제적인 효과는 사회간접자본의 단기투자효과로서 건설 산업 및 관련 산업의 중간재화에 대한 수요가 증가하면서 발생한다. 후자의 경제적인 효과는 장기적인 차원에서의 물류비용 절감, 전(全)산업의 생산공급능력과 사회적 후생수준 향상 등으로 나타난다. 셋째, 사회간접자본시설, 특히 항만, 공항 등 점적인 사회간접자본시설의 입지는 도시 및 지역의 경제와 공간구조를 변동시킬 수 있다. 사회간접자본의 개발로 인해 이동성과 접근성이 향상되면 개인이 선택할 수 있는 노동시장과 주택시장은 공간적으로 다변화하게 되며, 장기적으로는 사회간접자본의 입지 중심으로 경제활동이 집중된다.

3. 사회간접자본의 유형

사회간접자본정책은 생산기반시설 뿐만 아니라 생활편익시설에 대한 내용도 포함하므로 그 범위가 매우 넓다. 여기에서는 생산기반시설에 관한 내용을 중심으로 산업입지정책, 교통·물류인프라정책, 지역정보화정책, 글로벌 경제인프라정책 등으로 구분하여 살펴본다. 먼저, 산업입지정책은 핵심적 생산기반시설로서 산업단지의 개발과 관리에 관한 내용을 담고 있다. 둘째, 교통·물류인프라정책은 도로·철도·공항·항만·물류시설 등 교통·물류인프라의 건설에 관한 내용을 중심으로 살펴본다. 셋째, 지역정보화정책은 정보화시대에 정보통신기반시설에 대한 내용뿐만 아니라 정보체계에 대한 내용을 중심으로 살펴본다. 넷째, 글로벌 경제인프라정책은 무한경쟁의 국경 없는 전쟁이 격화되고 있는 세계화시대에 글로벌 경쟁에서 우위를 확보하기 위해 추진되고 있는 다양한 글로벌 경제인프라 관련 정책을 중심으로 살펴본다.

제 2 절 산업입지정책

1. 의 의

산업입지(産業立地, location of industry)란 산업 활동을 수행하기 위한 공간 또는 장소의 선택을 의미한다. 산업입지는 계획입지와 개별입지로 분류된다. 계획입지는 국가나 공공단체, 민간 기업이 공장을 집단적으로 설립·육성하기 위하여 일정 지역을 선정하고 계획에 따라 개발한 산업입지를 의미한다. 이러한 계획입지는 산업입지를 위한 계획적 공간을 뜻하나 우리나라의 계획입지는 좁은 의미에서 산업단지를 뜻한다.

개별입지는 사업상 여건, 지리적 요인, 용지 가격 등 각 기업의 개별적인 사유와 기업가의 자유의사에 의하여 산업단지 외의 지역에 공장 부지를 매입하여 부지조성에 관련된 인·허가 사항을 개별적으로 취득하여 공장을 설립하는 지역을 말한다. 즉 기업 스스로가 개발하는 공장용지 방식인 개별입지는 기업의 자유의사에 의한 것이므로 자유입지라고도 한다. 기업 스스로가 공장건설에 필요한 입지를 선정하고 개발하는 것이다.

2. 성격과 기능

정부는 산업의 생산 및 활동공간을 효율적으로 확보하고 양호한 입지를 신정하기 위하여 산업입지정책(産業立地政策, industrial location policy)을 추진하고 있다. 산업입지정책은 유한한 국토공간의 토지이용을 제고하고 국가경제발전의 기틀을 마련하기 위한 산업의 생산 및 활동공간을 확보하는 정책으로 공장용지 및 지원시설용지 등 산업단지를 계획적·집단적으로 개발·공급하거나 산업단지를 효율적으로 관리하기 위한 일련의 정책을 말한다. 산업입지정책은 산업단지의 원활한 공급과 산업의 합리적 배치를 통해 균형있는 국토개발과 지속적인 산업발전을 촉진함으로써 국민경제의 건전한 발전에 이바지함을 목적으로 한다.

산업입지정책의 목표를 살펴보면 ① 급격한 기술변화에 따른 산업입지 대응전략 마련, ② 산업구조개편에 따른 산업입지변화의 수용, ③ 지역경제 활성화를 위한 산업입지 지원, ④ 남북경제협력 증대와 교류활성화에 따른 산업입지 대응전략 마련, ⑤ 세계화 및 초국경화에 따른 산업입지부문 과제 추진, ⑥ 환경의 중요성을 효과적으로 수용하는 입지 전략의 마련 등을 들 수 있다(건설교통부, 2007).

3. 주요 내용

1) 산업입지정책의 전개과정

산업입지정책은 경제개발정책이 시작된 1960년대 초부터 추진되었다. 1962년 제1차 경제개발5개년계획이 수립되어 수출주도형 공업화를 통한 자립경제기반의 구축에 역점을 두었으며, 1967년 제2차 경제개발5개년계획에서는 중화학공업을 집중 육성하는데 중점을 두었다.

제3차 경제개발5개년계획이 시작되는 1972년에는 제1차 국토종합개발계획과 「국토이용관리법」이 제정되어 국토의 효율적인 관리와 균형개발을 추진할 수 있게 되었으며,

1977년부터 시작된 제4차 경제개발5개년계획에서는 공업부문간의 불균형 시정, 대도시 지역의 공업집중 억제와 지방 분산정책을 추진하였다. 제5차 경제개발5개년계획(1982~1987)에서는 산업입지정책의 기본방향을 국토의 균형개발로 설정하였고, 이는 제2차 국토종합개발계획과 「수도권정비계획법」 등에 의해 구체화되었다. 1990년대에는 다양하게 분산되어 있던 산업입지 관련 법률의 통폐합이 이루어져 산업단지의 개발에 관한 사항은 「산업입지 및 개발에 관한 법률」로, 산업단지의 관리에 관한 사항은 「공업배치 및 공장설립에 관한 법률」로 통폐합되었다.

2000년대에 들어서 산업입지정책은 제도적 측면과 정책기조 측면에서 중요한 변화를 맞이한다. 제도적으로는 산업단지 개발절차의 간소화가 대폭적으로 추진되었으며, 정책기조 측면에서는 지역혁신체제의 구축과 산업클러스터의 활성화가 주요 과제로 등장하였고, 다양한 형태의 전문화된 산업단지 조성이 활성화되기 시작하였다.

표 22-1 연대별 산업입지정책의 변화

구 분	정 책 기 조	관 련 법 규
1960년대	· 수출위주의 경공업입지 · 유휴인력의 고용촉진	· 국토건설종합계획법 · 수출산업단지개발조성법
1970년대	· 중화학공업의 육성 · 수도권의 분산 · 산업인프라 확충	· 산업기지개발 촉진법 · 지방공업개발법 · 공업단지관리법, 공업배치법
1980년대	· 산업단지의 내실화 · 농공단지 개발	· 수도권정비계획법 · 중소기업진흥법 · 농어촌소득원개발 촉진법
1990년대	· 산업입지 유형의 다양화 · 입지규제 완화 · 첨단산업의 육성	· 산업입지법 · 공업배치 및 공장설립에 관한 법률 · 벤처기업육성법
2000년대	· 전문화된 산업단지 조성 · 지식기반 경제구축 지원 · 산업클러스터의 활성화	· 산업입지법 개정 · 산업집적활성화법 · 문화산업진흥법
2010년대	· 과학과 ICT 융합을 통한 창조경제의 실현 · 융복합·신성장 동력·미래산업 육성	· 산업입지법 개정 · 산업집적활성화법 개정 · 국토의 계획 및 이용에 관한 법률규제 완화

자료: 건설교통부·한국토지공사, 2005, 「산업입지제도 개편방안 연구」, p.23 및 한국산업단지공단, 2016년 산업입지요람, 2016, p. 18.

산업입지와 관련한 법률의 체계는 상위법으로서의 「국토기본법」이 있으며 그 밑으로 「국토의 계획 및 이용에 관한 법률」을 기본으로 하여 「산업입지 및 개발에 관한 법률」과 「산업집적활성화 및 공장설립에 관한 법률」이 구체적인 기능을 담당하고 있다.

2) 산업입지정책의 내용

산업입지정책은 「산업입지 및 개발에 관한 법률」(이하 산업입지법)과 「산업집적활성화 및 공장설립에 관한 법률」(이하 산업집적활성화법)을 근간으로 하고 있으며, 그 내용은 다음과 같다.

표 22-2 산업입지정책의 내용

법률(소관부처)	내 용
산업입지법	· 산업입지개발지침 · 산업단지의 지정 · 산업단지의 개발: 국가산업단지, 지방산업단지, 농공단지 · 산업단지외의 지역에서의 공장입지: 개별입지
산업집적활성화법	· 산업집적활성화 기본계획 · 공장의 설립 · 아파트형 공장 · 산업단지의 관리: 해외산업단지 개발의 신고, 외국인기업 전용단지의 지정

「산업입지법」에서는 산업입지의 원활한 공급과 산업의 합리적 배치를 통하여 균형 있는 국토개발과 지속적인 산업발전을 촉진함으로써 국민경제의 건전한 발전에 이바지함을 산업입지정책의 목적으로 하고 있다. 주요 내용으로는 산업입지개발지침, 산업단지의 지정, 산업단지의 개발, 산업단지외의 지역에서의 공장입지 등을 주로 다루고 있다. 「산업집적활성화법」에서는 산업의 집적을 활성화하고 공장의 원활한 설립을 지원하며 산업입지 및 산업단지의 체계적 관리를 실현함으로써, 지속적인 산업발전 및 균형 있는 지역발전을 통하여 국민경제의 건전한 발전에 이바지함을 목적으로 하고 있으며, 주요 내용으로 산업집적활성화 기본계획, 공장의 설립, 아파트형 공장, 산업단지의 관리, 외국인기업 전용단지의 지정 등을 다루고 있다. 요약하면 「산업입지법」은 주로 계획입지의 지정과 개발에 대하여 규정하고 있으며, 「산업집적활성화법」은 산업단지의 관리와

표 22-3 산업단지 지정 현황

(2017. 1/4분기, 단위: 개, 천㎡, %)

단지유형	단지수	지정면적	관리면적	산업시설구역				
				전체면적	분양대상	분양	미분양	분양률(%)
국가	42	789,707	568,393	278,179	246,969	241,115	5,854	97.6
일반	630	532,288	526,841	322,955	237,214	214,650	22,564	90.5
도시첨단	22	6,653	6,672	3,312	1,360	743	617	54.6
농공	467	75,276	75,288	57,517	54,398	51,341	3,057	94.4
총합	1,161	1,403,924	1,177,194	661,963	539,941	507,849	32,092	94.1

주: 전체면적은 미개발면적을 포함한 산업시설구역 총 면적을 의미하며, 분양대상은 산업시설구역 중 조성된 면적(미개발면적제외), 분양률은 분양대상용지 중 분양된 면적의 비율임.
자료: 한국산업단지관리공단, 「산업단지통계」, 2017. 1/4분기.

개별입지에 대해 규정하고 있다.

2013년 12월 현재는 국가산업단지 41개소, 일반산업단지 528개소, 도시첨단산업단지 11개소, 농공단지 453개소를 지정하여 개발하였으며, 전체 분양면적율은 96.5%를 차지하고 있다. 2017년 3월말(1/4분기) 현재는 국가산업단지 42개소, 일반산업단지 630개소, 도시첨단산업단지 22개소, 농공단지 467개소 등으로 증가하였다.

한편 단지형 산업입지 외에 지역, 지구, 구역 등의 형식으로 산업입지가 제공되기도 한다. 즉 지역 등에 산업단지가 지정될 수도 있고, 산업단지에 구역 등이 지정될 수도

표 22-4 산업입지의 종류와 지정목적

구 분	지정목적	근거법률
과학연구단지	· 산업계 · 학계 · 연구계가 한곳에 모여 서로 유기적으로 연계하는 데 따른 효율을 높이고, 국내외 첨단 벤처기업을 유치하거나 육성	과학기술기본법 (제29조)
산업기술단지	· 기업 · 대학 · 연구소 등의 인적 · 물적 자원을 일정한 장소에 집적시켜 기술을 공동으로 개발하고 그 성과의 사업화를 촉진하며, 기업 · 대학 · 연구소 등의 상호 연계 및 협력을 통하여 지역혁신 창출	산업기술단지 지원에 관한 특례법 (제3조)
소프트웨어 진흥단지	· 소프트웨어사업자와 그 지원시설 등을 집단적으로 유치함으로써 소프트웨어사업자의 영업활동을 지원	소프트웨어산업진흥법 (제6조)

문화산업단지	· 기업 · 대학 · 연구소 · 개인 등이 공동으로 문화산업과 관련한 연구개발 · 기술훈련 · 정보교류 · 공동제작 등을 할 수 있도록 조성	문화산업진흥기본법(제24조)
연구개발특구	· 연구개발을 통한 신기술 창출, 성과 확산 및 사업화 촉진	연구개발특구의 육성에 관한 특별법 (제4조)
벤처기업육성 촉진지구	· 벤처기업의 밀집도가 다른 지역보다 높은 지역으로 집단화 · 협업화를 통한 벤처기업의 영업활동 활성화	벤처기업육성에 관한 특별조치법 (제18조의4)
지식기반산업 집적지구	· 지식의 집약도가 높은 연구개발업 등의 지식산업과 첨단기술을 활용한 산업의 집적 활성화	산업집적활성화 및 공장설립에 관한 법률 (제22조)
첨단의료복합단지	· 의료연구개발 활성화와 연구성과의 상품화 촉진	첨단의료복합단지의 지정 및 지원에 관한 특별법(제6조)

자료: 한국산업단지공단, 2016, 「2016 산업입지요람」, p.11.

있다. 예를 들어, 지식기반산업집적지구는 도시첨단산업단지 등 기존 단지 내에 지정되는 형식이며, 외국인투자지역, 자유무역지역이나 경제자유구역의 경우 해당 지역 등에 필요에 따라 산업단지가 들어설 수 있다. 또한 특수 목적 단지에는 「과학기술기본법」에 의한 과학연구단지가 있으며, 「산업기술단지 지원에 관한 특례법」에 의한 산업기술단지(테크노파크), 「소프트웨어산업 진흥법」에 의한 소프트웨어진흥단지, 「문화산업진흥 기본법」에 의한 문화산업단지, 「물류시설의 개발 및 운영에 관한 법률」에 의한 물류단지, 「벤처기업육성에 관한 특별조치법」에 의한 벤처기업육성촉진지구, 「산업집적활성화 및 공장설립에 관한 법률」에 의한 지식기반산업집적지구 등이 있다.

4. 평 가

그동안 산업입지 관련 여건은 많은 변화가 있었다. ① 신산업의 성장과 산업구조의 변화, ② 기술혁신과 산 · 학 · 연 연계의 중요성 증가, ③ 저성장시대의 도래에 따른 산업입지 수요특성 변화, ④ 세계화의 진전과 남북경제교류 활성화, ⑤ 환경친화적인 산업입지에 대한 요구 증가, ⑥ 지방자치제의 정착과 분권화의 진전 등이다(건설교통부 · 한국토지공사, 2005).

산업입지정책에 대한 전망은 다음과 같다. 첫째, 산업단지의 복합단지화가 활성화될 것이다. 복합단지화는 두 가지로 구분할 수 있는데, 하나는 제조업과 서비스업 및 연구개발 등의 결합이며, 다른 하나는 산업과 주거, 문화, 교육기능의 복합이다. 전자는 비교적 소규모 산업단지를 대상으로 하며, 후자는 대단위 테크노폴리스나 과학단지의 개발 등에 활용되는 방식이다.

둘째, 맞춤형 산업단지개발제도의 도입이 필요하다. 이는 기업의 다양한 요구에 부응하는 산업단지를 대행개발을 통해 공급하는 방식이다.

셋째, 기존 산업단지의 재정비를 통한 산업입지의 경쟁력 강화가 필요하다. 이를 통해 산업구조변화에 합리적으로 대응할 수 있고, 산업입지환경의 개선 및 토지이용의 효율화를 도모할 수 있다.

넷째, 산업단지 지정 및 관리권의 지방이양이 확대될 것이다. 지방자치제의 정착에 따라 지역의 여건에 맞는 산업단지의 지정 및 관리를 지역경제발전의 주체로서 당해 지방자치단체가 수행하여야 할 것이다.

제 3 절 교통 · 물류인프라정책

1. 의 의

교통 · 물류인프라정책은 정부에서 추진하는 교통 · 물류인프라에 대한 계획·건설·관리에 관한 활동이라고 할 수 있다. 따라서 여러 가지 교통 · 물류인프라에 대한 계획과 건설, 관리방법 등에 대한 시스템을 최적으로 구축하여, 사람과 상품을 빠르고 안전하고 저렴하며 쾌적하게 이동시키려는 의사결정이라 할 수 있다. 여기서 교통 · 물류인프라정책의 방향은 고속성, 안전성, 경제성, 쾌적성이라 할 수 있다.

2. 성격과 기능

교통은 사람이나 상품의 공간적인 이동을 말한다. 교통은 장기적으로 토지이용의 분포나 밀도를 변화시킨다. 이렇듯 교통으로 인해 발생한 토지이용 패턴의 변화는 다시 교통에 영향을 미치게 되면서 교통과 토지이용의 상호작용이 발생하는 순환적 관계가 형성되어 이에 대한 종합적인 고려가 필요하다. 또한 교통은 도시공간구조뿐만 아니라 사회의 시스템까지도 변화시킨다. 사람들은 교통여건에 따라 역세권의 주거입지 선호, 탄력적 근무시간제의 도입, 조찬모임의 선호 등이 그 예이다. 효율적인 교통 · 물류인프라정책은 지리적인 공간과 시간의 차이를 극복시켜 도시발전, 지역개발 및 국토균형발전에 기여한다(국토연구원, 1998).

3. 주요 내용

1) 국가기간교통망계획(2001～2020)

국가기간교통망계획은 도로 · 철도 · 공항 · 항만 등 국가기간교통시설에 대한 20년 단위의 장기적이고 종합적인 투자기본정책을 설정하는 최상위의 교통계획이다(「교통체계효율화법」 제3조). 국가기간교통망 제2차 수정계획은 당초 1999년 12월에 국가기간교통망계획(2000～2019)이 수립되었으며, 그 이후 2007년 11월에 국가기간교통망계획 제1차 수정계획을 거쳐 2010년 12월에 국가기간교통망계획 제2차 수정계획이 수립되었다.

국가기간교통망 제2차 수정계획의 수립배경은 첫째, 국가기간교통망계획은 교통 분야 최상위 계획으로서 교통시설에 대한 중장기적 마스터플랜의 위상을 가지고 있으나, 운영상 일부 미비점이 노출되었기 때문이다. 또한 국가철도망구축계획, 도로정비기본계획, 제3차 항만기본계획, 제4차 공항개발중장기종합계획 등에 대한 총괄 검토 및 조정을 통해 국가기간교통망계획과의 정합성 · 일관성 제고와 더불어 최근 기후협약에 대응한 녹색교통 추진전략, 인터모달리즘 등 교통여건 변화를 반영하는 국가기간교통망 계획의 수정이 제기되었기 때문이다(국토해양부, 2010).

제2차 수정계획의 목표는 첫째, 21세기 글로벌 교통물류강국 도약을 위한 세계 일류 수준의 도로 · 철도 · 공항 · 항만 등 교통기반시설 확충이다. 둘째, 상호 연계되고 효율적인 국가종합교통체계 구축을 위한 육상 · 해상 · 항공교통의 통합 네트워크 구축이다. 셋째, 국가경쟁력 강화를 위해 교통혼잡비용 · 물류비용 · 교통사고비용 등 교통물류활동으로 인한 사회 · 경제적 비용의 감축, 넷째, 미래사회를 대비한 지속가능한 녹색성장의 구현이다.

이러한 목적을 달성하기 위한 2011년부터 2020년 사이의 추진전략은 먼저 부문 간

효율적 스톡조정을 통한 국가경쟁력 강화를 위한 전략으로 국가교통체계의 종합조정 및 효율성 강화, KTX 중심 철도고속화 및 도로기능 효율화, 항공·해운·물류 경쟁력 강화이다. 둘째, 교통연계성 강화를 위한 인터모달리즘 구현을 위한 전략은 교통수단간 연계환승체계 강화, 물류거점 연계교통체계 구축이다. 셋째, 국가경쟁력 강화를 위한 21세기 글로벌 교통물류 강국 실현을 위한 전략은 육·해·공 통합연계 국제교통망 구축, 국제 교통·물류시장 통합대응이다. 넷째, 저탄소 녹색성장형 교통체계 구축을 위한 전략은 녹색성장 교통체계 전환, 미래형 교통기술 개발 및 구현이다. 다섯째, 교통기본권 확보를 위한 선진국 수준의 교통서비스 제공을 위한 전략은 교통안전 및 보안 체계 강화, 교통서비스의 사회적 형평성 강화이다.

이러한 국가기간교통망 제2차 수정계획의 미래상은 첫째, 글로벌 한반도 가치 재창출을 위한 간선도로 서비스 품격 향상이다. 둘째, 광역경제권간 90분대 그리고 광역경제권내 30분대 통행권 형성을 통한 단일 대도시권 통합이다. 셋째, 인천공항 화물수송실적 및 부산항과 광양항의 항만물동량 증대를 통한 동북아물류 중심국가 부상이다. 넷째, 지속가능한 교통체계 구현으로 에너지 소비량 및 CO^2 배출량 대폭 감소이다. 다섯째, 시간과 공간의 제약 없는 교통정보 제공으로 교통 혼잡 예방이다. 여섯째, 고령자나 교통약자도 대중교통을 이용하여 전국 어디에서나 불편 없는 이동이다.

2) 도 로

도로는 전국 주요 도시 및 거점을 연결하는 고속국도와 일반국도가 기본골격을 이루는 간선망을 형성하고, 각 도내의 지역 간을 연결하는 지방도·군도·시가지내 도로망이 상호 연계되어 유기적인 교통체계를 유지하고 있다.

도로시설현황을 설명하면, 2009년 도로 총 연장은 104,983㎞로서 지난 2001년 이후 연평균 1.75% 증가하였다. 투자재원은 최근 국가재정운용계획에서 SOC 부문 예산이 지속적으로 감소하고 있어 도로 부문의 투자예산이 감소하였다. 특히 도로 부문 예산은 2009년 9.4조 원에서 2010년 7.8조 원으로 감소하였다. 수송실적으로 도로의 여객수송실적은 매년 증가하는 추세이며, 도로 부문 연평균 수송실적 증가량은 2006년 대비 2010년 여객수송은 1.56%, 화물수송은 4.48%의 증가율을 보였다.

2015년 12월말 기준으로 우리나라 도로 연장은 총 107,527㎞이며, 도로포장률은 92.1%이다. 도로등급별로는 고속국도 4,193㎞, 일반국도 13,948㎞, 특별·광역시도 4,727

km, 지방도 18,087km, 시 · 군도 66,572km로 이루어져 있다. 도로연장은 2000년 88,775km에서 약 1.2배 증가한 것이며, 포장율은 76%에서 16.1% 증가하였다. 이에 따라 도로는 국내 여객 · 화물 수송량의 80% 이상을 분담하는 국가교통망의 중추적 역할을 수행하고 있다.

그동안 도로는 산업입지 패턴을 철도역 중심에서 고속도로 나들목 주변으로 변화시키는 등 제조업 성장 및 거점도시 성장에 크게 기여하였다.

3) 철 도

철도는 안전성, 정시성 및 에너지효율 측면에서 다른 교통수단보다 유리하고 장거리 및 대용량의 수송에서 비교우위를 점하고 있다.

철도시설 현황으로 철도의 총 연장은 2009년 3,377.9km로 고속철도 240.4km, 일반철도 3,137.5km로 이루어졌다. 여기서 복선화율은 2009년에 43.9% 수준으로 매년 증가하는 추세이다. 투자재원 현황은 녹색교통의 기조에 맞추어 투자의 양적, 질적 증가 추세로 2004년 3조 3,761억 원에서 2009년 5조 1,838억 원으로 증가하였다. 또한 1998년 이후 철도건설 및 시설현대화(기존선의 복선화 및 전철화)를 위한 투자가 증가하여 투자비율이 30% 이상으로 크게 증가하였다. 수송실적에 있어 2000년 이후 여객수송은 전체 실적을 기준으로 철도 이용객이 감소하고 있었으나, 고속철도의 개통으로 인해 수송실적이 증가세로 전환되었다.

2013년 6월 정부는 철도분야의 적자문제를 해소하고자 철도산업 발전방안을 마련하였다. 이 방안은 철도공사의 구조를 개편하여 경영효율성을 높이고, 철도운송 시장의 경쟁환경을 조성해 철도산업의 경쟁력을 강화하는 것이 핵심 내용이다. 특히 100% 공적자금으로 구성된 철도공사의 출자회사가 수서발 고속철도(SRT)를 운영토록 함으로써 그간 반복적으로 제기됐던 민영화 논란을 종식시키고 경쟁체제가 자리잡을 수 있도록 하였다.

4) 공 항

세계 각국은 공항을 국가역량이 총체적으로 결집된 공간으로 인식하고 있다. 따라서 지역별 중추공항 기능 선점을 위해 세계 각 국가 간 그물 노선망 확보, 세계 주요 공항과 항공화물 복합 운송망 확대, 수준 높은 서비스와 저렴한 시설사용료 제공 등 국가역량을 결집하여 경쟁력을 강화하고 있다.

공항시설현황은 2009년 12월 현재 국제선 8개, 국내선 7개 등 총 15개의 공항이 운영 중이고, 수요부족 등으로 4개는 폐쇄되었다. 여기서 국제선(8개)은 인천, 김포, 제주, 김해, 청주, 대구, 양양, 무안이며, 국내선(7개)은 광주, 군산, 사천, 여수, 원주, 포항, 울산이다. 또한 폐쇄공항(4개)은 강릉, 속초, 예천, 목포이다. 투자재원 현황으로서 교통시설 특별회계 공항계정의 지출규모를 살펴보면, 2000년 이후 연간 약 3,000억 원 정도였으나, 2009년에 824억 원으로 축소하였다. 수송실적으로 국내 여객수요는 2004년 KTX 개통으로 제주도를 제외한 국내선 여객이 대폭 감소되었고, 도로 등 육상교통 발달에 따라 국내선 화물도 감소 추세이다. 국제선 여객은 2001년에 사스의 영향, 2008~2009년에 세계적 경제 불황에 따라 일시적으로 감소하였으나, 그 영향이 사라진 이후 급격하게 회복하였다.

인천국제공항은 2001년 개항한 후 정부와 민간의 끊임없는 노력으로 항공기 운항과 여객·화물의 처리량이 획기적으로 증가하였으며, 인천공항을 모기지로 하는 국적항공사가 2015년 11년 연속 세계 항공화물 수송 1위를 기록하는 등 항공산업의 성장동력을 착실히 수행하고 있다.

2015년 우리나라 전체 국제선 여객은 6,183만명으로 이 중 79%인 4,872만명이 인천국제공항을 이용하였고, 국제화물 운송의 경우 IT 제품 등 고가품을 주 대상으로 우리나라 전체 수출금액(5,268억달러)의 26.2%에 해당하는 1,381억달러, 전체 수입금액(4,365억달러)의 26.4%에 해당하는 1,150억달러를 처리하여 대한민국 관문공항으로서의 기능을 담당하고 있다.

인천공항은 동북아 허브공항으로 육성하기 위한 항공회담과 신규노선 개발 및 환승 증대를 위한 항공마케팅 활동 등을 지속적으로 전개한 결과, 2016년 6월말 현재 84개 항공사가 55개국 185개의 도시에 항공기가 취항하는 등 글로벌 항공네트워크를 이루고 있다.(국토교통부, 2016년도 국토의 계획 및 이용에 관한 연차보고서, 2016: 475)

5) 항 만

우리나라 전체 수출입 물동량의 99.7%가 항만을 통하여 유통될 만큼 항만은 중요한 사회간접자본임에도 불구하고 그동안 항만개발 투자 및 항만시설 확보율이 저조하여 경제적 손실이 많았다.

2011년까지 전국 항만의 적체를 해소하고 주요 항만을 동북아물류중심기지로 육성하기 위해, 전국 항만을 수도권, 중부권, 서남권, 동남권, 태백권, 제주권 등 6개 권역으로 나누어 기존시설의 정비와 권역별로 특화된 거점항만으로 개발할 계획이다. 특히, 부산항 신항과 광양항을 동북아 컨테이너 중심항만(Hub Port)으로 개발하고, 평택·당진항을 수도권 화물의 분산처리 및 대중국화물을 처리하기 위해 중점 개발하고 있다.

항만시설현황을 살펴보면, 무역항은 30개항(국가관리항 14개, 지방관리항 16개), 연안항은 25개항이 운영 중에 있다. 특히 무역항으로 서해안 9개항, 남해안 13개항, 동해안 8개항이 2009년 말에 757개 선석, 79만 3,015톤의 하역능력을 보유하였다. 투자재원의 현황으로 항만 재정예산은 재정 규모측면에서 전체 SOC 투자비 증가와 더불어 꾸준히 연평균 8.2% 수준의 증가추세이다. 수송실적으로 항만물동량 및 여객수송물동량은 지속적인 증가 추세이다. 즉 전국 항만물동량은 2000년~2009년 동안에 2.9%의 연평균 증가율을 보이며 증가하였으나, 산업 구조의 고도화와 더불어 총 항만물동량의 증가세는 둔화되고 있다. 최근 동북아 물류중심국 건설을 위한 예산이 집중 배정되고 있으며, 2007년 이후 1조 9천억 원 수준으로 투자재원이 증가되었다.

우리나라는 지리적으로 삼면이 바다로 둘러싸여 있어 전체 수출입 물동량의 99.7%가 해상을 통해서 처리되고 있으며, 항만은 우리나라의 수출입 경쟁력과 직결되는 중요한 SOC 시설로서 항만시설의 체계적인 확충과 물류 서비스의 효율화를 통해 수출입 경제에 크게 이바지해 왔다. 이에 따라, 지속적인 항만개발 투자 및 항만시설 확보를 통하여 체선·체화, 물류비용·시간 증가 등의 손실액을 축소하였으며, 해양수산부에서는 수출입 화물의 원활한 처리와 물류비 절감을 위한 제3차(2011~2020) 전국 항만기본계획 수정계획을 2014년 7월부터 수립하여 2016년 하반기에 확정 고시하였다.

우리나라의 항만개발의 기본방향은 우리나라 항만의 고부가가치 물류허브화를 위하여 부산항을 동북아 컨테이너 허브항으로, 광양항을 복합물류허브항으로, 울산항을 동북아 오일허브항으로 육성하는 한편, 배후권역, 잠재력 등을 감안한 항만별 특성화 전략 추진으로 권역별 거점 항만조성을 통해 경제성장 동력으로 활용하는 것이다.

6) 물류시설

먼저, 내륙화물기지를 수도권, 부산권, 중부권, 영남권, 호남권 등 전국 5대 거점에 건설하였거나 추진하고 있다. 내륙화물기지는 복합화물터미널과 내륙컨테이너기지로 구성되며, 복합화물터미널(Integrated Freight Terminal: IFT)은 도로, 철도 등 2가지 이상의 운송수단간 연계수송을 할 수 있는 규모 및 시설을 갖춘 화물터미널이고, 내륙컨테이너기지(Inland Container Depot: ICD)는 해상컨테이너화물이 항만물류터미널을 떠나 내륙으로 이동되어 내륙운송수단과 연계되는 장소이다. 둘째, 복합화물터미널과 상호 연계수송체계를 확립하기 위해 일반화물터미널 건설을 지원하고 있으며, 2006년말 현재 28개소가 건설되어 있다. 셋째, 유통단지를 조성하여 물류시설(화물터미널, 집배송시설 등)과 상류시설(도·소매시설, 농수산물도매시장 등)을 집단화함으로써 물류비를 절감하려 한다.

물류시설개발종합계획(2008~2012)에 따라 국제 물류거점과 광역 물류거점은 도로와 철도로 연계하고, 지역 물류거점은 도로망으로 연계하도록 개발방향을 수립·수행하였다. 제1차 물류시설개발종합계획(2008~2012) 이후 표출된 새로운 국가, 경제, 사회의 다양한 변화 및 상황을 반영하고, 기존 계획의 추진실적에 대한 정확한 평가 및 분석

표 22-5 전국 5대권역 내륙물류기지 추진현황

(2014년말 기준)

구 분		사 업 명	위 치	면 적 (㎡)	사업비 (억원) (민간+국비)	사업기간	비고
1단계	수도권	군포 IFT 의왕 ICD	경기 군포 경기 의왕	381,736 753,127	2,457 331	'92~'98 '92~'96	운영
	부산권	양산 IFT 양산 ICD	경남 양산 〃	291,374 721,188	2,543 2,782	'92~'99 '92~'00	운영
2단계	호남권	호남권 IFT & ICD	전남 장성	520,782	3,323	'99~'16	부분 운영
	중부권	중부권 IFT & ICD	세종시	480,736	2,383	'05~'10	운영
	영남권	영남권 IFT & ICD	경북 칠곡	456,499	2,893	'05~'10	운영
	수도권 (확장)	군포 IFT 확장	경기 군포	321,571	5,808	'06~'12	운영

주: 복합물류터미널(IFT; Integrated Freight Terminal), 내륙컨테이너기지(ICD; Inland Container Depot)

자료: 국토교통부, 2016년도 국토의 계획 및 이용에 관한 연차보고서, 2016, p. 400.

을 통해 향후 5년간 추진해야 할 물류시설정책에 대한 기본 방향을 재정비하며, 목표연도 물류단지 수요면적을 전국 6개 권역별로 구분하고 물동량 등을 고려하여 1,730만㎡의 물류단지 공급으로 물류거점망을 구축한다는 제2차 물류시설개발종합계획(2013~2017)을 수립하였다.

제2차 물류시설개발종합계획(2013~2017)에 의한 물류단지 순공급규모는 총 1,730만㎡ 인데, 이를 권역별로 보면, 수도권 769만㎡, 중부권 341만㎡, 호남권 169만㎡, 대경권 132만㎡, 동남권 269만㎡, 기타 50만㎡이다.

또한 5대 권역별 내륙물류기지 추진현황을 살펴보면, 우선 1단계로 수도권과 부산권에 1994년 11월부터 총 214만㎡ 규모의 복합물류터미널과 ICD 건설을 추진하여 수도권 2개소는 1998년말에 완공하여 운영 중에 있고, 부산권은 1999년부터 일부시설을 준공하여 부분운영 하면서 2010년에 최종 준공하여 정상 운영 중에 있다.

2단계로 군포 복합물류터미널 확장과 호남권·중부권·영남권을 총178만㎡ 규모로 조성하였으며. 이중 호남권 내륙물류기지는 1999년 사업시행자가 지정되어 2002년말 공사를 착공하여 2005년 3월 1단계 공사를 완료하고 부분 운영을 시작하였다. 그리고 중부권 및 영남권 내륙물류기지는 2007년 상반기에 공사를 착수하여 2010년 6월과 11월에 공사를 완료하고 운영을 시작하였다. 아울러 1998년부터 운영 중인 군포 복합화물터미널은 2001년부터 시설용량이 한계에 도달함에 따라, 기존 터미널 규모를 38만㎡에서 70만㎡를 확장하여 2013년 1월부터 정상 운영 중에 있다.

4. 평 가

교통·물류인프라정책의 평가는 다음과 같다. 첫째, 교통·물류인프라에 대한 투자 결정시 경제성을 중시한 나머지 수도권에 편중되어 지역 간 불균형의 문제를 야기했으며, 교통·물류인프라의 공급은 새로운 수요의 유발이라는 악순환이 발생하였다.

둘째, 그동안 교통시설 투자가 도로 위주로 추진됨에 따라 도로의 수송분담률이 지나치게 높아 효율적인 수송체계를 구축하지 못했고, 도로 위주의 수송체계는 막대한 교통혼잡비용과 국가물류비 상승을 초래하였다. 2008년의 교통 혼잡비용은 26.5조원 수준으로 GDP 대비 2.8% 규모로 미국 0.6%와 일본 2.3%에 비해 여전히 높은 수준이다. 2012년도 전국 도로상의 교통혼잡비용은 총 30조 3천억원으로 전년 대비 4.2% 증가하였으며, GDP의 2.2% 규모였다. 2015년 기준 전국 교통혼잡비용은 33.4조원으로 GDP대비 2.1%에 달하는 것으로 조사되었다.

셋째, 철도의 경우 그동안 상대적으로 투자에 소홀하였고, 항만의 경우 화물량 증가에 비해 시설확보율이 낮은 실정으로 항만적체에 따른 경제적 손실이 큰 편이다. 다만, 2004년 고속철도 개통 등으로 철도여객 및 화물의 수송분담률이 증가하였으나, 전체 교통수단간 수송분담률의 변화는 미미한 것으로 나타났다. 2015년 국내여객 수송분담률은 공로 87.6%, 철도 4.1%, 지하철 8.1%, 항공 0.1%, 해운 0.1%를 각각 차지하였고, 화물 수송분담률은 공로 91.3%, 철도 1.9%, 항공 0.1%, 해운 6.7%를 각각 차지하였다.

넷째, 기존에 물량공급 위주의 개발우선정책으로 환경파괴에 대한 비판이 제기되고 있었고, 일부 공항의 경우 여객과 화물의 물동량을 충분히 확보하지 못한 채 지역의 여론과 정치적 역학관계에 의한 밀어붙이기식 개항을 함으로써 과잉투자의 결과가 되었다.

문재인정부의 국정운영 5개년 계획에 따르면 향후 신정부의 100대 과제에서는 국가기간교통망 공공성 강화 및 국토교통산업 경쟁력 강화를 제시하고 이를 위한 목표로 건설업을 양질의 일자리로 전환하고 화물종사자 근로 여건을 개선하며, 교통의 공공성을 단계적으로 강화하고 노후 인프라 개선하겠다는 것이다.

이를 위한 주요 내용으로 먼저 건설 산업 경쟁력 강화는 간접비 지급방식 개선, 임금지급보증제 도입 등 불공정 해소 및 유망분야 육성하고 해외진출 지원 통한 일자리 창출하는 것이다. 또한 도로 · 철도 공공성 강화를 위해서는 도로통행료 인하, 벽지노선 운영, 일반철도 서비스 개선 등을 통해 공공성 강화, 간선망 구축 등 교통 네트워크 효율화하는 것이다. SOC 안전 강화는 2017년에 노후 철도차량 · 시설 개선을 위한 중장기 개량계획 수립, 성능기반의 철도시설 관리체계 마련 및 노후도로 개선할 계획이다. 또한 대중교통 낙후지역 해소를 위해서 2018년부터 공공형 택시를 시 · 군에 보급하겠다는 계획이다.

제 4 절 지역정보화정책

1. 의 의

지역정보화란 국가기관과 지방자치단체가 지역주민의 삶의 질 향상과 지역 간 균형발전, 정보격차해소 등을 위하여 하나 또는 여러 개의 지역 · 도시에 대하여 행정 · 생활 · 산업 등의 분야를 대상으로 추진하는 정보화사업을 의미한다(국가정보화 기본법 제16조). 따라서 지역정보화는 지역발전은 물론이고 전자정부 구현을 위한 핵심수단이라는 점에서 매우 중요한 전략적 의미를 지니고 있다(행정자치부, 2016).

지역정보화정책의 필요성은 다음과 같은 4가지로 요약할 수 있다(한국지역정보개발원, 2013). 첫째, 지역정보화를 통해 지역경제의 발전을 촉진할 수 있다는 것이다. 즉, 정보통신 기반의 산업화는 지역정보통신 서비스업의 창출을 통해 지역경제의 규모를 확대하고 지역기업의 경쟁력을 강화해 지역경제를 활성화하는 데 기여할 수 있다.

둘째, 행정의 효율화를 통해 지방의 정치, 문화적 소외감을 해소할 수 있을 것이다. 지방행정의 정보화는 행정업무의 효율화와 함께 대민 행정서비스의 개선을 이루어 내는 가장 큰 동력이라 할 수 있다.

셋째, 효율적인 국토이용이다. 정보화는 지역 간 정보교류를 원활히 함으로써 국토이용의 효율성을 증진시키고 건전한 도시체계의 형성에 기여한다. 더불어 모두가 알고 있듯이 새로운 사회간접자본인 정보통신기술을 이용해 수도권으로 집중된 국가중추관리기능과 인구의 분산을 가능케 함으로써 효율적인 국토이용이 가능하다.

마지막으로, 정보화는 국가경쟁력을 제고하기 위한 중요한 기제로 활용될 수 있으며, 국가정보화정책 및 지역정보화의 추진에 따른 보편적 정보서비스의 균등한 수혜와 지역특성에 맞는 산업 및 사회의 효율성을 제고시켜 비용 및 원가를 절감시킬 수 있다.

정보통신기술(ICT)은 산업과 과학의 혁신에 기여하고 경제와 사회에 큰 영향을 끼치면서 주민들의 생활환경에도 많은 변화가 나타나고 있다. 정책적으로도 국가정보화 기본계획 및 시행계획과 더불어 정부 3.0, 스마트 전자정부 시행, 공공데이터개방, IT 융합 및 창조경제, 빅데이터 기반 서비스, 정보보안 관련 정책들이 주를 이루고 있어 이를 고려한 서비스 제공, 정책 개발 등이 지역정보화 차원에서 필요한 상황이다. 특히 클라우드 서비스의 성장으로 공공기관의 민간 클라우드 도입 확대, 모바일 이용 확산에 따른 다양한 콘텐츠 개발로 신규 서비스 수요 증가, 빅데이터, 사물인테넷 기술의 영향 증가에 따라 관련 정보기반의 중요성이 점점 커지고 있다.

2. 성격과 기능

지역정보화정책의 추진은 지역 간 균등한 정보접근성을 보장하고, 지역 특성에 맞는 정보시스템의 구축과 뉴미디어의 보급을 촉진함으로써 지방경제를 활성화해 지역주민 생활의 질을 향상시키고자 진행되었다. 이와 더불어 지역정보화는 지방자치제의 부활과 지방화시대가 본격화됨에 따라 그 의의가 더욱 커졌으며, 최근에는 지역경제 활성화를 토대로 여러 자치단체들이 정보화정책과 사업들을 보다 적극적으로 추진하려 노력하고 있다.

지역정보화 추진에 따른 지역정보화정책의 목표는 크게 풍요롭고 살기 좋은 지역 생활환경을 조성하는데 있으며, 지역정보화의 기능은 지방정부 혁신, 지역 균형발전, 지역경제 활성화, 복지사회 구현의 4가지로 요약할 수 있다(행정자치부, 2007).

먼저, 지역정보화는 지방정부의 혁신을 촉진한다. 지역정보화를 통해 지역주민 중심의 편리하고 신뢰할 수 있는 지방행정을 구현할 수 있다. 둘째, 지역정보화는 지역 균형발전을 도모한다. 지역 간 불균형의 주원인인 정보격차를 지역정보화를 통해 완화시키고 균등한 정보의 접근성을 제공함으로써 지역격차 없는 편리한 생활환경을 조성하고자 한다. 셋째, 지역정보화는 지역경제를 활성화시킨다. 지역정보화는 각종 경제·기술 정보의 획득을 용이하게 함으로써 지역기업의 경쟁력을 강화하여 지역경제를 활성화하는데 기여한다. 넷째, 지역정보화는 지역주민의 복리를 증진시킨다. 지역정보화는 효율적인 자원관리를 통해 환경오염을 완화하고, 주택·교통·문화 등에 대한 정확한 정보를 통해 지역의 정주환경을 개선함으로써 복리증진에 기여한다.

3. 주요 내용

우리나라에서 지역정보화정책이 본격적으로 추진된 지 불과 20여년에 불과하지만,

이제 기반구축이나 시스템 기반의 단위사업개발을 넘어 자치단체가 지역정보화의 주체로서 지역주민 개개인의 행복을 위한 질적 서비스를 제공하는 단계로 진입하고 있다. 특히 최근에는 지자체가 데이터 개방에 관심을 갖고 관련 사업을 적극적으로 수행하고 있다. 비록 빅데이터와 관련한 지자체의 활동내용이나 사업결과가 아직 충분히 성과를 내고 있지는 않지만, 자치단체 주도로 데이터를 활용하고자 하는 노력과 그 방향에서만큼은 중요한 의미를 갖는다.

2003년에 들어선 참여 정부는 지방분권화를 12대 국정과제로 삼고 지역정보화, 전자지방정부에 초점을 둔 전자정부사업을 추진하였다. 2003년 8월 발표된 전자정부 로드맵은 일하는 방식 혁신, 대국민 서비스 혁신, 정보자원관리 혁신, 법·제도 정비 등 4대 분야와 전자적 업무처리 정착, 행정정보 공동이용 확대, 서비스 중심 업무 재설계, 대국민 서비스 고도화, 대기업 서비스 고도화, 전자적 국민 참여, 정보자 참여를 통해 국민 주권이 확장되는 전자정부가 완성되어야 한다는 점을 강조하였다.

「정보화촉진기본법」에 의거 정보통신부장관은 5년의 기간을 단위로 관계중앙행정기관별 부문계획을 종합하여 정보화촉진기본계획을 수립하여야 한다. 2007년 제3차 지역정보화촉진기본계획은 지역주민 중심의 편리하고 신뢰할 수 있는 지방행정구현을 위한 지방정부 혁신, 재난·재해, 소외계층이 없는 안전하고 차별 없는 지역사회 구현을 목적으로 복지사회 구현, 자생력과 활력이 넘치는 지역경제 환경조성을 위한 지역균형발전 4대 추진목표를 설정하였다. 또한 제3차 계획에서는 5대 추진전략으로 ① 주민참여 중심의 서비스 발굴, ② 수요자 중심의 정책협력 강화, ③ 생활정보 중심의 접근성 향상, ④ 지역경제 중심의 정책지원 강화, ⑤ 세대 간·계층 간·지역 간 정보격차 해소를 선정했다.

그동안 시·도 및 시·군·구 행정 표준정보시스템을 개발·보급하였으며, 민원처리공개시스템 구축을 통한 투명행정을 실현하였고, 주민생활지원을 위한 통합성보시스템을 개발·보급하는 등 지역정보화의 기반조성에 노력했다.

특히 전자정부법 제65조(지역정보화사업의 추진 및 지원)를 근거로 추진된 정보화마을은 2001년 20여개 마을로 시작된 이후 2015년 7월 기준 358개가 조성되어, ① 정보화 소외지역에 정보이용환경 조성을 통해 정보격차를 해소하고, ② 지역주민의 정보이용 생활화 촉진과 지역공동체 의식을 함양하며, ③ 지역특산물 상거래 판매지원을 통한 주민의 소득증대에 기여하고자 했다.

이명박정부는 2008년 12월 3일에 정보화를 통해 미래 성장 동력을 발굴하고 창의와 신뢰의 선진 지식정보사회를 구현하기 위하여 국가정보화 기본계획을 확정하여 발표하였다. 더불어 2008년 이명박정부가 출범함에 따라 국가조직의 개편이 이루어지면서 정보통신부가 해체되고 국가정보화 기능이 행정안전부로 이관되었다. 그리고 2009년 5월 「국가정보화기본법」이 제정되었는데, 이 법은 1995년 제정된 「정보화촉진기본법」의 명칭과 내용이 전면 개정된 것으로 국가정보화의 기본방향과 관련 정책의 수립·추진에 필요한 사항을 규정했다(한국지역정보개발원, 2013).

2013년에는 박근혜정부가 출범하면서 정부는 새로운 국정운영의 패러다임으로 정부3.0과 창조경제 실현을 주요 정책기조로 삼고, 공공데이터 개방과 활용을 주요 국정과제로 관리하고 있으며, 이에 따라 정보화 관련 주요 국가기능은 미래창조과학부로 이관되었고, 정보화 계획·심의·조정을 위한 추진 체계에 새로운 변화가 일어나게 되었다. 특히, 정부 3.0은 2013년 7월 제정되어 같은 해 10월 31일 시행된 「공공데이터의 제공 및 이용활성화에 관한 법률」을 통해 더욱 큰 동력을 얻고 있다.

또한, 2014~2015년은 제5차 국가정보화기본계획을 바탕으로 지역정보화의 추진 목표와 방향을 국민행복 즉, 국민의 수요에 초점을 맞추고 가장 근거리에서 국민들이 체감할 수 있는 지역정보화 사업을 구현하기 위해 중앙부처의 사업과 각 지자체의 사업이 유기적으로 연계되어 추진되었다(행정자치부, 2016). 제1차에서 4차까지에 이르는 이전의 정보화촉진기본계획 및 국가정보화기본계획이 기반시설 구축 중심으로 이루어져 왔다면, 제5차 이후부터는 이를 바탕으로 소프트 기반(soft infrastructure) 중심으로 지역정보화의 방향이 새롭게 전환되고 있다(행정자치부, 2016).

특히 우리나라의 정보화 수준은 ICT인프라, 인터넷경제 확대(GDP의 7.3%)등의 분야에서 세계 최고 수준의 괄목할 만한 성과를 달성하였으나, 클라우드·사물인터넷 등 ICT 신기술 환경 변화에 대비한 선제적 대응 및 데이터를 활용한 새로운 비즈니스 창출 등 ICT의 창의적 활용 측면의 가시적 성과도출에는 상당히 미흡한 수준으로 인식하고, 이에 따라 ICT 중심의 성장·확산에서 사회의 모든 영역에서 ICT를 접목하고 창의식인 활용을 촉진하는 방향으로의 추진 필요성 강조하고 있다.

이에 따라 지자체에서는 국가정보화기본법 제7조(국가정보화 시행계획의 수립) 및 국가정보화기본법 시행령 제4조(국가정보화 시행계획의 수립 등), 제4조의 2(점검·분석 의견 제시)에 의거 지방자치단체는 매년 차년도 국가 정보화 시행계획 수립·제출을 한다. 이것을 통해서 국가정보방향과의 부합성을 확인하고 예산 중복 사용 가능성을 제거하는 등 효과적인 범정부적 정보화 추진을 도모하고자 한다. 더욱이 분양별 추진현황, 사물인터넷, 클라우드, 빅데이터, 인공지능, 모바일 등 신기술 적용 현황 등 지역정보화 사업 현황분석을 통해 균형적이고 효율적인 지역정보화 추진방안을 마련하는데 목적을 두고 있다.

2018년도 지방자치단체 국가정보화 시행계획을 살펴보면 다음과 같다(행정자치부, 2017). 지방자치단체 국가정보화 시행계획은 전체 245개 지방자치단체를 대상으로 하고 있으며 대상범위는 2016년 정보화사업 실적, 2017년 정보화 사업현황을 포함하여 2018년 지방자치단체가 계획한 모든 정보화 사업이 포함된다. 특히 2018년 시행계획에 있어서는 급변하는 ICT 상황을 반영하여 여러 가지 항목이 추가 되어 있다. 먼저 사업 분야에서는 지자체가 추진하는 정보사업 분야를 확인하기 위해 행정, 재난・치안, 보건・의료, 복지 등 10대 분야의 항목이 추가되었다. 이외에도 재정사업 유형에서는 재정사업 유형별 분석을 위한 일반재정, 재정사업유형 정보화, R&D, 자체수익금 여부 조사가 포함되었고, 추진사유에서는 사업타당성 검토의 일환으로 2018년 신규 사업에 대한 추진사유 작성 추가, 지능정보기술 활용 현황 분석을 위한 인공지능(AI) 항목 추가, 가상・증강현실(VR・AR)기술 활용 여부를 파악하기 위해 가상・증강현실(VR・AR) 항목이 추가되었다. 또한 중점투자 분야에서는 국가정보화 추진 방향과의 연계성을 파악하기 위해 ICT 융합 등 투자확대, 창의적 ICT 활용촉진, 제도적・기술적 기반 고도화 구분 항목 조사가 포함되었고, 정보보호 사업범위에서는 사업이 정보보호를 주된 목적으로 추진되는지, 사업의 일부로 추진되는지 여부를 파악하기 위해 정보보호 추진 범위 조사가 포함되었다.

4. 평 가

오늘날 세계는 정보화 사회에서 무릇 지식정보화 사회로 전환되고 있다. 지식정보화 사회란 고도정보사회의 기반 위에서 각종 정보와 창의적인 지식이 융합되어 기술과 산업을 이끄는 사회를 말한다. 더욱이 4차산업혁명과 더불어 다양한 콘텐츠 개발로 신규 서비스 수요 증가, 빅데이터, 인공지능, 사물인터넷(IoT), 기술의 영향 증가에 따라 관련 정보 기반의 중요성이 커지고 있는 가운데 경제・사회가 지능화사회로 급속히 진전되고 있는 가운데 이러한 지능화 사회는 중앙정부와 지방자치단체의 공공서비스에 많은 변화를 요구하고 있다.

지역정보화정책에 대한 평가를 개괄해 보면 다음과 같다. 먼저, 지역정보화정책은 중앙정부 주도의 하향적 사업추진으로 인해 지방의 특성을 살린 지역정보화가 곤란하였으며, 중앙정부의 예산·기술 등의 지원이 미흡하여 지방자치단체의 사업추진에 어려움이 있었다. 둘째, 행정효율성 중심의 지역정보화추진으로 생활·산업·도시기반·복지·교통정보 등 공공서비스 개발이 미흡했다. 셋째, 정보자원의 관리가 미흡한 편이다. 지역정보화가 성공하기 위해서는 정보자원의 체계적 수집·관리가 필수적이다. 지역과 관련된 유용한 정보가 적시에 제공되어야만 정보화의 의미를 살릴 수 있다. 넷째, 중앙 및 자치단체 중심의 지역정보화 추진으로 주민참여를 통한 고객중심 서비스 개발이 부족했다. 다섯째, 지역주민에 대한 홍보와 교육이 미진하였다. 지역주민에 대한 정보화의식 확산 및 교육이 활성화되어야 지역정보화는 효과를 볼 수 있다. 따라서 급변하는 경제·사회적 환경에 빠르게 대응할 수 있는 스마트 기술을 적용한 구상과 전략 마련이 필요하며, 이에 따른 지역정보화 미래모델의 발굴이 필요하다. 또한 IT 기술의 발전 및 적용과 모바일 확산에 따른 개인정보의 침해 우려가 커지는 만큼 개인정보를 효과적으로 보호하면서도 데이터의 활용 가치를 높이기 위한 전략이 필요하다.

제 5 절 글로벌 경제인프라정책

1. 의 의

경제적 측면에서의 국제화는 자본과 기술교류가 활성화되고 국제 업무가 확대되며 우리 시장을 외국에 개방함과 동시에 우리 경제가 해외시장에 적극적으로 진출하여 상호이익을 극대화 할 수 있는 상호의존의 심화과정을 의미한다. 세계경제의 블록화 현상, 세계무역기구(WTO)의 전면적 개방화, 국제적인 산업구조 재조정, 국제 분업의 체계화가 정착되면서 세계경제의 상호의존성은 더욱 높아지고 무한경쟁의 국경 없는 전쟁이 격화되고 있다. 따라서 세계 각국은 글로벌 경쟁에서 우위를 확보하기 위해 다양한 글로벌 경제인프라 건설을 적극 추진하고 있다. 정보통신의 발달로 지구촌이 하나로 연결되는 글로컬 시대에 한 지역이나 국가가 발전하기 위해서는 글로벌 경제인프라를 효율적으로 구축해야 한다.

2. 성격과 기능

글로벌 경제인프라의 유형에는 위치에 따라 임해형과 내륙형으로 구분할 수 있고, 기능에 따라 교역중심형, 생산중심형, 지식창조형 등으로 구분할 수 있다. 먼저, 임해형은 항만을 중심으로 해안지방에 입지하는 경우이고, 내륙형은 산업단지 또는 대학 등을 중심으로 내륙지방에 입지하는 경우이다. 그동안 외국인투자지역의 일부가 내륙지방에 지정된 경우가 있으나, 대부분의 글로벌 경제인프라는 항만 및 공항을 중심으로 해안지방에 지정되었다. 다음으로, 교역중심형은 항만 및 공항 등 교역의 지리적 이점이 있는 곳에 지정되어 교역의 허브기능을 육성하기 위한 목적으로 지정한다. 생산중심형은 저렴한 생산비 및 세제상의 혜택을 바탕으로 기업의 생산거점을 유치하려는 목적에서 주로 산업단지에 지정한다. 한편, 지식창조형은 지신기반산업분야의 외국자본·기술·인력 등을 유치하여 국내외 지식기반산업들 간의 클러스터를 구축함으로써 창조적 혁신이 지속적으로 창출되는 경우를 말한다(전경구, 2007).

3. 주요 내용

1) 외국인투자지역

외국인투자지역은 외국인투자에 대한 지원과 편의제공을 통하여 외국인투자의 유치를 촉진하기 위하여 시·도지사가 지정한 지역을 말한다(「외국인투자촉진법」).

정부는 2004년 외국인투자입지관련 지원제도를 통일적으로 운용하기 위하여 「산업집적활성화 및 공장설립에 관한 법률」에 규정된 외국인기업전용단지를 「외국인투자촉진법」에 의한 외국인투자지역으로 일원화하였다. 외국인투자지역은 개별형과 단지형으로 분류할 수 있다.

개별형 외국인투자지역은 외국인투자가가 투자를 희망하는 지역을 개별형 외국인투자지역으로 지정하는 것이다. 「외국인투자촉진법」에 근거하여 지정되는 개별형 외국인투자지역의 지정 범위는 지정조건을 충족하는 투자자의 공장 또는 사업장으로, 일정조건을 충족시키는 경우 투자자는 자신이 원하는 최적의 입지를 무상으로 제공받아 사용할 수 있다. 여기서 시・도지사는 지정기준에 부합하는 외국인투자자를 유치하기 위하여 지정계획을 수립하여 외국인투자위원회에 심의를 요청한다. 외국인투자위원회는 당해 외국인투자의 실행가능성, 지역개발효과, 고용증대 등 국민경제적 효과, 재정자금 지원효과 등을 고려하여 개별형 외국인투자지역 지정을 결정한다.

단지형 외국인투자지역은 외국인투자기업에 전용으로 임대 또는 양도하기 위하여 기존 산업단지의 일부에 지정하는 것이다. 단지형 외국인투자지역은 정부와 지자체가 공동 부담하여 산업단지를 확보하고, 외국인투자기업이 저렴한 임대료 또는 무상으로 부지를 사용할 수 있도록 지원하는 제도이다. 또한, 2005년 3월 이후 일정규모 이상 투자를 하는 단지형 외국인투자지역 입주기업에 대해서는 조세감면 인센티브가 추가 제공되어, 일반산업단지에 입주하는 국내・외국인투자기업보다 유리하다. 2005년 근거법인「외국인투자촉진법」 개정을 통해 외국인전용단지의 지정근거를「외국인투자촉진법」으로 일원화하면서부터 기존의 외국인기업전용단지를 단지형 외국인투자지역으로 관리하게 되었다(한국산업단지공단, 2011).

외국인투자지역에는 기반시설설치의 재정지원이 있으며, 입주업체에는 임대료 감면, 국세 및 지방세의 감면 등의 혜택이 주어진다. 종전의 외국인기업전용단지로 광주 평동, 충남 천안, 충북 오창, 전남 대불, 경남 진사, 경북 구미 등이 지정되었고, 외국인투자지역으로는 충남 천안 및 연기, 충북 음성, 전북 완주, 전남 여천, 경남 사천 및 양산 등이 지정되어 있다.

표 22-6 단지형 외국인 투자지역 현황

구 분	권역	위치	면 적	지 정 일
단지형	경기도	장안1(경기)	418.2	2004.09
		당동(경기)	239.4	2005.09
		장안2(경기)	368.9	2006.12
		오성(경기)	353.9	2009.09
	충청도	천안(충남)	510.1	1994.10
		오창(충북)	446.3	2002.11
		인주(충남)	164.7	2004.12

	천안5(충남)	336.2	2012.12
	진천산수(충북)	108.4	2014.08
	송산2(충남)	134	2015.10
	충주(충북)	335.2	2016.07
전라도	월전(광주)	99.1	2013.05
	대불(전남)	1,614.4	1998.08
	익산부품(전북)	319.4	2010.03
	국가식품(전북)	116	2015.10
경상도	사천(경남)	495.9	2001.08
	구미(경북)	332.4	2002.11
	지사(부산)	298.1	2005.11
	달성(대구)	104.2	2008.09
	구미부품(경북)	246.3	2009.03
	포항부품(경북)	327.2	2009.09
	창원부품(경남)	71.3	2010.10
	미음부품(부산)	299.6	2011.11
강원도	문막(강원)	99.1	2013.12

자료: 한국산업단지공단 홈페이지(www.kicox.or.kr), 외국인투자지역 운영(검색일: 2018.01.11)

2) 자유무역지역

자유무역지역은 1970년대의 수출자유지역의 명칭과 기능을 바꾼 것으로, 자유로운 제조·물류·유통 및 무역활동 등이 보장되는 지역으로서 산업자원부장관이 지정한 지역을 말한다(「자유무역지역의 지정 및 운영에 관한 법률」). 이를 통해 외국인투자의 유치, 무역의 진흥, 국제물류의 원활화 및 지역개발 등을 촉진하는 것을 목적으로 한다.

동북아 경제·물류중심국가로의 발전을 목적으로 2004년 6월 이후 관세자유구역을 자유무역지역으로 전환·통합하였다. 자유무역지역은 제조업 중심인 반면, 관세자유지역은 물류업 위주로 두 지역이 각각 분리·운영됨에 따른 시너지 효과의 미흡과 유사제도의 운영으로 인한 외국인 투자자의 혼란이 발생함에 따라 통합자유무역지역으로 일원화하였다.

자유무역지역으로 지정되기 위해서는 ① 「산업입지 및 개발에 관한 법률」 제2조 제

5호의 규정에 의한 산업단지, ② 「항공법」제2조 제5호의 규정에 의한 공항 및 배후지, ③ 「물류시설의 개발 및 운영에 관한 법률」 제2조 제2호 및 제6호에 따른 물류터미널 및 물류단지, ④ 「항만법」 제2조 제1호의 규정에 의한 항만 및 배후지 등으로서 화물처리능력, 사회간접자본시설, 물품의 반입·반출을 효율적으로 관리하기 위하여 통제시설 등을 구비하여야 한다.

입주자격으로는 ① 수출을 주목적으로 하는 제조업체, ② 제조업을 영위하려는 외국인투자기업, ③ 수출입거래를 주목적으로 하는 도매업체, ④ 물품의 하역·운송·보관·전시 등의 사업을 영위하고자 하는 자, ⑤ 입주기업체의 사업을 지원하는 업체, ⑥ 공공기관, ⑦ 국가기관 등으로서 일정한 자격을 갖추어야 한다. 입주업체에는 임대료 감면, 관세 감면, 국세 및 지방세의 감면 등의 혜택이 주어진다.

자유무역지역은 산업단지형과 공항·항만형으로 분류할 수 있는데, 산업단지에 지정된 곳으로 경남 마산(1970년)·전북 군산(2000년)·전남 대불(2002년)·강원 동해(2005년)·전남 율촌(2005년)·울산(2008년)·전북 김제(2009년)이 있으며, 항만과 공항에서 지정된 곳으로는 부산항(2002년)·전남 광양항(2002년)·인천항(2003년)·포항항(2008년)·평택·당진항(2009년)·인천공항(2005년)이 있다. 2017년 6월 기준 총 272개 외국인 투자기업, 411개 국내 수출기업 등 총 683개 기업이 입주해있다.

표 22-7 산업단지형 자유무역지역 현황

구분	마산	군산	대불	동해	율촌	울산	김제
지정일	'70.1.1	'00.10.6	'02.11.21	'05.12.12	'05.12.12	'08.12.8	'09.1.6
면적(천m2)	957	1,256	1,157	248	344	819	991
입주업체(개사)	109	29	29	17	13	34	16
-(외투기업, 개사)	(62)	(13)	(19)	(11)	(10)	(10)	(15)
입주율(%)	94.7	88.6	95.8	71.0	61.3	92.6	37.1
고용인원	5,077	1,697	982	159	230	705	145

자료: 산업통상자원부 홈페이지(www.motie.go.kr), 2017, 6월 기준.

표 22-8 공항 · 항만형 자유무역지역 현황

구분	부산항	광양항	인천항	포항항	평택 · 당진항	인천국제공항
지정일	'02.1.1	'02.1.1	'03.1.1	'08.12.8	'09.3.30	'05.4.6(1단계) '07.12.31(2단계)
면적(천m2)	9,364	8,880	1,964	840	1,429	3,050
입주업체(개사)	68	41	1	3	15	308
-(외투업체, 개사)	(68)	(14)	(-)	(-)	(9)	(30)
입주율(%)	100	69	100	100	100	97
고용인원	3,048	699	35	-	852	7,283

자료: 산업통상자원부 홈페이지(www.motie.go.kr), 2017, 6월 기준.

3) 경제자유구역

경제자유구역은 외국인 투자기업의 경영환경과 외국인의 생활여건을 개선하기 위하여 조성된 지역으로서 재정경제부장관이 지정한 지역을 말한다(「경제자유구역의 지정 및 운영에 관한 법률」). 경제자유구역은 외국인이 지역에서 생활할 수 있도록 외국인 친화적인 경영 · 생활여건을 갖춘 국제도시를 건설하여 외국인의 투자유치를 모색하는 제도이다.

경제자유구역을 지정할 경우에는 ① 외국인의 투자유치 및 정주(定住)가능성, ② 지역경제 및 지역균형발전에 대한 파급효과, ③ 필요한 부지확보의 용이성 및 개발비용, ④ 국제공항 · 국제항만 · 광역교통망 · 정보통신망 · 용수 · 전력 등 기반시설, ⑤ 환경적으로 건전하고 지속가능한 발전의 가능성, ⑥ 지방자치단체의 지원체계 및 지원내용 등을 고려하여야 한다.

경제자유구역은 기반시설설치의 재정지원, 학교설립의 자유화, 외환거래 완화 등의 혜택이 있으며, 입주업체에는 임대료 감면, 국세 및 지방세의 감면 등의 혜택이 수어진다. 특히 경제자유구역에서는 One-stop 행정서비스가 제공되고, 각종 규제완화를 통해 외국교육기관 · 병원 설립 운영, 외국어서비스, 외국화폐 · 방송 등의 허용, 조세감면, 자금지원 등의 각종 지원이 이루어지는 우수한 여건에서 해당 개발사업 또는 제조 · 물류 · 관광업 등의 사업 영위가 가능하다.

경제자유구역은 기존 인천, 부산 · 진해, 광양만권의 3개가 지정되었고, 2007년 12월에 대구 · 경북, 황해(경기 · 충남), 전북 새만금 · 군산 경제자유구역이 새로이 추가 지정되었다. 즉 1차 3개 구역 (2003년: 인천, 부산·진해, 광양만권), 2차 3개 구역(2008년: 황해, 대구·경북, 새만금·군산), 3차 2개 구역(2013: 동해안권, 충북) 등 국제공항·국제항만 등 기반시설을 보유한 8개 구역(448㎢)을 경제자유구역으로 지정하여 운영하고 있다.

「경제자유구역의 지정 및 운영에 관한 법률」상 반영되고 있는 규제특례 및 예외적 조치는 일률적으로 적용하도록 되어 있다. 경제자유구역 지정 내 외국인 법인 병원 설립 허용, 외국법인 학교 설립, 토지 관련 34개 인허가 일괄처리 등 규제특례로 나눠진다.

표 22-9 경제자유구역의 지정 현황

구 분	위 치	중점 유치 산업	면 적	개 청 일
인 천	인천(연수구, 중구, 서구)	· 항공물류 · 바이오 · 지식서비스	132.91km2	2003. 10.
부산·진해	부산(강서구), 경남(창원시)	· 복합물류 · 첨단수송기계부품 · 여가, 휴양	52.89km2	2004. 03.
광양만권	전남(여수, 순천, 광양),경남(하동군)	· 석유화학소재 · 철강연관산업 · 항만물류	77.68km2	2004. 03.
대구·경북	대구, 경북 (경산, 영천, 포항)	· 철강소재 · 자동차전장부품 · IT관련부품소재	19.72km2	2008. 08.
황해	경기(평택)	· IT융복합 · 첨단수송기계부품 · 첨단메디컬	4.39km2	2008. 07.
새만금·군산	전북 (군산, 부안)	· 자동차기계부품 · 신재생에너지 · 해양레저, 관광	18.70km2	2008. 08.
동해안권	강원(강릉, 동해)	· 금속,신소재 · 항만물류 · 관광레저	8.95km2	2013. 07.
충북	충북(청원, 충주)	· 바이오 · NEW IT · 수송부품	9.08km2	2013. 04.

자료: 경제자유구역청 홈페이지(www.fez.go.kr), 경제자유구역 지정 현황(검색일: 2018.01.11)

인천경제자유구역은 세계 최고수준의 인천공항을 활용하여 동북아 항공물류 허브와 비즈니스 중심지로 육성하고 있으며, 부산 · 진해, 광양만권 경제자유구역은 세계적인 항만여건을 활용하여 동북아의 Mega Hub Port로 육성하고 있다.

4) 국제자유도시

국제자유도시란 사람 · 상품 · 자본의 국제적 이동과 기업 활동의 편의가 최대한 보장되도록 규제의 완화 및 국제적 기준이 적용되는 지역석 난위를 말한다(「제주특별자치도 설치 및 국제자유도시 조성을 위한 특별법」 제2조). 국제자유도시는 현재 제주도에 지정되어 있으며, 제주국제자유도시는 기업 활동에 최대한 편의를 제공하고, 최적의 비즈니스 환경을 구축하여 국내 · 외 투자유치가 활발히 이루어지는 동북아시아의 중심도시로 육성하려는 취지에서 지정되었다. 제주국제자유도시는 외국인의 무사증 입국확대, 외국 전문 인력의 장기체류 등 사람의 자유로운 이동을 허용하고, 상품의 자유로운 이동을 위해 관세 면제, 무역규제를 완화하며, 외환거래의 규제완화를 통해 자본의 자유로운 이동을 보장한다.

표 22-10 국제자유도시 개발사업에 대한 국비지원 추이

(단위: 억원)

구 분		계	'02-'07	'08-'10	'11	'12	'13	'14	'15
합계		2,543.3	436.0	648.7	526.2	471.3	250.0	149.6	61.5
출연금 (일반)	계	684.2	203.8	92.0	138.4	201.6	18.0	16.0	14.4
	첨단과기단지	121.5	99.5	22.0	-	-	-	-	-
	신화역사공원	30.6	10.6	10.0	10.0	-	-	-	-
	영어교육도시	380.0	-	60.0	128.4	191.6	-	-	-
	헬스케어타운	58.4	-	-	-	10.0	18.0	16.0	14.4
	면세운영	93.8	93.8	-	-	-	-	-	-
국고 보조 (광특/ 제주 등)	계	1,859.1	232.2	556.7	387.8	269.7	232.0	133.6	47.1
	첨단진입도로	400.1	106.2	100.2	57.0	136.7	-	-	-
	첨단상하수지원	24.8	24.8	-	-	-	-	-	-

영어진입도로	283.4	-	82.8	56.2	60.0	84.3	-	-
영어공립국제학교	486.0	-	279.5	206.5	-	-	-	-
영어교육센터	176.8	-	7.0	3.4	18.0	77.4	71.0	-
서귀포진입도로	262.4	40.8	40.0	53.1	55.0	28.4	25.0	20.0
서귀포방문객센터	64.4	60.4	4.0	-	-	-	-	-
헬스진입도로	106.6	-	-	-	-	41.9	37.6	27.1
신화진입도로	7.5	-	5.0	2.5	-	-	-	-
휴양진입도로	47.3	-	38.3	9.0	-	-	-	-

자료: 국토교통부, 제주국제자유도시개발센터 그간의 성과 및 향후 발전방안 연구, 2016. 10

4. 평 가

세계는 외자유치의 전쟁터나 다름없다. 갈수록 외자유치의 국제경쟁이 치열해지고 있어 다양하고 폭넓은 지원책을 마련하고 전력질주 해야 한다. 그동안의 글로벌 경제인프라정책은 정부차원의 제도정비가 미흡한 편이고, 경쟁국에 비해 인센티브가 약하며, 국민적 공감대 형성이 부족했다(윤용만 외, 2005). 따라서 그동안 노력에 비해 외자유치 실적이 미미한 편이다.

한편, 그동안 글로벌 경제인프라가 국토의 서남권에 집중 지정·조성되어 지역 간 불균형이 심하며, 특히 공항 및 항만을 중심으로 하는 임해형이 대부분을 차지하고 있어 내륙지방의 글로벌 경제인프라 구축이 미진했다.

앞으로 글로벌 경제인프라정책은 제도 간 차별화와 특성화에 힘쓰는 한편, 폭넓은 인센티브를 제공하여 경쟁국에 비해 비교우위를 점해야 할 것이다. 특히 그동안 임해형 중심의 정책에 치중하였으나, 지역균형발전 및 차별화 등의 차원에서 점차 내륙형 글로벌 경제인프라 확충에 힘써야 할 것이다. 또한, 외자유치의 필요성 및 활성화에 대한 국민적 공감대형성을 위한 정부의 노력도 필요하다.

제 6 절 사회간접자본정책의 전망과 과제

사회간접자본은 지역의 사회·경제적 활동을 위한 기반 여건을 제공하는 중요한 정책수단이 된다. 따라서 사회간접자본의 구비 정도는 지역의 개발정도 및 성장잠재력과 직결될 수 있다.

지금까지 사회간접자본정책에 대한 평가는 4가지 측면에서 살펴볼 수 있다. 첫째, 그동안 사회간접자본의 조성이 경제적 논리보다 정치적 논리에 의해 결정된 경우가 많아 지역에 따라 일부 과잉공급의 문제를 야기했다. 특히, 사전 준비 소홀, 정치적 입지선정, 건설비용의 급증 등으로 부실이 발생하는 경우가 많았다. 둘째, 발전소, 댐 등 비선호 시설에 대한 지역주민들의 입지거부로 최적의 장소에 필요한 사회간접자본을 적기에 공급하지 못하는 문제가 있다. 사회간접자본의 공급부족은 결국 지역 및 국가의 경쟁력 약화를 초래한다. 셋째, 경제성 위주의 평가에 의한 사회간접자본 투자결정은 지역간 불균형을 더욱 심화시켜 한번 소외된 지역은 지역경제의 침체가 지속되고 가속되는 현상이 있을 수 있다. 이로 인해 사회간접자본의 편중배치는 지역불균형성장을 심화시키는 요인으로 지목되기도 한다. 넷째, 정치적 논리 및 지역 이기주의에 의한 사회간접자본의 확충은 국토의 난개발을 초래한 경우가 많았다.

그럼에도 불구하고 사회간접자본의 지역발전효과는 단기적으로 공공지출의 승수효과를 통하여 지역 수요창출을 가져올 수 있고, 장기적으로는 지역경제의 개발 잠재력을 향상시킨다고 할 수 있다. 특히 생산기반시설 측면에서 볼 때 교통·물류인프라정책이 사회간접자본에서 중요한 비중을 차지하고 있어 이에 대한 전망을 살펴보면 다음과 같다.

첫째, 승용차의 대중화와 맞물려 도로 중심의 교통체계가 지속될 것으로 전망된다. 우리나라의 경우 도시 간 평균거리가 짧아 건설비가 많이 들고 투자비 회수기간이 긴 철도는 도로에 비해 경쟁력이 없지만 녹색교통으로서 기능이 중요시되고 있다. 둘째, 세계화의 진전 및 생활수준의 향상 등에 따라 여객의 항공수요는 계속 증가할 것으로 예상되며, 화물의 시간가치도 중요하여 고부가가치상품의 항공수요도 더욱 증대할 것이다. 셋째, 개발에 있어 환경중시 의식이 커져 교통·물류인프라의 확충에도 환경문제가 크게 고려될 것이며, 정보통신의 발달로 인해 교통체계의 정보화가 가속화 될 것이다. 넷째, 교통·물류인프라의 확충에 민간투자가 더욱 활성화될 것이다. 단순한 자본유치의 개념에서 벗어나 민간의 기술력과 창의력까지도 활용하는 민간제안사업이 더욱 확대될 것이다. 다섯째, 장기적으로 남북통일 및 대륙연계에 대비한 한반도 교통체계가 구축되어야 한다. 향후 남북관계의 호전과 더불어 남북한 간 교류와 협력의 활성화 및 통일을 대비하여 남북연결 종합교통망 구축이 필수적이며, 일본과 대륙을 연결하는 동북아지역의 경제교류활성화에 대비한 한반도 교통체계가 구축되어야 한다.

이에 대한 사회간접자본정책에 대한 과제는 다음과 같다. 먼저, 증가하는 사회간접자본에 대한 수요관리가 필요하다. 증가하는 사회간접자본에 대한 수요 전부를 조성·공급으로 대처하는 것은 불가능하므로, 사전에 사회간접자본에 대한 수요발생을 억제하는 방안이 동시에 마련되어야 한다.

둘째, 국토공간구조의 개편과 균형발전이 고려되어야 한다. 기존의 수도권 또는 서남권 중심의 사회간접자본 공급에서 벗어나 격자형 구조로 개편하여야 하며, 이를 위해 사회간접자본에 대한 투자여부 및 투자 우선순위 결정 시에 당해 사업의 경제성뿐만 아니라 국토의 균형발전성도 함께 고려하여야 할 것이다.

셋째, 재원확충 및 투자비 절감방안이 모색되어야 한다. 국·공채의 발행, 해외차입, 새로운 세원의 발굴, 민자 유치 확대 등 적극적인 재원확충방안을 모색하여야 하며, 국공유지 비축제도의 활성화, 선보상제 및 대토보상제의 확충 등을 통해 안정적으로 공공용지를 확보함으로써 투자비를 절감하여야 할 것이다.

넷째, 건설기술의 발전을 촉진해야 할 것이다. 이를 위해 기술용역업체의 전문성을 강화하도록 유도하고, 관·민 공동연구 제도를 도입하여 활성화하고, 사회간접자본 관련 설계의 표준화 및 자동화를 추진하여야 할 것이다.

다섯째, 앞으로의 사회간접자본 건설은 다음 세대를 위한 친환경적 국토관리 차원에서 추진되어야 한다. 국토의 환경용량과 수용능력을 감안하지 못한 무리한 건설은 결국 환경악화에 따른 사회적 비용을 후세에 전가시키게 될 것이다.

탐구학습

1. 주요 개념
    - 사회간접자본, 사회간접자본정책
    - 산업입지정책, 교통・물류인프라정책, 지역정보화정책
    - 글로벌 경제인프라정책, 외국인투자지역, 자유무역지역, 경제자유구역, 국제자유도시

2 토론과제
    - 사회간접자본투자는 왜 필요한가?
    - 사회간접자본투자가 지역경제에 미치는 영향은 무엇인가?
    - 사회간접자본의 전개과정 및 평가와 전망에 대해 설명하시오.
    - 산업입지정책의 전개과정과 특징을 설명하시오.
    - 교통・물류인프라정책의 효율적인 추진방안에 대해 설명하시오.
    - 경제자유구역의 성공전략에 대해 설명하시오.
    - 글로벌 경제인프라정책의 효율적인 추진방안에 대해 설명하시오

참고문헌

국정기획자문위원회, 2016,「문재인 국정운영 5개년 계획」

김재영 2009, "미래 성장동력 확충과 일자리 창출을 위한 SOC 투자전략",「월간 국토」, 통권329호, 국토연구원, pp.6-17.

국토연구원, 1998,「교통정책의 변화와 과제」.

국토해양부, 2010,「국가기간교통망계획 제2차 수정계획 2001~2020」.

건설교통부, 2007,「2007년도 국토의 계획 및 이용에 관한 연차보고서」.

건설교통부・한국토지공사, 2005,「산업입지제도 개편방안 연구」.

대한국토・도시계획학회, 1999,「지역경제론」, 보성각.

모성은, 2002,「지역경제정책론」, 박영사.

산업통상자원부, 2013, 경제자유구역총괄현황(2013.09.30.)내부자료.

양지청, 2002,「지역경제 및 사회간접자본론」, 청양.

윤용만 외, 2005,「한국의 경제정책」, 박영사.

전경구, 2007, "경제자유구역과 국제도시개발",「국토계획」, 제42권 제5호, 대한국토・도시계획학회.

정보통신정책연구원 2005,「디지털경제에서의 산업입지와 사회간접자본」.

행정자치부, 2007, 「제3차 지역정보화촉진기본계획: U-life 21 기본계획」.

행정자치부, 2017, 「2018년 지방자치단체 국가정보화 시행계획 작성지침 설명회」자료.

한국산업단지공단, 2011, 「2012 산업입지요람」.

________________, 2017. 1/4분기, 「산업단지통계」.

한국지역정보개발원, 2013, 「2013지역정보화백서」.

제23장 지방재정정책

제23장 지방재정정책에서는 지방재정의 본질, 지방재정의 세입, 지방재정의 조정, 지방재정의 세출, 지방재정의 관리, 그리고 지방재정정책의 방향과 과제에 대해 논의한다. 먼저 지방재정의 의의와 법체계 및 구조에 대해 살펴보고, 지방재정의 세입체계에서 지방세, 세외수입, 지방채의 개념과 특징에 대해 설명한다. 다음으로 지방재정조정제도와 지방재정의 세출, 지방재정의 관리에 대해 살펴보고, 끝으로 지방재정정책의 방향과 과제에 대해 논의한다.

제 1 절 지방재정의 본질

1. 지방재정의 의의

1) 지방재정의 개념

재정(public finance)이란 중앙정부와 지방정부가 그 기능을 수행하기 위하여 이에 소요되는 재원을 확보하고, 확보된 재원을 집행하는 일련의 경제활동을 말한다. 지방재정(local public finance, local finance)은 지방자치단체의 재정으로서 국가재정에 대비되는 개념이다. 「지방재정법」제2조에서는 지방재정을 지방자치단체의 수입지출 활동과 지방자치단체의 자산 및 부채를 관리·처분하는 일체의 활동으로 정의하고 있다. 그러나 일반적인 지방재정의 개념을 살펴보면, 지방재정은 지방자치단체가 관할지역 내에서 공공욕구를 충족시키는데 필요한 서비스를 획득, 관리, 사용하는 경제활동을 가리킨다. 즉 지방자치단체가 수행하는 자치활동을 경제적 측면에서 파악한 것으로서 지방자치단체가 그 기능수행에 필요한 재원을 확보, 관리, 사용하는 활동을 지방재정으로 정의할 수 있다(김종희, 2006: 24).

2) 국가재정과 지방재정의 관계

재정에 있어서 국가와 지방관계(state-local relations)는 권한배분의 문제이다. 또한 행정사무처리권한이 어디에 있는가 하는 자치권한의 규명문제이고, 누가 경비를 지불할 것인가 하는 경비부담의 문제이며, 누가 책임을 질 것인가 하는 행정책임소재의 문제이기도 하다(김동기, 2005: 36).

국가재정과 지방재정은 각각 독립된 기능과 역할을 수행하고 있지만 서로 불가분의 관계를 유지하면서 궁극적으로는 주민의 복리증진이라는 측면에서 상호 협력하고 있다. 따라서 국가재정과 지방재정의 관계는 단순히 제도화된 수입과 지출행위로서의 의미보다는 자원배분 · 소득재분배 · 경기조절 등 경제정책의 다양한 목표를 추구하는 수단이자 기능으로 이해되어야 한다. 이중에서도 소득재분배 및 거시경제적 기능은 주로 국가재정이 담당하고, 자원배분기능은 지역특성을 고려한 투자와 주민편익 내지 복리향상에 직접 관련되는 공공서비스의 생산 · 공급 등을 통해서 지방재정도 일정부분을 분담하고 있다.

최근 교통 · 통신의 발달과 경제현상의 광역화 추세에 따라 지방재정의 기능이 잠식되는 경향을 보이고 있으나, 지역경제 활성화가 국가경쟁력 제고와 성장동력의 뒷받침이 되는 수단이 되고 지역주민의 생활과 지역경제활동에 대응하는 재정수요의 충족이 더욱 중요시 된다는 점에서 지방재정의 역할은 국가재정과 상호보완적 연계관계가 있다고 보아야 한다. 한편 지방자치단체 상호간에 재정력 격차가 상존하기 때문에 이를 시정하기 위한 국가적 관여(governmental intervention)가 필요한데, 지역 간 균형개발과 주민복지 수준의 균등화를 위한 수단으로서 국가에서는 지방교부세 및 보조금제도 등 재정조정제도 등을 운영하고 있다.

정부의 재정지출은 원칙적으로 행정의 능률과 재정지출의 효율에 의해서 결정되어야 할 것으로 지방자치단체의 경비지출능력과 조세징수능력과의 사이에는 격차가 발생하고 있으므로 이들 격차를 조정하여야 할 필요가 있다. 아울러 국민경제의 발전 및 사회구조의 복잡화에 따라 중앙과 지방은 재정지출을 통해 분담 · 협력해야 할 사무가 점차 증대하고 있다. 이에 따라 중앙과 지방간 상호보완 내지 협력의 필요성은 더욱 증대하고 있으며, 이에 따라 재정부담에 관한 국가의 재원조정의 필요성은 커져간다고 할 수 있다.

3) 지방재정의 기능

R. A. Musgrave의 재정의 3대 기능은 일반적인 재정의 기능 뿐 아니라 지방재정의 기능이기도 하다. 이러한 기능은 국가재정과 지방재정이 분담하여 수행하는 것이 일반적이다. 그러나 중앙정부와 지방자치단체는 관할범위가 상이하고 재정활동의 공간적 대상이 다르기 때문에 그 기능에서도 다소의 차이가 있다.

먼저 자원배분 기능에 있어서 재정을 통해 사회적으로 바람직한 공공재와 공공서비스를 제공하는데 국방, 외교, 고속도로 건설 등 파급효과가 전국적인 순수공공재는 국가재정이 담당하지만, 상하수도, 공원, 교육, 지방도로 건설 등 지방공공재는 그 파급효과의 범위가 지방자치단체로 국한되기 때문에 지방재정이 담당한다.

한편 지방재정은 지역금융발전 유도와 인적자원에 대한 훈련 등의 수단을 동원하여 지역내 투자기회를 확대하기 위하여 노력하는데, 이러한 기능도 자원의 배분과정에 상당한 영향을 미친다. 또한 재정수단을 동원하여 민간경제에 활력을 불어 넣을 수 있는 정책도 다양하게 추진되고 있다. 지방세 감면과 같은 재정지원정책은 물론이고 산업단지의 조성과 같은 산업정책, 지역공영개발과 같은 토지정책 등 매우 다양한 경제정책수단들이 대부분의 지방자치단체에서 활용되고 있는 것을 볼 수 있다.

다음으로 소득재분배 기능을 살펴보면, 소득재분배 기능은 상대적으로 중앙정부의 기능에 속한다고 할 수 있다. 그 이유는 소득재분배 활동은 어느 한 지역에 국한되지 않고 전국적인 차원에서 이루어지기 때문이다. 지역적으로 차별적인 조치가 이루어진다면 주민들의 이동성으로 인해 소득재분배 기능을 원활히 수행할 수 없게 될 것이다.

마지막으로 경제안정화 기능을 살펴보면, 지방자치단체가 중앙정부처럼 국민경제의 안정과 성장을 실현하는 데는 역할에 한계가 있다. 왜냐하면, 기본적으로 지방자치단체는 국민경제운용에 관련된 법과 제도를 자주적으로 제정, 시행할 권능이 부족할 뿐만 아니라 화폐, 금융, 물가, 조세정책에 관한 구체적인 수단이 지방자치단체에는 취약하기 때문이다. 따라서 국민경제의 안정화 기능은 중앙정부에 의해 추진되는 것이 바람직하다. 게다가 지방자치단체가 추진한 수요조정정책의 효과는 다른 지역으로 누출되어 당해 지역에 미치는 파급효과가는 적어지기도 한다. 이러한 이유로 지방재정의 역할은 지역별 물가동향의 조사와 실업률 파악 등 기초 통계자료의 조사 등에 국한되어 왔으나 과거에 비해 지방재정의 역할이 확대되고 있는 실정이다.

최근 지방자치단체의 재정활동이 고용, 산업, 경제에 미치는 영향은 증대되고 있다. 각 지방자치단체는 공장이나 기업유치뿐 아니라, 지역의 고용, 산업구조 개선, 경제발전에 영향을 미치는 정책개발에 적극 나서고 있다. 지방자치단체는 국가의 경제안정화 정책에 무관심하거나 비협조적이어서는 안 된다는 것이다. 지방자치단체는 국가구성원으로 국가적인 경제안정과 성장에 기여하여야 한다(김정수, 1999: 17-18). 따라서 국가재정과 지방재정은 대립과 경쟁이 아닌 상호보완과 협력의 관계에서 운용되어야 한다고 볼 수 있다.

2. 지방재정의 법체계

1) 헌법상의 지방재정 근거

우리나라 헌법에서는 지방자치단체는 주민의 복리에 관한 사무를 처리하고 재산을 관리하며 법령의 범위 안에서 자치에 관한 규정을 제정할 수 있다라고 규정하여 지방자치의 근거를 마련하고 있다. 또한 우리 헌법에서는 보통지방자치단체로 특별시 · 광역시 · 도의 광역자치단체와 시 · 군 · 구의 기초자치단체로 나누고 있으며 특별지방자치단체로는 지방자치단체조합과 지방공기업조합으로 구분하는 등 지방자치와 지방재정의 기본근거를 제공하고 있다.

2) 법률상의 지방재정 근거

지방자치법은 1949년에 제정된 이후 여러 차례 개정되어 왔다. 지방자치법에서는 지방재정에 관한 기본적인 사항을 5개의 절로 나누어 규정하고 있는데, 재정운영의 기본원칙, 예산 및 결산, 수입 및 지출, 재산 및 공공시설, 보칙으로 구성되어 있다.

한편 지방재정법에서는 지방자치단체의 재정에 관하여 지방자치법에서 정한 것 이외의 필요사항을 규정하고 있는데 총 14장으로 이루어져 있으며, 지방자치단체의 재정 및 회계에 관한 기본원칙을 정하고 지방재정의 건전하고 투명한 운용과 자율성을 보장하는 것을 목적으로 하고 있다.

그리고 2011년에는 단일법이었던 기존의 지방세법을 지방세기본법, 지방세법, 지방세특례제한법으로 분법화하여 납세자 중심의 선진 지방세제를 구축하고자 노력하고 있다. 2016년에는 지방세징수법을 제정하였다. 지방세기본법의 제정은 납세자 권익보호 강화와 지방세 통칙규정의 체계화를 뒷받침하기 위한 것이고, 지방세법의 전부개정은 지방세목 체계의 간소화와 납세자를 우선하는 지방세 운영을 위한 것이며, 지방세특례제한법의 제정은 비과세 감면의 전면 재정비와 감면조례 허가제 폐지를 주요 내용으로 하고 있다(유태현, 2014: 39). 그리고 지방세징수법은 지방세 징수에 필요한 사항을 규정함으로써 지방세수입 확보를 목적으로 한다. 주요 내용으로는 지방자치단체의 징수금 징수의 순위, 납세증명서의 제출 및 발급, 미납지방세 등의 열람, 출국금지 요청, 체납 또는 결손처분 자료의 제공, 외국인 체납자료 제공, 고액・상습체납자의 명단공개 등이다.

3. 지방재정의 구조

1) 지방재정의 성질별 구분

지방재정을 성질별로 구분하면 세입과 세출로 나눌 수 있다. 국가의 재정수입은 대부분 조세수입을 통해 조달된다. 그러나 지방세입은 지방세, 세외수입, 지방교부세, 국고보조금, 지방채 등의 수입원으로 구성되고 있다.

반면 지방세출은 회계별, 기능별, 품목별로 구분해 볼 수 있다. 먼저 회계별로 살펴볼 경우 지방세출은 일반회계와 특별회계로 구분된다. 다음으로 기능별로 살펴보자면 일반공공행정, 공공질서 및 안전, 교육, 문화 및 관광, 환경보호, 사회복지, 보건, 농림해양수산, 산업・중소기업, 수송 및 교통, 국토 및 지역개발, 과학기술, 예비비, 인력운영비, 기본경비로 구분된다. 지방세출의 기능별 분류는 지방자치단체의 활동내용과 성격을 파악하는데 유용하다. 마지막으로 품목별로 살펴보면 인건비, 물건비, 이전경비, 자본지출, 융자 및 출자, 보전재원, 내부거래, 그리고 예비비 및 기타경비로 구분할 수 있다(김종순, 2001: 46).

2) 지방재정의 회계별 구분

지방재정을 회계별로 구분하면 일반회계와 특별회계로 나눌 수 있다. 모든 지방자치단체는 기본적으로 일반회계를 운영하고 있다. 일반회계(general account)는 지방자치단체의 중심적인 회계로서 조세수입을 주요 재원으로 하는 일반적인 자치활동과 사업비를 경리한다. 예산단일의 원칙에 의해 지방자치단체는 예산도 일반회계예산 하나로 구성되는 것이 이상적이겠으나, 현실적으로는 별도의 여러 개의 특별회계예산을 가지고 있다.

특별회계(special account)는 임시적이고 특별한 회계로서 특정목적을 달성하기 위해 설치운용된다. 즉 중앙정부 혹은 지방자치단체에서 특정한 사업을 운영할 때 특정한 자금을 보유하여 운영할 때, 그리고 기타 특정한 세출에 충당함으로써 일반회계와 구분하여 경리할 필요가 있을 때 법률로 정하여 설치하도록 하고 있다(하연섭, 2008). 우리나라에서는 공기업특별회계, 기타특별회계 및 교육비특별회계로 구성되어 있다.

3) 지방재정의 재원별 구분

지방재정을 재원별로 살펴보면 크게 자체재원과 의존재원으로 구분할 수 있다. 자체재원은 지방자치단체가 스스로 법령과 조례의 규정에 따라 부과 · 징수권을 행사하여 얻게 되는 재원을 말하고, 의존재원은 중앙정부와 지방자치단체의 외부로부터 출연 · 보조 또는 차입의 형식을 빌려 충당하는 수입을 말한다.

자체재원은 지방세와 세외수입으로 구성되며, 의존재원은 국가로부터 충당받는 지방교부세와 국고보조금, 광역자치단체로부터 충당받는 조정교부금(기존의 재정보점금 포함), 시도비보조금 등을 들 수 있다.

제 2 절 지방재정의 세입

1. 지방재정의 세입체계

지방재정은 크게 세입과 세출, 회계의 성격을 기준으로 일반회계와 특별회계로 구분되며, 재원의 성격을 기준으로 자체수입, 의존수입, 지방채 등으로 구분된다. 우리나라 지방재정의 세입체계를 재원중심으로 구분하면 다음과 같다. 먼저 자체수입은 지방세와 세외수입으로 구분된다.[1] 그리고 의존수입의 경우, 국가로부터 받는 지방교부세와 국고

1) 우리나라는 2014년도부터 세입과목 개편에 따라 잉여금, 전년도이월금, 전입금, 예탁금 및 예수금, 융자금원금수

보조금, 광역자치단체로터 받는 조정교부금, 시・도비보조금으로 구분된다. 마지막으로 지방채는 증서차입채와 증권발행채로 구분된다. 이를 그림으로 설명하면 다음 [그림 23-1]과 같다.

그림 23-1 지방자치단체의 세입체계

- 자체수입
  - 지 방 세 : 취득세, 재산세, 등록면허세, 지역자원시설세, 자동차세, 주민세, 지방소득세, 지방소비세, 담배소비세, 레저세, 지방교육세
  - 세외수입 : 사용료・수수료, 재산매각 및 임대수입 등
- 의존수입
  - 국가로부터
    - 지방교부세
    - 국고보조금
  - 광역자치단체로부터
    - 조정교부금(기존 재정보전금 포함)
    - 시・도비보조금
- 지 방 채
  - 증서차입
  - 증권발행
- 보전수입 등 및 내부거래
  - 보전수입 등 — 잉여금, 전년도이월금, 융자금원금수입, 예치금회수
  - 내부거래 — 전입금

2. 지방세

1) 지방세의 개념

지방세란 지방자치단체가 지방재정수요를 충당하기 위하여 주민 또는 이와 동일한 지위에 있는 자(법인)로부터 특정한 개별적인 보상이나 반대급부 없이 강제적으로 징수하는 조세를 말한다. 즉, 관할구역내의 주민・재산 또는 수익, 기타 특정행위에 등에 대하여 부과・징수하는 재화로 지방자치단체의 자주재원의 근간이 되고 있으며 지방세

입 등 회계기술상으로 발생하는 임시적 세외수입을 세외수입에서 제외하고 '보전수입 등 및 내부거래'과목으로 구분 계상하고 있다.

의 유형은 특별시·광역시·도세와 시·군·구세로 총 16개 세목으로 구성되어 있었으나 2011년부터 단일세법으로 되어있던 지방세법이 지방세기본법, 지방세법, 지방세특례제한법의 3개 법으로 나뉘고 세목도 11개 세목으로 축소되었으며, 2016년에는 지방세 징수에 필요한 사항을 규정함으로써 지방세수입 확보를 목적으로 지방세징수법이 제정되었다.

국가의 경우에는 단일 과세주체인 반면 지방세는 전체 지방자치단체가 각각 독립된 과세주체가 된다. 지방세는 과세자주권을 행사할 수 있는 이론적 근거에 대하여 권력관계설, 채권채무관계설로 개념이 구분되고 있다.

지방세는 지방자치단체가 지방재정수입에 충당하기 위하여 헌법 제38조의 규정에 의한 납세의무, 헌법 제59조의 규정에 의한 조세법률주의, 그리고 지방세법령과 자치단체의 조례에 의하여 주민의 재산 또는 수익 등에 대하여 특정한 반대급부 없이 강제적인 방법에 의하여 징수하는 수입금이다.

지방세는 다시 세입의 귀속주체에 따라 광역자치단체의 수입이 되는 특별시세·광역시세·도세로 나누어지고, 기초자치단체의 수입이 되는 시세·군세·구세로 나누어진다.

현행 지방세법에 의한 지방세에는 모두 11종의 세목이 있으며, 그 세목은 취득세, 재산세, 등록면허세, 지역자원시설세, 자동차세, 주민세, 지방소득세, 지방소비세, 담배소비세, 레저세, 지방교육세로 되어 있다.

2) 지방세의 특징

지방세의 특성을 살펴보면 첫째, 지방세의 과세주체는 지방자치단체이다. 둘째, 지방세는 지방자치단체의 지방행정서비스를 제공하는데 대한 반대급부로서 징수하는 것이지만 일반 보상적 원리의 성격을 강하게 갖는다. 셋째, 지방세는 강제적으로 부과 징수된다. 넷째, 지방세는 금전(재화)으로 표시되어 징수되는 특성이 있다(손희준 외, 2008: 79-80).

3. 세외수입

1) 세외수입의 개념

지방자치단체의 재정은 지방세와 지방세외수입 그리고 의존재원으로 구성되어 있다. 지방세외수입은 지방정부의 자체세입원 중에서 지방세수입을 제외한 나머지 수입을 의미한다(오연천, 1987: 259). 지방세외수입이란 지방세, 법률에 따라 이루어지는 국가나 다른 지방자치단체로 부터의 지방교부세, 보조금, 조정교부금 등 각종 지원금 이외의 지방자치단체의 수익금을 말한다.

그러나 통상적으로 세외수입은 협의의 세외수입으로 특별회계사업수입을 제외한 것으로 일반회계수입 중 경상적 수입인 사용료, 수수료, 재산임대수입, 이자수입 그리고 징수교부금을 말한다. 이는 지방재원 조달 수단으로서의 세외수입이 거론될 때 사용되는 개념이다(손희준 외, 2008: 130).

2) 세외수입의 중요성

세외수입은 미국을 비롯한 각국에서 지방자치단체뿐만 아니라 중앙정부에서도 그 중요성이 크게 부각되고 있다. 최근에 와서 국민들의 조세저항이 높아져 증세에 어려움이 있기 때문에 큰 저항없이 징수할 수 있는 세외수입의 중요성이 점차로 커지고 있다. 특히 세외수입 가운데 사용자 부담(user charges)은 보수적인 성향을 지니는 사람들과 공공서비스의 민영화를 주장하는 사람들이 선호하고 있다.

우리나라의 경우 지방세는 지방세법에 의거하여 모든 자치단체가 동일한 세목에 따라 부과하므로 자치단체의 과세자주권이 제한됨에 비추어볼 때, 지방자치단체의 자체수입을 늘릴 수 있는 실질적인 방법은 세외수입에 의존할 수 밖에 없다. 이러한 측면에서 세외수입의 중요성이 점차로 강조되고 있다(유훈, 2003: 194-195).

3) 세외수입의 특징

세외수입은 지방세, 지방교부세 등 다른 수입에 비하여 다음과 같은 특징을 가지고 있다(권형신 외, 2001: 141-142).

첫째 신장성이다. 세외수입은 지방자치단체의 노력과 창의력에 따라 신장가능성이 크다.

즉 법령에 저촉되지 않는 한 지방자치단체의 노력에 따라 계속적으로 확대·개발될 수 있다.

둘째, 응익성이다. 조세에 비하여 응익성을 지니므로 상대적으로 징수에 대한 저항이 적다. 이는 주로 공물사용 및 역무제공에 대한 반대급부 또는 대가이기 때문이다.

셋째, 다양성이다. 세외수입은 종류가 많고 수입근거와 형태가 다양하다. 수입근거를 보면 법률, 대통령령, 부령, 조례, 규칙 그리고 사법상의 계약 등 매우 다양하다.

넷째, 분포성이다. 세외수입은 지역별·연도별로 차이가 있다. 지역여건이나 경제환경 및 자치단체의 노력 정도에 따라 수입규모가 달라지기 때문에 자치단체간 그리고 회계연도별로 다른 것이 특징이다. 따라서 지방재정의 세입부문에서 불안정한 요소로 작용하는 경우가 많아 합리적 예측과 계획성 있는 재정운영을 힘들게 하는 요인으로 작용하기도 한다.

다섯째, 용도의 지정이다. 일반적으로 세외수입은 사용용도가 정해져 있는 경우가 많다. 흔히 일반재원으로 분류하고 있으나, 개개의 세입근거를 보면 대부분 세출예산과 연결되어 있다. 하천사용료는 하천관리, 공원사용료는 공원관리와 개발 등에 사용되는 것이 그 예이다.

4. 지방채

1) 지방채의 개념

지방채란 지방자치단체가 주민복지의 증진이나 지역개발 등의 기능수행에 소요되는 재정수입의 부족을 보충하기 위해 자치단체의 과세권을 담보로 하여 외부로부터 자금을 차입하면서 부담하는 채무로, 그 채무의 이행이 통상 1 회계연도를 넘어서 이루어진다.

지방채는 지방자치단체가 부담하는 채무이다. 따라서 지방채발행과 채무이행의 주체는 지방자치단체가 되어야하기 때문에 자치단체가 아닌 여타의 단체나 기관의 채무는 지방채가 아니다. 예컨대 「지방공기업법」에 의해 설립된 지방공사·공단의 차입금은 비록 증권발행의 형태를 취하고 있을지라도 이들 법인은 자치단체와 다른 별개의 법인이므로 이를 지방채라고 할 수는 없다. 따라서 지방채를 발행할 수 있는 경우는 현행 「지방자치법」및 「지방재정법」의 규정에 의한 지방자치단체(특별시·광역시·특별자치시·특별자치도·도, 시·군·구, 자치단체조합)에서만 가능하다.

지방채는 지방채증권과 차입금으로 구분할 수 있다(지방재정법시행령 제7조). 지방채증권은 지방자치단체가 증권발행의 방법에 의하여 차입하는 지방채를 말하며, 외국에서 발행하는 경우를 포함한다. 차입금은 지방자치단체가 증서에 의하여 차입하는 지방채를 말하며, 외국정부 · 국제기구 등으로부터 차관(현물차관 포함)을 도입하는 경우를 포함한다.

2) 지방채의 필요성

지방자치단체는 건전한 재정운영을 위해 「지방재정법」제35조의 규정에 따라 모든 세출의 재원은 지방채 외의 수입으로 충당하는 것이 원칙(非募債主義)이나, 부득이한 경우에는 「지방재정법」제11조의 규정[2]에 의하여 지방채를 발행하여 충당할 수 있도록 제도화하고 있다.

3) 지방채의 기능

지방채는 연도간의 효율적인 재정운영, 세대간 부담의 형평화, 그리고 부족한 재원의 확보라는 세 가지 기능을 수행하게 된다.

첫째, 지방채를 활용함으로써 재정부담의 연도간 조정을 통하여 계획적 · 효율적인 재정운영이 가능하다. 예를 들면, 재정규모가 작은 시 · 군에서 일시에 많은 경비를 필요로 하는 상수도시설사업을 시작한다고 할 때, 시 · 군의 지방세, 세외수입 등 자체수입만으로 이를 충당하려고 한다면 사업완공이 매우 어려울 수가 있으나 지방채를 활용하여 자금을 조성하면 시 · 군의 재정운영에 큰 무리를 가하지 않으면서 시설을 조기 완공하여 이를 활용할 수 있고, 향후 요금수입으로 원리금을 연도 간 조금씩 분할하여 상환해 나갈 수가 있어 일시적인 재정부담을 줄여 나갈 수 있다.

둘째, 지방채의 활용에 따라 세대간 부담의 형평화를 도모해 나갈 수 있다. 예컨대 대규모 상수도시설을 현 시대의 지역주민만이 모든 비용을 부담하여 완공한다면 그 후 이 시설을 이용하는 장래의 주민은 편익만 받고 이에 상응한 비용의 부담을 하지 않게 된다. 따라서 이 경우에 투자재원으로 지방채를 활용한다면 장래 주민도 향후 채무 원리금상환에 따른 적정한 부담을 지게 되어 세대간 부담의 형평화를 도모하여 수익자부담의 원칙에도 맞다.

셋째, 지방채는 긴급하고 부족한 재원을 보완하는 기능도 있다. 지방자치단체가 수해 · 태풍 등 재해로 인해 지방세수가 감소되거나, 경제위기 등과 같은 예기치 못한 사

2) 공유재산의 조성 등 소관 재정투자사업과 그에 직접적으로 수반되는 경비의 충당, 재해예방 및 복구사업, 천재지변으로 발생한 예측할 수 없었던 세입결함의 보전, 지방채의 차환 등

태로 인하여 각종 세수입이 급격하게 줄어들어 연도 중 정상적인 재정운영이 곤란할 경우에도 부족재원의 보완적 조치로서 지방채가 활용되기도 한다.

제 3 절 지방재정의 조정

1. 지방재정조정의 개념

지방재정조정제도(local finance equalization scheme)란 정부간의 재정적 협력을 포괄하는 의미이다. 즉 중앙정부가 지방자치단체에게 광역자치단체가 기초자치단체에게, 그리고 동급 지방자치단체간에 재원을 공여하거나 또는 단체간의 재원 불균형을 조정해줌으로써 지방자치단체의 바람직한 역할 수행을 뒷받침해 주려는 재원이전장치이다.

지방자치단체의 행정기능을 수행하는데 필요한 경비는 지방세와 세외수입 등 자체재원으로 충당하는 것이 바람직하다. 그러나 세원의 대도시 편재로 인해 국세의 지방세 이전이라는 세제개편만으로는 자칫 잘못하면 지역간 재정격차를 오히려 심화시키게 된다. 따라서 지역간에 고루 분포된 세원을 지방세로 하면서 대도시에 편재된 세원은 국세로 징수하여 취약한 지방재정의 구조를 보완하는 제도가 필요하다. 즉 지방재정조정제도는 자치단체가 최소한의 행정수준을 유지하기 위해 필요한 재원을 보장해 주면서 아울러 자치단체간의 재정력격차를 시정하기 위해 국세수입의 일부 또는 기타 자금을 일정기준에 따라 지방자치단체에 배분하는 제도이다.

지방재정조정제도는 자본주의가 고도로 발전함에 따라 필연적으로 발생할 수밖에 없는 지역간의 경제 및 재정격차(fiscal disparities across jurisdictions)와 함께 주민이 어느 자치단체 지역에 살더라도 일정한 행정수준(national minimum, 표준서비스-예컨대 도로, 상하수도, 주택, 사회보장제도 등)은 향유할 수 있어야 한다는 상호 모순된 명제를 조화시키려는 시도에서 나타난 제도이다. 따라서 지방재정조정제도의 기능은 첫째, 자치단체간의 재원불균형을 조정하고, 둘째, 일정한 행정수준을 유지하기 위한 재원을 보장하며, 셋째, 국가적 관심사항에 대한 참여촉구 및 역할분담, 넷째, 홍수 등 특별재해에 따른 보조 등이다. 역사적으로 볼 때, 재정적 불균형이 지방재정조정의 더욱 중요한 요소가 되어 왔다.

2. 지방재정조정의 필요성

지방재정조정제도는 중앙정부가 지방자치단체를 대상으로 지역간 재정불균형의 시정, 국가최저한 행정서비스수준의 확보를 보조하기 위한 기초적인 공공서비스 공급, 지역간 누출효과(spill-over effect)의 보정, 그리고 특정 정책추진의 촉진 등을 목적으로 행하는 재정이전을 말한다. 이는 주로 중앙정부가 지방자치난체를 대상하는 것이 일반적이지만, 광역자치단체가 관할 기초자치단체를 지원할 목적으로 하는 경우도 적지 않다.

지방재정조정은 지방자치단체가 최소한의 행정서비스수준을 유지하는데 필요한 재원을 보장해 주면서 동급 지방자치단체간의 재정력 격차를 완화시키기 위해 국세수입 또는 광역지방자치단체 지방세수입의 일부를 일정 기준에 따라 하위 지방자치단체에 배분하는 것을 주요한 내용으로 하고 있다.

우리나라의 경우 중앙정부와 지방자치단체간, 광역지방자치단체와 기초지방자치단체간 수직적 재정불균형과 함께 동급 자치단체간의 수평적 재정불균형을 겪고 있다. 나아가 취약한 지방재정의 확충을 위해서는 조세체계를 합리적으로 개편하는 노력을 해야 하겠지만 더불어 지역간 재정불균형의 해소를 위해 현행 지방재정조정제도의 운용방식을 보다 개선하는 조치도 병용되어야 한다.

2017년 현재 우리나라의 중앙정부가 지방자치단체를 지원하는 지방재정조정제도는 지방교부세제도와 국고보조금제도를 두 축으로 운영되고 있고, 광역자치단체가 기초자치단체를 지원하는 재정조정제도로서 조정교부금(기존 재정보전금 포함)과 시·도비보조금이 있다.

3. 지방재정조정의 유형

전통적인 지방재정조정제도로는 지방교부세, 지방양여금, 국고보조금 등이 있다. 이 가운데 지방양여금은 2005년 다른 제도와 통폐합되어 현재는 운영되지 않고 있다.

지방자치단체는 국가와 독립된 재정운영 주체로서 국가가 부담하여야 할 경비를 자치단체에 전가하여서는 아니 되도록 되어있고(지방자치법 제122조 제2항), 공공사무에 관한 경비(지방재정법 제21조) 및 자치사무처리와 관련된 경비(지방재정법 제20조) 등

표 23-1 지방교부세 · 국고보조금·지역발전특별회계의 비교

구 분	지방교부세	국고보조금	지역발전특별회계*
근거법령	· 지방교부세법	· 보조금의 예산 및 관리에 관한 법률	· 국가균형발전특별법
목 적	· 자치단체 재원보장 · 재정력 불균형 완화	· 자치단체가 수행하는 특정사업 또는 지출지원	· 지방이 스스로 성장과 혁신의 주체가 되는 자립형 지방화의 추구
재원구성	· 내국세의 19.24% - 보통교부세 - 특별교부세 · 종합부동산세 총액 - 부동산교부세 · 담배의 개별소비세 20% - 소방안전교부세	· 국가의 일반회계 또는 특별회계 예산으로 계상	· 지역발전특별회계의 예산으로 계상
용 도	· 용도 지정없이 자치단체 일반회계예산으로 사용	· 용도지정 · 특정한 지원대상 사업 재정수요 충당	· 생활기반계정 - 낙후지역개발 및 재해예방 · 경제발전계정 - 혁신적인 발명 · 신상품 · 신시장개발 지원
배분방법	· 단체별 기준재정부족액을 기준으로 배분	· 지원사업별 사업우선순위 등에 의거 지원	· 생활기반계정은 시 · 도단위로 신청한도를 설정 · 제발전계정은 중앙부처별 사업별로 예산안 조정
성 격	· 일반재원(자주재원 성격)	· 특정재원(의존재원 성격)	· 특정재원(포괄보조금 성격)

주: *는 지역발전특별회계는 여러 부처의 국고보조금 중 지역발전 관련 사업을 하나의 특별회계로 묶어 기획 재정부가 중심이 되어 운영하는 것으로 각 부처가 사업과 예산을 편성하여 지역발전특별회계로 이관하는 것임

에 한하여 지출하도록 되어있어 일반적으로 지방자치단체가 국가에 경비를 부담할 의무는 없다고 하겠다.

다만 지방자치단체가 추진하여야 할 사업을 국가기관에 위탁하는 경우 지방자치단체는 위탁사업비를 당연히 부담하여야 하며, 또한 개별법에 따라 국가의 시행사업으로 특별한 이익이나 수혜를 받게 되는 경우 해당자치단체는 수혜의 범위내에서 경비를 부담하도록 규정하여 운영하는 경우가 많다.

제 4 절 지방재정의 세출

1. 지방예산제도

1) 지방예산제도의 개념

예산제도란 예산의 편성과 집행에 있어 추구하는 목적, 분류기법, 집행방법, 집행결과분석 등에 따라 운영하는 원리와 체계를 제도화한 것으로, 예산제도의 이해는 지방예산의 현 실태를 파악하고 발전방안을 강구하는 첫걸음이 될 수 있다. 예산제도는 예산의 관리기술에 근거하여 여러 단계의 발전과정을 거쳐 왔다. 즉 예산을 편성함에 있어 심의·의결의 편의성, 예산의 집행결과 달성도의 측정을 위한 수단 경비 산정에 있어 최소한의 경비로 최대의 효과를 거둘 수 있도록 하기 위한 효율성의 추구 등 목적과 시대환경에 따라 생성·발전되어 왔다.

예산제도는 예산관리 및 통제에 중심을 두는 품목별 예산제도에서 시작하여, 1930년대 성과주의에 중심을 둔 성과주의 예산제도로 발전하였다. 이외에도 계획과 자본에 중심을 둔 계획예산제도, 자본예산제도, 예산과 투자효율의 연계 및 감축관리에 목적을 두는 영기준예산제도 등으로 발전되어 왔다.

우리나라의 지방예산은 '목'별 분류를 기초로 한 품목별예산제도를 중심으로 운영하고 있어 점증주의적 예산편성기법이라는 부작용을 안고 있었다. 이러한 지적에 따라 2004년부터 성과주의 예산제도와의 접목을 위해 지방예산구조를 사업(program) 중심으로 개편하고 품목분류 및 기능분류를 개선하여 2008년 부터는 사업별 예산제도를 시행하고 있다.

2) 지방예산제도의 내용

지방예산이란 지방자치단체가 기관을 유지하고 지역개발을 촉진하여 주민들의 삶의 질 향상 등을 위해 재원을 배분하는 제도를 의미한다. 지방예산제도는 품목별예산제도, 성과주의예산제도, 기획예산제도, 영기준예산제도, 자본예산제도, 프로그램예산제도, 주민참여예산제도 등을 들 수 있다. 먼저 품목별예산제도는 통제지향적 성격을 띠고 있으며, 예산을 조직별, 지출대상별로 분류하여 운영한다. 다음으로 성과주의예산제도는 실적주의 예산이라고도 하며, 예산을 사업별, 활동별로 분류하여 편성하되, 업무단위의 원가와 양을 계산하여 편성하는 것이 특징이다. 기획예산제도는 장기적 계획수립과 단기적 예산편성을 유기적으로 관련시켜 합리적이고 일관성 있게 예산을 편성하고 집행하는 것이 특징이다. 영기준예산은 전년도를 비롯한 과거의 관행을 참조하지 않고 영(zero)에서 시작하여 자원배분을 결정한다. 자본예산제도는 자본시설계획과 그 자원계획을 통합한 것이다. 마지막으로 프로그램예산제도는 예산의 계획, 배정, 집행의 과정과 체계를 프로그램 중심으로 구조화하고 성과평가체계에 연계시켜 성과를 관리한다. 주민참여예산제도는 지방자치단체의 예산편성에 주민이 직접 참여할 수 있도록 하는 제도이다. 지방재정운영의 투명성과 공정성을 높이고 예산에 대한 주민통제를 통해 책임성을 강화하기 위해 도입된 예산제도이다.

이러한 지방예산제도는 지역주민 혹은 지방의회의 참여 및 통제를 용이하게 하는 수단이면서 지역경제를 운용하고 발전시키는 수단이 된다.

2. 지방예산의 편성과 운용

지방예산은 중앙정부의 예산과 마찬가지로 조달하고 편성・심의・집행・결산의 과정을 거치며, 회계연도(1월 1일 ~ 12월 31일)에 지방정부에서 수행할 사업들에 대한 내용을 담은 것이다. 즉 지방예산이란 지방자치단체가 한 회계연도의 목표달성을 위해 한정된 자원의 효율적・효과적인 활용계획을 수치로 표시한 것이다. 이러한 지방자치단체의 예산은 지역 주민 또는 지방의회의 참여 및 통제를 용이하게 하는 중요한 수단이면서 지역경제를 운영하고 발전시키는 수단이 되므로 그 과정이 점차 중요시되고 있다(손희준 외, 2008: 224).

지방예산은 다음과 같이 세 가지의 기능을 수행하고 있다(김동기, 2005). 첫째, 재정계획기능이다. 지방예산이란 지역의 발전을 도모하기 위하여 수립된 계획을 추진하기 위한 재정적인 수단을 의미한다. 둘째, 정책관리기능이다. 지방예산은 기관의 유지 및 조직의 목표달성을 위하여 사업의 우선순위 부여 등을 통해 인적・물적자원을 배분하고 집행하기 위한 계획이다. 셋째, 회계통제기능이다. 지방예산은 지방자치법, 지방재정법에 근거하여 제정되며, 지방의회의 의결을 거쳐서 예산으로 성립된다. 지방의회는 지방자치단체장에게 예산에 대한 집행권과 책임을 부여하고, 예산심의와 결산심사를 통하여 행정부에 대한 감시 및 통제를 수행하게 된다.

3. 지방재정의 지출 및 결산

1) 지출

광의의 지출은 세출예산의 사용결정에서부터 채무를 이행하기 위하여 현금을 지급하는 행위까지를 말한다(김종희, 2006: 288). 지방자치단체장의 예산집행결정(집행품의) 행위와 경리관의 지출원인행위로 확정된 채무를 이행하기 위하여, 지출원이 금고 또는 일상경비출납원에 대하여 지급을 명하고, 금고에서 현금을 채주에게 지급할 때까지의 일체의 행위를 말한다.

협의의 지출은 지출원이 지출의 결정과 금고 또는 일상경비출납원에게 지급을 명령하는 행위에 국한하여 지출이라는 개념을 사용한다. 협의의 지출은 지출행위와 지급행위로 나누어진다. 지출행위는 지출원인행위에 따라 지출의사를 결정하고 이를 이행하기 위하여 지급명령을 발하는 행위이고, 지급행위는 지급명령에 의하여 직접 현금을 지급하는 행위이다.

지방자치단체는 그 자치사무의 수행에 필요한 경비와 위임사무에 관하여 필요한 경비를 지출할 의무가 있다. 다만 국가사무 또는 지방자치단체 사무를 위임한 때에는 이를 위임한 국가 또는 지방자치단체에서 그 경비를 부담해야 한다(지방자치법 제141조).

2) 결산

결산이란 지방자치단체의 한 회계연도 내의 수입과 지출의 실적을 확정적 계수로써 표현하는 행위이다(손희준 외, 2008: 244). 결산은 예산의 집행실적을 예산과목구조에 따라 일정한 형식으로 계산 정리한 기록의 표시이다. 결산을 형식적인 측면에서 본다면 예산에 의거해 행동한 정부의 사후적 재정보고서를 작성하는 과정 또는 그 보고서 자체를 지칭한다고 볼 수 있다. 결산 범위와 관련지어 본다면 광의의 결산은 세입·세출의 결산과 계속비의 결산 및 국가채무에 관한 계산서를 총칭한다. 협의의 결산은 세입·세출의 결산만을 의미한다(윤영진, 2008: 221). 이는 지방자치단체가 지역주민에게 알리기 위해 1년간 활동실적을 계수로 나타낸 것이고 지방의회의 지방자치단체에 대한 사후 통제라고 할 수 있다. 또한 결산은 예산과정의 마지막 단계이며 결산으로 나타난 결과를 다음연도의 예산편성과 재정운용에 환류(feedback)될 수 있도록 하여야 한다. 지방자치단체의 예산심의가 집행부에 대한 지방의회의 사전적 통제인데 비해 결산은 사후 통제수단이다. 따라서 지방의회의 결산승인권은 예산심의권과 함께 지방자치단체에 대한 중요한 재정적 통제 수단이 된다(손희준 외, 2008: 244).

지방의회의 결산승인은 단지 그 집행책임을 정치적으로 해제 받는 의미를 가질 뿐 특정한 사항에 대한 회계적·법적 책임은 별개의 것이다. 즉 지방의회의 결산 승인을 통해 지방자치단체의 장에게 정치적·도의적 책임만 물을 수 있지 징계·회계 책임을 물을 수 없다. 따라서 이는 법률적이라기보다는 정치적·역사적 산물이다. 만약 의회에서 불승인 시에도 이미 집행한 금액은 유효하다. 그러나 결산검사는 결과의 감사 활용과 익년도 예산안 심사에의 반영이 가능하므로 미래의 지방재정계획의 수립과 예산편성에 대한 적절한 수단으로 활용될 수 있다.

보다 구체적으로 결산은 다음과 같은 기능을 수행한다(김종희, 2006: 296). 첫째, 의회가 세입세출예산 집행의 과정을 최종적으로 확인 검증하고 잘못된 점과 개선사항을 도출하여 다음 회계연도의 예산편성과 심의자료로 활용할 수 있다. 둘째, 결산제도를 통하여 지방자치단체장으로 하여금 행정적·재정적 사무처리나 사업시행 등에 신중을 기하도록 할 수 있다. 셋째, 결산승인을 통해 예산집행 결과에 대한 책임을 명확히 할 수 있다. 넷째, 주민의 신뢰성을 제고하고 지방의회의 재정통제 수단으로 활용할 수 있다.

제 5 절 지방재정의 관리

1. 지방재정관리의 개념

지방재정관리제도는 지방자치단체가 재정을 건전하고 효율적으로 운영하기 위하여 예산편성과 집행 및 결산과정에서 지방자치법, 지방재정법 등에 규정된 각종 예산관리 기술을 의미한다. 또한 지방재정이 지역주민의 복지를 증진하기 위하여 필요한 재화와 서비스를 제공하는데 소요되는 재원을 조달할 수 있는가, 지방세출 중 큰 비중을 차지하고 있는 주요 투자사업이 투자가치가 있는가, 효율적으로 운영되고 있는 가를 점검하고 평가하는 일련의 제도를 말한다(김동기, 2005: 293).

지방재정관리제도의 필요성은 건전하고 효율적인 재정운영의 실현을 위해 계획적 재정운영과 한정된 재원의 투자효율을 극대화하기 위한 투자기술 등 개별제도들이 시계열적·단계적으로 연계되어 유기적·체계적으로 통합되어 있으므로 지방재정관리제도 전체적으로 기능이 활성화되도록 운영하는데 있다. 지방재정관리의 접근방법은 예산편성과정의 순차적 단계에 따라 예산편성과정에서의 재정관리와 편성된 예산의 집행과 결산과정에서의 재정관리로 구분할 수가 있다.

2. 지방재정관리의 주요 내용

1) 예산편성과 관련한 지방재정관리제도

지방재정관리를 구성하고 있는 주요 내용은 지방자치단체의 재정운영과 관련하여 예산편성은 관련법규·조례·지방자치단체예산편성기준에 의거 편성하되 구체적인 예산편성활동은 지방자치단체가 자율적으로 결정하기 때문에 지방재정관리제도는 주로 예산편성과정에 초점이 모아지고 있다.

예산편성과 관련한 지방재정관리제도의 중요한 내용으로는 중기지방재정계획제도, 지방재정 투·융자심사제도, 지방자치단체 재정운용 업무편람인 예산편성기준제도, 예산의 과목구분과 설정 그리고 지방채발행제도가 있다.

2) 예산집행 및 결산과 관련한 지방재정관리제도

지방자치단체의 재정운영과 관련하여 편성된 예산의 집행은 회계관련법규 및 절차 등이 구체화되어 있고 집행의 책임확보가 중요하므로 지방자치단체의 자율성보다는 정해진 법규 및 절차에 의거 집행하게 되므로 집행과정에서의 지방재정관리제도는 마련되어 있지 않다.

그리고 예산의 집행결과인 결산은 편성된 예산의 집행내용을 기능별·성질별로 정리한 회계정보자료이며, 예산집행 및 결산과 관련한 지방재정관리제도의 중요한 내용으로는 결산결과의 재정분석·진단제도와 운용상황을 주민에게 알려주는 공시제도가 있다. 이러한 지방재정관리제도중 예산편성에 영향을 주는 제도를 사전적 관리제도로 예산집행결과 환류하는 제도를 사후적 관리제도로 말하기도 한다.

표 23-2 지방재정관리제도의 주요 내용

구 분	재정관리제도	내 용
예산편성과 관련한 제도	· 중기지방재정계획제도 · 투 · 융자심사제도 · 예산편성기준 및 과목구분과 설정 · 지방채발행제도	· 중기투자 및 재정계획 기준제시 · 주요투자사업의 예산편성 타당성 검증 · 예산편성의 기본기준(메뉴얼)제시 · 지방채예산편성의 결정
예산집행 및 결산과 관련한 제도	· 지방재정분석 · 진단제도 · 지방재정운영상황 공시제도	· 예산집행결과의 종합분석 · 예산편성집행결과 등의 공개절차 및 방법

3. 지방재정관리제도의 상호관계

지방자치단체의 예산과정은 통상 3년을 말하고 있으며, 회계연도 개시 전 1년차는 예산편성 준비과정으로 예산안에 반영할 사업에 대한 중기재정계획 수립 및 투 · 융자

그림 23-2 지방예산 운영시스템

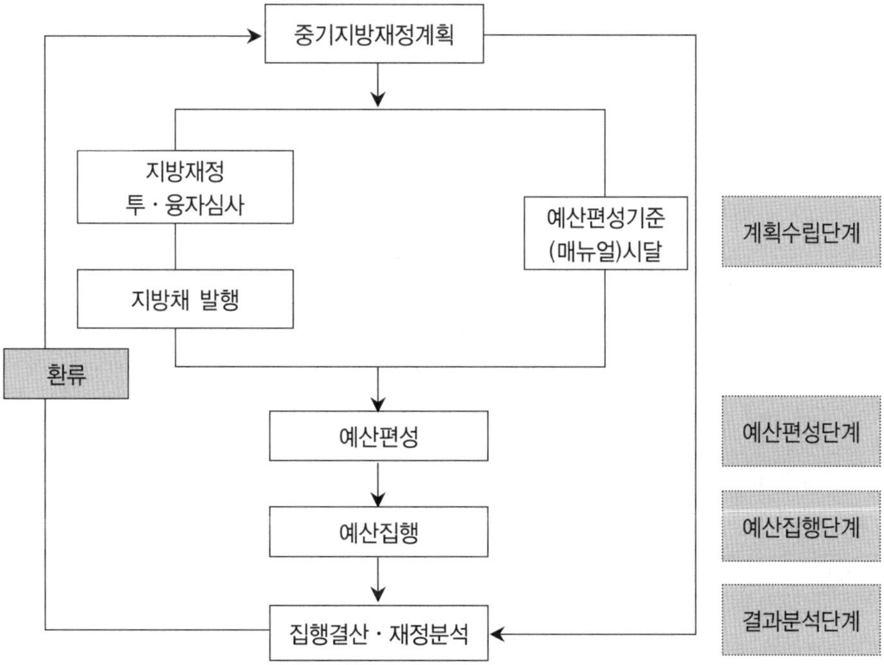

심사를 거치고, 회계연도 개시 후 1년차는 편성된 예산의 집행결과를 결산하는 과정이다.

이러한 지방재정관리제도는 상호연계성을 가지고 중기지방재정계획 수립 → 지방재정 투·융자심사 → 예산편성 → 예산집행 → 집행결산 → 재정분석 → 재정환류의 과정으로 연속적으로 이루어지고 있다.

제 6 절 지방재정정책의 방향과 과제

1. 지방재정정책의 방향

지방자치단체의 자치재정권 확보를 위하여 지방재정정책의 방향은 다음과 같은 세 가지 범주로 나누어 생각해 볼 수 있다. 우선 지방의 경쟁력을 제고하기 위하여 지방세, 지방교부세, 국고보조금, 지역발전특별회계 등 지방재정의 재원이 어떻게 구조화되는 것이 바람직한지에 대한 방향을 재설정하는 것이다. 둘째는 새로운 지방재정 구조하에서 지방자치단체가 보다 효율적으로 재정운영을 하고 보다 높은 성과를 창출할 수 있도록 재정관리제도를 개선하는 것이다. 마지막으로 지방자치단체가 주민에게 보다 높은 수준의 서비스를 제공할 수 있도록 서비스 역량을 강화해가는 것이다(윤석완, 2007: 8).

지방재정정책의 방향을 지방자치와 지방재정, 국가재정과 지방재정, 지방재정의 세입세출구조 등의 관점에서 논의해 보고자 한다.

1) 지방자치와 지방재정

지방자치에 있어 재정의 역할은 너무나 중요하다. 지역의 사무를 스스로 처리하는 지방자치에서 재원의 확보가 스스로 이루어지지 않는다면 완전한 지방자치라 할 수 없다. 지방자치란 지역주민의 참여와 책임에서 이루어지며 여기서 책임은 자치경비에 대한 자율적인 분담을 의미하기 때문이다. 이렇게 조달된 재원이 주민의 복리를 위해 얼마나 효율적으로 활용되느냐는 지방자치단체의 재정관리능력과 운영방법에 달려 있다. 자율적인 재원의 확보와 효과적인 재원의 운용은 바로 지방재정의 과제이며 이는 지방자치의 본질적인 요소라 할 수 있다.

자치단체의 자주재원 확보방안은 여러 갈래로 접근될 수 있다. 그러나 무엇보다 중요한 자주재원은 지방세수이며 따라서 지방세제의 개선책이 우선 강구되어야 한다. 이를 위해서는 국세와 지방세원의 재조정이 절실한 과제이다. 소득과세나 소비과세 등에 있어서 국가와 지방이 세원을 공유하며 각기 분할 징수할 수 있는 세원의 혼합을 인정하지 않고서는 지방세수의 확충을 기할 수 없게 되었는바, 지방소득세 · 소비세가 도입되었다. 이처럼 지방자치의 건전한 발전은 재정의 충실화 없이는 이루어질 수 없는바, 지방재정의 과제는 재정자주권의 확보라 할 수 있다. 재정자주권의 확보는 첫째, 과세 등에 의해 재원을 조달할 권리, 둘째, 특정 목적을 위해 지출할 수 있는 권리, 셋째, 세입과 세출의 양면을 계획·관리하는 권리 등을 지방자치단체가 완전하게 가지는 것을 의미한다.

2) 국가재정과 지방재정

지방재정은 지방자치뿐만 아니라 국가재정과도 깊이 관련되어 있다. 지방재정과 국가재정의 관계를 보면, 지방재정은 국가재정의 지원 아래에서 원활한 운용이 가능하고 국가재정은 지방재정의 보조 위에서 목적달성이 가능하다. 특히 오늘날 사회복지 수요의 확대로 양자의 관계는 더욱 심화되고 있다.

일반적으로 정권의 변화 또는 교체시점을 제외한다면 조세제도와 정부간 재정이전제도 즉, 보조금 제도가 지방재정의 세입부문에 가장 중요한 영향을 미치는 요인으로 작용한다. 현행 재정 시스템에서 국세(내국세 포함) · 지방세제도의 변화와 세수 변화는 각종 보조금, 지방교부세, 국고보조금, 지역발전특별회계의 재원규모에 변화를 초래하면서 지방재정 전반에 걸쳐 직접적인 영향을 미친다(임성일, 2005: 58).

그리고 국가재정이 지방재정에 대하여 간여하는 형태는 세출과 세입에 의해서 나타난다. 먼저 세출면에서 보면, 세출예산 편성의 기본방향을 중앙정부가 '지방예산편성지침'을 통해서 정하며 예산에 계상되어야 할 경비 또는 계상해서는 안 되는 경비 등을 정한다. 또한 금액의 최상선 또는 최하선을 정한다. 그리고 세출예산안의 승인, 국고보조금의 지급과 동시에 당해 사업에 대한 지방예산의 보충지출 지시, 국가적 시책사업에 대한 지방비 부담금의 지출 강세 등으로 나타난다.

그리고 세입면에서는 지방세의 종류, 세율, 과세표준, 감 · 면세 등 세부사항까지 법률로 정하고, 지방채 발행한도액을 부여하며, 지방교부세의 종류, 교부율 등을 법률로 정하고, 교부기준을 설정하여 각 자치단체에 교부한다. 나아가 엄격한 조건을 정하여 보조금을 지급하고 그 용도에 대해서 규제하고 감독하고 있다.

3) 지방재정의 자립과 재정분권의 촉진

문재인정부는 지방재정의 자립과 재정분권을 추진하고 있다. 지방재정의 자율성과 책임성을 제고하기 위해 국가와 지방의 세입구조를 개선하고, 주민참여예산제 확대 등을 통해 지방재정의 건전성 확보를 목표로 하고 있다.

주요 내용으로는 첫째, 국세와 지방세의 구조 개신이다. 국세와 지방세 비율을 7:3을 거쳐 장기적으로 6:4 수준까지 개선한다. 이를 위해 지방소비세 비중 확대, 지방소득세 규모 확대, 국가와 지방 간 기능 재조정, 지방세 신세원 발굴, 지방세 비과세·감면율 15% 수준 관리를 추진한다. 둘째, 이전재원 조정 및 재정균형 달성이다. 지자체 간 재정격차 완화 및 균형발전을 추진한다. 이를 위해 지방교부세율 상향 및 지역상생발전기금 확대, 국고보조사업을 정비한다. 셋째, 지방재정의 건전성 강화이다. 지방세 및 지방세외수입 체납징수율 제고, 예산낭비사업 근절을 위한 제도 개선을 추진한다. 이를 위해 고액·상습체납자 대상 징수 활동을 강화하고 지방세외수입 업무시스템 통합, 예산낭비신고센터 및 국민감시단을 활성화한다. 넷째, 고향사랑기부제 활성화이다. 고향사랑 기부제법(가칭) 제정을 통한 지방재정 보완 및 지역경제 활성화를 내용으로 한다. 이를 위해 재정이 열악한 지자체에 기부할 경우 인센티브를 제공하고 투명하고 공정한 기부금 모집·활용을 위한 제도 개선을 추진한다. 다섯째, 주민참여예산제 확대이다. 지자체 핵심정책·사업까지 주민참여예산제 확대를 통해 주민에 의한 자율통제를 강화한다. 이러한 정책을 통해 지방재정의 자주역량 제고 및 지방재정의 건전성·책임성 확보가 기대된다.

2. 지방재정의 과제

성숙한 지방자치 발전을 위해서 지방재정의 확충은 필수적이다. 지방자치단체의 자주재원확보를 위해 지방소득·소비세 도입, 사회복지비 국고환원 등의 노력을 추진하고 있으나 국가재정 역시 풍족하지 않은 상태에서 부처간 협의도 쉽지가 않은 실정이다. 이런 상황에서 자치단체는 예산 절감과 절감예산의 효과적인 투자 등의 방안을 강구하는 등 여러 가지 재정운용의 건전성과 효율성을 확보하기 위해 노력을 기울이고 있다.

향후 우리나라의 재정 여건은 더욱 어려워질 전망이다. 중앙에서 자치단체로의 재원 이양은 쉽지가 않고 자치단체의 세수 전망은 밝지가 않다. 긴축과 효율이 향후 지방재정 운용이 기조가 될 것이다. 이에 대통령 소속 지방자치발전위원회에서는 지방의 재정력 확충과 합리적 재정운용을 위한 다양한 제도적 개선방안을 추진하고 있다. 그간에 논의되고 있는 지방재정 개선방안은 크게 자주재원 확충, 이전재원 확대 조정, 지방재정 건전성 강화로 구분할 수 있다.

먼저, 자주재원 확충을 위해서는 지방소비세 규모 확대, 지방세 비과세·감면 축소, 지방세 정액세율의 현실화, 지역기반 국가세외수입 지방 이양, 소방재원 확보, 지방소득세 개편, 세목 신설 및 신세원 발굴 등이 추진되어야 할 것이다.

둘째, 이전재원의 확대 조정을 위해서는 지방교부세 교부율 상향 조정, 국고보조사업 정비를 통한 지방재정 부담 완화, 국고보조사업 운영 및 절차의 합리화 등이 추진되어야 할 것이다.

셋째, 지방재정 건전성 강화를 위해서는 지방재정 영향평가제도의 내실 있는 운용, 투·융자 심사제도 운영의 강화, 지방재정 위기관리 강화, 지방공기업 재무건전성 관리 강화 등이 추진되어야 할 것이다.

끝으로, 지방재정력을 확충하기 위해 국세와 지방세의 비중을 현재의 8 대 2 수준에서 중장기적으로 6대 4의 수준으로 변화시키는 것이 바람직하다. 이는 실질적 재정분권에 효과가 크다.

그리고 민선자치시대 이후 지방재정수요가 급증하고 있는데, 지방재정수요를 충당할 수 있는 하나의 수단으로 지방채의 효율적 활용도 검토되어야 할 것이다. 그밖에 지방자치단체는 체납세의 징수노력, 세외수입의 확충, 신 세원 발굴, 각종 재정지출의 효율성 강화 등을 적극 모색하여 재정력을 높여나가야 할 것이다.

탐구학습

1. 주요 개념

- 지방재정의 개념과 기능
- 국가재정과 지방재정의 관계
- 지방재정의 구조, 세입, 조정, 세출, 관리

2. 토론과 과제

- 지방재정의 의의와 역할에 대해 설명하시오.
- 지방재정의 법체계에 대해 설명하시오.
- 우리나라 지방재정의 세입에 대해 설명하시오.
- 우리나라 지방재정조정제도에 대해 설명하시오.
- 우리나라 지방예산제도에 대해 설명하시오.
- 지방재정의 세출에 대해 설명하시오.
- 우리나라 지방재정관리제도에 대해 설명하시오.
- 우리나라 지방재정정책의 방향과 과제에 대해 설명하시오.

참고문헌

권형신 · 이상용 · 이재성, 2001, 「한국의 지방재정-이론과 실무」, 도서출판 해남.

김동기, 2005, 「한국지방재정학」, 서울: 법문사.

김정수, 1999, 「한국지방의 이론과 실제」, 서울: 법문사.

김종순, 2001, 「지방재정학」, 서울: 삼영사.

김종희, 2006, 「지방재정론」, 서울: 법론사.

손희준 외, 2008, 「지방재정론」, 서울: 대영문화사.

오연천, 1987, 「한국지방재정론」, 서울: 박영사.

유태현, 2014, '지방세법 개편의 연혁과 지방세제의 발전방향', 한국지방재정학회 춘계학술대회 발표논문집.

유 훈, 2003, 「재정학」, 서울: 상경사.

윤석완, 2007, '신정부의 지방재정 전략과 과제', 지방재정, 제2007-6호, 한국지방재정공제회.

윤영진, 2008, 「새 재무행정학」, 서울: 대영문화사.

이성근 · 박의식 · 서정섭 · 이현국, 2016, 「한국지방재정론」, 서울: 법눈사.

임성일, 2005, '지방자치 10년의 지방재정 변화와 향후전망 : 2006년도 지방재정의 세입, 세출 전망과 과제', 지방재정, 제2005-6호, 한국지방재정공제회.

지방자치발전위원회, 2016, 「한국지방자치 발전과제와 미래」, 서울: 박영사.

하연섭, 2008, 「재정학의 이해」, 서울: 다산출판사.

Musgrave, R. A. and P. B. Musgrave, 1984, *Public Finance in Theory and Practice*, McGraw-Hill Book Company.

http://lofin.mois.go.kr/(지방재정365 홈페이지)

사 항 색 인

ㄱ

ㄴ

ㄷ

ㄹ

ㅁ

ㅂ

ㅇ

ㅈ

인 명 색 인

Appendix

Preface

Regional economics is an applied social science that studies how to produce, distribute, and exchange scare resources in considering geographical spaces. Traditional economics focused on three basic questions of national economy, the amount of what products and services, for whom, and how to produce. However, it does not consider where to produce. Regional economics based on concepts of spaces and location theory that led to an independent academic field. Especially in 1950's, an recognition that countries without balanced development among regions could not sustain long-term development attracted interests to regional economics. Regional economics in South Korea and many countries has been developed as a significant academic fields that deal with regional economy and spacial policies. Moreover, the demand for experts of regional economy has also been increased as a local autonomy developed.

Until now many books in regional economics has been published. However, the authors who has lectured for 30 years felt that the necessity of a book that deals theory, analysis, and policy. Especially when the authors visited University of Illinois and University of Washington, they studied and gathered materials and data of regional economics that has been helpfully used for writing this book.

One of the features of this book is that it summarizes current regional economic theories systematically and contains calculation process of regional economic analysis for readers to applying. It also include industrial cluster theory, trade among regions, location theory of manufacturing that are difficult to find in other textbooks. Moreover in regional economic policy part, it provides regional industrial development, regional science and technology, development of regional human resources, land and housing, regional green-growth, regional social infrastructure, and local finance.

This book consists of three parts and 23 chapters. Three parts are theory of regional economy, analysis of regional economy, and regional economic policy. First part, theory of regional economy, is composed of introduction of regional economy, agglomeration economies and cluster, location theory, regional growth theory, regional production factors market, regional trade theory and regional trade balance. Second part, analysis of regional economy, consists of regional social accounts and regional income, location coefficients and regional specialization index, shift-share analysis and regional growth-rate differential analysis, regional input-output analysis, regional population and spatial structure analysis, regional environment analysis, and cost-benefit analysis. Third part, regional economic policy, deals with regional economic policy, regional industrial development policy, regional science and technology policy, regional creative economic policy, regional policy for human resources development, regional job policy, regional green-growth policy, land and housing policy, regional social infrastructure policy, and local finance policy. Appendix includes preface and table of contents for introducing education course development project, because the department of universities that authors are belonged are selected as university specialization project for international cooperation by Ministry of Education. Moreover, it will provide information of public investment analysis for those who participate exchange programs that have been running as part of international cooperation programs by the South Korean government.

The possible readers of this book will be diverse. It could be used as a regional economics course textbook of undergraduate and graduate level in economics, geography, public administration, regional development, urban and regional planning, civil engineering, real estate development, environmental studies, and tourism department. Moreover, it will be used as a practical guide book for researchers and public administrators who are dealing with regional economic policies and planning in central and local governments.

The authors have relied heavily upon other researchers studies that have been performed in domestic and international. We deeply appreciate and respect their work. Even though we have been work thoroughly, it contains some aspects that is not sufficient. We promise that we will improve these shortcomings.

We have been helped by many people. Especially, Dr. Seo Jeong Seoup who works for Korea Research Institute for Local Administration, Dr. Kim Jong Su who lectures at Department of Regional Development and Welfare Administration, and Lee Mun Hee in Daegu Gyeongbuk Development Institute helped in gathering data and reviewing. Dr. Seo Jun Gyo who is in doctoral course helped in proofreading. Moreover, we are grateful to

Prof. Kim Sang Gyu in Daegu National University of Education and Dr. Park Rho Gwang in Institute of Industrial Management in Keimyung University. They helped out in theory of regional economy and analysis of regional economy.

Finally, we are grateful to Bae Hyo Sun, CEO of Bobmunsa Co., who allows to publish, and Roh Yoon Jeong and other staffs who assist editing and proofreading of this book.

2018. 2

Seong Keun Lee
Choon Keun Lee
Ju Mong Na

Contents

Part 1 | Theory of Regional Economy

Chap. 3. Theory of Location

Chap. 4 Theory of Regional Economic Growth

Part II | Analysis of Regional Economy

Chap. 7 Regional Social Accounts and Regional Income

Chap. 8 Location Coefficients and Regional Specialization Indexes

Part III | Regional Economic Policy

Chap. 14 Regional Economic Policy

Chap. 15 Regional Industrial Development Policy

저자 소개

이성근(李盛根, Seong Keun Lee)

[학력 및 경력]

- 서울대학교 대학원 환경계획학과 졸업 (도시 및 지역계획학 전공/행정학 박사)
- 미국 Univ. of Illinois at Urbana-Champaign 연구교수
- 영남대학교 정치행정대학 지역및복지행정학과 교수(현)
  / 정치행정대학장/ 행정대학원장/ 전략기획단장/ 한국균형발전연구소장/ 테크노파크추진단장
- 대구경북연구원장/ (사)한국지역균형연구원 이사장 · 원장(현)
- 대통령소속 지방자치발전위원회 위원/ 지방행정체제개편위원회 위원
- (사)한국지역개발학회장/ (사)대한지방자치학회장

[주요 연구실적]

- 한국지방재정론(공저, 법문사, 2016)/ 한국지방자치 발전과제와 미래(공저, 박영사, 2016)
- 기후변화와 녹색성장(공저, 법문사, 2016)/ 녹색경영론(공저, 법문사, 2016)
- 공공투자분석론(공저, 집현재, 2014)/ 최신지역개발론(공저, 집현재, 2013)
- H2O지역개발론(공저, 집현재, 2012)/ 자립적 지역발전론(공저, 집현재, 2012)
- 정책계획론(법문사, 2006) 외 다수

이춘근(李春根, Choon Keun Lee)

[학력 및 경력]

- 계명대학교 대학원 경제학과 졸업 (경제학박사)
- 미국 Univ. of Washington (Seattle) 객원교수
- 미국 국무부 초청 프로그램 연수(USIA)
- 대구경북연구원 인재개발센터 소장, 선임연구위원/ 산업경제실장/ 연구기획실장/ 대구경북학센터장/ 산업연구본부장/ 연구심의위원장
- 한국지역경제학회 회장/ 한국경제시스템분석학회 부회장(현)/ 한국경제통상학회 부회장(현)
- 경일대 산학협력단 교수(현)

[주요 연구실적]

- 지역산업연관분석론(학문사, 2006, 대한민국학술원 우수 학술도서)
- 한국의 지역전략산업(공저, 폴리테이아, 2004)
- 구미 재창조(공저, 삼일사, 2010)
- 지역경제, 지역산업에 관한 연구논문, 연구보고서 등 약 100여편

나주몽(羅洲夢, Ju Mong Na)

[학력 및 경력]

- 일본 Kyushu University 비교사회문화연구과 졸업 (지역구조 전공/비교사회문화박사)
- 미국 West Virginia University 객원교수
- 전남대학교 경제학부 지역개발학전공 교수(현)
- 한국연구재단 중점연구소 지정 전남대학교 지역개발연구소장(현)
- 전남대학교 경영대학 부학장

[주요 연구실적]

- 사회적경제와 지역혁신(공저, 전남대학교 출판부, 2016)/지역협업의 과학(공역, 전남대학교 출판부, 2016)
- JuMong Na et. al.(2016), Human Capital, Agriculture, Trade and Globalization, Saga Printing
- 지역정책론(공저, 보성각, 2013)/ 광주·전남지역의 경제현황과 발전방향(공저, 지인북스, 2011)
- 도시경제와 산업살리기(공역, 한울아카데미, 2009)/ 클러스터 전략(공역, 전남대학교 출판부, 2005)
- 日本·アジアにおける地域の構造と開發(공저, 古今書院, 2007)

최신 지역경제학 [제3판]

2008년 2월 20일 초 판 인쇄
2014년 9월 10일 개정판 발행
2018년 2월 25일 제 3 판 1쇄 발행

저 자 이성근·이춘근·나주몽
발행인 배 효 선
발행처 도서출판 法 文 社
주 소 10881 경기도 파주시 회동길 37-29
등 록 1957년 12월 12일 제2-76호(倫)
전 화 031-955-6500~6, 팩 스 031-955-6525
e-mail(영업) : business@bobmunsa.co.kr
(편집) : edit66@bobmunsa.co.kr
홈페이지 http://www.bobmunsa.co.kr
조 판 광 진 사

징가 33,000원 ISBN 978-89-18-10253-5